설계자를 위한 **입문서!**

AutoCAD 2022

기본 + 활용

청담북스

AutoCAD 2022

여러분들이 CAD 즉 AutoCAD 설계 도구를 배우고자 하는 다양한 이유들이 있겠지만, 아마도 공학도면(Engineering Drawing)을 작도하거나 수정 및 편집하기를 원할 것입니다. 요즈음 AutoCAD를 배우려는 사람들은 학창 시절에 기계제도(機械 製圖)를 배우지 못했거나 현재의 직장에 근무 하면서도 설계(Design)와 관련된 업무들을 수행한 경험이 거의 없는 상태에서 AutoCAD를 배우려고 하는 것이 일반적인 추세입니다. 게다가 그러한 사람들 중에는 컴퓨터를 이용하고 다루는 것에 전혀 익숙하지 못한 고령자들도 다수 있습니다.

일반적으로 기계 도면을 작성하고 해독하려면, 먼저 기계 제도를 익히고, 기본적인 기계 공학 실무 지식들을 익혀야 합니다. 기존의 기계 제도 교재들은 도면 작도 내용들을 일률적으로 나열하고, 복잡하고 장황하게 설명함으로서 독자들이 교재를 읽더라도 그러한 제도 표준 및 작도 원칙이 실제 산업 현장에서 설계와 기계 제작 과정에 왜 필요하고, 어떻게 적용되고, 어떠한 결과를 만들고, 완성된 기계에 어떤 영향을 미치게 되는가에 대한 이해를 쉽게 할 수 없는 경우가 허다합니다.

여러분이 기초 제도와 기계 공학 실무 지식을 완벽하게 이해하지 못한 상태에서 AutoCAD를 배우면, 결국 도면을 작성하는 것이 아니라 쓸데없는 그림을 그리는 꼴이 되고, 그 그림으로 기계를 절대 제작할 수 없습니다. 이러한 관점에서 중요한 기계 제도의 기초 개념들과 원리들을 설명하고 바르게 적용하면서 AutoCAD 프로그램을 이용해서 다양한 표준 기계 부품들의 형상 및 실무 도면들의 작성하는 방법들을 스스로 작도하면서 익힐 수 있도록 실습 과제의 내용들을 엄선해서 이 교재를 구성했습니다.

또한 이 교재는 기계 설계 업무 수행 시 도면 작도 및 편집을 위해 AutoCAD 프로그램을 배우고자 하는 초보자들에게 AutoCAD에서 지원하고, 이용할 수 있는 중요한 명령, 옵션 및 도구들의 사용법을 설명하고, 그 특성들을 소개해서 독자들이 스스로 그 기능들을 습득할 수 있는 기초 학습 안내서입니다.

이 교재의 내용들을 정독하고, 제공된 다양한 과제 도면들을 AutoCAD를 사용해서 작성함으로써 자연스럽게 기계 제도와 AutoCAD 명령과 옵션 그리고 도형 작도법을 동시에 익히게 됨에 따라 진정한 기계 엔지니어로서 AutoCAD를 배우고, 도면을 작성하고, 그 기능들을 설계 실무에서 다양하게 활용하게 된다면, AutoCAD의 뛰어난 기능들과 숨겨진 진정한 가치들을 느끼고 발견하게 될 것입니다.

마지막으로 이 교재를 출간함에 있어 설명이 세련되지 못하고, 내용의 표현이 부적절한 부분들이 있을 것으로 사료되며, 미비하고 부족한 점들은 독자 여러분들의 진심 어린 지도 편달을 주신다면, 새로운 개정판에 그러한 내용을 수정 보완 하겠습니다. 마지막으로 오늘의 저를 있게 해 주신 부모님, 은사님, 저의 가족들 그리고 출판에 도움을 주신 청담북스 사장님 및 관계자 여러분 모두에게 진심으로 감사드립니다.

2021년 6월

— 카페 주소 : http://cafe.naver.com/dkemf7285
— 카페 명 : 2D Design & 3D Solid Modeling
공학제도(개요, 투상법)

CHAPTER 1
AutoCAD 소개(AutoCAD Introduction)

01 AutoCAD 소개 — 16
- 1.1 AutoCAD란? — 16
- 1.2 CAD 응용분야 — 17
- 1.3 CAD 시스템 사용 효과 — 18
- 1.4 AutoCAD 2022 새로운 기능 — 19

02 AutoCAD 2022 시작하기 — 20
- 2.1 AutoCAD 2022 실행하기 — 21
- 2.2 시작 화면(Start Screen) — 23
- 2.3 그래픽 사용자 인터페이스(GUI) — 24

03 명령 인터페이스(Command interface) — 50
- 3.1 AutoCAD Command(명령) 호출하는 방법 — 50
- 3.2 명령 옵션 선택하기(Select Command Option) — 59
- 3.3 중요한 명령 인터페이스 — 68
- 3.4 마우스 및 키보드 사용법 — 70

04 도면 파일 관리하기 — 73
- 4.1 도면 파일(Drawing file)의 개요 — 74
- 4.2 New(새로 만들기) 명령 – [Ctrl+N] — 79
- 4.3 OPEN(도면 파일 열기) 명령 [Ctrl+O] — 90
- 4.4 SAVE(저장) 명령 – [Ctrl+S] — 93
- 4.5 SAVEAS(다른 이름으로 저장) 명령 – [Ctrl+Shift+S] — 94
- 4.6 도면 안전 예방(DWG File Safety Precautions) — 96
- 4.7 QUIT, EXIT(AutoCAD 종료하기) 명령 – [Ctrl+Q] — 98

05 도면 유틸리티(Drawing Utilities) — 99
- 5.1 DWGPROPS(도면 특성) 명령 — 99
- 5.2 AUDIT(감사) 명령 — 100
- 5.3 STATUS(상태) 명령 — 101

5.4	PURGE(소거) 명령	101
5.5	RECOVER(복구) 명령	103
5.6	단축 명령어 설정(Command Aliases Setting)	104
5.7	EXPORT(내보내기) 명령	105
5.8	DWGCONVERT(DWG 변환) 명령	106

CHAPTER 2
그리기 기초(Basic Drafting)

01 선(Line) 그리기와 엔티티 지우기(Erase) 112

1.1	선(Line) 명령	113
1.2	ERASE(지우기) 명령	118
1.3	UNDO(명령 취소) 명령	120
1.4	REDO(명령 복구) 명령	122
1.5	UNDO, REDO 명령 및 Undo 옵션	123

02 화면 표시 제어(Display Controls) 125

2.1	ZOOM(줌) 명령	126
2.2	PAN(초점 이동) 명령	128

03 좌표 시스템(Coordinate System) 129

3.1	AutoCAD 좌표 시스템의 개요	129
3.2	위치 – 점(Point)을 지정하는 방법	131
3.3	각도를 측정하는 방법(How to measure Angle)	132
3.4	절대 좌표 시스템(Absolute coordinate system)	133
3.5	상대 절대 좌표 시스템(Relative Coordinate system)	135
3.6	극좌표 시스템(Polar Coordinate system)	137
3.7	상대 극좌표 시스템 (Relative Polar Coordinate system)	139
3.8	마지막 혹은 최종 좌표(Last point)	141
3.9	Point filter(점 필터)	142

CHAPTER 3
도면 설정(Drawing Setup)

01 도면 작성 순서 — 154
1.1 도면 그리는 과정 및 순서 — 155
1.2 도면 구성 요소에 축척 적용 — 155
1.3 AutoCAD에서 도면을 그리는 원칙 — 156

02 도면 양식 및 제도 규정 — 157
2.1 도면 용지의 크기 — 158
2.2 척도(SCALE) — 159
2.3 투상법 — 162
2.4 제1각법과 제3각법 — 163
2.5 선종류(Linetype)와 용도 — 166

03 도면 설정(Drawing setup) — 169
3.1 도면 단위와 정밀도(Drawing Unit & Accuracy) — 170
3.2 도면 척도(Drawing Scale) — 173
3.3 도면 한계 및 범위(Drawing Limits and Extents) — 175
3.4 도면 양식 요소 추가하기 — 182

CHAPTER 4
원호 도형 그리기(Draws Circle and Arc shapes)

01 그리기 보조 도구(Drawing aids) — 186
1.1 GRID(그리드) 명령 — 186
1.2 SNAP(스냅) 명령 — 190
1.3 동적 입력(Dynamic Input) — 192
1.4 직교 모드(Orthomode) — 193
1.5 극좌표 추적(Polar Tracking) — 194
1.6 등각투영 제도(Isometric Drafting) — 199
1.7 객체 스냅 추적(Object Snap Tracking) — 200

1.8	2D 객체 스냅(Object Snap)	201
1.9	선가중치 표시/숨기기(Show/hide lineweight)	204
1.10	투명도 표시/숨기기(Transparency)	205
1.11	선택 순환(Selection Cycling)	206
1.12	동적 UCS(Dynamic UCS)	208
1.13	주석 객체 표시(Show Annotation Object)	209
1.14	자동 축척(AutoScale)	210
1.15	주석 축척(Annotation scale of the current view)	213
1.16	작업공간 전환(Workspace switching)	214
1.17	주석 감시(Annotation monitor)	215
1.18	현재 도면 단위(Current Drawing Units)	216
1.19	빠른 특성(Quick properties)	217
1.20	객체 분리(Isolate object)	219

02 원호 객체 그리기(Draw circle and arc objects) — 222

2.1	CIRCLE(원) 명령	222
2.2	ARC(호) 명령	226

03 도면층(Layer) 개념 및 활용 — 229

3.1	LAYER(도면층) 명령	231
3.2	도면층 상태 제어하기(Controlling Layer States)	234
3.3	도면층(Layer) 리스트 제어 및 관리	238
3.4	도면층 삭제(Delete)하기	240
3.5	도면층 상태 관리자 명령(LAYERSTATE)	241
3.6	도면층 도구들(Layer Tools)	243
3.7	Express Tools	244

04 객체 간격띄우기, 자르기 및 연장하기 — 245

4.1	OFFSET(간격띄우기) 명령	245
4.2	TRIM(자르기) 명령	249
4.3	EXTEND(연장) 명령	252
4.4	FILLET(모깎기) 명령	254
4.5	CHAMFER(모따기) 명령	255

CHAPTER 5
도형 정의하기(Define the Shapes)

01 복합 객체 그리기(Draws complex shapes) — 272
1.1 Polyline(폴리선) 명령 — 272
1.2 PEDIT(폴리선 편집) 명령 — 275
1.3 RECTANGLE(직사각형) 명령 — 278
1.4 POLYGON(다각형) 명령 — 280
1.5 SPLINE(스플라인 명령) — 281
1.6 SPLINEDIT(스플라인 편집) 명령 — 284
1.7 ELLIPSE(타원) 명령 — 286

02 선형 객체 그리기(Draw the linear Object) — 301
2.1 구성선(XLine) 그리기 — 301
2.2 RAY(광선) 그리기 — 304
2.3 MLINE STYLE(여러 줄 스타일) 명령 — 305
2.4 MLINE(여러 줄) 명령 — 309
2.5 MLEDIT(여러 줄 편집) 명령 — 310

03 선택 세트(Selection set) — 317
3.1 객체 선택(Selecting Object) 옵션 — 318
3.2 클릭에 의한 객체 선택 (Selecting Objects by Picking) — 320
3.3 윈도우(Window) 옵션 — 321
3.4 걸치기(Cross) 옵션 — 321
3.5 묵시적 윈도우 선택(Implied Windowing Selection) — 322
3.6 울타리(Fence) 옵션 — 323
3.7 윈도우 폴리곤(Window Polygon) 옵션 — 324
3.8 걸침 폴리곤(Cross Polygon) 옵션 — 325
3.9 전체(All) 옵션 — 325
3.10 Previous(이전) 옵션 — 326
3.11 Last(최종) 옵션 — 326
3.12 추가 및 제거옵션(Add and Remove options) — 327
3.13 올가미 선택(Lasso selection)옵션 — 328

04 그립 편집(Grip Editing) 330

- 4.1 그립(Grip)의 개요 330
- 4.2 엔티티 그립(Entity Grip) 331
- 4.3 선택되지 않은 그립(Unselected Grip) 333
- 4.4 선택된 그립(Selected Grip) 333
- 4.5 그립 취소(Cancelling Grip) 333
- 4.6 그립 이용하기(How to use Grip) 334
- 4.7 그립 설정(DDGRIPS) 334

CHAPTER 6
엔티티 특성(Entity Property)

01 엔티티 특성(Entity Property) 개념 및 활용 340

- 1.1 엔티티 특성(Entity Property) 개요 340
- 1.2 객체의 특성 표시 및 변경 341
- 1.3 PROPERTIES(특성) 명령 342
- 1.4 MATCHPROP(특성 일치) 명령 343
- 1.5 CHANGE or CHPROP(특성 변경) 명령 344
- 1.6 SetByLayer(ByLayer로 변경) 명령 345

02 색상(Color)의 개념 및 활용 347

- 2.1 색상(Color)의 개요 347
- 2.2 COLOR(색상) 명령 348

03 선종류(Linetype) 개념 및 활용 349

- 3.1 선종류(Linetype)의 개요 349
- 3.2 Linetype(선종류) 명령 350
- 3.3 현재 선종류 설정(Set up current Linetype) 351
- 3.4 객체의 선종류 변경(Change Object's Linetype) 352
- 3.5 LTSCALE(선종류 축척) 명령 353

04 선 가중치(Line weight)의 개념 및 활용 355

- 4.1 선가중치(LWEIGHT)의 개요 355
- 4.2 LWEIGHT(선가중치) 명령 356

CHAPTER 7
객체 수정하기(Modify the Object)

01 도형 복사, 대칭 및 배열하기 … 366
- 1.1 COPY(복사) 명령 … 366
- 1.2 MOVE(이동) 명령 … 368
- 1.3 MIRROR(대칭) 명령 … 369
- 1.4 ROTATE(회전) 명령 … 371
- 1.5 SCALE(축척) 명령 … 372
- 1.6 ARRAYRECT(직사각형 배열) 명령 … 373
- 1.7 ARRAYPOLAR(원형 배열) 명령 … 375
- 1.8 ARRAYPATH(경로 배열) 명령 … 376
- 1.9 ARRAYEDIT(배열 편집) 명령 … 377

02 엔티티 편집(Editing Entity) … 386
- 2.1 JOIN(결합)명령 … 386
- 2.2 BREAK(끊기) 명령 … 388
- 2.3 단일 점에서 객체 끊기(BREAKATPOINT) … 389
- 2.4 LENGTHEN(길이 조정) 명령 … 390
- 2.5 STRETCH(신축) 명령 … 392
- 2.6 EXPLODE(분해) 명령 … 393
- 2.7 점 스타일 및 점 명령(PTYPE and POINT) … 394
- 2.8 DIVIDE(등분할 – 개수 분할) 명령 … 396
- 2.9 MEASURE(길이 분할) 명령 … 397
- 2.10 BOUNDARY(경계) 명령 … 398
- 2.11 REGION(영역) 명령 … 399

03 조회 명령들(Inquiry Commands) … 403
- 3.1 DIST(거리) 명령 … 403
- 3.2 AREA(면적) 명령 … 405
- 3.3 MASSPROP(영역/질량 특성) 명령 … 409
- 3.4 LIST(리스트) 명령 … 411
- 3.5 ID(좌표) 명령 … 412

CHAPTER 8
문자, 해치 및 블록(Text, hatch and block)

01 문자 입력 및 편집(Input and edit the text) — 422

- 1.1 문자 입력 개요 — 422
- 1.2 STYLE(문자 스타일) 명령 — 424
- 1.3 TEXT or DTEXT(단일행 문자) 명령 — 427
- 1.4 MTEXT(여러 줄 문자) 명령 — 430
- 1.5 TEXTEDIT(문자 편집) 명령 — 433
- 1.6 MTEDIT(여러 줄 문자 편집) 명령 — 434

02 해치 작업(HATCHING) — 439

- 2.1 해치 개요(Hatch Overview) — 439
- 2.2 HATCH, BHATCH(해치) 명령 — 440
- 2.3 HATCHEDIT(해치 편집) 명령 — 447

03 블록(Block) 이용하기 — 448

- 3.1 블록(Block) 개요 — 448
- 3.2 블록의 색상 및 선종류 특성 조정 — 449
- 3.3 블록의 유형 — 450
- 3.4 BLOCK(블록 만들기) 명령 — 452
- 3.5 Wblock(외부 블록 만들기) 명령 — 456
- 3.6 블록 팔레트 명령(BLOCKSPALETTE) — 460

CHAPTER 9
치수 작업(Dimensioning)

01 치수 개요(Dimension Overview) — 468

- 1.1 치수 기입 원칙 — 470
- 1.2 치수 보조 기호 — 470

02 치수 스타일(Dimension Style) — 471

- 2.1 치수 스타일(Dimension style) 개요 — 471
- 2.2 Dimension Style(치수 스타일) 명령 — 472
- 2.3 치수 변수(Dimension Variable) — 483
- 2.4 DIMOVERRIDE(치수 재지정) 명령 — 484
- 2.5 −DimStyle(치수 업데이트) 명령 — 486

03 선형 치수(Linear Dimension) — 491

- 3.1 LINEAR DIMENSION(선형 치수) 명령 — 492
- 3.2 ALIGNED DIMENSION(정렬 치수) 명령 — 494
- 3.3 DIMJOGLINE(꺾어진 선형 치수) 명령 — 495
- 3.4 DIMORDINATE(세로 좌표 치수) 명령 — 496
- 3.5 DIMCONTINUE(연속 치수) 명령 — 497
- 3.6 DIMBASELINE(기준선 치수) 명령 — 499

04 원호 치수(Radial Dimension) — 500

- 4.1 DIAMETER DIMENSION(지름 치수) 명령 — 500
- 4.2 RADIUS DIMENSION(반지름 치수) 명령 — 501
- 4.3 ANGULAR DIMENSION(각도 치수) 명령 — 502
- 4.4 ARC LENGTH DIMENSION(호 길이 치수)명령 — 503
- 4.5 DIMJOGGED(꺾어진 반지름 치수) 명령 — 504

05 기타 치수 명령 — 505

- 5.1 DIM(치수) 명령 — 505
- 5.2 QDIM(신속 치수) 명령 — 507
- 5.3 DIMCENTER(중심 표식) 명령 — 508
- 5.4 DIMSPACE(치수 간격) 명령 — 510
- 5.5 DIMBREAK(치수 끊기) 명령 — 511
- 5.6 DIMREASSOCIATE(치수 재연관) 명령 — 512

06 치수 편집(Editing Dimension) — 515

- 6.1 치수 기입 작업 시 문자 수정 — 515
- 6.2 DIMTEDIT(치수 문자 편집) 명령 — 516
- 6.3 DIMEDIT(치수 편집) 명령 — 518
- 6.4 치수 편집 − 화살표 반전 — 520

07 지시선을 갖는 주석(Annotation with Leader) — 521

- 7.1 다중 지시선 개요 — 521
- 7.2 MLEADER Style(다중 지시선 스타일) 명령 — 522
- 7.3 MLEADER(다중 지시선) 명령 — 525
- 7.4 LEADER(지시선) 명령 — 527
- 7.5 QLEADER(지시선) 명령 — 528
- 7.6 TOLERANCE(공차) 명령 — 530
- 7.7 MLEADERALIGN(다중 지시선 정렬) 명령 — 542
- 7.8 MLEADERCOLLECT(다중 지시선 수집) 명령 — 543
- 7.9 MLEADEREDIT(지시선 추가/제거) 명령 — 544

CHAPTER 10
도면 출력(Plot Drawing)

01 도면 출력(Plotting Drawing) — 560

- 1.1 도면 출력 개요 — 560
- 1.2 출력기 연결 및 드라이버 설치하기 — 562
- 1.3 플로터 추가하기(Adding a Plotter) — 563
- 1.4 도면 출력하기(Plot Drawing) — 567
- 1.5 플롯 스타일(CTB, STB) — 572

02 도면 작성 과정(요약) — 586

- 2.1 대상체 선정 — 586
- 2.2 도면 시트 설정과 축척 계산 — 587
- 2.3 단위 및 정밀도(UNITS) 설정 — 588
- 2.4 도면 한계(LIMITS) 설정 및 윤곽선과 중심마크 작도 — 589
- 2.5 선종류 축척(LTSCALE) 설정 — 589
- 2.6 도면층(LAYER) 만들기 — 590
- 2.7 삼각 투상법에 의한 도면 뷰 작도 — 591
- 2.8 해치(HATCH) 작업 — 591
- 2.9 주서(TEXT) 작업 — 592
- 2.10 치수(DIM) 작업 — 592

■ 이 장에서 다음의 내용을 학습하게 됩니다.

- AutoCAD 소개
- CAD 응용분야
- CAD 시스템 사용 효과
- AutoCAD 2022 새로운 기능
- AutoCAD 2022 시작하기
- AutoCAD 2022 GUI
- 명령 인터페이스
- 명령 옵션 선택하기
- 도면 파일 관리하기
- 도면 유틸리티(Drawing Utility)

CHAPTER

1

AutoCAD 소개
(AutoCAD Introduction)

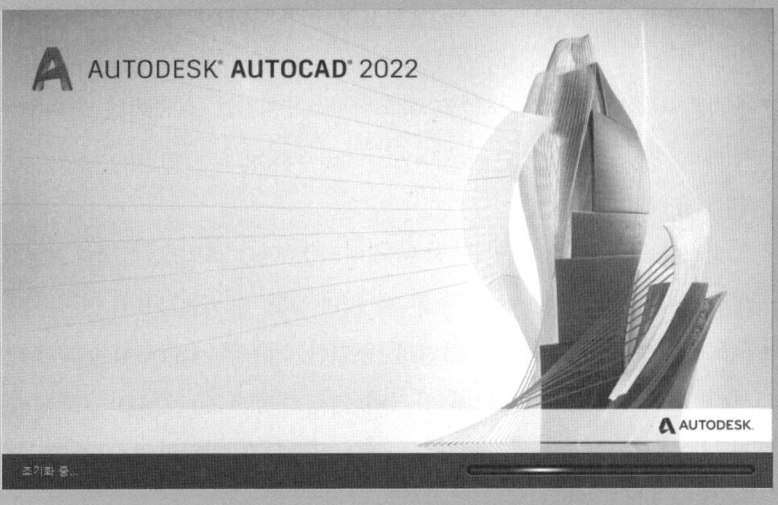

01 AutoCAD 소개

1.1 AutoCAD란?

- AutoCAD는 미국의 Autodesk사가 컴퓨터를 이용한 설계 프로젝트(Design Project)를 수행하는 동안에 도면을 작성하는 도구 즉 CAD(Computer Aided Design) 소프트웨어 도구로 1982년 개최된 COMDEX 무역 전시회에서 처음 소개 되었습니다.
- 초기에는 주로 건축 설계 사무소에서 건축 도면을 작성하는 도구로서 AutoCAD를 이용 하였지만, 시간이 지날수록 점차 범용 CAD 소프트웨어로 전 세계 거의 모든 설계자들에 의해 다양한 각종 산업분야의 설계 작업에 적합하게 규격화, 표준화(Standardization) 및 사용자화(Customizing)해서 다양하고, 보다 편리하고 보다 쉽게 이용할 수 있는 강력한 기능의 2D 디자인/드로잉 도구(2D Design/Drawing Tool)로서 오늘에 이르게 되었습니다.
- 오늘날 다양한 산업분야에 널리 보급된 AutoCAD는 도면의 작성, 보관 및 재사용이 용이하고, 도면 데이터의 호환성(Compatibility)도 매우 높아 국제 규격에 입각한 설계 프로젝트를 수행할 수 있을 뿐 아니라 현재 국제 산업 표준화(Global Industry Standard)의 역할을 담당하고 있습니다.
- AutoCAD를 이용해서 도면을 작도하면, 설계자는 전통적인 수작업 제도 방식에 비해서 매우 빠르고 정밀하고 정확한 공학도면(Engineering Drawing)을 보다 쉽게 작도 및 수정, 편집할 수 있습니다.
- AutoCAD는 작성한 도면을 전자 데이터(DWG) 파일로 저장하기 때문에, 필요할 때마다 호출해서 편집, 재사용(Reuse) 혹은 플롯(Plot)할 수 있습니다.
- Autodesk사는 AutoCAD 버전과 동일한 기능의 AutoCAD LT 버전을 매년 릴리즈 하는데 AutoCAD LT 버전은 비교적 가격이 저렴하지만 AutoCAD의 모든 완전한 기능들과 비교한다면, 자동화 기능(AutoLISP)과 고급 3D 기능들은 지원하지 않기 때문에 설계자에게 종종 아쉬움 면이 남아 있습니다.

1.2 CAD 응용분야

- 건축, 토목 설계(Architecture / Civil Engineering Design)
- 전기, 전자 설계(Electric / Electronic Design)
- 자동차, 항공기, 선박 등의 기계 설계(Mechanical Design)
- 조경 설계(Landscape Design)
- 지도 제작(Cartography)
- 산업, 공업, 실내 제품 디자인(Industrial / Interior Product Design)
- 군사, 과학 분야의 모의실험(Simulation)
- 영화, 광고 등의 애니메이션(Animation)
- 각종 설계도면 작성(Engineering Drawing)

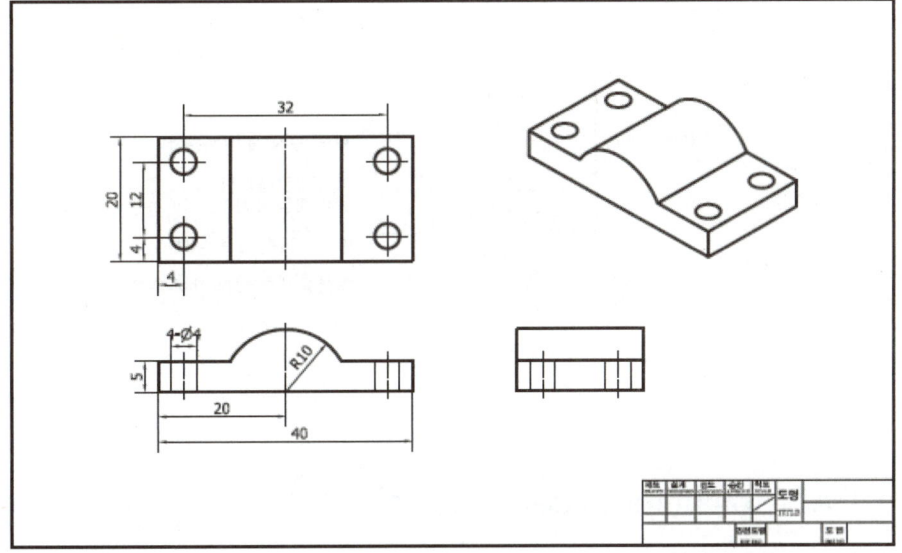

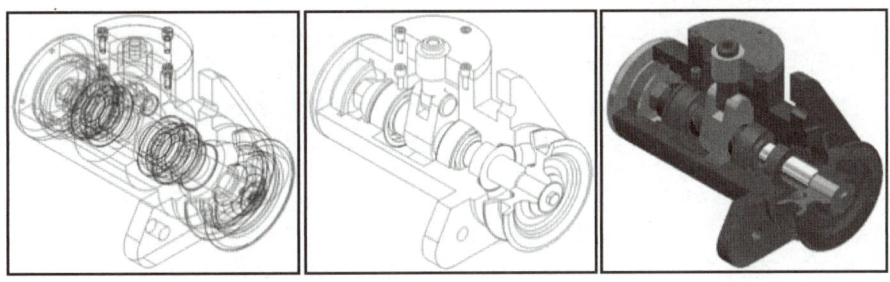

1.3 CAD 시스템 사용 효과

- 설계 기간의 단축 및 생산성 향상으로 인한 원가 절감
- 작업의 유연성(설계의 부분적 변경 및 재사용 용이)
- 설계 오류 감소 및 품질 향상에 의한 신뢰성 향상
- 표준화, 규격화에 의한 경쟁력 강화

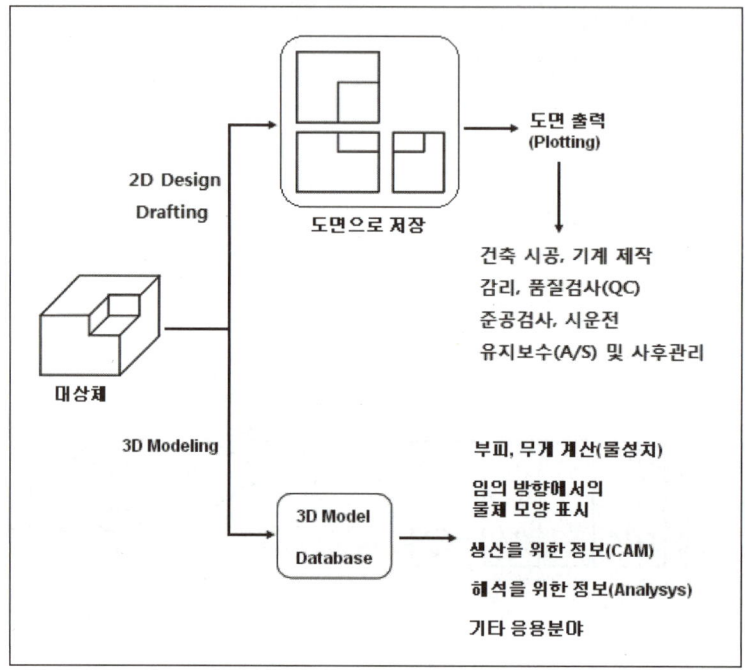

TIP〉 CAD(Computer Aided Design)

일반적으로 디자인 개념(Design concept)을 시각적으로 구현하는데 컴퓨터를 이용하는 창의적인 작업 방법을 CAD라고 말할 수 있습니다. Engineering Design 측면에서 CAD를 보면, CAD는 개념 설계(Concept Design)로부터 상세설계(Detail Design)에 이르기까지 모든 설계 프로젝트를 수행하는데 있어서 컴퓨터의 강력한 계산 및 활용 기능들을 이용하는 설계 방법으로 소개되었으며, 각종 설계 시방서를 컴퓨터에 입력하여 설계(Design)와 해석(Analysis)을 병행하면서 궁극적으로 엔지니어링 도면을 작성하는 설계 자동화(Design Automation)의 개념을 의미합니다.

그리고 CAD는 Computer Aided Drafting의 의미로 사용되기도 하는데 이것은 창의적인 디자인 작업을 의미하지 않고, 단순히 컴퓨터의 반복적이고 강력한 데이터 처리 기능들을 이용해서 설계에 필요한 자료들을 기하학적 도형의 형태로 표현하는 것을 포함합니다.

1.4 AutoCAD 2022 새로운 기능

AutoCAD 2022 버전의 업데이트된 새로운 기능들은 다음과 같습니다.

1) 추적(Trace)
2) 블록 개수 팔레트(Block Count Palette)
3) 부동 도면 탭(Floating Drawing Tabs)
4) 현재 도면 공유(Share Current Drawing)
   팀원에게 제어된 도면의 복사본을 보내어 도면이 어디에 있든 안전하게 액세스할 수 있습니다.
5) Push to Autodesk Docs
   AutoCAD에서 Autodesk Docs로 직접 CAD 도면을 PDF로 게시합니다.
6) 시작 탭 개선(Start Tab Improvements)
7) 설치 프로그램 개선(Installation Improvements)
8) 그래픽 속도 개선(Graphic Improvements)

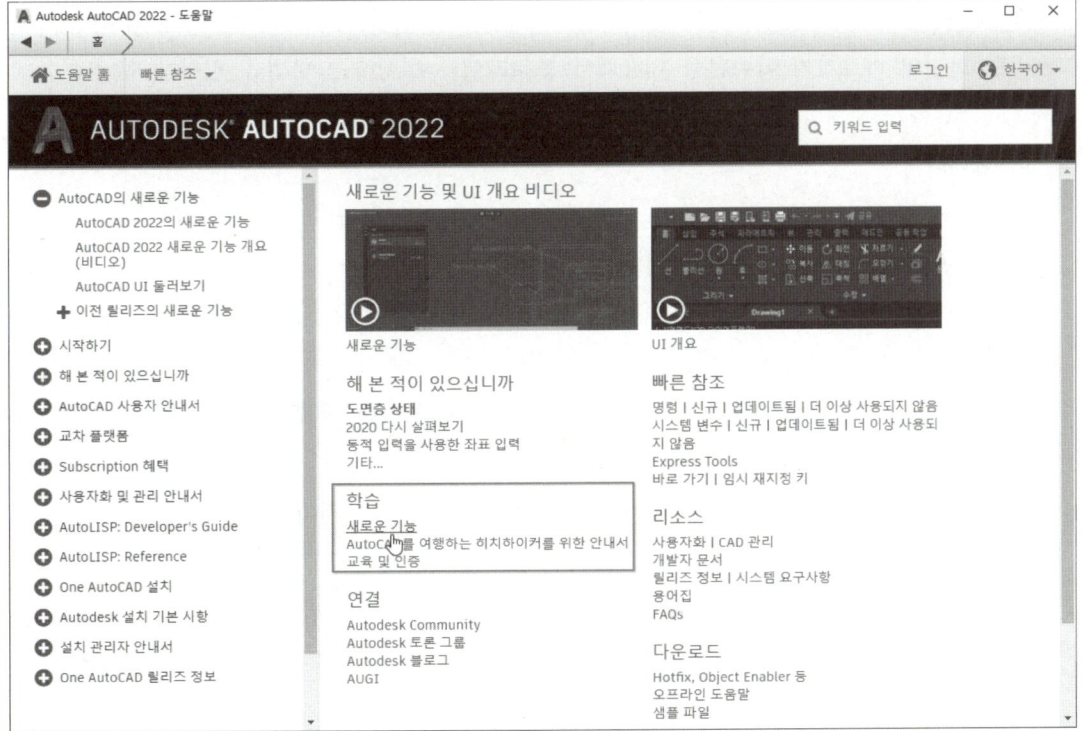

〈AutoCAD 2022 도움말 홈〉

새로운 기능에 대한 자세한 내용은 도움말을 참고 하세요.

02 AutoCAD 2022 시작하기

❏ 선행 학습 조건

이 단원의 학습을 시작하기 전에 여러분은 다음의 선행 학습을 익혀야 합니다.

- AutoCAD가 Microsoft Windows 운영체제에서 실행되기 때문에 전반적인 Windows 사용법을 이해하고 숙지해야 합니다.
- 컴퓨터 Windows 바탕 화면의 메뉴 구성을 이해하고, 작업 표시줄 및 아이콘의 속성을 익혀야 합니다.
- Windows 바탕 화면에서 '시작' 버튼 혹은 메뉴를 자유롭게 사용할 수 있어야 합니다.
- 바탕 화면의 바로가기 아이콘을 이용해서 프로그램을 실행하는 방법을 익혀야 합니다.
- Windows 운영체제의 시스템 구조를 이해하고, 폴더, 파일들의 속성 및 관리하는 방법을 익혀야 합니다.
- Windows 탐색기의 기능을 숙달하고, 탐색기 내에서 파일을 열고, 저장, 삭제 혹은 이동 등 파일을 다루는 방법을 익혀야 합니다.
- Windows에서 빈번하게 사용하는 바로가기 키들을 숙지하고, 그것들의 사용법에 익숙해야 합니다.
- Windows 작업 환경에서 마우스와 그것의 버튼 및 휠의 기능, 용도를 숙지하고, 언제든지 마우스를 능숙하게 사용할 수 있어야 합니다.
- Windows 창을 열고, 세션을 시작하고, 종료하는 방법을 숙달해야 합니다.
- Windows의 강력하고 다양한 도구, 편리한 기능 및 명령들을 익혀야 합니다.
- 컴퓨터 및 Windows 시스템을 시작하고, 안전하게 종료하는 방법을 숙달해야 합니다.

> **TIP〉 AutoCAD 2022 64bits 버전**
>
> 이 교재는 Microsoft Windows 10 운영체제에서 실행되는 AutoCAD 2022 한글 버전에서 지원하는 중요한 작도 명령 및 기능들을 설명하고, 소개할 것입니다.
>
> 또한 그것들이 AutoCAD 2022 버전뿐만 아니라 모든 AutoCAD 버전들에서도 그대로 적용될 것입니다. AutoCAD 64 bits Windows 버전은 실행 속도가 매우 빠르기 때문에 가능하다면 그러한 운영체제와 알맞은 AutoCAD 버전을 설치, 사용할 것을 권장합니다.

2.1 AutoCAD 2022 실행하기

MS Windows 10에서 다음과 같이 AutoCAD를 실행하는 몇 가지 방법들이 있습니다.

1 컴퓨터 데스크톱 아래에 있는 작업 표시줄 왼쪽의 ▦(시작) 버튼을 클릭합니다.

다음 그림처럼 최근에 추가한 앱 목록에서(필요 시 드롭다운)해서 [AutoCAD 2022 - 한국어(korean)] 아이콘을 클릭합니다.

또는

1 컴퓨터 데스크톱 아래에 있는 작업 표시줄 왼쪽의 ▦(시작) 버튼을 클릭합니다.

오른쪽 스크롤 슬라이더를 아래로 내리면서 [AutoCAD 2022 - 한국어(Korean)] 폴더를 찾아서 맨 오른쪽 ∨(확장) 아이콘을 클릭 ⇨ [AutoCAD 2022 - 한국어(korean)]을 클릭합니다.

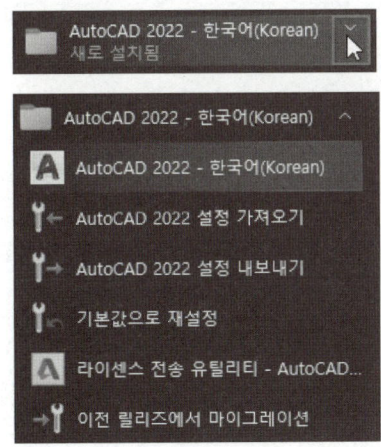

또는

1️⃣ 다음 그림처럼 바탕 화면에 있는 AutoCAD 2022 바로가기 아이콘을 더블 클릭합니다.

또는

1️⃣ 다음 그림처럼 바탕 화면에 있는 AutoCAD 2022 바로가기 아이콘을 마우스 오른쪽 버튼을 클릭하고, 바로가기 메뉴에서 [열기]를 클릭합니다.

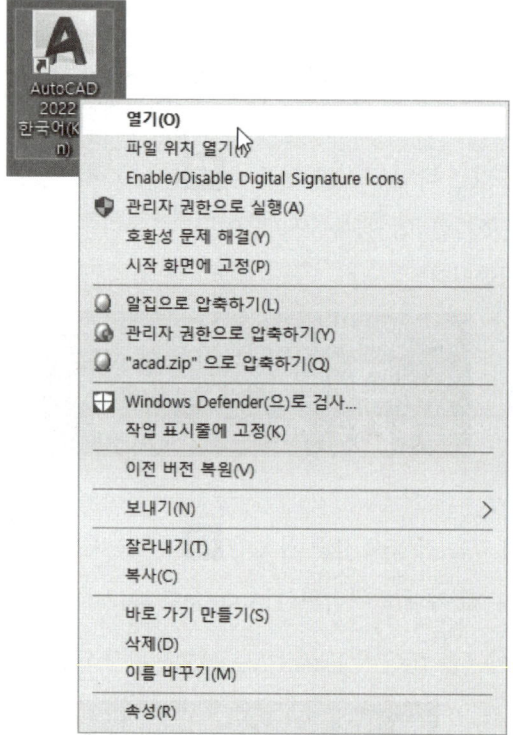

또는

1️⃣ Windows 탐색기에서 저장된 도면 파일(*.DWG)을 더블 클릭합니다.

> **TIP〉 AutoCAD 버전별 바로가기 아이콘**
>
> 다음 그림처럼 바탕 화면에 있는 각 AutoCAD 별 바로가기 아이콘을 마우스 왼쪽 버튼으로 더블 클릭하거나 마우스 오른쪽 버튼을 클릭한 후 표시된 팝업 메뉴에서 '열기'를 선택합니다.

〈버전별 AutoCAD 바로가기 아이콘〉

2.2 시작 화면(Start Screen)

1) 시작 탭(Start tab)

- 바탕 화면에서 AutoCAD 2022 아이콘을 더블클릭해서 실행하면, 다음 그림처럼 [시작] 탭이 표시되며, 설계자는 이 탭에서 설계 작업을 시작할 수 있습니다.

〈AutoCAD 2022 시작 탭〉

- [시작] 탭에는 다음과 같은 가장 자주 필요한 옵션이 강조 표시되어 있습니다.
  ① 최근 - 저장된 도면 파일을 열어 계속 작업을 할 수 있습니다.

② 새 작업 시작 - 빈 슬레이트, 템플릿 컨텐츠 또는 알려진 위치의 기존 컨텐츠에서 새로운 작업을 시작합니다.

③ 알아보기 - 제품을 살펴보거나, 새 기술을 알아보거나, 기존 기술을 개선하거나, 제품에서 변경된 사항을 확인하거나, 관련 알림을 수신합니다.

③ 참여 - 고객 커뮤니티에 참여하거나, 피드백을 제공하거나, 고객 도움말 또는 지원에 문의합니다.

2.3 그래픽 사용자 인터페이스(GUI)

- AutoCAD 2022 사용자 인터페이스(User Interface)는 작업자가 설계 작업을 하는데 이용할 수 있는 주요한 명령 및 도구들의 구성요소들을 포함하고 있습니다.

- AutoCAD 2022 버전의 사용자 인터페이스는 디폴트로 [어두움]을 이용합니다. 다음 그림처럼 설계자는 [Options(옵션)] 명령을 호출해서 이것을 변경할 수 있습니다.

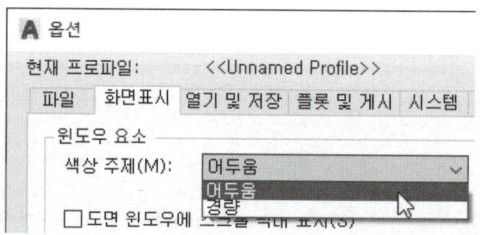

- Microsoft Windows 10 운영체제에서 리본(Ribbon) 메뉴를 채용한 AutoCAD 2022 한글 버전 사용자 인터페이스(User Interface)는 다음 그림과 같습니다.

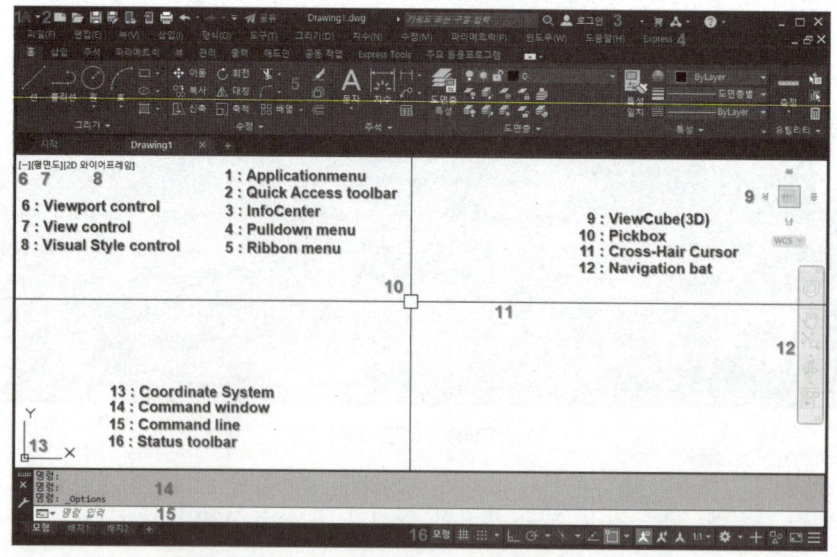

〈Windows 10 AutoCAD 2022 버전 사용자 인터페이스〉

1) 응용프로그램 메뉴(Application Menu)

- '응용프로그램(Application)' 메뉴는 새 도면 파일을 작성 및 저장하고, 저장된 도면 파일을 열어 수정하거나 플롯(Plot) 하는 등 전반적인 도면 파일들을 관리하는데 필요한 명령 및 도구들을 제공합니다.
- '응용프로그램(Application)' 메뉴는 다음 작업을 보다 신속하게 수행할 수 있습니다.
  - 새 도면 파일 작성, 도면 열기 또는 저장(New, Open or Save)
  - 도면 파일을 다른 형식으로 내보내기(Export)
  - 도면 파일 인쇄 또는 게시(Plot or Publish)
  - 도면 파일 감사(Audit), 복구(Recover) 및 소거(Purge)
  - 명령 검색 및 실행(Search and execute Command)
  - 파일 찾아보기 : 최근 문서, 현재 열린 문서, 문서 미리보기
  - AutoCAD 프로그램 옵션 대화상자 호출하기(Options)
  - 도면 세션(Drawing session) 닫기 및 AutoCAD 프로그램 종료(Close and exit)

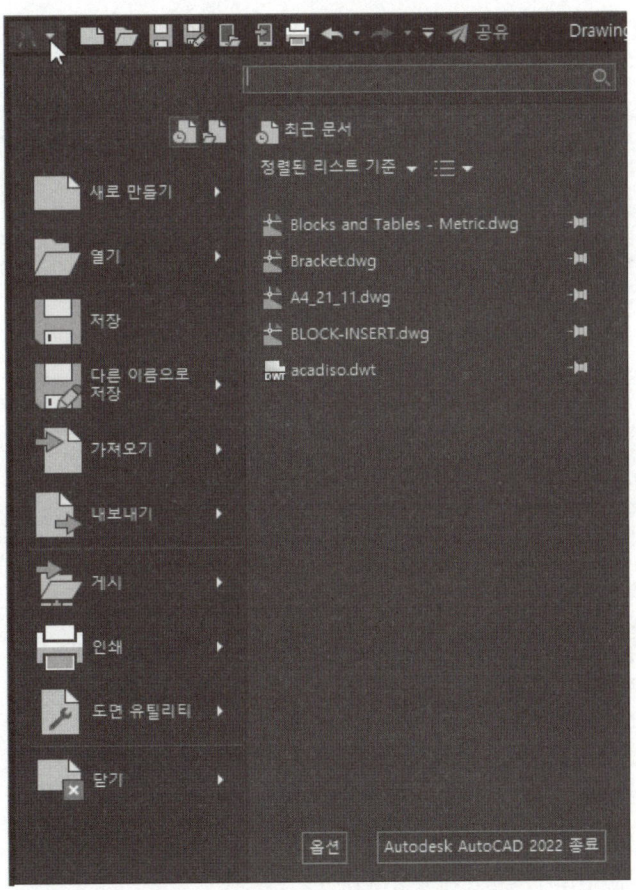

〈응용프로그램(Application) 메뉴〉

- '응용프로그램(Application)' 메뉴는 디폴트로 이전 AutoCAD 버전의 '파일(File)' 풀다운 메뉴에서 제공하는 명령 및 도구들과 거의 동일합니다.

- [응용프로그램(A)] 메뉴를 클릭할 때는 마우스 왼쪽 버튼으로 A글자 오른쪽 역삼각형을 클릭해야 합니다.

- [응용프로그램(A)] 버튼을 클릭하고, 하위 메뉴를 클릭하면, 옵션 없이 그 명령만 호출됩니다.

- [응용프로그램(A)] 버튼을 클릭한 후 하단의 [Options] 버튼을 클릭하면, '옵션' 대화상자가 호출됩니다. 이 '옵션' 대화상자에서 작업자는 디폴트 설정들을 AutoCAD가 실행되는 방법을 사용자화하도록 변경할 수 있습니다.

예를 들면, 도면 윈도우의 바탕 색상을 변경할 수 있는데,

1 [응용프로그램(A)] ⇨ 옵션 [Options] 버튼을 클릭합니다.

2 '옵션' 대화상자에서 [화면표시] 탭을 클릭하고, [색상] 버튼을 클릭합니다.

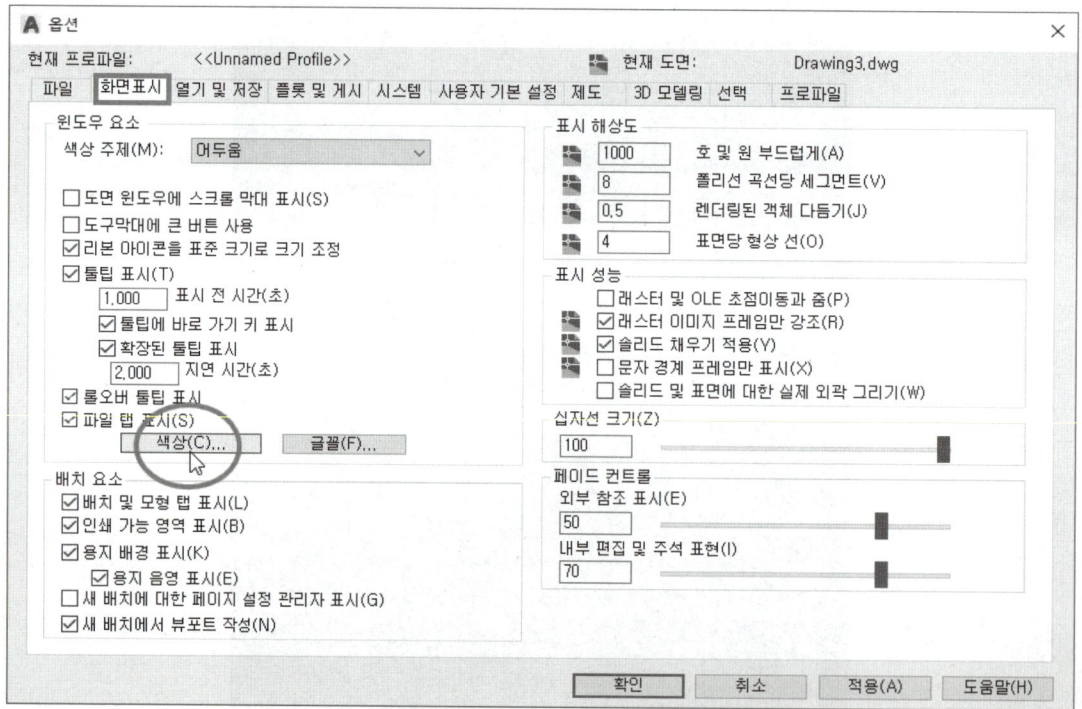

〈옵션 대화상자 화면 표시 탭〉

3 다음 그림처럼 '도면 윈도우 색상' 대화상자에서
  ① '컨텍스트' 영역에서 "2D 모형 공간"을 클릭해서 선택합니다.

② '인터페이스 요소' 영역에서 "균일한 배경"을 클릭해서 선택합니다.

③ 다음 그림처럼 맨 오른쪽 '색상' 드롭다운 리스트에서 선호하는 색상을 클릭합니다.

4 [적용 및 닫기] 버튼을 클릭합니다.

5 '옵션' 대화상자에서 [확인] 버튼을 클릭합니다.

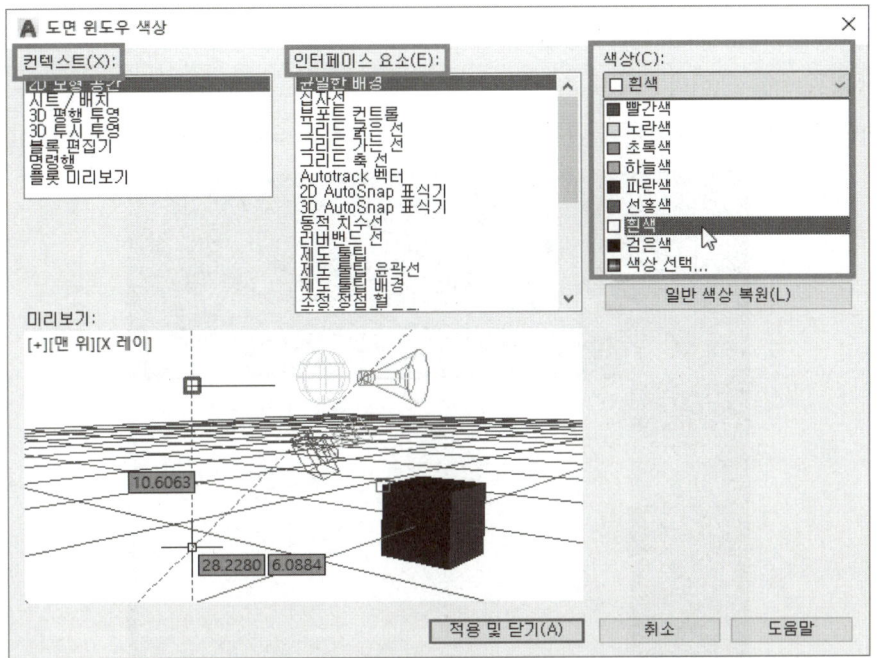

〈도면 윈도우 색상 대화상자〉

• AutoCAD를 종료하기 위해 [Autodesk AutoCAD 2022 종료] 버튼을 클릭합니다.

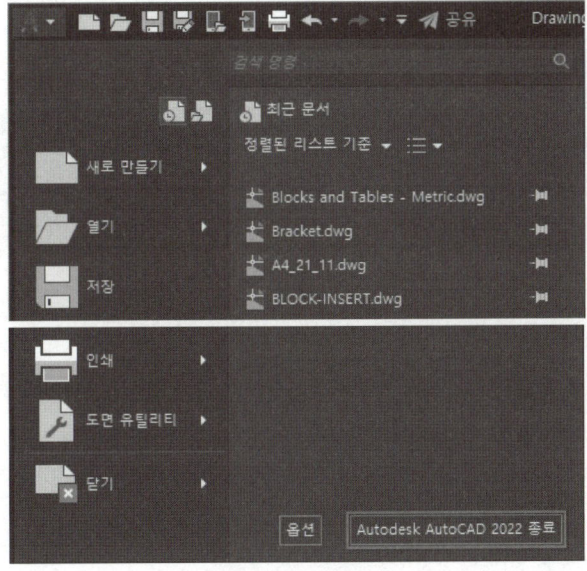

〈AutoCAD 종료〉

따라하기〉 명령 호출 위치 찾기

1 [응용프로그램(A)] 메뉴 버튼을 클릭합니다.
2 명령 검색 필드에 명령의 이름을 타이핑합니다.

만일 [LINE(선)] 명령을 검색하기 위해서,

① 검색 필드에 [line] 이라고 입력합니다.

② 타이핑하는 명령 이름 글자에 연관된 명령 혹은 도구들이 다음 그림처럼 동적으로 표시됩니다.

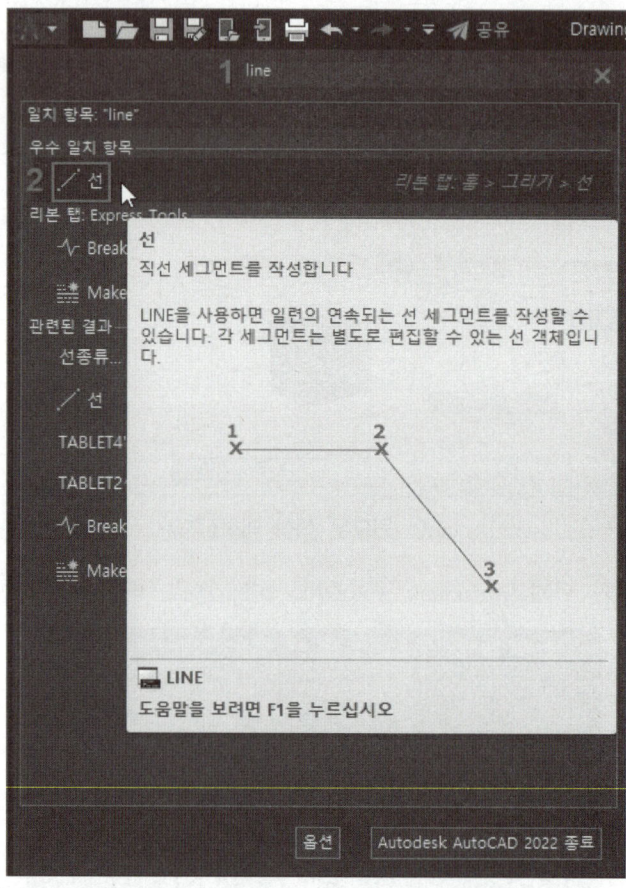

3 동적으로 표시된 리스트에서 사용하기를 원하는 명령을 클릭합니다.

① 위의 그림에서 [선] 명령을 마우스 왼쪽 버튼으로 클릭하면,

② 즉시 선(Line) 명령이 다음 그림처럼 명령 윈도우와 명령 행에 호출되어 실행이 시작됩니다.

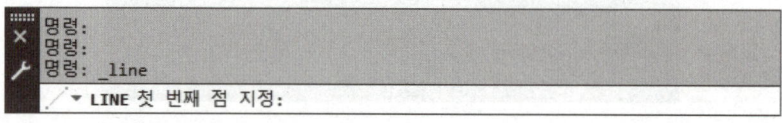

따라하기 〉 응용프로그램 메뉴로부터 도면 파일 열기

1. [응용프로그램(A)] 버튼을 클릭합니다.
2. 다음 그림처럼 '최근 문서'들의 리스트가 표시됩니다.

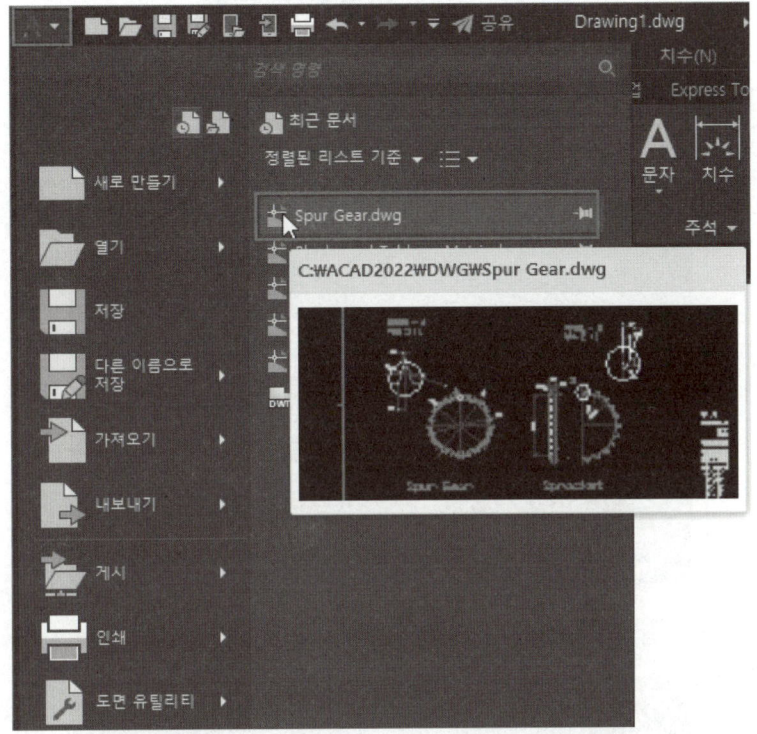

3. 디폴트 문서 표시 옵션은 [정렬된 리스트 기준(By Order List)]입니다.

   다음 그림처럼 "최근 문서" 아래에 있는 [정렬된 리스트 기준]의 오른쪽 끝의 드롭다운 리스트 버튼을 클릭하면, 작업자는 표시 옵션을 변경하기 위해서 [액세스 날짜 기준(By Access Data)], [크기 기준(By Size)], [유형 기준(By Type)]을 클릭해서 설정할 수 있습니다.

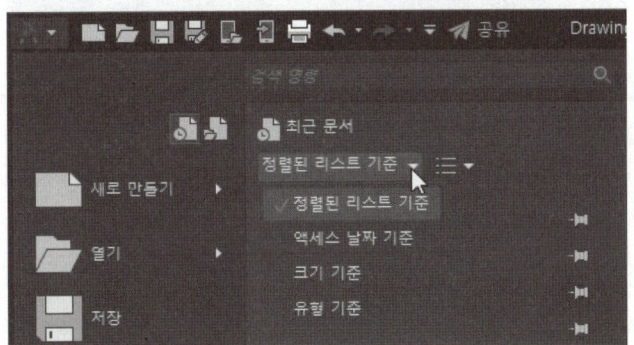

또한 다음 그림처럼 도면 파일의 아이콘 혹은 이미지의 크기를 변경할 수 있습니다.

4 열린 도면들의 리스트를 표시하기 위해서, 다음 그림처럼 [열린 문서] 아이콘을 클릭합니다.

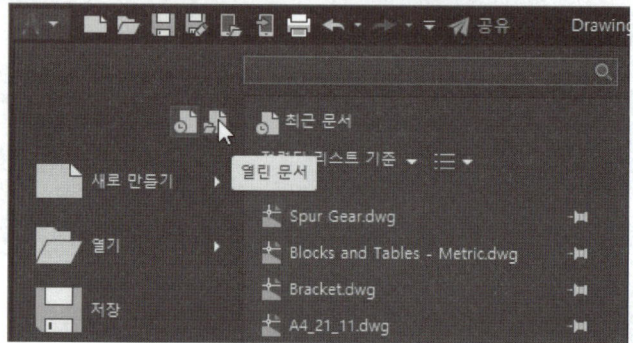

5 '최근 문서' 리스트로 복귀하기 위해서, [최근 문서] 아이콘을 클릭합니다.

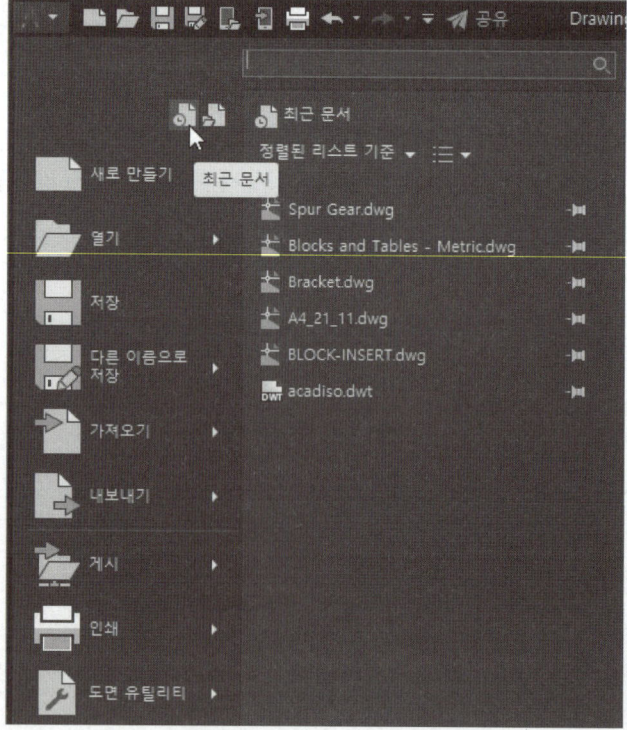

2) 신속 접근 도구막대(Quick access toolbar)

- 신속 접근 도구막대는 AutoCAD 화면의 왼쪽 상단에 배치된 유연한 도구막대입니다.
- 이 도구막대에는 [새로 만들기(New)], [열기(Open)], [저장(Save)], [다른 이름으로 저장(SAVEAS)], [웹 및 모바일에서 열기], [웹 및 모바일에 저장], [플롯(Plot)]등 도면 파일들을 관리하는 중요한 명령들을 신속하게 호출할 수 있는 기능을 제공합니다.

- 신속 접근 도구막대는 작업자 자신이 선호하는 명령들을 추가 하거나 불필요한 명령들을 제거 할 수 있는 간단한 사용자화(Customizing) 기능을 지원합니다.
- 다음 그림처럼 '신속 접근 도구막대 사용자화' 메뉴에서 명령 이름 앞에 '✔' 마크가 표시된 것은 현재 '신속 접근 도구막대'에 그 명령 아이콘이 추가되어 있는 것을 의미합니다. '✔' 마크가 없는 것은 현재 신속 접근 도구막대에 명령 아이콘이 없다는 것을 의미합니다.
- '신속 접근 도구막대 사용자화' 메뉴에서 [특성] 항목을 클릭하면, [특성] 명령 아이콘이 '신속 접근 도구막대'에 추가됩니다.

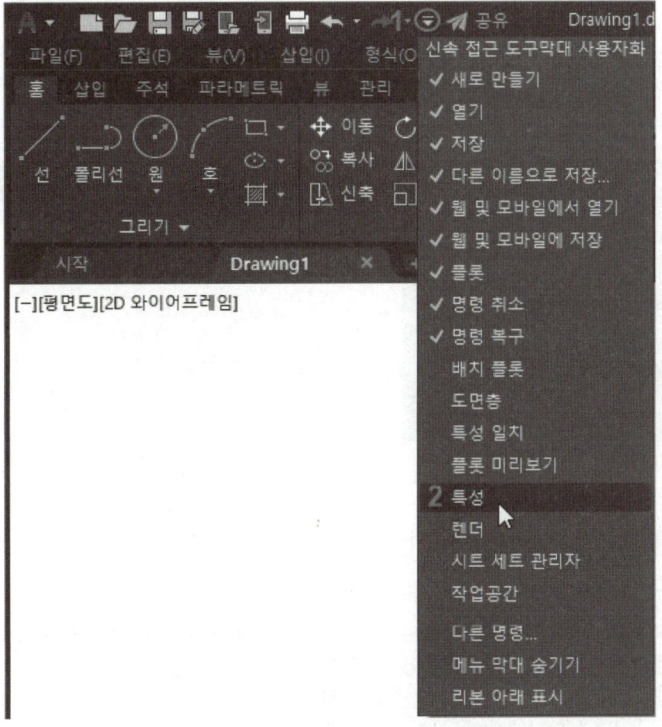

- 위의 그림처럼 '신속 접근 도구막대 사용자화' 메뉴에 나열된 명령들 외에 다른 명령들을 '신속 접근 도구막대'에 추가 하려면, [다른 명령……]을 클릭합니다.

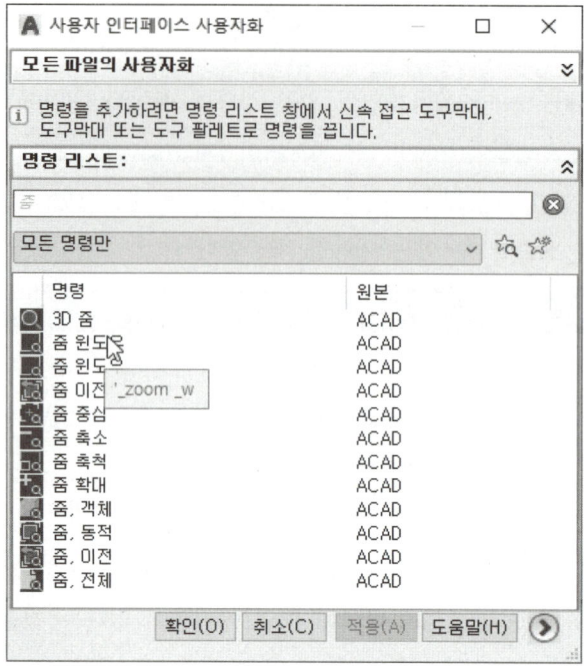

- '사용자 인터페이스 사용자화' 대화상자에서 원하는 명령 아이콘을 선택한 후 '신속 접근 도구 막대'의 원하는 표시 위치로 드래그-드롭합니다.

  만일 여러 명령들을 한 번에 옮기려면, [CTRL] 키를 누른 상태에서 원하는 명령 아이콘들을 선택해서 '신속 접근 도구막대'의 원하는 표시 위치로 드래그-드롭합니다.

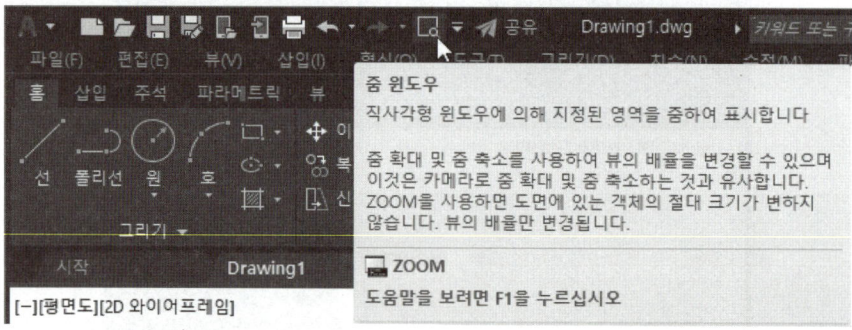

- '신속 접근 도구막대'에서 제거를 원하는 명령 아이콘을 선택하고, 마우스 오른쪽 버튼을 눌러 [신속 접근 도구 막대에서 제거]를 클릭합니다.

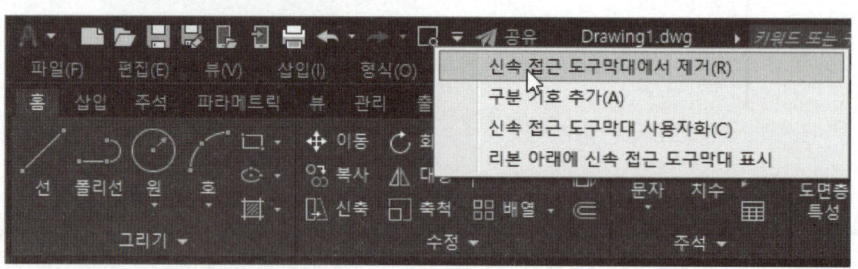

3) 리본 메뉴(Ribbon menu)

- 리본 메뉴는 도면을 작성하는 동안에 객체를 작도 및 수정을 하거나 다른 기능들을 수행하기 위해 모든 명령들을 호출하는 AutoCAD의 가장 중요한 주 메뉴 시스템입니다.
- 그동안 AutoCAD는 도면 작업을 위해 최적의 도구를 찾는 것이 그 자체로 하나의 작업처럼 보이는 다양한 메뉴, 도구막대 및 팔레트들을 제공해 왔습니다.
- 리본 메뉴는 AutoCAD 2010 버전부터 소개된 Microsoft GUI 표준 메뉴 유형입니다.

❏ 리본 구성요소 및 이용하기

- 리본 메뉴는 다음 그림처럼 탭(Tab)과 패널(Panel)들로 구성된 최신의 AutoCAD 주 메뉴로 '신속 호출 도구막대' 아래 즉 도면 윈도우 상단에 고정되어 표시됩니다.

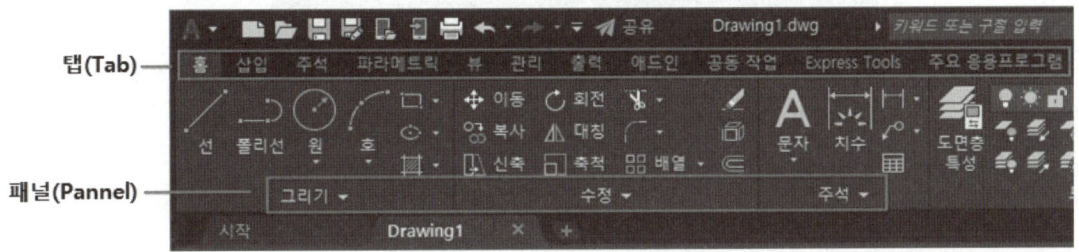

- 리본 상단의 탭(Tab) 항목을 클릭하면, 그 탭에 속한 패널들이 리본 영역에 표시됩니다.
- [그리기(Draw)], [수정(Modify)], [도면층(Layer)] 등 각 패널들에는 기능별로 분류 및 그룹화된 명령 아이콘들을 포함하고 있습니다.
- 패널에는 명령 아이콘들은 다음과 같은 몇 가지 유형으로 표시됩니다.

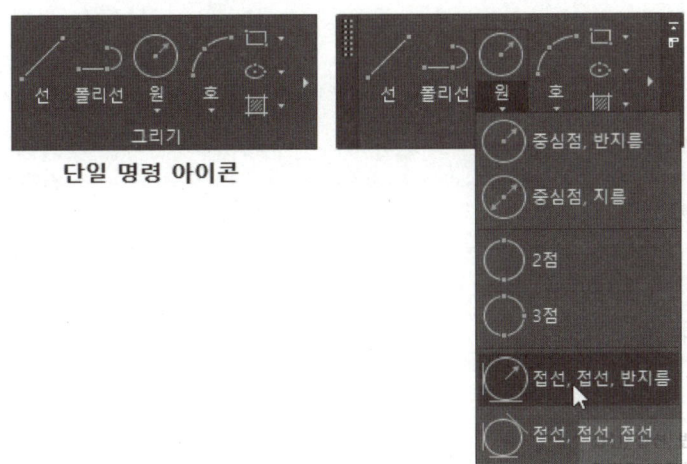

단일 명령 아이콘   플라이아웃 명령/옵션 아이콘

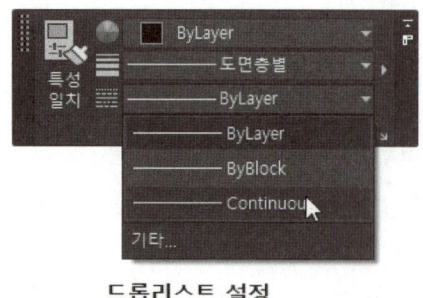
드롭리스트 설정

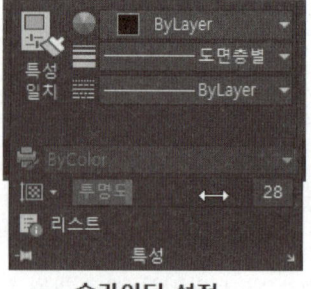
슬라이더 설정

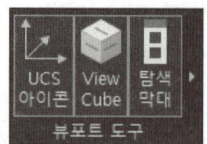
토글버튼 아이콘

- 리본 메뉴의 명령 아이콘에 커서를 가져가서 잠시 기다리면, 다음 그림처럼 명령이 어떤 기능을 수행하는 것인가를 설명하는 툴팁(Tooltip) 및 큐 카드(Cue card)를 일시적으로 표시합니다.

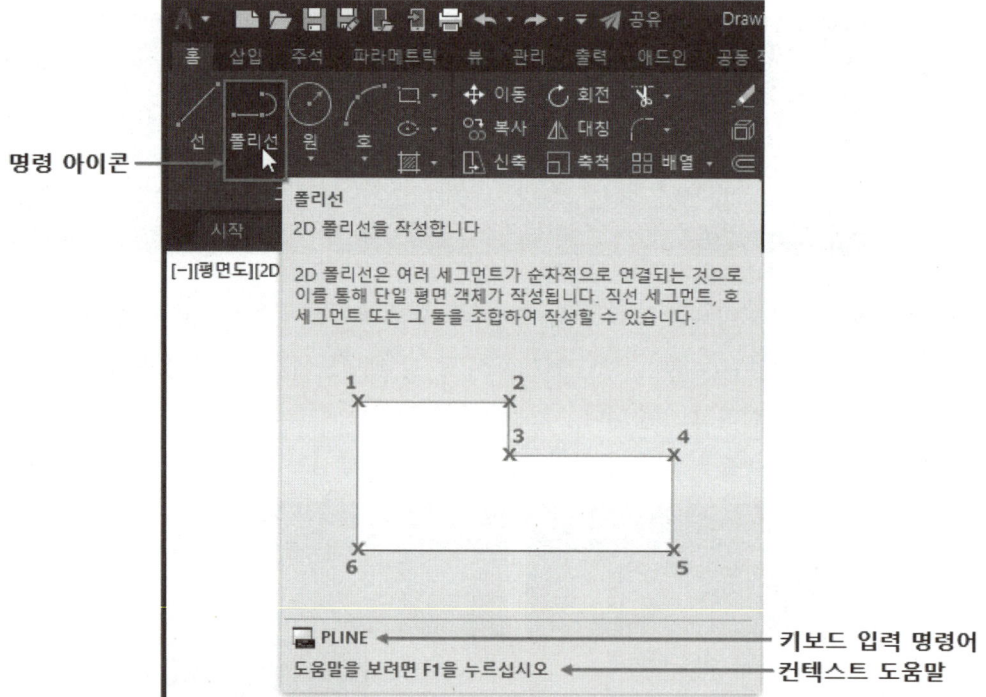

- 만일 AutoCAD User Interface에 리본 메뉴 표시되지 않거나 문제가 있다면,
  ① 명령 행에 [RIBBON] 이라고 입력합니다.
     혹은
  ② 명령 행에 [MENU] 라고 입력하고, '사용자화 파일 선택' 대화상자에서 AutoCAD 주 메뉴 파일인 [acad.CUIX] 파일을 선택하고, [열기] 버튼을 클릭합니다.

❑ 리본 이동 및 고정하기

- 리본 메뉴는 유동적이고, 도면 윈도우의 측면에 고정될 수 있으며, 전체 리본 메뉴를 이동하려면, 다음 그림처럼 리본 메뉴의 비어 있는 영역에 마우스 오른쪽 버튼을 클릭한 후 팝업 메뉴에서 [고정 해제(Undock)]을 클릭합니다.

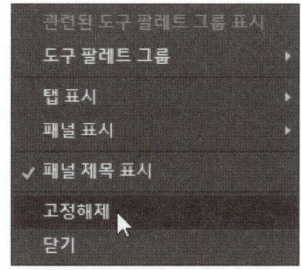

- 리본에서 작업자의 선호에 따라 탭과 패널을 표시(ON) 혹은 제거(OFF)할 수 있는데 리본의 빈 공간에 마우스 오른쪽 버튼을 클릭한 후 다음 그림처럼 [탭 표시] 혹은 [패널 표시] ⇨ 하위 메뉴에서 원하는 Tab(탭) 혹은 Panel(패널) 이름을 클릭합니다.

- 이것은 토글 기능을 지원하기 때문에 각 이름 앞에 ✔' 마크가 있으면 표시(On)이고, 각 이름 앞에 ✔' 마크가 없으면 제거(Off)된 상태입니다.

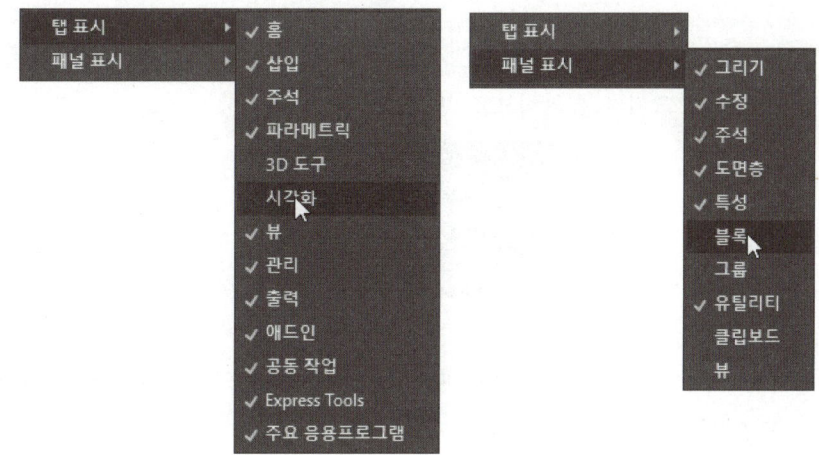

- 개별 패널들도 도면 윈도우로 이동, 고정할 수 있는데 패널을 이동하려면, 패널의 영역 내부 혹은 제목 영역을 클릭한 후 도면 창으로 드래그-드롭합니다.
- 리본 영역으로 패널을 복귀 하려면, 패널을 리본 영역으로 드래그-드롭합니다. 이러한 방법은 리본에서 탭에 속하는 패널들을 재배치하는데 이용될 수 있습니다.

❏ Panel(패널) 확장하기

- 리본 메뉴에서 패널에는 추가적으로 숨겨진 이용 가능한 명령 아이콘들이 있는데, 다음 그림처럼 패널막대 제목 오른쪽의 플라이아웃(▼)을 클릭해서 패널을 확장한 후 숨어 있는 명령 혹은 도구들을 액세스 할 수 있습니다.
- 확장 패널은 푸시 핀(Push pin)을 클릭해서 고정하지 않는 한 명령 아이콘을 클릭하거나 다른 패널을 클릭하면, 자동적으로 닫힙니다.
  또한 커서를 도면 창으로 이동하면, 확장된 패널은 그것의 원래 크기로 줄어들게 됩니다.
- 패널을 확장되고 열린 위치로 그것을 고정하려면, 다음 그림처럼 확장된 패널의 제목 막대 왼쪽 푸시 핀을 클릭해서 고정 핀 상태로 변경합니다.

수정 확장 패널

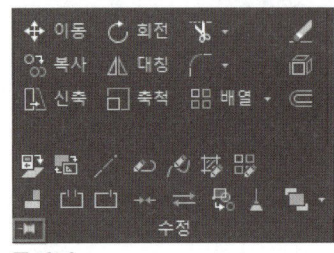 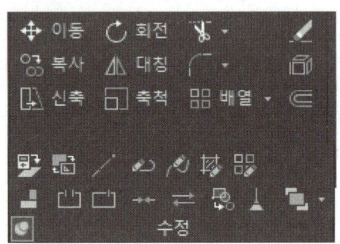

푸시핀　　　　　　　　　　고정핀

- 리본 메뉴에서 탭 맨 오른쪽에 있는 (리본 최소화) 버튼을 계속해서 클릭하면, 다음 그림처럼 다양한 리본의 크기가 순환적으로 변경됩니다.

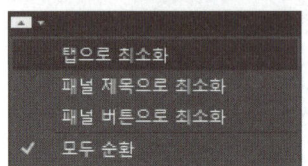

- 저 해상도의 모니터 표시 화면을 이용할 때 이 기능을 이용하면, 도면 창의 크기가 보다 최대화 상태로 도면 작업 시 도움이 됩니다.
- 리본 메뉴가 [패널 제목으로 최소화] 혹은 [패널 버튼으로 최소화] 되어 있는 경우, 임의의 패널에 커서를 가져가서 잠시 머물면, 그 패널이 확장되면서 표시된 명령 아이콘을 클릭해서 호출할 수 있으며, 호출 후에 즉시 패널은 원래의 표시 형태로 복귀하기 때문에 해상도가 낮은 모니터를 이용하는 경우에도 매우 편리하게 도면 작업을 수행할 수 있습니다.

4) 검색 및 정보센터(InfoCenter)

- '검색 및 정보센터'는 설계자가 AutoCAD 도움말 문서의 키워드나 문장 내용을 입력해서 검색할 수 있고, 온라인 혹은 설치된 오프라인 도움말 시스템을 신속하게 호출하는 것을 지원합니다.
- 설계자는 검색할 도움말 문서들을 지정할 수 있으며, 화면 공간을 효율적으로 사용하기 위해서 검색 필드를 확장하거나 접을 수 있습니다.
- 또한 [Autodesk 계정에 로그인]에서 Autodesk 계정에 로그인 화면으로 안내합니다. Autodesk 연결에서 인터넷의 온라인에서 다양한 정보들을 검색할 수 있습니다.

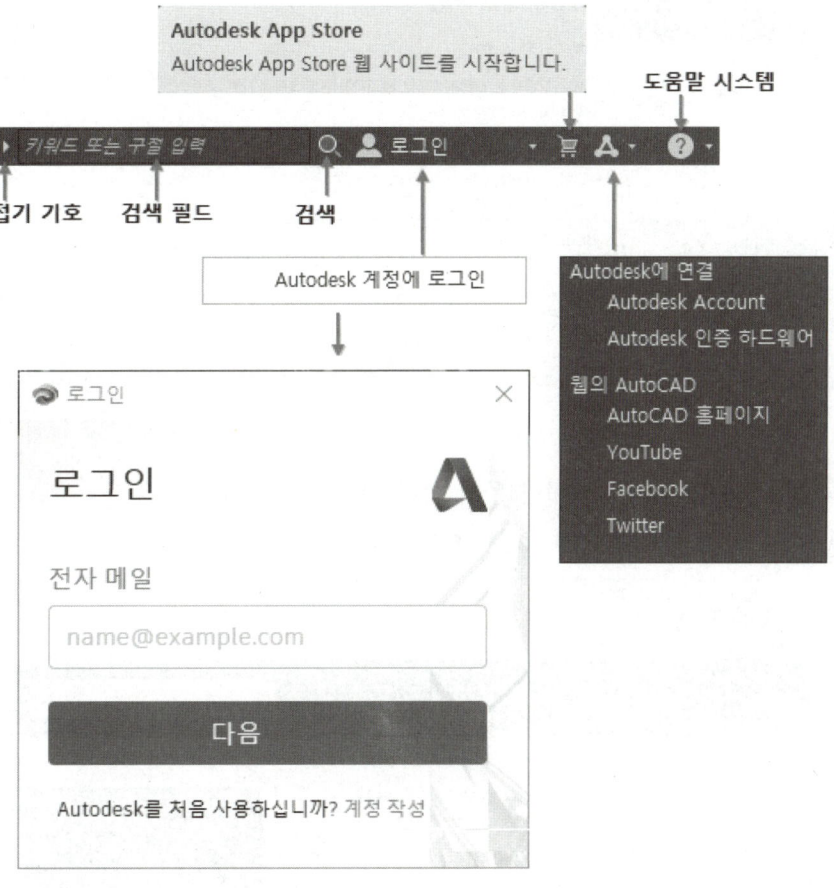

따라하기〉 검색 및 정보센터 이용하기 – CIRCLE 명령

1 AutoCAD '검색 필드'에 [CIRCLE] 명령을 입력하고, 🔍(검색) 아이콘을 클릭하면, 'Autodesk AutoCAD 2022도움말' 대화상자가 표시됩니다.

2 다음 그림처럼 도움말 창의 '검색 결과' 표시에서 [CIRCLE(명령)]을 클릭합니다.

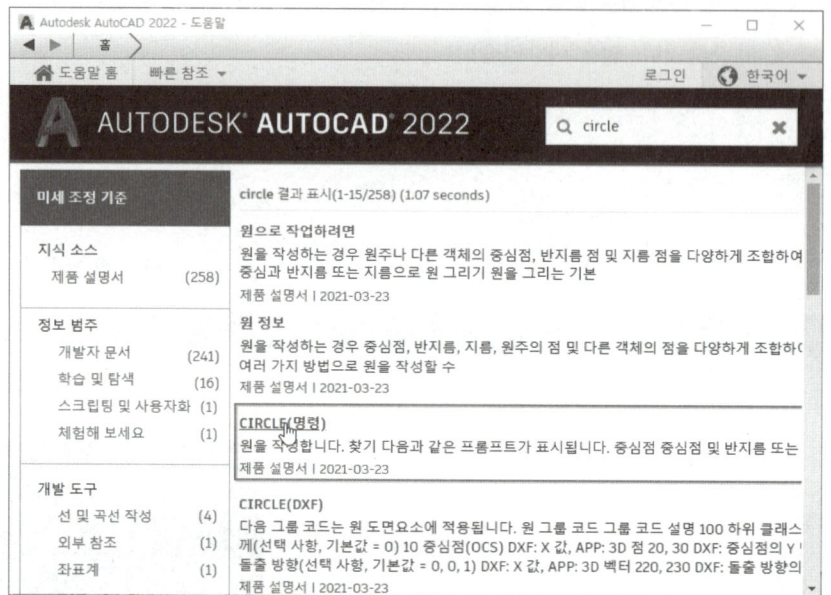

3 다음 대화상자에서 다음 그림처럼 [찾기] 아이콘을 클릭합니다.

리본 메뉴에 [CIRCLE(선)] 명령의 메뉴 위치를 알려주는 빨간색 화살표 식별자가 표시됩니다.

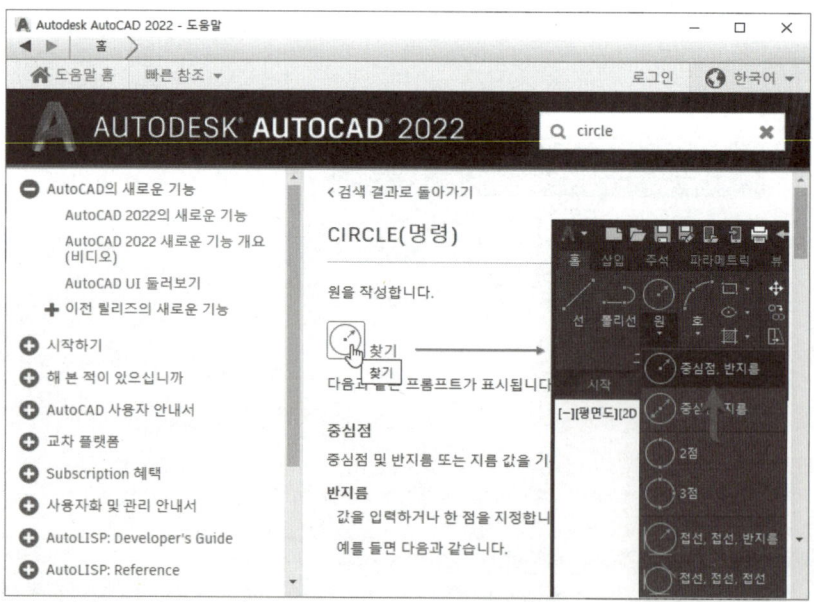

5) UCS(User Coordinate System)

- AutoCAD가 실행되면, 도면 윈도우(창) 왼쪽 하단에 좌표계 아이콘이 표시됩니다.
- 도면 윈도우의 좌표계 아이콘은 현재 활성(열린) 도면의 절대 좌표계를 표시하는 심벌로 기본적으로 WCS(World Coordinate System) 아이콘이 표시됩니다.
- 다음 그림처럼 좌표계 아이콘의 X, Y, Z는 X축, Y축, Z축을 표시하고, 이러한 세 개의 축이 만나는 교차점이 원점(0,0,0)입니다. 따라서 WCS는 2D 도면의 기준점이고, 3D 공간에서 모델링 작업 시에도 기준점이 되는 매우 중요한 역할을 하게 됩니다.
- 화면의 도면 윈도우는 무한 3D 공간으로 좌표계의 X축(가로 방향-3시 방향-동쪽)과 Y축(수직 방향-12시 방향-북쪽)이 만나는 교차점이 AutoCAD 설계 작업공간의 절대 원점(0,0,0)을 표시합니다. 절대 원점(Origin)은 어떠한 경우에도 변하지 않으며, 무한 3D 공간 또는 2D 평면의 절대적인 기준이 된다는 것을 의미합니다.
- WCS 아이콘은 필요시 도면 창에서 표시(ON) 혹은 제거(OFF)할 수 있습니다.
- 다음 그림처럼 AutoCAD 작업공간에는 WCS(표준 좌표계)뿐만 아니라 작업자가 정의하는 UCS(User Coordinate System) 좌표계 아이콘도 표시할 수 있습니다. UCS 좌표계는 3D 공간에서 모델링 작업 시 기준점이 되는 매우 중요한 역할을 하게 됩니다.
- UCS 아이콘도 필요에 따라 도면 윈도우에서 표시(ON) 혹은 제거(OFF)할 수 있습니다.

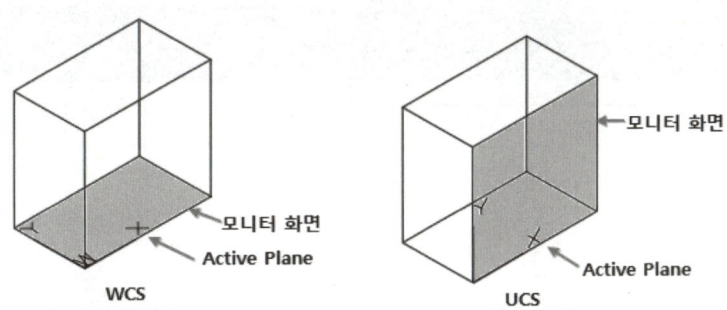

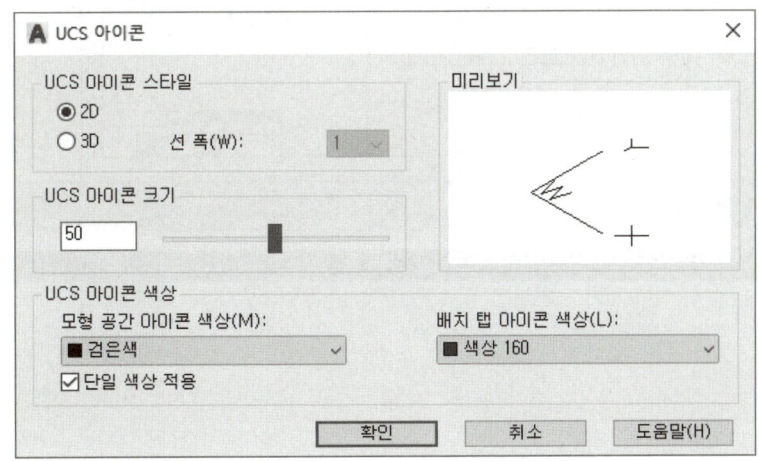

6) 도면 윈도우(Drawing Window)

- AutoCAD 화면의 리본 메뉴와 명령 윈도우 사이의 넓은 평면으로 작업자가 형상을 작도하는 엔티티 및 객체들을 표시하는 무한 평면 공간을 '도면 윈도우(Drawing Window)', '도면 창' 혹은 '그래픽 윈도우(Graphic window)'라고 합니다.
- 도면 윈도우는 도면 용지 시트를 표시하는 무한 평면으로 용지 크기는 제한이 없습니다.
- 도면 윈도우의 왼쪽 하단에는 '모형' 탭이 있으며, 이것은 2D 도면을 작도하는 영역으로 이용합니다.
- '모형' 탭 옆에는 '배치n' 탭들은 3D 기능이 추가 되면서 생긴 것으로 3D 모델을 만들어 완성한 후에 그 모델을 도면으로 출력(Plot)하기 위해서 도면 뷰들에 배치하는 영역으로 이용됩니다.
- 설계 작업을 하는 동안에 가능한 도면 윈도우를 크게 표시하게 되면, 작업자는 설계 작업의 효율성 및 생산성을 높일 수 있기 때문에 가능한 큰 대형 듀얼 모니터들을 이용하고, 필요하다면 화면에 보이는 각종 도구 모음들을 숨기고, 화면에서 객체들에 확대(Zoom in), 축소(Zoom out) 그리고 초점이동(Pan) 기능을 이용하면 설계 작업이 매우 편리합니다.

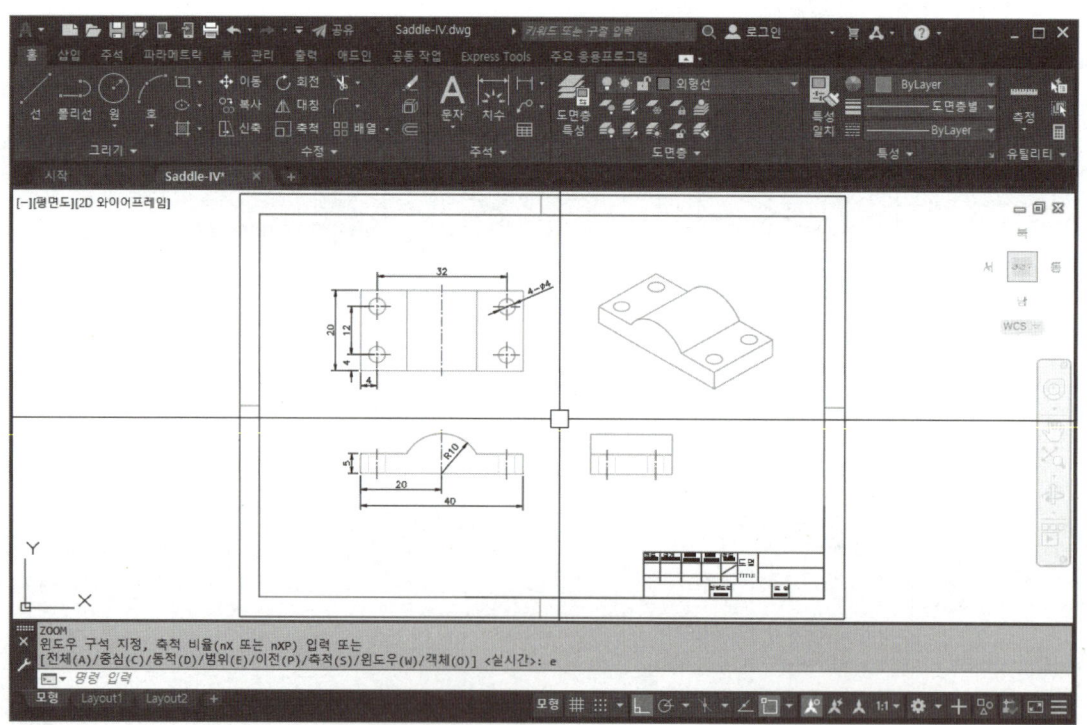

7) 명령 윈도우 및 명령 행(Command window and command line)

- 도면 윈도우 아래 대략 세 줄의 문자를 표시하는 분리된 창을 명령 윈도우라고 합니다.
- 명령 윈도우는 작업자와 AutoCAD가 설계 작업을 하는 동안에 상호간에 끊임없이 대화를 주고 받는 매우 중요한 인터페이스 장소입니다.
- 작업자는 명령 윈도우의 명령 행에 키보드에 영문으로 명령어를 입력하면, AutoCAD는 그 명령의 옵션(Option)들과 다음 작업 진행을 위해서 작업자에게 프롬프트(Prompt)를 이곳에 표시합니다.
- 명령 윈도우는 다음 그림처럼 '사용자화' 버튼을 이용해서 사용 환경을 설정하고, '최근 명령' 버튼을 이용해서 기존에 호출했던 명령들을 불러올 수 있습니다.
- AutoCAD는 명령 윈도우에 명령 실행 시 오류 메시지를 표시하거나 선택 혹은 지정된 엔티티를 포함한 객체의 정보를 표시하기도 합니다.
- 명령 히스토리는 활성 명령 행으로부터 그것을 구별하기 위해 회색 배경에 표시됩니다.

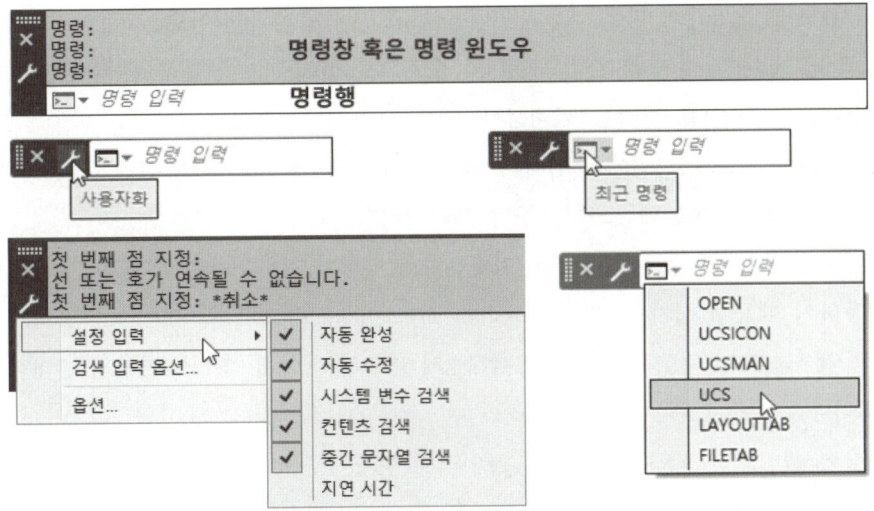

- 전체 명령 행 윈도우를 보기 위해서 키보드에서 F2 기능키를 누릅니다.

8) 십자선 커서(Crosshair line cursor) 및 선택상자(Pickbox)

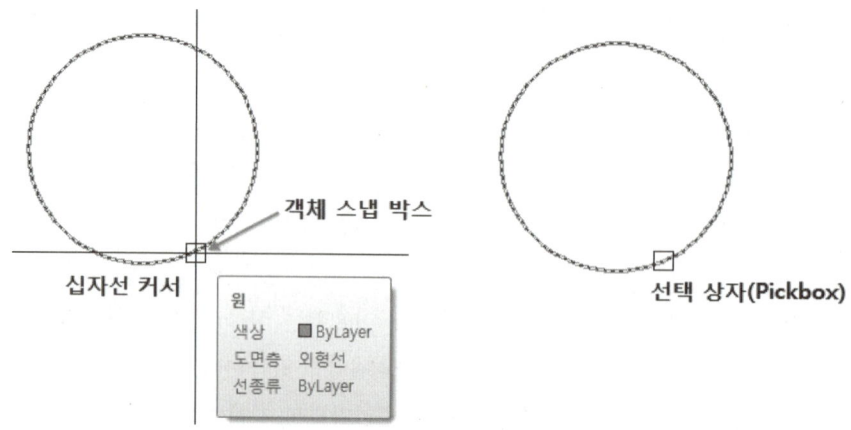

❑ 십자선 커서(Crosshair line cursor)

- AutoCAD 도면 윈도우에 마우스를 포인터를 두고, 자유롭게 움직이면, 그것의 포인터에 두 직선의 교차점에 작은 상자를 가진 수평 및 수직으로 교차하는 선들을 흔히 십자선(Crosshair line)이라고 하고, 작은 상자를 선택상자(Pickbox)라고 합니다.
- 십자선은 도면 윈도우 평면에서 임의의 위치를 지정하는데 편리하고, 선택상자는 도면 윈도우에서 객체들을 선택하는데 도움을 주기 때문입니다.
- 도면 윈도우에서 마우스를 움직이면, 십자선과 선택상자가 마우스의 움직임을 따라 함께 동시에 이동하기 때문에 십자선 커서(Crosshair line cursor)라고도 합니다.
- 십자선 커서는 도면 윈도우에서 다른 객체들과 비교하여 현재 마우스 커서의 상대적인 위치를 표시합니다.
- 십자선 커서는 도면 윈도우에서 커서 포인터의 현재 위치(좌표)를 표시하는데 도면 윈도우에서 커서를 움직이면, 다음 그림처럼 상태 표시줄에 좌표값이 표시 되면서 실시간으로 좌표값이 업데이트됩니다.

- 십자선 커서는 마우스(포인팅 장치)에 의해 제어되고, 도면 윈도우에 위치를 지정하고, 선택상자는 도면 윈도우에 작도되어 있는 객체들을 선택합니다.
- 작도 작업을 시작하기 전에 작업자는 신속 정확한 도면 작업을 위해서 그래픽 윈도우에서 마우스의 십자선 커서는 항상 무한 길이의 수평 및 수직선으로 표시 되도록 다음에 설명한 방법으로 [OPTIONS(옵션)] 명령을 호출해서 필히 설정해야 합니다.

❏ 십자선 및 선택 상자(Pickbox) 크기 조정

1 만일 십자선의 수직과 수평선의 길이가 짧다면, [응용프로그램] 메뉴 하단의 [옵션]을 클릭하고, '옵션' 대화상자에서 [화면 표시] 탭을 클릭합니다.

2 다음 그림처럼 대화상자 우측 하단의 '십자선 크기' 영역에서 크기 값이 '100'으로 설정 되도록 슬라이드 막대를 마우스 왼쪽 버튼으로 클릭한 상태로 맨 오른쪽으로 이동합니다. 대화상자 하단의 [적용] 버튼을 클릭합니다.

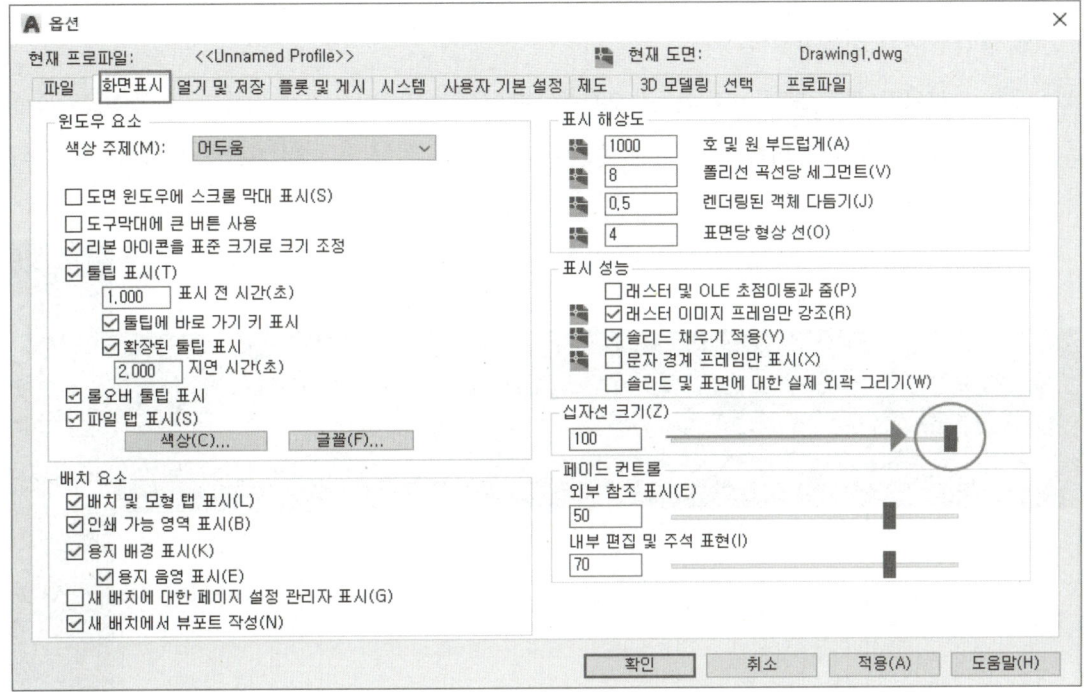

3 만일 도면 영역에서 엔티티 혹은 객체들을 선택할 때, 다음 그림처럼 선택상자가 너무 작으면, 그것들을 선택하기가 어렵고, 선택상자가 너무 크면, 교차 하거나 인접한 다른 엔티티 혹은 객체를 선택 할 수 있기 때문에 적당한 크기로 설정해서 도형 작도 작업을 해야 합니다.

4 '옵션' 대화상자의 [선택] 탭을 클릭하고, 왼쪽 상단의 선택상자 '확인란 크기' 영역에서 슬라이드 바를 선택해서 알맞은 크기(40%)로 이동해서 설정합니다.

설정이 완료되면, [적용] 버튼을 클릭한 후 [확인] 버튼을 클릭합니다.

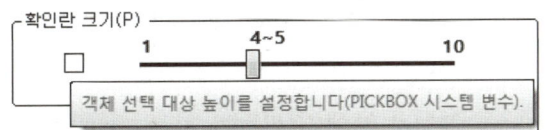

9) 상태 막대(Status bar)

- 상태 막대는 명령 윈도우 하단에 '모형 및 배치' 모드, 도면 좌표 및 다양한 제도 설정 도구들을 표시하는 막대입니다.
- 상태 막대의 도구들은 도면 작도 작업 시, 정밀하고 정확한 형상들을 작도하는데 반드시 필요한 도구들과 설정 시, 편리하고 도움이 되는 도구들이 있습니다.
- 상태 막대 도구들은 필요에 따라 작업자는 언제든지 상태 막대에 표시된 도구를 설정하거나 해제하는 것이 가능합니다.
- 다음 그림처럼 설정 도구 버튼의 맨 오른쪽 ≡[사용자화] 버튼을 클릭하면, 도구 버튼 목록 창이 표시되는데 도구 버튼 이름 앞에 체크 표식이 있는 설정 도구 버튼은 상태 막대에 표시되어 있습니다.

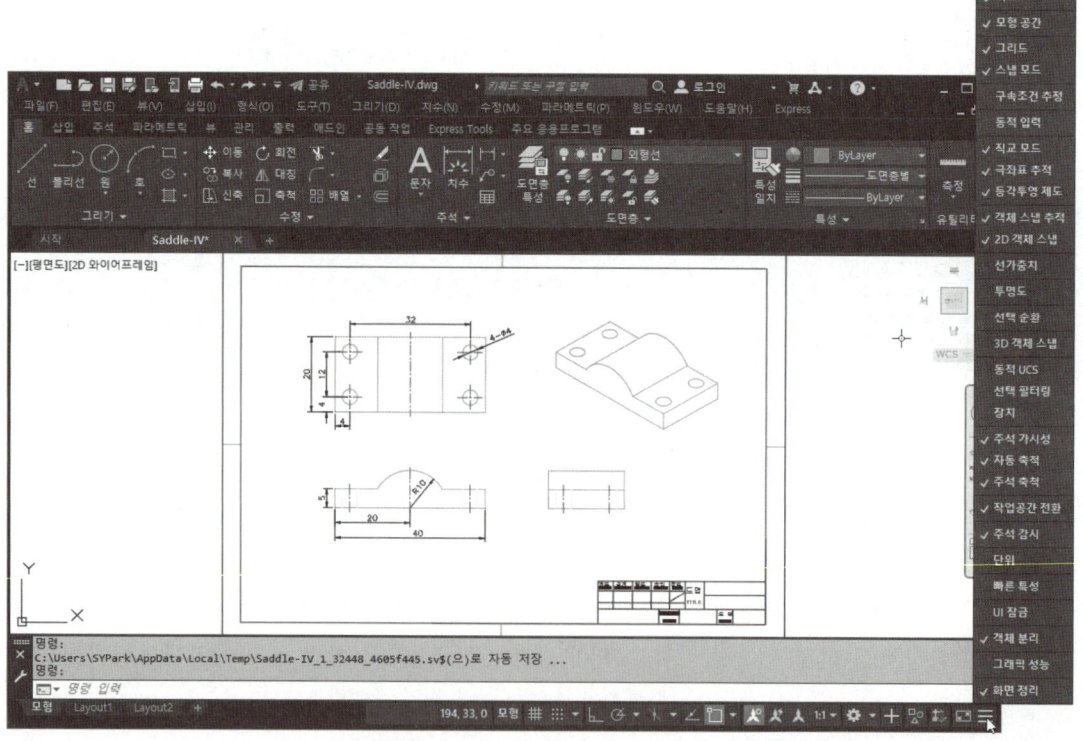

- 상태 막대 도구들은 마우스 왼쪽 버튼을 클릭할 때마다 활성/비활성(ON/OFF)으로 설정하는 토글(Toggle) 기능을 지원하는 단순 도구 버튼들이 있습니다.
- 상태 막대 도구들은 다음 페이지 표에 정리되어 있는 기능키를 누를 때마다 활성/비활성(ON/OFF)으로 설정하는 토글(Toggle) 기능을 지원하는 단순 도구 버튼들이 있습니다.
- 상태막대의 [객체 스냅]의 드롭다운을 클릭하고, [객체 스냅 설정]을 클릭하면 '제도 설정' 대화상자에서 상세한 옵션들을 제어할 수 있습니다.

- 풀다운 메뉴 [도구] ⇨ [제도 설정]을 클릭하면, 다음 그림처럼 '제도 설정' 대화상자에서 상세한 옵션들을 제어할 수 있습니다.

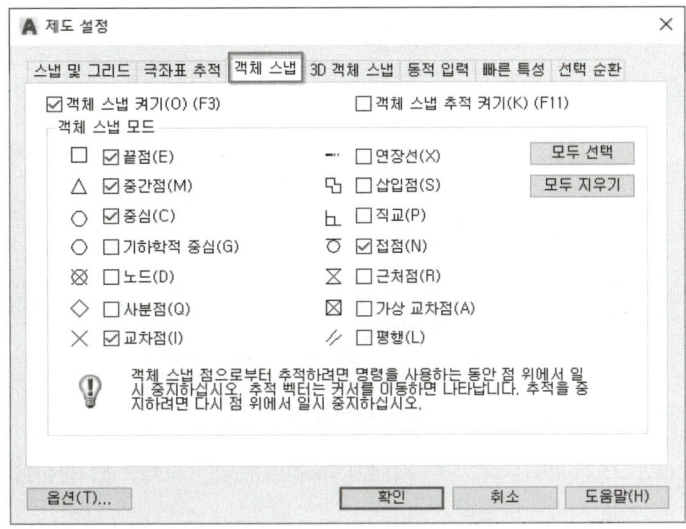

- 설정 도구 버튼은 대부분 토글(Toggle) 기능 제공하고, 다음 표에 있는 것처럼 기능키를 이용할 수 있습니다.

항목	기능키	설 명
31.5262, 9.1136, 0.0000 (좌표)		그래픽 윈도우에서 십자선 커서가 이동해서 위치하는 지점의 좌표값을 실시간으로 표시합니다.
MODEL (모형 공간)		현재 모형 공간에서 작업중임을 나타냅니다. 모형 공간에서 이 버튼을 클릭하면, 최근에 액세스한 배치가 표시됩니다.
PAPER (배치 공간)		현재 배치에서 작업중임을 나타냅니다. 이 버튼을 클릭하면 도면 공간에서 배치 뷰포트의 모형 공간으로 전환됩니다.
(그리드-GRID)	F7	현재 화면에 지정된 간격으로 정의된 모눈을 켜기/끄기 합니다.
(스냅-SNAP)	F9	스냅 모드를 켜서 정의된 간격 즉 모눈 점으로 십자선 이동을 제한합니다.
(구속조건 추정)		도형 작도 시 기하학적 구속조건을 적용하고 표시합니다.
(동적 입력)	F12	동적 입력은 도면 영역에서 커서 근처에 명령 인터페이스를 제공합니다.
(직교-ORTHO)	F8	직교모드를 켜서 십자선 커서가 수평/수직으로만 이동하게 제한합니다.
(극좌표 추적)	F10	객체를 그릴 때 커서를 움직이면 거리값과 각도를 추적 합니다.

항목	기능키	설 명
(등각투영 제도)		등각투영 축을 따라 객체를 정렬하여 2.5축의 등각투영 도면을 작도합니다.
(객체 스냅 추적)	F11	객체 스냅 추적을 사용하여 객체 스냅점을 기준으로 하는 정렬 경로를 따라 추적할 수 있습니다.
(2D 객체 스냅)	F3	객체상의 정확한 지점을 지정하기 위해 객체 스냅을 켜기/끄기 합니다.
(선가중치)		화면에 객체의 선가중치(굵기)를 표시합니다.
(투명도)		모든 객체의 투명도를 켜거나 끕니다. 객체의 투명도를 제어합니다.
(선택 순환)		겹치는 객체에서 선택 후보를 표시하는 팔레트의 표시 설정을 제어합니다.
(3D 객체 스냅)	F4	3D 객체에 대해 실행중인 객체 스냅 설정을 조정합니다.
(동적 UCS)	F6	UCS의 XY 평면과 3D 솔리드 평면을 임시로 자동 정렬 합니다.
(선택 필터링)		3D 모델의 정점, 면, 모서리 등 객체 선택 모드를 지정합니다.
(장치)		일련의 객체를 3D 축이나 평면을 따라 이동, 회전 또는 축척할 수 있는 3D 장치를 표시합니다.
(주석 가시성)		주석 객체가 주석 축척이 있을 때, 표시를 제어합니다.
(자동 축척)		주석 축척이 변경되었을 때 해당 주석 축척을 지원하도록 주석 객체를 업데이트합니다.
(주석 축척)		주석 상태를 모니터하는 모든 이벤트용 또는 모형 문서 이벤트 전용 주석 감시를 켭니다.
(작업공간 전환)		작업공간을 전환할 수 있도록 해 줍니다.
(주석 감시)		주석 감시를 켜거나 끕니다.
십진 (단위)		현재 도면에 대한 도면 단위를 설정합니다.
(빠른 특성-QP)		빠른 특성 팔레트의 표시 설정을 제어합니다.
(UI잠금)		도구막대 및 DesignCenter 및 특성 팔레트와 같은 고정 가능한 윈도우의 위치와 크기를 잠급니다.
(객체 분리)		도면 영역에서 선택된 객체를 숨기거나 이전에 숨겨진 객체를 표시합니다.
(그래픽 성능)		그래픽 성능을 제어할 수 있습니다.
(화면 정리)		도면 윈도우를 최대화합니다.

10) ViewCube 및 탐색 막대

- AutoCAD는 처음에는 전용 2D CAD 엔진으로 개발되었고, 그 이후에 3D CAD 기능들을 추가함으로서 작업자들이 새로운 3D 모델 뷰를 활성화하는 동안에 발생하는 추상적인 가상 3D 환경에서의 방향 감각 상실입니다. 따라서 작업자가 AutoCAD를 3D CAD 도구로 전환하는데 매우 어려운 문제들에 직면하게 됩니다. 이러한 문제들을 해결하고자 AutoCAD는 3D 방향 표시 및 컨트롤러로서 [ViewCube]라고 하는 3D 위젯 도구를 제공합니다.

- [ViewCube]는 다음 그림처럼 도면 창 오른쪽 상단 모서리에 배치된 정육면체 모양의 위젯입니다. 이것을 방향 지시자로서 작동하는 경우, [ViewCube]는 작업자들이 다른 도구를 이용해서 모델 뷰의 방향을 재설정하는 것처럼 현재 뷰의 방위를 반영해서 회전하게 됩니다. 방향 컨트롤러로서 사용되는 경우, ViewCube는 드래그할 수도 있고, 면, 모서리 또는 모서리는 뷰 방위와 대응 뷰가 쉽게 일치하도록 클릭 할 수 있습니다.

- [ViewCube]는 모형의 현재 방향을 나타내며 모형의 현재 뷰 방향을 다시 재 지정하는데 사용됩니다.

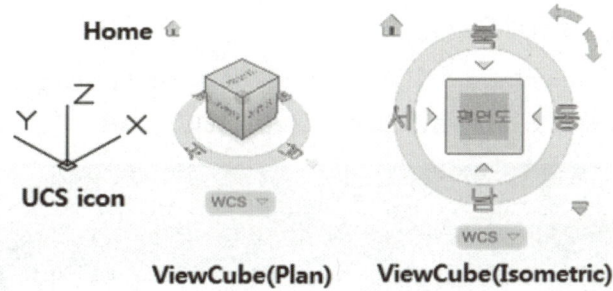

- [탐색 막대]는 AutoCAD 도면 공간 즉 2D 평면에서 2D SteeringWheels, [초점 이동(PAN)], [줌(ZOOM)], 2D 모드 3DConnexion 도구 등의 2D 탐색 도구에만 액세스할 수 있는 작업자 인터페이스 요소입니다.

❏ ViewCube

- 'ViewCube' 도구는 2D 모형 공간 또는 3D 비주얼 스타일에서 작업할 때 표시되는 탐색 도구로 주로 3D 설계 작업 즉 모델링 작업 시 절대적으로 필요한 도구입니다.
- 'ViewCube' 도구를 사용하여 모델의 표준 뷰와 등각투영 뷰들 사이에 신속하게 전환할 수 있습니다.
- 'ViewCube' 도구는 모형의 표준 뷰와 등각투영 뷰들 사이를 전환할 때, 사용하는 클릭 및 끌기가 가능한 인터페이스입니다.
- 'ViewCube' 도구는 뷰 변경에 따른 모형의 현재 관측점에 대한 시각적인 피드백을 제공합니다.
- 'ViewCube' 도구 위에 커서를 놓으면 'ViewCube' 도구가 활성화됩니다. 'ViewCube' 도구를 끌거나 클릭하거나, 사용 가능한 사전 설정 뷰 중 하나로 전환하거나, 현재 뷰를 회전하거나, 모형의 홈 뷰(Home view)로 변경할 수 있습니다.
- 현재 도면에서 'ViewCube' 혹은 탐색 막대 화면 표시 또는 숨기기

1 리본 메뉴에서 [뷰] 탭을 클릭합니다.

2 다음 그림처럼 [뷰포트 도구] 패널에서 'ViewCube' 와 '탐색 막대' 아이콘을 클릭해서 활성화하면, 도면 윈도우에 'ViewCube' 와 '탐색 막대' 위젯이 표시됩니다.

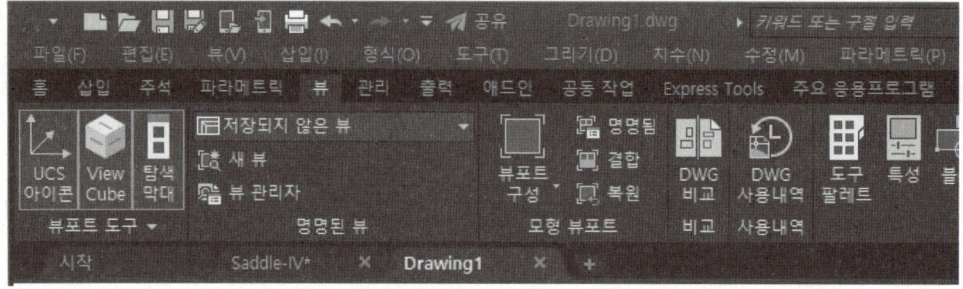

3 다음 그림처럼 'ViewCube' 와 '탐색 막대' 아이콘을 클릭하면, 도면 윈도우에서 'ViewCube' 심벌과 '탐색 막대' 위젯이 사라집니다. 위와 동일한 방법으로 'UCS 아이콘'도 화면 표시를 제어할 수 있습니다.

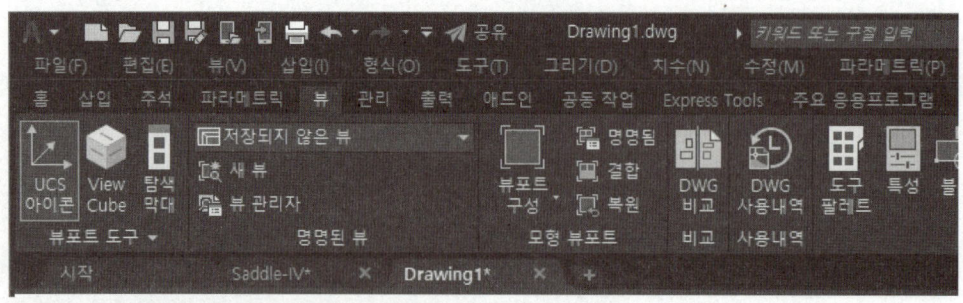

❑ 탐색 막대

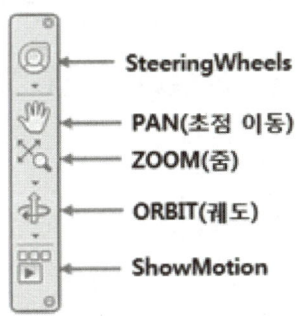

- 위의 그림처럼 탐색 막대는 [SteeringWheels], [초점 이동(Pan)], [줌(Zoom)], [궤도(Orbit)]와 같은 명령을 이용해서 모형과 객체를 다양한 방법으로 이동, 확대, 축소, 회전하는 것을 가능하게 해 주는 도구입니다. 사용할 수 있는 통합 탐색 도구는 다음과 같습니다.

① [SteeringWheels] - 탐색 막대에 있는 도구 간을 빠르게 전환하는데 사용할 수 있는 다음 그림처럼 다양한 휠 형태의 집합 도구입니다.

② [초점이동(PAN)] - 화면에 평행하게 뷰를 이동합니다.

③ [줌(ZOOM)] - 모형의 현재 뷰 배율을 높이거나 낮추는 탐색 도구 세트입니다.

④ [궤도(ORBIT)] - 모형의 현재 뷰를 회전하는 데 사용하는 탐색 도구 세트입니다.

⑤ [ShowMotion] - 설계 검토, 프레젠테이션과 북마크 스타일 탐색을 위한 작성 및 재생에 사용하도록 화면상 표시기능을 제공하는 설계자 인터페이스 요소입니다.

- 탐색 막대는 유동적이라 도면 창 내의 어느 위치, 가로 및 세로 방향으로 이동해서 고정 시킬 수 있습니다.

- 다음 그림처럼 [SteeringWheels]를 다수의 일반 탐색 도구를 단일 인터페이스로 결합함으로써 작업자의 시간을 절약할 수 있습니다. 스티어링휠은 작업에 따라 다르게 표시되므로 서로 다른 뷰에서 모형을 탐색하고 방향을 조정할 수 있습니다.

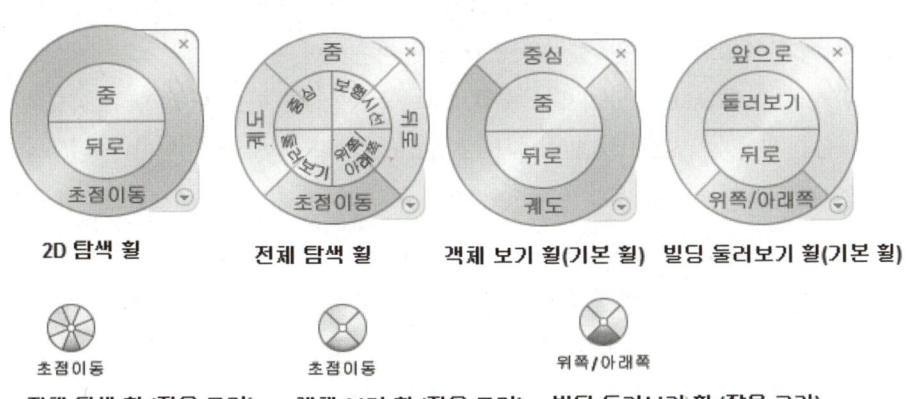

03 명령 인터페이스 (Command Interface)

3.1 AutoCAD Command(명령) 호출하는 방법

1) 명령 호출 개요

AutoCAD에서 명령을 호출(Access)하는 방법은 다음과 같습니다.
① 리본 메뉴에서 명령 아이콘을 클릭해서 호출
② 명령 행(Command Line)에 명령어를 입력해서 호출
③ 풀다운 메뉴(Pulldown menu)에서 명령을 클릭(Click)해서 호출
④ 바로가기 메뉴(Shortcut menu)에서 명령을 클릭(Click)해서 호출
⑤ 도구막대(Toolbar)에서 명령 아이콘을 클릭해서 호출

- 위에 나열한 AutoCAD에서 명령을 호출하는 방법들 중에서, 초보자일수록 리본 메뉴에서 명령 아이콘을 클릭해서 사용하는 것이 수월할 것이고, 숙련자일수록 Command Alias(단축 명령어)를 이용한 키보드 입력을 이용하는 편이 훨씬 수월할 것입니다. 따라서 설계자의 선호에 따라 자신에게 적합한 편리한 방법을 선택하여 사용하면 됩니다.
- 가장 바람직한 AutoCAD 작업 자세로는 설계자의 눈은 도면 윈도우 및 명령 윈도우, 명령 행을 주시하고, 항상 왼손으로 키보드에서 Command(명령어)및 수치를 입력하고, 오른손으로 마우스를 잡고 프롬프트에 따라 도면 윈도우에서 위치 지정, 객체 선택 혹은 옵션을 입력하고, 도면 작도 작업을 해야 됩니다.
- 앞에서 AutoCAD 설계자 인터페이스(GUI)에서 살펴보았던 것처럼 AutoCAD가 한글 버전이기 때문에 화면의 메뉴, 도구막대 등 모든 항목들이 한글로 표기되어 있습니다. 명령 창 혹은 명령 행에도 명령어 외에 설정, 프롬프트, 옵션들이 한글로 표시됩니다. 그렇지만 AutoCAD에서 키보드 입력은 무조건 영문 알파벳과 숫자만을 입력해야 합니다.

명령어, 옵션, 설정 값 등 모든 것들은 영문 알파벳과 숫자로 입력해야만 AutoCAD가 입력된 내용을 인식하고 해석을 한 후 옵션 혹은 프롬프트를 한글, 영문 혹은 숫자로 표시하게 됩니다. 따라서 한글 혹은 영문 AutoCAD 버전일지라도 한글은 절대로 입력할 수 없다는 것을 명심해야 합니다.

일반적으로 AutoCAD에서 명령을 호출하고 실행하는 순서는 다음과 같습니다.

① 명령 호출 ⇨ 도면 윈도우에서 위치 선택 혹은 객체 선택
② 도면 윈도우에서 객체 선택 ⇨ 명령 호출

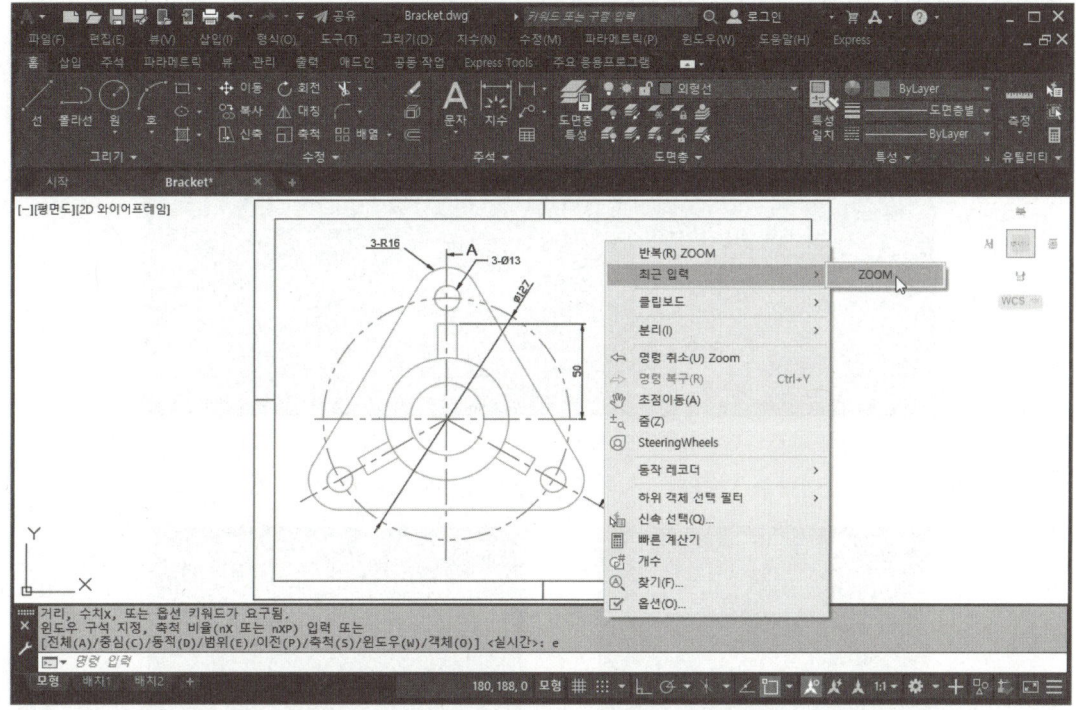

1) 리본 메뉴에서 명령 아이콘을 클릭해서 호출

AutoCAD 2022 버전에서 명령을 호출해서 실행하는 주된 방법은 리본 메뉴를 이용하는 것입니다. 그렇지만 도면 파일에 관련된 다수의 명령들은 신속 접근 도구막대 혹은 응용프로그램 메뉴에서 호출할 수 있습니다.

작도 및 제도 설정에 대한 명령들은 도구막대, 상태 막대 혹은 바로가기 메뉴에서 호출할 수 있습니다. 도구 팔레트 같은 추가적인 명령 호출 방법도 있습니다.

❏ **리본 메뉴에서 명령 아이콘을 클릭해서 호출**

- 리본 메뉴에서 원하는 탭을 클릭하고, 패널에 있는 명령 아이콘을 클릭합니다.

  [홈] 탭 ⇨ [그리기] 패널 ⇨ [LINE(선)] 명령 아이콘을 클릭합니다.

- 리본 메뉴의 명령 아이콘은 다음의 두 가지 드롭다운 리스트 유형을 제공합니다.

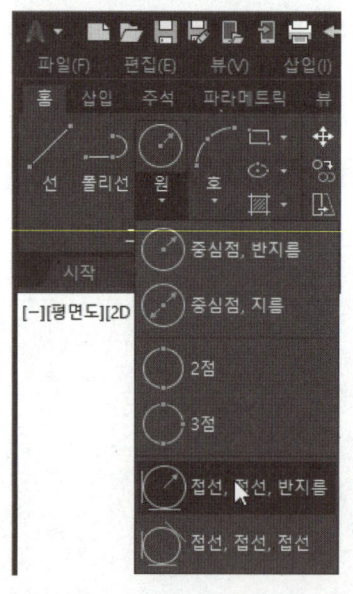
〈명령 아이콘 옵션 드롭다운 리스트〉

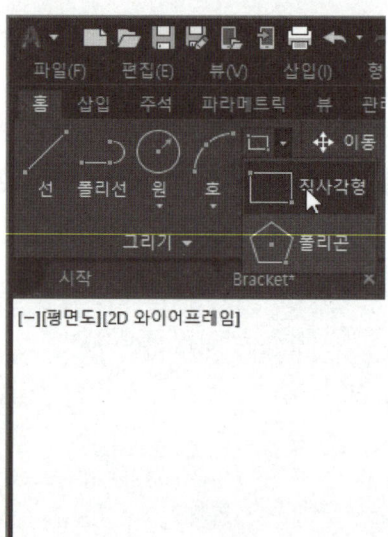
〈명령 아이콘 명령 드롭다운 리스트〉

2) 명령 행(Command line)에 명령어를 입력해서 호출

- AutoCAD에서 기본적으로 명령을 호출하는 방법은 명령 윈도우의 명령 행에 영문 명령어를 입력하고 [엔터키]를 눌러 실행합니다. 이와 같은 AutoCAD 명령 입력 호출 방법은 숙달된 작업자들이 선호하는 것으로 가장 작업성이 뛰어납니다. 또한 이 방법은 AutoCAD 최초의 MS-DOS 버전에서부터 오늘날에 이르기까지 오랫동안 사용해 온 일관된 가장 고전적이고 기본적인 방법입니다.

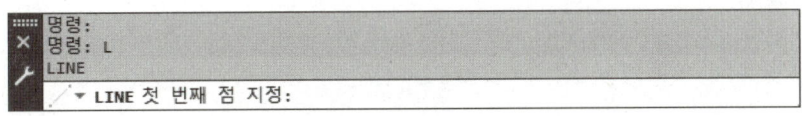

- 명령 행 혹은 동적 입력에서 명령어를 입력할 때, 입력을 잠시 멈추면, 다음 왼쪽 그림처럼 '검색 입력 옵션' 대화상자에서 설정된 [자동 완성(AutoComplete)] 옵션이 자동적으로 엔트리를 완성합니다.
- 다음 그림처럼 '자동 완성' 옵션은 입력된 글자를 포함하는 단어의 모든 명령들을 표시함으로서 중간-문자열 검색을 지원합니다.

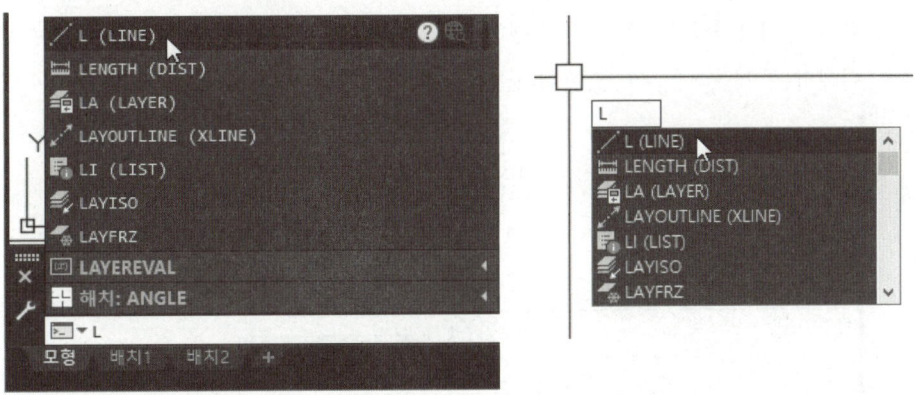

- '자동 완성' 제안 리스트에 나열된 명령들의 순서는 설계자가 AutoCAD를 사용하는 것과 같이 그 상황에 맞게 나열됩니다.
- '자동 완성' 창에 제안된 리스트는 명령, 시스템 변수 및 다른 콘텐츠의 범주로 분류됩니다.
- 각 범주의 페이지를 보기 위해 [Tab] 키를 누르거나 오른쪽 슬라이더를 스크롤하고, 원하는 명령이나 시스템 변수를 클릭해서 호출할 수 있습니다.
- '자동 완성' 기능을 이용하기 위한 옵션을 설정하려면, 명령 행에 마우스 오른쪽 버튼을 클릭합니다. 다음 그림처럼 [설정 입력]을 클릭하고, 설정을 원하는 옵션 항목을 클릭해서 체크합니다.

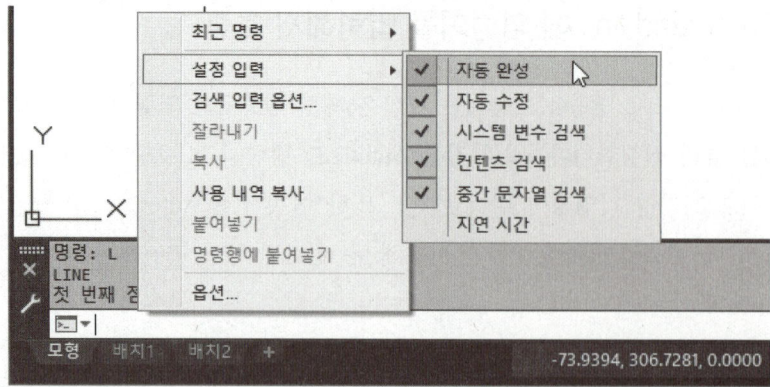

❏ 옵션 프롬프트

- 대부분 명령들이 호출되면, AutoCAD는 하나의 옵션 프롬프트를 명령 행에 표시합니다. 하나의 옵션 프롬프트는 명령에 대한 응답으로서 AutoCAD가 작업자에게 질문을 하거나 어떤 작업자 입력을 요구하는 것입니다.

- 작도 작업을 진행함에 따라 AutoCAD는 각 명령을 완료하는데 필요한 메시지를 설계자에게 프롬프트합니다. 이러한 프롬프트는 명령 행에 표시하거나 커서 가까이의 도면 윈도우에 표시합니다. 다음 그림처럼 설계자가 작도 작업을 수행하는데 명령 프롬프트들을 확실하게 읽고, 그 의미를 정확하게 이해하는 것이 매우 중요합니다.

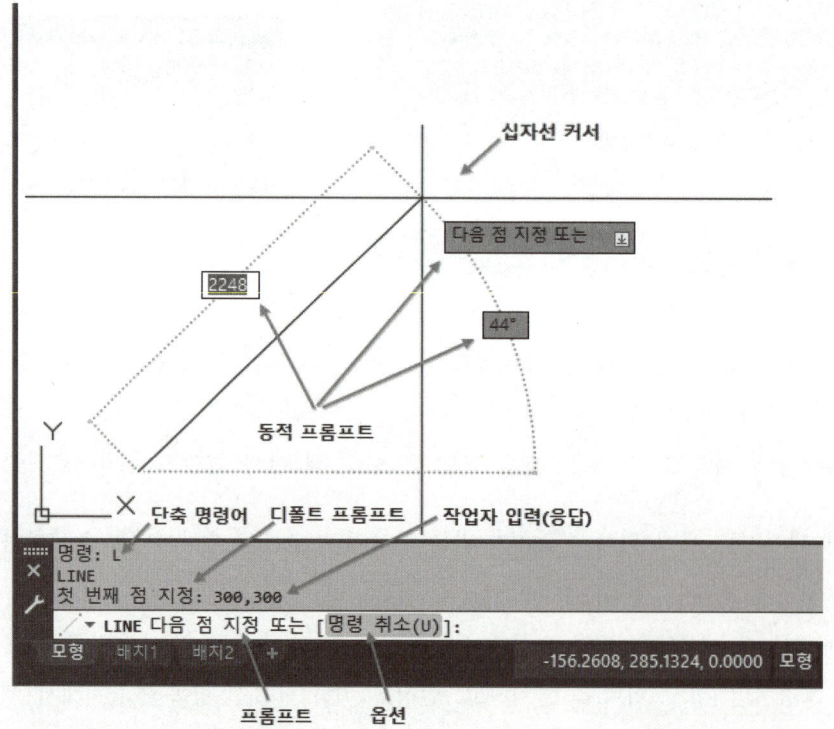

❑ 단축 명령어(Command Alias)

- AutoCAD는 영문 소문자 혹은 대문자를 구별 없이 명령어를 입력해서 명령을 호출하지만, 작업 실행속도를 위해, 다음과 같은 편리한 Command Alias(단축 명령어) 입력 기능을 제공하고 있습니다.

- [ACAD.PGP] 파일은 완전한 명령어를 입력하는 대신에 단축 명령어를 입력해서 작업을 할 수 있는 기능을 제공합니다. 예를 들면, [LINE] 명령어 대신에 단축 명령어로 [L], [CIRCLE] 명령어 대신에 [C] 단축 명령어를 입력해서 명령을 호출할 수 있습니다.

- [관리] 탭 ⇨ [사용자화] 패널 ⇨ [별칭 편집] 명령 아이콘을 클릭합니다.

다음 그림처럼 [ACAD.PGP] Asci i파일에 모든 AutoCAD 명령들의 단축 명령어들이 정의되어 있습니다(숙련자가 되기 전까지 이 파일을 수정하면 안 됩니다).

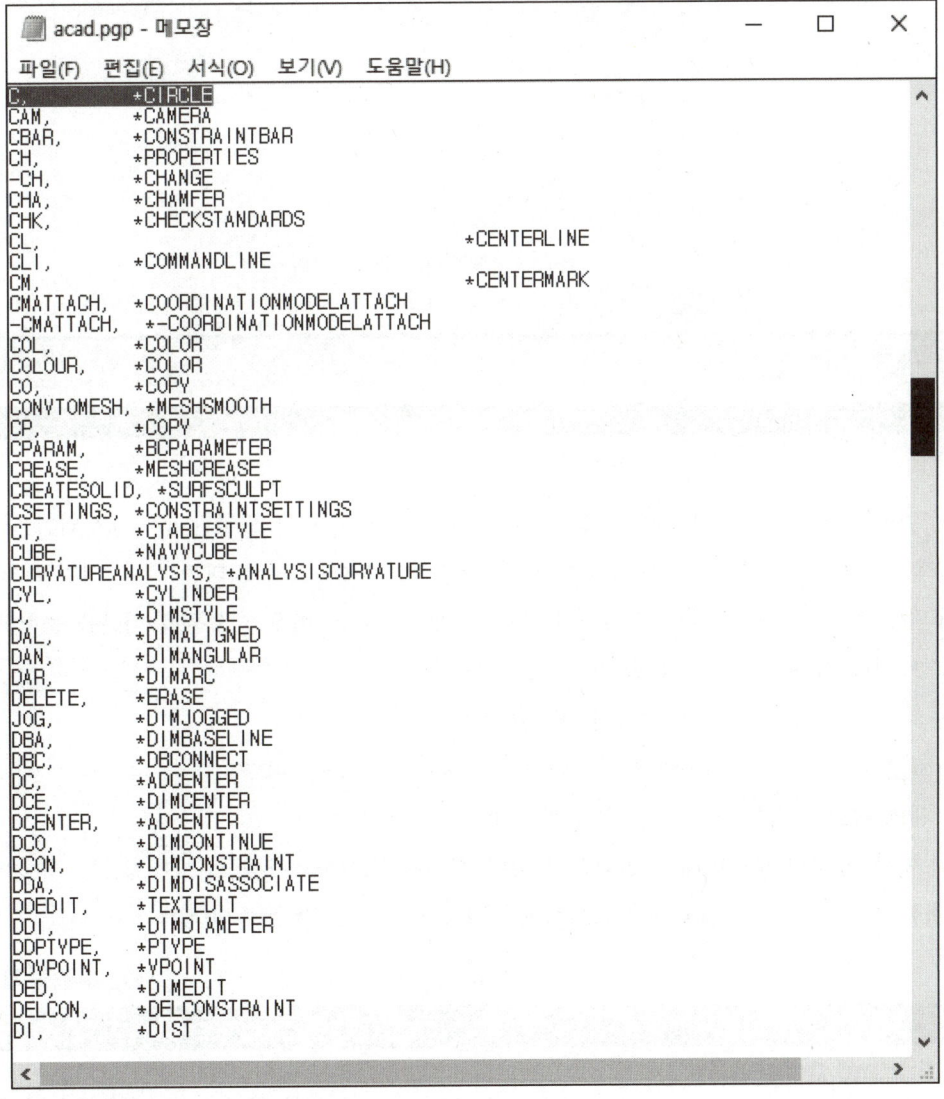

3) 도구막대(Toolbar)에서 명령 아이콘을 클릭해서 호출

- 풀다운 메뉴에서 [도구] ⇨ [도구막대] ⇨ [AutoCAD]를 클릭하면, 컨텍스트 메뉴가 표시되고, 다음 그림처럼 도구막대 이름들이 나열됩니다.

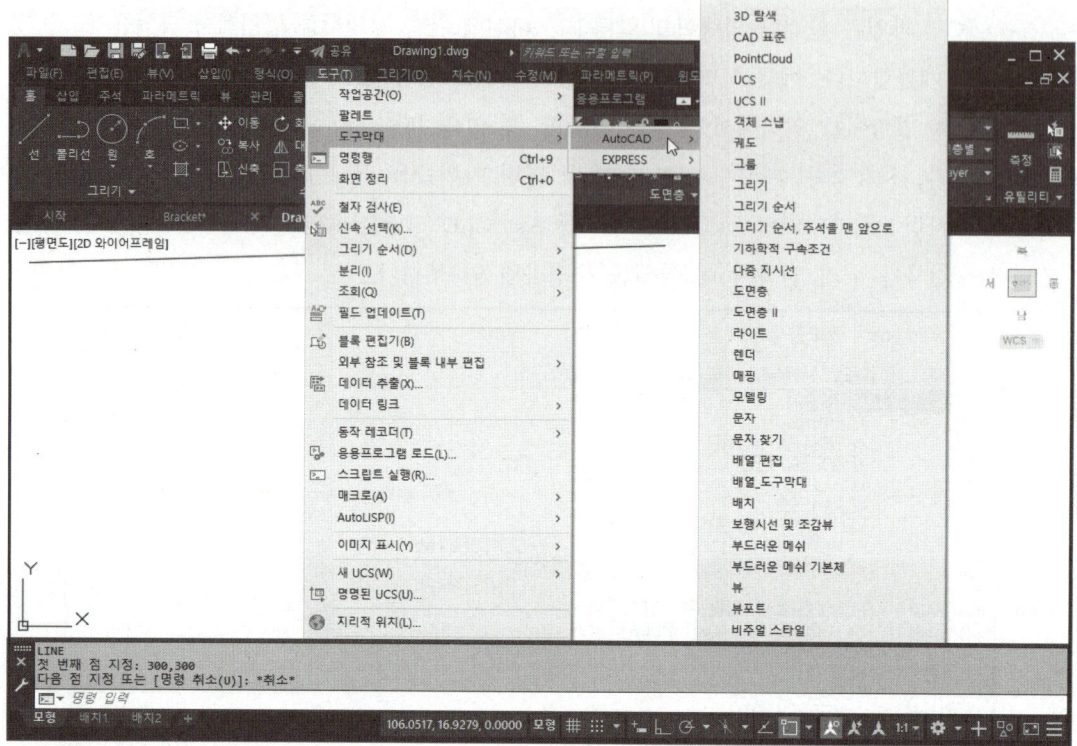

- 도구막대 이름 앞에 ✓(체크 마크)가 있으면, 현재 도면 창에 그 도구막대가 표시되어 있고, ✓ (체크 마크)가 없으면, 그 도구막대는 도면 창에 표시되어 있지 않다는 것을 의미합니다.
- 도구막대에 있는 임의의 명령 아이콘에 마우스 커서를 놓고, 마우스 오른쪽 버튼을 클릭하면, 컨텍스트 메뉴에 도구막대 이름들이 나열됩니다.
- 컨텍스트 메뉴에서 도구막대 이름을 클릭하면;
  ① 체크 마크가 없는 이름의 도구막대는 화면에 즉시 표시됩니다.
  ② 체크 마크가 있는 이름의 도구막대는 화면에서 사라집니다.
- 도면 창에 표시된 도구막대는 언제든지 화면 표시를 제어할 수 있고, 그것의 크기를 자유롭게 조정할 수 있고, 어느 위치에도 자유롭게 이동 및 배치할 수 있습니다.

- [Line(선)] 명령을 도구막대에서 호출하려면;
  ① 풀다운 메뉴 [도구] ⇨ [도구막대] ⇨ [AutoCAD] ⇨ [그리기]를 클릭합니다.
     다음 그림처럼 도면 창에 [그리기] 도구막대가 표시됩니다.
  ② [그리기] 도구막대에서 [선] 명령 아이콘을 클릭합니다.

4) 풀다운(Pulldown) 메뉴에서 명령을 클릭해서 호출

- 풀다운(Pull down) 메뉴는 AutoCAD의 초기 버전부터 지금까지 오랫동안 변함없이 사용해온 메뉴로 AutoCAD의 모든 대부분 명령들을 제공하는 매우 중요한 메뉴입니다.
- '신속 접근 도구 막대' 맨 오른쪽 드롭다운 버튼을 클릭한 후 '신속 접근 도구 막대 사용자화' 메뉴에서 [메뉴 막대 표시] 항목을 선택합니다.

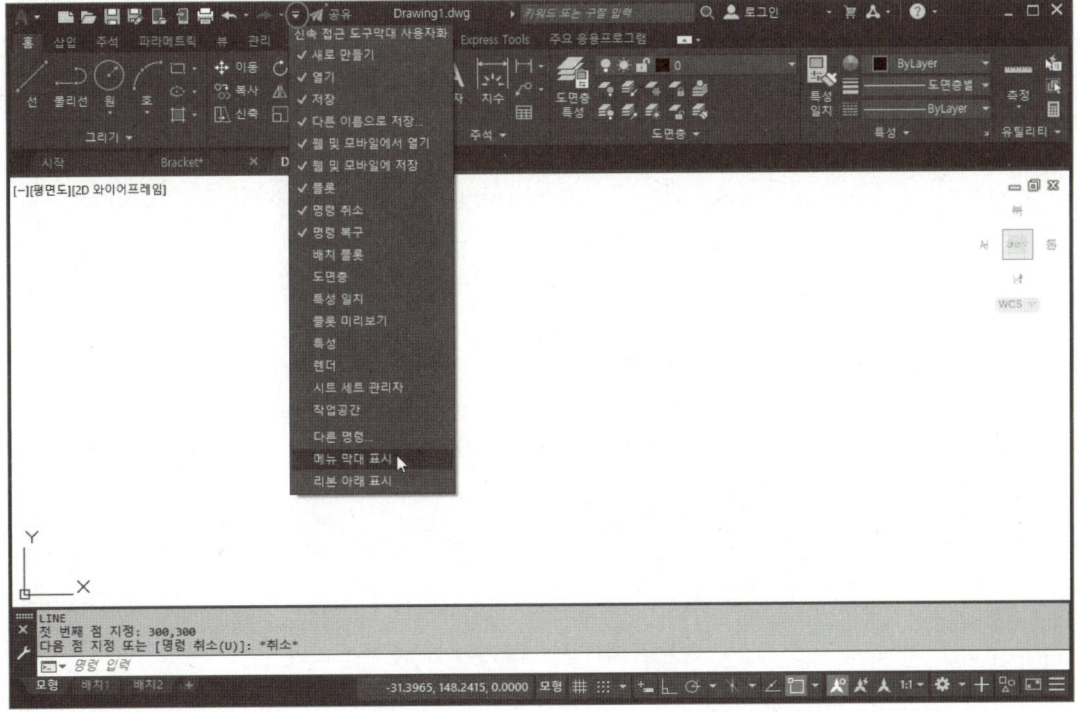

- 풀다운 메뉴는 제목(버전 및 도면 이름) 아래 그리고 리본 메뉴 위에 고정되어 표시됩니다. 기능별로 분류되고 그룹화된 메뉴 항목들을 한 줄로 표시되어 있는 메뉴입니다.

풀다운 메뉴에서 [그리기] ⇨ [원] ⇨ [접선, 접선, 반지름]을 클릭합니다.
- 풀다운 메뉴는 옵션과 명령을 함께 호출해서 실행할 수 있습니다. 이것은 호출을 원하는 옵션을 지정한 상태로 명령을 클릭해서 실행할 수 있다는 것입니다.
- 풀다운 메뉴는 다단계(Cascade)로 구성되어 있어서 상대적으로 다른 메뉴들보다 약간의 액세스 시간이 걸리고, 액세스 동안에 화면 공간을 넓게 차지하는 단점이 있습니다.
- 만일 풀다운 메뉴에서 명령 항목 오른쪽에 ▶ (삼각형) 기호가 있으면 하위 메뉴가 존재한다는 것을 의미합니다.

5) 바로가기(Shortcut) 메뉴에서 명령을 클릭해서 호출

- 바로가기(Shortcut) 메뉴는 AutoCAD에서 명령을 실행하는 동안뿐만 아니라 언제든지 도면 윈도우의 빈 영역 혹은 엔티티를 선택한 후에 마우스 오른쪽 버튼을 클릭하면, 그 상황에 맞은 기능들만 일시적으로 표시하는 매우 유용한 팝업 메뉴(Popup menu)입니다.
- 다음 그림처럼 바로가기 메뉴 상단에는 방금 직전에 수행한 명령(예를 들면, [반복(R) CIRCLE])으로 표시합니다. 그 항목을 클릭하면, 즉시 실행됩니다.
- 바로가기(Shortcut) 메뉴에서 '최근 입력' 항목의 하위에는 지금까지 호출 되었던 명령들의 리스트가 표시됩니다. 명령 리스트에서 원하는 명령을 클릭하면, 즉시 실행됩니다.

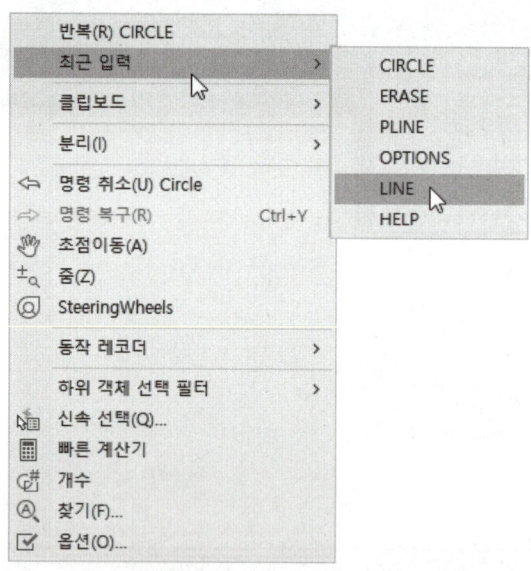

〈명령 대기 시 바로가기 메뉴〉

3.2 명령 옵션 선택하기(Select Command Option)

❑ **명령 옵션 선택 개요**

- 거의 대부분 AutoCAD 명령들은 현재 활성 작업 상황에 따라 필요한 옵션들만 명령 행에 프롬프트합니다. 따라서 작업자는 프롬프트된 옵션들 중에서 실행을 원하는 옵션을 지정하거나 입력해서 명령을 계속 실행해야 합니다.
- 명령을 실행하는 동안에, 다음의 세 가지 방법으로 옵션을 호출하고 이용할 수 있습니다.
  ① 명령 행에서 옵션 표시 문자 입력 혹은 마우스 왼쪽 버튼으로 클릭
  ② 동적 입력 프롬프트에서 지정
  ③ 바로가기(팝업) 메뉴에서 옵션 선택

1) 명령 행(Command Line)에서 옵션 입력

- 명령을 호출해서 실행하면, 명령 윈도우의 명령 행에 명령어, 그것의 디폴트 프롬프트 및 옵션 리스트들이 표시됩니다. 옵션은 옵션 문자와 괄호 안에 영문 글자와 숫자의 파란색으로 표시됩니다.

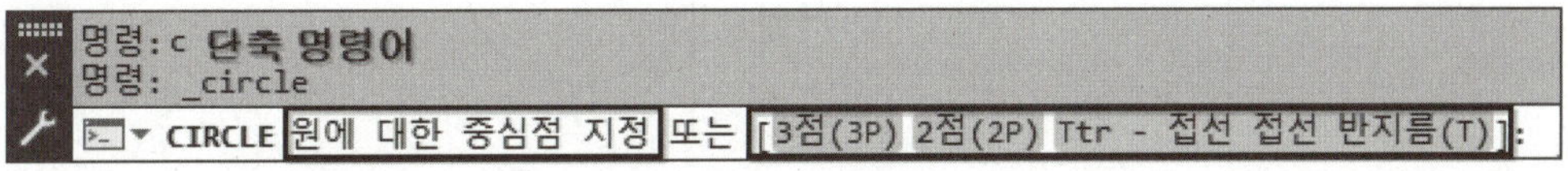

```
명령: c 단축 명령어
명령: _circle
CIRCLE 원에 대한 중심점 지정 또는 [3점(3P) 2점(2P) Ttr - 접선 접선 반지름(T)]:
```

- 또한 명령 행에 옵션들은 프롬프트에서 [ ](대괄호) 내부에 스페이스 혹은 슬래쉬(/)로 구분되어 나열되는데, 옵션 문자 다음에 있는 ( )(괄호) 안에 있는 숫자 및 영문 대문자로 표시되기도 합니다.

```
명령: .undo 현재 설정: 자동 = 켜기, 조정 = 전체, 결합 = 예, 도면층 = 예
취소할 작업의 수 또는 [자동(A)/조정(C)/시작(BE)/끝(E)/표식(M)/뒤(B)] 입력 <1>:
명령 입력
```

- 옵션을 활성화하기 위해서 명령 행에서 원하는 옵션의 파란색 부분을 마우스 왼쪽 버튼으로 선택하거나 옵션 문자 다음에 있는 ( )(괄호) 안에 있는 숫자 및 영문 대문자만 입력하면, 그 옵션이 호출되어 실행됩니다.
- 예를 들면, [CIRCLE(원)] 명령을 실행하고, [3점(3P)] 옵션을 호출하려면 '3P'를 입력하거나 마우스 왼쪽 버튼으로 [3점(3P)]를 클릭한 후 오른쪽 그림처럼 세 점을 차례로 지정하면 원이 작도됩니다.

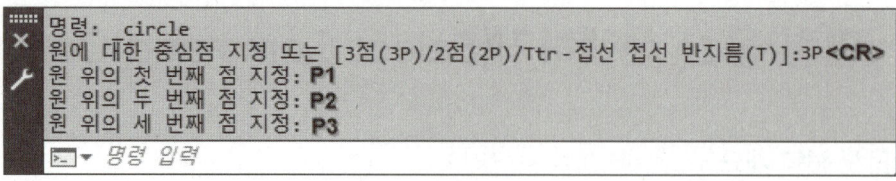

- 또 다른 중요한 예를 들면, [CIRCLE(원)] 명령을 실행하고, 접원을 작도하기 위해[Ttr - 접선 접선 반지름(T)] 옵션을 호출하려면 대문자 'T' 글자만 입력하면 됩니다.

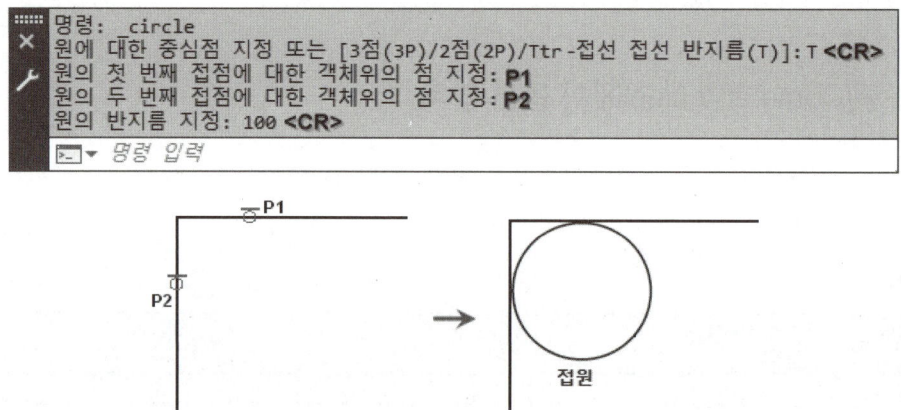

2) 동적 입력 프롬프트에서 지정

- 앞에서 설명한 것처럼 AutoCAD는 설계 작업을 하는 동안에 각 명령의 실행을 완료하기 위해 작업자에게 필요한 정보들을 프롬프트로 제공합니다.
- 다음 그림처럼 동적 프롬프트(Dynamic Prompt)는 커서 포인터 부근의 도면 윈도우에 표시되는데 이것을 Head-up Design이라고 말합니다.
- 동적 프롬프트(Dynamic Prompt)를 이용하려면, 먼저 상태막대에서 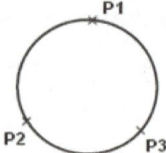[동적 입력] 버튼을 클릭해서 활성화해야 합니다(자세한 정보는 '상태 막대 참고).

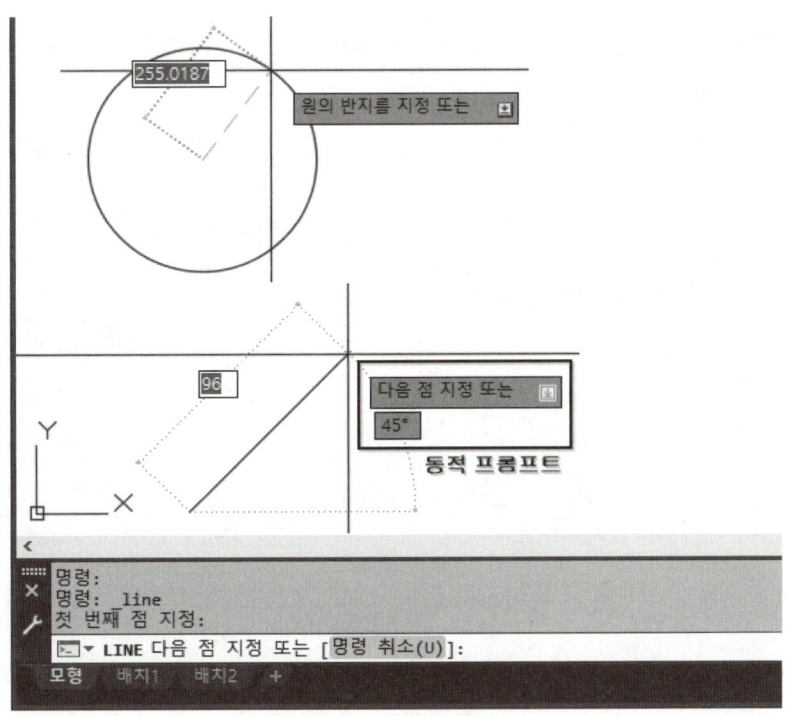

따라하기〉 동적 프롬프트 이용하기

동적 프롬프트를 이용해서 다음 그림처럼 폴리선을 작도합니다.

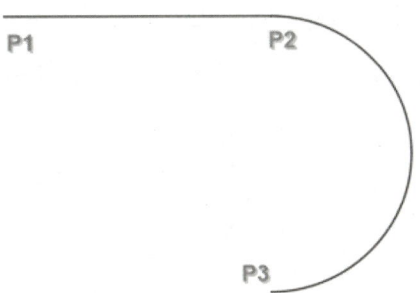

1 상태 막대에서 [동적 입력] 및 [직교 모드] 버튼을 클릭해서 활성화합니다.

2 [홈] 탭 ⇨ [그리기] 패널에서 [PLINE(폴리선)] 아이콘을 클릭합니다.
시작점으로 P1 지점을 클릭한 후 오른쪽으로 드래그해서 P2 지점을 클릭합니다.

3 다음 그림처럼 동적 프롬프트 끝에 있는 버튼은 옵션이 있다는 것을 의미합니다.

이 때 활성 [폴리선] 명령에서 원하는 옵션을 선택하려면, 키보드의 ▼(화살표 키)를 눌러 다음 그림처럼 '옵션 리스트'를 표시합니다.

다음 그림처럼 마우스 커서로 옵션 리스트에서 원하는 [호(A)] 옵션을 클릭합니다.

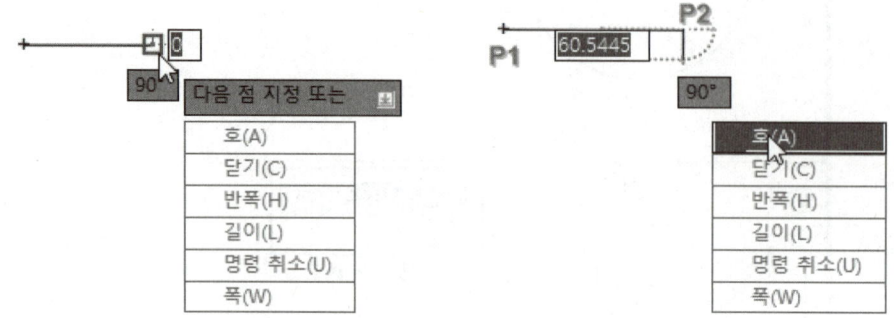

4 다시 도면 영역에서 P3 지점을 클릭합니다.

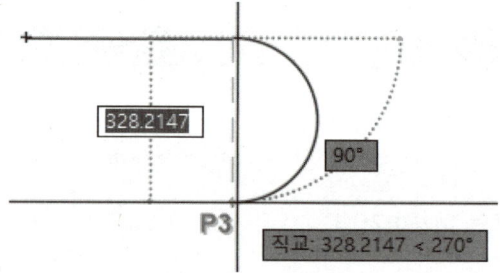

5 키보드의 ▼(화살표 키)를 눌러 다음 그림처럼 '옵션 리스트'를 표시합니다.

다음 그림처럼 마우스 커서로 옵션 리스트에서 원하는 [선(L)] 옵션을 클릭합니다.

이제는 선 세그먼트를 작도할 수 있습니다.

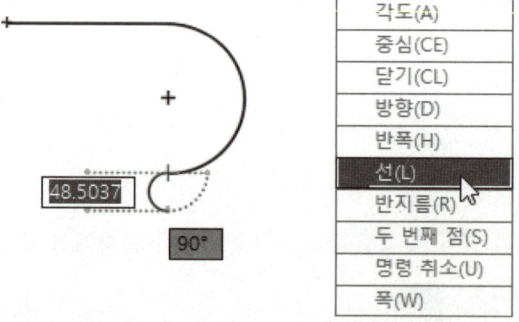

- [폴리선] 명령을 완료하기 위해 [엔터키]를 누릅니다.

3) 바로가기(팝업) 메뉴에서 옵션 선택

- AutoCAD 설계 작업 환경에서 언제든지 작업자가 마우스 오른쪽 버튼을 클릭하면, 하나의 바로가기 혹은 팝업 메뉴가 커서 다음에 표시됩니다.
- 표시되는 바로가기 메뉴는 설계자가 AutoCAD에서 어떤 작업을 수행 하는가에 따라서 그 내용이 달라질 뿐만 아니라 AutoCAD 인터페이스의 어느 장소(위치)를 마우스 오른쪽 버튼으로 클릭하는가에 따라서 그 내용이 달라집니다.
- 바로가기 메뉴는 호출하는 상황 및 장소에 따라 그 내용이 달라진다는 것입니다. 그래서 바로가기 메뉴는 그 상황에서만 이용 가능한 AutoCAD 명령, 옵션, 도구 혹은 유틸리티들을 표시하고, 호출할 수 있는 지능적인 메뉴입니다.
- 다음 그림은 AutoCAD를 시작해서 스크래치 도면에서 명령 대기 혹은 준비 상태 즉 명령 프롬프트에서 호출한 바로가기 메뉴와 몇 개의 명령을 실행한 후의 예입니다.

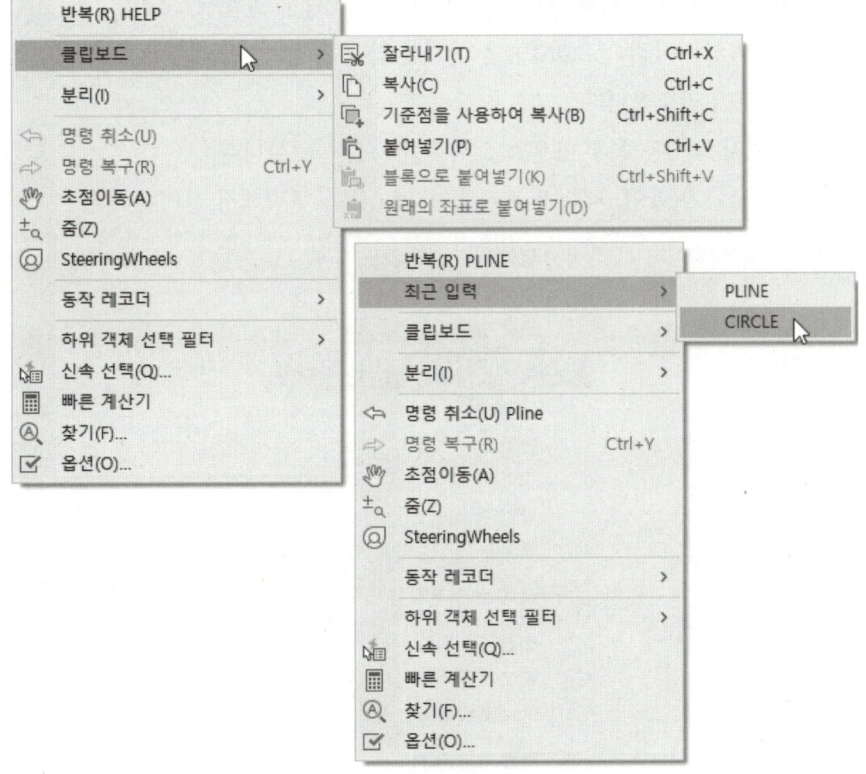

- 명령 실행 중에 도면 빈 영역에 마우스 오른쪽 버튼을 클릭하면, 표시되는 바로가기 메뉴에는 현재 활성화된 명령의 옵션들을 모두 포함하고 있습니다.

따라하기 〉 바로가기 메뉴 이용하기

바로가기 메뉴를 이용해서 다음 그림처럼 폴리선을 작도합니다.

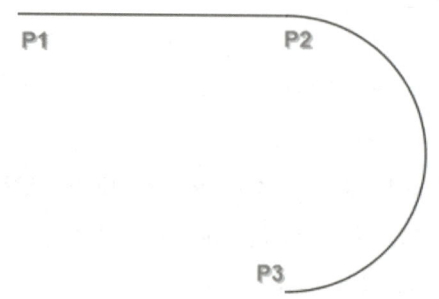

1 상태 막대에서 [직교 모드] 버튼을 클릭해서 활성화합니다.

2 [홈] 탭 ⇨ [그리기] 패널에서 [PLINE(폴리선)] 아이콘을 클릭합니다.
   ① 도면 영역에 임의의 시작점으로 점(P1)을 클릭한 후 오른쪽으로 드래그해서 P2 지점을 클릭해서 수평선 세그먼트를 작도합니다.

3 도면 빈 영역에 커서를 이동한 후 마우스 오른쪽 버튼을 클릭합니다.
   다음 그림처럼 바로가기(팝업) 메뉴가 표시되면, [호(A)]를 클릭해서 선택합니다.

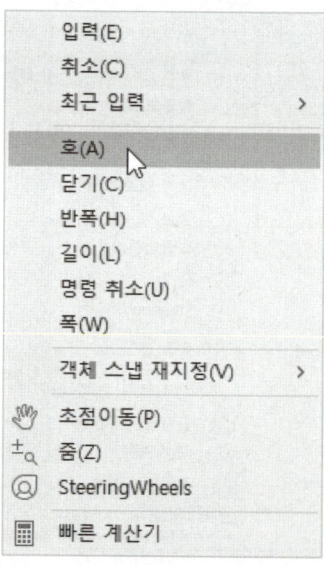

4 다시 도면 영역에서 P3 지점을 클릭합니다.
5 [폴리선] 명령을 완료하기 위해 [엔터키]를 누릅니다.

4) 그 외 AutoCAD 바로가기 메뉴

❏ 신속 접근 도구막대(Quick Access Toolbar)에서

- 신속 접근 도구막대에서 바로가기 메뉴를 호출하면;
  다음 그림처럼 신속 접근 도구막대를 사용자화 혹은 위치를 제어할 수 있는 옵션 리스트들이 표시됩니다.

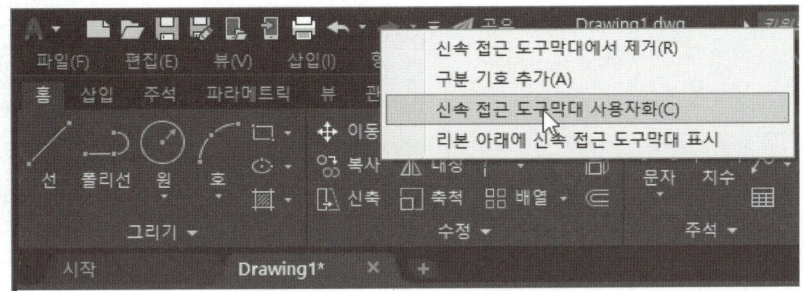

❏ 리본 메뉴(Ribbon Menu)에서

- 리본 메뉴 탭 영역에서 바로가기 메뉴를 호출하면;
  다음 그림처럼 [탭 표시] 혹은 [패널 표시]들을 선택할 수 있습니다.
  또한 리본의 가시성과 고정 상태를 변경할 수 있습니다.

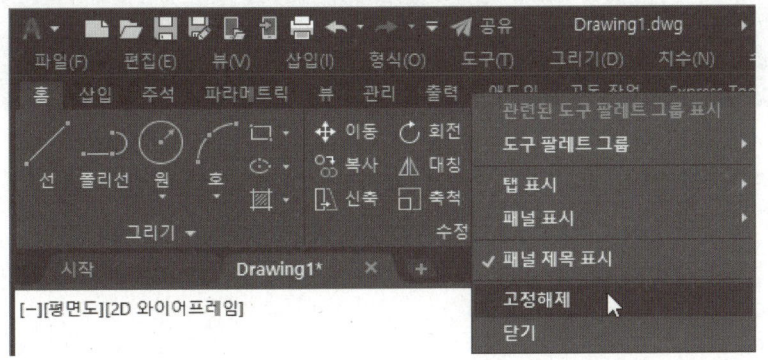

- 리본 메뉴의 어느 위치에서 클릭하는가에 따라 그 내용이 달라집니다.
  패널의 빈 영역에서 바로가기 메뉴를 호출하면;
  리본 메뉴에 표시될 탭과 패널들을 선택할 수 있습니다.

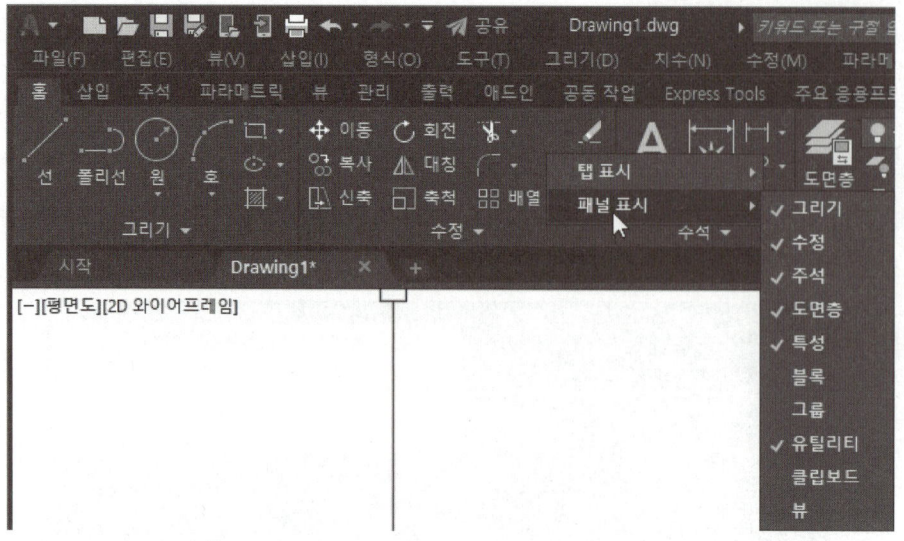

- 다음 그림처럼 패널에 있는 명령 아이콘을 선택한 후 마우스 오른쪽 버튼을 클릭하면;
  그 명령 아이콘을 [신속 접근 도구막대에 추가]할 수 있습니다.

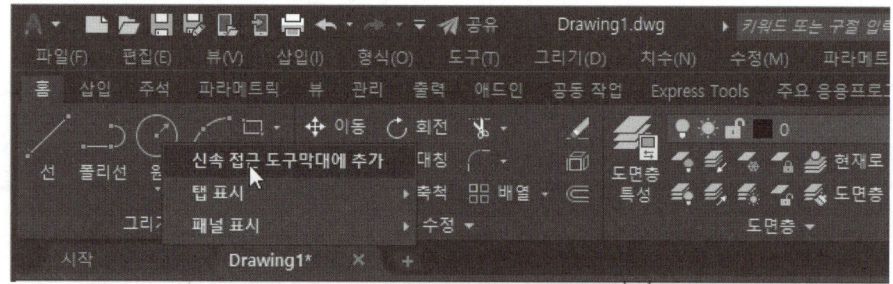

- 리본 메뉴의 패널 제목 영역에서 바로가기 메뉴를 호출하면;
  탭 영역의 바로가기 메뉴와 동일한 메뉴가 다음 그림처럼 표시됩니다.
  ① [탭 표시]를 클릭한 후 하단의 탭 리스트에서 원하는 탭 이름을 클릭해서 리본에 표시하거나 제거할 수 있습니다.
  ② [패널 표시]를 클릭한 후 하단의 패널리스트에서 원하는 패널 이름을 클릭해서 리본에 표시하거나 제거할 수 있습니다.

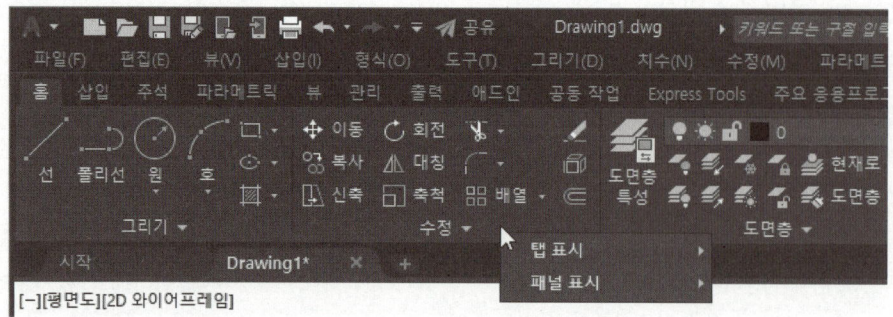

❏ 명령 행(Command line)에서

- 명령 행에서 바로가기 메뉴를 호출하면;
다음 그림처럼 바로가기 메뉴를 호출합니다.

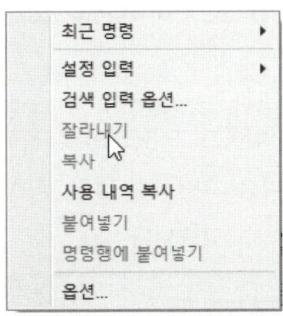

① [최근 명령]을 클릭하면 하위에 최근에 사용한 명령들의 목록이 표시되고, 그 명령을 클릭하면 명령 행에 호출됩니다.
② [설정 입력] 하위 메뉴에서 [자동 완성] 옵션들을 설정할 수 있습니다.
③ [검색 입력 옵션]을 클릭하면 검색 입력 옵션 창이 표시되고, 그곳에서 선호에 따라서 옵션들을 설정할 수 있습니다.

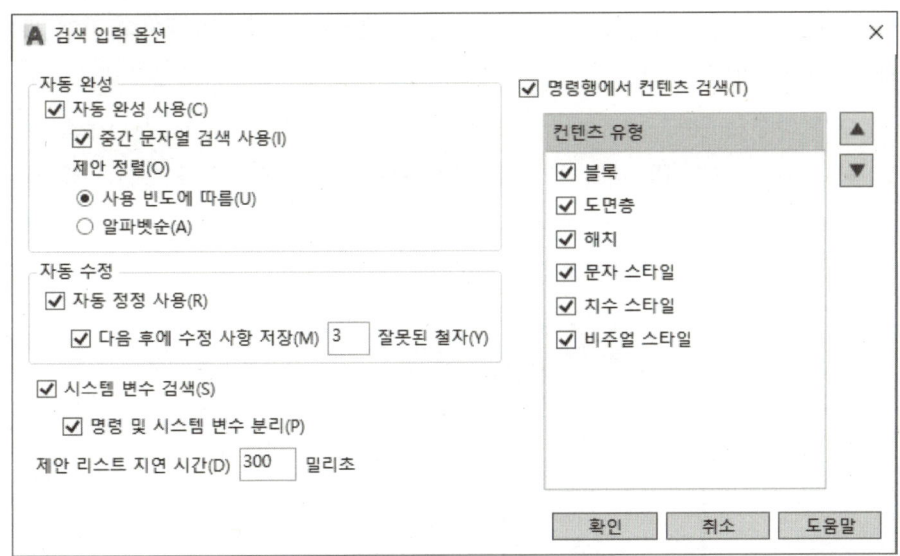

〈검색 입력 옵션 대화상자〉

④ [사용 내역 복사] 기능은 명령 창의 모든 내용을 복사해서 Windows 문자 편집기(메모장)로 복사할 수 있으며, 반대로 문자 편집기(메모장) 내용을 AutoCAD 명령 행으로 [붙여넣기] 할 수 있습니다.
⑤ 마지막으로 [옵션] 기능은 AutoCAD '옵션' 대화상자를 호출할 수 있습니다.

3.3 중요한 명령 인터페이스

1) 명령 설정 값, 바로가기 메뉴 및 AutoCAD 문자 윈도우

- AutoCAD에서 명령을 호출하면;
  명령 윈도우에 명령어, 그것의 디폴트 프롬프트 및 옵션들이 표시됩니다. 간혹 어떤 명령들은 호출하면, '현재 설정' 값들을 다음 그림처럼 명령 행에 표시합니다. 이러한 설정 값들도 해당되는 옵션을 호출해서 변경할 수 있습니다.

```
명령: fillet
현재 설정: 모드 = 자르기, 반지름 = 1.0
FILLET 첫 번째 객체 선택 또는 [명령 취소(U) 폴리선(P) 반지름(R) 자르기(T) 다중(M)]:
```

- 모든 AutoCAD 명령들은 명령 행에 명령어 혹은 단축 명령어를 입력한 후에 [엔터키] 혹은 [Spacebar(스페이스 바)] 키를 누르면 그 명령은 호출되면서 실행을 시작합니다.
- 명령이 종료된 대기 상태 즉 명령 프롬프트에서 [엔터키] 혹은 [스페이스 바] 키를 누르면, 마지막으로 실행되었던 명령이 반복해서 호출됩니다.
- AutoCAD에서 이러한 반복해서 신속하게 명령을 호출하는 방법은 설계자의 작업 생산성을 위한 매우 유용한 기능입니다.
- 명령 윈도우 명령 프롬프트에서 도면 윈도우 빈 영역에 커서를 이동한 후 마우스 오른쪽 버튼을 클릭하면, 다음 그림처럼 바로가기 메뉴에서 언제든지 이전 명령들 혹은 최근 사용된 명령들을 반복해서 호출할 수 있고, 표준 윈도우 클립보드 기능들, 줌(Zoom) 및 초점이동(Pan) 및 다른 유틸리티 기능들을 호출할 수 있습니다.

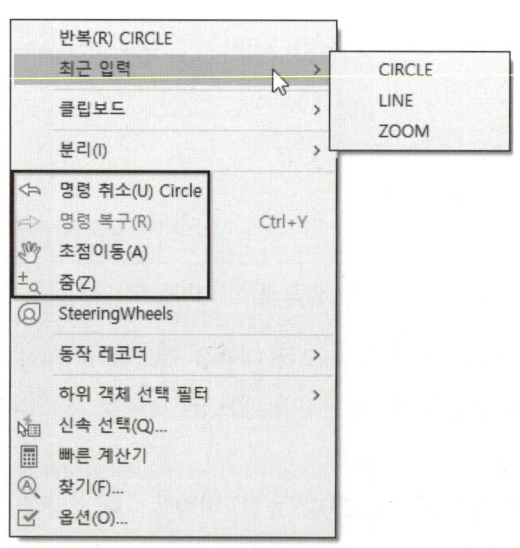

- 명령 프롬프트에서 만일 F2 키를 누르면;

'AutoCAD 문자 윈도우'가 열립니다. 다음 그림처럼 AutoCAD는 이 문자 윈도우에 도면 세션의 시작에서부터 지금까지 사용된 모든 명령, 옵션 및 프롬프트들, 메시지들의 기록들을 표시합니다.

```
AutoCAD 문자 윈도우 - Drawing1.dwg
편집(E)
명령: <직교 켜기>
명령: _line
첫 번째 점 지정:
다음 점 지정 또는 [명령 취소(U)]:
다음 점 지정 또는 [명령 취소(U)]:
다음 점 지정 또는 [닫기(C)/명령 취소(U)]:
다음 점 지정 또는 [닫기(C)/명령 취소(U)]:
다음 점 지정 또는 [닫기(C)/명령 취소(U)]:
명령: _circle
원에 대한 중심점 지정 또는 [3점(3P)/2점(2P)/Ttr - 접선 접선 반지름(T)]: T
원의 첫 번째 접점에 대한 객체위의 점 지정:
원의 두 번째 접점에 대한 객체위의 점 지정:
원의 반지름 지정 <467.9455>: 500
명령:
```

2) AutoCAD 명령의 취소 및 종료

- 명령 실행하는 동안에 현재 활성 명령 실행을 취소하려면;

키보드에서 [Esc] 키를 누르거나 다음 그림처럼 바로가기 메뉴에서 [취소]를 클릭해서 선택합니다.

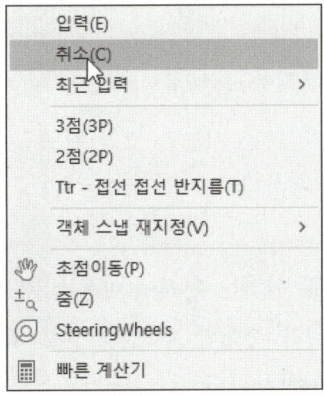

- 명령과 그 옵션 실행이 성공적으로 수행되었으면;

[엔터키] 혹은 [스페이스 바] 키를 눌러 명령을 종료합니다.

- 도면 창에서 엔티티들을 선택하고, [Del] 키를 누르면 선택된 엔티티들은 삭제됩니다.

[Del] 키를 이용하는 것은 객체들을 삭제하기 위해서 리본 메뉴에서 [ERASE(지우기)] 명령을 이용하는 것보다 매우 편리합니다.

3.4 마우스 및 키보드 사용법

1) 마우스의 각 버튼과 휠 기능

- AutoCAD에서 마우스는 기본적인 입력 장치로 도면 설계 작업을 수행하는데 반드시 필요합니다. 일반적인 마우스의 각 버튼과 휠의 기능들에 대해서는 다음 그림의 설명을 참고합니다.

- 왼쪽 버튼(MLB)
  - 마우스 왼쪽 버튼은 가장 빈번하게 사용하는 중요한 포인팅(Pointing) 및 선택(Pick) 버튼으로 메뉴, 아이콘, 도구, 대화상자 옵션, 도면 윈도우에서 위치 지정 및 대상 객체를 선택하는데 사용합니다.
- 오른쪽 버튼(MRB)
  - 마우스 오른쪽 버튼은 [엔터키] 버튼 기능과 도면 윈도우에서 선택된 대상 객체에 맞는 바로 가기 메뉴를 표시하는데 사용합니다.
- 휠(Wheel)
  - 도면 영역에서 확대 및 축소를 원하는 위치에 마우스 커서를 놓은 후 휠을 앞쪽으로 회전하면, 객체의 화면 표시를 실시간 확대할 수 있습니다. 휠을 반대로 회전하면, 객체의 화면 표시를 실시간 축소할 수 있습니다.
  - 도면 영역에서 화면 이동을 원하는 위치에 마우스 커서를 놓은 후 휠을 누른 상태에서 마우스를 이동하면, 객체의 화면 초점 이동을 실시간으로 할 수 있습니다.

2) AutoCAD Function Key(기능키)

- 키보드 기능키는 명령어를 입력해서 실행시키는 것이 아니라, 키보드의 기능키를 누르면 지정된 명령이나 설정 도구가 실행되는 것을 말합니다.
- 도면 작업 중간에 일일이 해당 명령어를 치는 것이 매우 번거롭기 때문에 이렇게 기능키 이용해서 작업할 수 있도록 만들어 놓은 것입니다.
- 기능키는 매우 편리한 유용한 기능이고, 기능키들을 외워두면, 도면 작업 속도를 높이는 지름길입니다.

기능키	조합키	명령	설명
F1		HELP	도움말 호출
F2		Text window	문자 윈도우 전환
F3	CTRL-F	OSNAP ON/OFF	객체 스냅모드 켜기/끄기
F4		3D OSNAP ON/OFF	3D 객체 스냅모드 켜기/끄기
F5		ISOPLANE	등각평면 전환
F6	CTRL-D	DYNAMIC UCS ON/OFF	동적 UCS 켜기/끄기
F7	CTRL-G	GRID ON/OFF	모눈 모드 켜기/끄기
F8	CTRL-L	ORTHO ON/OFF	직교 모드 켜기/끄기
F9	CTRL-B	SNAP ON/OFF	스냅 모드 켜기/끄기
F10	CTRL-U	POLAR ON/OFF	극좌표 추적 켜기/끄기
F11	CTRL-W	OSNAP TRACKING ON/OFF	객체 스냅 추적 켜기/끄기
F12		DYNAMIC INPUT ON/OFF	동적 입력 모드 켜기/끄기

3) AutoCAD의 유용한 키

- 일반적으로 모든 Microsoft Windows 어플리케이션뿐만 아니라 AutoCAD에서도 빈번하게 사용하는 키 혹은 조합키를 이용해서 도면 작업할 수 있습니다.
- 키 혹은 조합키는 매우 편리한 유용한 기능이고, 이러한 키, 조합 키들을 외워두면, 도면 작업 속도를 높이는 지름길입니다.

키	조합키	호출 상황	설 명
Esc	CTRL-C		Command interrupt(명령 실행 중지)
Del	CTRL-X		객체 혹은 엔티티 삭제
SHIFT			직교모드 일시적 제어
SHIFT+MRB			객체 스냅 설정 메뉴 호출
ENTER(엔터) 〈CR〉		명령 실행 중	명령 완료
	CTRL-J	명령: 프롬프트	이전 명령 반복 호출
SPACE BAR		명령 실행 중	명령 완료
	CTRL-J	명령: 프롬프트	이전 명령 반복 호출
	CTRL-Z		UNDO(명령 취소)
	CTRL-Y		REDO(명령 복구)

***) MRB : Mouse Right Button

04 도면 파일 관리하기

❏ **선행 학습 조건**

이 단원의 학습을 시작하기 전에 여러분은 다음의 선행 학습을 익혀야 합니다.
- 제도의 개요 및 제도에 관한 한국 산업표준 규격(KS)을 이해하고, 숙지해야 합니다.
- 기계 제도 규격 및 표준을 이해하고 숙지해야 합니다.
- 엔지니어링 도면의 속성 및 종류를 이해하고 숙지해야 합니다.
- 도면의 형식, 크기 및 구성요소들을 이해하고 숙지해야 합니다.

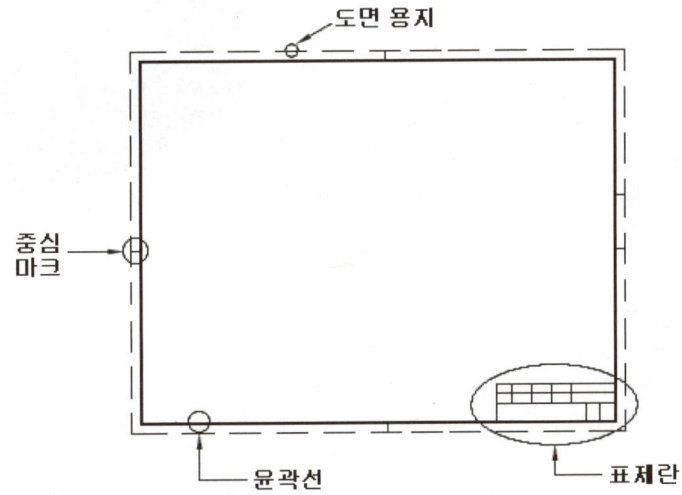

> **참고〉 공학 제도**
>
> 선행 학습을 위해 저의 인터넷 카페를 방문해서 [공학 제도]를 학습하시길 권장합니다.
> - 카페 주소 : http://cafe.naver.com/dkemf7285
> - 카페 명 : 2D Design & 3D Solid Modeling
>   공학제도(개요, 투상법)

4.1 도면 파일(Drawing file)의 개요

1) 도면 파일(.DWG)

- AutoCAD 도면(Drawing) 파일은 그래픽, 문자, 기호로 작성된 형상 데이터들을 포함하고 있는 하나의 엔지니어링 데이터베이스 파일이고, 파일 확장자는 .DWG를 가지고 있습니다.
- AutoCAD에서 설계 작업을 하려면, 적어도 하나 이상의 .DWG 도면 파일을 열어야만 합니다. 또한 동시에 다중 도면 파일들을 열 수 있고, 작업자는 필요에 따라 열린 도면들 사이를 전환하면서 도면 데이터들을 복사-붙여넣기로 주고받을 수 있지만, 오직 하나의 도면만을 활성화할 수 있습니다.
- 설계자는 활성 도면 즉 현재 도면에만 적절한 명령을 입력해서, 객체들을 작도 및 수정할 수 있습니다.

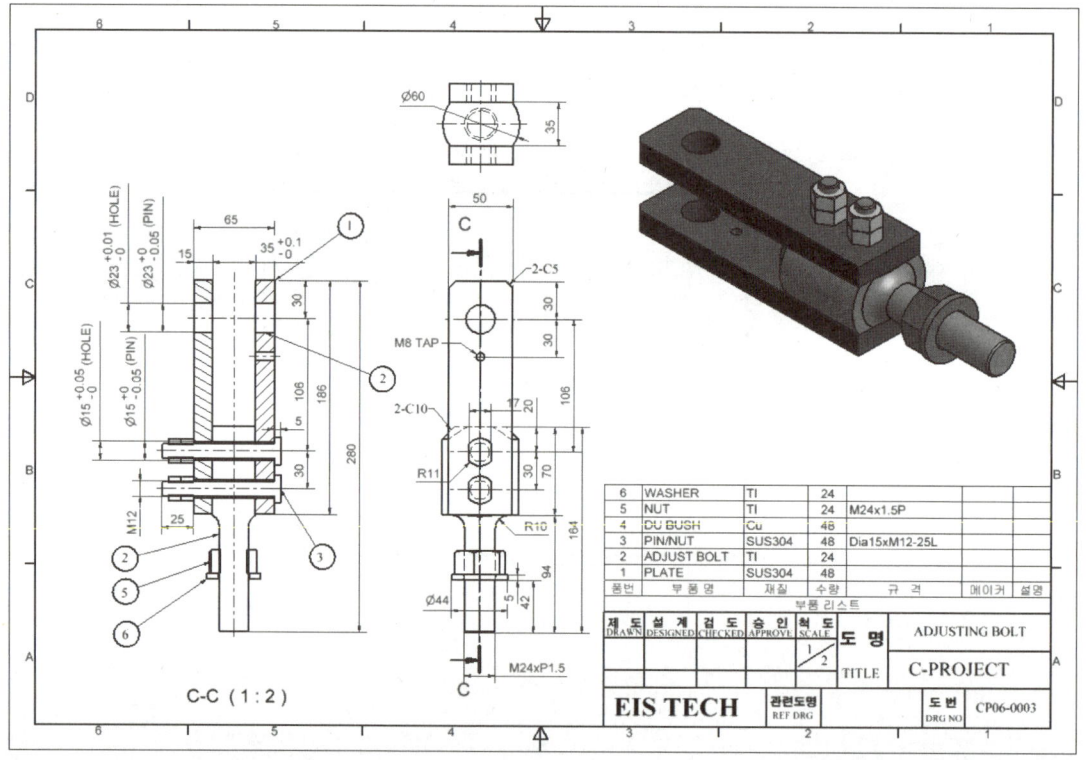

- AutoCAD 릴리즈 버전에 따라 도면 파일은 각각 고유한 형식으로 저장됩니다. 따라서 AutoCAD 도면 파일은 Upward Compatibility(상향식 호환성)는 지원하지만 Downward Compatibility(하향식 호환성)는 지원하지 않습니다.

❏ AutoCAD 도면 파일 유형

파일	유형(확장자)	설 명
도면 파일	.DWG	AutoCAD 도면 파일 형식입니다.
도면 표준	.DWS	도면 표준 파일 형식입니다.
도면 템플릿	.DWT	도면 템플릿(원형 도면) 파일 형식입니다.
도면 교환 파일	.DXF	도면 파일 데이터 교환을 위한 산업 표준인 DXF 파일 형식입니다.
도면 교환(이진)	.DXB	도면 파일 데이터 교환을 위한 산업 표준인 DXB 파일 형식입니다.

TIP〉 도면 파일 호환성(Drawing File Compatibility)

- AutoCAD는 새로운 기능의 추가 등 여러 가지 이유로 도면 파일 형식을 계속해서 변경합니다.
- 일반적으로 다음 표에 정리된 것처럼 세 개의 버전들은 같은 도면 파일 형식을 유지합니다.
- AutoCAD는 도면(DWG) 파일의 Upward Compatibility는 제공하지만 Downward Compatibility는 제공하지 않습니다.

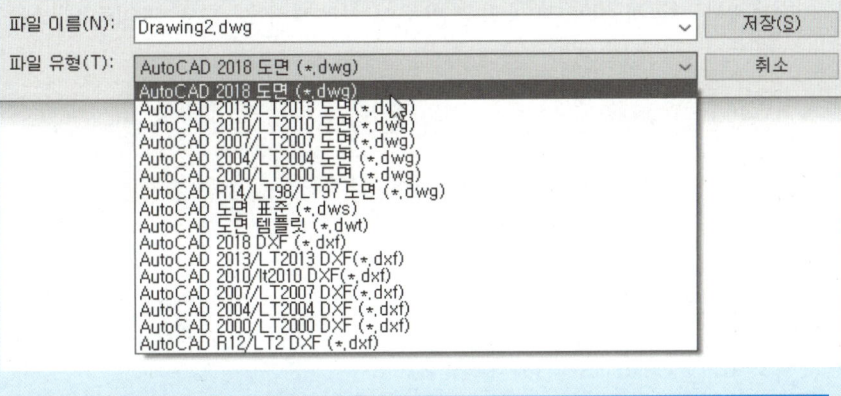

AutoCAD 2018 DWG Format	R2018, R2019, R2020, R2021, R2022
AutoCAD 2013 DWG Format	R2013, R2014, R2015, R2016, R2017
AutoCAD 2010 DWG Format	R2012, R2011, R2010
AutoCAD 2007 DWG Format	R2009, R2008, R2007
AutoCAD 2004 DWG Format	R2006, R2005, R2004
AutoCAD 2000 DWG Format	R2002, R200i, R2000
AutoCAD 14 DWG Format	R14

2) 원형 도면(템플릿) 파일(.DWT)

- 원형 도면(Drawing Template) 파일은 도면을 작성하는데 반드시 필요한 구성요소들을 미리 작도하거나 설정해서 템플릿 형태로 저장한 하나의 도면 파일이고, 새로운 파일을 시작하는데 반드시 이용됩니다.
- AutoCAD는 기본적으로 ANSI, ISO, JIS 등의 각 나라의 제도 규격에 의한 도면 설정들을 가진 몇 가지 원형 도면 파일들을 제공하는데, 이것을 Drawing Template(도면 템플릿) 혹은 Prototype Drawing(원형 도면)이라고 합니다.
- 만일 실수로 시스템 하드 디스크에서 템플릿 파일(acadiso.dwt)이 삭제되었다면, 새로운 스크래치 도면 파일을 여는 것이 불가능하고, 그 템플릿 파일을 원래 위치의 폴더에 복사해야만 새로운 도면 파일을 열고 작업을 시작할 수 있습니다.
- 템플릿 혹은 원형 도면 파일의 확장자는 '.DWT'이고, 'Template' 폴더에 기본 원형 도면들이 저장되어 있고, 만일 Customizing된 원형 도면 파일을 그 폴더에 저장하면, 다음 그림처럼 '템플릿 선택' 대화상자에서 쉽게 선택해서 이용할 수 있습니다.
- 다른 Microsoft Window 응용프로그램들과 달리 AutoCAD는 템플릿 도면 파일 혹은 원형 도면이라는 AutoCAD에서 제공하는 도면 파일을 반듯이 참조해서 새 도면 파일을 시작할 수 있습니다.

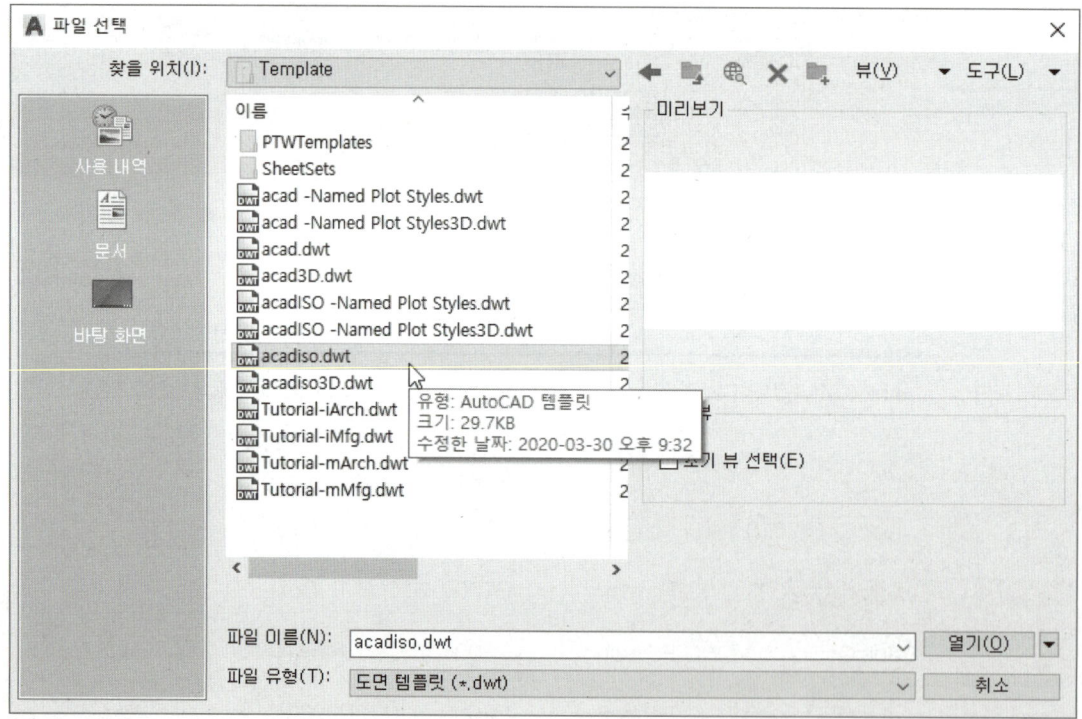

❑ 도면 템플릿 파일 속성 및 사용자화

- 원형 도면 파일에는 단위(Units), 정밀도(Accuracy), 도면 용지 크기(Sheet Size), 레이아웃 설정(도면 한계, 윤곽선, 중심마크), 표제란, 부품난(Part list), 도면층(Layer), 치수 스타일, 문자 스타일 등 최소한의 '도면 시트 설정 요소'들을 미리 설정할 수 있습니다.
- 수정 및 편집 없이 반복적으로 이용 가능한 도면 시트의 윤곽선(Boarder), 표제란(Title block), 자재 리스트(BOM)같은 도면 기본 요소들을 설정하거나 작성해서 도면 템플릿 파일 즉 원형 도면 파일로 저장하고, 새 도면을 시작할 때마다 이것을 이용해서 설계 작업을 신속하게 시작할 수 있습니다.
- 따라서 위와 같이 사용자화된 도면 템플릿 파일을 만들고, 저장해서 설계팀원들이 이용하면, 표준 스타일과 동일한 도면 설정들을 유지함으로서 Design Project(설계 프로젝트) 수행 시 도면 작성의 일관성을 유지하고, 생산성을 개선할 수 있는데 이것을 Drawing Standard(도면 표준화)라고도 합니다.

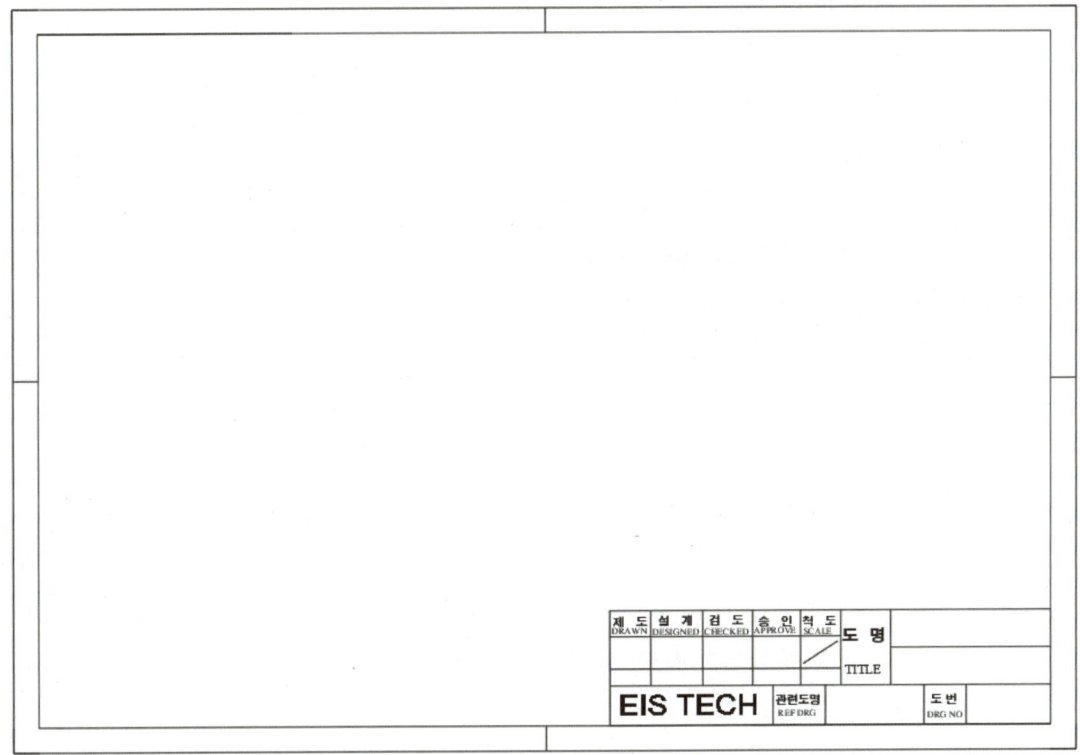

- 동일한 제도 규칙과 도면 설정을 이용하는 여러 도면들을 작성하는 경우, 새 도면 파일을 시작할 때마다 규칙과 기본 설정을 지정하는 대신에 도면 템플릿 파일을 작성하거나 사용자화하면 시간을 절약할 수 있습니다.

- 도면 템플릿 파일에 저장해야하는 Drawing Setup(도면 설정)들은 다음과 같습니다.
  ① 도면 용지 시트 크기 - 도면 한계(LIMITS) 명령
  ② 축척(Scale) - 선종류(Linetype) 명령
  ③ 단위 및 단위 형식(Unit and Unit format), 정밀도(Accuracy) - 단위(UNITS) 명령
  ④ 윤곽선(Border), 표제란, 부품난, 중심 마크
  ⑤ 도면층(Layer) 작성 및 설정 - 도면층(LAYER) 명령
  ⑥ 선종류(Linetype) 설정 - 선종류(Linetype) 명령
  ⑦ 선가중치(LINEWEIGHT) 설정 - 선가중치(LWEIGHT) 명령
  ⑧ 문자 스타일(Text style) - 문자 스타일(STYLE) 명령
  ⑨ 치수 스타일(Dimension style) - 치수 스타일(DimStyle) 명령
  ⑩ 품번, 다듬질 등 각종 기호
  ⑪ 배치 뷰포트 및 축척(LAYOUT)
  ⑫ 플롯 및 게시 설정(PAGESETUP)

- 다음의 도면 설정들은 필요 시 설정해서 도면 템플릿 파일에 저장하고 이용할 수 있는 부가적인 내용들입니다.
  ① 스냅 및 모눈 간격(Snap and Grid space)
  ② 다중 지시선 스타일(Multileader style)
  ③ 테이블 스타일(Table style)
  ④ 배치 및 페이지 설정(Layout and Page setup)

❏ Scratch Drawing(스크래치 도면)

- Scratch Drawing(스크래치 도면)은 객체를 작도할 수 있는 비어 있는 새로운 초기 도면 파일을 말하며, 참조한 템플릿 파일의 설정 요소 및 Property(속성)들을 그대로 물려받게 됩니다.
- AutoCAD를 실행하면, 디폴트로 'acadiso.dwt' 템플릿 파일을 참조해서 새로운 스크래치 도면 파일이 열리고, 이 도면 파일의 설정 요소들은 단위가 mm이고, 시트 용지 크기 및 도면 한계는 A3(420mm x 297mm)입니다.

4.2 New(새로 만들기) 명령 - [Ctrl+N]

- [NEW(새로 만들기)] 명령은 새 도면을 작성하기 위해서 원형 도면을 참조해서 새 도면 (스크래치) 파일을 엽니다.

1) New(새로 만들기) 명령 호출 방법

- [응용프로그램 메뉴] ⇨ [새로 만들기]를 클릭합니다.
- 신속 접근 도구막대에서 [QNEW(새로 만들기)] 명령 아이콘을 클릭합니다.
- 풀다운 메뉴에서 [파일] ⇨ [새로 만들기]를 클릭합니다.
- [시작] 탭 ⇨ [새로 만들기]를 클릭합니다.
- 명령 행에 [NEW] 라고 입력하고 [엔터키]를 누릅니다.

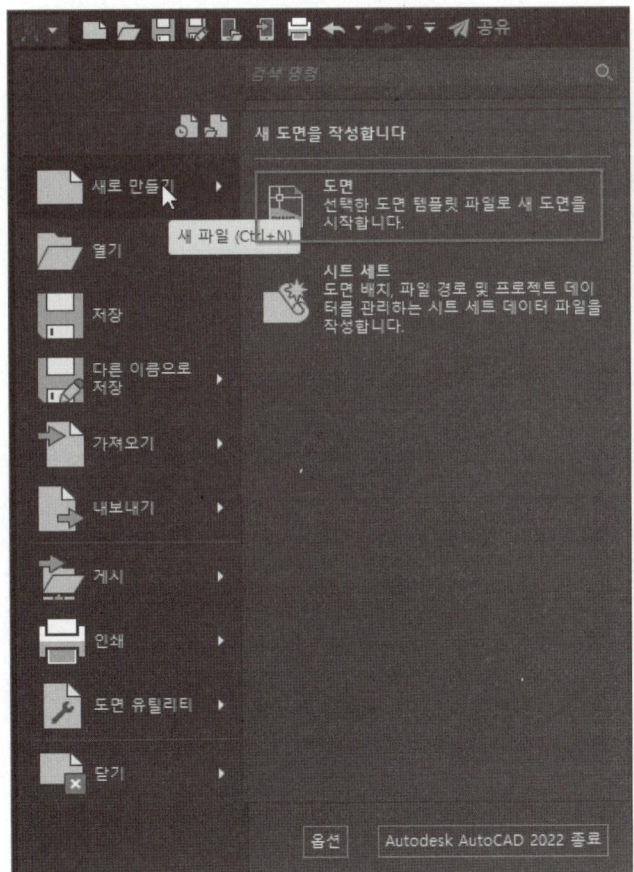
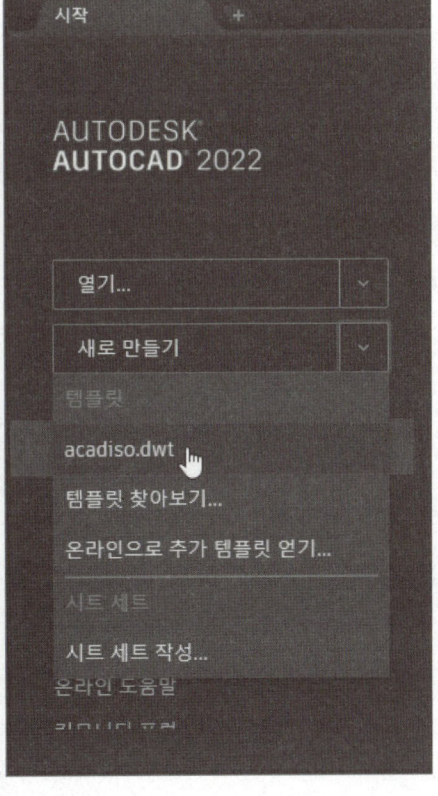

따라하기〉 NEW(새로 만들기) 명령 따라 하기

1 [응용프로그램 메뉴] ⇨ [새로 만들기]를 클릭합니다.

2 다음 그림처럼 '템플릿 선택' 대화상자에서;

[acadiso.dwt(템플릿 도면)] 파일을 선택하고, [열기] 버튼을 클릭합니다.

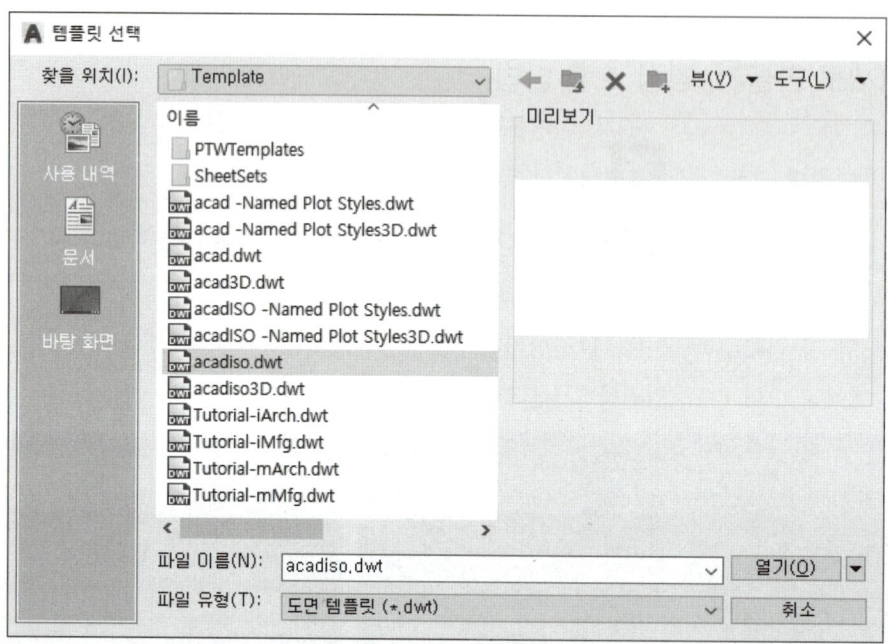

3 즉시 새 스크래치(Scratch) 도면 파일이 열리게 됩니다.

열린 이 스크래치 도면 파일의 설정 속성(Property)은
- 도면 시트 용지 크기 : A3(420mm x 297mm),
- 도면 단위 : mm

입니다.

4 이제 설계자는;
- 필요한 용지 크기, 단위, 정밀도, 척도와 같은 도면 설정 속성(Property)들을 수정 및 재설정 하거나 추가해야 합니다.
- 객체 형상 작도 작업을 시작할 수 있습니다.

따라하기> [시작] 탭에서 새 도면 파일 시작하기

1 [시작] 탭에서 [새로 만들기] 오른쪽의 드롭리스트 심벌을 클릭합니다.

2 드롭리스트에서 [acadiso.dwt]를 클릭합니다.

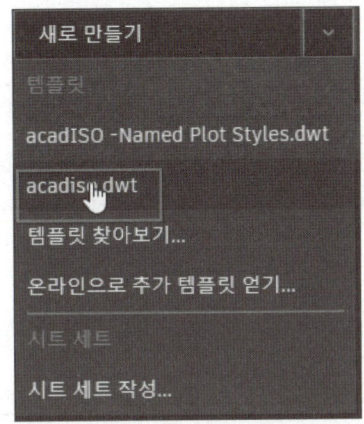

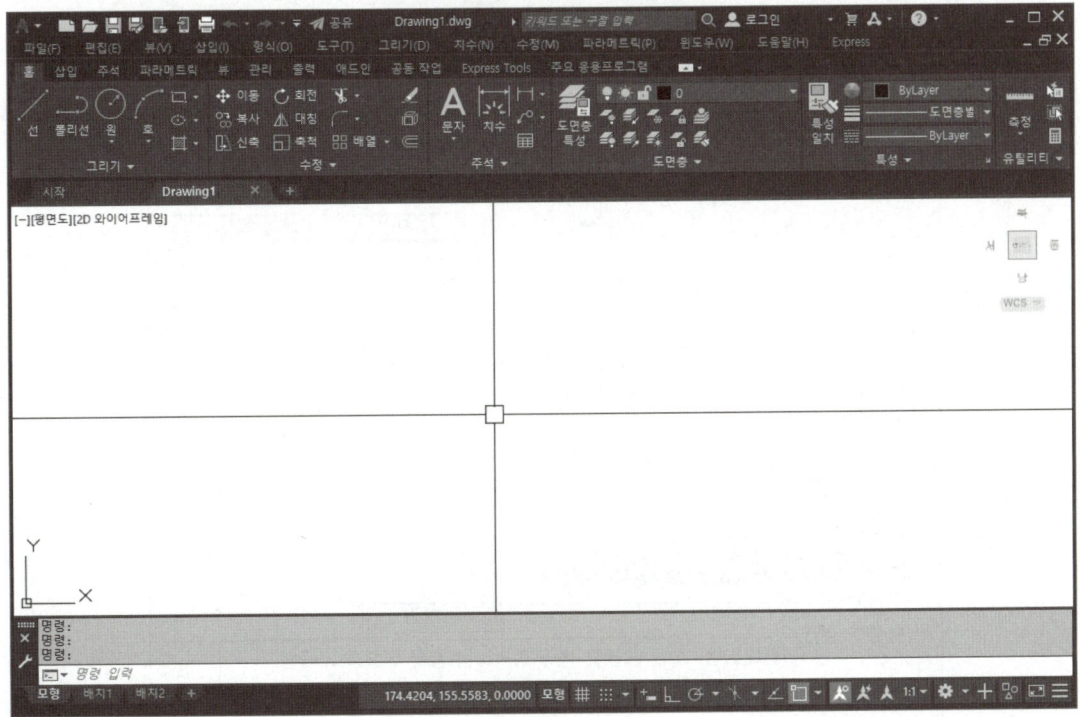

2) '새 도면 작성' 대화상자

- '새 도면 작성' 대화상자는 다음 그림처럼 [처음부터 시작], [템플릿 사용] 및 [마법사 사용] 기능으로 도면 작도를 시작할 수 있는 [NEW(새로 만들기)] 명령의 또 다른 인터페이스를 제공합니다.
- 이 대화상자는 제도 규정을 완벽하게 이해하고, 다양하고 많은 도면들을 작도한 경험을 가진 AutoCAD 숙련자 혹은 설계팀장이 그의 회사 혹은 설계부서 혹은 프로젝트에 사용자화된 템플릿(원형) 도면 파일을 작성할 때 주로 이용합니다.
- 따라서 설계 초보자 및 일반 설계자들은 거의 사용하지 않는 기능이지만 설계 및 도면 작성에 대한 기본적인 개념을 포함하고 있어 설계자는 누구나 이해를 해야 합니다.
- AutoCAD는 디폴트 상태에서 '새 도면 작성' 대화상자는 호출되지는 않습니다. 명령 행에 [STARTUP] 시스템 변수를 호출하고, 값을 [1]로 재설정해야만 호출할 수 있습니다.

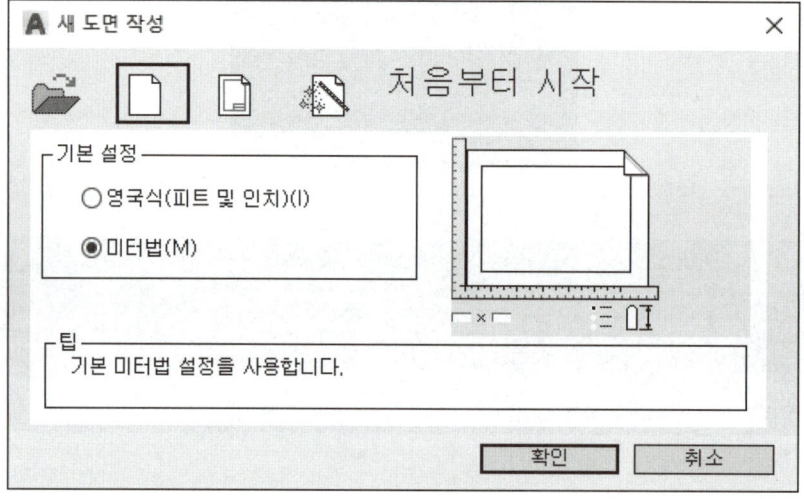

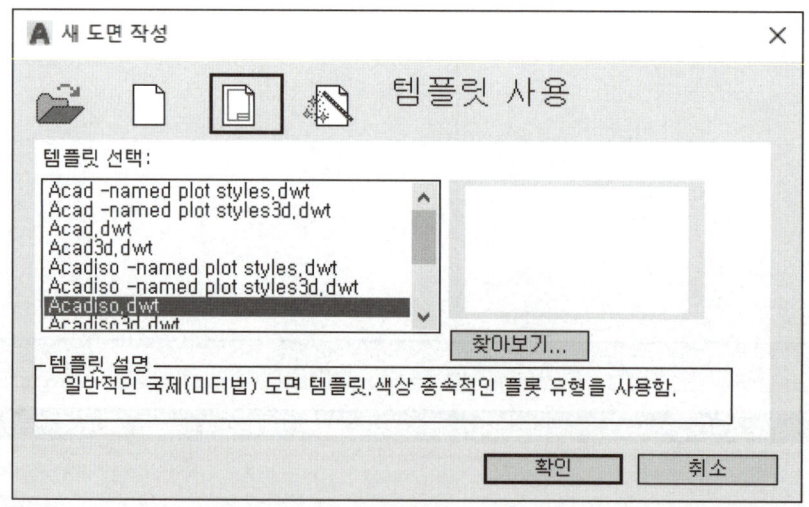

따라하기〉 새 도면 작성 대화상자(원형 도면 작성)

1 [STARTUP] 시스템 변수를 [1]로 재설정합니다.

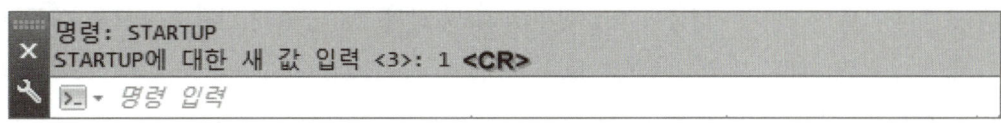

2 명령 행에 [NEW] 라고 입력합니다.

다음 그림처럼 '새 도면 작성' 대화상자가 표시됩니다.

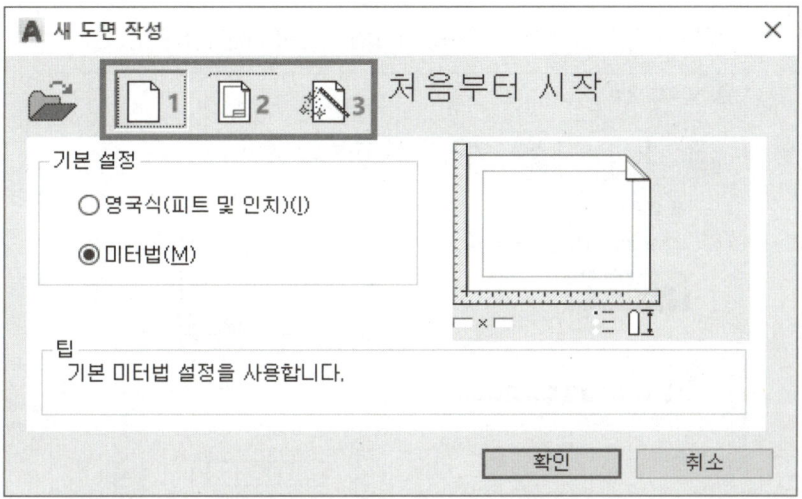

'새 도면 작성' 대화상자 상단에는 다음의 세 가지 탭이 있습니다.

① [처음부터 시작] - 기본 용지 크기, 단위만 설정하여 새로운 템플릿(원형) 도면 파일을 작성할 수 있습니다.

② [템플릿 사용] - 템플릿 폴더에 저장되어 있는 템플릿(원형 도면) 파일을 열어서 새 도면 파일을 작도할 수 있습니다.

③ [마법사 사용] - 마법사를 이용해서 원하는 도면 단위, 각도, 각도 측정, 각도 방향 및 시트 크기를 설정해서 새로운 템플릿(원형)도면 파일을 작성할 수 있습니다.

❏ 처음부터 시작

1 '새 도면 작성' 대화상자에서 [처음부터 시작] 버튼을 클릭합니다.

① [영국식(피트 및 인치)] - 영국식 측정 단위(피트 및 인치) 시스템을 기반으로 새로운 템플릿(원형)도면을 작성하고, 도면은 내부 기본값을 사용하고, 기본 그리드(Grid) 화면표시 경계는 12 x 9 inch (A4 도면 용지)입니다.

② [미터법] - 미터법 측정 단위시스템을 기반으로 새로운 템플릿(원형) 도면을 작성하고, 기본 그리드 화면 표시 경계는 420 x 290mm(A3 도면 용지)입니다.

2 기본 설정 영역에서 [미터법]을 체크 설정하고, [확인] 버튼을 클릭합니다.

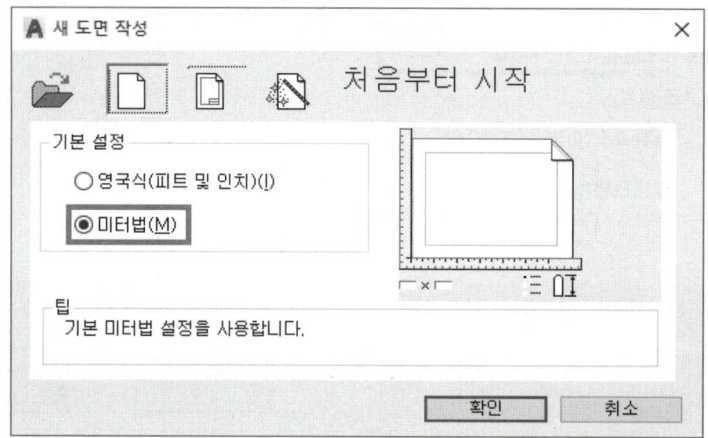

① 이 도면의 단위는 mm이고, 용지 크기(도면 한계)는 A3(420x297)인 스크래치 도면이 열리게 됩니다.

② 이것은 두 개의 속성(단위 및 용지 크기)만을 가진 빈 도면이 열리게 됩니다.

만일 '새 도면 작성' 대화상자 [처음부터 시작] 탭에서

2 기본 설정에서 [영국식(피트 및 인치)]를 체크 설정하고, [확인] 버튼을 클릭합니다.

① 단위는 inch이고, 용지 크기(도면 한계)는 12 x 9 inch (A4 도면 용지)인 스크래치 도면이 열리게 됩니다.

② 이것은 두 개의 속성(단위 및 용지 크기)만을 가진 빈 도면이 열리게 됩니다.

❏ Template(템플릿) 사용

① '새 도면 작성' 대화상자에서 [템플릿 사용] 버튼을 클릭합니다.
② '템플릿 선택' 리스트에서 [acadiso.dwt]를 선택하고, [확인] 버튼을 클릭합니다.

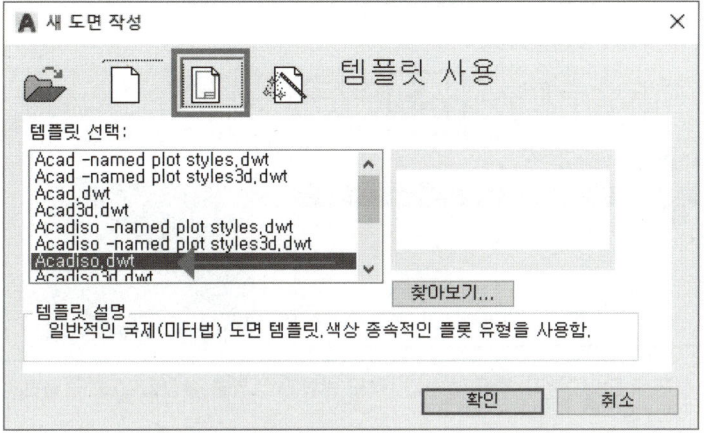

① 새로운 스크래치 도면 파일이 열리고, 이 도면 파일은
 - 측정 단위 : 미터법
 - 용지 경계(크기) : 420 x 290mm(A3 도면 용지)입니다.
② AutoCAD의 사용에 숙달되면, 일반적으로 도면 작업을 위해 새로운 도면 파일을 시작할 때는 '새 도면 작성' 대화상자를 사용하지 않습니다.
 '새 도면 작성' 대화상자는 사용자화된 템플릿 파일을 만들기 위한 설계 부서장이나 책임자가 주로 일시적으로 사용하는 기능입니다.
③ 따라서 AutoCAD를 실행할 때마다 자동으로 시작된 도면 파일은 [acadiso.dwt] 원형 파일을 참조해서 스크래치 도면 파일(Drawing1.dwg)이 열리게 됩니다.

> **참고〉**
>
> [Template(템플릿) 사용]탭의 기능은 [새 도면 작성] 대화상자에서 템플릿 파일을 선택해서 스크래치 도면을 열게 됩니다.
> 이것은 일반적인 [NEW(새로 만들기)] 명령과 동일한 기능입니다.

❏ Wizard(마법사)를 이용한 새 도면 설정

1 '새 도면 작성' 대화상자에서 [마법사 사용] 버튼을 클릭합니다.

① '마법사 선택' 리스트에서 [고급 설정]을 선택하고, [확인] 버튼을 클릭합니다.

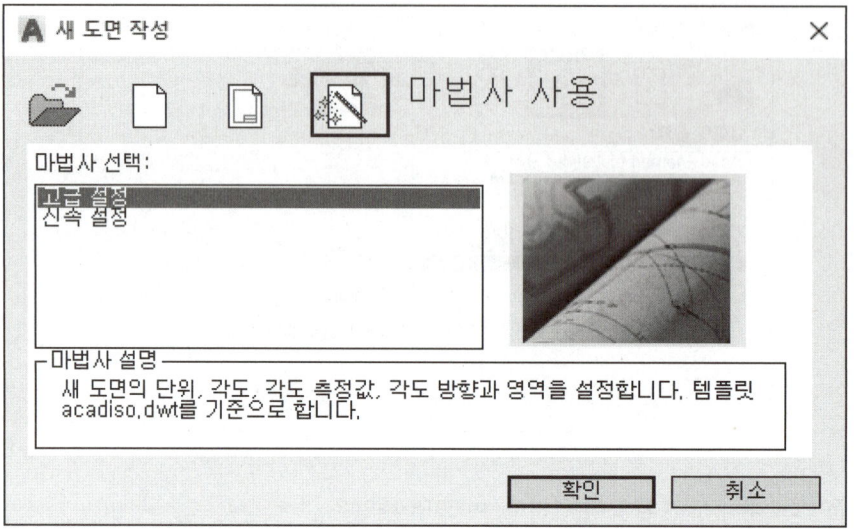

2 단위 - 측정 단위와 정밀도를 설정합니다.

① 측정 단위로 [십진(D)]를 선택하고, 정밀도는 [0.0]으로 지정합니다.
② [다음] 버튼을 클릭합니다.

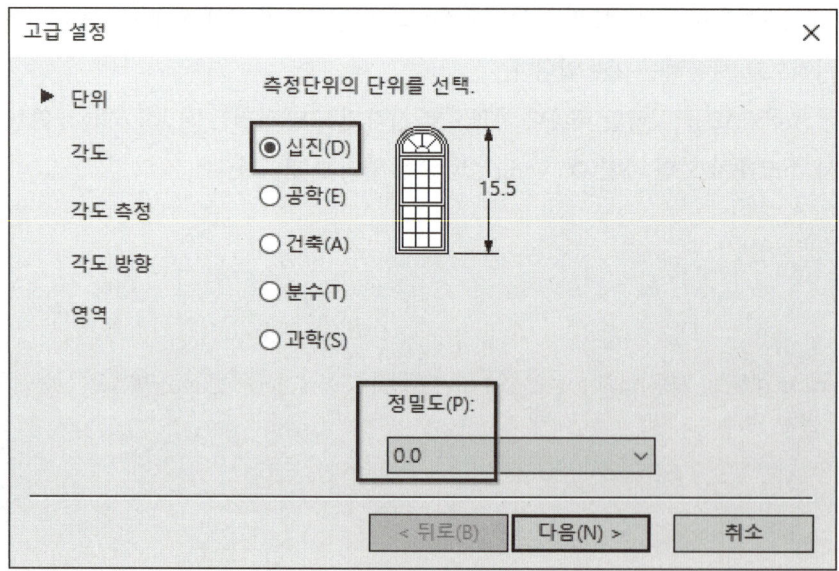

3 각도 - 각도의 측정 단위와 정밀도를 설정합니다.

① [십진 도수(I)]를 선택하고, 각도 정밀도를 [0]으로 지정합니다.

② [다음] 버튼을 클릭합니다.

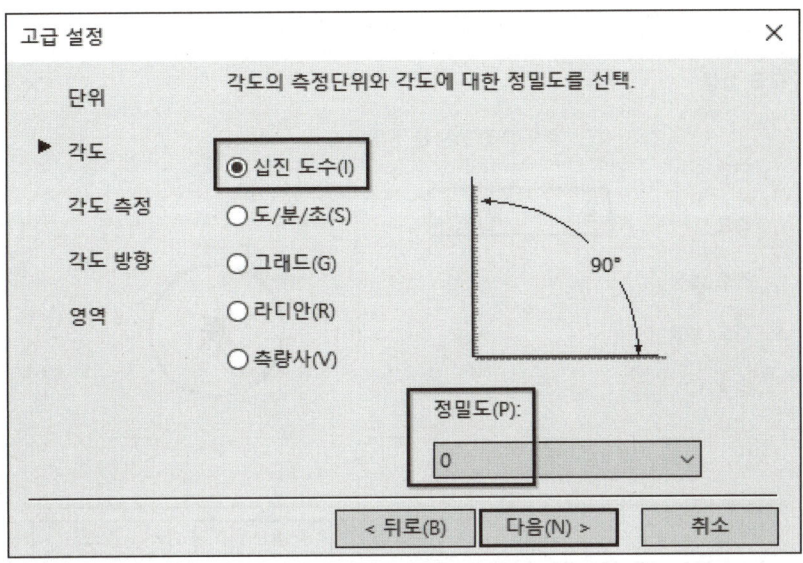

4 각도 측정 - 각도 측정의 기준 방향 설정합니다.

① [동(E)]를 선택하고, [다음] 버튼을 클릭합니다.

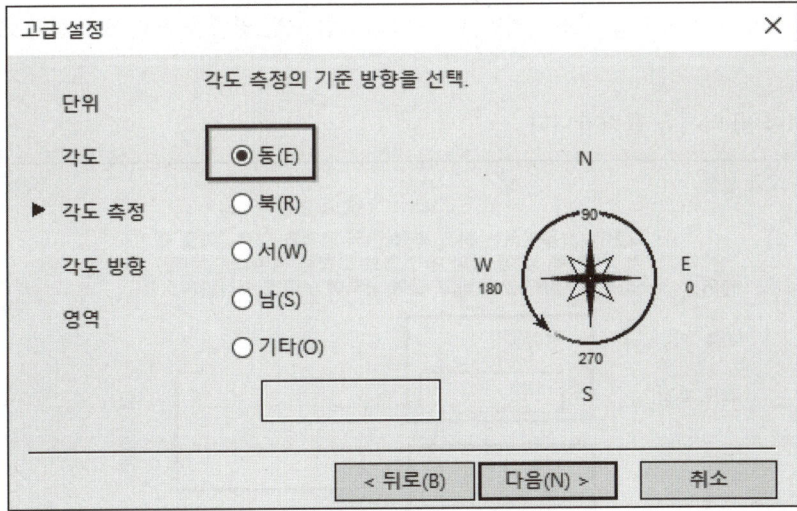

5 각도 방향 - 각도 측정 방향 설정합니다.

① [반시계 방향(O)]를 선택하고, [다음] 버튼을 클릭합니다.

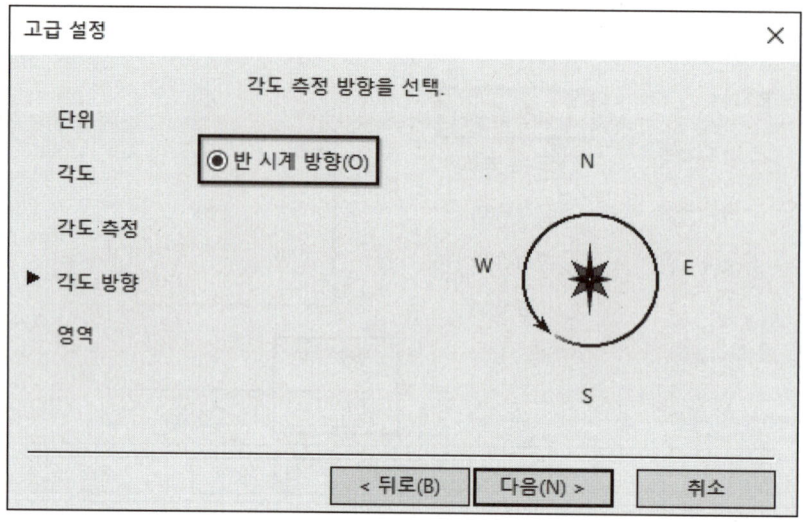

6 '영역'에서 도면 영역 즉 도면 용지 크기를 설정합니다.

① 도면 용지 크기는 KS규격(KS A0106 KS B0001)을 참고하여 설정합니다.

② 만일 A0 도면 용지 크기를 설정하려면, 다음 그림처럼 도면 영역을 폭 [1189], 길이 [841]로 입력합니다.

③ 하단의 [마침] 버튼을 클릭합니다.

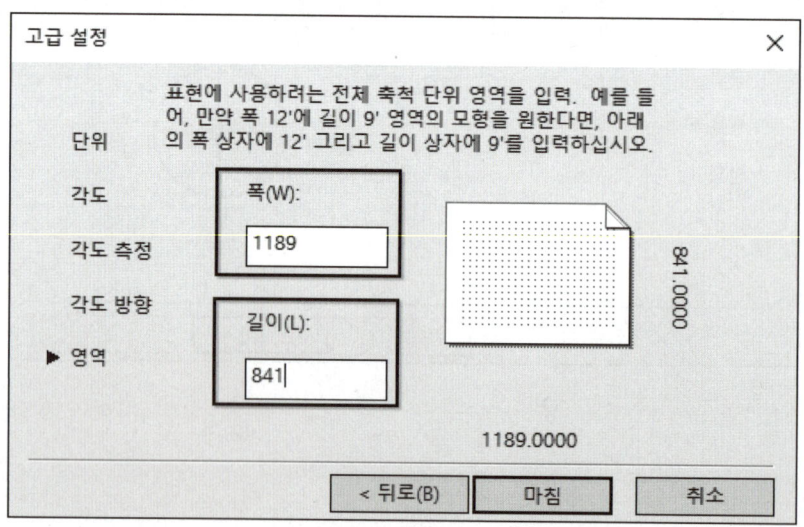

④ 새로운 스크래치 도면 파일이 열리고, 이 도면 파일은 미터법 측정 단위, 정밀도는 '0.0', 도면 용지 경계는 1189 x 841mm(A0 도면 용지)입니다.

7 [응용프로그램 메뉴] ➪ [다른 이름으로 저장] ➪ [도면 템플릿]을 클릭합니다.

'다른 이름으로 도면 저장' 대화상자에서 '파일 유형'을 [(*.dwt)]로 설정하고, '파일 이름' 란에 [A0-Formpart.dwt] 라고 입력합니다. [저장] 버튼을 클릭합니다.

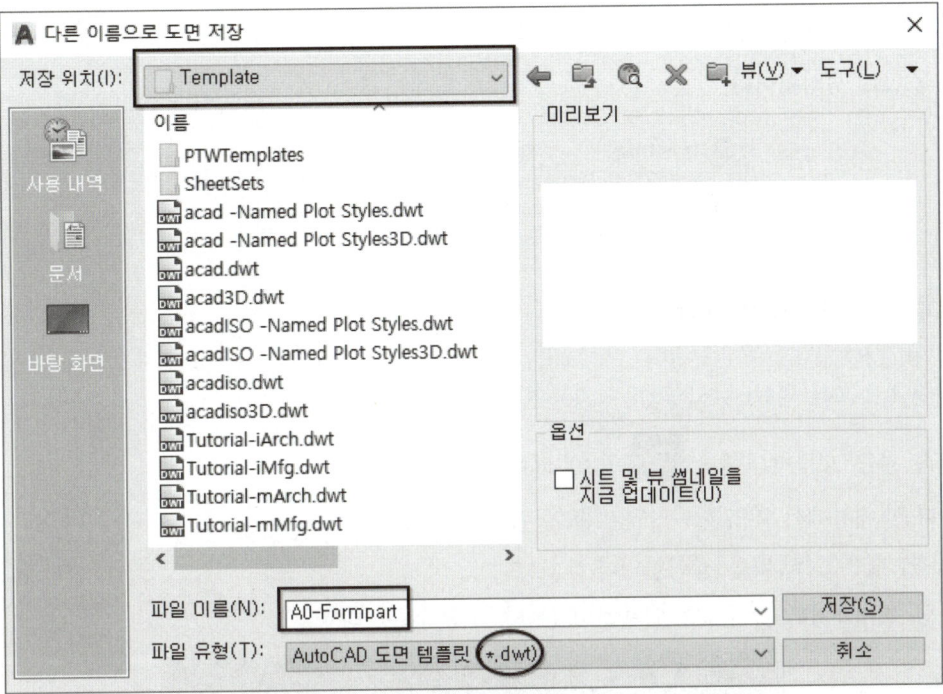

8 '템플릿 옵션' 대화상자의 설명 란에 원하는 간략한 설명을 입력하고, [확인] 버튼을 클릭합니다.

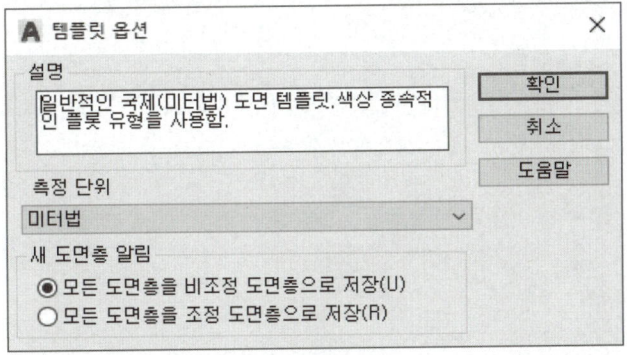

이제 설계자는 사용자화된 'A0-Formpart.dwt' 템플릿 파일을 참조해서 새 스크래치 도면을 시작할 수 있습니다.

9 [STARTUP] 시스템 변수를 [0] 혹은 [3] 으로 재설정합니다.

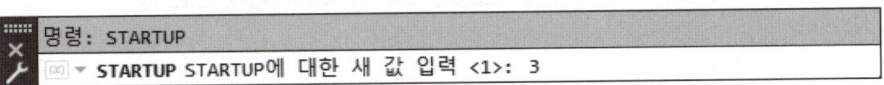

4.3 OPEN(도면 파일 열기) 명령 – [Ctrl+O]

- [OPEN-열기)] 명령은 저장된 도면 파일을 여는 기능을 제공합니다.
- 하드 디스크의 폴더에 저장된 도면 파일(.dwg)을 열면, 그 폴더에 백업용 도면 파일(.bak)이 자동으로 생성됩니다.

Bracket.dwg	2018-05-03 오후...	DWG 파일	33KB
Test-A3.bak	2018-05-03 오후...	BAK 파일	36KB
Test-A3.dwg	2018-05-03 오후...	DWG 파일	38KB

1) OPEN(열기) 명령 호출 방법

- [응용프로그램 메뉴] ⇨ [열기] ⇨ [도면]을 클릭합니다.
- 신속 접근 도구막대에서 [열기] 아이콘을 클릭합니다.
- 풀다운 메뉴에서 [파일] ⇨ [열기]를 클릭합니다.
- [시작] 탭 ⇨ [열기]를 클릭합니다.
- 명령 행에 [OPEN] 이라고 입력하고 [엔터키]를 누릅니다.

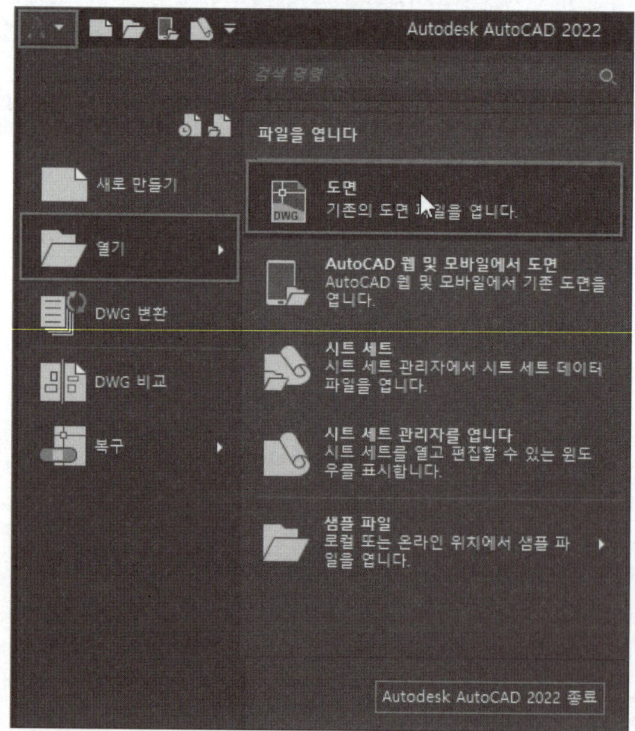

따라하기 > OPEN(열기) 명령 따라 하기

1 [응용프로그램 메뉴] ⇨ [열기] ⇨ [도면]을 클릭합니다.

2 다음 그림처럼 '파일 선택' 대화상자에서 원하는 도면 파일을 선택하고, 오른쪽 하단에서 [열기] 버튼을 클릭합니다.

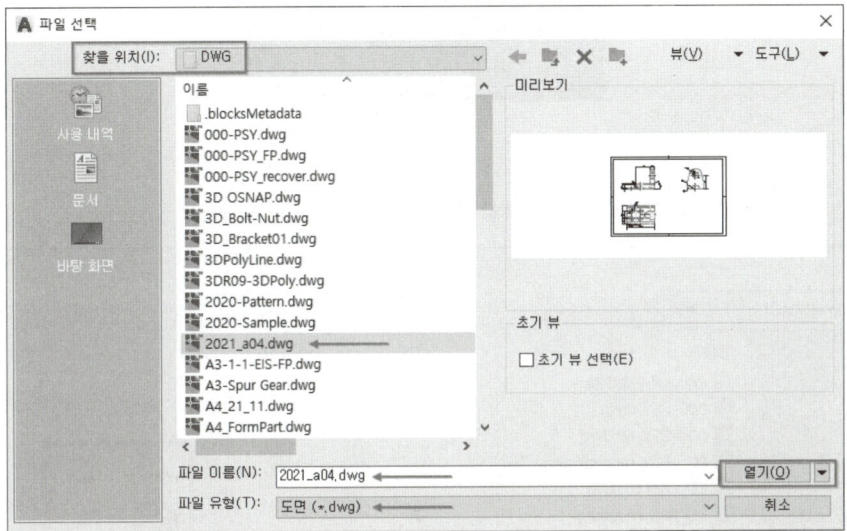

3 이제 저장된 도면 파일이 열리고, 작도, 수정 혹은 출력 작업을 시작할 수 있습니다.

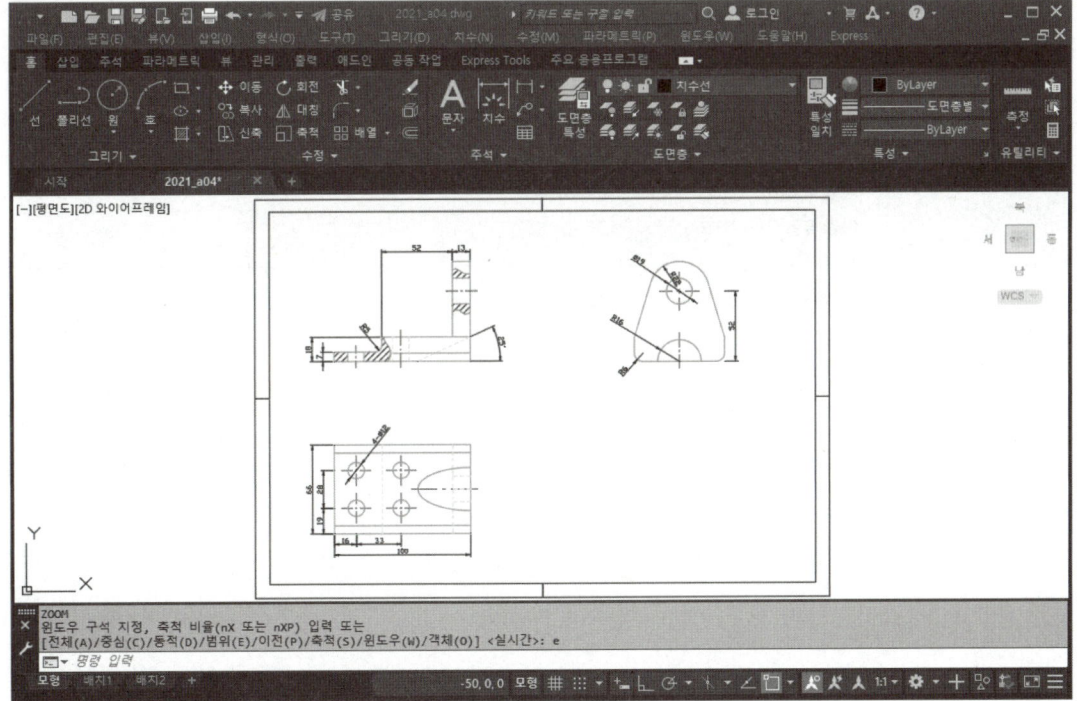

따라하기> [시작] 탭에서 새 도면 파일 시작하기

1 [시작] 탭에서 [새로 만들기] 오른쪽의 드롭리스트 심벌을 클릭합니다.

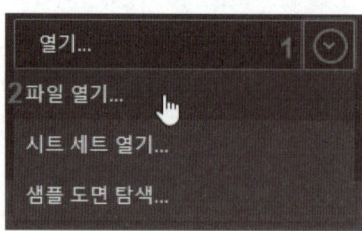

2 드롭다운 리스트에서 '파일 열기'를 클릭합니다.

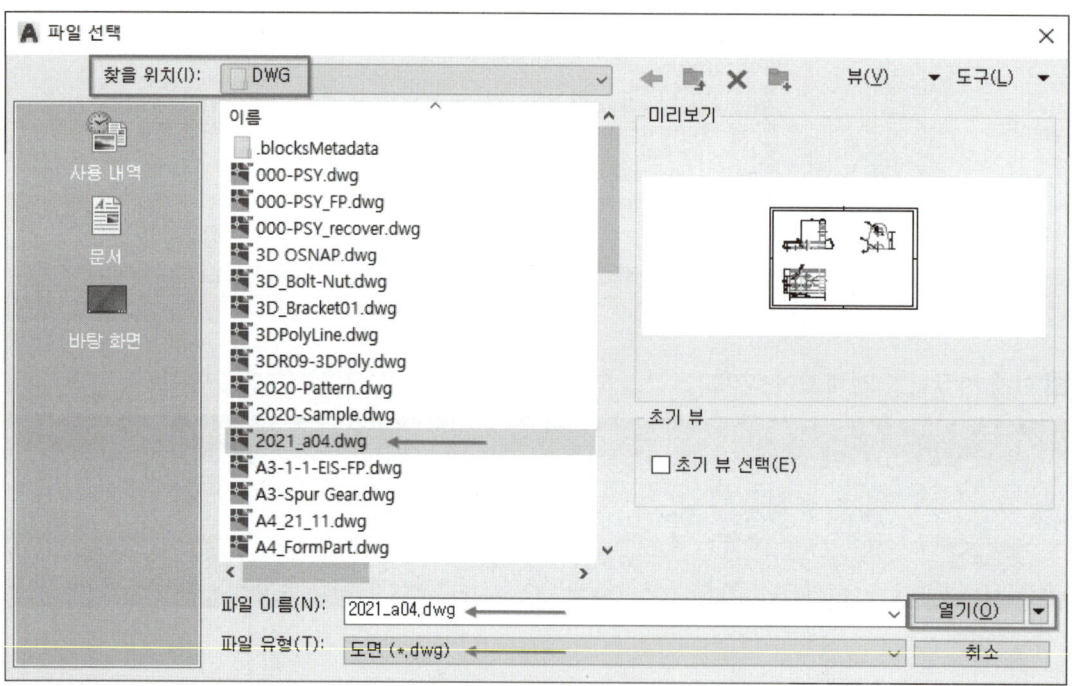

4.4 SAVE(저장) 명령 - [Ctrl+S]

- 저장 명령을 호출하면, 현재 열린 도면 파일을 창 제목에 지정된 파일로 저장되고, 도면 파일은 열린 상태를 유지합니다.
- 도면 설계 작업을 하는 동안에 수시로 자주 도면 파일을 저장해야 합니다. 이것은 무엇보다 매우 중요합니다. 주기적으로 자주 도면 파일을 저장하면, 정전으로 전원이 차단되거나 컴퓨터의 하드웨어 혹은 소프트웨어적인 문제 발생 등 기타 예상치 못한 사고의 경우에도 작업 내용을 안전하게 도면 파일에 보관할 수 있습니다.
- 설계는 오랜 시간동안 앉아서 고된 두뇌 활동을 병행 하면서 작업을 해야 하기 때문에, 일반적으로 작업자의 건강 특히 시력 및 허리 보호를 위해서 도면 작업을 하는 동안에 매 50분마다 도면 파일을 저장하고, 10분간 휴식을 갖는 것이 좋습니다.
휴식을 하는 동안에 커피를 마시거나 흡연을 하는 것보다 가벼운 체조 혹은 스트레칭을 하고, 푸른 먼 산을 바라볼 것을 권장합니다.
- 새 도면 파일을 시작해서 작도를 하고, 맨 처음 저장을 할 때에는 원래 도면에 영향을 미치지 않고, 새 버전의 도면 파일을 작성하는 것이 바람직하기 때문에, [SAVEAS(다른 이름으로 저장)] 명령을 이용해서 고유한 새 도면 파일 이름을 지정해서 저장해야 됩니다. 그 이후에는 [Save(저장)] 명령을 이용해서 자주 도면 파일을 저장하면 됩니다.
- AutoCAD의 도면 파일의 확장자는 .DWG 이며, 도면이 저장되는 기본 파일 형식을 변경하지 않으면, 도면은 최신 AutoCAD 버전 도면 파일 형식으로 저장됩니다. 이 도면 파일 형식은 파일 압축과 네트워크상의 사용을 위해서 최적화됩니다. DWG 파일 이름(경로 포함)의 문자 한계는 256자입니다.

1) SAVE(저장) 명령 호출 방법

- [응용프로그램 메뉴] ⇨ [저장]을 클릭합니다.
- 신속 접근 도구막대에서 [저장] 명령 아이콘을 클릭합니다.
- 풀다운 메뉴에서 [파일] ⇨ [저장]을 클릭합니다.
- 명령 행에 [SAVE] 라고 입력하고 [엔터키]를 누릅니다.

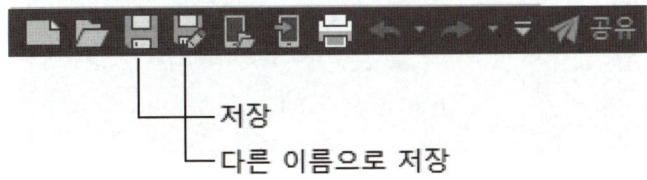
저장
다른 이름으로 저장

4.5 SAVEAS(다른 이름으로 저장) 명령 – [Ctrl+Shift+S]

- 현재 열린 활성 도면 파일에 새로운 파일 이름과 파일 유형을 지정해서 저장할 수 있습니다. 원래 활성 도면은 닫히고, 새로 저장한 도면 파일이 열리지만 원래 도면 내용은 변경되지 않습니다.

1) SAVEAS(다른 이름으로 저장) 명령 호출 방법

- [응용프로그램 메뉴] ⇨ [다른 이름으로 저장] ⇨ [저장]을 클릭합니다.
- 신속 접근 도구막대에서 [다른 이름으로 저장] 명령 아이콘을 클릭합니다.
- 풀다운 메뉴에서 [파일] ⇨ [다른 이름으로 저장]을 클릭합니다.
- 명령 행에 [SAVEAS] 라고 입력하고 [엔터키]를 누릅니다.

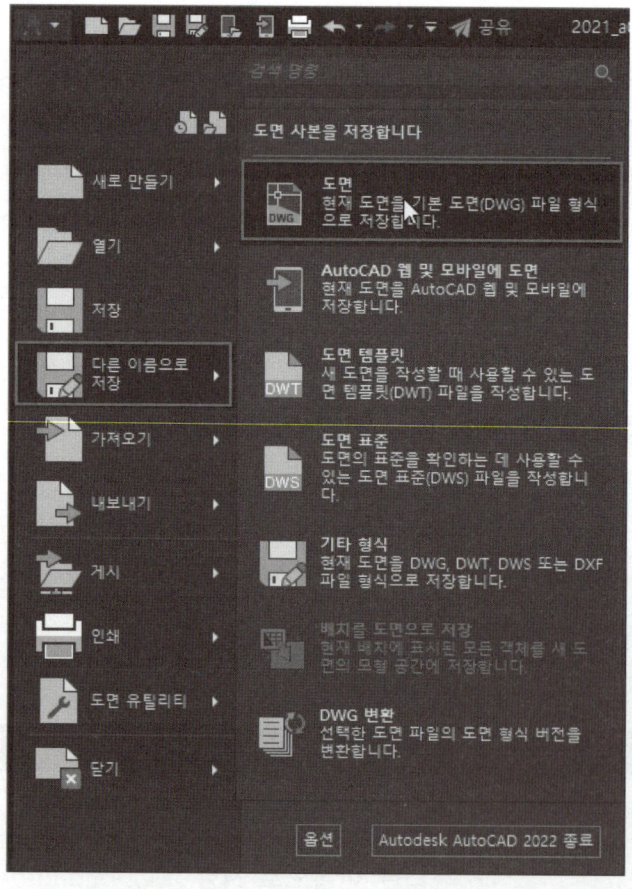

따라하기 〉 SAVEAS(다른 이름으로 저장) 명령

1 ▣ [SAVEAS(다른 이름으로 저장)] 명령을 호출합니다.

2 '다른 이름으로 저장' 대화상자에서 '저장 위치'에 저장을 원하는 폴더를 설정합니다.

3 대화상자의 '파일 이름' 필드에 유일한 파일 이름을 입력합니다.

4 '파일 유형' 드롭다운 리스트에서 원하는 파일 유형을 선택해서 설정합니다.

5 대화상자 우측 하단의 [저장] 버튼을 클릭합니다.

6 활성 원래 도면은 닫히고 새로운 이름으로 저장한 도면 파일이 열리지만 원래 활성 도면의 내용은 변경되지 않습니다.

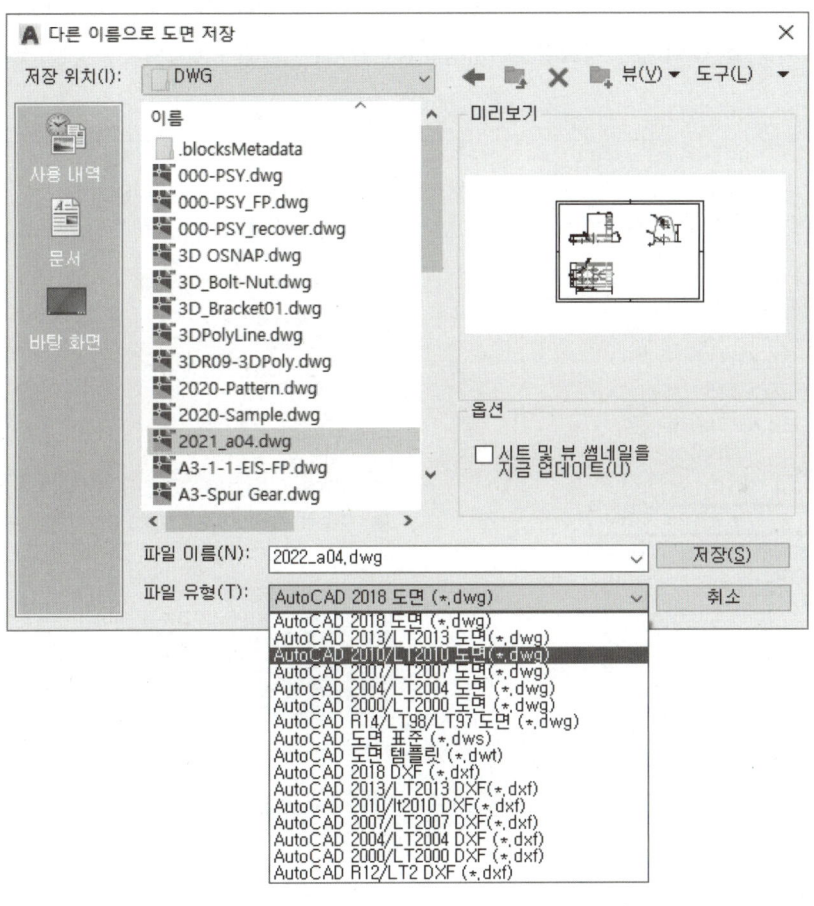

4.6 도면 안전 예방(DWG File Safety Precautions)

1) 도면 자동 저장(Autosave)

- 작업자는 원하는 시간마다 도면 정보를 자동으로 저장하도록 설정할 수 있습니다.
- A저장할 때 백업 파일(.bak)을 작성하도록 설정할 수 있습니다.
- AutoCAD는 자동적으로 '.SV$' 파일에 도면 정보들을 저장합니다.
- [응용프로그램(A)] ⇨ [옵션]을 클릭합니다.

    ① '옵션' 대화상자에서 [열기 및 저장] 탭을 클릭하고, 다음 그림처럼 설정합니다.

    ② [자동 저장]을 클릭해서 체크한 후 저장 시간 간격은 30분 ~ 50분을 설정할 것을 권장 합니다.

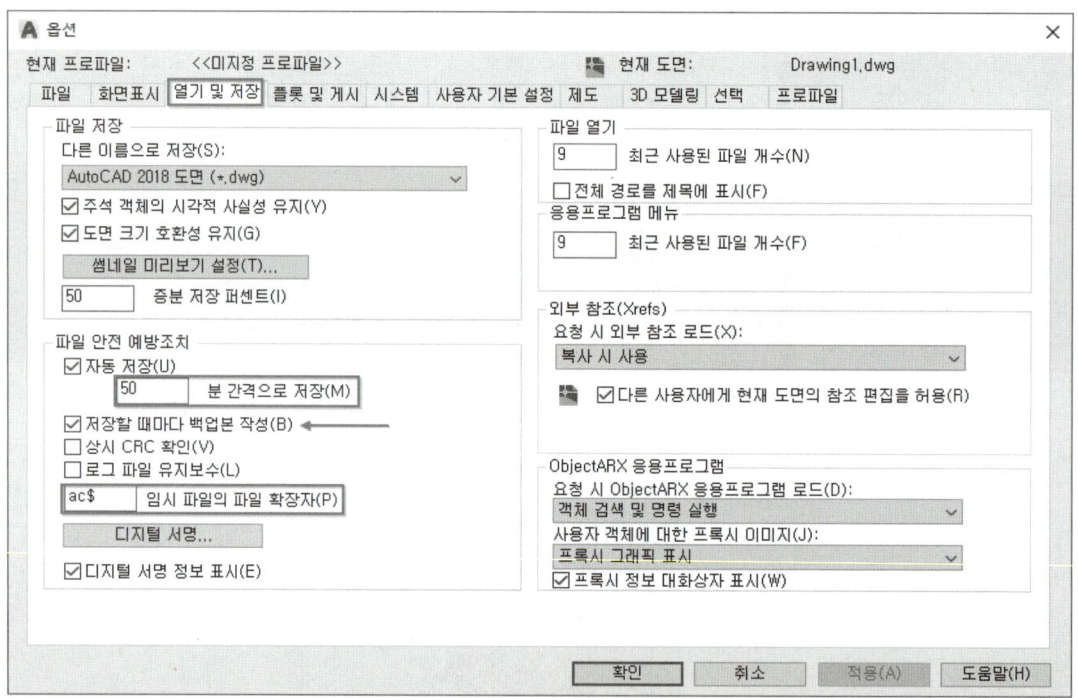

2) 임시 도면 파일(Temporary DWG file)

- '옵션' 대화상자의 [파일] 탭을 클릭합니다.

① 다음 그림처럼 임시 도면 파일 위치 폴더에 [.AC$] 확장자로 저장됩니다.

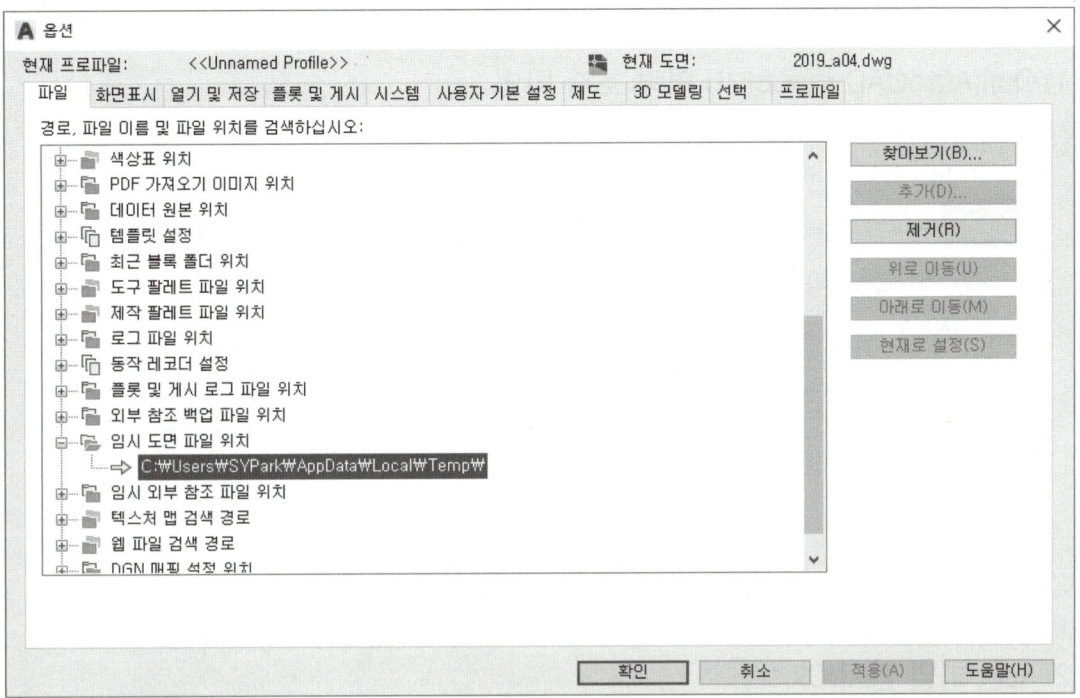

- AutoCAD가 크래시(Crash) 되거나 시스템이 다운되면, 시스템을 재부팅합니다.
- 임시 도면 파일 위치로 지정된 경로 폴더에서 임시 도면 파일을 검색해서 'XXX_X.AC$' 파일을 'XXX.DWG'로 파일 확장자를 변경합니다.
- AutoCAD를 실행해서 그 파일(XXX.DWG)을 열고 다시 저장한다면 복구할 수 있습니다.
- 자세한 내용은 [응용프로그램 메뉴] ⇨ [도면 유틸리티] ⇨ [도면 복구 관리자 열기]를 클릭하고 도면 복구 관리자 팔레트를 이용합니다.

4.7 QUIT, EXIT(AutoCAD 종료하기) 명령 – [Ctrl+Q]

- [QUIT, EXIT(AutoCAD 종료하기)] 명령은 AutoCAD 프로그램을 종료합니다.

1) Quit(AutoCAD 종료하기) 명령 호출 방법

- [응용프로그램(A)] ⇨ [Autodesk AutoCAD 2022 종료]를 클릭합니다.
- 풀다운 메뉴에서 [파일] ⇨ [종료]를 클릭합니다.
- 명령 행에 [QUIT] 혹은 [EXIT] 이라고 입력하고 [엔터키]를 누릅니다.

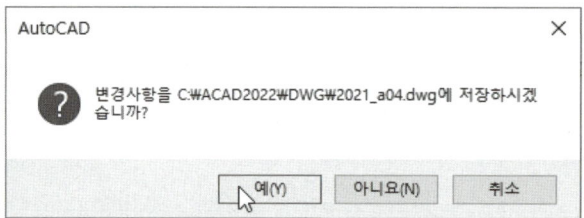

2) 도면 파일 닫기(Close)

- [응용프로그램(A)] ⇨ [닫기] ⇨ [현재 도면] 혹은 [모든 도면]을 클릭합니다.
  현재 열린 도면을 닫습니다. 그러나 AutoCAD 세션(Session)은 계속 되기 때문에, 다른 도면 파일 작업이나 새 도면 파일을 열 수 있습니다.
- 풀다운 메뉴에서 [파일] ⇨ [닫기]를 클릭합니다.
- 명령 행에 [CLOSE] 라고 입력하고 [엔터키]를 누릅니다.

05 도면 유틸리티 (Drawing Utilities)

5.1 DWGPROPS(도면 특성) 명령

- [도면 특성] 명령은 현재 활성 도면의 파일 특성을 설정하고 표시합니다.

❏ **DWGPROPS(도면 특성) 명령 호출 방법**

- [응용프로그램 메뉴] ➪ [도면 유틸리티] ➪ [도면 특성]을 클릭합니다.
- 명령 행에 [DWGPROPS] 라고 입력하고 [엔터] 키를 누릅니다.

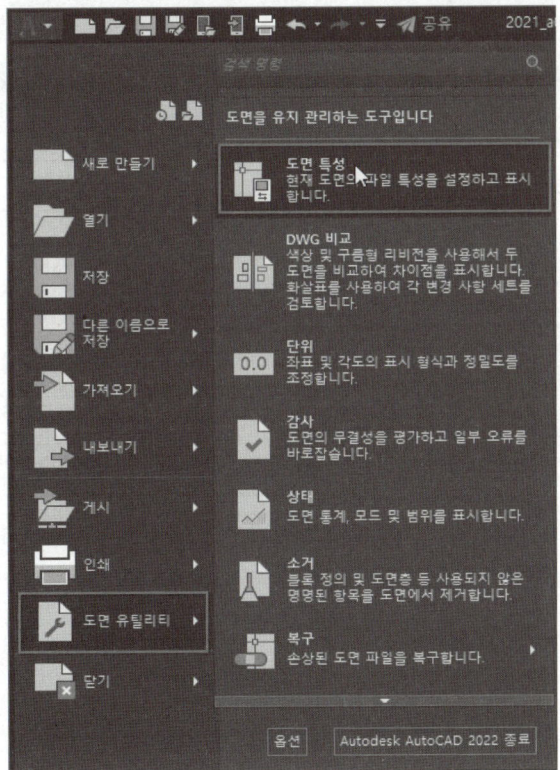

5.2 AUDIT(감사) 명령

- [복구(RECOVER)] 명령은 도면 파일의 손상 여부를 확인합니다.
- [AUDIT(감사)] 명령은 도면 작도 작업중에 활성 도면의 무결점을 평가하고 일부 오류를 정정합니다.

❏ Audit(감사) 명령 호출 방법

- [응용프로그램 메뉴] ⇨ [도면 유틸리티] ⇨ [감사]를 클릭합니다.
- 풀다운 메뉴에서 [파일] ⇨ [도면 유틸리티] ⇨ [감사]를 클릭합니다.
- 명령 행에 [AUDIT] 라고 입력하고 [엔터키]를 누릅니다.

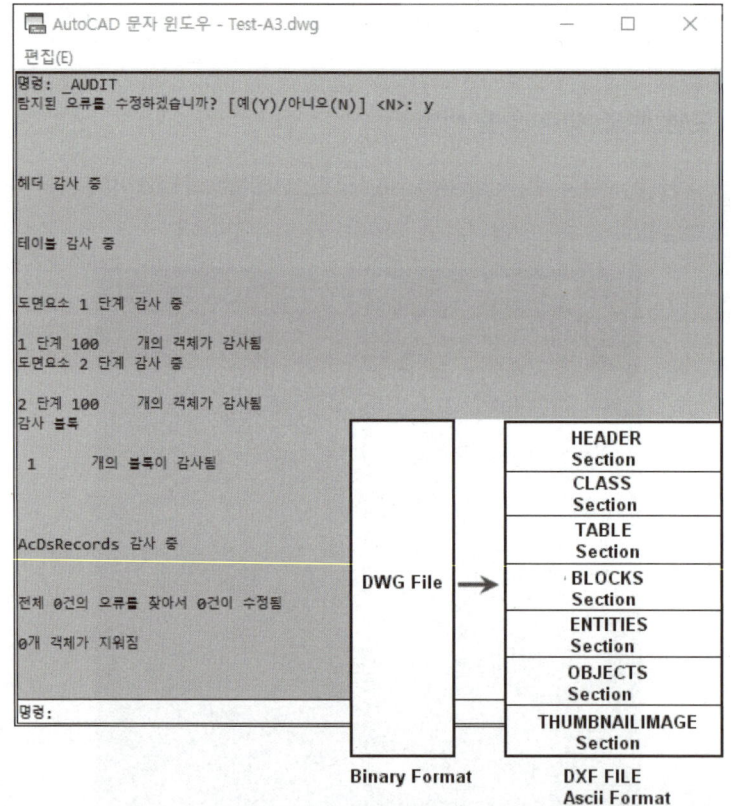

- 도면 파일은 도면 Database의 헤더(HEADER), 블록(BLOCKS), 외부 참조(Xrefs), 솔리드(SOLID) 객체 등에서 주로 오류가 빈번하게 발생합니다.
- 위의 오른쪽 그림은 DWG 데이터 파일의 DXF 형식의 내부 구조입니다.

5.3 STATUS(상태) 명령

- [STATUS(상태)] 명령은 도면 통계, 모드 및 범위를 표시합니다.

❏ Status(상태) 명령 호출 방법

- [응용프로그램 메뉴] ⇨ [도면 유틸리티] ⇨ [상태]를 클릭합니다.
- 풀다운 메뉴에서 [도구] ⇨ [조회] ⇨ [상태]를 클릭합니다.
- 명령 행에 [STATUS] 라고 입력하고 [엔터] 키를 누릅니다.

```
AutoCAD 문자 윈도우 - Test-A3.dwg
편집(E)
명령: _STATUS 143 객체가 C:\ACAD2019\Test-A3.dwg에 있음
파일 크기 명령 취소:    789바이트
모형 공간 한계    X:    0.0000    Y:    0.0000  (끄기)
                 X:  420.0000    Y:  297.0000
모형 공간 사용    X: 2687.1799    Y: 1092.7905
                 X: 5370.2182    Y: 2274.7293 **초과
디스플레이 보기   X:  381.6001    Y:  424.0952
                 X: 6713.2779    Y: 3294.1434
삽입 기준         X:    0.0000    Y:    0.0000    Z:    0.0000
스냅 해상도       X:   10.0000    Y:   10.0000
그리드 간격       X:   10.0000    Y:   10.0000
현재 공간:        모형 공간
현재 배치:        Model
현재 도면층:      "0"
현재 색상:        BYLAYER -- 7 (흰색)
현재 선종류:      BYLAYER -- "Continuous"
현재 재료:        BYLAYER -- "Global"
현재 선가중치:    BYLAYER
현재 고도:        0.0000    두께:    0.0000
채우기 켜기  그리드 끄기  직교 끄기  Qtext 끄기  스냅 끄기  타블렛 끄기
객체 스냅 모드:   중심점, 끝점, 교차점, 중간점, 접선
명령:
```

5.4 PURGE(소거) 명령

- [PURGE(소거)] 명령은 도면 작업을 완료한 후에 도면 파일을 Clean-up(정리 및 패킹)하고 저장해서 영구 보관할 때 이용하는 도구입니다.
- 도면 파일에 정의 되었지만 사용하지 않는 명명된 심벌(Symbol) 및 객체들을 현재 도면에서 제거합니다.
- 제거 대상에는 블록 정의, 치수 스타일, 그룹, 도면층, 선종류 및 문자 스타일이 포함됩니다. 또한 길이가 0인 형상과 빈 문자 객체도 제거할 수 있습니다.

1) Purge(소거) 명령 호출 방법

- [응용프로그램 메뉴] ➪ [도면 유틸리티] ➪ [소거]를 클릭합니다.
- 풀다운 메뉴에서 [파일] ➪ [도면 유틸리티] ➪ [소거]를 클릭합니다.
- 명령 행에 [PURGE] 라고 입력하고 [엔터] 키를 누릅니다.

따라하기〉 PURGE(소거) 명령 따라 하기

1 [응용프로그램(A)] ➪ [도면 유틸리티] ➪ [소거]를 클릭합니다.

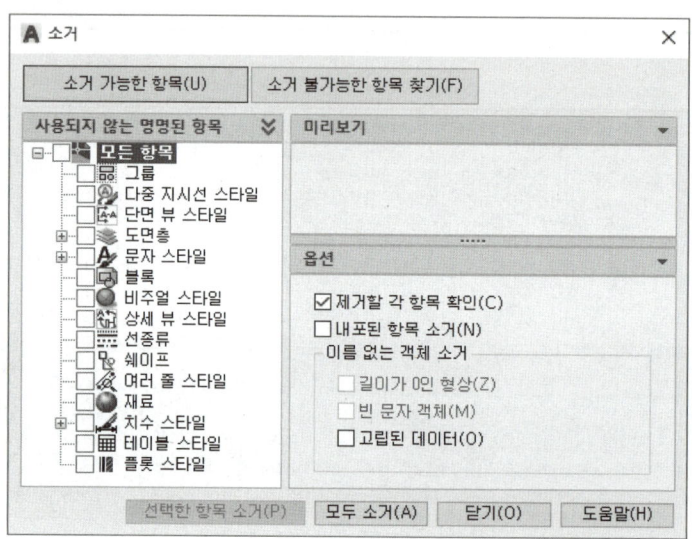

2 '소거' 대화상자에서 '도면층' 항목 왼쪽의 선택상자를 클릭해서 체크합니다.

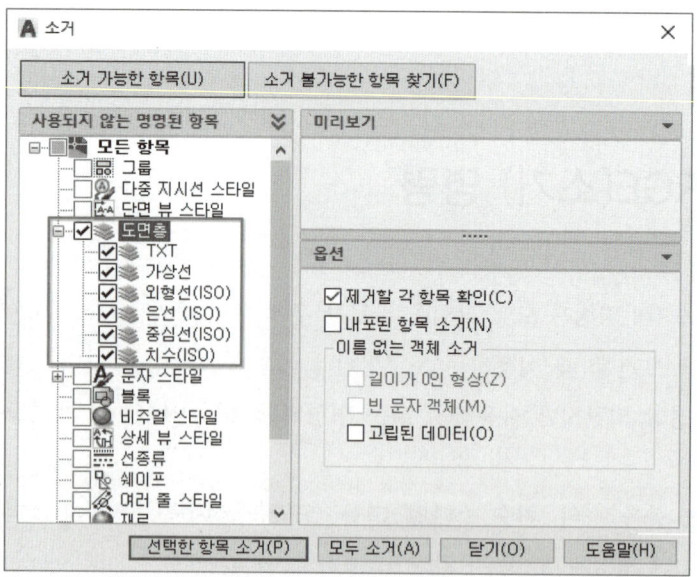

3 [선택한 항목 모든 소거]를 클릭합니다.

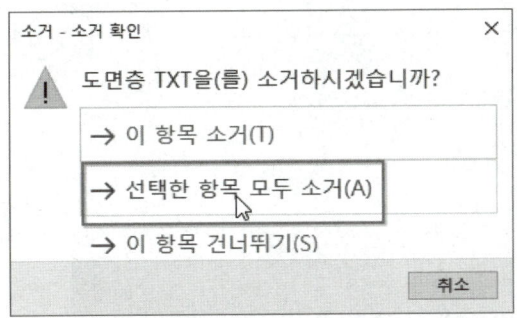

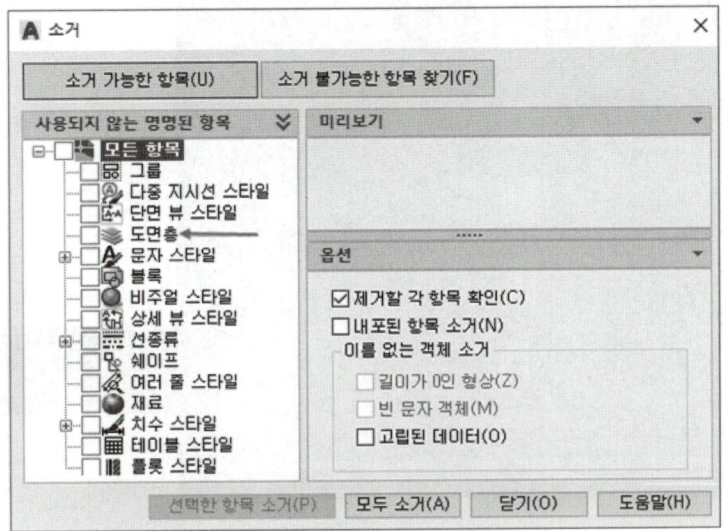

5.5 RECOVER(복구) 명령

- [복구(RECOVER)] 명령은 손상된 도면 파일을 열면, 그 도면을 검색해서 손상된 엔티티들을 자동 복구(Recover)한 후 메시지 대화상자를 표시하고 그 도면을 엽니다.

❏ RECOVER(복구) 명령 호출 방법

- [응용프로그램 메뉴] ⇨ [복구] ⇨ [복구]를 클릭합니다.
- 풀다운 메뉴에서 [파일] ⇨ [도면 유틸리티] ⇨ [복구]를 클릭합니다.
- 명령 행에 [RECOVER] 라고 입력하고 [엔터] 키를 누릅니다.
- '파일 선택' 대화상자에서 복구를 원하는 도면 파일을 선택한 후 오른쪽 하단의 [열기] 버튼을 클릭합니다.

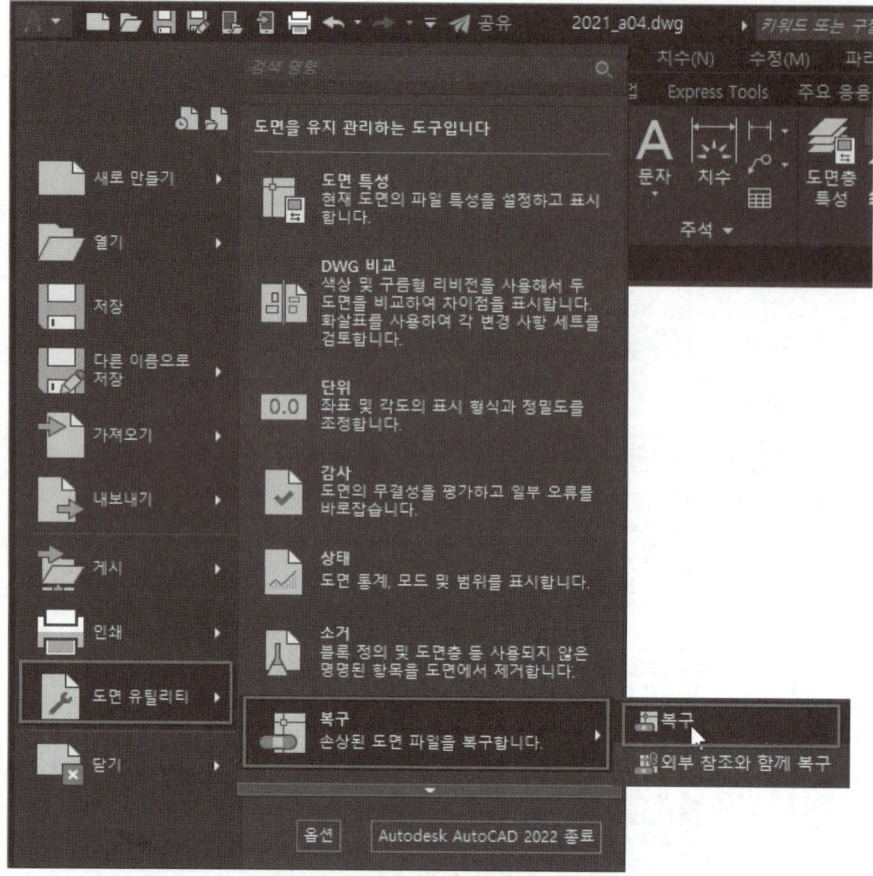

5.6 단축 명령어 설정(Command Aliases Setting)

- AutoCAD 명령을 단축 명령으로 정의, 수정 및 초기화 설정할 수 있습니다.

❏ 단축 명령어 활성화 방법

- [관리] 탭 ➪ [사용자화] 패널 ➪ [별칭 편집]을 클릭합니다.
- 풀다운 메뉴에서 [도구] ➪ [사용자화] ➪ [프로그램 매개변수 편집]을 클릭합니다.
- 명령 행에 [REINIT] 라고 입력하고 [엔터키]를 누릅니다.

따라하기〉 단축 명령어 설정 따라 하기

1 [관리] 탭 ⇨ [사용자화] 패널 ⇨ [별칭 편집]을 클릭합니다.

단축 명령어 정의 프로그램 매개변수 텍스트 파일(ACAD.PGP)을 열고, 편집할 명령을 찾아 복사 후 다음 그림처럼 파일의 맨 아래 부분에 붙여넣기한 후 편집하고, 저장합니다.

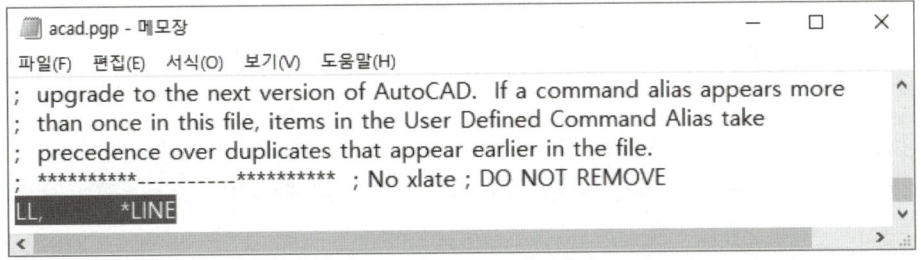

2 'ACAD.PGP' 파일을 수정했다면, [REINIT] 명령을 호출 및 실행해서 'PGP 파일' 항목을 체크한 후 [확인] 버튼을 클릭해서 현재 AutoCAD 세션에 적용 시킵니다.

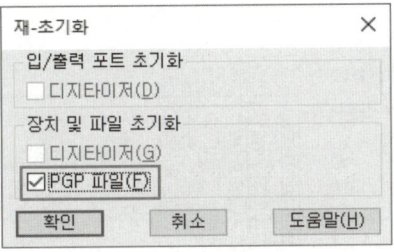

5.7 EXPORT(내보내기) 명령

- [EXPORT(내보내기)] 명령은 도면 파일의 변환을 위해서, 변환할 형식을 지정해서 파일을 내보내기 할 수 있습니다.

1) EXPORT(내보내기) 명령 호출 방법

- [응용프로그램 메뉴] ⇨ [내보내기]를 클릭합니다.
- 풀다운 메뉴에서 [파일] ⇨ [내보내기]를 클릭합니다.
- 명령 행에 [EXPORT] 라고 입력하고 [엔터키]를 누릅니다.

따라하기〉 EXPORT(내보내기) 따라하기

1 [응용프로그램(A)] ⇨ [내보내기] ⇨ [기타 형식]을 클릭합니다.

2 '데이터 내보내기' 대화상자에서, 저장할 폴더로 이동합니다.
  ① 파일 형식을 설정합니다.
  ② 파일 이름을 입력합니다.
  ③ [저장] 버튼을 클릭합니다.

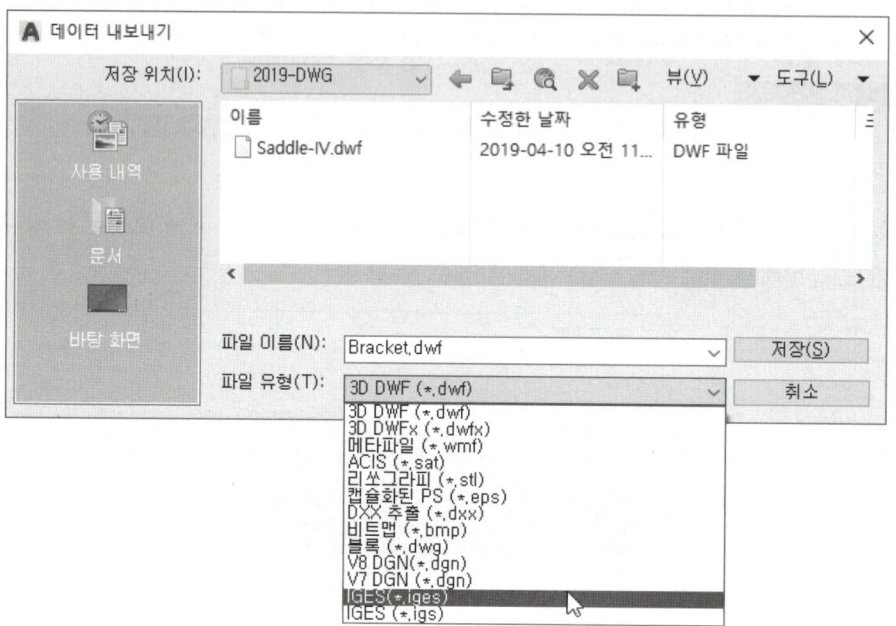

5.8 DWGCONVERT(DWG 변환) 명령

- [DWG 변환(DWGCONVERT)] 명령은 선택한 도면 파일들을 지정한 도면 형식 버전으로 변환합니다.
- 도면 파일을 열지 않고 'DWG 변환' 대화상자에서 배치(Batch)로 처리하기 때문에 다중 도면 파일들을 변환하는데 매우 편리합니다.

1) DWGCONVERT(DWG 변환) 명령 호출 방법

- [응용프로그램 메뉴] ⇨ [다른 이름으로 저장] ⇨ [DWG 변환]을 클릭합니다.
- 풀다운 메뉴에서 [파일] ⇨ [DWG 변환]을 클릭합니다.
- 명령 행에 [DWGCONVERT] 라고 입력하고 [엔터키]를 누릅니다.

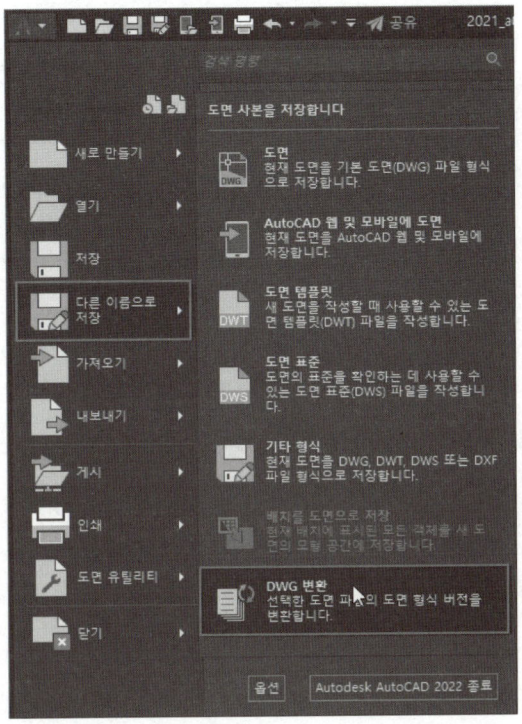

따라하기> DWGCONVERT(DWG 변환) 명령 순서 따라 하기

1 [응용프로그램(A)] ⇨ [다른 이름으로 저장] ⇨ [DWG 변환]을 클릭합니다.

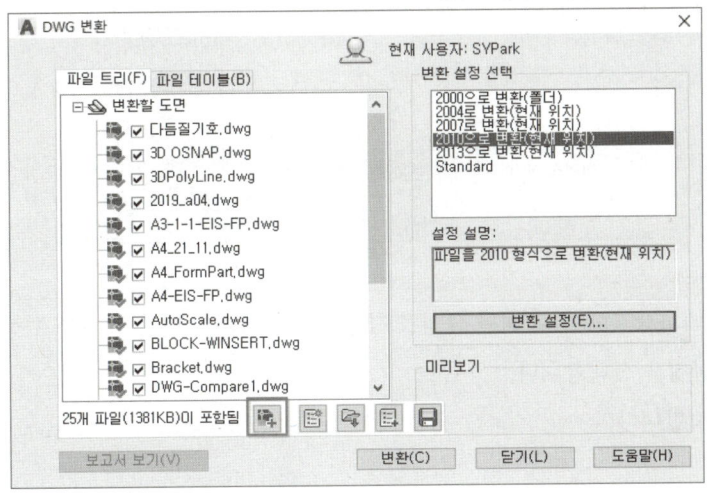

2 DWG 변환 대화상자의 아래쪽 부근에서 [파일 추가] 버튼을 클릭합니다.

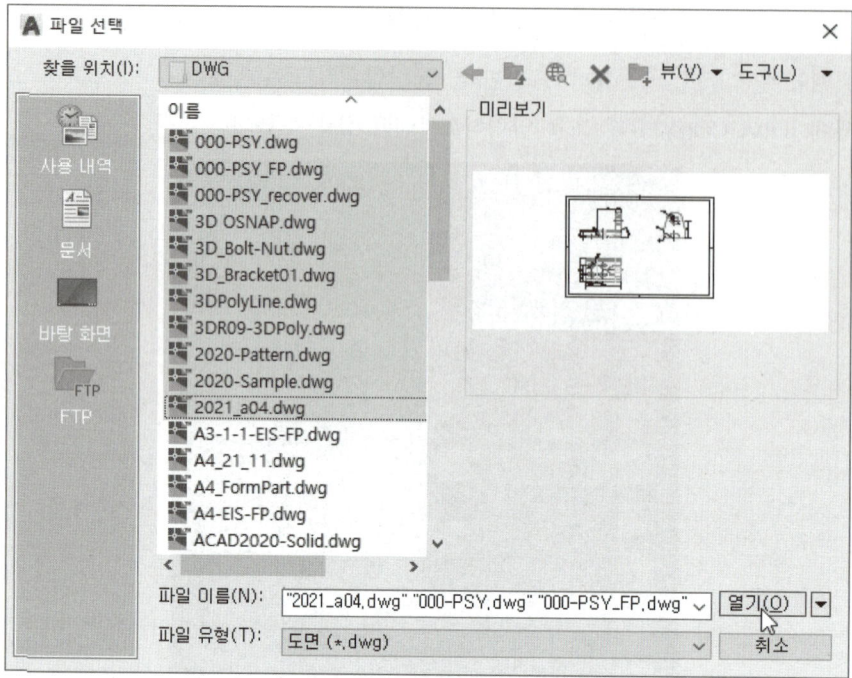

3 위의 그림처럼 [파일 선택] 대화상자에서 변환할 도면 파일이 들어 있는 폴더를 찾습니다.
4 도면 파일 이름들을 클릭하고 [열기]를 클릭합니다.
5 DWG 변환 대화상자에서 [변환 설정]을 클릭합니다.

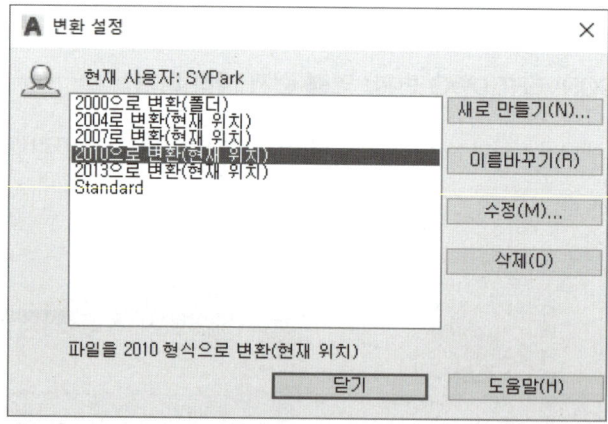

① [변환 설정] 대화상자에서 새 변환 설정을 작성하거나 기존의 변환 설정을 수정하거나 이전에 작성한 변환 설정을 선택합니다.
② [닫기]를 클릭합니다.

6 [DWG 변환] 대화상자에서 [변환]을 클릭합니다.

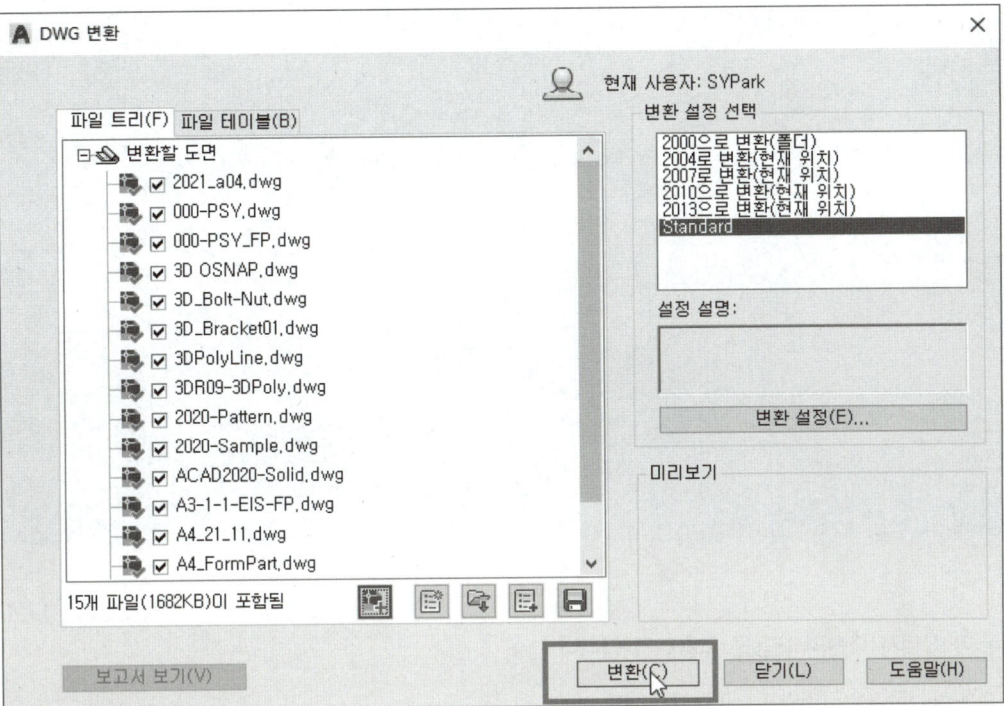

7 [닫기] 버튼을 클릭합니다.

■ 이 장에서 다음의 내용을 학습하게 됩니다.

▶ 선(Line) 그리기와 엔티티 지우기(Erase)
▶ 화면 표시 제어(Display control)
▶ 좌표 시스템(Coordinate System)
▶ 실습 과제

CHAPTER

2

그리기 기초
(Basic Drafting)

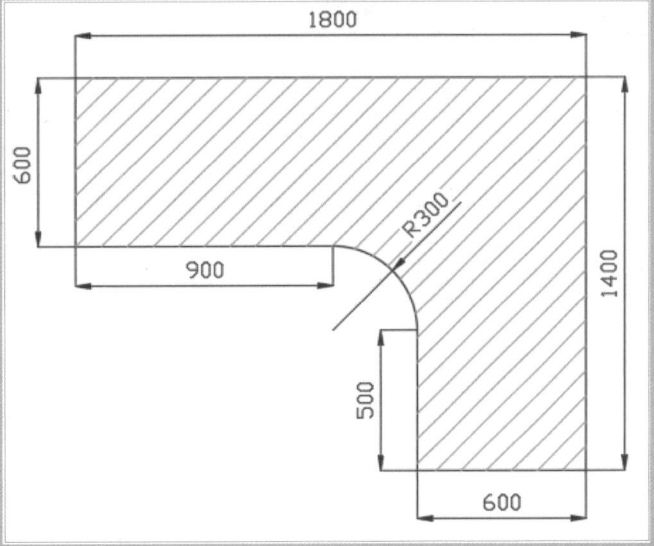

01 선(Line) 그리기와
엔티티 지우기(Erase)

❏ 선행 학습 조건

이 단원의 학습을 시작하기 전에 여러분은 다음의 선행 학습을 익혀야 합니다.

- 척도(Scale)의 개념, 종류, 표기법을 이해하고 숙지해야 합니다.
- 척도(Scale)를 도면 용지, 도면 요소(대상체, 데코레이션 요소)들에 적용하는 방법을 이해해야 합니다.
- 도면에 사용하는 선의 종류, 굵기, 모양, 용도에 대한 규정을 이해하고 숙지해야 합니다.
- 제도 문자에 대한 규정, 크기 및 표기법을 이해하고 숙지해야 합니다.

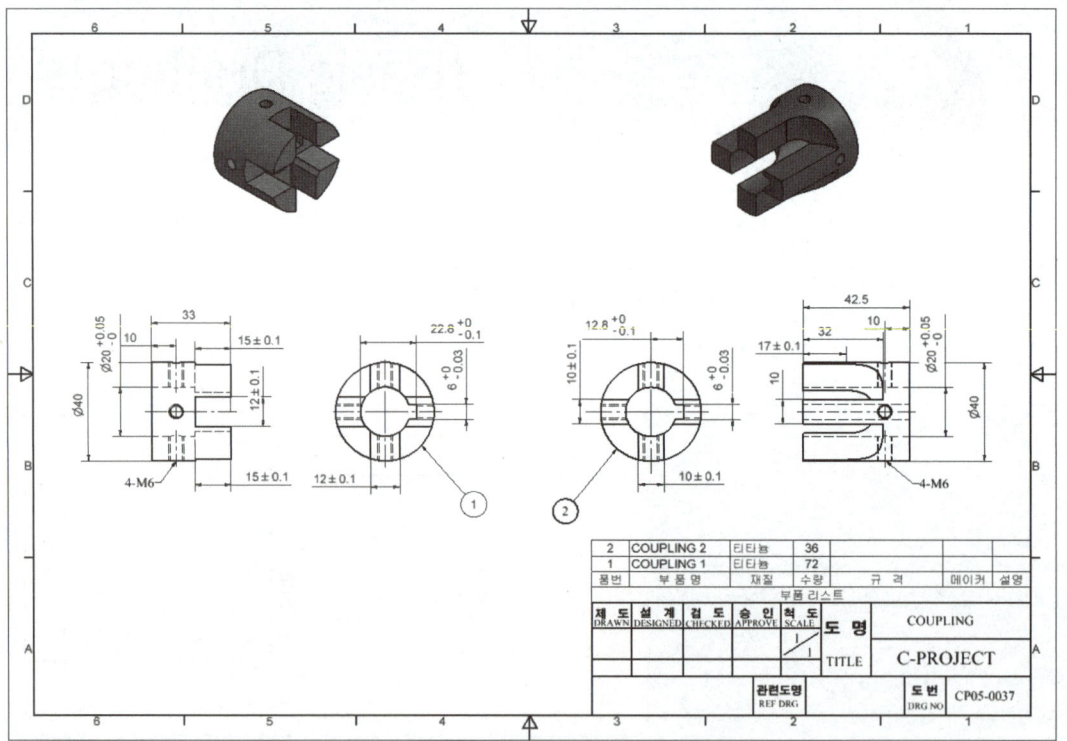

1.1 선(Line) 명령

1) 선(Line)의 정의 및 특성

- 선(Line) 객체는 공간상의 두 지점 사이를 최단 거리로 연결하는 형상입니다.
- 선 객체는 AutoCAD에서 가장 중요한 기본 도형 요소 혹은 엔티티(Entity)입니다.
- 다음 그림처럼 수평선, 수직선, 경사선 및 일련의 연속되는 선 세그먼트(Segment)를 가진 연속선이 있습니다.

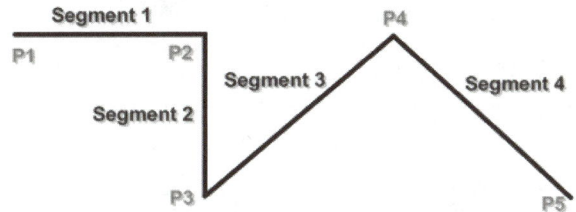

- 선 엔티티(Entity)는 시작점(Start point), 끝점(End point), Color(색상), Linetype(선종류) 및 LINEWEIGHT(선가중치), 길이, 각도 등의 특성(Property)이 있습니다.
- 선 엔티티의 시작점(Start Point)과 끝점(End Point)은 선 세그먼트를 연장할 수 있고, 중간점(Mid Point)은 이동(Move)하는 특성을 가지고 있습니다.

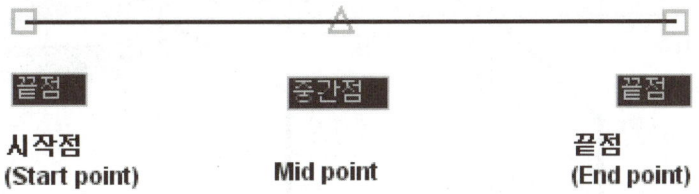

```
        선            도면층: "0"
                     공간: 모형 공간
         핸들 = 29c
   시작점 점, X=2532.8984  Y=1276.5781   Z=    0.0000
     부터 점, X=3184.5345  Y=1732.1723   Z=    0.0000
  길이 = 795.1074,   XY 평면의 각도    =     35
           X증분 = 651.6362,  Y증분   =  455.5942,  Z증분  =    0.0000
```

2) LINE(선) 명령 호출하는 방법

- [LINE(선)] 명령을 사용하면, 시작점과 끝점을 연결하는 직선 세그먼트를 작도할 수 있습니다. 또한 일련의 연속되는 선 세그먼트들을 작성할 수 있습니다.

메뉴:	그리기 ⇨ 선
도구막대:	그리기 ⇨ 선
리본:	홈 탭 ⇨ 그리기 패널 ⇨ (선)
명령 입력:	LINE, L

- [홈]탭 ⇨ [그리기]패널 ⇨ [선] 아이콘을 클릭합니다.
- 풀다운 메뉴에서 [그리기] ⇨ [선]을 클릭합니다.
- [그리기] 도구막대에서 [선] 아이콘을 클릭합니다.
- 명령 행에 [LINE] 혹은 [L] 이라고 입력하고 [엔터키]를 누릅니다.

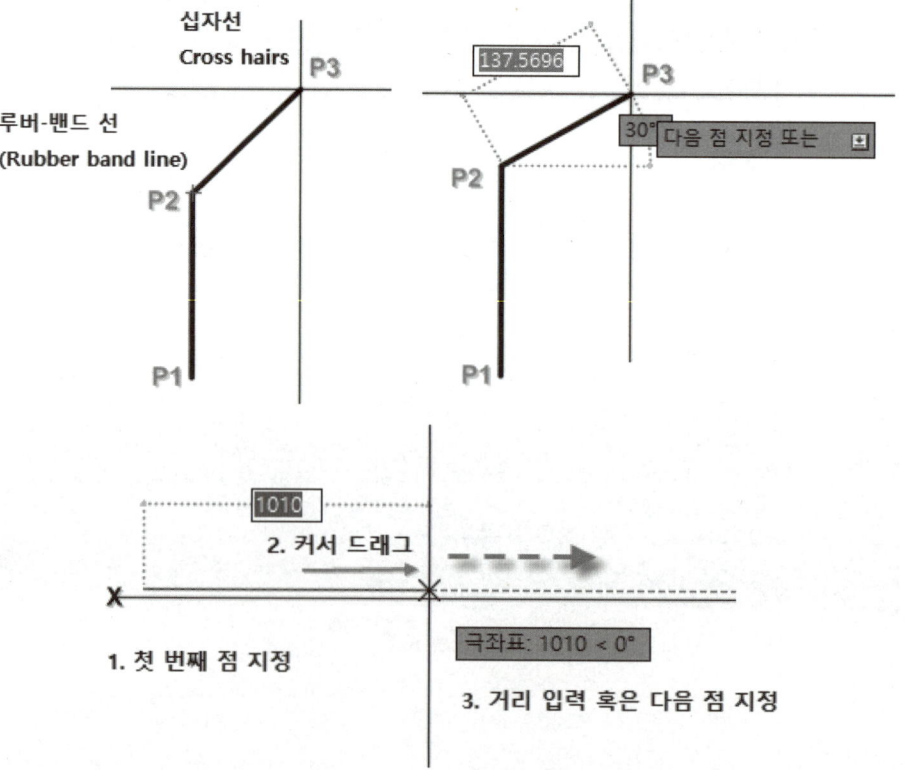

3) LINE(선) 명령 옵션

옵션	설 명
첫 번째 점 지정	디폴트 프롬프트로 선 엔티티의 시작점을 지정하거나 [엔터] 키를 눌러, 마지막으로 그린 선 혹은 호의 끝점에서부터 계속 드래그합니다.
다음 점 지정	디폴트 프롬프트로 선 세그먼트의 끝점을 지정합니다.
닫기(C)	옵션으로 첫 번째 선 세그먼트의 시작점과 마지막 선 세그먼트의 끝점을 연결해서 닫힌 도형을 작도합니다.
명령 취소(U)	옵션으로 선 세그먼트의 가장 최근 세그먼트를 삭제합니다.

❑ 선(Line)의 시작점과 끝점 위치를 정의하는 방법

- 절대 또는 상대 좌표를 사용하여 시작점 및 끝점에 대한 좌표값을 입력합니다.
- 기존 객체에 상대적인 객체 스냅(OSNAP) 점을 클릭합니다.
- 모눈(GRID) 스냅(SNAP)을 켜고 위치에 스냅합니다.

따라하기〉 LINE(선) 명령 따라 하기

1. 명령 행에 [LINE] 혹은 [L](축약 명령어)을 입력하고 [엔터] 키를 누릅니다.
2. 첫 번째 선 세그먼트 시작점 P1 지점을 클릭합니다.
3. F8 키를 눌러 상태 막대의 [직교 모드]를 활성화한 후, 첫 번째 선 세그먼트 끝점 P2 지점을 클릭합니다.
4. 다시 F8 키를 눌러 상태 막대의 [직교 모드]를 끄고, 두 번째 선 세그먼트 끝점 P3 지점을 클릭합니다.
5. 선 명령을 완료하기 위해 [엔터] 키를 누릅니다.

```
명령: line
첫 번째 점 지정: P1
다음 점 지정 또는 [명령 취소(U)]: <직교 켜기> P2
다음 점 지정 또는 [종료(X)/명령취소(U)]: <직교 끄기> P3
다음 점 지정 또는 [닫기(C)/종료(X)/명령취소(U)]: <CR>
명령 입력
```

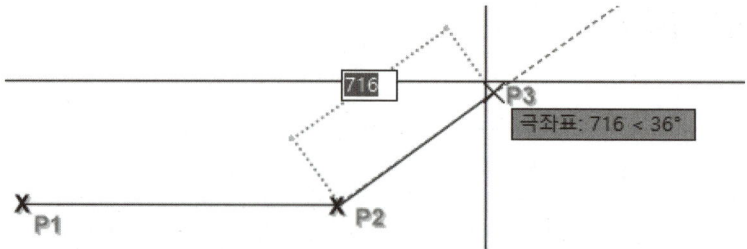

TIP〉 [Shift] 키 활용

1. ㄴ(직교모드)가 활성(ON)인 경우
   - SHIFT 키를 누르면, 일시적으로 직교모드가 해제(OFF) 됩니다.
   - SHIFT 키를 릴리즈하면, 직교모드가 활성화(ON) 됩니다.

2. ㄴ(직교모드)가 비활성(OFF)인 경우
   - SHIFT 키를 누르면, 일시적으로 직교모드가 활성화(ON) 됩니다.
   - SHIFT 키를 릴리즈하면, 직교모드가 해제(OFF) 됩니다.

따라하기〉 직교하는 선 그리기

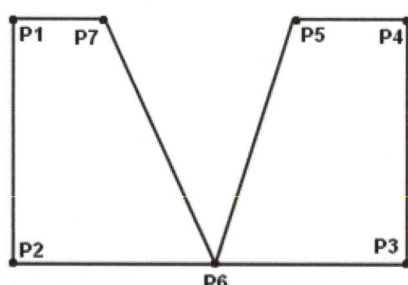

1 리본 [그리기] 패널에서 [선] 명령 아이콘을 클릭하고, P1 지점을 클릭합니다.

2 상태 막대에서 [직교 모드] 버튼을 클릭해서 직교 모드를 활성화(ON)합니다.

3 커서를 아래쪽으로 이동하면, 오직 수직선이 드래그됩니다.
   - P2 지점을 클릭하고, 오른쪽으로 드래그해서 P3 지점을 클릭하고, 위쪽으로 드래그해서 P4 지점을 클릭합니다. 계속해서 왼쪽으로 드래그해서 P5 지점을 클릭합니다.
   - 일시적으로 직교 모드를 해제하기 위해서, [Shift] 키를 누른 상태에서 아래쪽으로 이동해서 P6, P7 지점을 클릭해서 위의 그림처럼 경사선을 작도합니다.

4 다시 직교 모드를 활성화하기 위해, [Shift] 키를 릴리즈하고, P1 점을 클릭합니다.

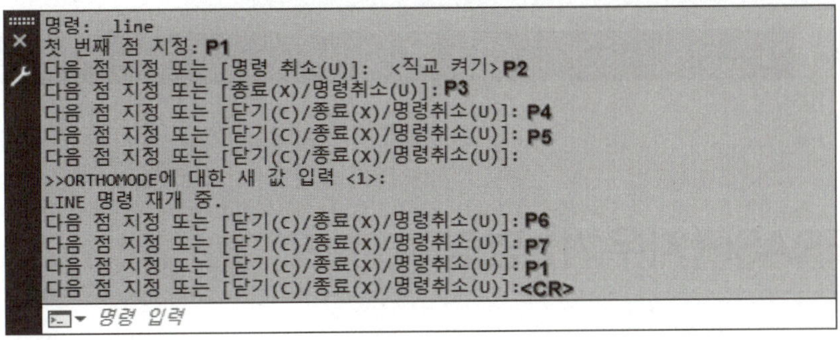

```
명령: line
첫 번째 점 지정: P1
다음 점 지정 또는 [명령 취소(U)]: <직교 켜기> P2
다음 점 지정 또는 [종료(X)/명령취소(U)]: P3
다음 점 지정 또는 [닫기(C)/종료(X)/명령취소(U)]: P4
다음 점 지정 또는 [닫기(C)/종료(X)/명령취소(U)]: P5
다음 점 지정 또는 [닫기(C)/종료(X)/명령취소(U)]:
>>ORTHOMODE에 대한 새 값 입력 <1>:
LINE 명령 재개 중.
다음 점 지정 또는 [닫기(C)/종료(X)/명령취소(U)]: P6
다음 점 지정 또는 [닫기(C)/종료(X)/명령취소(U)]: P7
다음 점 지정 또는 [닫기(C)/종료(X)/명령취소(U)]: P1
다음 점 지정 또는 [닫기(C)/종료(X)/명령취소(U)]: <CR>
명령 입력
```

4) 점 위치 지정 시의 정밀도

- [객체 스냅(OSNAP)(F3)]을 활성화하여 객체상의 위치로 스냅합니다.
- [객체 스냅 추적(F11)]을 사용하여 객체 스냅 위치를 결합합니다.
- [그리드(F7)], [스냅(F9)]를 사용하여 점 선택을 정의한 간격으로 제한합니다.
- 선 세그먼트의 한쪽 끝이나 양쪽 끝에 대한 좌표값을 입력합니다.

5) 각도 방향 지정 시의 정밀도

- F8 키를 눌러 [직교 모드]를 사용하면, 커서 이동을 수평 및 수직 방향으로 구속할 수 있습니다.
- [극좌표 추적(F10)]을 사용하여 지정한 각도로의 커서 이동을 안내합니다.
- 각도 재지정을 사용하여 커서를 지정한 각도로 잠급니다.

이러한 그리기 보조 도구와 직접 거리 입력 기능과 함께 사용하면 신속하고 정밀하게 객체를 그릴 수 있습니다.

> **TIP 〉 그리기 보조 도구 이용하기**
>
> 도면 창에서 마우스 왼쪽 버튼을 이용해서 수직선 및 수평선을 작도하는 것은 쉬운 작업이 아닙니다. 왜냐하면 도면 영역에서 작업자가 눈으로 확인하고, 손을 이용해서 마우스로 정확한 지점을 선택하는 것은 거의 불가능하기 때문입니다. 따라서 우리는 다음 그림처럼 상태막대에서 제공하는 다양한 그리기 보조 설정 도구들을 이용해야 합니다.

1.2 ERASE(지우기) 명령

- 도면 영역에 있는 엔티티가 잘못 작도 되었거나 불필요한 엔티티 혹은 객체들을 지우기할 수 있습니다.
- 엔티티 선택의 다양한 옵션들을 이용해서 엔티티들을 지우기(삭제)할 수 있습니다.

1) ERASE(지우기) 명령 호출 방법

메뉴:	수정 ⇨ 지우기, 편집 ⇨ 삭제
도구막대:	수정 ⇨ 지우기
리본:	홈 탭 ⇨ 수정 패널 ⇨ (선)
명령 입력:	ERASE, E

- [홈] 탭 ⇨ [수정] 패널 ⇨ [지우기] 아이콘을 클릭합니다.
- 풀다운 메뉴에서 [수정] ⇨ [지우기]를 클릭합니다.
- [수정] 도구막대에서 [지우기] 아이콘을 클릭합니다.
- 명령 행에 [ERASE] 혹은 [E] 라고 입력하고 [엔터] 키를 누릅니다.

따라하기〉 ERASE(지우기) 명령 따라 하기

1 [홈] 탭 ⇨ [수정] 패널 ⇨ ✏ [지우기] 아이콘을 클릭합니다.

다음 그림처럼 삭제를 원하는 엔티티들을 클릭해서 선택합니다.

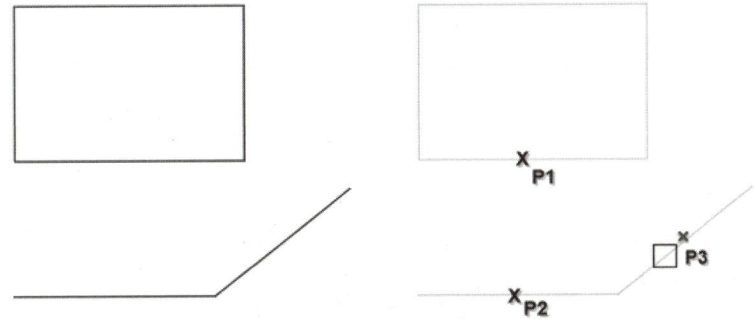

2 선택한 엔티티들을 삭제하고, 명령을 종료하기 위해 [엔터] 키를 누릅니다.

```
명령: _erase
객체 선택: P1    1개를 찾음
객체 선택: P2    1개를 찾음, 총 2개
객체 선택: P3    1개를 찾음, 총 3개
객체 선택: <CR>
▶ 명령 입력
```

TIP〉 객체 지우기

- 도면 영역에서 삭제를 원하는 엔티티를 선택한 후 키보드에서 [Del] 키를 누릅니다.
- [Last(최종)]을 입력하여 마지막으로 그린 객체를 지웁니다.
- [Previous(이전)]을 입력하여 마지막 선택 세트를 지웁니다.
- [ALL(모두)]를 입력하여 도면에서 모든 객체를 지웁니다.
- ?를 입력하면 모든 선택 옵션을 프롬프트합니다.

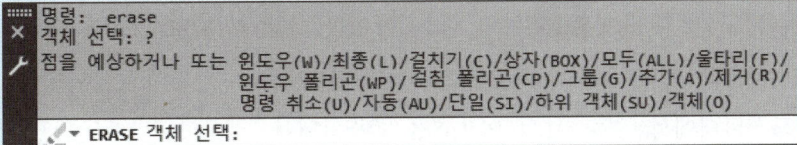

(엔티티들의 다양한 선택 옵션들에 대한 자세한 설명은 [5장 03 선택 세트(Selection Set)] 참고)

TIP〉 마지막으로 지운 객체를 복원하려면

- 명령 프롬프트에서 [OOPS]를 입력합니다.
  방금 전에 삭제한 객체들이 복원됩니다.
  또한 [ERASE], [BLOCK] 또는 [Wblock] 명령을 사용하여 도면 윈도우 영역에서 삭제 하거나 제거된 마지막 객체들이 화면에 복원됩니다.
  소거(PURGE) 명령으로 제거된 도면층의 객체를 OOPS를 사용하여 복원할 수는 없습니다.

1.3 UNDO(명령 취소) 명령

- [UNDO(명령 취소)] 명령은 실행된 명령의 결과를 취소하고, 되돌립니다.
- [UNDO(명령 취소)] 명령은 하나의 실행된 명령의 결과뿐만 아니라 다중 실행된 명령들의 결과도 취소하고, 되돌립니다.

1) UNDO(명령 취소) 명령 호출 방법

메뉴:	편집 ⇨ 명령 취소
도구막대:	표준 ⇨ 명령 취소
리본:	신속 접근 도구막대 ⇨ [명령 취소]
명령 입력:	UNDO

- 신속 접근 도구막대에서 [명령 취소] 아이콘을 클릭합니다.
- 풀다운 메뉴에서 [편집] ⇨ [명령 취소]를 클릭합니다.
- [표준] 도구막대에서 [명령 취소] 아이콘을 클릭합니다.
- 명령 행에 [UNDO] 라고 입력하고 [엔터] 키를 누릅니다.

2) UNDO 명령 옵션

옵션		설 명
작업의 수(번호)		이전 작업에 지정한 번호를 취소합니다.
자동(A)	켜기(ON)	단일 명령의 작업들을 모아 Undo 명령 한 번으로 되돌릴 수 있도록 합니다.
	끄기(OFF)	
조정(C)	모두(A)	전체 UNDO 명령을 켭니다.
	없음(N)	U 및 UNDO 명령을 끄고 편집 세션에서 이전에 저장된 모든 UNDO 명령 정보를 버립니다. 표준 도구막대의 명령 취소 버튼을 사용할 수 없습니다.
	하나(O)	UNDO를 단일 작업으로 제한합니다.
	결합(C)	다중, 연속 줌 및 초점이동 명령을 명령 취소 및 다시 실행 작업에 대한 단일 작업으로 결합할지 여부를 조정합니다.
	도면층(L)	도면층 대화상자에서 이루어지는 작업을 하나로 묶어 한 번에 명령 취소가 가능하도록 할지 여부를 조정합니다.
시작(BE)/끝(E)		일련의 작업을 세트로 그룹화합니다. 시작 옵션을 입력하면 끝 옵션을 사용할 때까지 이후의 모든 작업이 이 세트의 일부가 됩니다.
표식(M)/뒤(B)		표식은 명령 취소 정보 내에 표식을 배치합니다. 뒤는 이 표식 뒤로 수행된 모든 작업을 취소합니다. 한 번에 한 작업씩 명령 취소하면 표식에 액세스하는 시기를 알 수 있습니다.

따라하기 〉 UNDO(명령 취소) 명령 따라 하기

1 '신속 접근 도구막대'에서 [명령 취소] 아이콘을 클릭합니다.

하나의 명령 실행 결과만 취소됩니다.

2 다음 그림처럼 '신속 접근 도구막대'에서 [명령 취소] 아이콘의 오른쪽 드롭다운 리스트를 클릭하고, 마우스 커서를 아래로 드래그해서 명령 취소할 이전에 수행한 명령들을 선택해서 클릭합니다. 그러면 선택된 모든 명령들이 수행한 실행 결과들이 취소됩니다.

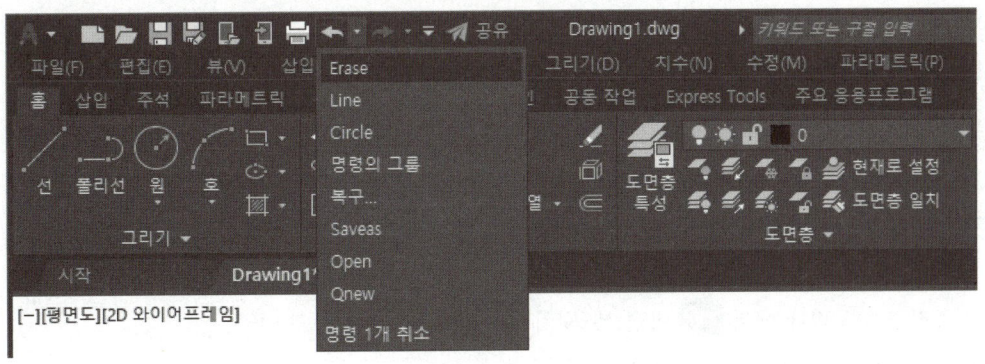

TIP]〉 UNDO 명령 사용 시

- [Undo] 명령을 실행하기 전에 필히 도면 파일을 저장한 후 실행해야 합니다.
- [Undo] 명령을 실행해야만 [Redo] 명령이 활성화되고, 호출할 수 있습니다.

1.4 REDO(명령 복구) 명령

- [UNDO(명령 취소)] 명령 또는 [U(명령 취소)] 옵션의 효과를 되돌립니다. 즉 실행 취소된 명령들을 복구합니다. 즉 [UNDO(명령 취소)] 명령 또는 [U(명령 취소)] 옵션을 사용하지 않은 상태에서는 [REDO(명령 복구)] 아이콘은 활성화 되지 않습니다.
- [REDO(명령 복구)] 명령은 이전 [Undo(명령 취소)] 또는 [U (명령 취소)]의 효과를 되돌립니다.
- [UNDO(명령 복구)] 명령은 하나의 실행된 명령의 결과뿐만 아니라 다중 실행된 명령들의 결과도 복구합니다.

1) REDO(명령 복구) 명령 호출 방법

메뉴:	편집 ⇨ 명령 복구
도구막대:	표준 ⇨ 명령 복구
리본:	신속 접근 도구막대 ⇨ [명령 복구]
명령 입력:	REDO

- 신속 접근 도구막대에서 [명령 복구] 아이콘을 클릭합니다.
- 풀다운 메뉴에서 [편집] ⇨ [명령 복구]를 클릭합니다.
- [표준] 도구막대에서 [명령 복구] 아이콘을 클릭합니다.
- 명령 행에 [REDO] 라고 입력하고 [엔터] 키를 누릅니다.

따라하기〉 REDO(명령 복구) 명령 따라 하기

1 '신속 접근 도구막대'에서 [명령 복구] 아이콘을 클릭합니다.
하나의 명령 실행 결과만 복구됩니다.

2 '신속 접근 도구막대'에서 [명령 복구] 아이콘의 오른쪽 드롭다운 리스트를 클릭하고, 마우스 커서를 아래로 드래그해서 명령 복구할 이전에 수행한 명령들이 자동으로 선택되면 클릭합니다. 그러면 수행되었던 선택한 모든 명령들이 실행 복구됩니다.

1.5 UNDO, REDO 명령 및 Undo 옵션

1) UNDO(명령 취소) 명령

- AutoCAD는 실행을 시작해서 종료될 때까지 호출한 모든 명령, 옵션 및 지정했던 모든 좌표 값 및 도면 창 영역에서 변경된 형상들을 항상 추적하고, 그 내용들을 모두 메모리에 저장, 기억합니다. 물론 컴퓨터에 충분한 RAM(메모리)가 장착되어야 있어야 합니다.
- 작도 실수를 한다거나 부주의로 도형을 삭제했다면, 마지막 실행 혹은 이전의 모든 실행들을 [UNDO] 혹은 [OOPS]로 되돌리기 할 수 있습니다. 그렇지만 [UNDO(명령 취소)] 및 [REDO(명령 복구)] 명령을 사용할 때는 주의해야 하고, 도면 파일을 저장 후 사용하는 것이 바람직합니다.
- [UNDO(명령 취소)] 및 [REDO(명령 복구)] 기능들은 반복 작업 및 도면 작성에 매우 유용하고, 궁극적으로 도형 작도 시간을 단축함으로써 생산성을 기할 수 있습니다.

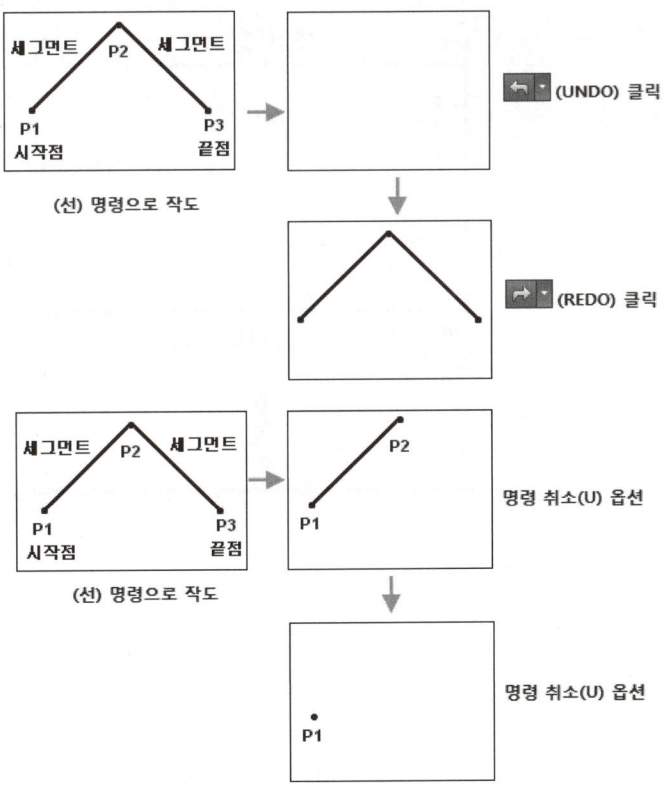

2) 명령의 명령 취소(U) 옵션

- 화면 조작을 수행하는 [ZOOM(줌)] 혹은 [PAN(초점이동)] 같은 명령들을 제외하고, 대부분의 거의 모든 AutoCAD 명령들은 [명령 취소(U)] 옵션을 가지고 있습니다.
- [UNDO(명령 취소)] 명령과 [명령 취소(U)] 옵션은 서로 수행하는 역할들이 다르기 때문에 작업자는 절대 혼동해서는 안 됩니다.
- 만일 [LINE(선)] 명령 실행 중에 [명령 취소(U)] 옵션을 사용하면, 다음 그림처럼 선 세그먼트의 작도를 취소할 수 있습니다.
- 다음 그림처럼 오른쪽 회전 방향으로 4개의 선으로 사각형을 작도합니다.
   [U]를 입력할 때 마다 작도의 역순으로 하나의 선 세그먼트씩 삭제됩니다.

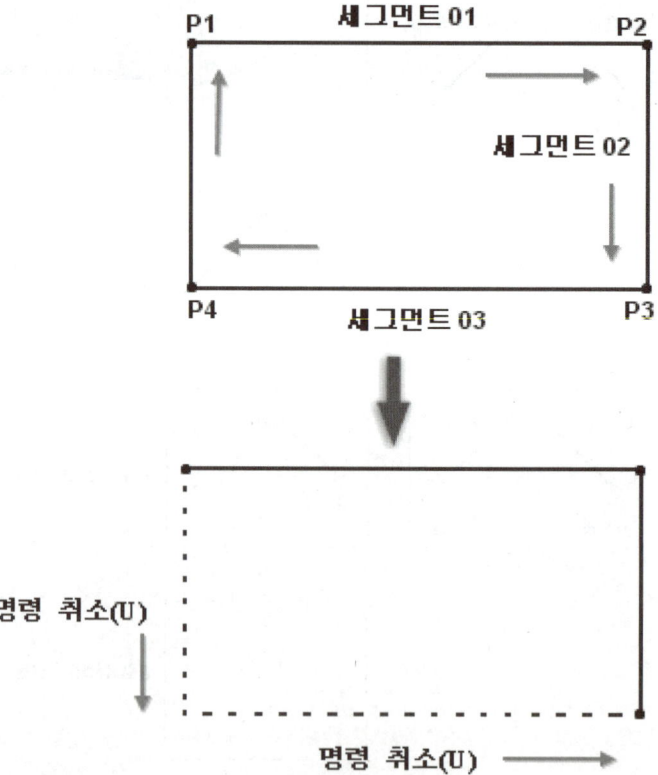

02 화면 표시 제어 (Display Controls)

- AutoCAD는 드래프트(Drafter)에서 정해진 도면 용지 크기에 수작업으로 도면을 그리는 작업과 다르게 무한 평면에 제한된 크기의 컴퓨터 모니터 화면에 작도 작업을 합니다.
- AutoCAD는 생산성 및 출도의 편이성을 위해 척도(Scale)를 무시하고 대상체를 실측(실제 크기)로 도형을 작도합니다.
- 그렇지만 복잡하고, 대형 크기의 도형을 작도하는 경우에 AutoCAD의 확대(ZOOM In) 및 축소(ZOOM Out)하거나 이동(Pan)하는 기능을 이용하지 않으면 정밀하고, 정확한 도형을 작도하는 것은 거의 불가능합니다.
- 따라서 고성능의 비디오 보드를 장착한 시스템에 대형 모니터를 연결해서 작업자는 작도 작업을 하는 동안에 끊임없이 객체들을 확대, 축소 혹은 이동해야 합니다.
- 다음 왼쪽 그림처럼 주택의 평면을 작도하는 동안에 정확하게 창호 및 문들을 배치하기 위해서 특정 영역을 확대(ZOOM In)할 필요가 있습니다.
- 또한 다음 오른쪽 그림처럼 화면에서 도형을 초점 이동(PAN)하여 도면 영역에서 뷰(View)의 위치를 재설정하거나 확대(ZOOM In)하여 배율을 변경할 수 있습니다.

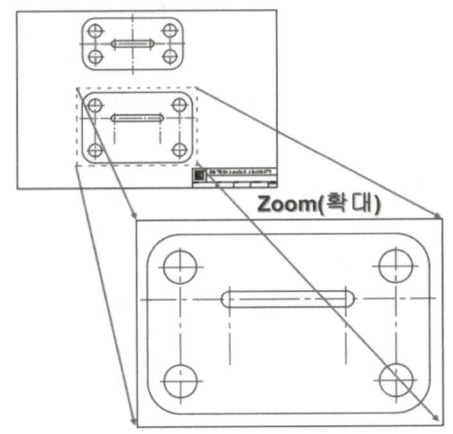
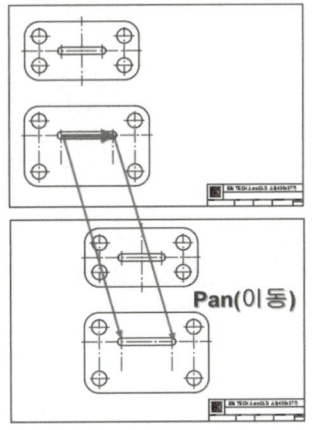

- 화면 표시 제어 명령들은 위에 설명한 용도와 목적을 달성하기 위한 기능들을 제공하며, 실제로 도형(객체) 자체의 크기를 변경하는 것이 아니라 단지 객체들의 화면 표시 비율만을 변경하게 됩니다.

2.1 ZOOM(줌) 명령

• [ZOOM(줌)] 명령은 도면 영역의 객체들을 확대하거나 축소할 수 있습니다. 줌은 화면상에 나타나는 크기를 변경할 뿐 객체 특성은 변경하지 않습니다.

1) ZOOM(줌) 명령 호출 방법

• 리본 메뉴 [뷰] 탭 ⇨ [탐색] 패널 ⇨ [줌-범위] 아이콘 드롭다운을 클릭한 후 원하는 옵션을 선택합니다.
• 풀다운 메뉴에서 [뷰] ⇨ [줌]을 클릭한 후 옵션을 클릭합니다.
• [표준] 도구막대에서 다음 그림의 [줌] 아이콘들을 클릭합니다.
• 명령 행에 [ZOOM] 혹은 [Z] 라고 입력하고 [엔터키]를 누릅니다.
• 다음 그림처럼 탐색 막대에서 [줌] 아이콘 드롭다운을 클릭하고 원하는 줌 옵션을 선택합니다.
• [Zoom(줌)] 명령을 호출하지 않은 상태에서 마우스 휠을 앞-뒤로 회전 시키면 실시간으로 확대-축소할 수 있습니다. 이 기능을 사용하면 매우 편리합니다.
• [Zoom(줌)] 명령을 종료하려면, Esc 키를 누릅니다.

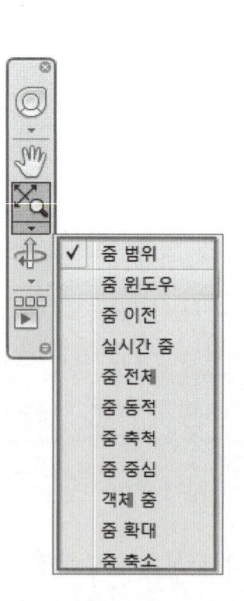
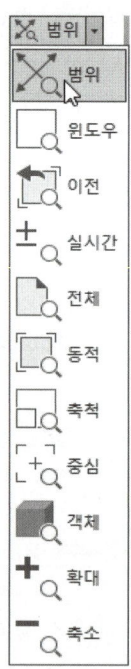

2) ZOOM(줌) 명령 옵션

```
명령: ZOOM
윈도우 구석 지정, 축척 비율(nX 또는 nXP) 입력 또는
ZOOM [전체(A) 중심(C) 동적(D) 범위(E) 이전(P) 축척(S) 윈도우(W) 객체(O)] <실시간>:
```

옵션	설 명
전체(A)	지정된 도면 한계(Limits) 영역을 모니터 화면에 확대합니다.
중심(C)	중심점과 배율값 또는 높이에 의해 정의된 뷰를 줌해서 표시합니다. 높이 값이 작을수록 배율은 증가하고 큰 값은 배율을 줄입니다.
동적(D)	직사각형 뷰 상자를 사용하여 초점이동 및 줌합니다. 뷰 상자는 도면을 축소/확대하고 도면 주위로 이동할 수 있는 뷰를 나타냅니다. 뷰 상자를 배치하고 크기를 조정하면 뷰 상자안의 뷰에 맞춰 뷰포트가 초점이동 또는 줌됩니다.
범위(E)	작도된 객체가 최대로 차지하는 가상의 사각형 즉 범위(Extents) 영역을 모니터 화면에 확대합니다.
이전(P)	이전 화면 표시 상태로 돌아갑니다. 이전 뷰를 10개까지 복원할 수 있습니다.
축척(S)	1.0보다 큰 실수로 입력하면 현재 화면을 확대하고, 1.0 이하의 실수를 입력하면 현재 화면을 축소합니다. 이 때 음수를 입력하면 실행되지 않습니다.
윈도우(W)	도면 영역에서 대각선 두 점을 선택한 가상적인 사각형 영역으로 확대합니다.
객체(O)	선택한 하나 이상의 객체가 뷰의 중심에 최대한 크게 표시 되도록 줌합니다. ZOOM 명령의 시작 전 또는 후에 객체를 선택할 수 있습니다.
실시간	대화식으로 줌 확대/축소하면서 실시간으로 뷰의 배율을 변경합니다. 커서는 더하기 (+) 및 빼기(-) 기호가 있는 돋보기로 변경됩니다.

2.2 PAN(초점 이동) 명령

- 두 지점을 지정하여 객체들의 화면 표시를 이동합니다. 즉, 첫 번째 지정 점의 위치를 두 번째 지정 점으로 이동시킵니다.

1) PAN(초점 이동) 명령 호출 방법

- 리본 메뉴 [뷰] 탭 ➪ [2D 탐색] 패널 [초점 이동] 아이콘을 선택합니다.
- 풀다운 메뉴에서 [뷰] ➪ [초점 이동] ➪ [실시간]을 클릭합니다.
- 명령 행에 [PAN] 혹은 [P] 라고 입력하고 [엔터] 키를 누릅니다.
- 탐색 막대에서 [초점 이동] 아이콘을 선택합니다.
- 줌 명령을 호출하지 않은 상태에서 마우스 휠을 클릭한 상태로 이동해서 릴리즈 합니다. 이 기능을 사용하면 매우 편리합니다.

따라하기> PAN(초점 이동) 명령 따라하기

1 [뷰]탭 ➪ [탐색]패널 ➪ [초점이동]을 클릭합니다.

2 마우스를 도면 영역으로 가져가면, 커서가 (손)모양으로 표시됩니다.

3 이동할 지점을 마우스 왼쪽 버튼으로 클릭한 후에 왼쪽 버튼을 누른 상태로 원하는 위치로 커서를 드래그합니다.

4 원하는 위치에서 마우스 왼쪽 버튼을 릴리즈 합니다.

5 [초점이동] 명령을 종료하기 위해 Esc 키를 누릅니다.

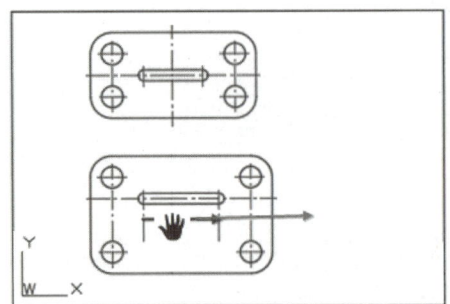 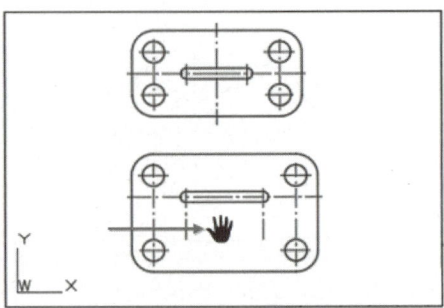

03 좌표 시스템 (Coordinate System)

3.1 AutoCAD 좌표 시스템의 개요

- AutoCAD의 작업공간은 거대한 무한 크기의 둥근 구 혹은 지구와 같습니다. 이러한 AutoCAD의 3D공간 또는 2D평면에서 임의 위치를 표시하는 도구를 좌표계라고 합니다.
- AutoCAD에서 이용할 수 있는 좌표 시스템은 다음과 같습니다.
  ① 절대 좌표 시스템(Absolute Coordinate System)
  ② 극좌표 시스템(Polar Coordinate System)
  ③ 구좌표 시스템(Sphere Coordinate System)

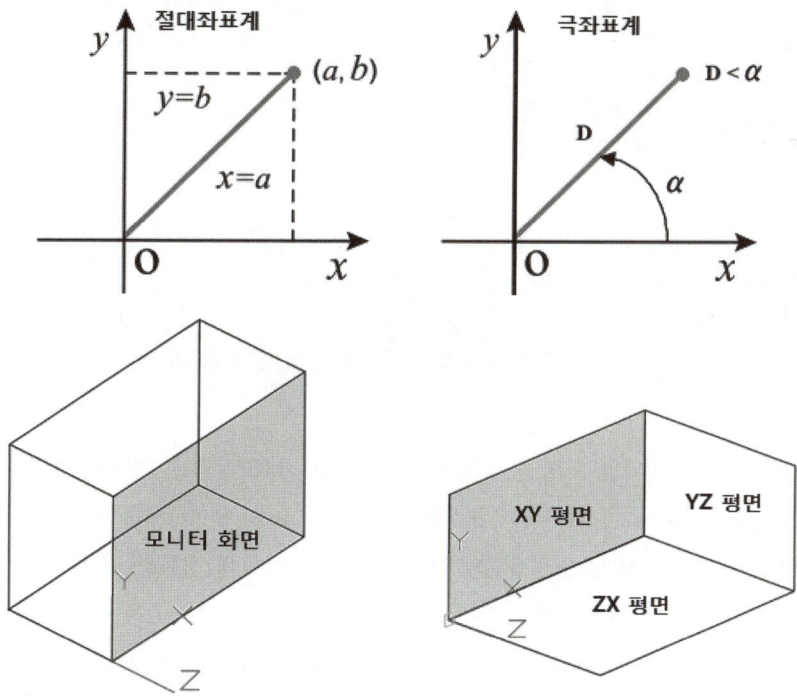

- 2D 작업공간 즉 평면에서는 절대 좌표계와 극 좌표계를 주로 사용하고, 3D 작업공간에서는 구 좌표계를 사용합니다.

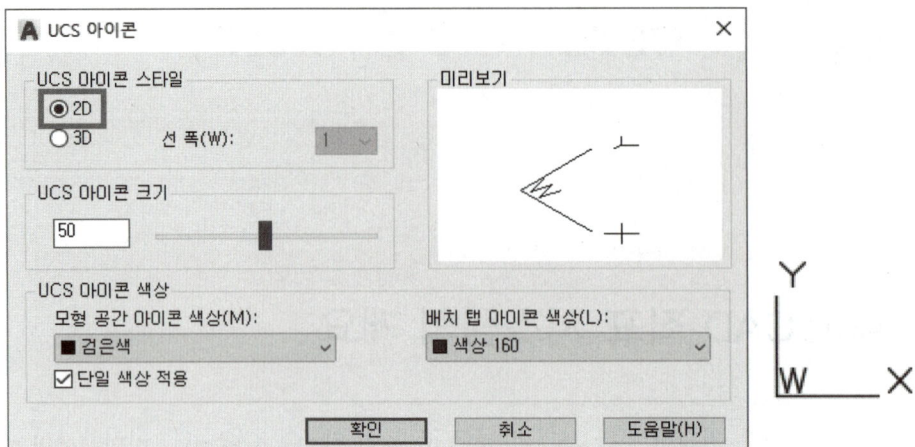

- AutoCAD 좌표계는 다음 그림처럼 3D 공간에 X, Y, Z의 세 개의 축들이 서로 직각으로 교차하게 됩니다. 이 교차점을 좌표계의 원점(0,0,0)이라고 하고 AutoCAD 작업공간의 절대적 기준이 됩니다.

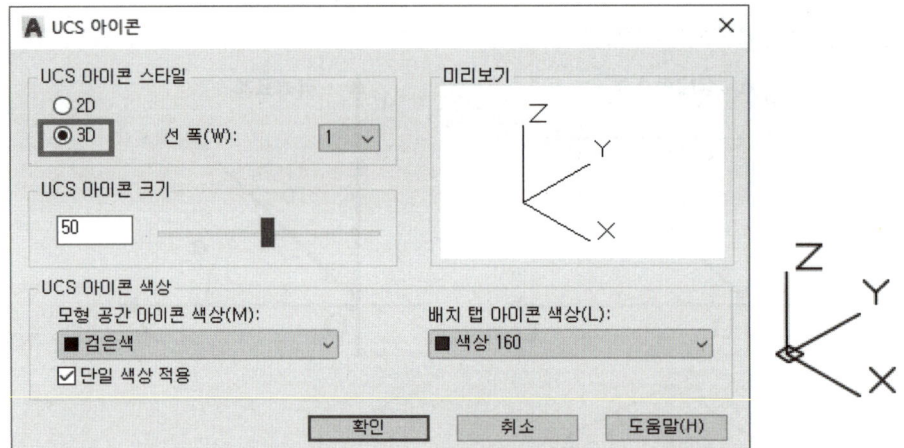

- AutoCAD는 도면 작성을 위한 도형을 작도할 때, 정확한 좌표 입력을 위해서 절대 좌표계[데카르트 혹은 카테시안(Cartesian)]와 극 좌표계(Polar Coordinate System)를 사용합니다.
- 도면은 KS 제도 규격에 의해서 도형을 2D 평면상의 특정 위치에 정확한 좌표 입력 및 표시 도구로 정밀하게 작도해야 합니다.
- 이러한 두 좌표계들은 절대(Absolute) 좌표 혹은 상대(Relative) 좌표 형식으로 입력해야 하며, 정확하고 정밀한 도면을 작도하기 위해 두 좌표계의 개념과 사용법을 작업자는 필히 숙지해야 됩니다.

3.2 위치 – 점(Point)을 지정하는 방법

- 절대 좌표계에서 임의의 위치를 표시하는 점(Point)은 다음 그림처럼 원점(0,0)으로부터 측정된 수평(X) 거리와 수직(Y) 거리에 의해 표시합니다. 또한 3D 공간에서는 Z 좌표가 추가되어 표시됩니다.

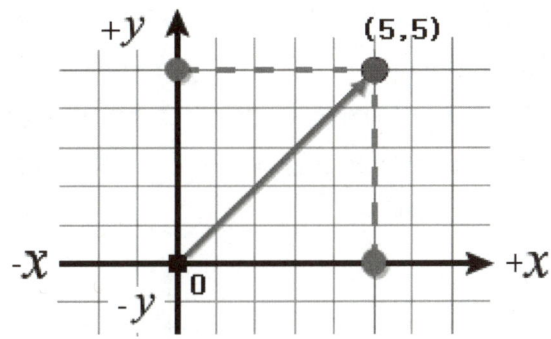

- 도면 영역에서 임의의 지점을 선택 혹은 지정하는 명령을 실행하면, 커서 부근 동적 입력 프롬프트 혹은 상태 표시줄 도면 좌표에 커서 포인터의 현재 좌표 값(X, Y, Z)을 실시간으로 표시합니다.
- 예를 들면 선을 그릴 때, 작업자는 선의 시작점과 끝점의 위치 좌표값을 AutoCAD에게 알려주어야 합니다. 다음 두 가지 방법 중 하나를 이용해서 점의 위치(좌표 값)를 지정해야 합니다.

❏ 포인터 장치 즉 마우스를 이용해서 도면 윈도우에 있는 점을 클릭하기

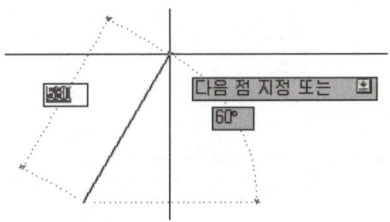

❏ 점 입력이 요구될 때, 명령 행에 좌표 값(10, 10) 입력하기

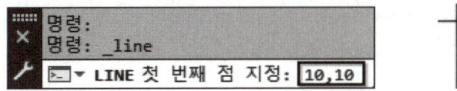 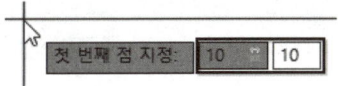

3.3 각도를 측정하는 방법(How to measure Angle)

- 다음 그림처럼 AutoCAD에서 절대 좌표계의 X축 양의 방향 즉 동(East)쪽 방향을 기준(0°)으로 각도를 측정하고, 지정합니다.
- 각도 측정은 반시계 방향(CCW)으로는 증가하고, 시계 방향(CW)으로는 감소합니다. 시계 방향으로 지정하려면, 음수 값을 각도로 입력합니다. 예를 들면, 10〈315를 입력하면 10〈-45를 입력할 때와 동일한 지점을 찾습니다.
- 각도 측정 방향을 변경하려면, [UNITS(단위)] 명령을 호출해서 설정을 변경합니다.
- 각도 측정 기준 및 방법은 경사선 혹은 호를 작도하거나 객체를 회전하기 위한 좌표 입력 및 각도 입력을 위해서 매우 중요합니다.

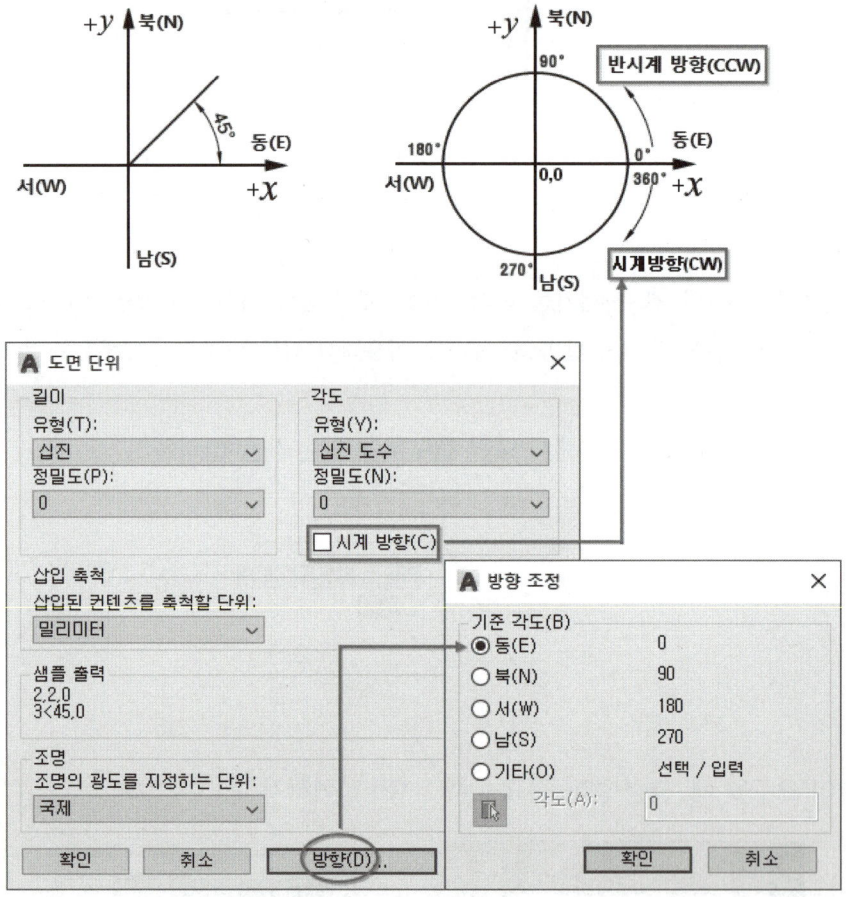

3.4 절대 좌표 시스템(Absolute coordinate system)

- 프랑스의 철학자이며 수학자인 르네 데카르트에 의해서 창안된 카테시안 좌표 시스템을 표준 좌표 시스템이라고 합니다. 우리는 흔히 이것을 '절대 좌표계'라고 말 합니다.

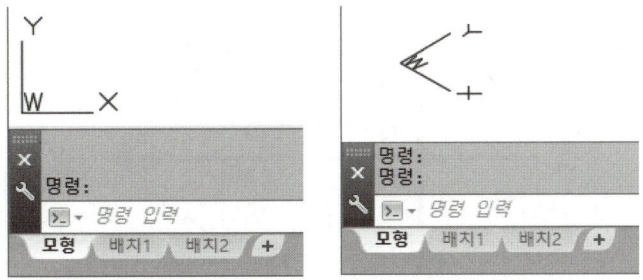

- AutoCAD에서 이 절대 좌표 시스템은 다음 그림처럼 2차원 공간상의 임의의 A점에 대한 절대 절대 좌표 값 혹은 절대 좌표값은 현재 좌표계의 원점(0,0)을 기준으로 X, Y 두 축으로부터의 거리로 표시됩니다.
- 이러한 절대 좌표값은 다음의 표와 그림처럼 컴머(,)에 의해서 분리된 X, Y 형식으로 입력해서 점의 위치를 표시합니다.

좌표계	입력 형식
절대 좌표계	X, Y

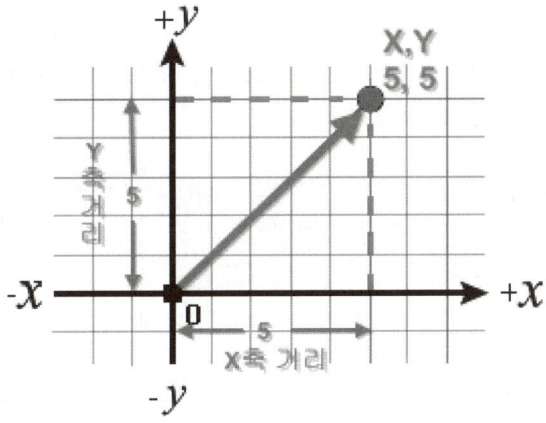

따라하기 › 절대 좌표 입력하기

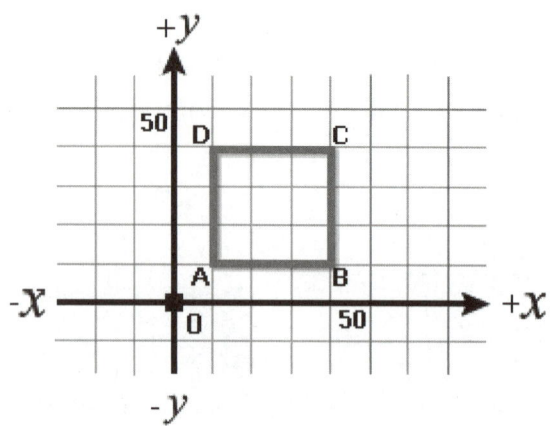

1 위 그림의 정사각형은 한 변의 길이가 30으로 절대 좌표값으로 각 모서리 A, B, C, D점들의 좌표를 표시하면 다음 표와 같습니다.

모서리	절대 좌표	
	X 좌표 값	Y 좌표 값
A	10	10
B	40	10
C	40	40
D	10	40

2 위의 표에 기록된 절대 좌표값들을 참고해서, [Line(선)] 명령을 사용해서 도면 영역에서 작도를 하면, 다음 그림처럼 정사각형 도형을 작도할 수 있습니다.

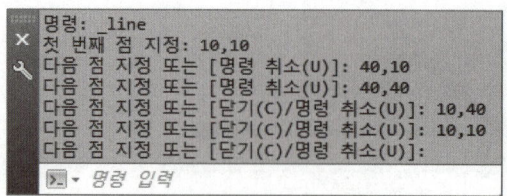
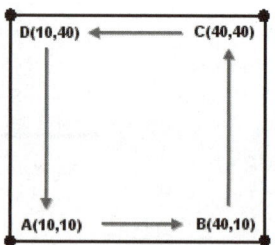

3.5 상대 절대 좌표 시스템 (Relative Coordinate system)

- AutoCAD는 2D 혹은 3D 공간에서 도형을 신속 정확하게 그리기 위해서 '상대 절대 좌표 (Relative coordinate)' 혹은 상대 좌표 입력을 지원합니다.
- 상대 좌표를 입력하기 위해서는 먼저 상대 원점을 지정하기 위해 먼저 절대 좌표를 반듯이 입력해야 합니다.
- 다음 그림에서 점(P2)의 상대 좌표값은 바로 직전 점(상대 원점 - P1)의 좌표값을 기준으로 X축의 증분(△X - 거리)과 Y축의 증분(△Y - 거리)으로 측정됩니다.
- 상대 좌표값은 @X, Y 형식으로 입력합니다. AutoCAD에서 @ 심벌은 이전의 점(상대 원점)으로부터 상대적인 새 위치의 좌표값을 지정하는 것을 의미하는 상대좌표 구분자로 이용됩니다.

좌표계	형식
상대 좌표계	@ X, Y

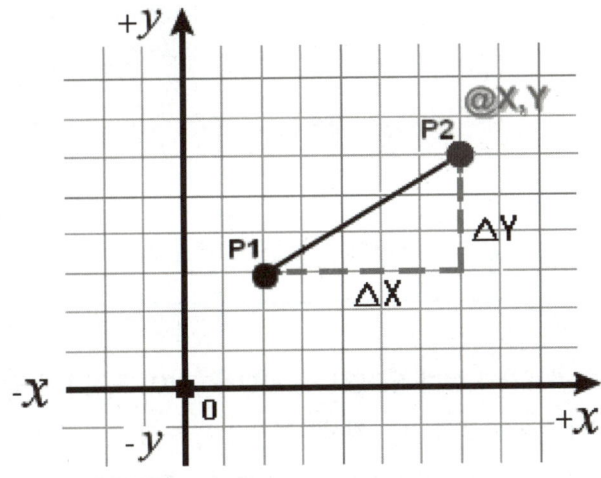

- 임의의 점 위치를 절대 원점으로부터 거리를 측정하는 것보다 상대 원점으로부터 거리를 측정하는 것이 보다 쉽고 빠르게 좌표값을 측정할 수 있습니다.
- 따라서 도형 그리기 작업에서 상대 좌표계를 빈번하게 사용하게 되므로 상대 좌표 입력 방식을 숙지하시기 바랍니다.

따라하기〉 상대 절대 좌표 입력하기

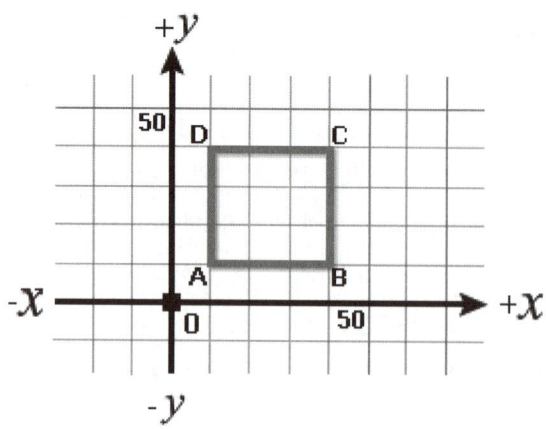

1 위 그림의 정사각형은 한 변의 길이가 30으로 각 모서리 점들의 상대 절대(상대) 좌표를 표시하면 아래 표와 같습니다(단 A점은 절대 좌표값임).

모서리	상대 절대 좌표	
	X 좌표 값	Y 좌표 값
A	10	10
B	@30	0
C	@0	30
D	@-30	0

2 위의 표에 기록된 절대 좌표값과 상대 좌표값들을 참고하고, [LINE(선)] 명령을 사용해서 도면 영역에 작도를 하면, 앞에서 절대 좌표로 그린 정사각형과 같은 도형을 작도할 수 있습니다.

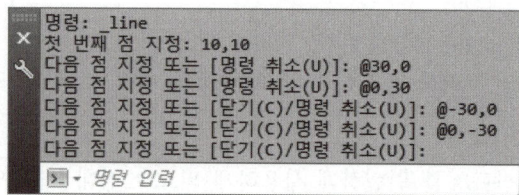
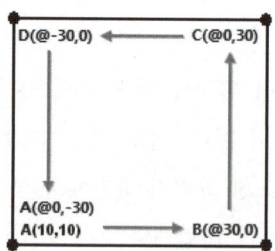

3.6 극좌표 시스템(Polar Coordinate system)

- AutoCAD에서 평면상의 임의의 점(P2)을 표시하기 위해서 극좌표를 이용하려면, 다음 그림처럼 절대 좌표계 원점(P1)으로부터 반지름(Radius - 거리)과 각도(Angle) 성분으로 표시할 수 있습니다.
- AutoCAD에서 극좌표 값은 거리 〈 각도(D〈A) 형식으로 입력합니다.
- AutoCAD에서 각도의 기준은 무조건 양의 X축 방향이고, 반시계 방향으로 양의 각도가 측정되고, 시계 방향으로는 음의 방향으로 측정됩니다.
- AutoCAD에서 극좌표 시스템은 일반적으로 절대 원점을 지나는 경사선을 작도하는 경우에 사용합니다.

좌표계	형식
극좌표계	D < α

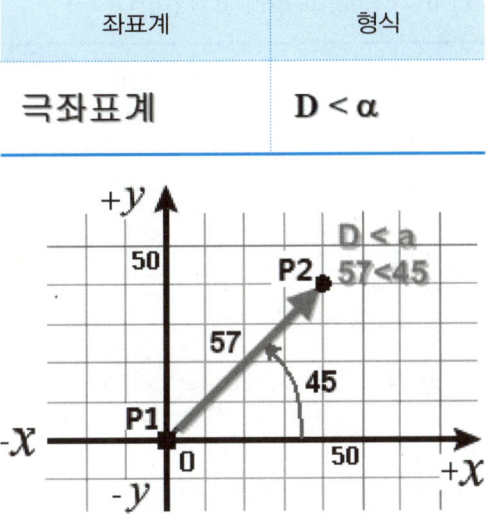

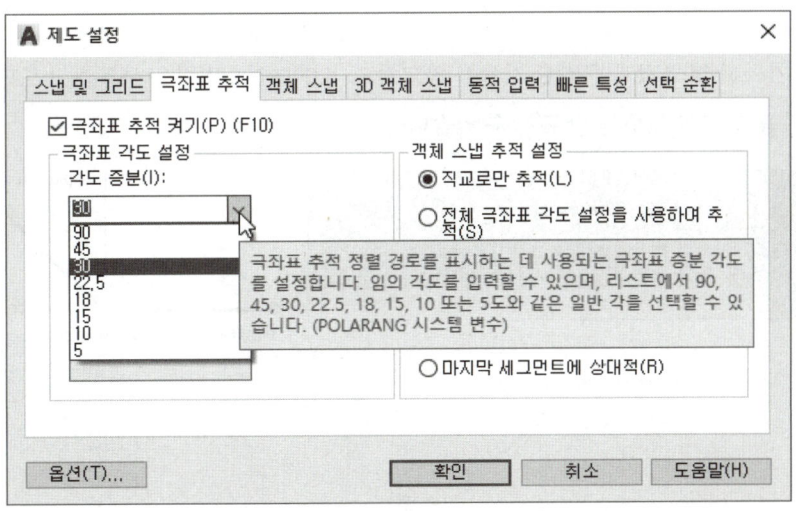

따라하기〉 극좌표 입력하기

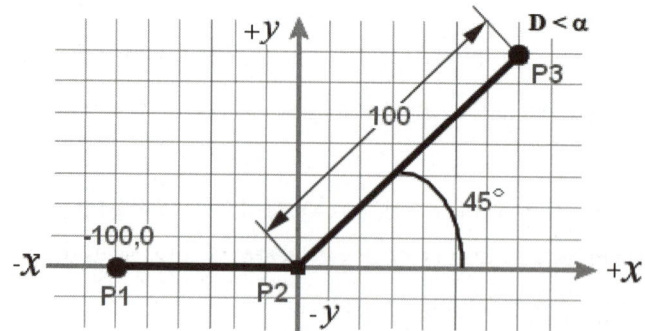

1. 위 그림의 수평선의 시작점(P1)과 끝점(P2) 그리고 경사선의 끝점(P3)을 절대좌표와 극좌표로 표시하면 아래 표와 같습니다(단 P1, P2점들은 절대 좌표값임).

모서리	절대 좌표	
	X 좌표 값	Y 좌표 값
P1	−100	0
P2	0	0
지정 점	극좌표 값	
	거리	각도
P3	100	45

2. 위의 표에 기록된 절대 값과 극좌표 값들을 참고하고, [LINE(선)] 명령을 사용해서 도면 영역에 작도를 하면, 다음 그림의 도형을 작도할 수 있습니다.

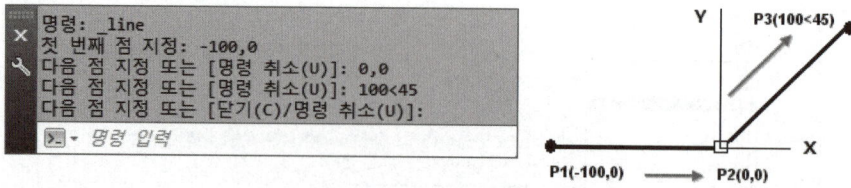

3.7 상대 극좌표 시스템 (Relative Polar Coordinate system)

- AutoCAD는 2D 혹은 3D 공간에서 도형을 신속 정확하게 그리기 위해서 '상대 극좌표(Relative Polar coordinate)' 혹은 상대 극좌표 입력을 지원합니다.
- 상대 극좌표를 입력하기 위해서는 먼저 상대 원점을 지정하기 위해 먼저 절대 좌표를 반듯이 입력해야 합니다.
- 다음 그림에서 점(P2)의 상대 극좌표 값은 바로 직전 점(상대 원점 - P1)의 좌표값을 기준으로 기준점(상대 원점)으로 좌표 지점까지의 거리(반지름)와 X축과의 각도로 표시합니다.
- 상대 극좌표를 입력하기 위해서는 먼저 상대 원점을 지정하기 위해 절대 좌표를 반듯이 입력해야 합니다.
- 상대 극좌표 값은 @거리 〈 각도(@D〈A) 형식으로 입력합니다.
- AutoCAD에서 @ 심벌은 이전의 점(상대 원점)으로부터 상대적인 새 위치의 좌표값을 지정하는 것을 의미하는 상대좌표 구분자로 이용됩니다.

좌표계	형식
상대극좌표계	@ D < α

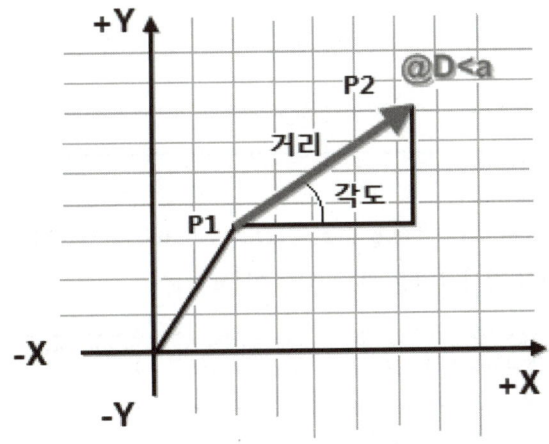

따라하기〉 상대 극좌표 값 입력하기

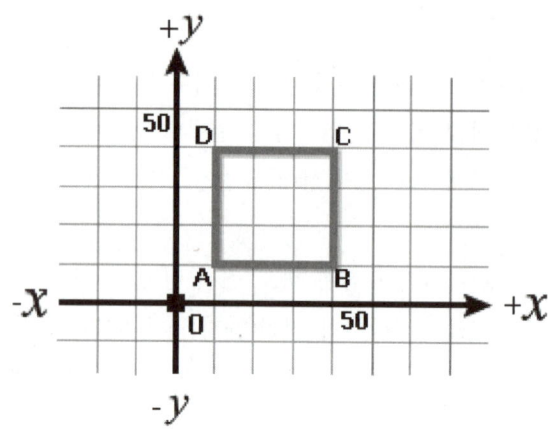

1. 위 도형은 한 변의 길이가 30인 정사각형으로 절대 값 및 상대 극좌표 값으로 각 모서리 점들을 표시하면 다음 표와 같습니다(단 A점은 절대 좌표값임).

모서리	상대 극좌표	
	X 좌표 값	Y 좌표 값
A	10	10
B	@30	<0
C	@30	<90
D	@30	<180

2. 위의 표에 기록된 절대 값과 상대 극좌표 값들을 참고하고, [LINE(선)] 명령을 사용해서 도면 영역에 작도를 하면, 다음 그림의 정사각형을 작도할 수 있습니다.

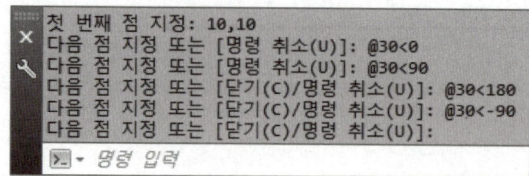
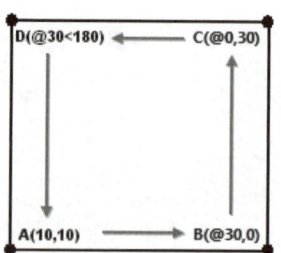

3.8 마지막 혹은 최종 좌표(Last point)

- AutoCAD는 마지막에 지정한 점의 좌표값을 항상 추적, 저장하는데 이것을 최종 좌표라고 하며 이전 명령에 사용되었던 마지막 점을 지정하는 좌표값입니다.
- 최종 좌표값은 @ 로 표시합니다. 최종 좌표값은 마지막 점을 지정하는데 사용된 좌표 방식과는 무관하게 적용됩니다.

따라하기〉 최종 좌표 사용하기

- 수평선 및 수직선의 교차점으로부터 X방향으로 20, Y방향으로 15 떨어진 지점을 중심으로 하는 원을 작도합니다.

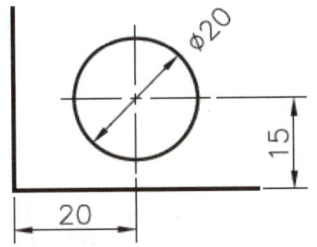 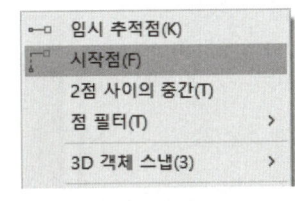

1 [LINE(선)] 명령 호출해서 다음 그림처럼 임의 크기의 수평선 및 수직선을 작도합니다.

2 [LINE(선)] 명령을 호출하고, 교차점(P1)을 선택해서 최종 좌표로 인식합니다.

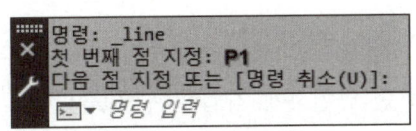 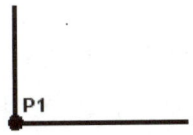

3 [CIRCLE(원)] 명령을 호출하고, 중심점 @20,15를 입력하고, 지름 20인 원을 그립니다.

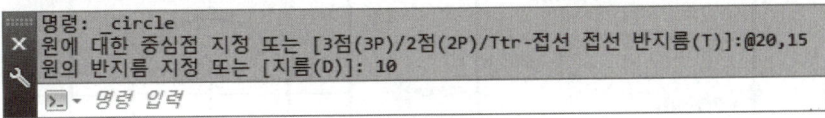

3.9 Point filter(점 필터)

- [Point filter(점 필터)]는 도형을 작도할 때, 좌표값을 직접 입력하지 않고, 이미 작도되어 있는 기존의 도형에서 참조할 수 있는 좌표 점과의 관계를 이용하여 새로운 좌표 점을 입력해야 할 때 대응하는 좌표값을 적용시키는 것입니다.

- [Point filter(점 필터)]는 AutoCAD에서 기존 도형의 참조점 좌표에서 첫 번째 위치의 X 좌표 값, 두 번째 위치의 Y 좌표값처럼 하나의 좌표 성분 값을 가져와서 입력할 수 있는 기능을 제공합니다.

- [Point filter(점 필터)]는 다음 그림처럼 바로가기(팝업) 메뉴에서 선택하거나 키보드에서 입력할 수 있습니다.

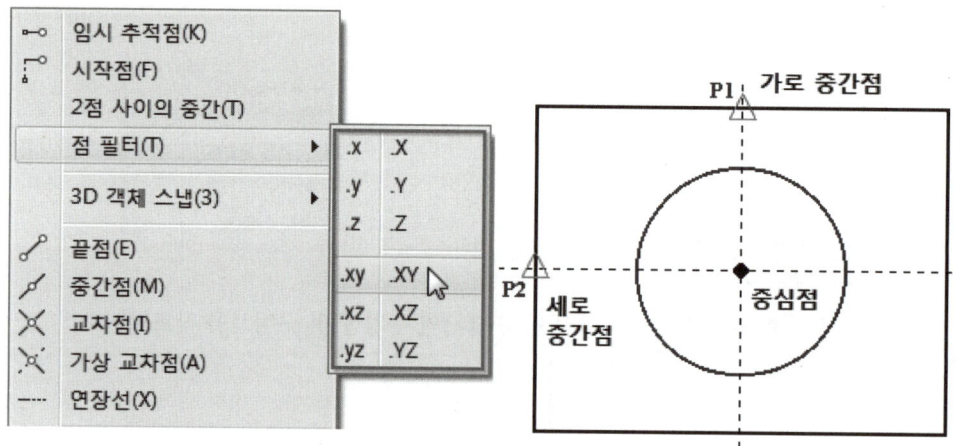

따라하기〉 최종 좌표 사용하기

- 다음 왼쪽 그림처럼 사각형의 가로와 세로의 중간을 지나는 수평, 수직선의 교차점에 원의 중심점을 작도 하고자 할 때 점 필터를 사용하면 간편하게 작업할 수 있습니다.

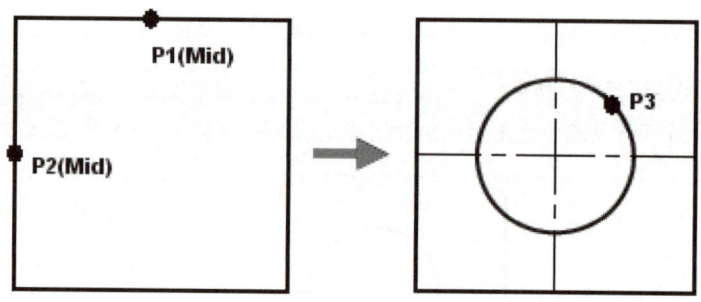

1 리본 '그리기' 패널의 [CIRCLE(원)] 명령 아이콘을 클릭합니다.
2 명령 프롬프트에 .X를 입력하고, '스페이스바' 키를 누릅니다.
3 위의 그림처럼 가로 중간점 P1, 세로 중간점 P2를 클릭합니다.
4 마지막으로 원의 반지름으로 드래그해서 P3 점을 클릭합니다.

```
명령: _circle
원에 대한 중심점 지정 또는 [3점(3P)/2점(2P)/Ttr - 접선 접선 반지름(T)]: .x <- P1 (YZ 필요): P2
원의 반지름 지정 또는 [지름(D)] <10>: P3
```

> 명령 입력

참고〉

좌표계, 좌표 입력 형식 요약

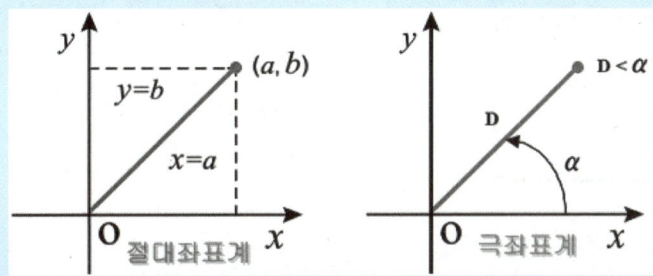

좌표계	형식
절대 좌표계	X, Y
상대 좌표계	@ X, Y
극좌표계	D < α
상대극좌표계	@ D < α

실습과제 1〉 LINE(선) 명령과 좌표 입력 방법으로 도형을 작도합니다.

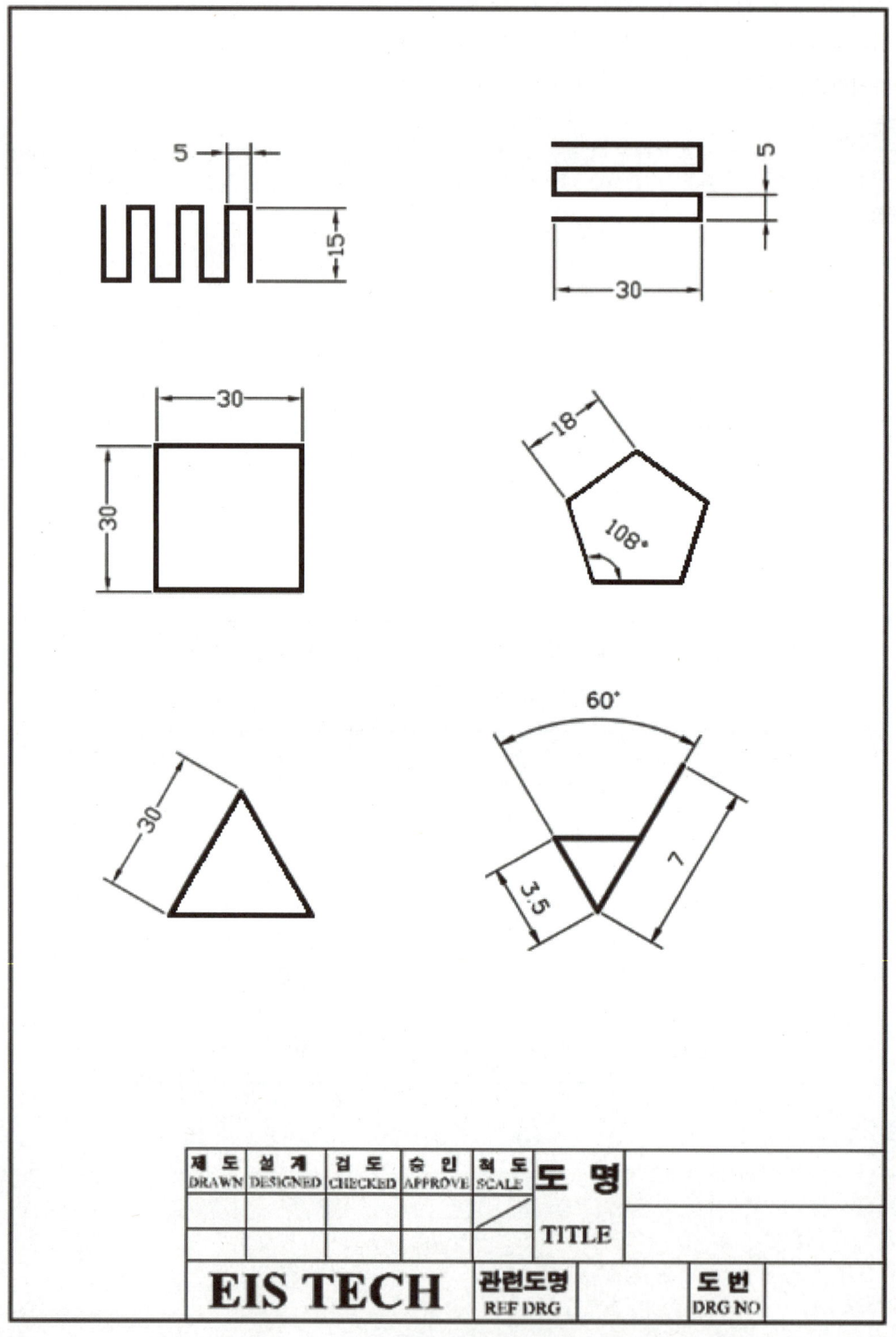

실습과제 2〉 LINE(선) 명령과 좌표 입력 방법으로 도형을 작도합니다.

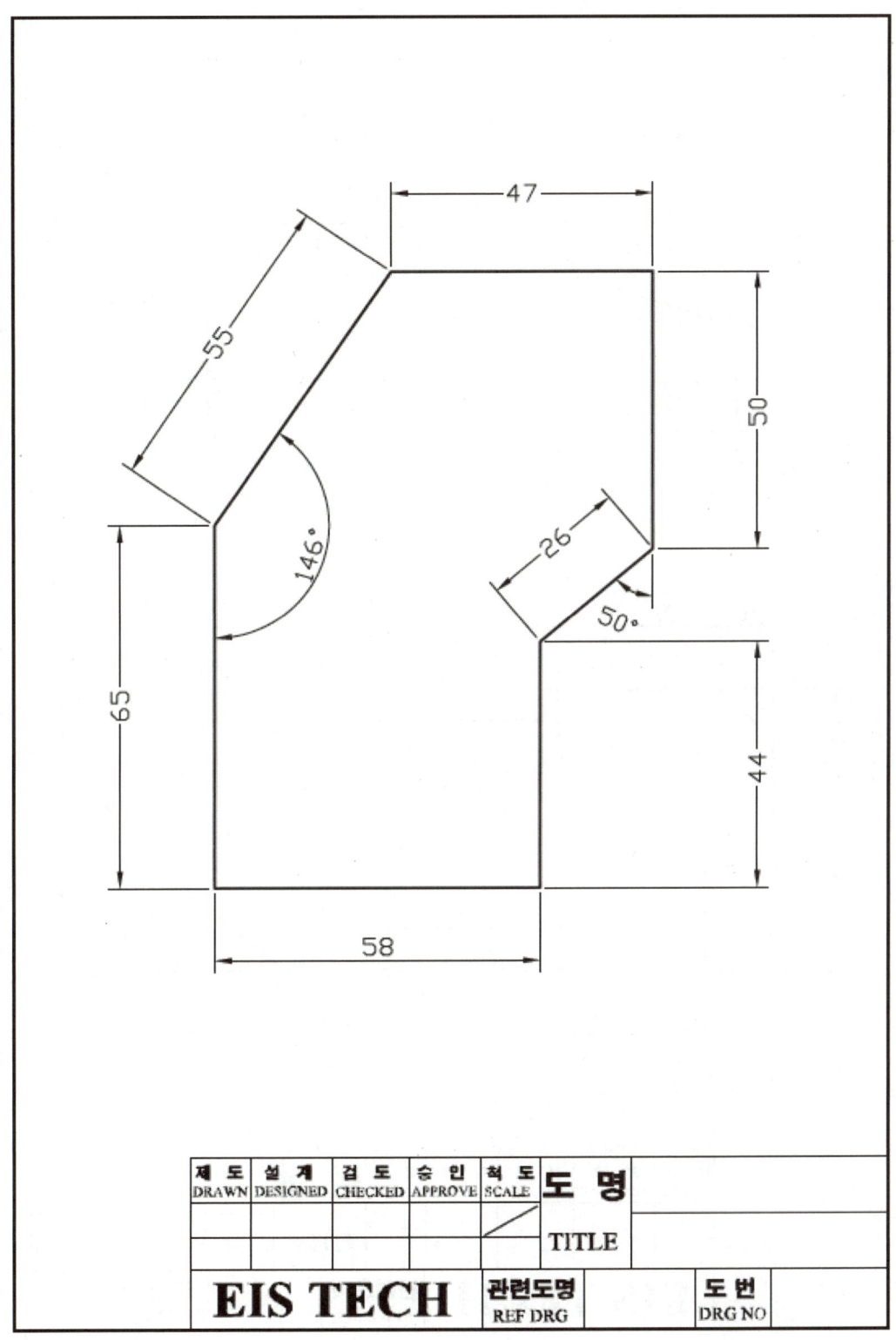

실습과제 3〉 LINE(선) 명령과 좌표 입력 방법으로 도형을 작도합니다.

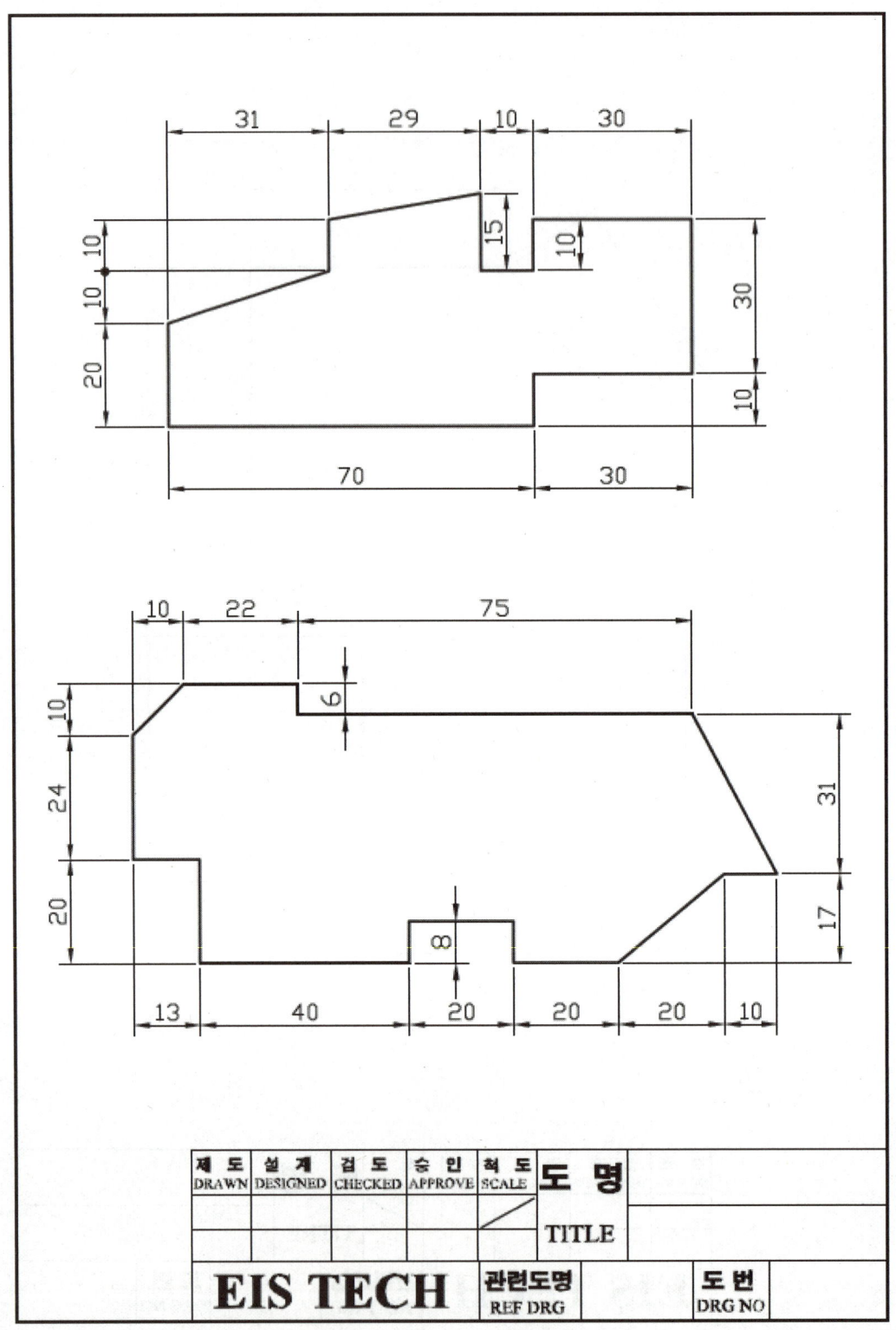

실습과제 4⟩ LINE(선) 명령과 좌표 입력 방법으로 도형을 작도합니다.

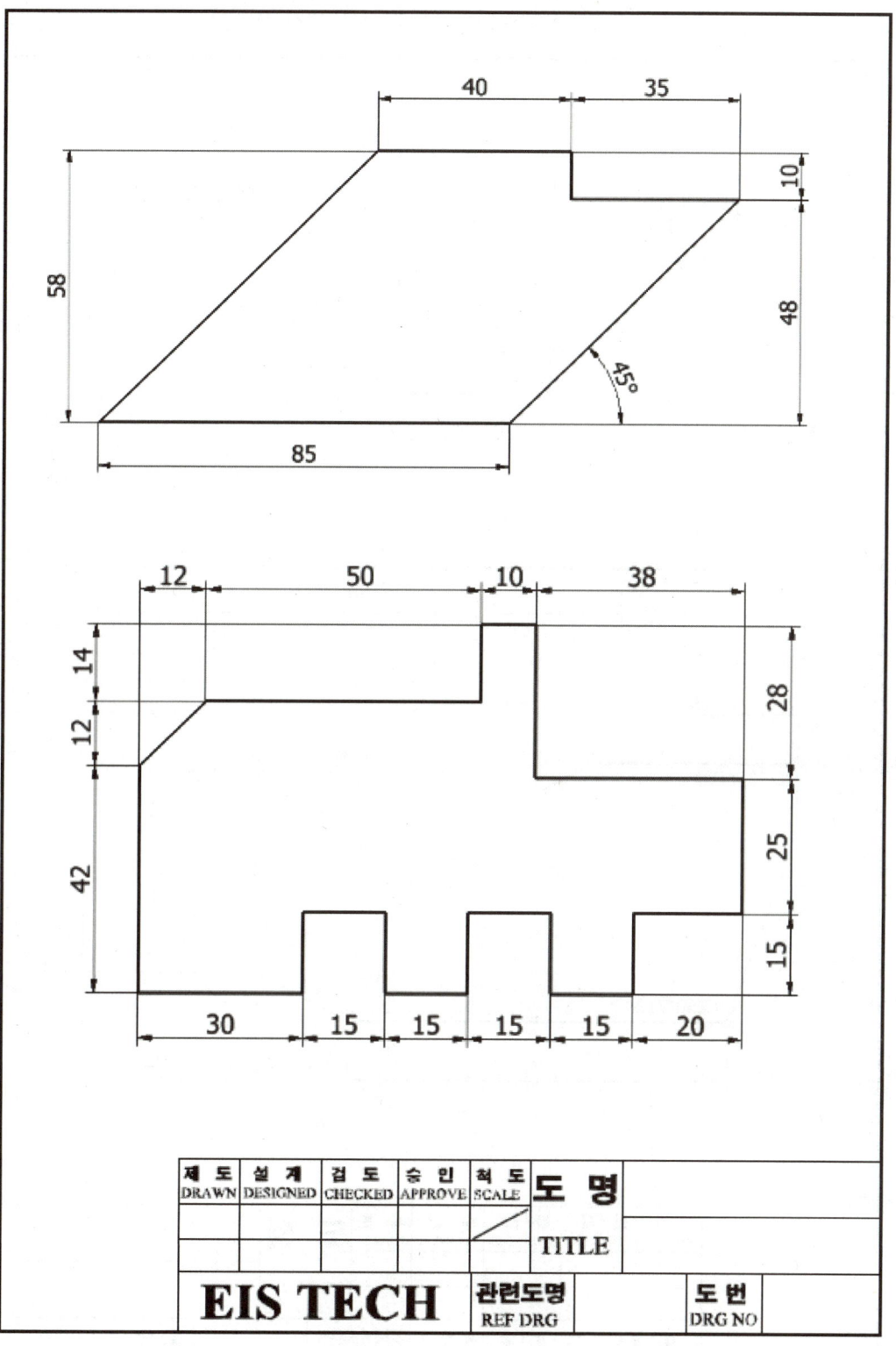

실습과제 5〉 LINE(선) 명령과 좌표 입력 방법으로 도형을 작도합니다.

(참고 : X80/Y120 - 절대 좌표 표시임)

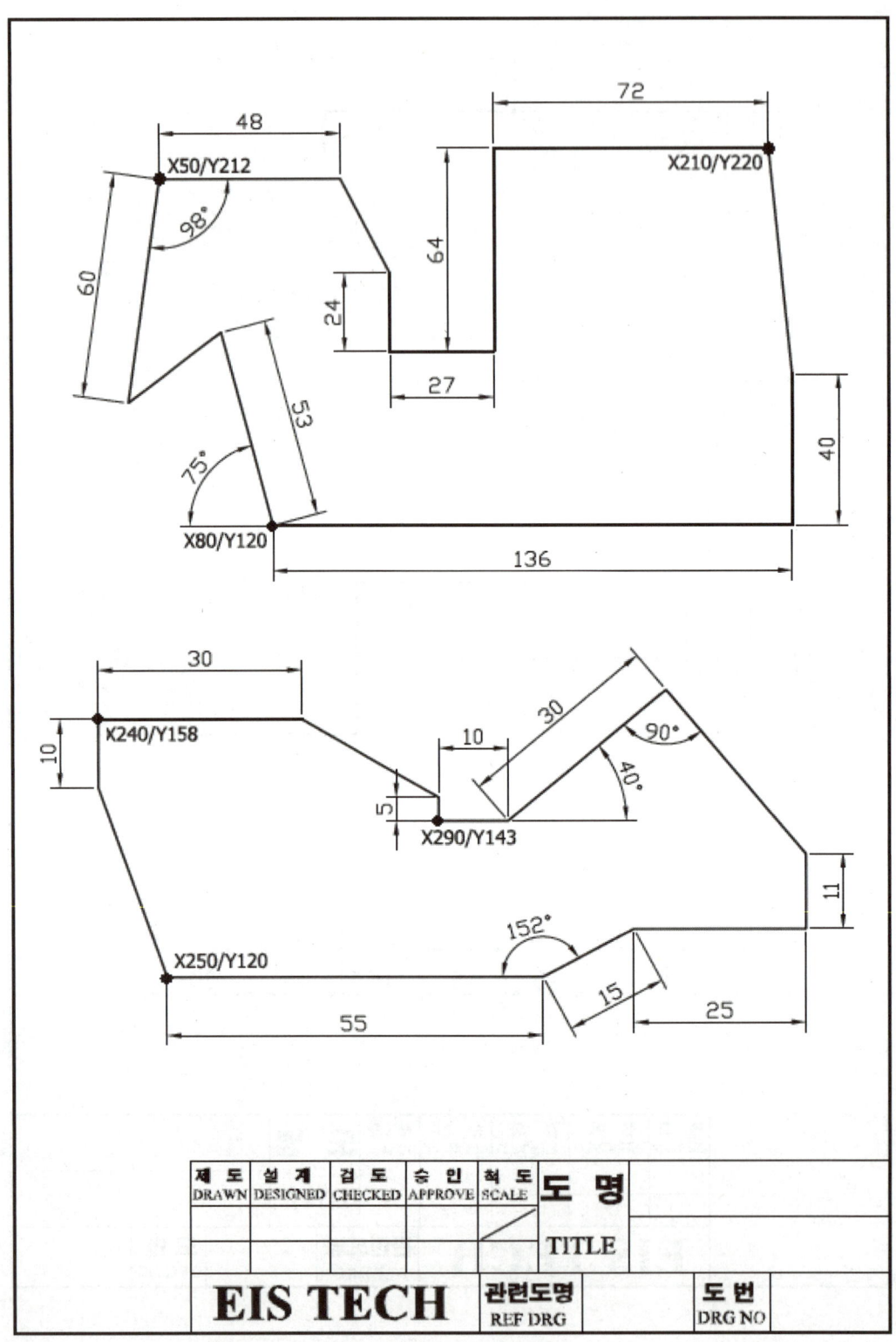

실습과제 6〉 LINE(선) 명령과 좌표 입력 방법으로 도형을 작도합니다.

(참고 : X25/Y140 - 절대 좌표 표시임)

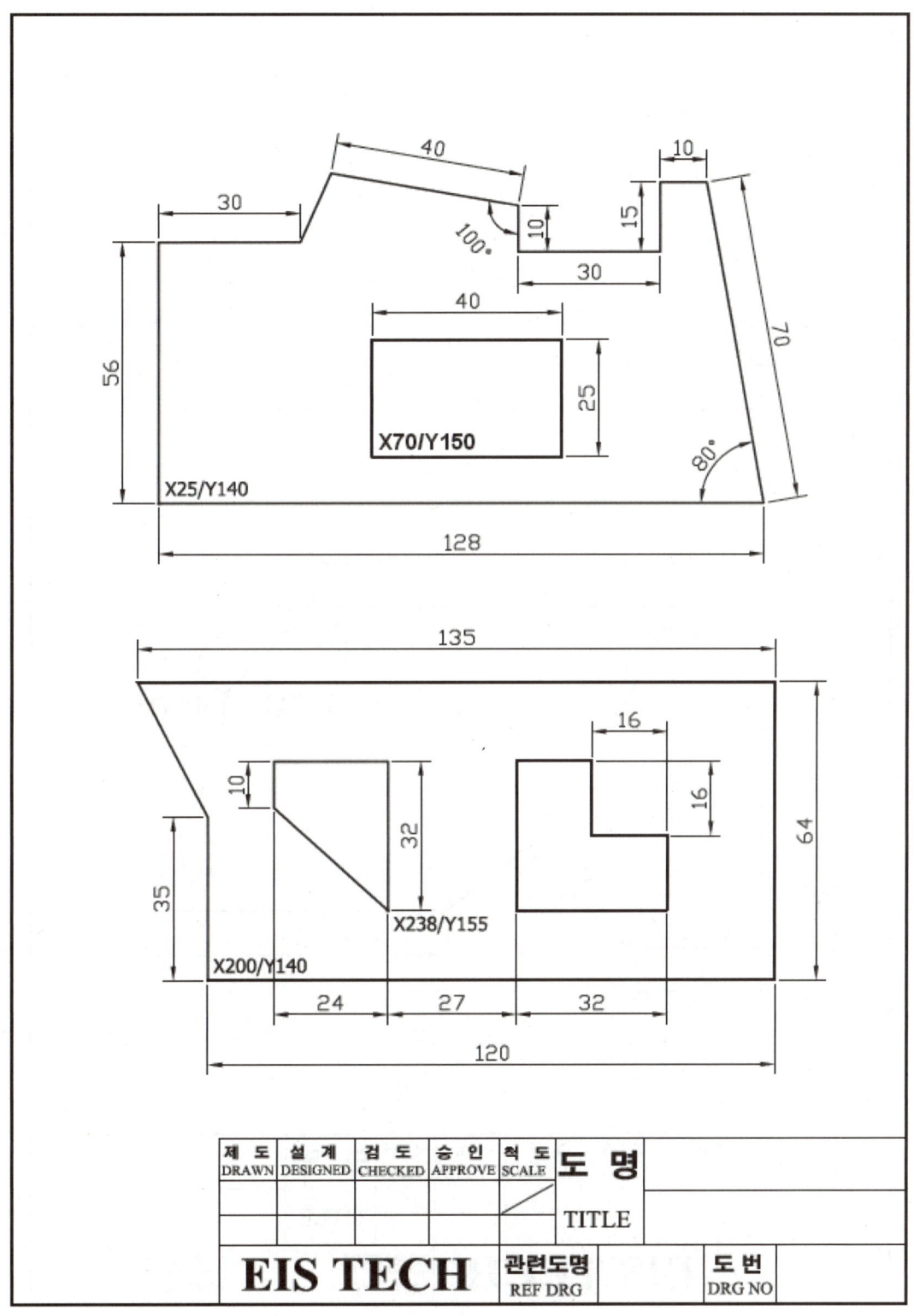

실습과제 7〉 LINE(선) 명령과 좌표 입력 방법으로 도형을 작도합니다.

(참고 : X150/Y40 - 절대 좌표 표시임)

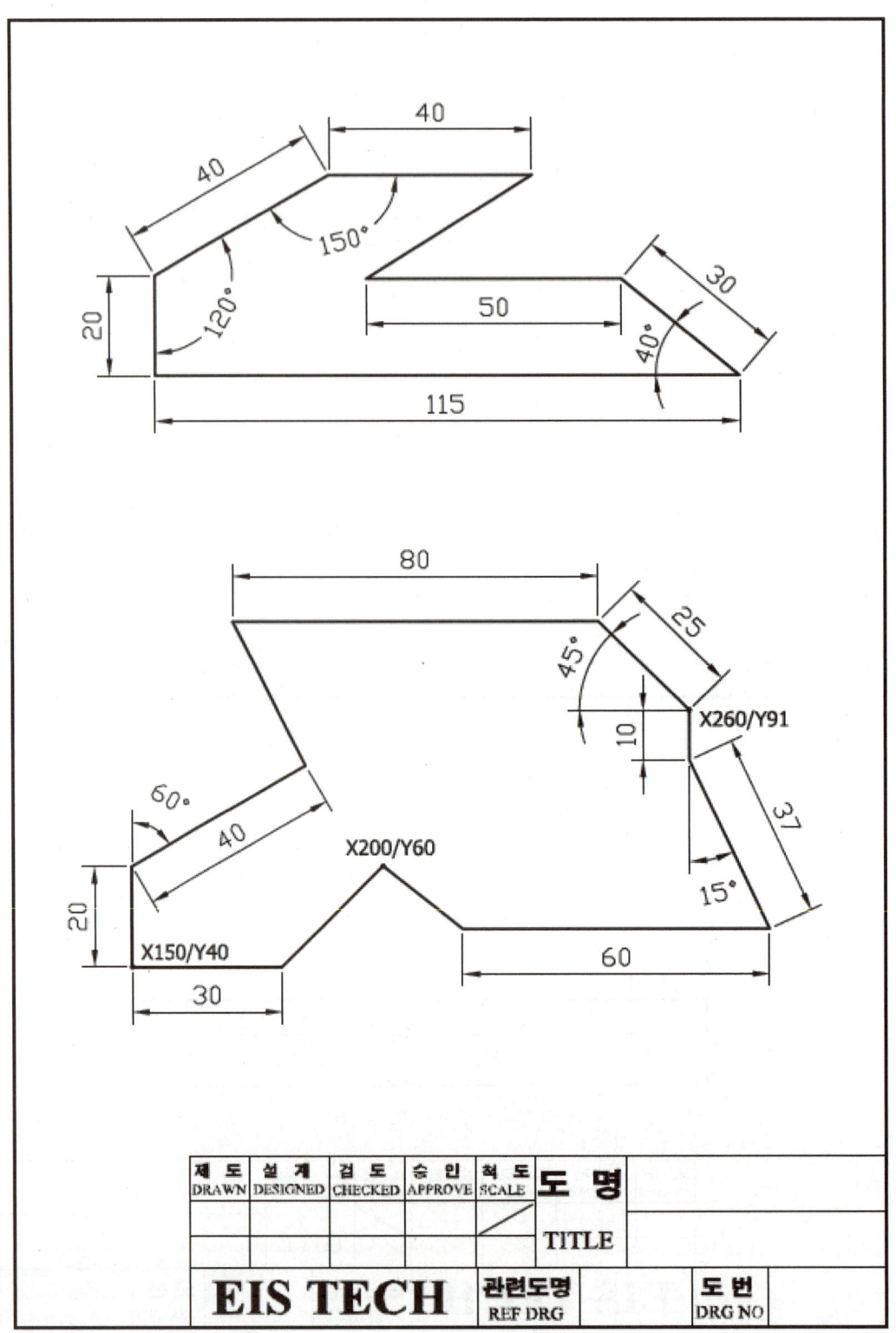

실습과제 8> LINE(선) 명령과 좌표 입력 방법으로 도형을 작도합니다.

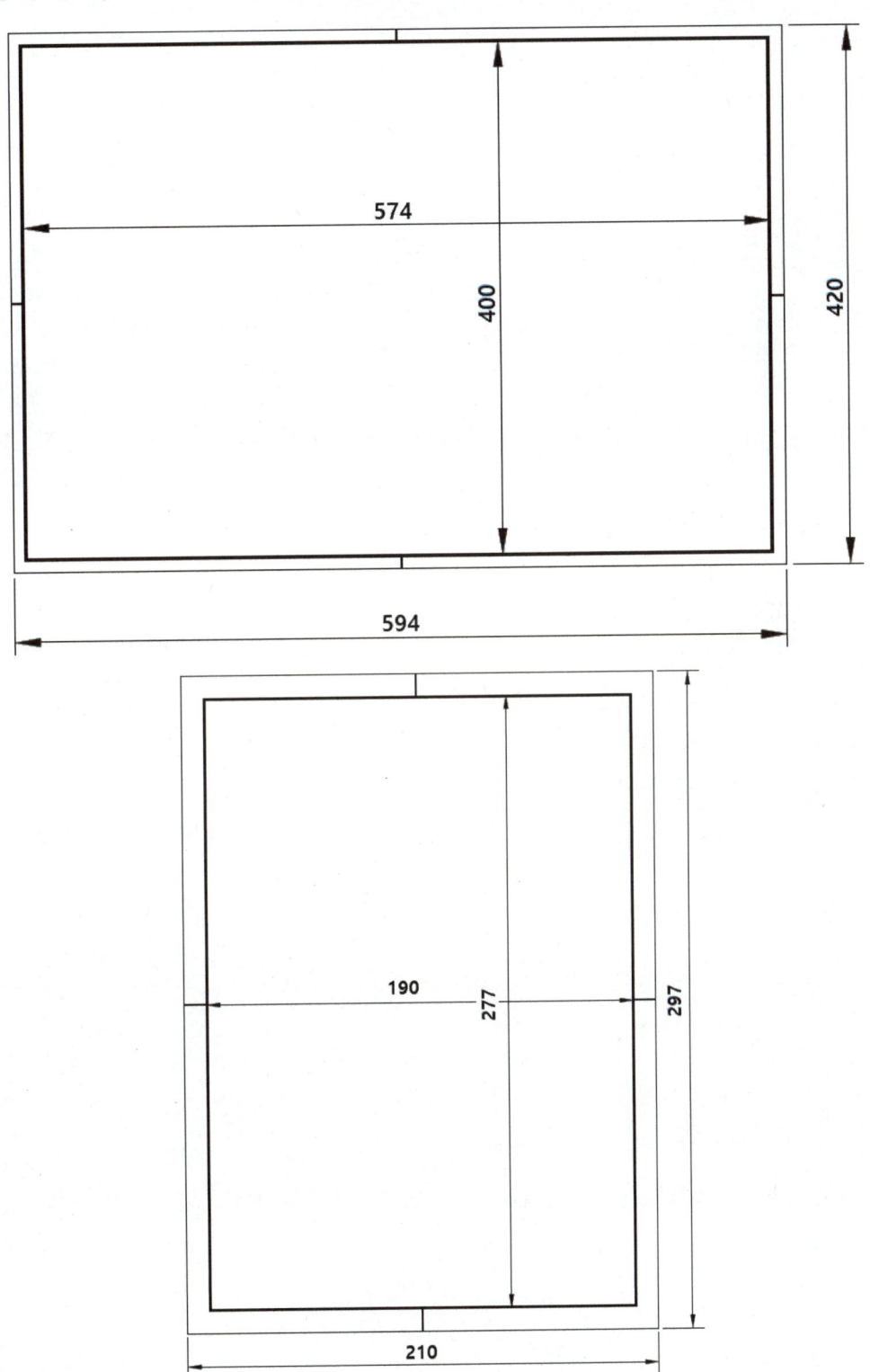

■ 이 장에서 다음의 내용을 학습하게 됩니다.

▶ 도면 작성 순서
▶ AutoCAD에서 도면을 그리는 원칙
▶ 도면 양식 및 제도 규정
▶ 척도(Scale)
▶ 투상법(Projection)
▶ 선종류(Linetype)와 용도
▶ 도면 설정(Drawing setup)

CHAPTER

3

도면 설정
(Drawing Setup)

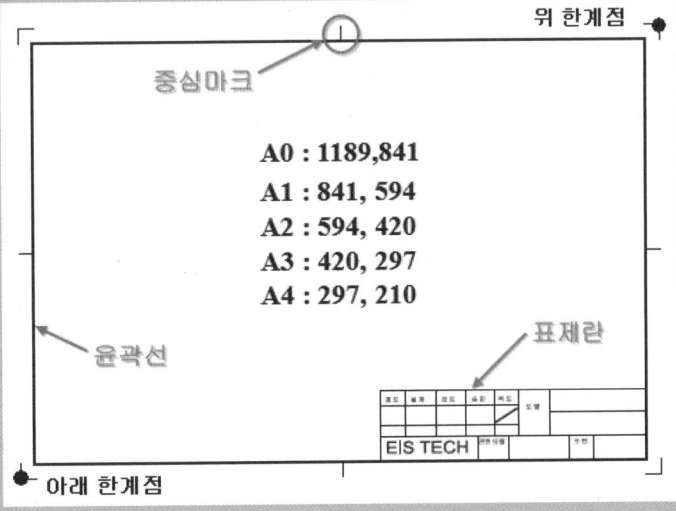

01 도면 작성 순서

❏ 선행 학습 조건

이 단원의 학습을 시작하기 전에 여러분은 다음의 선행 학습을 익혀야 합니다.

- 투상 및 정투상의 개념을 이해하고 숙지해야 합니다.
- 다양한 투상법 및 투상도에 대해서 이해하고 숙지해야 합니다.
- 제1각법 및 제3각법의 개념과 차이를 이해하고 숙지해야 합니다.
- 단면도의 활용한 물체를 도시하는 방법 및 해칭 방법을 이해하고 숙지해야 합니다.
- 일반적인 도면 작성 순서를 이해하고 숙지해야 합니다.

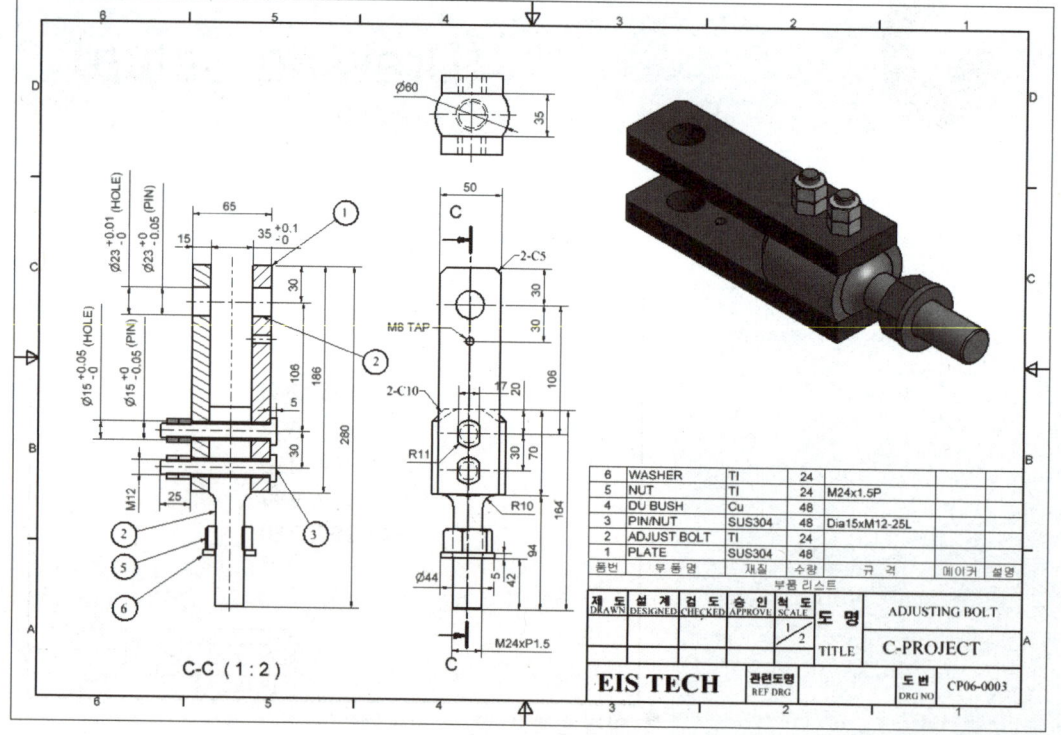

1.1 도면 그리는 과정 및 순서

모든 도면 작업(수작업 또는 CAD)은 다음의 네 가지 작업 과정으로 이루어집니다.

	작 업	시간 (백분율)	작업 내용
1	Drawing Setup(도면 설정)	5%	용지크기, 축척, 단위, 정밀도, 도면층
2	Drawing Work(도면 작도)	40%	뷰 배치, 중심선 및 외형선 긋기
3	Decoration Work	50%	해치, 주서, 치수, 공차 작업 및 BOM
4	Drawing Check(도면 검사)	5%	검도

AutoCAD에서 도면을 그리는 과정 및 순서는 다음으로 요약할 수 있습니다.

1 대상체 선정
2 도면 시트 설정(Setup Drawing sheet)
  - 단위, 축척에 의한 용지 크기 및 도면 한계 설정
  - 시트 윤곽선 및 중심마크 그리기
  - 도면층, 색상, 선종류 계획 및 설정
  - 문자 및 치수 스타일 설정
3 뷰 배치, 기준선 및 중심선 긋기(Layout Drawing)
4 도형의 윤곽 및 외형선 그리기
5 해치, 주서, 치수, 일반 공차, 기하공차, 표면 거칠기 작업
6 자재 리스트 및 표제란 작성
7 도면 검사

1.2 도면 구성 요소에 축척 적용

도면 구성요소와 그것에 축척을 적용하는 방법을 정리하면 다음 표와 같습니다.

	작 업	구 분	작도 시 축척 적용
1	용지 설정 요소	윤곽선	축척의 역수를 곱해서 작도한다.
		중심마크	(2:1 = 0.5, 1:2 = 2)
2	형상 요소	외형선	선종류 축척은 적용하지만 실측(실제 치수) 즉 1:1로 작도한다.
		숨은선	
		가상선	
		중심선	
3	치수 요소	치수선	출도에 표시될 크기에 축척의 역수를 곱해서 작도합니다.
		치수보조선	(2:1 = 0.5, 1:2 = 2)
		화살표	
		치수 문자	
4	해치	해치선	축척의 역수를 곱해서 작도합니다(2:1 = 0.5, 1:2 = 2)
5	문자	일반 문자	출도에 표시될 크기에 축척의 역수를 곱해서 기입한다.
		주서 문자	(2:1 = 0.5, 1:2 = 2)
		자재 리스트	
		표제란	
6	기호	다듬질 기호	출도에 표시될 크기에 축척의 역수를 곱해서 기입한다. (2:1 = 0.5, 1:2 = 2)

AutoCAD에서의 도면 작업을 전통적인 수작업(Manual Drafting)에 의한 도면 작업 과정들과 비교하면, 형상 객체에 축척을 적용하는 것과 도면 시트(도면 한계, 윤곽선) 설정만 다를 뿐 나머지 모든 과정들은 동일합니다.

1.3 AutoCAD에서 도면을 그리는 원칙

- 출도 상태의 정확한 도면 용지 크기에 축척을 적용한 형상 크기를 수작업으로 작도하는 것과 다르게 AutoCAD에서는 무한 평면을 제공하기 때문에 축척에 상관없이 무조건 1:1(실제 치수)로 형상의 모양과 크기를 작도합니다.
- 도면에서 모든 선종류는 작도 시에 적용해야 하지만, 선굵기(선가중치)는 적용하지 않고 기본값(0.25mm)으로 작도하지만 선굵기를 적용해서 최종 출력(PLOT)하기 위해서 도면층에 색상으로 구분해서 작도해야 합니다[Layer(도면층) 이용 참고].
- 최종 완성도면(Production Drawing or Final Drawing)의 출력은 척도를 적용해서 무조건 흑색으로 인쇄해야 하며, 선종류와 선굵기는 필히 선에 대한 제도 규정에 따라 엄격하게 적용되어야 합니다.

02 도면 양식 및 제도 규정

- 기계 제도에 사용되는 도면 용지는 기계 제도(KS B 0001) 규격과 도면의 크기 및 양식(KS A 0106)에서 정한 크기를 사용합니다.
- 따라서 도면 용지는 A0, A1, A2 A3, A4의 크기를 사용합니다.
- 도면 용지에는 다음 그림처럼 반드시 도면의 윤곽선, 표제란, 중심마크를 그려야 합니다.

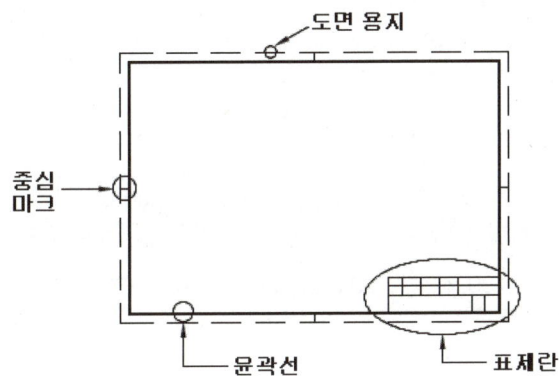

- 윤곽선(Borderline) - 도면에 도시하는 내용들을 기재하는 영역을 명확하게 하고 용지의 가장자리에서 생기는 손상으로부터 기재 사항들을 해치지 않도록 그리는 테두리선을 윤곽선이라고 하고 출도 시 굵기가 0.5mm의 실선으로 합니다.
- 중심마크(Center mark) - 도면을 복사 하거나 또는 마이크로필름을 제작할 때 편의를 위한 기준선으로 0.5mm 굵기의 실선으로 긋는다.
- 표제란(Title block) - 도면의 오른쪽 하단 윤곽선 안쪽에 표제란을 그리고 이곳에 도면 번호, 도명(프로젝트 명칭), 척도, 각법, 작업자의 성명, 도면 작성 연월일, 도면 분류번호 등을 기입하는 곳으로 형식과 크기에 대한 일정한 규정은 없지만 도면 용지의 크기에 맞춰서 비례적인 크기로 작성하며 도면을 보는 사람들이 모든 제도 정보를 파악할 수 있는 내용들을 포함하여야 합니다.

2.1 도면 용지의 크기

- 한국 산업 규격(KS A 0206)에서는 도면의 크기를 제도 용지 크기로 표시하고 있습니다. 또한 한국 산업 규격(KS A 5201)에서 규정하는 A0 ~ A4의 크기에 따르도록 하고 있습니다.
- A0 용지의 크기는 다음 표와 그림처럼 가로 세로가 1,189mm × 841mm로 그 면적은 대략 1㎡이고, 가로 길이와 세로 길이의 비율은 1 : 1.4 (1:$\sqrt{2}$) 로 같다고 할 수 있습니다.

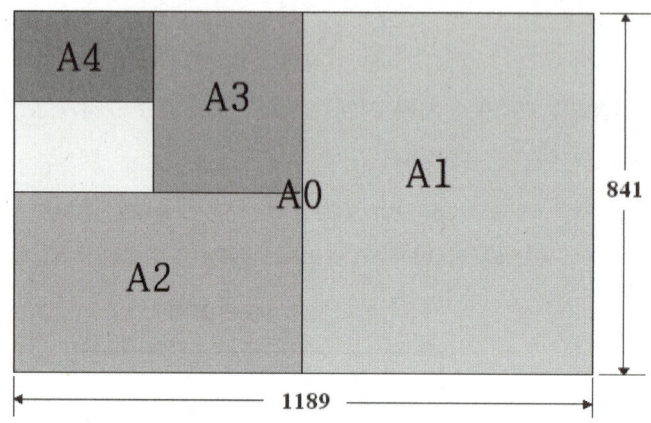

호칭		A0	A1	A2	A3	A4
크기(H x V)mm		1189 x 841	841 x 594	594 x 420	420 x 297	210 x 297
C		20	20	10	10	10
D	철하지 않을 때	20	20	10	10	10
	철할 때	25	25	25	25	25

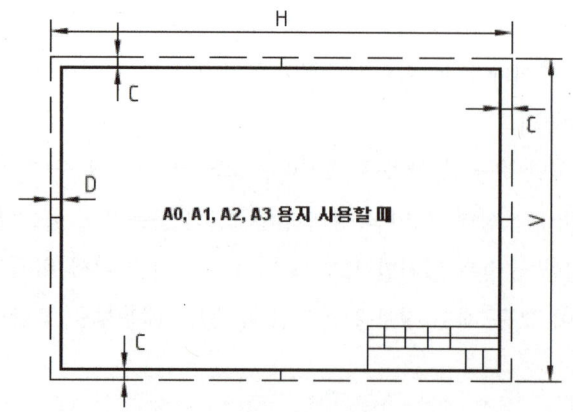
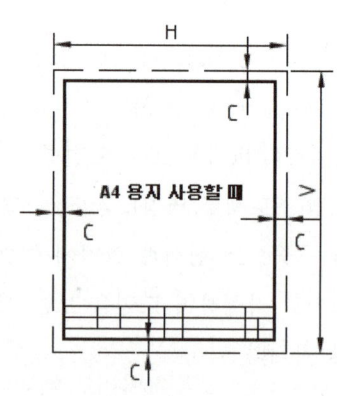

2.2 척도(SCALE)

- 물체를 도면에 나타낸 크기와 실물 크기와의 비율을 척도(Scale)라고 합니다.
- 도면의 생명은 척도이고 제도와 도면 작업에서 척도는 가장 중요한 요소입니다.
- 도면의 품질을 좌우하는 정확도 및 정밀도는 KS 제도 규격에 입각한 작업자의 제도 능력, 척도, 투상법에 달려 있습니다.
- KS A 0110 제도 척도에는 가능하다면 1:1을 사용하는 것을 원칙으로 하고 축척과 배척은 정해진 배율만 사용하도록 규정하고 있습니다.

종류	의미	기준 축척(기계 도면인 경우)
축척	실물 크기보다 작게	1:2, 1:5, 1:10, 1:20, 1:50, 1:100, 1:200
현척	실물 크기와 같게	1:1
배척	실물 크기보다 크게	2:1, 5:1, 10:1, 20:1, 50:1

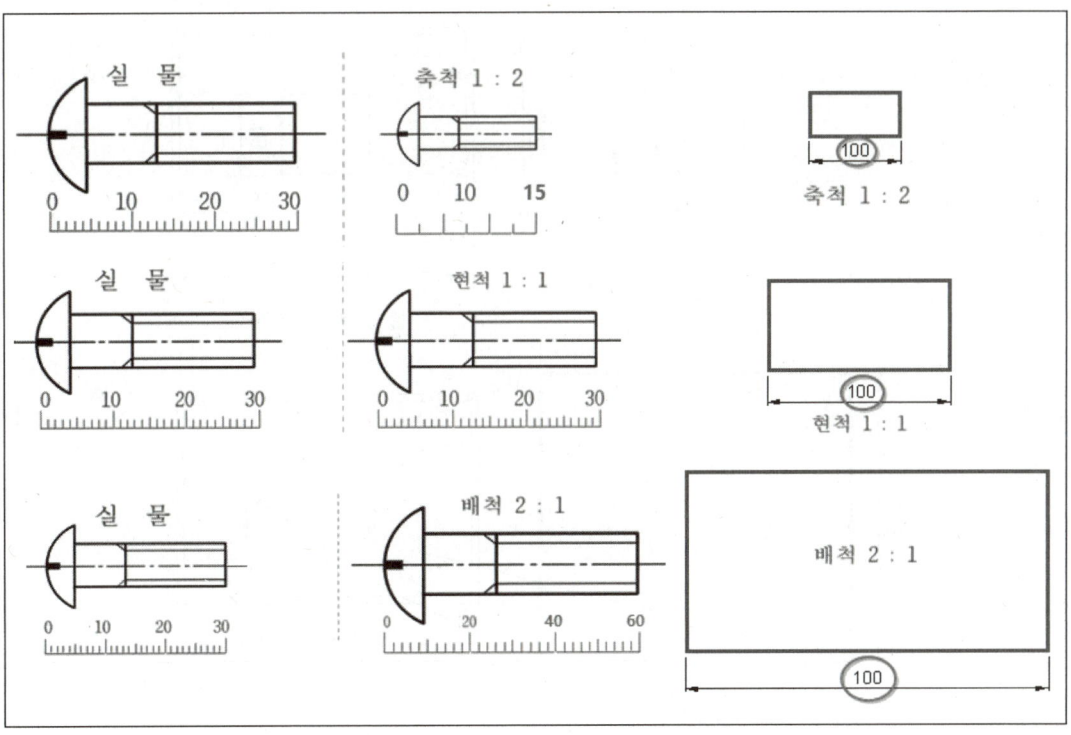

- 물체(대상체)를 도면 시트에서의 크기와 실제 크기의 비율인 척도(Scale)는 다음 그림처럼 표기 합니다.

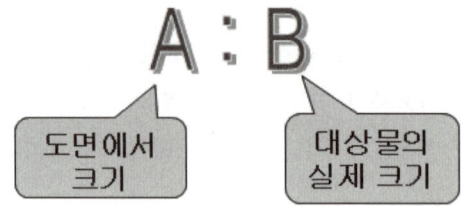

- 제한된 도면 시트 크기에 대상체를 작도하려면, 다음 그림처럼 대상체의 크기를 실제와 같게, 축소 혹은 확대해서 그려야 합니다.

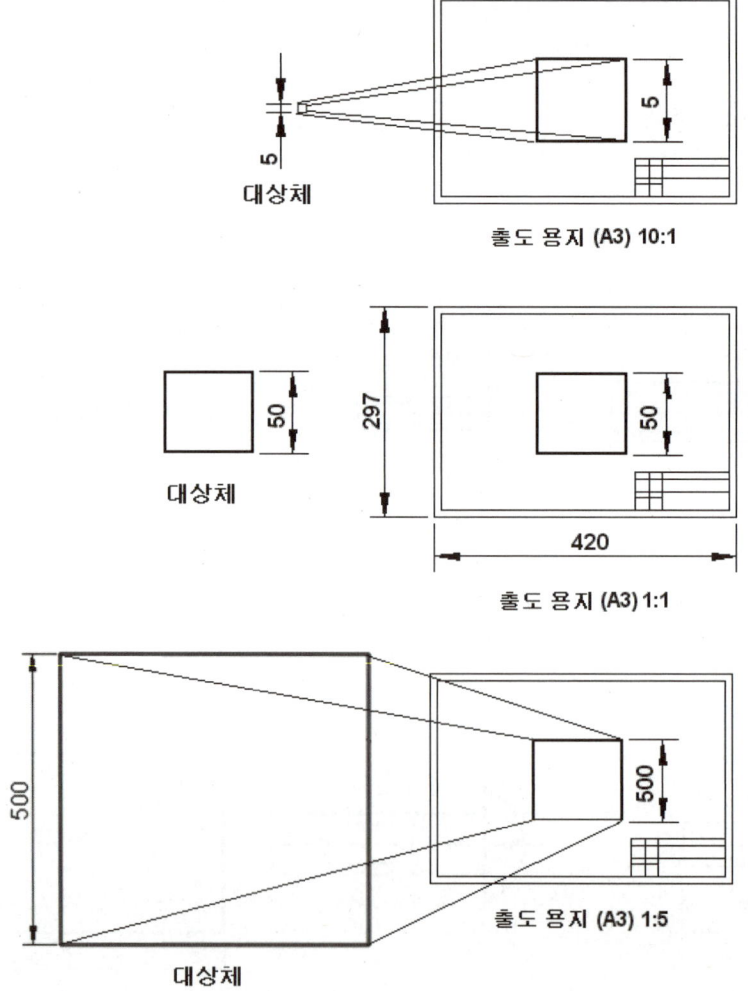

- 작도 후 표제란의 척도에 그 값을 기입하며 같은 도면 내에서 다른 척도로 부품을 그릴 때 그 옆에 척도를 기입해서 도면을 보는 사람에게 척도 적용을 알려주어야 합니다.

품번	축(Shaft)		SM45C	1	
	품 명		재질	수량	열처리
설 계		척도	1:1	명	동력축
SY Park		단위	mm	칭	
2014. 5.		투상법	⊕◁	도면번호	KDN-01

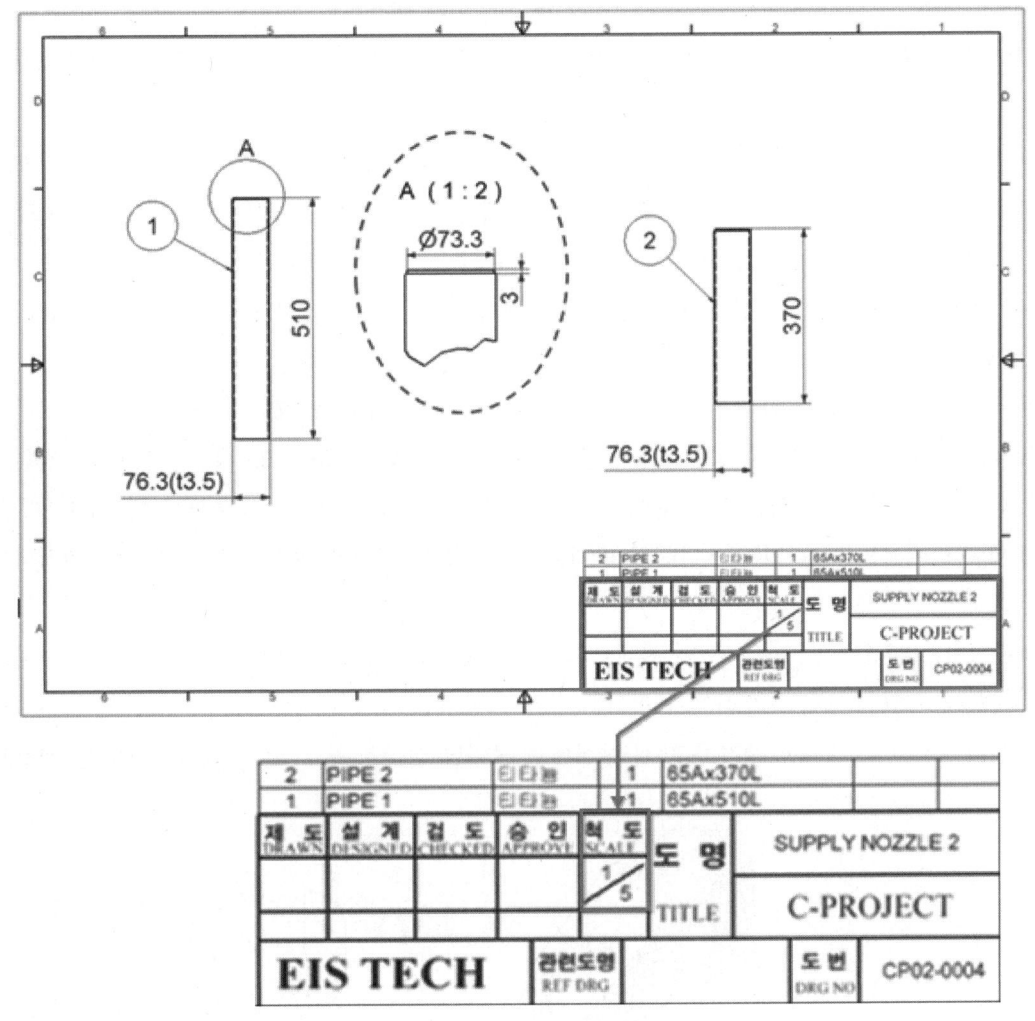

2.3 투상법

- 광원, 대상 물체 및 평면을 나란히 놓고, 광선을 대상 물체에 비추어 평면에 옮겨진 그림자로 물체를 표시하는 것을 투상법(Projection)이라고 합니다.
- 이때 광선을 투상선, 그림자가 비치는 평면을 투상면, 투상면에 그려진 그림을 투상도라고 합니다. 즉 3차원 공간상에 위치한 대상 물체의 위치, 크기, 모양 등을 평면 위에 나타내기 위해서 사용하는 방법이 투상법입니다.
- 한국 산업 규격(KS A 3007)에서는 일정한 법칙에 의해 대상물의 형태를 평면상에 그리는 것을 '투상', 그린 그림을 '투상도', 투상에 의해서 대상물의 형태를 찍어내는 평면을 '투상면'이라고 규정하고 있습니다.
- '정투상'은 대상물의 좌표면이 투상면에 평행인 직각 투상이며, 보통 세 개의 투상면을 필요로 합니다. 이와 같이 그린 도면을 정투상도라고 합니다. 정투상도는 모양을 정밀하고 정확하게 표시할 수 있는 특징이 있고 보통 도면은 제3각법을 사용해 그립니다.
- 기계 제도에서는 정투상법의 제1각법과 제3각법을 사용하지만 현재 제3각법이 주로 사용되고 있습니다.
- 투시 투상법은 주로 건축 도면에, 사투상법은 카탈로그 등의 설명도로 사용합니다.
- 제1각법에서는 위에서 본 평면도를 정면도의 아래쪽에 그리고 좌측에서 본 좌측면도를 정면도의 우측에 그려 표시하므로, 물건이 긴 경우에는 정면도와 측면도를 대조하는 데 불편하지만, 제3각법에서는 제1각법과는 완전히 반대이므로 물건을 전개한 상태로 각 투상면이 배치되어 대조에 편리하다.
- 투상법은 대상체의 모양을 평면 위에 그려 표시하는 방법으로 제도의 기본으로 대상체 하나를 눈앞에 두고 도면을 작도하고자 할 때, 다음 그림처럼 마치 투명한 유리처럼 물체의 내부가 훤히 보이는 상태라고 생각하고 직교 상태로 보이는 형상을 투상면에 그리는 것을 말합니다.

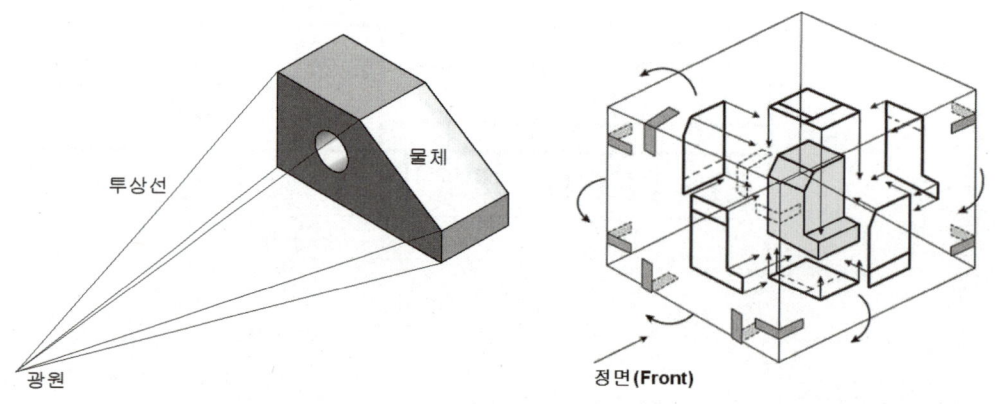

2.4 제1각법과 제3각법

1) 각 투상도의 명칭

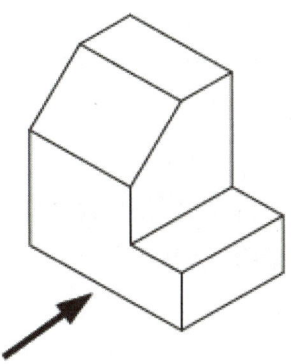

뷰 이름	시점	뷰 이름	시점
평면도(Top or Plan View)	위	배면도(Rear View)	뒤
밑면도(Bottom View)	아래	우측면도(Right Side View)	오른쪽
정면도(Front View)	앞	좌측면도(Left Side View)	왼쪽

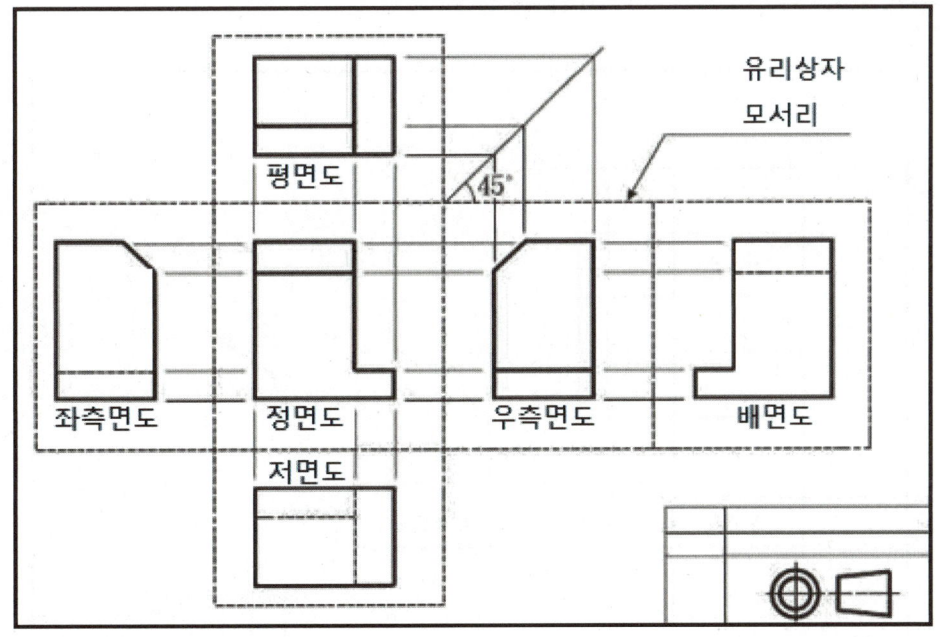

2) 제1각법 및 제3각법

- 위의 펼친그림에서 정면을 기준으로 유리 상자를 당겨서 펼치면 다음 그림처럼 각 뷰들을 배치하게 되는데 이것을 제3각법이라고 합니다.
- 위의 펼친그림에서 정면을 기준으로 유리 상자를 밀어서 펼치면, 다음 그림처럼 각 뷰들을 배치하게 되는데 이것을 제1각법이라고 합니다.

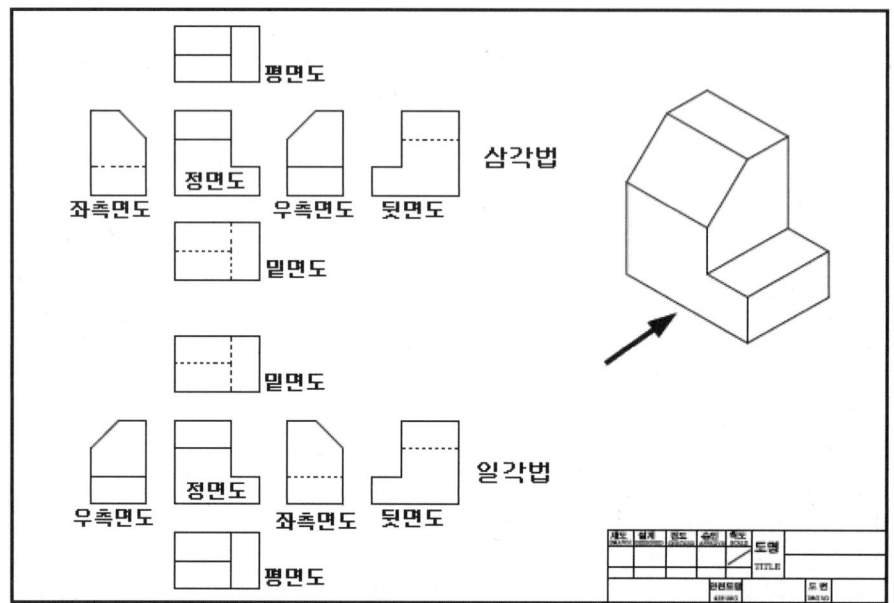

3) 정투상도(Orthographic view)의 뷰 정렬

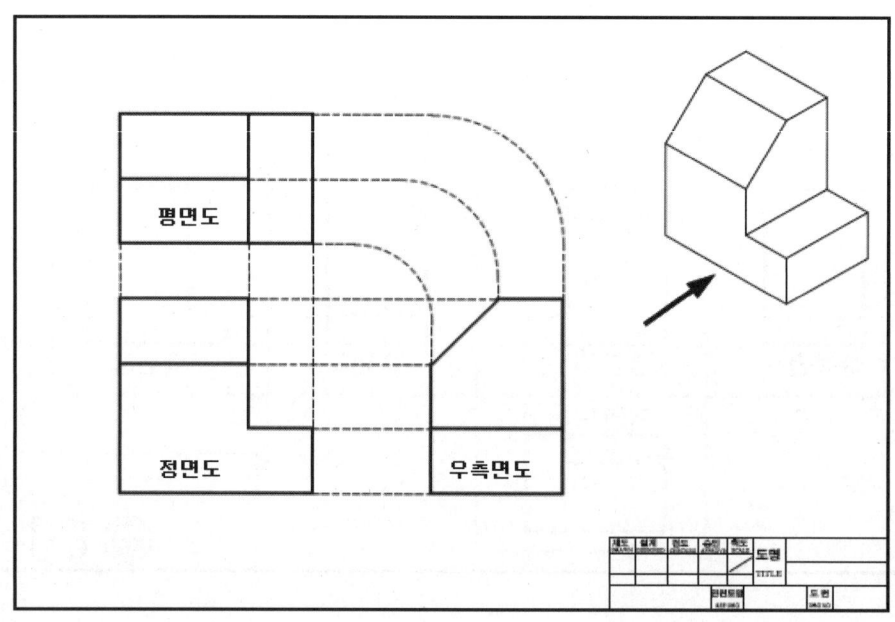

4) 투상법의 기호

• 도면의 표제란에 각법은 다음 그림처럼 기호로 표시합니다.

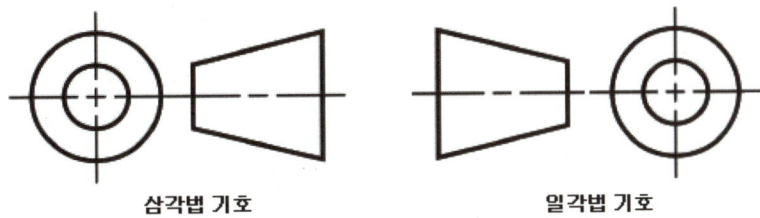

삼각법 기호   일각법 기호

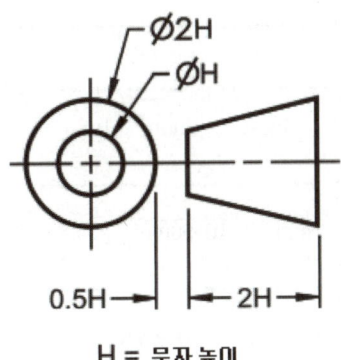

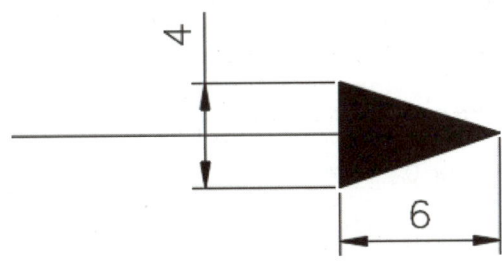

H = 문자 높이

> **TIP〉 표준 화살표 길이 비율**
>
> 제도에서 표준 화살표의 길이 비율은 1 : 3 정도이고, 각도는 15° 입니다.

2.5 선종류(Linetype)와 용도

- 제도에서 형상을 표시하는 선의 종류에는 실선, 파선, 1점 쇄선, 2점 쇄선을 사용하는데 반드시 3mm, 1mm를 준수할 필요는 없지만, 길이 비율에 대해 유의해서 작도합니다.
- 선종류는 가는선, 굵은선, 아주 굵은선이 있으며 그 비율은 1 : 2 : 4입니다. 'KS B 0001기계제도'는 0.13, 0.18, 0.25, 0.35, 0.5, 0.7, 1.0, 1.4, 2.0mm 등 9개 기준 값 중에서 도면의 크기에 따라 적절하게 선택하여 사용하도록 규정하고 있습니다.
- 예를 들면 가는선을 0.25mm로 할 경우 굵은선은 0.5mm, 아주 굵은선은 1.0mm를 사용하여야 합니다. 기계공업 분야에 사용하는 도면에서의 외형선은 주로 0.25mm 가는선과 0.5mm 굵은선을 사용합니다.

1) 모양에 의한 선종류

선종류(Linetype)	기능
실선 (Continuous line)	────────────
파선(Dashed line)	─ ─ ─ ─ (3mm 1mm 3mm 1mm)
1점 쇄선(Chain line)	─ · ─ · ─ (1mm, 10~30mm)
2점 쇄선 (Chain double-dashed line)	─ ·· ─ ·· ─ (1mm, 10~30mm)

2) 선종류 및 굵기

명칭	선종류(Linetype)	선굵기 (mm)	기능
외형선	────────	0.5 ~ 0.7	물체의 보이는 형상을 나타내는 선
숨은선	─ ─ ─ ─ ─	0.3 ~ 0.4	물체의 숨은 형상을 나타내는 선
중심선	─ · ─ · ─	0.1 ~ 0.25	도형의 중심을 표시하는데 쓰이는 선
가상선	─ ·· ─ ·· ─	0.1 ~ 0.25	가상의 도형을 표시하는데 쓰이는 선
보조선	────────	0.3 ~ 0.4	치수선, 치수보조선, 지시선, 파단선, 해칭선을 나타내는 선

3) 용도에 의한 선종류

종류		선종류(LINETYPE)	용도에 의한 이름
실선	굵은 실선	▬▬▬▬▬▬▬	외형선
	가는 실선	────────	치수선, 치수보조선, 지시선
		/////////	해칭선
		∼∼∼∼∼	파단선
파선	굵은 파선	▬ ▬ ▬ ▬ ▬	숨은선
	가는 파선	─ ─ ─ ─ ─	
1점 쇄선	가는 1점 쇄선	─·─·─·─·─	중심선
2점 쇄선	가는 2점 쇄선	─··─··─··─	가상선

선종류	선 모양	선의 용도
외형선 (Visible line)	▬▬▬▬	굵은 실선으로 물체의 보이는 부분을 나타낸다.
숨은선 (Hidden line)	▬ ▬ ▬ ▬	굵은 파선 또는 가는 파선으로 물체의 보이지 않는 부분을 나타낸다.
중심선 (Center line)	─·─·─	가는 1점 쇄선으로 도형의 중심을 표시할 때 사용한다.
가상선 (Phantom line)	─··─··─	가는 2점 쇄선으로 부품의 동작 상태나 가상의 물체를 나타낼 때 사용한다.
파단선 (Break line)	────────	가는 실선으로 물체의 단면을 표시할 때 사용한다.
해칭선 (Section line)	────────	도면층을 잠금 하면, 잠긴 도면층의 엔티티들은 선택이 불가능하기 때문에 수정 및 편집이 불가합니다.
치수선 (Dimension line)	────────	가는 실선으로 치수를 기입할 때 쓰인다.
치수보조선 (Extension line)	────────	가는 실선으로 치수를 기입할 때 쓰인다.
지시선 (Leader line)	────────	가는 실선으로 개별 주(specific note), 치수, 참조 등을 기입할 때 사용한다.

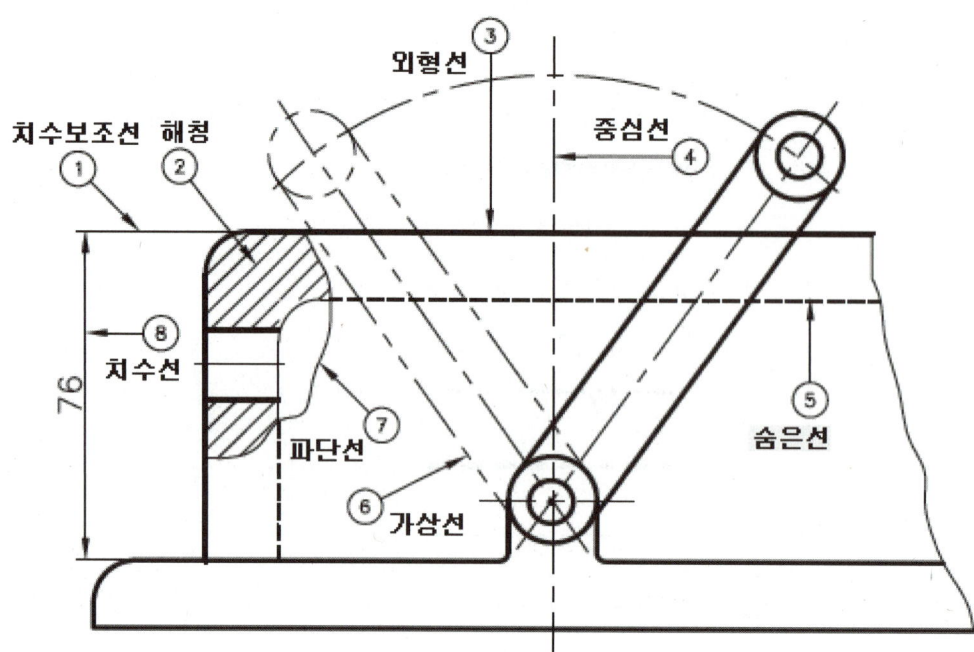

4) 선의 우선순위

- 도면에서 두 종류 이상의 선들이 같은 장소에 겹치는 경우에는 다음의 순위에 따라 우선되는 종류의 선으로 긋는다.

  ① 외형선
  ② 숨은선
  ③ 절단선
  ④ 중심선
  ⑤ 무게 중심선
  ⑥ 치수 보조선

- 따라서 도면에서 선들이 겹치는 경우에는 외형선 ⇨ 숨은선 ⇨ 절단선 ⇨ 중심선 순으로 우선 순위가 적용됩니다.
- 그리고 문자와 기호는 외형선보다 우선하기 때문에 선을 중단하거나 절단하고 문자 혹은 기호를 기입합니다.

03 도면 설정(Drawing setup)

- 도면 설정은 먼저 대상체를 선정하고, 도면 용지 크기를 설정해야 합니다. 그러면 자동으로 척도가 설정됩니다.
- 도면 설정 작업은 제도 규정 및 해당 실무 규칙에 따라 진행되어야 합니다. 설정할 항목들을 하나라도 누락하거나 잘못 설정한다면, 도면으로 인정받지 못하기 때문에, 제도 규정을 완벽하게 숙지하고, 풍부한 설계 경험을 가진 프로젝트 매니저 혹은 설계팀장이 수행하는 것이 좋습니다.
- 도면 설정 작업은 일반적으로 도면을 작도하기 전에 몇 가지 항목들을 순서대로 설정해야만 합니다. 도면 설정에 문제가 발생한다면, 아무리 대상체를 정확하고, 정밀하게 작도하더라도 그것은 도면이 아니라 쓸모없는 그림이 됩니다.
- 따라서 설계 프로젝트를 수행하기 전에 그것의 표준화가 선행되어야 합니다. 특히 도면 설정은 반듯이 표준화를 진행해서 해당 설계 프로젝트에 일관되게 사용할 도면 용지 폼파트(Drawing sheet Formpart)를 작성해서 저장한 후 모든 설계팀원들이 이것을 공유해서 도면 작성 작업을 수행해야 합니다.

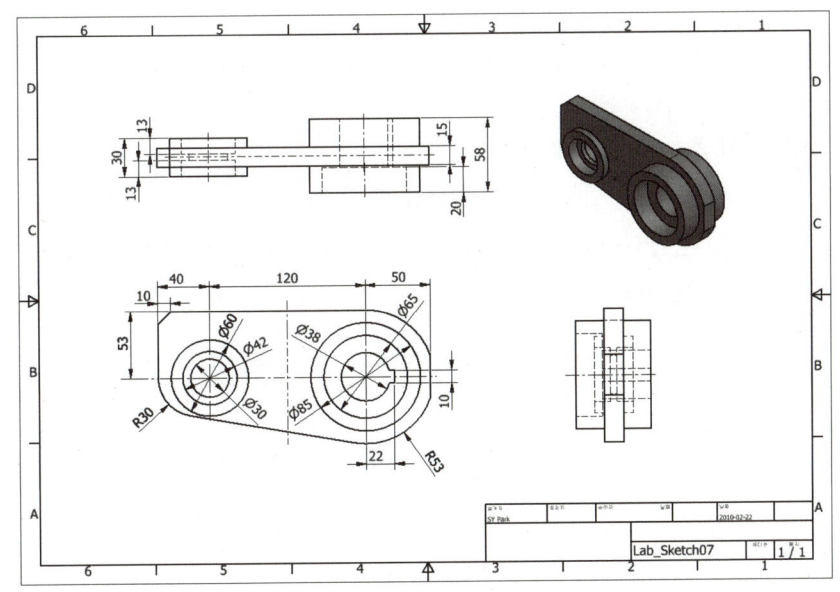

3.1 도면 단위와 정밀도(Drawing Unit & Accuracy)

1) Drawing Units(도면 단위)

- 일반적으로 설계자는 도면 작도 작업을 시작하기 전에 먼저 '도면 단위(Drawing Units)'와 '정밀도(Accuracy)'를 결정해야 합니다. 일반 기계 부품 도면용지 크기 설정 시, 단위는 mm로 관습적으로 혹은 메커니즘 및 가공 조건들에 따라서 정해진 정밀도를 필히 설정해야 합니다. 그래서 도면에 입력하는 좌표값은 설정된 소수점 유효 숫자 자리의 정밀도를 가지게 됩니다.

- AutoCAD의 모든 도면들은 단위(Unit)가 없습니다. 도면에 단위를 Millimeter(mm)로 설정하고, 1 Unit를 입력해서 선을 작도하면, 1 Unit의 선은 그 길이가 1mm가 됩니다. 그 이후로 해당 도면에 입력하는 단위는 mm로서 입력되어야 합니다. 예를 들면, 새 도면을 시작하고, 단위를 mm로 설정하면, 그 도면에 입력하는 모든 수치들의 단위는 mm가 됩니다. AutoCAD에서는 이것을 Drawing Units(도면 단위) 혹은 '입력 단위(작도 단위)'라고 하고, 공학 제도에서는 그냥 '단위'라고 합니다.

- [UNITS(단위)] 명령은 좌표 및 각도에 대해 표시된 정밀도 및 형식을 조정합니다.

메뉴:	형식 ⇨ 0.0 (단위)
도구막대:	
리본:	응용프로그램 메뉴 ⇨ 도면유틸리티 ⇨ 0.0 (단위)
명령 입력:	UNITS, UN 또는 투명용도의 'UNITS

- AutoCAD에서 '단위'를 mm로 설정하는 방법은;
  ① 풀다운 메뉴 [형식] ⇨ [단위(UNITS)] 명령을 클릭합니다.
  ② 다음 그림처럼 '도면 단위' 대화상자의 왼쪽 상단 '길이' 영역에서 '유형'의 드롭다운을 클릭해서 [십진]으로 설정합니다.

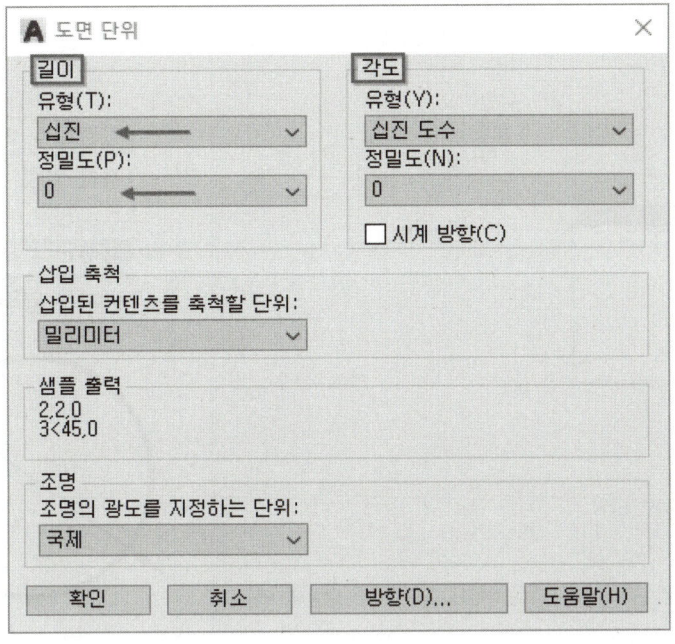

2) Drawing Accuracy(도면 정밀도)

- 일반적으로 도면 정밀도는 기계 부품을 설계하고, 어느 정도의 측정 가능한 수치로 가공해서 완성해야 하는 정해진 기준을 말합니다. 정밀도는 오랜 관습적으로 혹은 부품의 메커니즘 및 가공 조건들에 따라서 지정됩니다.
- 도면을 작도 하려면;
  ① 작도를 시작하기 전에 도면 용지 크기, 단위 및 정밀도를 설정하고, 형상을 투상법에 따라 작도해야 합니다.
  ② 오토캐드에는 두 개의 정밀도가 있습니다.
    - 입력 정밀도(작도 정밀도)
    - 출력 정밀도(치수 정밀도)

- 작도 정밀도를 설정하는 방법
  ① 풀다운 메뉴 [형식] ⇨ [단위(UNITS)] 명령을 클릭합니다.
  ② 다음 그림처럼 '도면 단위' 대화상자의 왼쪽 상단 '정밀도' 드롭다운을 클릭하고, 원하는 정밀도를 설정합니다.

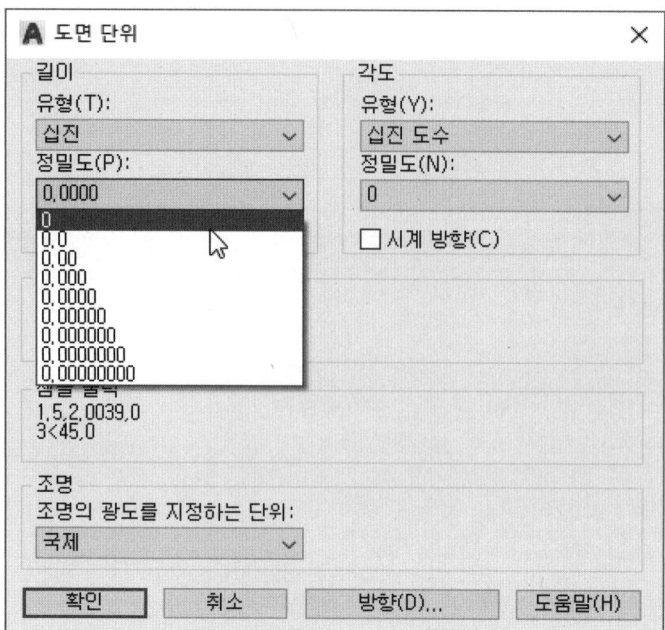
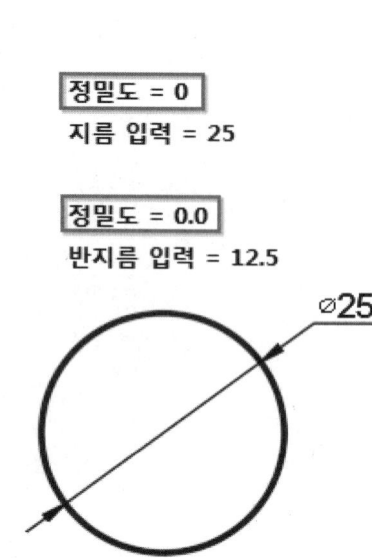
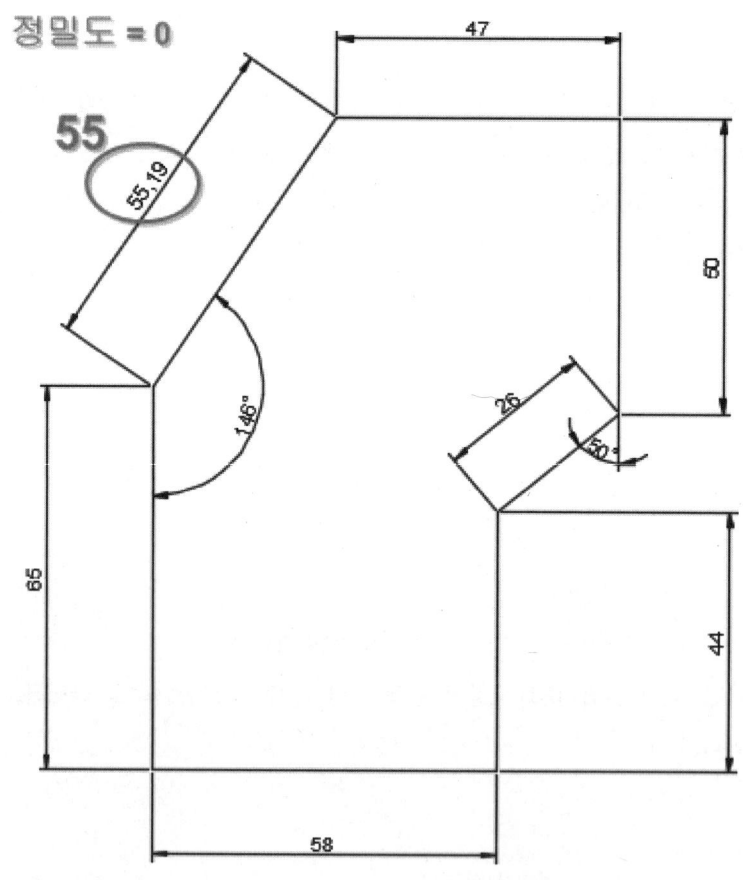

3.2 도면 척도(Drawing Scale)

- 물체를 도면에 나타낸 크기와 대상체 크기와의 비율을 척도(Scale)라고 합니다.
- 도면 용지 크기를 결정하면, 척도 또한 결정됩니다.
- AutoCAD는 도면을 작도하기 위해 2D 무한 평면을 제공합니다. 따라서 대상체를 지정한 단위에 의해서 실물 크기(Full Size) 즉 1:1 축척으로 작도해야 합니다. 예를 들면, 매우 큰 밀링같은 공작 기계에서 부터 매우 작은 IC 칩을 작도하더라도 항상 대상체의 실 치수 단위로 그려야 합니다. 이것은 척도의 개념을 이해 못하는 CAD 초보자나 과거 제도판 수작업에 익숙한 설계자는 매우 놀라운 일입니다.

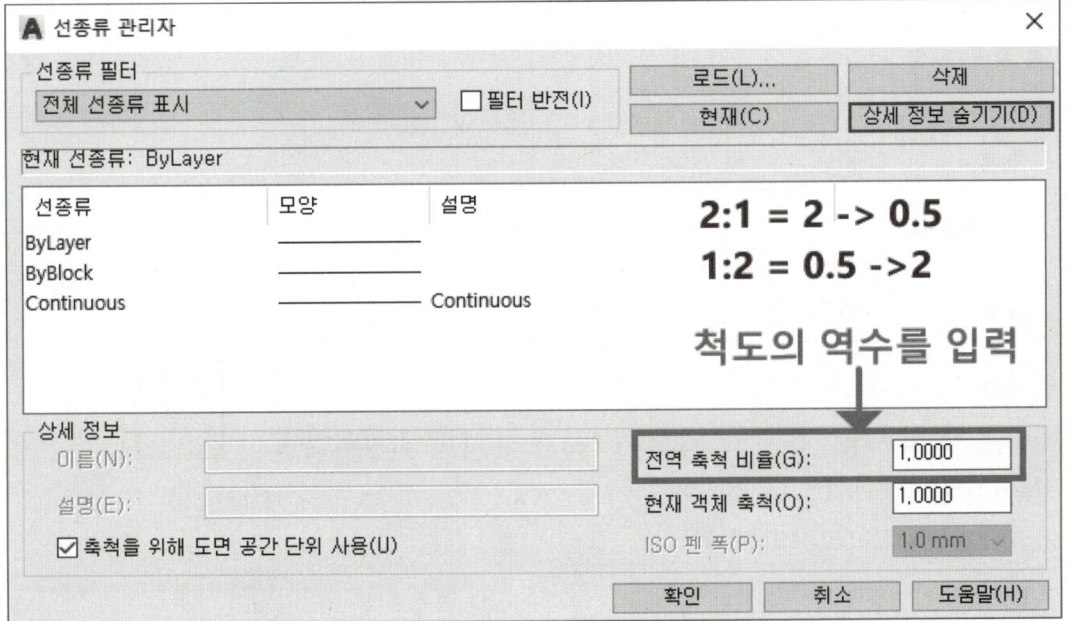

- 수작업 설계에서는 미리 인쇄된 정해진 크기의 제도 용지에 작도하기 때문에, 최종 도면 즉 A3 혹은 A1 시트(용지)에 대상체의 크기에 척도를 적용해서 작도합니다. 배척이면 실제 길이를 척도 인수로 곱해서 작도하고, 축척이면 실제 길이를 척도 인수로 나누어 작도를 해야 하는데 이것은 매우 번거롭고, 시간이 많이 소요됩니다.
- 그러나 AutoCAD에서 도면의 척도는 출력 단계에서만 적용하기 때문에, 설계자는 무조건 1:1로 도면을 작도해야 합니다. 그리고 척도(Scale)는 완성된 도면을 출력(Plot)할 때 적용합니다.
- 만일 AutoCAD 도면 용지 시트 단위가 mm이고, 설계자가 건축 도면을 작도하면서 '도면 단위'를 1cm로 적용한다고 가정합니다. 거실 문 100 도면 단위, 탁자의 높이 75 도면 단위로 작도를 합니다. cm를 기본 단위로 대상체를 작도했기 때문에 플롯을 할 때, 척도를 변경하지 않는다면, 1cm

는 도면 단위가 mm이므로 1mm로 보이게 될 것입니다.

- 다른 말로 쉽게 설명하면, 이것은 1cm를 1mm로 작도했기 때문에 1/10의 척도(Scale)로서 1 도면 단위(cm로 수용)를 1mm로 출력하게 될 것입니다. 플롯 명령을 이용해서 출력할 때, 10도면 단위(10mm)가 제도 용지에 1mm로 출력 되도록 즉 1/10(0.1 혹은 10=1)인 척도를 적용해야 합니다.

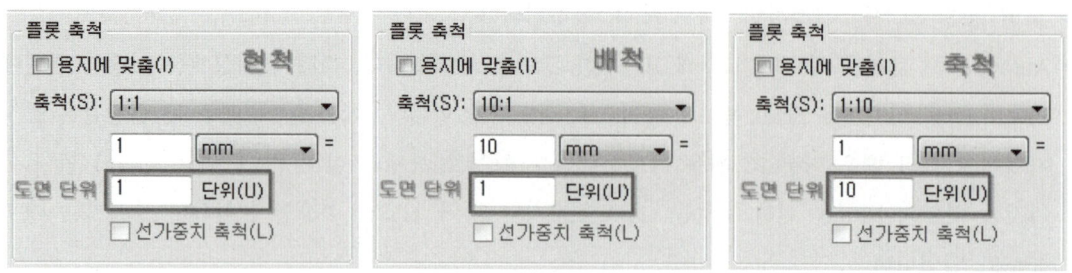

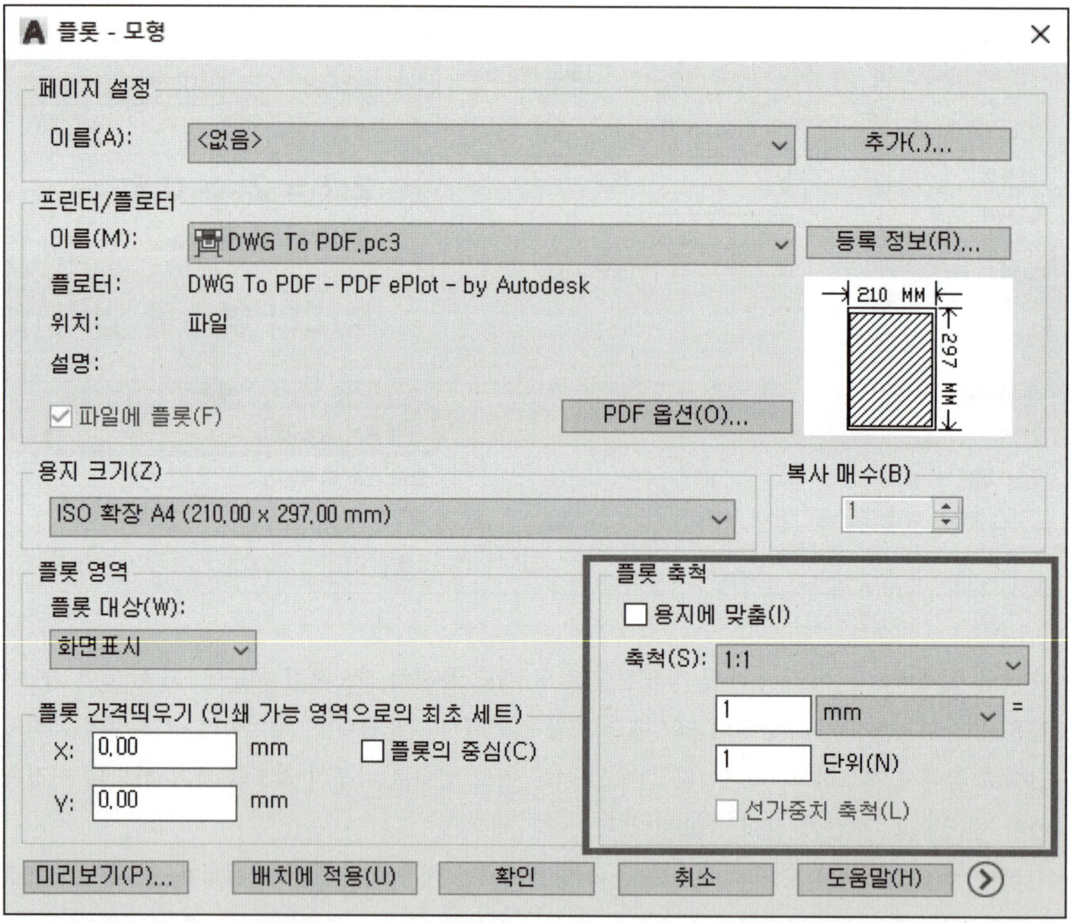

3.3 도면 한계 및 범위(Drawing Limits and Extents)

- AutoCAD는 항상 실물 크기(1:1)로 대상체를 작도하기 위해서 무한 2D 평면을 제공합니다.
- 도면 한계(Drawing Limits)는 도면 용지 크기를 정의해서 나타내는 직사각형 형상이고, AutoCAD 에서는 '도면 한계 = 도면 용지 크기'입니다. 따라서 도면 한계는 어떤 크기라도 정의할 수 있을 뿐만 아니라 그 크기를 언제든지 변경할 수 있습니다.
- 도면 작도를 완료하면, KS규격 제도 용지 크기로 출도(Plot)를 해야 하기 때문에, 설계자는 원하는 제도 용지의 크기를 고려해서, 먼저 [LIMITS(도면 한계)] 명령으로 도면 용지 크기를 설정한 후에 작도를 하는 것이 좋습니다.
- 일반적으로 도면 한계는 출도를 원하는 도면 용지 크기에 축척의 역수를 곱한 크기로 설정합니다.
- 작도를 시작하기 전에 도면 한계를 설정하면, 설계 작업 속도와 효율성이 증진되며, 도면 한계 영역에서만 작도할 수 있고, 특히 '도면 한계' 플롯 옵션은 다량의 도면들의 배치 플로팅(Batch Plotting) 해야 할 때 매우 유용합니다.

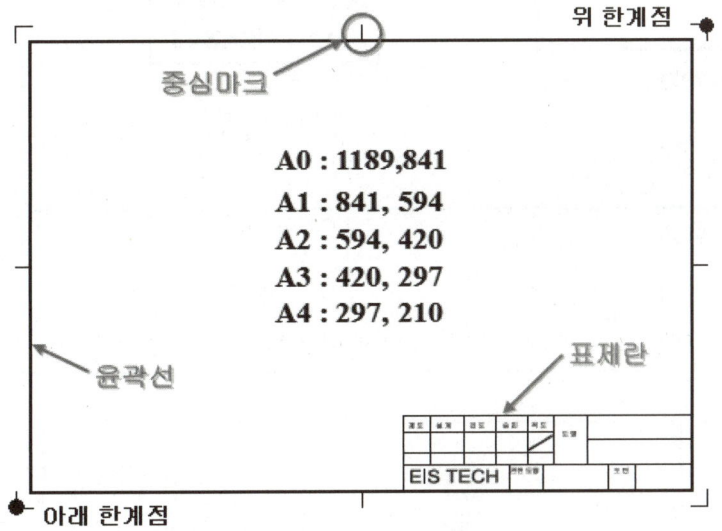

일반적인 [LIMITS(도면 한계)] 명령의 기능들은 다음과 같습니다.

- 모눈(Grid)의 표시의 범위
- 엔티티의 작도 가능 영역 제한
- Zoom/All 표시 영역
- 플롯 명령의 영역 옵션 기능(배치 플롯 시 특히 중요)

1) LIMITS(도면 한계) 명령

- 현재 모형 또는 배치 탭의 그리드 표시 한계를 설정하고 조정합니다.

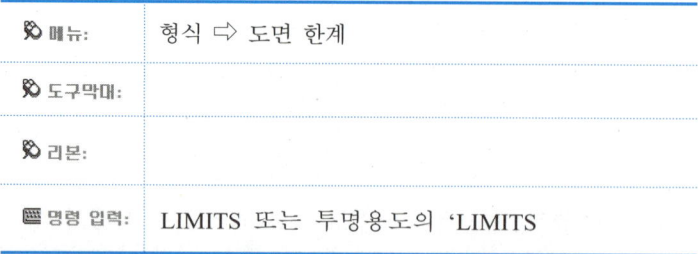

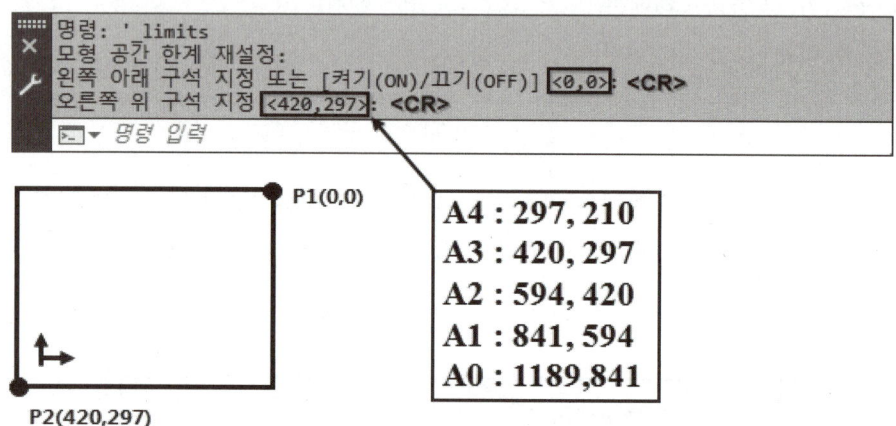

❑ LIMCHECK 시스템 변수 – 모눈 한계를 벗어난 객체의 생성을 제어합니다.

옵션	기 능
켜기(ON)	객체를 도면 한계 외부에서 작성할 수 있습니다.
끄기(OFF)	객체를 도면 한계 외부에서 작성할 수 없습니다.

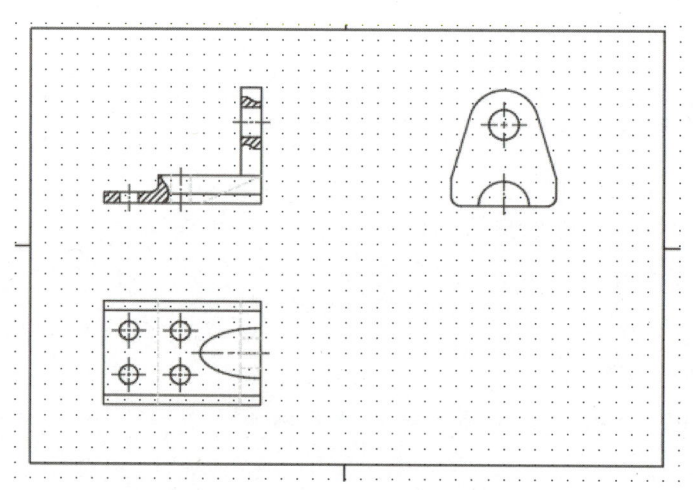

따라하기〉 도면 한계(LIMITS) 영역 설정 및 활성화

1 도면 한계를 설정하고 활성화합니다.

```
명령: '_limits
모형 공간 한계 재설정:
왼쪽 아래 구석 지정 또는 [켜기(ON)/끄기(OFF)] <0,0>: <CR>
오른쪽 위 구석 지정 <420,297>: 210,297 <CR>
명령: '_limits
모형 공간 한계 재설정:
왼쪽 아래 구석 지정 또는 [켜기(ON)/끄기(OFF)] <0,0>: ON <CR>
 ▸ 명령 입력
```

- 이제 축척 1:1, A4(210x297) 도면 용지 크기로 도면 한계로 설정했으며, 설정된 도면 한계 영역을 활성화 했습니다.

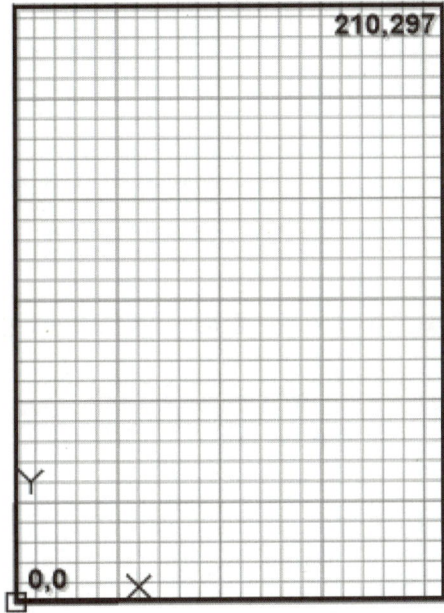

2 도면 한계 외부에 원(CIRCLE) 객체를 작도합니다.

```
명령: _circle
원에 대한 중심점 지정 또는 [3점(3P)/2점(2P)/Ttr - 접선 접선 반지름(T)]: -10,0<CR>
**외부 한계
 ▸ CIRCLE 원에 대한 중심점 지정 또는 [3점(3P) 2점(2P) Ttr - 접선 접선 반지름(T)]:
```

- '** 외부 한계' 라는 메시지 프롬프트가 명령 윈도우에 표시 되면서 도면 영역에는 원 객체가 작성되지 않습니다. 즉 설정된 도면 한계 영역 외에는 어떠한 객체도 작도 하는 것을 Auto CAD는 금지합니다.

2) Drawing Extents(도면 범위)

- 도면 범위(Drawing Extents)는 도면 창에 작도된 모든 객체들을 포함하는 가상적인 가장 작은 사각형 영역입니다.

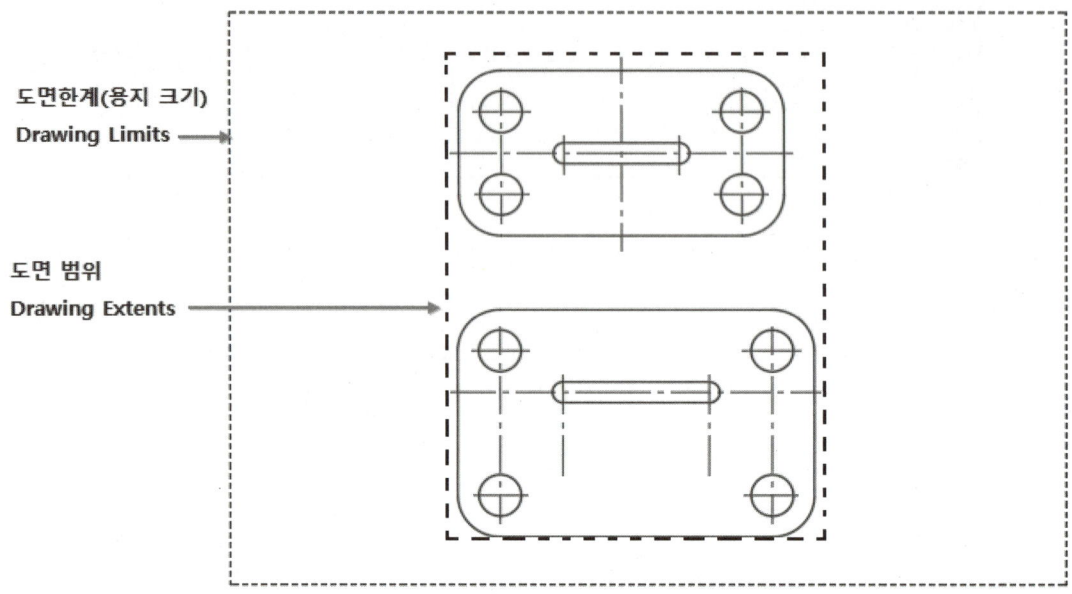

- 도면 한계 및 범위(Drawing Limits and Extents)는 [ZOOM] 명령과 [PLOT] 명령의 옵션으로 제공되는 매우 중요한 개념입니다.

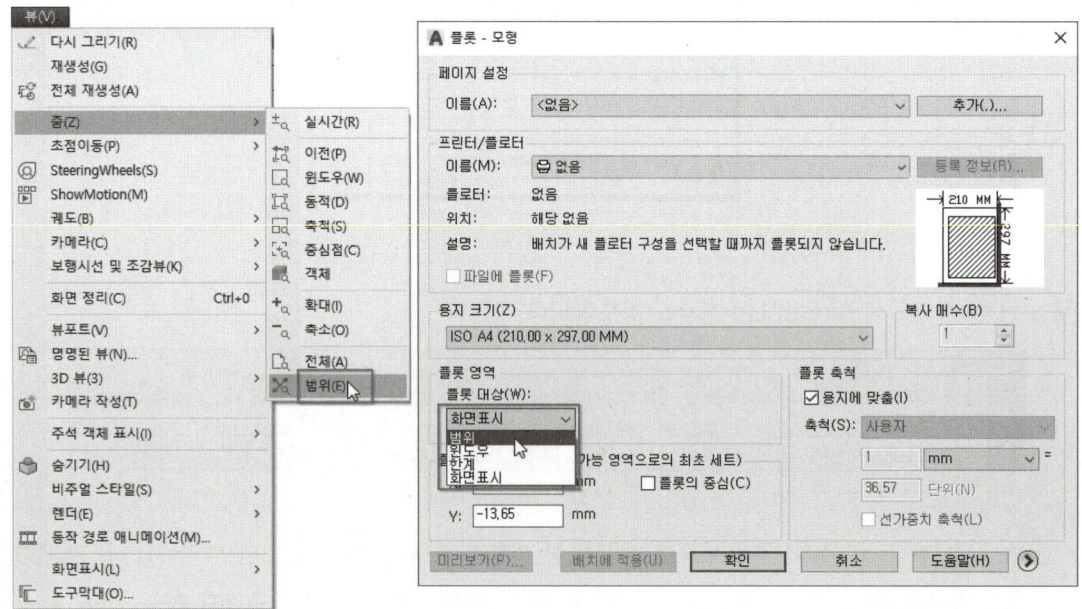

3) MVSETUP 명령

- 단위 유형과 정밀도를 설정하고, 도면 축척 비율(Scale) 및 용지 크기를 결정한 후 도면 한계를 설정해도 도면 윈도우에는 가시적인 결과가 표시되지 않습니다.
- 따라서 도면 한계에 직사각형 도면 용지 경계(Border) 및 윤곽선을 그려야 합니다.
- 이러한 작도 작업을 몇 가지 명령(LIMITS, PLINE, ZOOM)들을 배치로 실행해서 수행하는 [MVSETUP] 유틸리티 명령을 AutoCAD는 제공합니다.

따라하기〉 MVSETUP 명령 따라 하기

1 모형 배치(모형 공간)에서 작업중인지 또는 명명된 배치(도면 공간)에서 작업중인지에 따라 표시되는 프롬프트가 다릅니다.
2 축척 비율을 입력합니다.
3 용지 폭과 높이를 입력합니다.

```
명령: MVSETUP
초기화 중...
도면 공간을 사용가능하게 합니까? [아니오(N)/예(Y)] <Y>: n <CR>
단위 유형 입력 [공학(S)/십진(D)/엔지니어링(E)/건축(A)/미터법(M)]: m <CR>
미터 축척
==================
  (5000)  1:5000
  (2000)  1:2000
  (1000)  1:1000
  (500)   1:500
  (200)   1:200
  (100)   1:100
  (75)    1:75
  (50)    1:50
  (20)    1:20
  (10)    1:10
  (5)     1:5
  (1)     전체
축척 비율 입력: 1 <CR>
용지 폭 입력: 210 <CR>
용지 높이 입력: 297<CR>
_.LIMITS
모형 공간 한계 재설정:
왼쪽 아래 구석 지정 또는 [켜기(ON)/끄기(OFF)] <0,0>: 0,0
오른쪽 위 구석 지정 <210,297>:
명령: _.PLINE
시작점 지정: 0,0
현재의 선 폭은 0임
다음 점 지정 또는 [호(A)/반폭(H)/길이(L)/명령 취소(U)/폭(W)]:
다음 점 지정 또는 [호(A)/닫기(C)/반폭(H)/길이(L)/명령 취소(U)/폭(W)]:
다음 점 지정 또는 [호(A)/닫기(C)/반폭(H)/길이(L)/명령 취소(U)/폭(W)]:
다음 점 지정 또는 [호(A)/닫기(C)/반폭(H)/길이(L)/명령 취소(U)/폭(W)]: 0,0
다음 점 지정 또는 [호(A)/닫기(C)/반폭(H)/길이(L)/명령 취소(U)/폭(W)]: _C
명령: _.ZOOM
윈도우 구석 지정, 축척 비율(nX 또는 nXP) 입력 또는
[전체(A)/중심(C)/동적(D)/범위(E)/이전(P)/축척(S)/윈도우(W)/객체(O)] <실시간>: _a
```

위의 그림처럼 A4(210x297) 용지 시트, 축척 1:1의 도면 한계를 경계로 작성합니다.

따라하기〉 축척을 적용한 도면 한계 설정

- 척도(Scale)를 적용하는 도면 시트의 크기는 다음과 같이 계산됩니다.

> 도면 단위(Drawing Unit) = Scale x Sheet Size

❏ 척도가 1:100이고, A1(841x594) 도면 시트에 mm로 도면 한계 설정

- 1:100 = 1/100 = 100(척도의 역수)
- 가로 길이: 100(척도의 역수) x 841mm = 84,100mm
- 세로 길이: 100(척도의 역수) x 594mm = 59,400mm

```
명령: LIMITS
모형 공간 한계 재설정:
왼쪽 아래 구석 지정 또는 [켜기(ON)/끄기(OFF)] <0,0>: <CR>
오른쪽 위 구석 지정 <210,297>: 84100,59400 <CR>
명령: LIMITS
모형 공간 한계 재설정:
왼쪽 아래 구석 지정 또는 [켜기(ON)/끄기(OFF)] <0,0>: on <CR>
명령: ZOOM
윈도우 구석 지정, 축척 비율(nX 또는 nXP) 입력 또는
[전체(A)/중심(C)/동적(D)/범위(E)/이전(P)/축척(S)/윈도우(W)/객체(O)] <실시간>: a<CR>
모형 재생성 중.
```

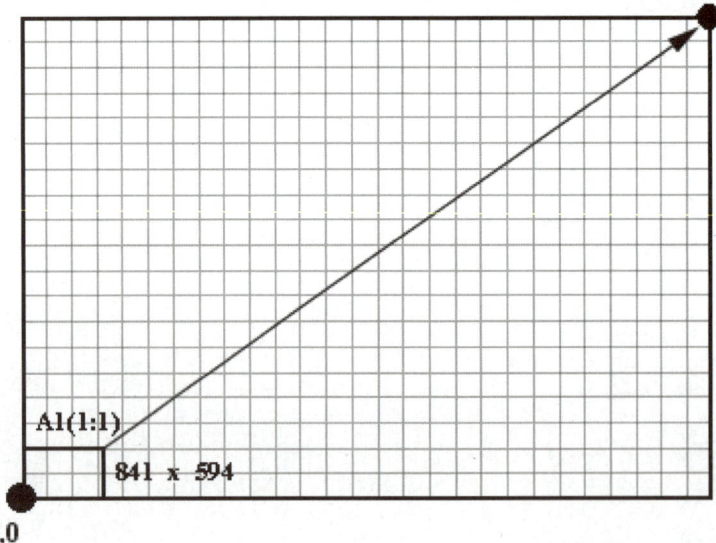

❏ 배척이 2:1 이고, A3(420x297) 도면 시트에 도면 한계 설정

- 2:1 = 2 = 1/2 = 0.5(척도의 역수)
- 가로 길이: 0.5(축척의 역수) x 420(A3 폭) = 210
- 세로 길이: 0.5(축척의 역수) x 297(A3 높이) = 148.5

```
명령: '_units
명령: LIMITS
모형 공간 한계 재설정:
왼쪽 아래 구석 지정 또는 [켜기(ON)/끄기(OFF)] <0.0,0.0>: <CR>
오른쪽 위 구석 지정 <84100.0,59400.0>: 210,148.5 <CR>
명령: <CR>
LIMITS
모형 공간 한계 재설정:
왼쪽 아래 구석 지정 또는 [켜기(ON)/끄기(OFF)] <0.0,0.0>: on <CR>
명령: <그리드 켜기>
명령: Z <CR>
ZOOM
윈도우 구석 지정, 축척 비율(nX 또는 nXP) 입력 또는
[전체(A)/중심(C)/동적(D)/범위(E)/이전(P)/축척(S)/윈도우(W)/객체(O)] <실시간>: a
```

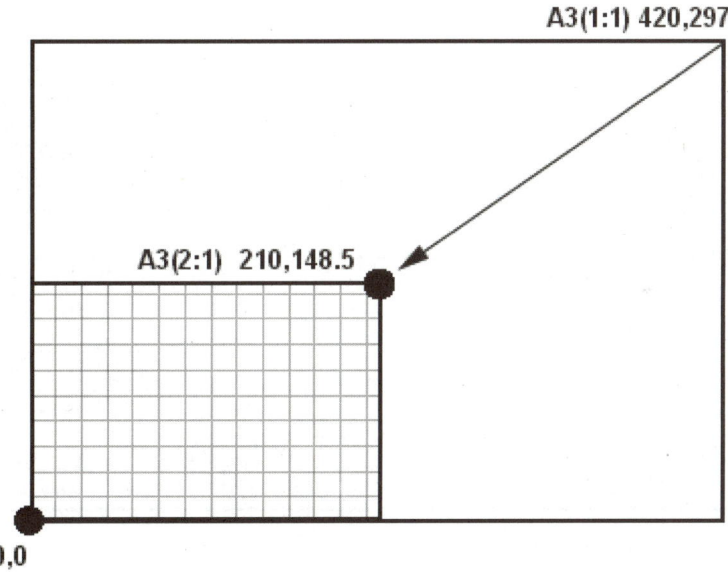

3.4 도면 양식 요소 추가하기

- 도면 한계(도면 용지 크기)가 설정되면, 제도 규정에 따라 윤곽선을 추가해야 합니다.
- 윤곽선을 기준으로 중심 마크(Center mark)를 추가해야 합니다.
- 마지막으로 표제란을 추가해야 하지만 각법에 의한 대상체의 뷰들을 추가하고, 형상을 도시하고, 치수, 주석 및 기호들을 작업하는 것이 보다 중요하기 때문에 표제란은 나중에 도면 용지 오른쪽 하단의 모서리 빈 여백에 도면 용지 크기와 도시된 전체 형상과 어울리도록 추가해야 합니다.

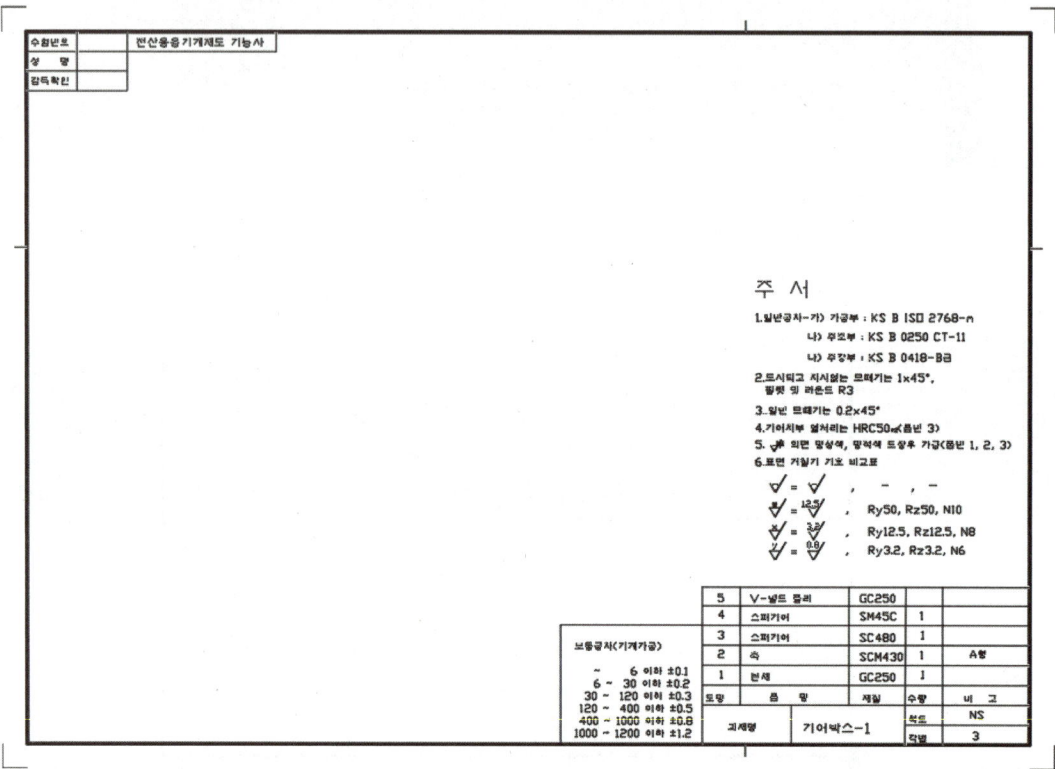

- 참고로 제도 규정에는 표제란에 대한 정확한 규정이 설명되어 있지 않습니다.
- 표제란의 추가와 더불어 자재 리스트(BOM)도 추가해야 합니다. 간혹 대규모 설계 프로젝트에서는 자재 리스트를 별도의 마이크로소프트 엑셀 시트에 작성하기도 합니다.
- 도면 작도가 완료되면, 시험 출력(Plot)을 해서 검도를 해야 합니다.
- 검도가 완료되면, 도면 유틸리티를 이용해서 도면 파일을 [PURGE(소거)] 명령으로 Clean-up 한 후 저장 매체에 영구 백업을 해서 보관해야 합니다.

■ 이 장에서 다음의 내용을 학습하게 됩니다.

▸ 그리기 보조 도구(Drawing aids)
▸ 실습 과제
▸ 원호 객체 그리기(Draw curved object)
▸ 실습 과제
▸ 도면층 개념 및 활용
▸ 객체 간격띄우기, 자르기 및 연장하기
▸ 실습 과제

CHAPTER

4

원호 도형 그리기
(Draws Circle and Arc shapes)

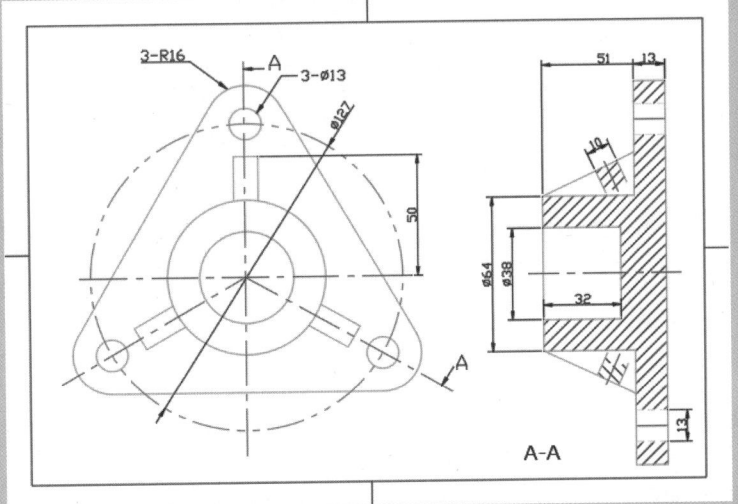

01 그리기 보조 도구 (Drawing aids)

1.1 GRID(그리드) 명령

1) GRID(그리드) 명령

- 도면 작업 속도 및 생산성 효율을 향상시키기 위해서, 도면 영역에 직사각형 그리드(Grid - 모눈)를 표시하고 Snap(스냅)할 수 있습니다.

- 상태 막대의 ⊞ [그리드] 버튼을 클릭하거나 F7 키를 누르거나 GRIDMODE 시스템 변수를 사용하여 그리드 모드를 켜거나 끌 수도 있습니다. 또한 [그리드 설정] 바로가기 메뉴를 이용해서 그리드 간격, 각도 및 정렬을 조정할 수도 있습니다.

- 다음 그림처럼 GRIDSTYLE 시스템 변수를 이용해서 그리드는 선으로 이루어진 직사각형 혹은 점(Dot) 패턴으로 도면 한계로 지정된 영역 위에 표시됩니다. 그리드 표시는 도면 아래에 모눈 종이를 놓는 것과 비슷합니다.

```
그리드 동작
☑ 적응 그리드(A)
   ☐ 그리드 간격 아래에 재분할 허용(B)
☐ 제한 초과 그리드 표시(L)
☐ 동적 UCS 따르기(U)
```

- 그리드를 사용하면 객체를 정렬하고 객체 사이의 거리를 시각화할 수 있지만 그리드는 플롯되지 않습니다. 그리드는 필히 [SNAP(스냅)] 모드와 병행해서 사용해야 하고 스냅 모드는 정의된 간격으로 십자선의 이동이 제한됩니다.

- 뒤에서 설명할 ⊞ [스냅] 도구가 설정되어 활성화되면, 그리드 점에 커서가 부착 또는 스냅하는 것처럼 보입니다. 스냅 및 그리드 도구를 설정하면, 화살표 키 또는 마우스를 사용하여 정밀한 점(노드)을 지정하는데 유용합니다.

- 스냅 및 그리드 도구는 점(Point) 객체의 노드를 스냅하는 기능과는 무관하므로 AutoCAD의 점(노드) 객체를 스냅하는 것과 혼동하면 안 됩니다.

2) GRID(그리드) 명령 호출 및 옵션

- [GRID(그리드)] 명령은 활성 뷰포트 즉 도면 영역에 작도 보조 도구인 그리드(모눈) 패턴을 표시합니다. 이것을 다음 표에 나열된 것처럼 다양한 방법으로 호출할 수 있습니다.

메뉴:	도구 ⇨ 제도 설정
도구막대:	상태막대 ⇨ ▦ (그리드)
리본:	
명령 입력:	GRID 또는 투명용도의 'GRID

```
명령: GRID
▼ GRID 그리드 간격두기(X) 지정 또는 [켜기(ON) 끄기(OFF) 스냅(S) 주(M) 가변(D) 한계(L) 따름(F) 종횡비(A)] <10>:
```

❏ Grid(그리드) 명령 옵션

옵션	기 능
간격두기(X)	지정된 값에 그리드 간격을 설정합니다. 값 다음에 x를 입력하면, 지정된 값에 스냅 간격을 곱한 값으로 그리드 간격이 설정됩니다.
켜기(ON)	그리드를 켜기 합니다.
끄기(OFF)	그리드를 끄기 합니다.
스냅(S)	SNAP 명령으로 지정한 스냅 간격으로 그리드 간격을 설정합니다.
주(M)	보조 그리드 선 대비 주 그리드 선의 빈도를 지정합니다.
가변(D)	줌 확대 또는 축소할 때 그리드선의 밀도를 조정합니다.
한계(L)	LIMITS 명령으로 지정한 영역 너머에도 그리드를 표시합니다.
따름(F)	동적 UCS의 XY 평면을 따르도록 그리드 평면을 변경합니다.
종횡비(A)	그리드 간격을 X 및 Y 방향으로 변경합니다. 간격 값은 방향에 따라 달라질 수 있습니다. 어느 한쪽 값 다음에 x를 입력하면 도면 단위가 아닌 스냅 간격의 배수로 정의됩니다. 현재 스냅 스타일이 등각투영이면 종횡비 옵션을 사용할 수 없습니다.

❑ 제도 설정 대화상자 - 스냅 및 그리드 탭

- 풀다운 메뉴에서 [도구] ⇨ [제도 설정]을 클릭합니다.

  그 때 표시되는 '제도 설정' 대화상자의 [스냅 및 그리드] 탭에서 우리는 보다 쉽게 그리드 및 스냅 기능의 다양한 옵션들을 설정할 수 있습니다.

- 다음 그림처럼 스냅 및 그리드 간격을 설정하고, 활성화할 수 있습니다.

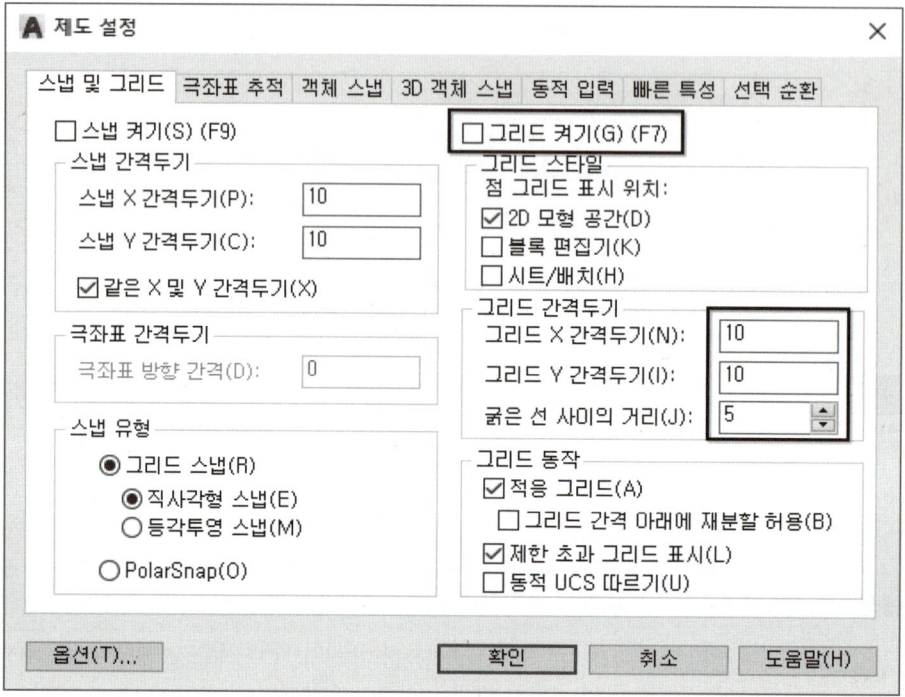

❑ GRIDSTYLE 시스템 변수

- 2D 모형 공간, 블록 편집기, 3D 평행 투영, 3D 투시 투영, 시트 및 도면 공간 배치 탭에 표시되는 그리드 스타일을 조정합니다.

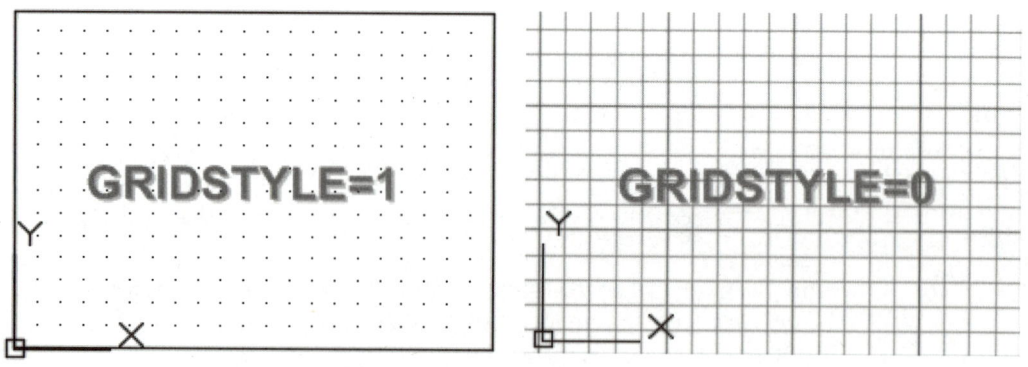

값	설 명
0	2D 모형 공간, 블록 편집기, 3D 평행 투영, 3D 투시 투영, 시트 및 배치에 대해 선 그리드를 표시합니다.
1	2D 모형 공간에 대해 점 그리드를 표시합니다.
2	블록 편집기에 대해 점 그리드를 표시합니다.
4	시트 및 배치에 대해 점 그리드를 표시합니다.

❏ GRIDMAJOR 시스템 변수

- 주 그리드 선의 빈도를 보조 그리드 선과 비교하여 조정합니다(유효한 값 1~ 100).

❏ GRIDDISPLAY 시스템 변수

- 그리드의 표시 동작 및 표시 한계를 조정합니다.

값	설 명
0	LIMITS 명령에 의해 지정된 영역으로 그리드를 제한합니다.
1	LIMITS 명령에 의해 지정된 영역으로 그리드를 제한하지 않습니다.
2	줌 축소하면 그리드의 밀도를 제한하는 가변 그리드 표시를 켭니다.
4	그리드가 가변 표시로 설정되고 줌 확대한 경우에는 추가적으로 보다 간격이 좁은 그리드 선을 주요 그리드 선의 간격과 동일한 비율로 생성합니다.
8	동적 UCS의 XY 평면을 따르도록 그리드 평면을 변경합니다.

1.2 SNAP(스냅) 명령

1) SNAP(스냅) 명령

- 그리드와 스냅 기능은 동시에 쌍으로 동작하는 상호 보완적인 기능입니다. 주로 사무실, 공장 혹은 백화점 매장 등 레이아웃(Layout) 도면을 작도할 때 유용하게 사용하는 기능입니다.
- 도면 윈도우에 특정 정렬 또는 각도로 형상을 그려야 하는 경우 [SNAP(스냅)] 기능을 이용하면 편리합니다. 스냅은 커서의 움직임을 지정된 간격 혹은 각도로 제한합니다. '스냅' 기능을 '객체 스냅'과 구분해서 '그리드 스냅' 이라고 합니다.
- 도면 영역에 GRID(모눈)를 표시한 후 이용하려면, 상태 막대의 [스냅 모드 - F9] 버튼을 활성화해야 합니다.

2) SNAP(스냅) 명령 호출 및 옵션

메뉴:	도구 ⇨ 제도 설정
도구막대:	상태막대 ⇨ (스냅)
리본:	
명령 입력:	SNAP, SN 또는 투명용도의 'SNAP

```
SNAP
SNAP 스냅 간격두기 지정 또는 [켜기(ON) 끄기(OFF) 종횡비(A) 기존(L) 스타일(S) 유형(T)] <10>:
```

옵션	기 능
간격두기	지정한 값으로 스냅 모드를 활성화합니다.
켜기(ON)	스냅 그리드의 현재 설정을 사용하여 스냅 모드를 활성화합니다.
끄기(OFF)	스냅 모드를 끄지만 현재 설정을 유지합니다.
종횡비(A)	X와 Y 방향의 간격을 다르게 지정합니다.
기존(L)	명령 대기 상태 혹은 실행 상태에서의 스냅 그리드 동작을 제어합니다.
스타일(S)	스냅 그리드의 형식을 표준 또는 등각투영으로 지정 합니다.
유형(T)	스냅 유형을 원형 또는 직사각형으로 지정합니다.

2) Snap(스냅) 유형

❑ 직사각형(직교) 투영 모드(Orthogonal mode)

- AutoCAD의 직교 모드는 디폴트 메인 모드로 2차원 평면 즉 표준 설계 환경을 표시합니다. 따라서 이 모드에서 십자선 커서는 항상 서로 직교 상태를 표시되어 도면을 보다 쉽고 편리하게 작도할 수 있습니다. 이 모드에서 우리는 상세 설계(Detail Design)의 결과물은 도면(제작도면)과 개념 설계의 조립도를 주로 작도합니다.

❑ 등각 투영 모드(Isometric mode)

- AutoCAD의 등각 투영 모드는 2차원 평면을 등각(120도)으로 3분할된 2-1/2축의 설계환경으로 다음 그림처럼 설정해서 등각 투영도 혹은 겨냥도를 작도할 수 있습니다. 또한 개념 설계의 분해 조립도를 작도할 수 있습니다.

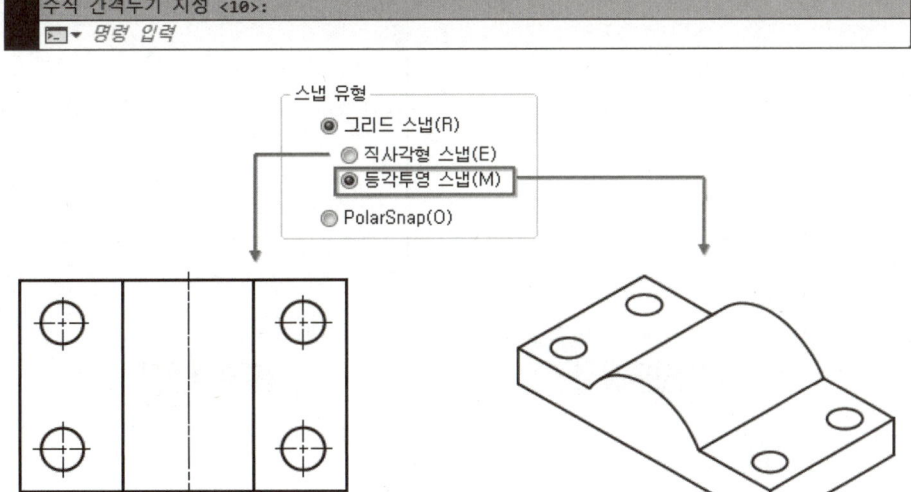

1.3 동적 입력(Dynamic Input)

- '동적 입력'은 도면 작업 영역에서 설계 작업에 집중하는데 도움을 주기 위해 마우스 포인터 즉 십자선 커서 주위에 명령 프롬프트 인터페이스를 제공합니다. 이것을 흔히 헤드업 디자인(Head-up Design)이라고도 합니다.
이 기능은 설계 초보자가 이용하는 것은 오히려 혼동을 야기할 수 있기 때문에 AutoCAD 및 설계 작업에 경험이 많고, 숙달된 엔지니어가 이용하는 것이 바람직합니다.

- 상태 막대의 [동적 입력] 도구가 활성화되면, 커서를 움직일 때 마다 동적으로 업데이트 된 정보가 커서 주위에 툴팁(Tooltip)으로 표시 됩니다. 또한 명령이 실행되면, 툴팁은 작업자 입력을 위한 장소를 제공합니다.

- 동적 입력은 명령 행 대신에 커서 포인터 부근에 좌표를 입력하는 방법입니다.

- [동적 입력] 도구는 토글 기능이라 F12 기능키를 이용해서 ON/OFF 할 수 있습니다.

- 동적 입력은 명령을 실행하는 동안에 그 상황에 필요한 부가적인 정보를 제공하는 기호들을 표시합니다.

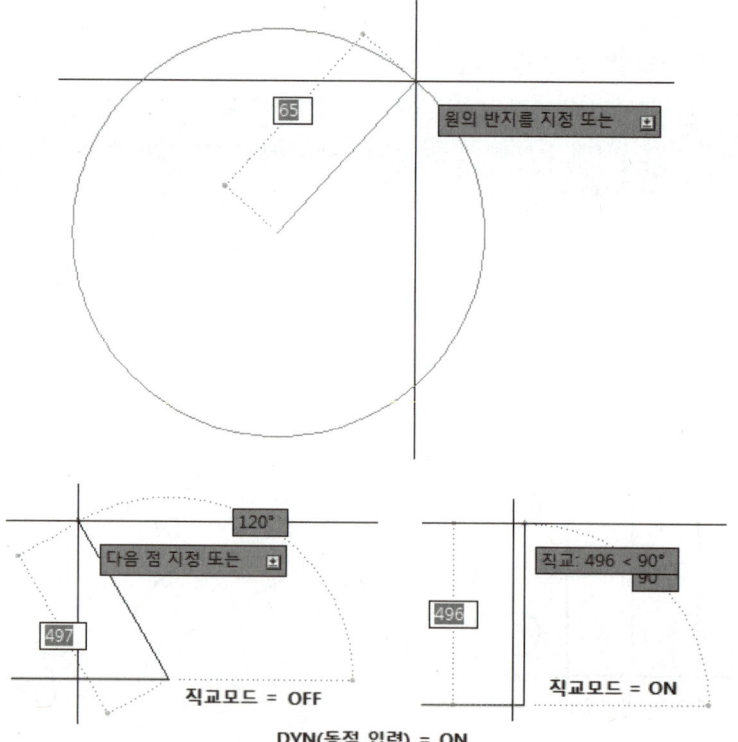

1.4 직교 모드(Orthomode)

- AutoCAD 도면 윈도우에서 '직교 모드'를 설정하지 않고, 손 혹은 눈대중으로 마우스를 이용해서는 절대로 수평선 혹은 수직선을 작도할 수 없습니다.
- 따라서 작업자는 수평선 혹은 수직선을 작도하기 위해 직교 모드 도구를 필히 이용해야 합니다.
- 직교 모드는 도면 윈도우에서 마우스 커서를 단지 4개의 각도 방향으로만 이동하는 것을 허용합니다.
- 상태 막대에서 [직교 모드] 버튼을 클릭하거나 F8 기능키를 이용해서 직교 모드를 제어할 수 있습니다.
- 또한 [ORTHO(직교)] 명령을 입력해서 직교 모드를 ON/OFF를 제어할 수 있습니다.

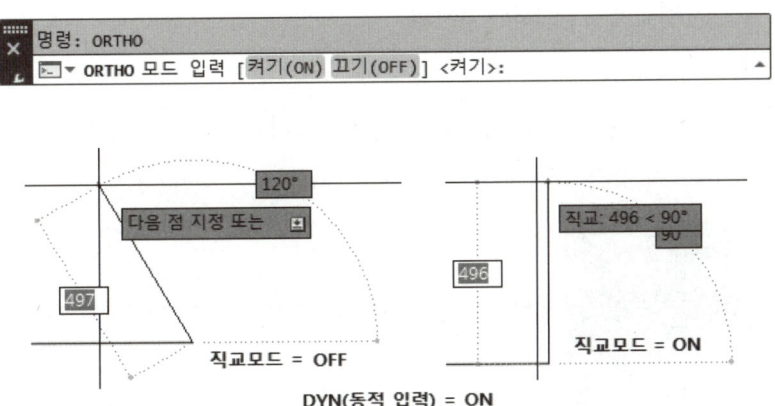

> **참고〉 Orthomode 시스템 변수**
>
> 커서 이동을 직교로 제한합니다. Orthomode가 켜져 있으면 커서는 UCS 및 현재의 그리드 회전 각도를 기준으로 수평 또는 수직으로만 움직일 수 있습니다.
>
> 좀 더 자세한 내용은 앞에서 설명한 [LINE(선)] 명령 부분에서 직교선 작도하는 방법을 참고 바랍니다.

1.5 극좌표 추적(Polar Tracking)

- 직교 모드는 단지 4개의 각도 방향으로만 이동하는 것을 허용합니다. 이러한 단점을 극복하는 방법은 [극좌표 추적]을 제어할 수 있는 F10 기능키를 이용하면, 매우 편리하게 다양한 방향의 각도를 입력해서 그 각도의 경사선들을 작도할 수 있습니다.

- 상태 막대의 ⌀[극좌표 추적] 버튼은 지정된 각도 및 선 길이를 이용해서 일시적으로 추적선을 표시해서 스냅으로 동작합니다.

메뉴:	도구 ⇨ 제도 설정
도구막대:	상태막대 ⇨ ⌀ (극좌표 추적)
리본:	
명령 입력:	DSETTINGS

- 극좌표 추적이 다음 그림처럼 설정되어 활성화되면, 다음 그림처럼 AutoCAD는 커서가 이동함에 따라 표시되는 거리(길이)와 각도를 표시해 줍니다.

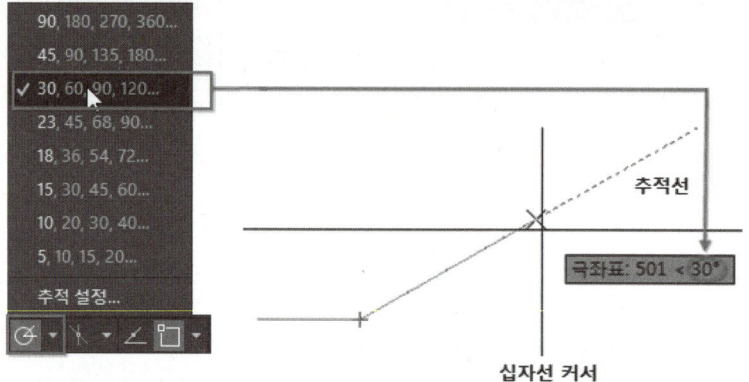

- 상태 막대의 ⌀[극좌표 추적] 버튼 드롭다운을 클릭한 후 [추적 설정]을 클릭하면, 다음 그림처럼 '제도 설정' 대화상자가 표시됩니다.

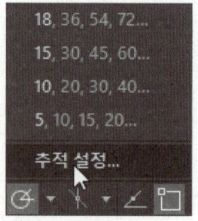

- 다음 그림처럼 '제도 설정' 대화상자에서 [극좌표 추적] 탭을 클릭합니다.

따라하기〉 극좌표 추적 이용하기

다음 왼쪽 그림처럼 평행사변형은 60도의 각도를 가지고 있습니다.
예를 들어, 평행사변형의 우측 변과 동일한 길이와 각도로 그것 가까이에 경사선을 그리기를 원한다면, 우리는 객체 스냅 추적(Object SNAP Tracking)과 극좌표 추적(Polar Tracking)을 이용하게 될 것입니다.
이미 알고 있듯이 직교모드는 0, 90, 180 과 270도에서만 그릴 수 있습니다. 그러나 60도의 각도로 그려야 한다면 우리는 [극좌표 추적]을 설정해야 합니다.

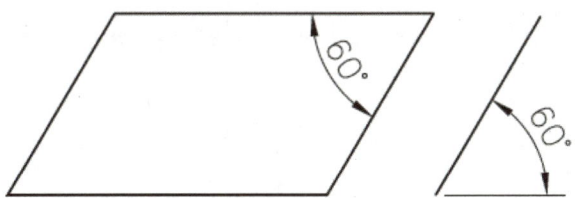

① 상태 막대에서 [극좌표 추적] 버튼의 마우스 오른쪽 버튼을 클릭해서 [추적 설정]을 클릭합니다.
② '제도 설정' 대화상자 [극좌표 추적] 탭에서 '각도 증분'의 드롭 리스트로부터 '30'도를 선택합니다.

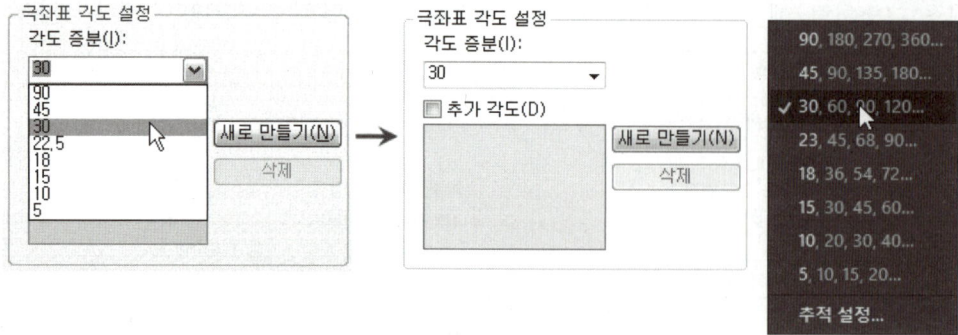

위의 맨 오른쪽 그림처럼 이러한 설정 방법으로 도면 작도 작업에서 0, 5, 10, 15, 18, 22.5, 30, 45, 90도의 9개 각도 그룹들을 조정할 있게 됩니다.

3 각도 추가를 위해서, [추가 각도]를 체크하고, [새로 만들기] 버튼을 클릭합니다.

- [0°] 각도를 입력합니다.
- 계속 [새로 만들기] 버튼을 클릭해서 동일한 방법으로 45, 135, 225, 그리고 345도 각도를 입력해서 설정합니다.

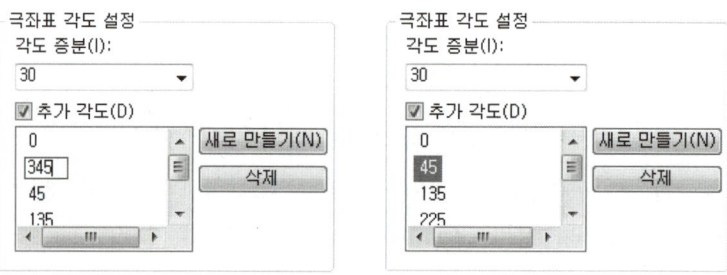

4 '극좌표 추적'은 동시에 '객체 스냅 추적'의 특성을 가지고 동작합니다.

- 다음 그림처럼 대화상자에 있는 항목들을 체크해서 설정합니다.

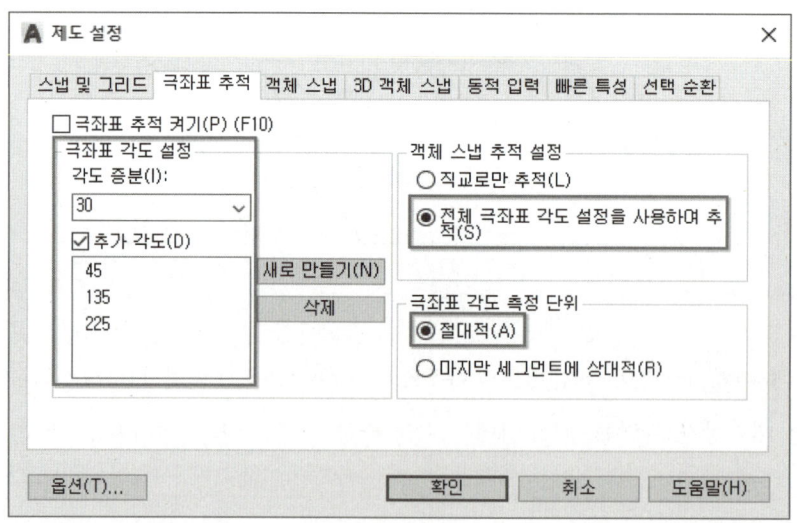

5 [Line(선)] 명령을 시작하고,

- 평행 사변형 모서리 P1 점으로 커서를 가까이 접근해서 객체 스냅의 ⊞(끝점) 마크가 나타나면, 클릭합니다.
- 오른쪽으로 '10〈0' 만큼 이동해서 경사선의 시작점 P2를 클릭합니다.

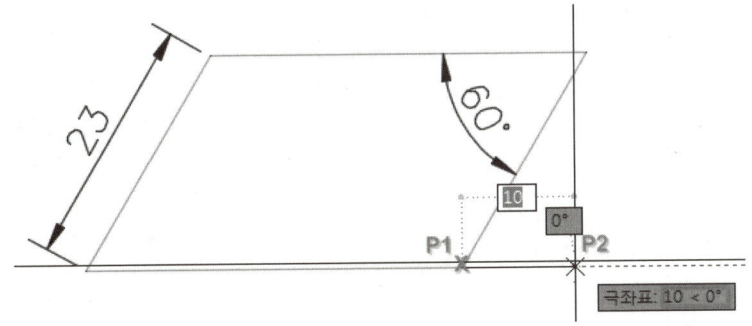

6 마우스 커서를 P3 점으로 이동해서 객체 스냅의 ⊞(끝점) 마크가 표시되면, 마우스를 오른쪽으로 이동해서 극좌표: '23〈60' 이 되는 P4 점을 지정하면, 기존의 평행 사변형 객체와 정확하게 동일한 길이와 각도를 갖는 경사선을 작도합니다.

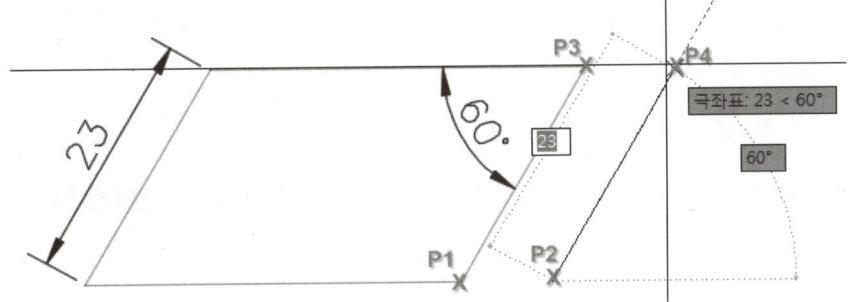

7 위의 5, 6번 작도 작업에서 마우스 커서를 점 P1을 가까이 접근하고 나면, 그 점을 지나는 수평 점선(추적선)이 표시되고, 또한 P3 점을 접근 후에도 그 점을 지나는 수평 점선(추적선)이 표시됩니다.

- 극좌표 측정 단위를 절대적으로의 설정은 작업자가 객체 끝점에 0, 30, 60……. 각도만을 갖도록 허용합니다.

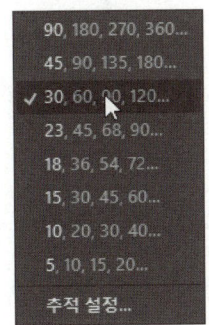

- 따라서 선의 끝점 P4를 지정하기 전에 마우스 커서를 0도 방향(수평)에서 90도 방향(수직)으로 서서히 이동하면, 0, 30, 45, 60, 90도 방향에만 점선(추적선)이 표시되고, 나머지 각도에서는 점선이 표시되지 않는 것을 관찰할 수 있을 것입니다.

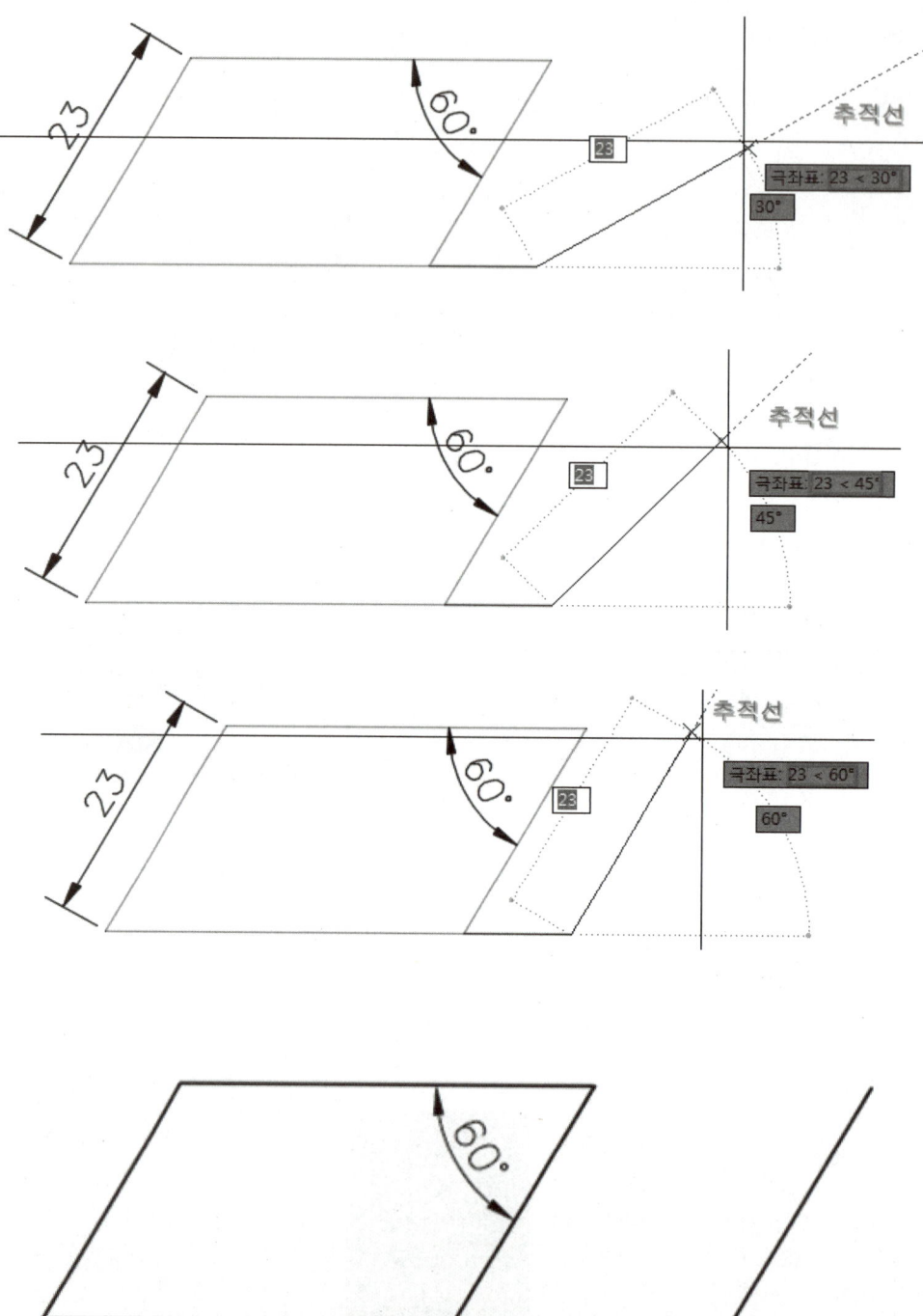

1.6 등각투영 제도(Isometric Drafting)

- 상태막대의 [등각투영 제도] 버튼은 세 개의 등각투영 축을 따라 객체를 정렬하여 3D 객체의 등각투영 뷰를 시뮬레이션하기 위해 활성 등각투영 뷰(평면)를 설정합니다.
- [ISODRAFT] 명령은 [등각투영 제도] 설정을 켜거나 끄고 현재 2D 등각투영 제도 평면을 지정합니다. 이 명령은 [ISOPLANE] 명령을 대체하며 주요 장점은 [ISODRAFT]를 켜거나 끄면 모든 관련 설정도 자동으로 변경된다는 점입니다.
- [ISODRAFT] 명령은 3D 모형의 2D 등각투영 표현을 그릴 때 다음 설정 및 모드를 자동으로 조정합니다.
  ① 직교 방향
  ② 스냅 방향
  ③ 그리드 방향 및 스타일(점)
  ④ 극좌표 추적 각도
  ⑤ 등각원 방향
- 직교 모드에서는 30도, 90도, 150도 중에서 적절한 축 쌍을 사용합니다.
- 현재 등각투영 평면은 [ELLIPSE] 명령의 등각원 옵션을 사용하여 작성된 등각원의 방향도 결정합니다. Ctrl+E 또는 F5 키를 눌러 등각투영 평면을 빠르게 순환할 수 있습니다.

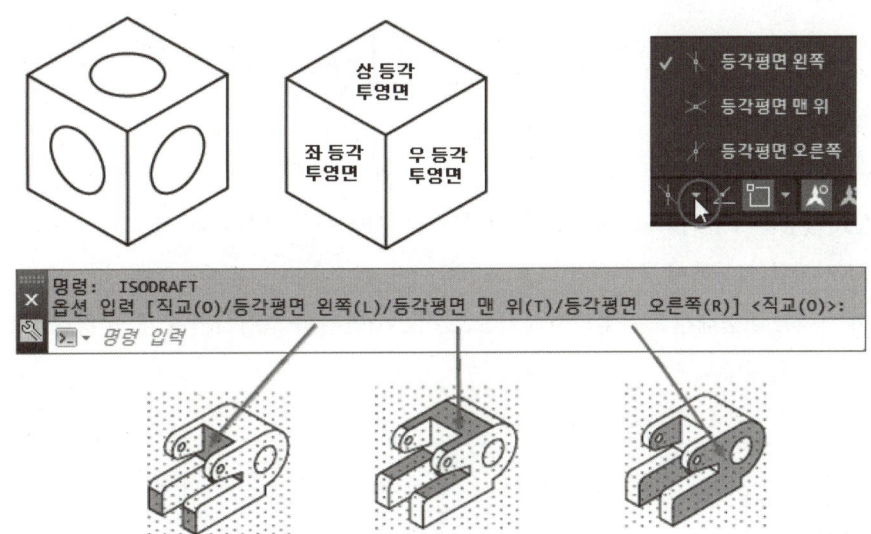

- 모든 개념 설계(Concept Design), 프레젠테이션, 카탈로그, illustration(삽화), 그리고 분해 조립 도면을 작도하기 위해서, 등각 투영뷰를 이용해서 등각 투영도면 작업 시 등각투영 제도 버튼을 이용하면 매우 편리합니다.

1.7 객체 스냅 추적(Object Snap Tracking)

- 상태 막대에서 [객체 스냅 추적 – AutoTrack)]은 일정한 거리만큼 떨어진 좌표를 지정하거나 임의의 좌표로부터 지정한 방향으로 추적하여 추적 상에 위치한 점(노드)을 찾는 기능입니다.
- 객체 스냅 추적(AutoTrack)은 앞에서 설명한 '점 필터' 기능과 유사하고, 단독으로 사용이 불가능하고 뒤에서 설명할 [OSNAP(객체 스냅)]과 같이 설정해서 이용해야 합니다.

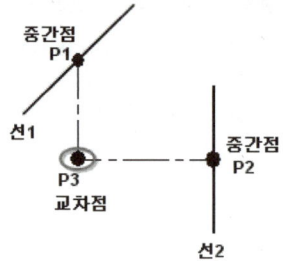

따라하기> 객체 스냅 추적 이용하기

다음 그림처럼 임의의 길이를 가진 두 선(선1, 선2)들의 중간점(P1, P2)에서 수직선과 수평선이 교차하는 점(P3)을 찾아내고자 할 때 객체 스냅 추적(AutoTrack) 기능을 이용합니다.

1 [LINE(선)] 명령을 호출하고, 커서를 이동해서 중간점(P1)을 스냅합니다.
2 계속해서 커서를 이동해서 중간점(P2)을 스냅합니다.
3 계속해서 커서를 이동해서 교차점(P3) 부근으로 접근하면 다음 그림처럼 수직, 수평 추적선(점선)이 표시되면 클릭합니다.

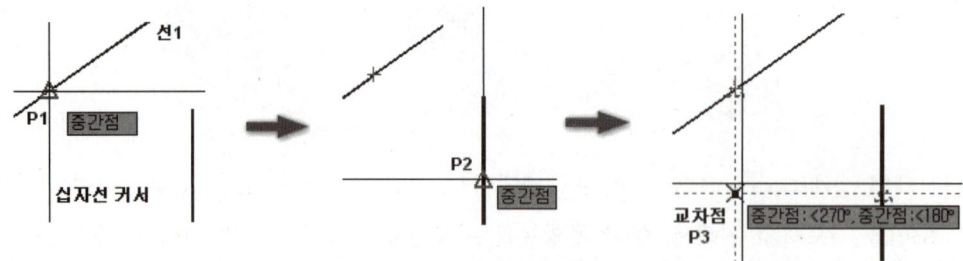

1.8 2D 객체 스냅(Object Snap)

- 객체 스냅은 정밀한 형상을 작도하기 위해 기존 엔티티의 시작점, 끝점, 중간점, 교차점 또는 접점 등과 같은 정확한 객체상의 위치 점(노드) 선택을 위한 매우 중요한 필수 도구입니다. 작업 시 항상 이 버튼은 켜져(ON) 있어야 합니다.

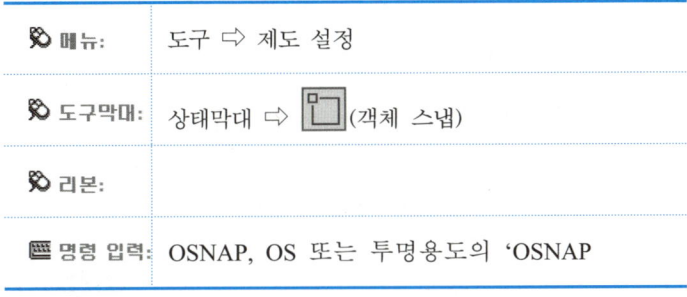

1) OSNAP(객체 스냅) 설정 도구

1 다음 그림처럼 [객체 스냅] 버튼의 드롭다운리스트를 클릭해서 [객체 스냅 설정]을 클릭해서 '제도 설정' 대화상자를 호출합니다.

2 다음 그림처럼 체크된 항목들만 개별적으로 클릭해서 설정합니다.

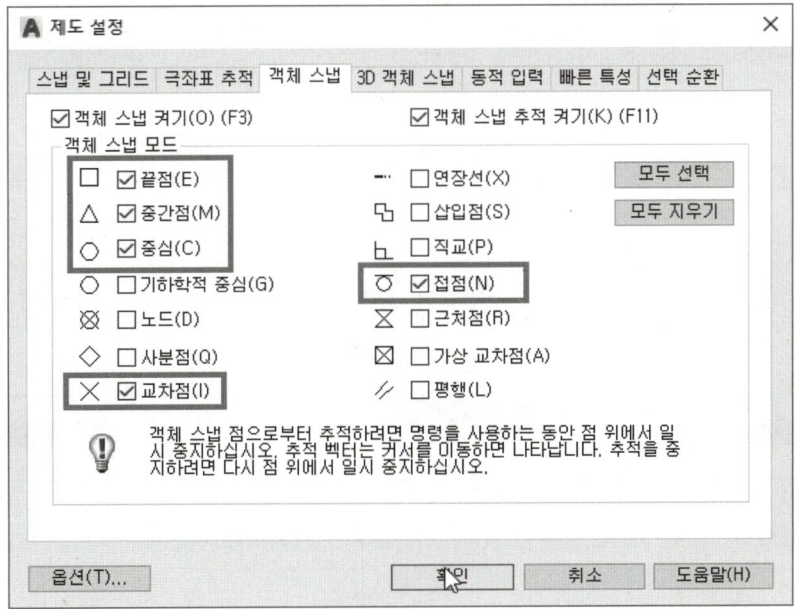

3 '제도 설정' 대화상자를 종료하기 위해 [확인] 버튼을 클릭합니다.

참고〉 객체 스냅 모드 설정

- '제도 설정' 대화상자의 모든 객체 스냅 모드 항목들을 체크하면, CPU가 백그라운드에서 많은 연산 작업을 해야 하기 때문에 속도 저하가 일어나고, 작업의 능률이 저하됩니다.
- 위의 그림처럼 객체 스냅들을 설정하면, 거의 모든 작도 작업은 설정 변경 없이 가능함은 물론이고, 컴퓨터 속도와 작업의 생산성을 위한 최적의 설정이 될 것입니다.
- 예를 들면, 3D 모델링 작업 등 다른 몇 가지 작업들은 다르게 설정을 해야 합니다.

2) 객체 스냅(Object Snap) 유형

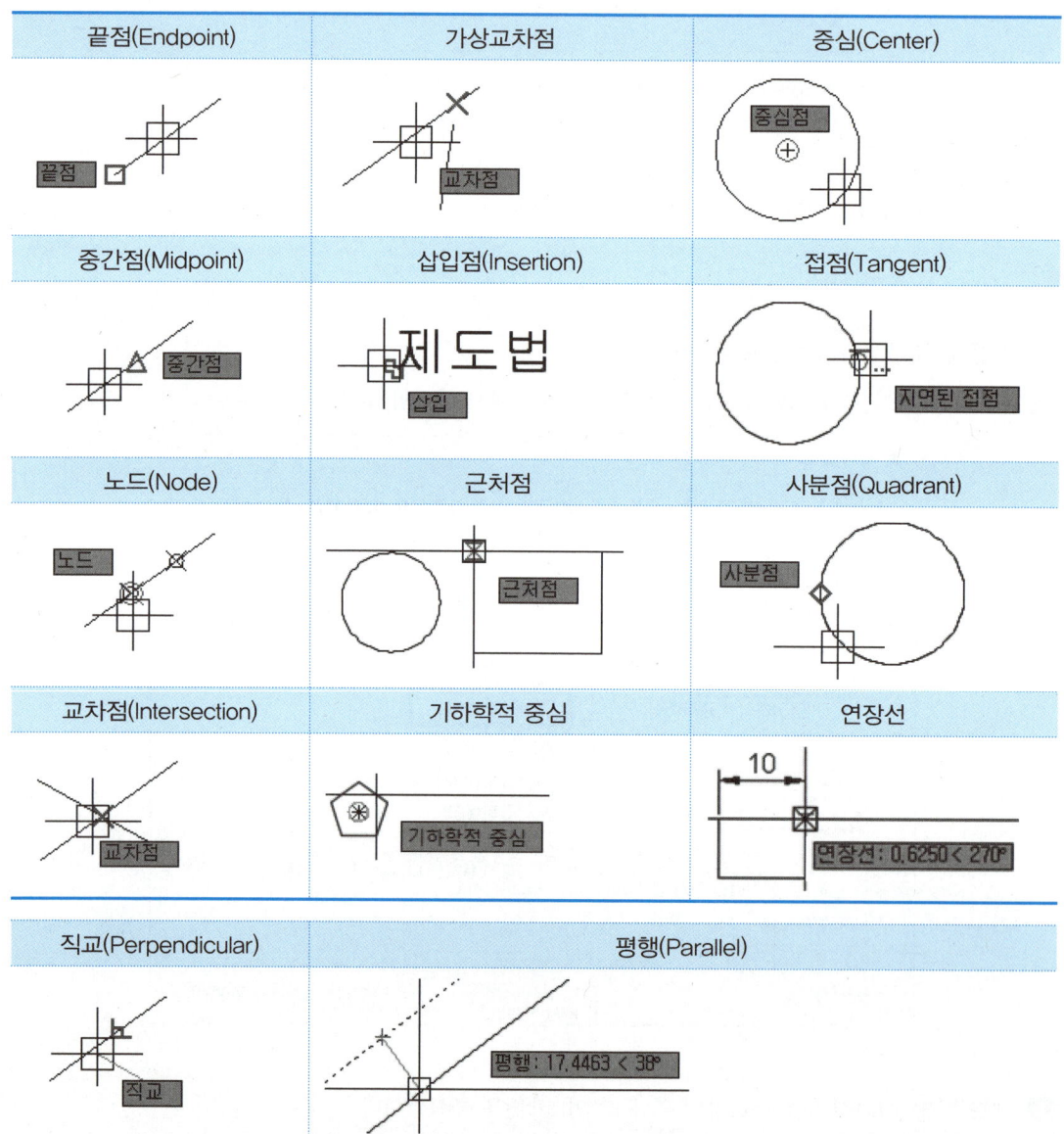

3) 객체 스냅 도구 막대 및 객체 스냅 팝업 메뉴

- [객체 스냅] 도구는 작도 작업을 하는 동안에 빈번하게 이용하기 때문에 상태 막대, 도구 막대 혹은 팝업(바로가기) 메뉴로 호출할 수 있습니다.
- [객체 스냅] 도구 막대는 다음 그림처럼 호출해서 도면 윈도우의 적당한 위치에 배치 및 고정하고 필요 시 이용하지만 도면 공간을 차지하기 때문에 도면 객체 공간이 줄어드는 단점이 있습니다.
- [객체 스냅] 팝업 메뉴는 다음 그림처럼 필요할 때마다 일시적으로 호출해서 이용하기 때문에 도면 작도 혹은 편집 작업을 하는데 매우 편리하게 이용할 수 있습니다.
- 풀다운 메뉴에서 [도구] ⇨ [도구막대] ⇨ [AutoCAD] ⇨ [객체 스냅]을 클릭합니다.
[객체 스냅] 도구막대가 표시됩니다.

〈객체 스냅 도구막대〉

- [객체 스냅]을 요구하는 명령 프롬프트에서 [Shift] 키를 누른 상태에서 도면 빈 영역에 마우스 오른쪽 버튼을 클릭하면, 다음 그림처럼 '객체 스냅' 팝업 메뉴가 일시적으로 표시됩니다.

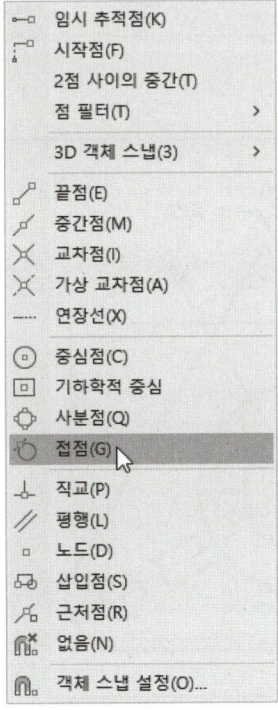

〈객체 스냅 팝업 메뉴〉

1.9 선가중치 표시/숨기기(Show/hide lineweight)

- [LINEWEIGHT(선가중치)]는 그래픽 엔티티뿐만 아니라 특정 유형의 객체들에 할당(지정)되는 폭(Width) 값입니다.

- 상태 막대에서 [선가중치 표시/숨기기)] 버튼은 객체에 지정한 선가중치를 화면에 표시하거나 숨기기하는 토글 기능의 버튼입니다.

- 풀다운 메뉴에서 [형식] ⇨ [선가중치] 명령을 클릭하면, '선가중치 설정' 대화상자를 표시하고, 현재 선가중치, 선가중치 표시 옵션 및 선가중치 단위를 설정합니다.

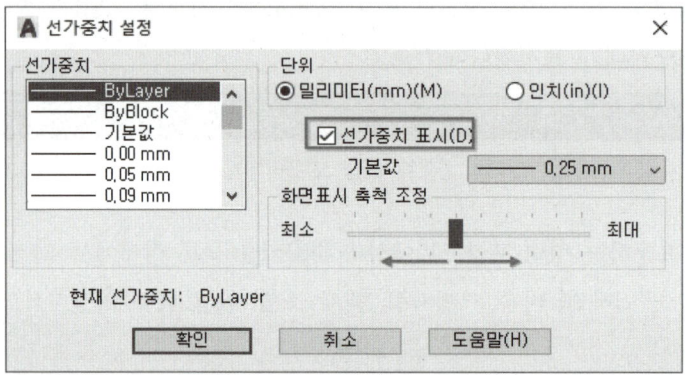

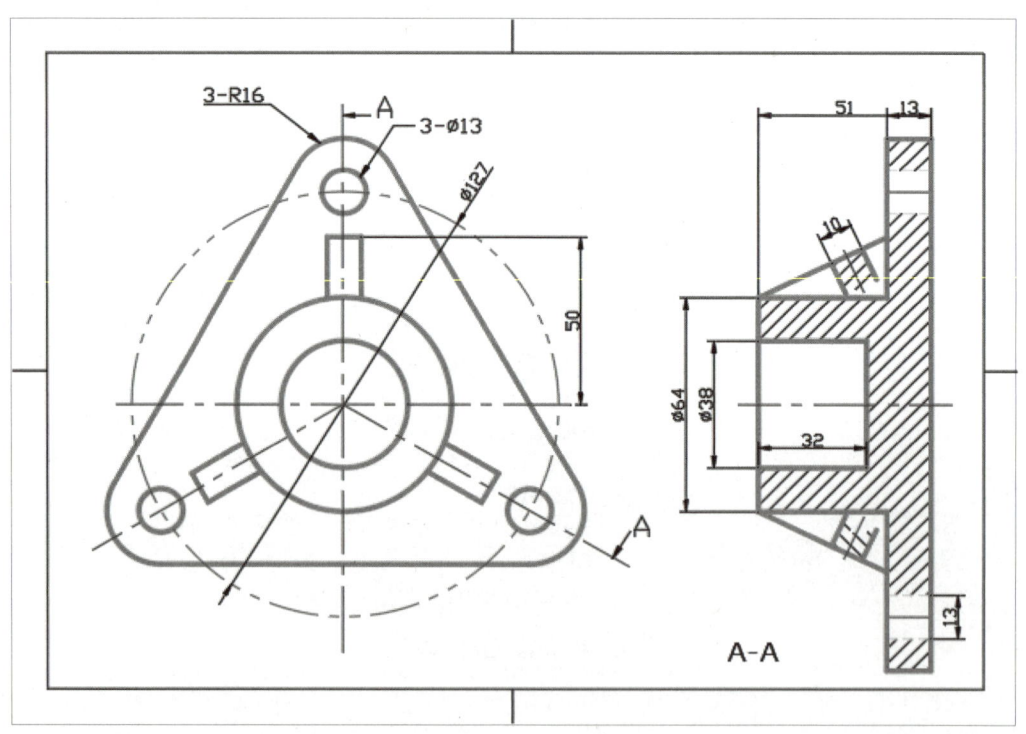

1.10 투명도 표시/숨기기(Transparency)

- 상태 막대의 ![투명도] [투명도] 버튼은 객체에 지정한 투명도를 화면에 표시하거나 숨기는 토글 기능의 버튼 입니다.
- AutoCAD 2011에서 추가된 기능으로 엔티티에 대한 색상, 선가중치, 도면층, 선종류 등 객체 특성으로 투명도를 지정할 수 있습니다.
- 객체 단위별로 투명도를 조정할 수 있고, 도면층 단위별로 투명도를 적용할 수 있습니다.

  ① 객체 및 해치 투명도 조정 : 특성 패널

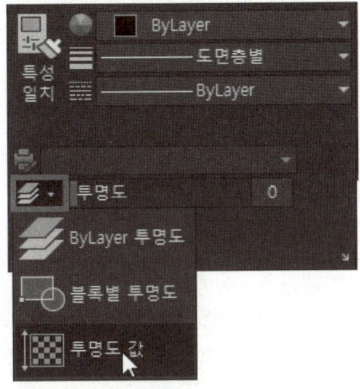

  ② 도면층 투명도 조정 : 도면층 관리자(투명도, VP투명도)

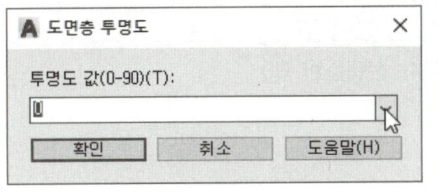 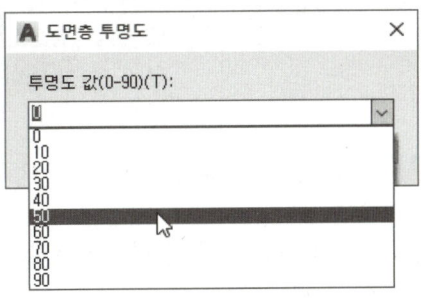

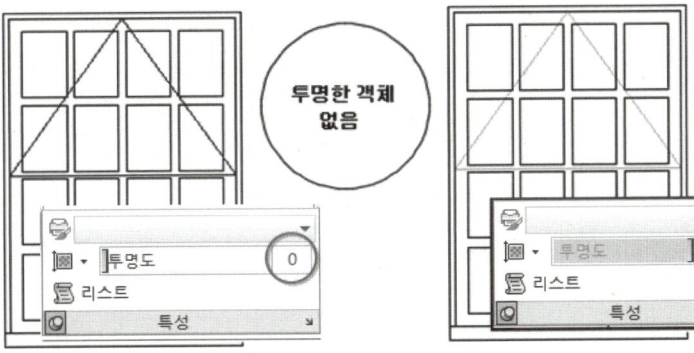

1.11 선택 순환(Selection Cycling)

- 도면이 복잡해서 객체들이 서로 겹쳐 있거나 밀접하게 가까이 놓여 있는 경우에 가끔 특정한 객체만을 선택하는 것이 어려운 경우가 있습니다. 그러한 경우에 중첩되어 겹쳐 있는 객체들 중에서 원하는 객체를 선택하는 도구가 필요합니다.

- 이러한 문제를 해결하기 위해서 상태 막대의 [선택 순환] 버튼을 이용하면 됩니다.

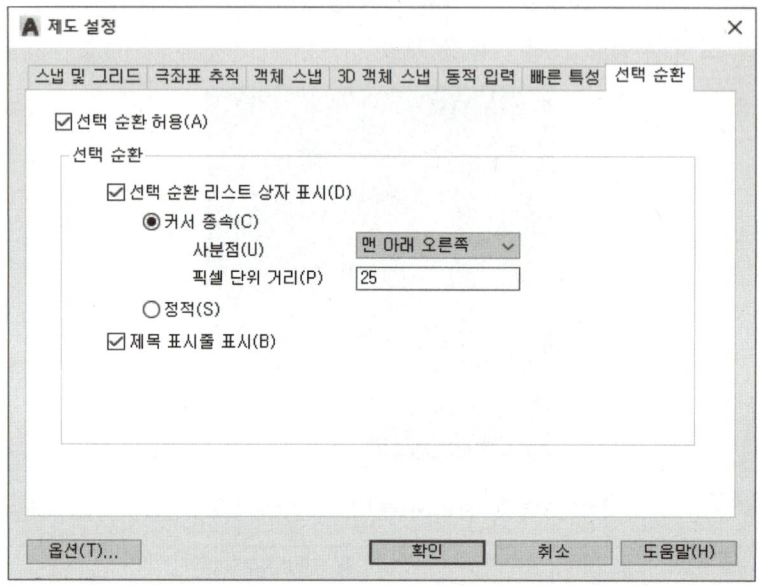

〈제도 설정 대화상자 선택순환 탭〉

따라하기〉 선택 순환 이용하기

1 다음 그림처럼 임의의 크기의 사각형 도형을 그립니다.
중간 부분에 두 개의 수직선과 하나의 폴리선이 겹쳐 동일선상에 존재합니다.

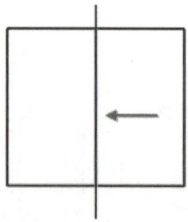

2 상태 막대에서 [선택 순환] 버튼을 클릭해서 활성화합니다.

3 [수정] 패널에서 [MOVE(이동)] 명령 아이콘을 클릭하고, 겹친 선을 클릭합니다.

CHAPTER 4 원호 도형 그리기(Draws Circle and Arc shapes)

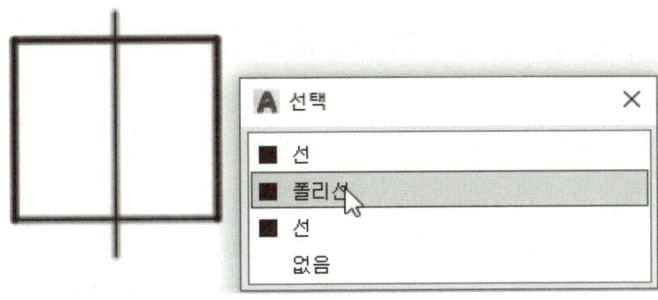

4 표시된 '선택' 대화상자로 커서를 이동해서, 나열된 선, 폴리선 엔티티 리스트 위로 움직이면 해당 엔티티가 하이라이트됩니다(위의 그림 참고).

5 선택을 원하는 엔티티 리스트를 클릭합니다.

6 [엔터키]를 누르고, 다음 그림처럼 기준점으로 P1을 클릭한 후 드래그해서 P2 지점을 클릭합니다.

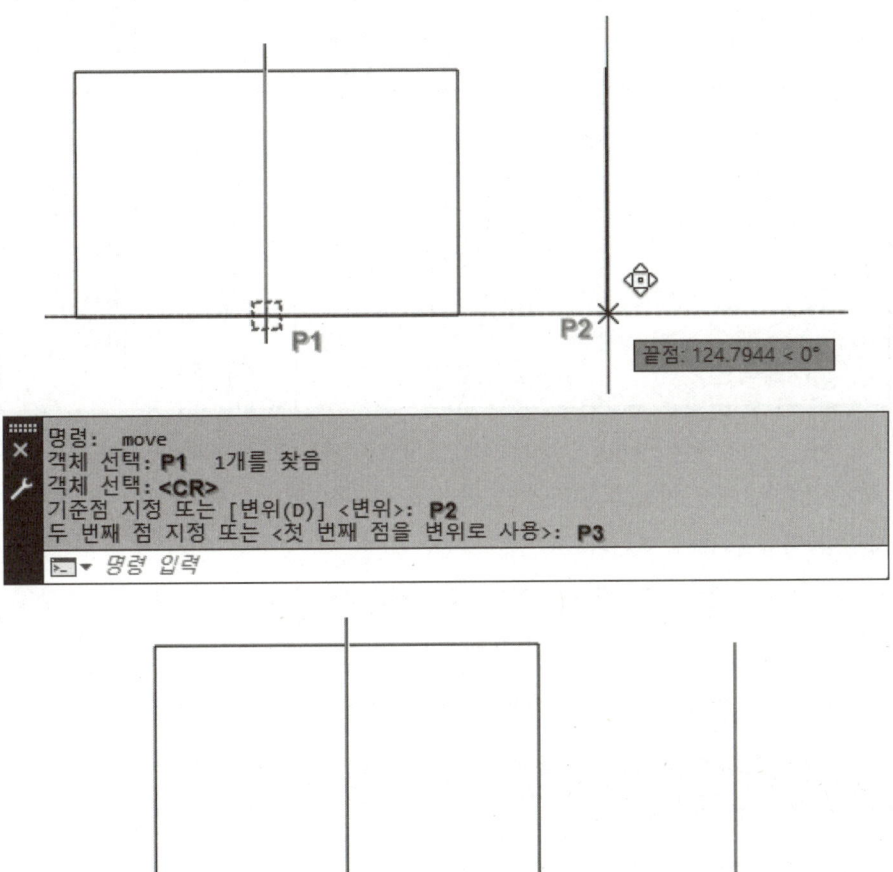

1.12 동적 UCS(Dynamic UCS)

- AutoCAD에서 XY평면(Plan 평면)은 표준 좌표계(WCS)로서 2D 활성 작업평면이고, 항상 Z 좌표값은 0입니다.
- 표준 좌표계는 절대 원점(0, 0, 0)에서 삭제, 이동 및 회전할 수 없습니다.

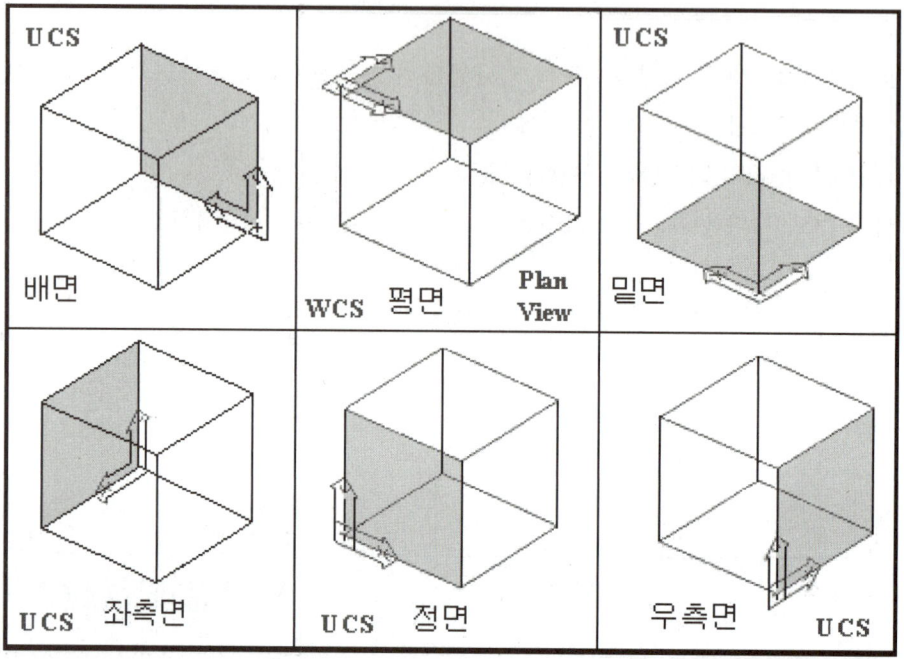

- 만일 3D 작업공간에서 이동 및 회전 가능한 사용자 좌표계(UCS)의 원점과 위치를 변경하면서 3D 모델링 작업을 해야 합니다.
- AutoCAD 3D 공간에서 UCS 좌표계 아이콘은 다음 그림과 같고, X축은 빨간색, Y축은 초록색, Z축은 파란색으로 표시되어 있습니다.
- 만일 위의 그림처럼 상태 막대에서 [동적 UCS]를 활성화하면, UCS를 수동으로 변경하지 않고, 동적으로 UCS를 3D 솔리드 객체의 모든 면 혹은 평면에서 객체를 작성할 수 있습니다.
- 3D 명령 실행 중에 커서를 객체의 면 위로 이동하면, 일시적으로 UCS의 XY 평면을 3D 솔리드 객체의 평면에 맞게 정렬하게 됩니다.
- 3D 모델링 작업을 하는 동안에 [F6] 기능키를 클릭하면, 언제든지 동적 UCS의 활성/비활성화를 편리하게 제어할 수 있습니다.

1.13 주석 객체 표시(Show Annotation Object)

- 상태 막대의 [Show Annotation Object(주석 객체 표시)] 버튼은 현재 축척 혹은 항상 주석 객체를 숨기거나 표시합니다.
- [Show Annotation Object(주석 객체 표시)]를 클릭해서 활성화하면, 모든 축척에 대한 주석 객체 표시를 켜거나 끕니다.

❏ ANNOALLVISIBLE 시스템 변수

현재의 주석 축척을 지원하지 않는 주석 객체를 숨기거나 표시합니다. ANNOALLVISIBLE 시스템 변수 설정은 모형 공간 및 각 배치에 대해 개별적으로 저장됩니다.

값	기 능
0	현재 주석 축척을 지원하는 주석 객체만 표시됩니다.
1	전체 주석 객체를 표시합니다. 둘 이상의 축척을 지원하는 주석 객체는 하나의 축척 표현만 표시합니다.

❏ Annotation Object(주석 객체)

- 주석 객체는 치수, 주 및 일반적으로 도면에 정보를 추가하는 데 사용되는 다른 유형의 설명 기호 또는 객체를 포함합니다. 일반적으로 주석 객체는 도면의 뷰와 다르게 축척되고 플롯 시 표시되는 방식의 축척을 따릅니다.
- 객체를 비주석 또는 주석으로 정의하여 주석 객체가 축척되는 방법을 조정할 수 있습니다.
- 비주석 객체는 도면을 플롯하는데 사용되는 축척에 따라 계산되는 축척 또는 고정 크기를 필요로 합니다.
- 주석 객체는 뷰의 축척과 관계없이 동일한 크기 또는 축척으로 균일하게 표시되도록 자동적으로 조정됩니다.

1.14 자동 축척(AutoScale)

- 상태막대의 [주석 축척 변경 시 주석 객체에 축척 추가(Add scales to annotative objects when the annotation scale change)] 버튼은 주석 축척이 변경되었을 때 주석 객체에 축척을 추가하는 것을 제어합니다.

상태막대 [자동 축척] 도구

[주석] 탭 [주석 축척] 패널

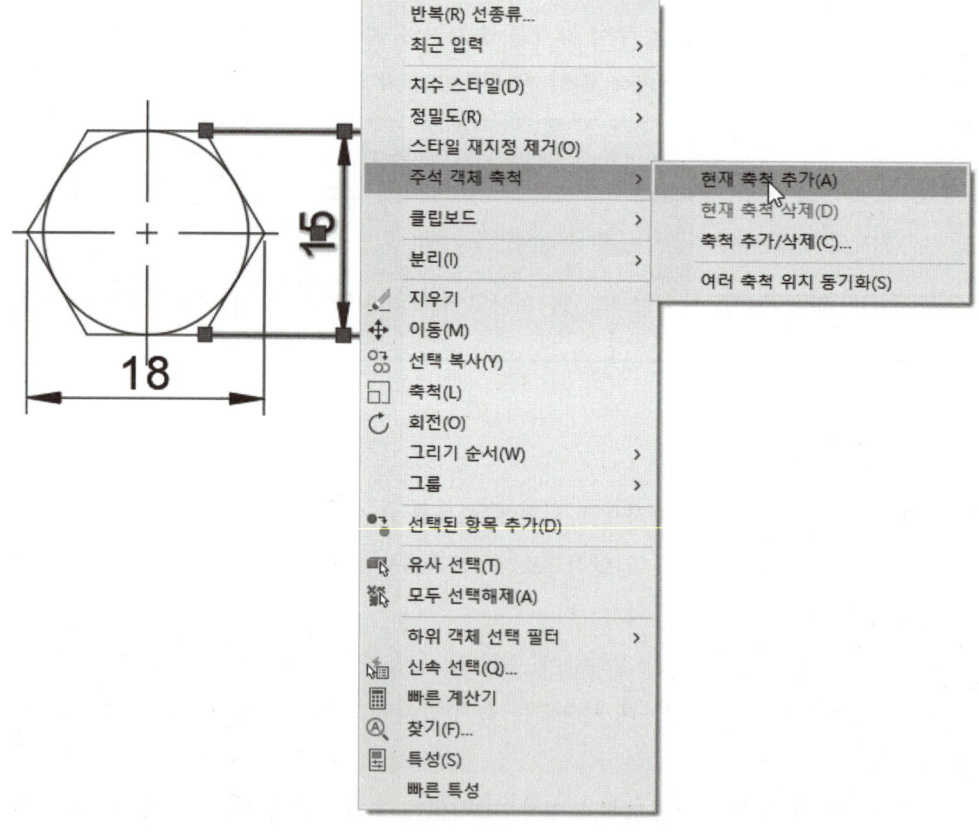

1) ANNOAUTOSCALE 시스템 변수

• 주석 축척이 변경되었을 때 해당 주석 축척을 지원하도록 주석 객체를 업데이트합니다.

값	기 능
0	새로 설정된 주석 축척은 주석 객체에 추가되지 않습니다.
1	꺼지거나, 동결되거나, 잠기거나 또는 뷰포트 ⇨ 동결로 설정된 도면층의 주석 객체는 제외하고 새로 설정된 주석 축척을 현재 축척을 지원하는 주석 객체에 추가합니다.
2	꺼지거나, 동결되거나 또는 뷰포트 ⇨ 동결로 설정된 도면층의 주석 객체는 제외하고 새로 설정된 주석 축척을 현재 축척을 지원하는 주석 객체에 추가합니다.
3	잠긴 도면층의 주석 객체는 제외하고 새로 설정된 주석 축척을 현재 축척을 지원하는 주석 객체에 추가합니다.
4	새로 설정된 주석 축척을 현재 축척을 지원하는 모든 주석 객체에 추가합니다.

2) OBJECTSCALE 명령

• 주석 객체에 대해 지원되는 축척을 추가 또는 삭제합니다.

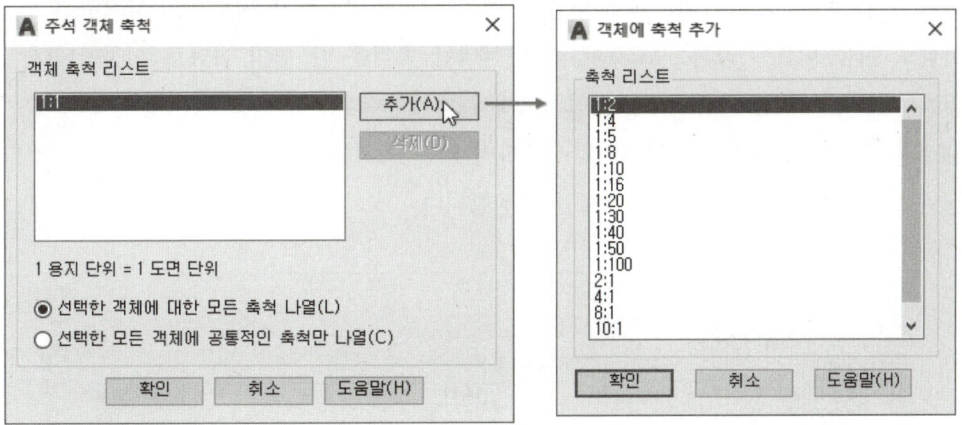

• 객체 축척 리스트 - 선택한 객체가 지원하는 축척 리스트를 표시합니다.
• 선택한 객체에 대한 모든 축척 나열 - 선택한 객체가 지원하는 모든 축척이 객체 축척 리스트에 표시되도록 지정합니다.
• 선택한 모든 객체에 공통적인 축척만 나열 - 선택한 모든 객체에 공통적인 지원되는 축척만 객체 축척 리스트에 표시되도록 지정합니다.
• 추가 버튼 - '객체에 축척 추가' 대화상자를 표시합니다.
• 삭제 버튼 - 선택한 축척을 축척 리스트에서 제거합니다.

3) SCALELISTEDIT 명령

- 배치 뷰포트, 페이지 배치 및 플로팅에 사용할 수 있는 축척 리스트를 조정합니다.

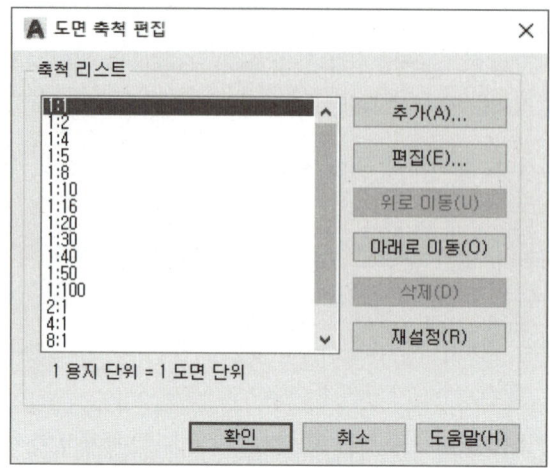

- 객체 축척 리스트 - 현재 정의된 축척 리스트를 표시합니다.
- 추가 버튼 - '축척 추가' 대화상자를 표시합니다.
- 편집 버튼 - 축척 편집 대화상자를 표시합니다.
- 위로 이동 버튼 - 축척 리스트에 현재 선택된 축척을 한 위치 위로 이동합니다.
- 아래로 이동 버튼 - 축척 리스트에 현재 선택된 축척을 한 위치 아래로 이동합니다.
- 삭제 버튼 - 선택한 축척을 축척 리스트에서 제거합니다.
- 재설정 버튼 - 모든 사용자 축척 및 사용하지 않는 축척을 삭제하고 , 기본 축척 리스트 대화 상자에서 정의된 기본 축척 리스트를 복원합니다.

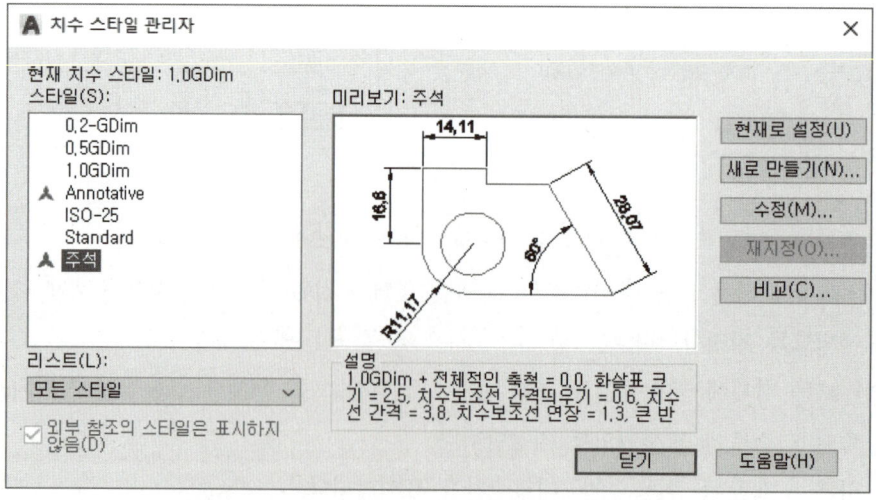

1.15 주석 축척(Annotation scale of the current view)

- 상태 막대의 [주석 축척] 버튼은 현재 뷰의 주석 축척을 설정합니다.

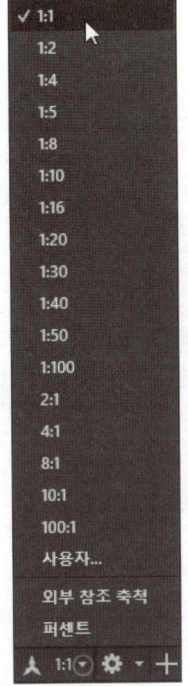

1) CANNOSCALE 시스템 변수

- 현재 공간에 대한 현재 주석 축척의 이름을 설정합니다.
- 도면의 명명된 축척 리스트에 있는 명명된 축척만 입력할 수 있습니다.

2) DIMSCALE 시스템 변수

- 크기, 거리 또는 간격띄우기를 지정하는 치수기입 변수에 적용되는 전체 축척 비율을 설정합니다. DIMSCALE은 측정된 길이, 좌표 또는 각도에 영향을 주지 않습니다.
- DIMSCALE을 사용하여 전체적인 치수 축척을 조정합니다. 그러나 현재 치수 스타일이 주석일 경우 DIMSCALE은 0으로 자동 설정되고 치수 축척은 CANNOSCALE 시스템 변수에 의해 조정됩니다. 주석 치수 스타일을 사용할 경우 DIMSCALE을 0이 아닌 다른 값으로 설정할 수 없습니다.

1.16 작업공간 전환(Workspace switching)

- 상태막대에서 ⚙[작업공간 전환] 버튼의 드롭다운 리스트를 클릭해서 사용할 작업공간을 선택할 수 있고, 설정 변경 및 저장할 수 있습니다.

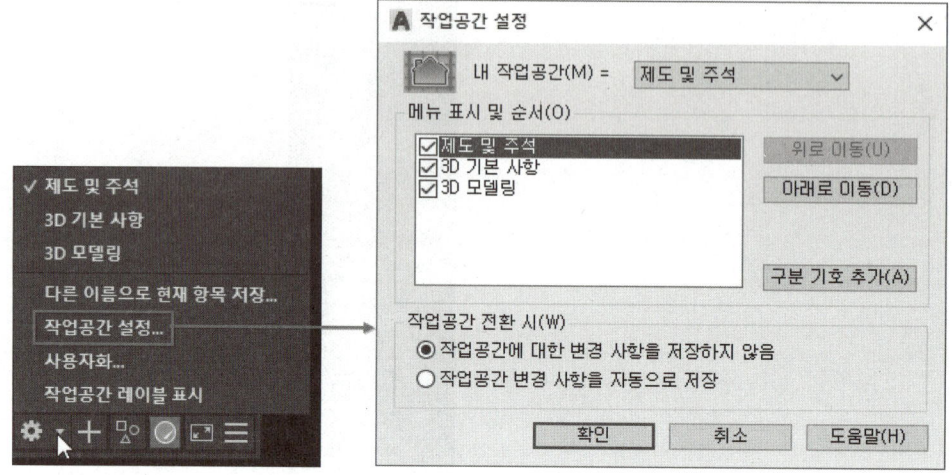

- 상태막대에서 ⚙[작업공간 전환] 버튼을 클릭하고, 사용할 작업공간을 선택합니다.

- 상태막대에서 ⚙[작업공간 전환] 버튼을 클릭하고, [작업공간 설정]을 선택합니다.
'작업공간 설정' 대화상자에서 필요에 따라 작업공간 설정을 변경합니다.

- 상태막대에서 ⚙[작업공간 전환] 버튼을 클릭하고, [다른 이름으로 현재 항목 저장]을 선택합니다.
  ① '작업공간 저장' 대화상자에서 새 작업공간의 이름을 입력하거나 드롭다운 리스트에서 이름을 선택합니다. [저장]을 클릭합니다.

1.17 주석 감시(Annotation monitor)

- 상태 막대의 ✚[주석 감시] 버튼은 주석 상태를 모니터하는 서비스입니다.

1) ANNOMONITOR 시스템 변수

- 상태 막대의 ✚[주석 감시]를 켜거나 끕니다. 주석 감시를 켜면, 모든 비연관 주석에 배지로 플래그가 지정됩니다.

값	기 능
1, 2	주석 감시가 켜져 있습니다.
0, -1	주석 감시가 꺼져 있습니다.
-2	모든 도면에서 주석 감시가 꺼져 있습니다. 그러나 모형 문서 편집 또는 업데이트 이벤트를 추적합니다. 도면 뷰가 변경되면 주석 감시가 자동으로 켜집니다(ANNOMONITOR = 2). ANNOMONITOR = -2 상태는 다른 모든 도면에 대해서는 주석 감시가 꺼져 있지만, 모형 문서 도면에 대한 주석 감시는 켜져 있는 것과 같습니다.

- 업데이트 이벤트에서 주석의 연관성이 손실되면, 풍선 알림에 영향을 받은 주석의 수가 표시되고, 주석 감시 트레이 아이콘이 ✚에서 ✚으로 변경됩니다. 또한 주석 감시에서 영향을 받은 주석 옆에는 표식이 표시됩니다.
- 표식을 클릭하면, 연관 해제된 해당 주석과 관련된 옵션들을 표시하는 메뉴가 표시됩니다. 주석 감시를 끄면, 표식은 사라집니다.

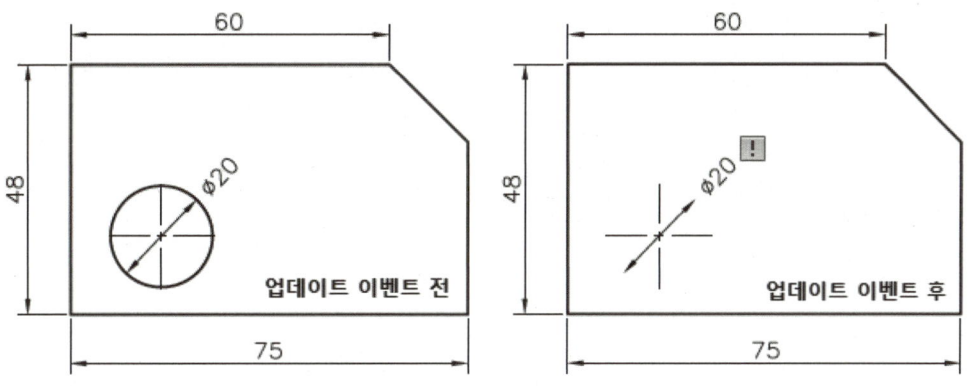

1.18 현재 도면 단위(Current Drawing Units)

• 상태 막대의 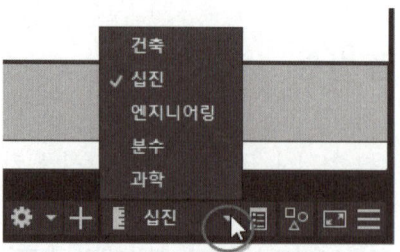 [현재 도면 단위] 버튼은 현재 활성 도면의 단위 유형을 설정합니다.

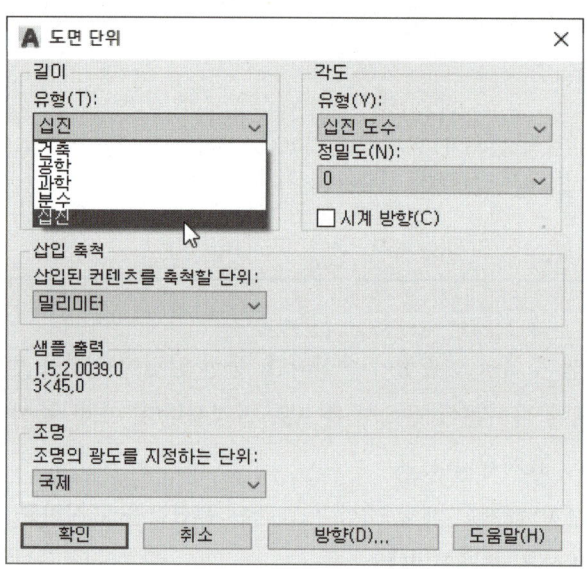

1.19 빠른 특성(Quick properties)

- 상태막대의 [빠른 특성]은 팔레트의 표시 설정을 지정합니다.

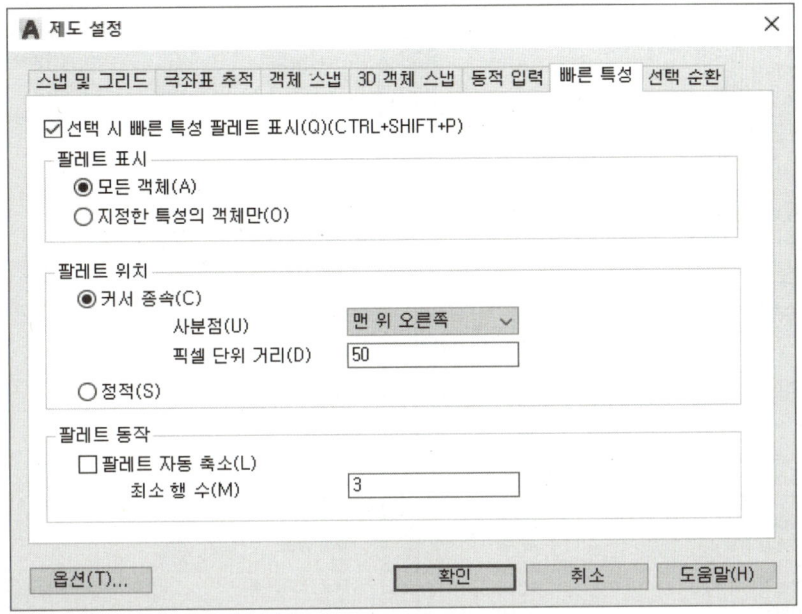

- 빠른 특성 팔레트에는 가장 자주 사용하는 특성이 객체 유형 또는 객체 세트별로 나열됩니다.
- 풀다운 메뉴에서 [도구] ⇨ [사용자화] ⇨ [인터페이스] 클릭한 후 CUI(사용자 인터페이스 사용자화) 편집기에서 객체에 대한 빠른 특성을 쉽게 사용자화할 수 있습니다.
  ① 같은 유형의 객체를 하나 이상 선택하는 경우, 빠른 특성 팔레트에는 해당 객체 유형의 선택한 특성이 표시됩니다.
  ② 유형이 서로 다른 객체를 둘 이상 선택하는 경우, 빠른 특성 팔레트에는 해당 선택 세트의 모든 객체에 대한 공통 특성 있는 경우가 표시됩니다.
- 상태막대에서 [빠른 특성]을 클릭하거나 QPMODE 시스템 변수를 사용하여 빠른 특성 팔레트를 켜거나 끌 수도 있습니다.

1) QPMODE 시스템 변수

객체를 선택할 때 빠른 특성 팔레트가 표시되는지 여부를 조정합니다.

값	기 능
0	도면 영역에서 선택 시 모든 객체에 대해 빠른 특성 팔레트 표시를 끕니다.
1	도면 영역에서 선택 시 모든 객체에 대해 빠른 특성 팔레트 표시를 켭니다.
2	빠른 특성 팔레트 표시를 켜지만, 도면 영역에서 선택 시 사용자 인터페이스 사용자화(CUI) 편집기에서 빠른 특성 표시가 지원되는 객체에 대해서만 표시를 켭니다.

1.20 객체 분리(Isolate object)

- 상태막대의 [객체 분리]는 객체를 숨기고 분리하고 객체 분리를 끝내는 옵션에 액세스할 수 있습니다.
- 상태막대의 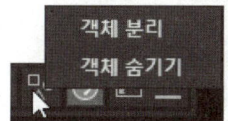[객체 분리]는 지정된 객체를 일시적으로 보이지 않게 설정하거나 이전에 보이지 않게 설정된 객체를 복원합니다.

- '객체 분리'는 설계자가 선택하는 객체를 제외한 모든 객체를 일시적으로 보이지 않게 설정합니다.
- '객체 숨기기'는 설계자가 선택하는 객체를 일시적으로 보이지 않게 설정합니다.
- '객체 분리 끝'은 영향을 받은 모든 객체의 화면표시를 복원합니다.

❏ ISOLATEOBJECTS(객체 분리) 명령

- 작업자가 선택하는 객체를 제외한 모든 객체를 일시적으로 숨깁니다.

❏ HIDEOBJECTS(객체 숨기기) 명령

- 선택된 객체를 숨깁니다.

❏ UNISOLATEOBJECTS(객체 분리 끝) 명령

- 이전에 ISOLATEOBJECTS 또는 HIDEOBJECTS 명령을 사용하여 숨겼던 객체를 표시합니다.

실습과제 9〉 그리드/스냅 기능과 Line(선) 명령을 이용해서 도형을 작도합니다.

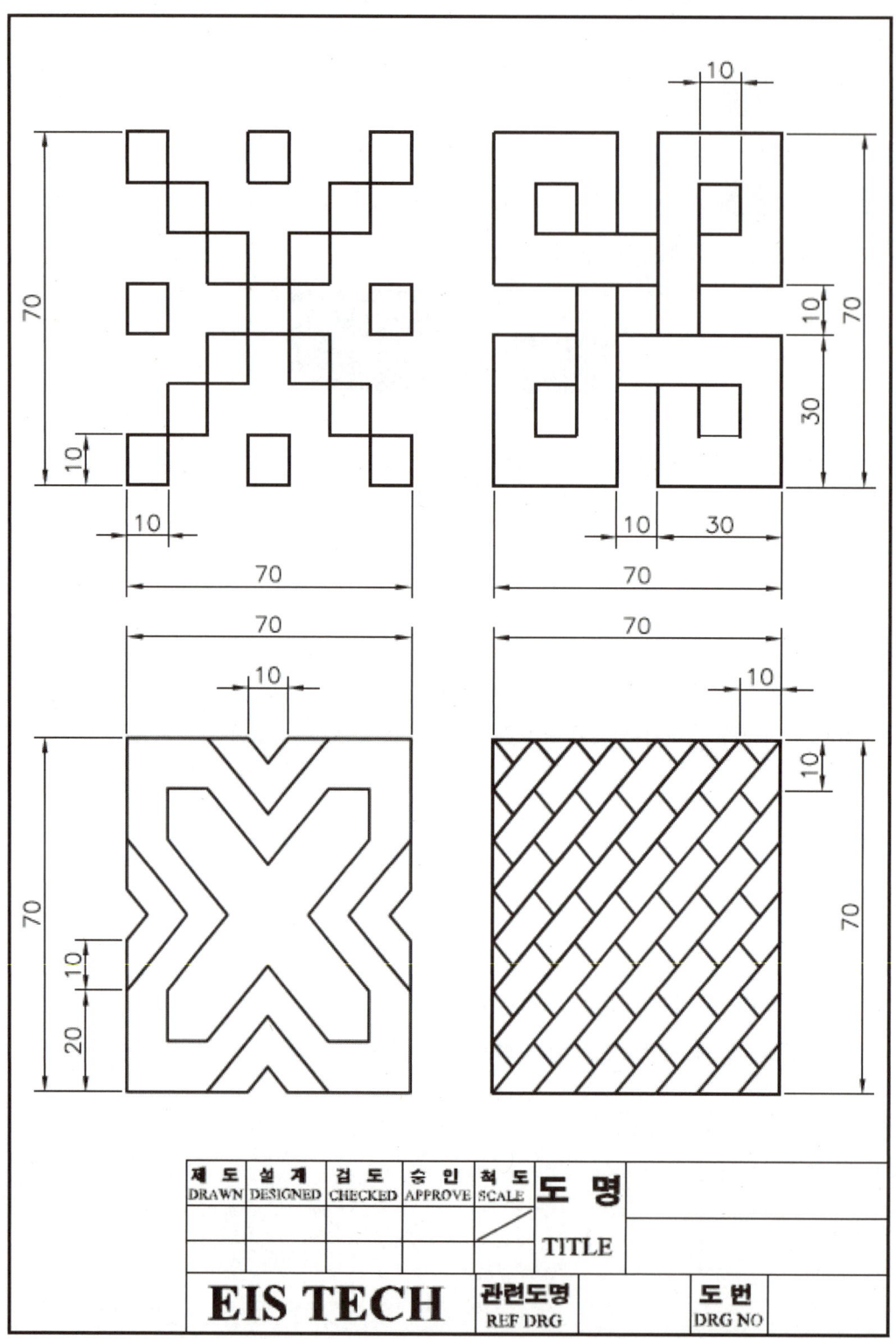

실습과제 10〉 그리드/스냅 기능과 Line(선) 명령을 이용해서 도형을 작도합니다.

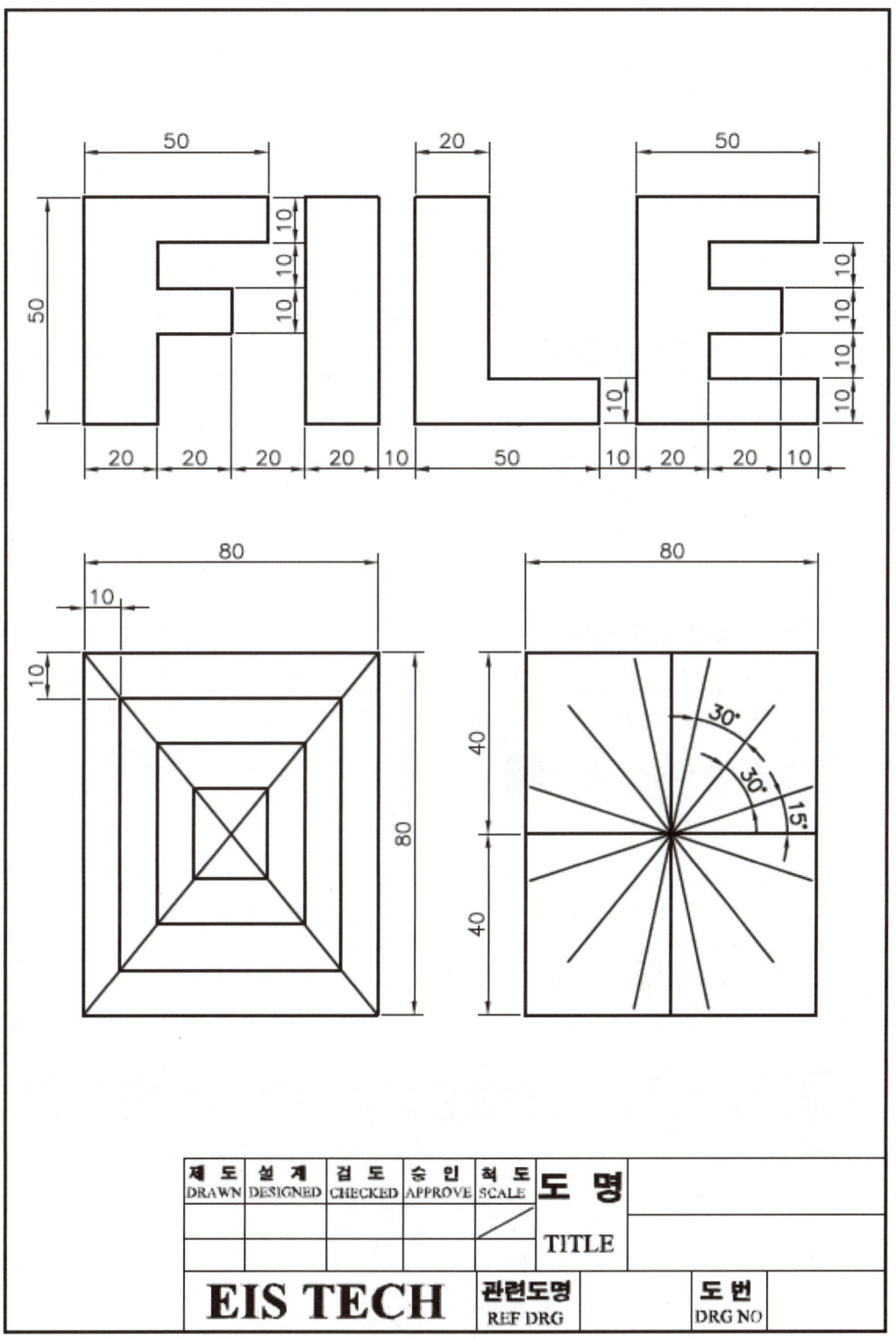

02 원호 객체 그리기
(Draw circle and arc objects)

2.1 CIRCLE(원) 명령

- [CIRCLE(원)] 명령으로 다양한 방법으로 원 객체를 작도합니다.
- AutoCAD에서 일반적인 원을 작도하는 방법은 중심점을 지정하고, 반지름 혹은 지름 값을 입력하는 것입니다.

1) CIRCLE(원) 명령 호출 방법

메뉴:	그리기 ⇨ 원 ⇨ 중심점, 반지름
도구막대:	그리기 ⇨ (원)
리본:	홈 탭 ⇨ 그리기 패널 ⇨ 원 드롭다운 ⇨ 중심점, 반지름
명령 입력:	CIRCLE, C

- 리본 [그리기] 탭에서 (원) 아이콘 의 ▼(플라이아웃)을 클릭합니다.
- 명령 행에 [CIRCLE] 혹은 [C] 라고 입력합니다.

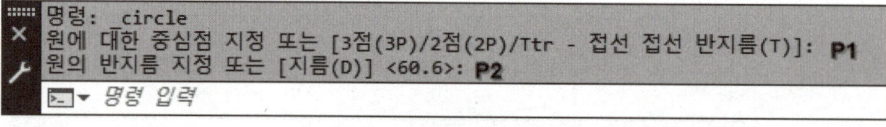

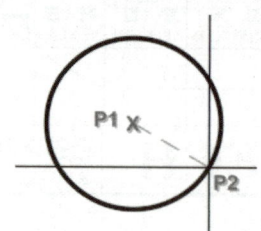

2) CIRCLE(원) 명령 옵션

프롬프트	설 명
명령: C	단축 명령어
CIRCLE	명령 이름
원에 대한 중심점 지정	디폴트 프롬프트
[3점(3P) 2점(2P) Ttr – 접선 접선 반지름(T)] : 3P	옵션 리스트(프롬프트)/옵션 입력
원 위의 첫 번째 점 지정: P1	3P 옵션 프롬프트
원 위의 두 번째 점 지정: P2	3P 옵션 프롬프트
원 위의 세 번째 점 지정: P3	3P 옵션 프롬프트

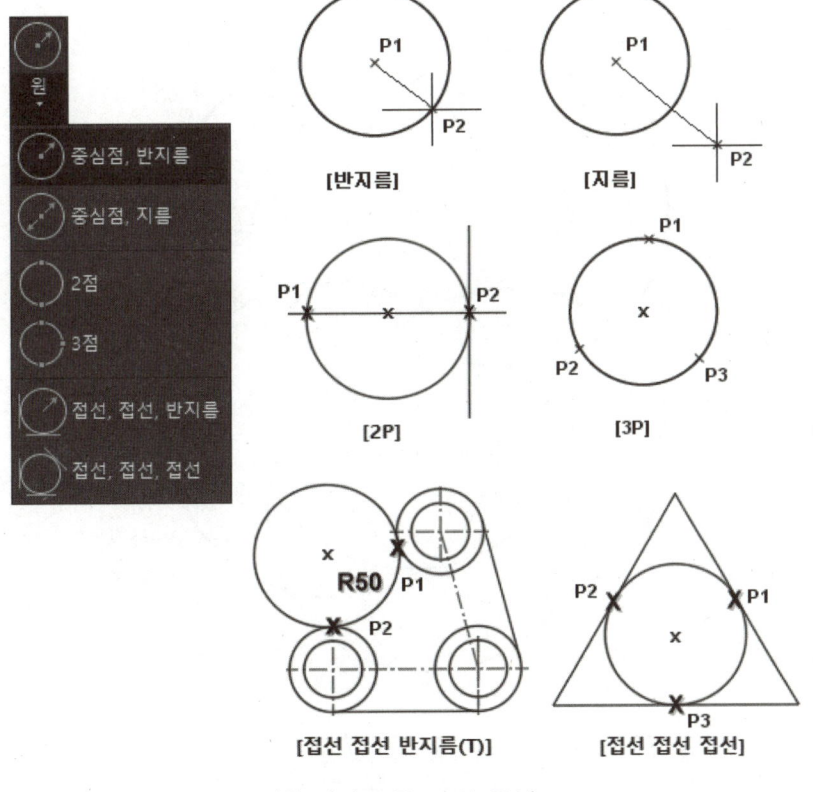

〈원 명령 프롬프트와 옵션〉

실습과제 11〉 [CIRCLE(원)] 명령을 이용해서 다음 도형(접원)을 작도합니다.

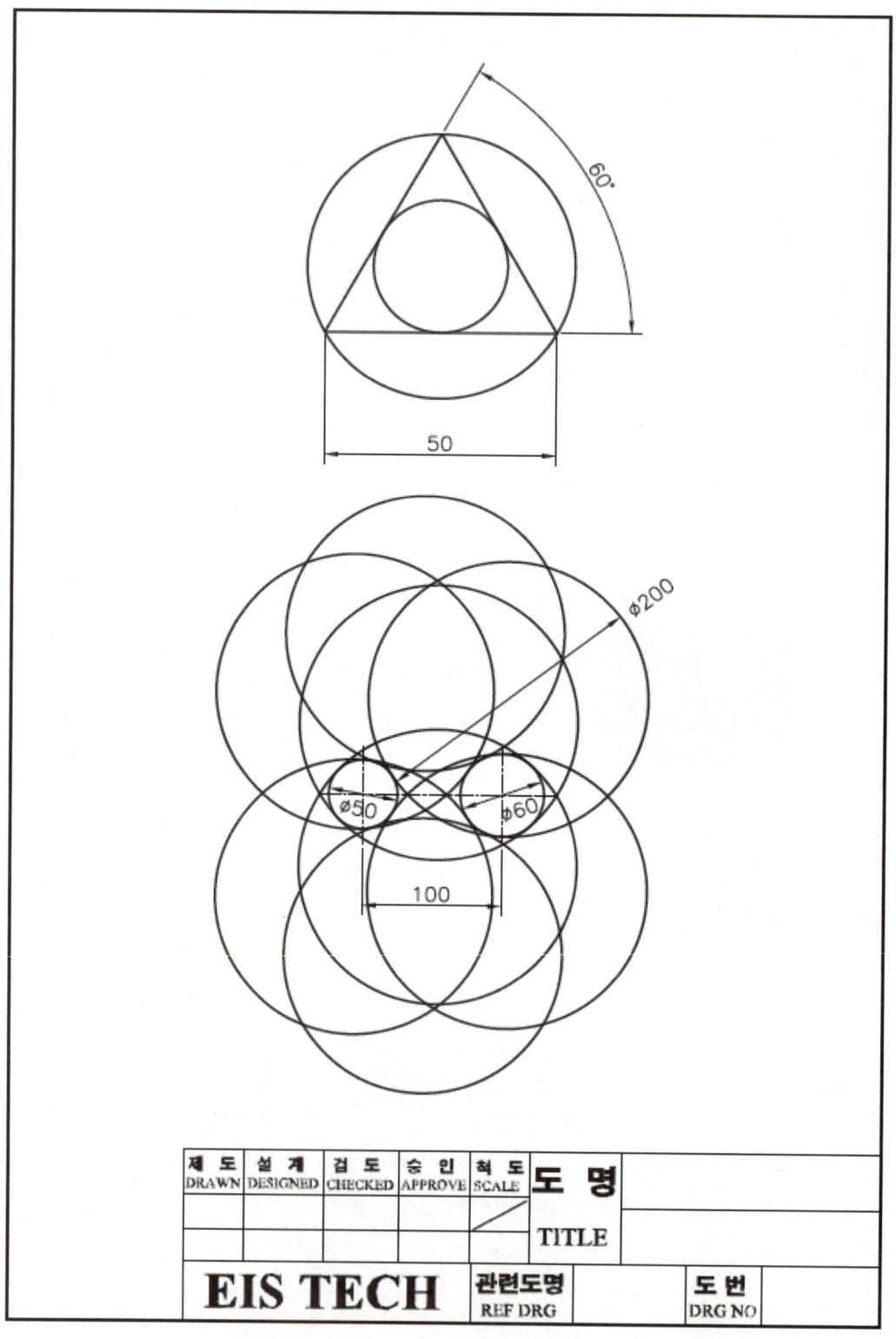

실습과제 12〉 다음 도면의 도형 및 원을 작도합니다.

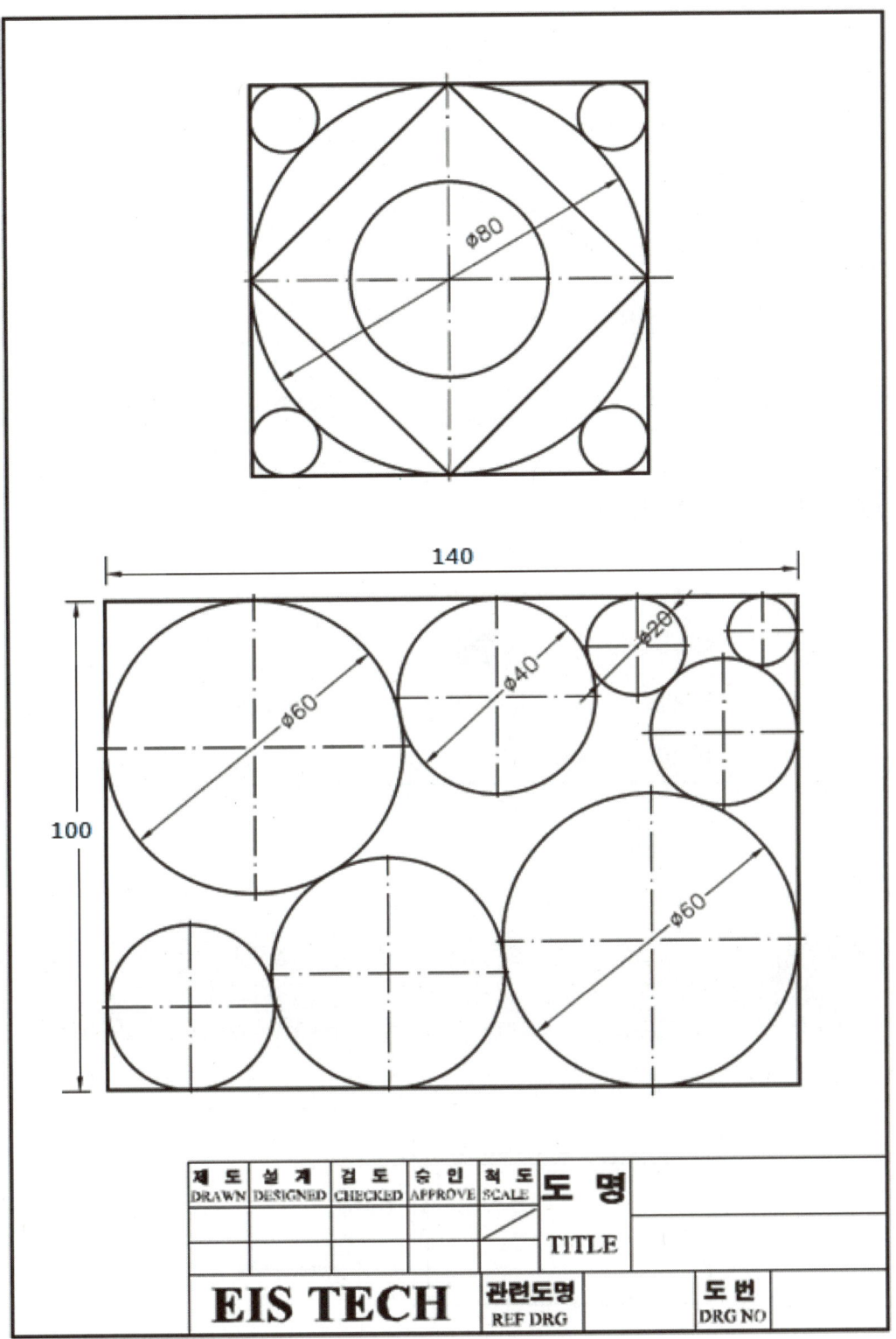

2.2 ARC(호) 명령

- ARC(호)는 중심점(C)을 기준으로, 시작점(S) 및 끝점(E)을 잇는 현으로 구성됩니다. 그 외 반지름, 각도, 현의 길이 및 방향 값을 다양하게 조합하여 호를 작도할 수 있습니다.

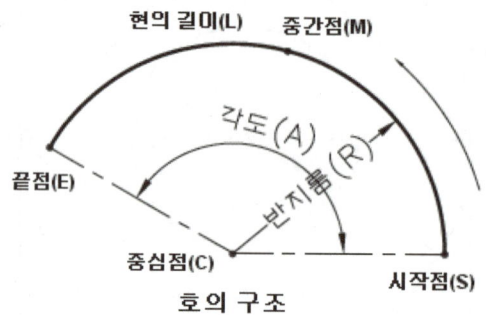

호의 구조

1) ARC(호) 명령 호출하는 방법

메뉴:	그리기 ⇨ 호 ⇨ 3점
도구막대:	그리기 ⇨
리본:	홈 탭 ⇨ 그리기 패널 ⇨ 호 드롭다운 ⇨ 3점
명령 입력:	ARC, A

- 리본 [그리기] 탭에서 (호) 아이콘의 ▾(플라이아웃)을 클릭합니다.
- 명령 행에 [ARC] 혹은 [A] 라고 입력합니다.

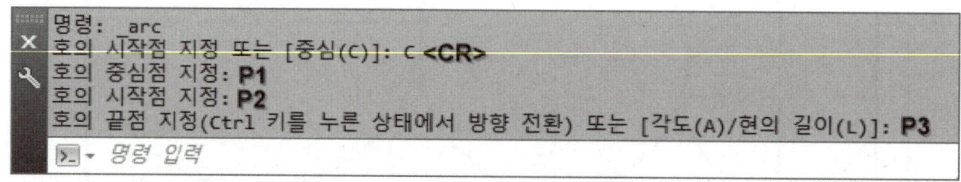

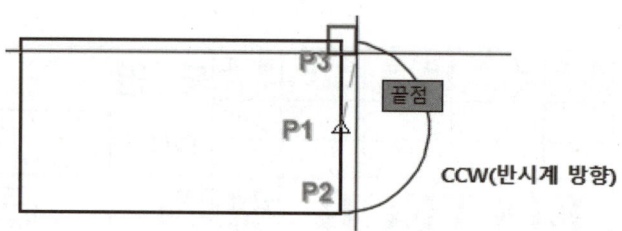

2) ARC(호) 명령 옵션

아이콘	옵션	기능
	3 점	
	시작점, 중심점, 끝점	
	시작점, 중심점, 각도	
	시작점, 중심점, 길이	
	시작점, 끝점, 각도	
	시작점, 끝점, 방향	
	시작점, 끝점, 반지름	
	중심점, 시작점, 끝점	
	중심점, 시작점, 각도	
	중심점, 시작점, 길이	
	연속	

따라하기〉 ARC(호) 명령을 이용해서 문(Door)을 작도합니다.

1 다음 그림처럼 벽체와 문틀 도형을 작도합니다.

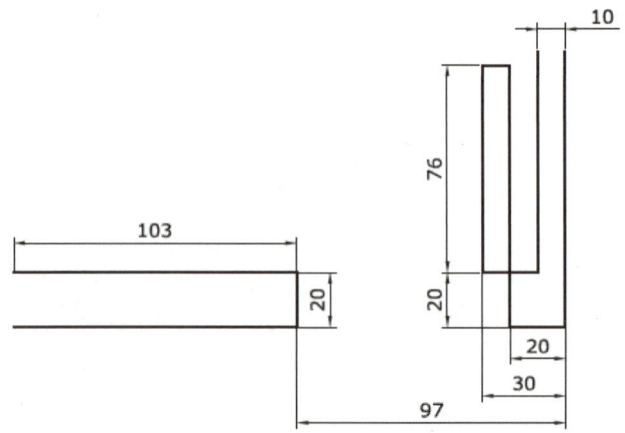

2 [ARC(호)] 명령을 이용해서 다음 그림처럼 문(Door)을 작도합니다.

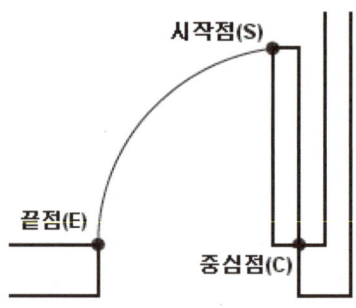

03 도면층(LAYER) 개념 및 활용

- 여러 장의 투명한 필름 각각에 형상을 그리고, 이것을 모두 겹쳐서 보더라도 한 장의 필름에 그린 형상으로 보이게 됩니다. 이때 각각의 낱장 필름 역할을 하는 심벌(Symbol)을 AutoCAD 에서는 [LAYER(도면층)]이라고 합니다.
- AutoCAD에서 1번 도면층에는 외형선을 그리고, 2번 도면층에는 치수를 배치하고, 3번 도면층에는 주서를 기입합니다.
- '도면층 특성 관리자' 대화상자에서 3번 도면층에 해당되는 필름을 빼놓았다고 한다면, 즉 3번 도면층은 OFF(끄기)된 상태이므로, 다음 그림처럼 모니터 화면 도면 영역에는 1번과 3번 도면층에 존재하는 외형선과 치수 객체들만 볼 수 있을 것입니다.

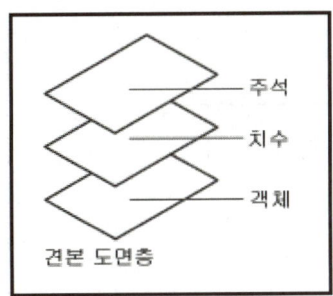

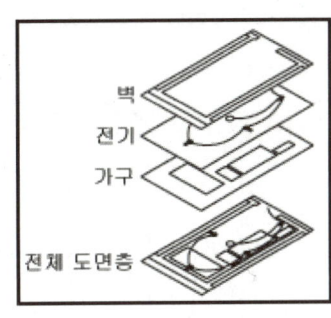

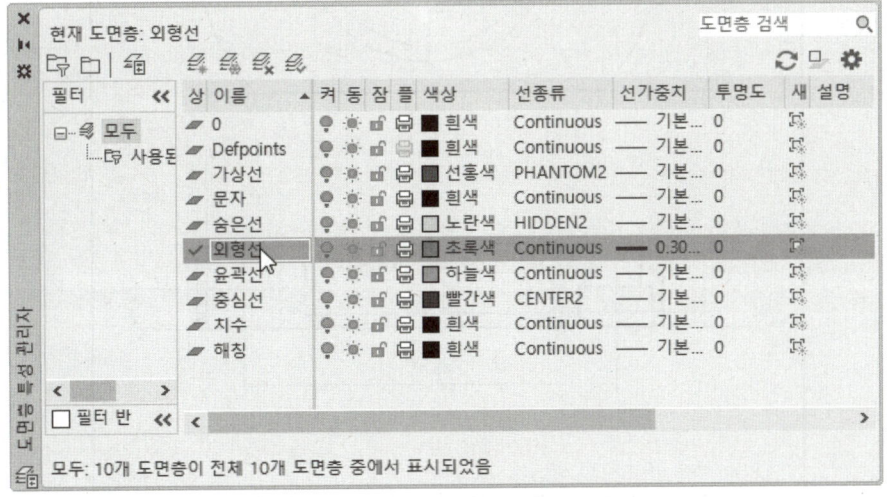

- [도면층(Layer)]는 AutoCAD의 중요한 구성 도구로 도면 구성요소들을 선종류, 색상, 선가중치 등 표준을 강화하는데 이용됩니다.
- [LAYER(도면층)] 명령을 이용해서 새 도면층을 추가 및 삭제할 수 있고, 작도를 위해서 현재 도면층(Current Layer)으로 활성화 할 수 있습니다.
- 도면층에 특성 지정, 도면층 켜기/끄기, 동결/동결 해제, 잠금/잠금 해제, 플롯 스타일 설정, 플로팅 켜기/끄기 등의 작업을 할 수 있습니다.

TIP〉 도면 작업에서 도면층을 이용하면;

- 도면 자체는 물론이고 다양한 객체들의 관리가 용이합니다.
- 매우 복잡한 도면을 작업하는 경우, 화면에 객체를 일시적으로 숨기거나 필요 시 다시 표시할 수 있습니다.
- 객체가 화면에 표시되지만 선택 불가능(잠금)으로 설정하면, 편집 작업을 좀 더 쉽고 빠르게 수행할 수 있습니다.
- 객체의 선가중치와 지정된 색상에 따라 최종 도면을 인쇄할 수 있습니다.
- 네트워크 설계 환경에서 프로젝트를 수행하는 경우, 외부 참조한 도면의 잠긴 도면층 객체들은 수정할 수 없어 자동으로 보호되어 동시 공동 작업을 수행할 수 있습니다.

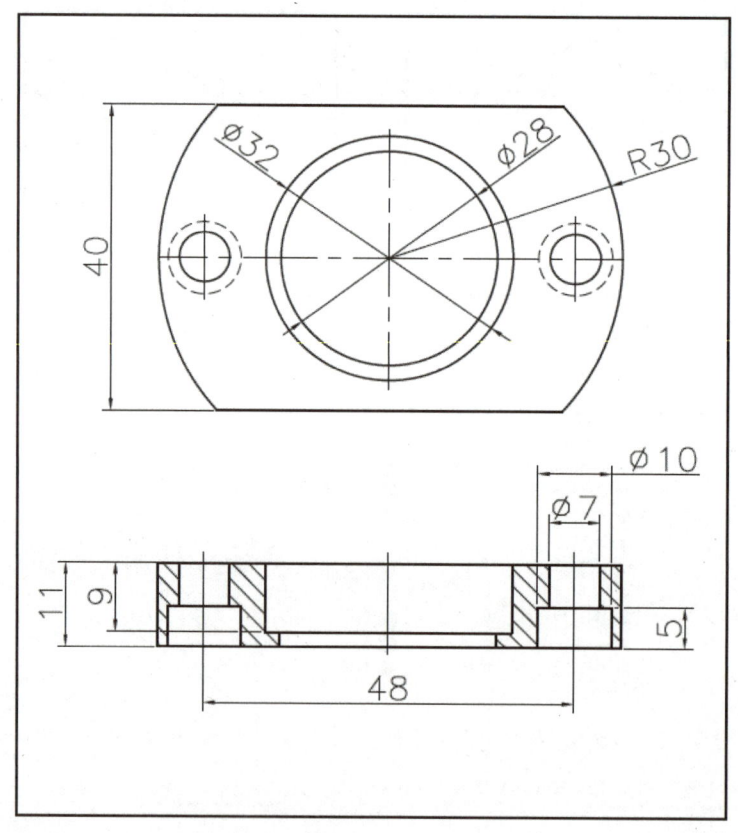

3.1 LAYER(도면층) 명령

• 도면층 및 도면층 특성 관리를 합니다.

메뉴:	형식 ⇨ 도면층
도구막대:	도면층 ⇨ [아이콘]
리본:	홈 탭 ⇨ 도면층 패널 ⇨ 도면층 특성 관리자
명령 입력:	LAYER, LA 또는 투명용도의 'LAYER

1) CAD 도면에서의 도면층 호출하는 방법

• 리본 [도면층] 패널에서 [아이콘][도면층 특성] 아이콘을 클릭합니다.
• 풀다운 메뉴에서 [형식] ⇨ [도면층]을 클릭합니다.
• 명령 행에 [LAYER] 혹은 [LA] 라고 입력합니다.

```
명령: -LA
-LAYER
현재 도면층: "외형선"
옵션 입력 [?/만들기(M)/설정(S)/새로 만들기(N)/이름바꾸기(R)/켜기(ON)/끄기(OFF)/색상(C)/
      선종류(L)/선가중치(LW)/투명도(TR)/재료(MAT)/플롯(P)/동결(F)/동결해제(T)/잠금(LO)/
      잠금해제(U)/상태(A)/설명(D)/조성(E)/외부 참조(X)]:
▼ 명령 입력
```

옵션	기 능
?(도면층 나열)	현재 정의된 도면층의 이름, 상태, 색상 번호, 선종류, 선가중치 및 외부 종속 도면층인지 여부를 보여주는 리스트를 표시합니다.
만들기(M)	도면층을 작성하고 작성한 도면층을 현재 도면층으로 만듭니다. 새 객체는 현재 도면층에 그려집니다.
설정(S)	새 현재 도면층을 지정하지만 현재 도면층이 없으면 도면층을 작성하지 않습니다. 도면층이 존재하지만 꺼져 있으면 도면층이 켜지고 현재 도면층으로 만들어집니다. 동결된 도면층은 현재 도면층으로 만들 수 없습니다.
새로 만들기(N)	새로운 현재 도면층을 작성합니다.
이름 바꾸기(R)	기존 도면층의 이름을 변경합니다.
켜기(ON)	선택한 도면층을 보이게 하고 플로팅할 수 있게 합니다.
끄기(Off)	선택한 도면층을 보이지 않게 하고 플로팅 대상에서 제외합니다.

옵션	기 능
색상(C)	도면층과 연관된 색상을 변경합니다.
선종류(L)	도면층과 연관된 선종류를 변경합니다.
선가중치(LW)	도면층과 연관된 선가중치를 변경합니다.
투명도(TR)	도면층과 연관된 투명도 레벨을 변경합니다(0 ~ 90까지 값 입력).
재료(MAT)	도면층에 재료를 부착합니다. 재료는 도면에서 사용 가능해야 도면층에 지정될 수 있습니다.
플롯(P)	보이는 도면층의 플롯 여부를 조정합니다. 도면층이 플롯되도록 설정되었더라도 현재 동결되었거나 꺼져 있으면 도면층은 플롯되지 않습니다.
플롯 스타일	도면층에 지정된 플롯 스타일을 설정합니다.
동결(F)	도면층을 동결하여 도면층을 보이지 않게 하고 재생성과 플로팅에서 그 도면층을 제외합니다.
동결 해제(T)	동결된 도면층을 동결 해제하여 보이게 하고 재생성 및 플로팅할 수 있게 합니다.
잠금(LO)	도면층을 잠그고 그 도면층의 엔티티가 편집되지 못하게 합니다.
잠금 해제(U)	선택된 잠금 도면층을 잠금 해제하여 해당 도면층의 객체 편집을 가능하게 합니다.
상태(A)	도면에 있는 도면층의 상태 및 특성 설정을 저장하거나 복원합니다.
설명(D)	기존 도면층의 설명 특성 값을 설정합니다.
조정(E)	비조정 도면층의 비조정 특성을 설정합니다.

아이콘	명령	설 명
	새 특성 필터	도면층 필터 특성 대화상자 표시합니다.
	새 그룹 필터	선택하여 필터에 추가한 도면층이 들어 있는 도면층 필터를 작성합니다.
	도면층 상태 관리자	도면층 상태 관리자를 표시하며, 명명된 도면층 상태에 있는 도면층에 대해서 현재 특성 설정을 저장할 수 있으며 저장한 설정을 나중에 복원할 수 있습니다.
	새 도면층	새로운 현재 도면층을 작성합니다.
	새 도면층 VP가 모든 뷰포트에서 동결됨	새 도면층을 작성하고 기존의 모든 배치 뷰포트에서 동결합니다.
	도면층 삭제	선택한 도면층을 삭제합니다.
	현재로 설정	선택된 도면층을 현재 도면층으로 설정합니다.
	갱신	도면의 모든 도면요소를 스캔하여 도면층 사용 정보를 갱신합니다.
	설정	도면층 설정 대화상자를 표시하며, 도면층 알림 설정 및 도면층 필터 변경사항이 도면층 도구막대에 적용되는 경우 도면층 특성 재지정에 대한 배경 색상을 변경할 수 있습니다.

2) CAD 도면에서의 도면층 설정

- 다음 표에 예시된 도면층을 작업 과정에 따라 필요한 도면층들을 만들고, 모든 도면층에 선가중치는 절대로 설정하지 않습니다.

도면층	선종류	색상	선가중치	선 이름
윤곽선(OL)	Continuous	Blue	0.8mm	윤곽선
외형선(VL)	Continuous	Green	0.5mm	외형선
숨은선(HL)	HIDDEN2	Yellow	0.35mm	숨은선
중심선(CL)	CENTER2	Red	0.18mm	중심선
가상선(IL)	PHANTOM2	Pink	0.18mm	가상선
치수선(FL)	Continuous	White	0.18mm	가는 실선(치수, 해칭)
표면선(SL)	CENTER	Green	0.5mm	표면처리 표시선
절단선(DL)	CENTER	White	0.18mm	절단선
다듬질선(RS)	Continuous	Cyan	0.26mm	다듬질 기호

〈도면층 설정 예〉

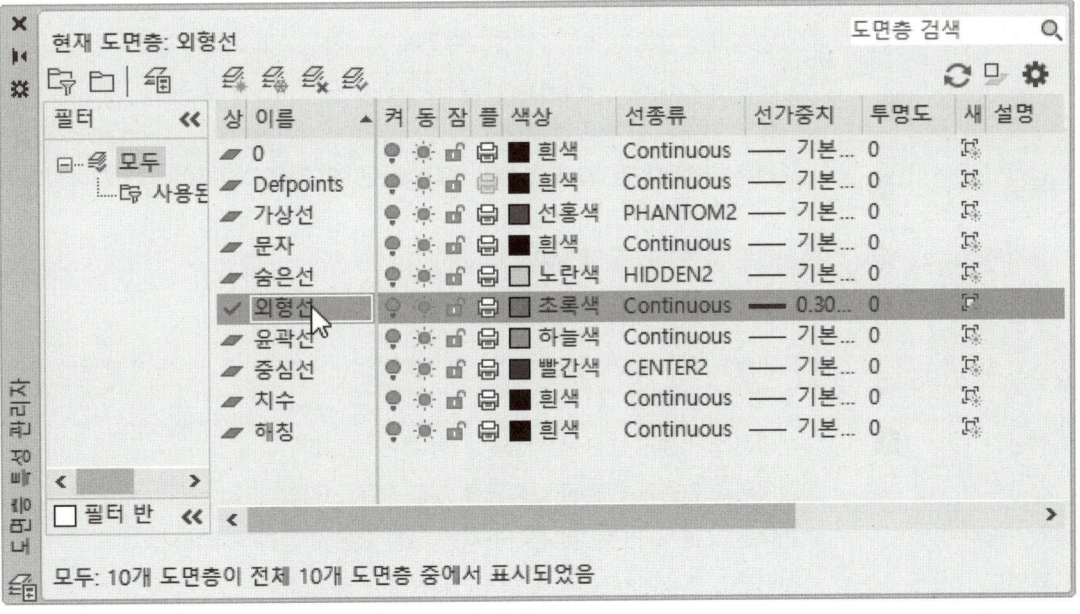

☐ 앞으로 실습 과제를 수행하기 전에 위의 표를 참고해서 도면층들을 만들고 과제를 실습해야만 합니다.

3.2 도면층 상태 제어하기(Controlling Layer States)

• 도면층을 이용해서 도면 작업을 하는 가장 중요한 이유는 도면층에 존재하는 객체의 가시성을 제어하는 유연성에 있습니다. 또한 객체들을 도면층으로 관리 및 제어를 편하고 쉽게 할 수 있기 때문입니다. 도면층 상태를 표시하는 특성 아이콘의 의미를 표에 설명합니다.

항목	아이콘	설 명
상태		도면층의 상태를 표시합니다.
	✓	활성 도면층(현재 도면층)
	◇	사용 중인 도면층
	◇	미사용 중인 도면층
	🖳	도면층이 사용 중이며 배치 뷰포트에 특성 재지정이 켜져 있음
	🖳	도면층이 사용 중이 아니며 배치 뷰포트에 특성 재지정이 켜져 있음

항목	아이콘	설 명
이름		도면층 이름을 표시합니다.
켜기(ON)	💡	도면층이 동결되지 않는 한 그 도면층에 존재하는 엔티티들을 볼 수 있습니다.
끄기(OFF)	💡	도면층에 존재하는 엔티티들은 볼 수 없지만 그 도면층을 동결하지 않는 한 엔티티들은 아직도 재생 가능합니다.
동결	❄	도면층을 동결하면, 그 도면층의 엔티티들은 볼 수 없고 엔티티들은 재생성으로부터 일시 중지됩니다.
동결해제	☼	동결된 도면층을 동결 해제합니다.
잠금	🔒	잠긴 도면층을 잠금 해제합니다.
잠금 해제	🔓	도면층을 잠금 하면, 잠긴 도면층의 엔티티들은 선택이 불가능하기 때문에 수정 및 편집이 불가합니다.
색상	■	선택된 도면층과 연관된 색상을 지정 혹은 변경합니다.
선종류		선택된 도면층과 연관된 선종류를 지정 혹은 변경합니다.
선가중치		선택된 도면층과 연관된 선가중치를 지정 혹은 변경합니다.
투명도		선택한 도면층에서 모든 객체의 가시성을 조정합니다.
플롯 스타일		선택된 도면층과 연관된 플롯 스타일을 지정 혹은 변경합니다.
새 VP 동결		새 배치 뷰포트에서 선택된 도면층을 동결합니다.
설명		도면층 또는 도면층 필터에 대해 설명합니다.

따라하기 ﹥ 도면층 작성, 색상, 선종류 설정하기

1 명령 행에 [-LA] 라고 입력합니다.

'도면층 특성 관리자'에서 [새 도면층] 아이콘을 클릭하면, 새로운 도면층(도면층1)이 생성되어 리스트에 표시됩니다.

2 '도면층1' 이름을 '중심선'으로 변경합니다.

도면층의 색상 지정은 '색상 선택' 대화상자에서 255가지의 색상 중 하나를 선택하여 지정할 수 있으며, 도면층에 색상이 설정되면, 그곳에 작도되는 엔티티들은 모두 그 도면층에 지정된 색상 특성(Property)으로 표시됩니다.

3 '중심선' 도면층의 색상 지정을 위해서, 다음 그림처럼 [중심선] 도면층을 선택한 후 색상 열의 ■ 흰색 부분을 클릭합니다.

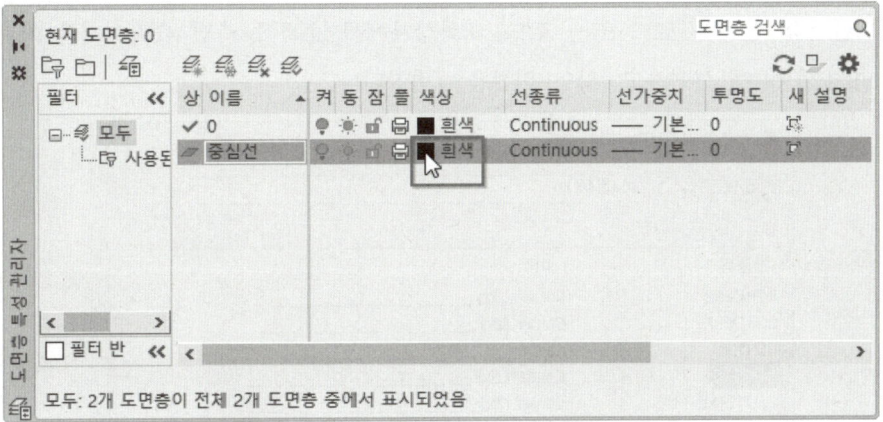

'색상 선택' 대화상자에서 ■ [빨간색]을 클릭하고, [확인]을 클릭합니다.

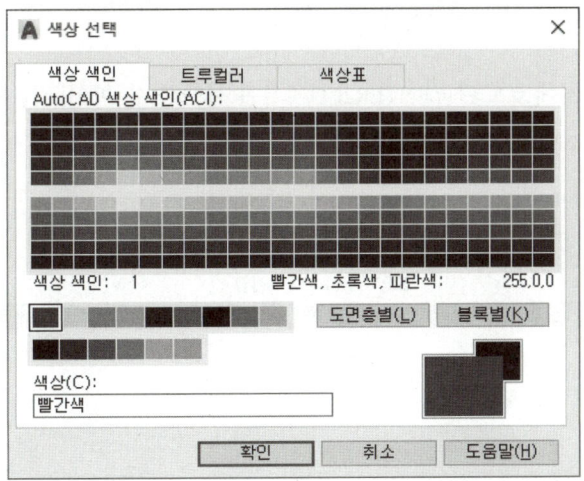

4 '중심선' 도면층에 선종류를 설정하기 위해, [중심선] 도면층을 선택한 후에 선종류 열의 Continuous 를 클릭합니다.

다음 그림처럼 '선종류 선택' 대화 상자에서 [로드] 버튼을 클릭합니다.

다음 그림처럼 '선종류 로드 또는 로드' 대화상자에서 오른쪽 측면 슬라이더를 아래로 내려 [CENTER2] 선종류를 선택하고, [확인] 버튼을 클릭합니다.

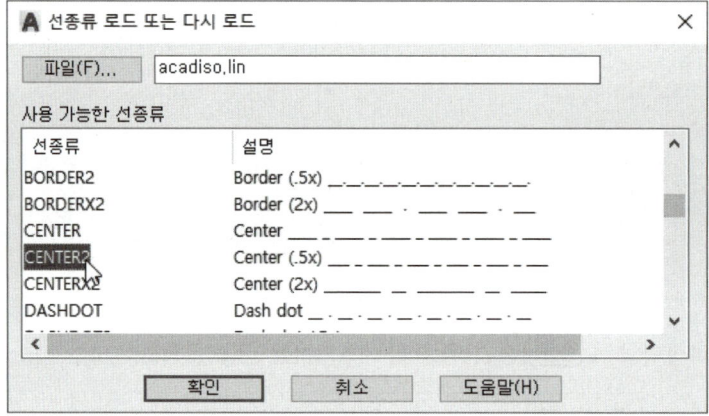

'선종류 선택' 대화상자에 로드된 [CENTER2] 선종류를 선택한 후 [확인] 버튼을 클릭하면, '중심선' 도면층의 선종류는 'CENTER2'로 설정됩니다.

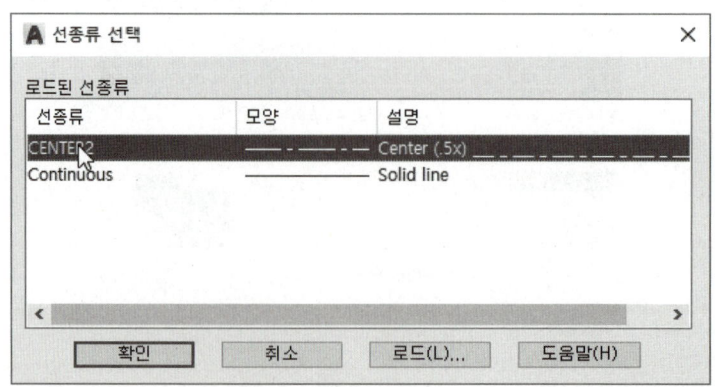

5 현재 도면층은 도면층 이름 앞에 ✔마크가 표시된 0(Zero) 도면층입니다.

마우스로 도면층 [중심선]을 선택한 후에 더블 클릭하거나 상단의 [현재로 설정] 아이콘을 클릭합니다. 그러면 다음 그림처럼 도면층 이름 '중심선' 앞에 ✔마크가 표시됩니다. 이제 현재 도면층은 '중심선' 도면층으로 변경되었습니다.

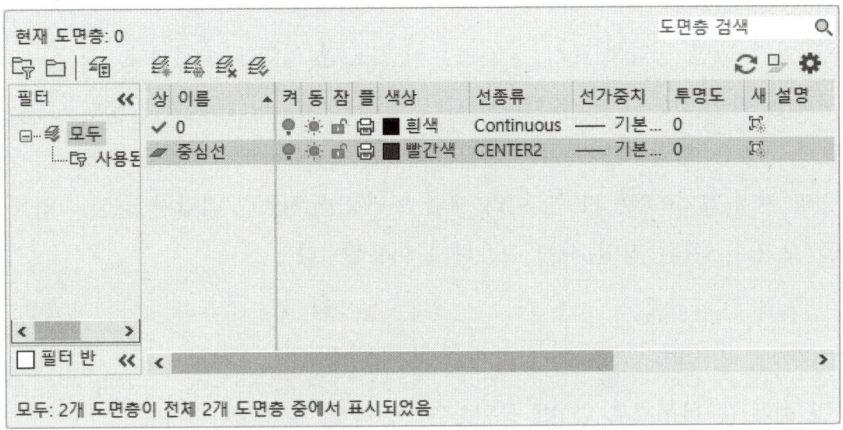

작업자가 별도의 변경을 하지 않는다면, 지금부터 도면 영역에 그리는 엔티티들은 다음 그림처럼 '중심선' 도면층에 속하게 되며, 선종류는 'CENTER2'로, 색은 빨간색으로 표시됩니다.

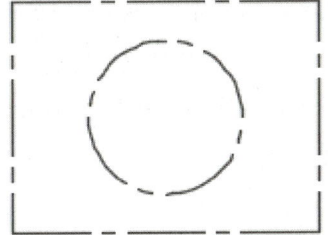 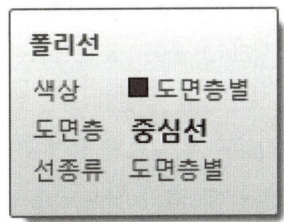

이것은 [ByLayer] 라고 하는 중요한 개념으로 나중에 자세한 설명을 하도록 하겠습니다. 물론 엔티티 수정 작업을 통해서 엔티티의 색상 특성을 변경할 수 있습니다.

3.3 도면층(Layer) 리스트 제어 및 관리

❏ **켜기(ON/OFF)** – '도면층 특성 관리자' 팔레트에서 도면 영역에 도면층에 존재하는 객체들의 표시 여부를 설정합니다.

- 💡(ON) 이면 도면 영역에 표시, 💡(OFF) 이면 도면 영역에 숨깁니다.
- ON 상태를 마우스로 한 번 클릭하면 OFF 상태로 됩니다(Toggle 기능).
- OFF된 도면층은 도면 영역에 표시되지 않으며, 플롯(Plot)되지 않습니다.
  도면층의 켜기/끄기(ON/OFF)는 여러 개의 도면층을 적용한 복잡한 형상 작업 시에 각각의 단품을 보거나 3차원 작업 시에 유용하게 이용됩니다.

❏ **동결(Freeze)** – 도면층을 동결하거나 동결 해제합니다.

- ☼(동결 해제)를 마우스로 한 번 클릭하면, ❈(동결)이 됩니다(Toggle 기능).
- ❈(동결)되면 해당 도면층에 속하는 엔티티들은 도면 영역에 표시되지 않으며, 플롯되지 않습니다.
  ZOOM(확대/축소), PAN(초점 이동) 및 기타 작업의 속도 향상, 객체 선택 성능 향상, 복잡한 도면의 [REGEN(재생성)] 시간 단축 등의 효과를 위해서 도면층을 동결할 수 있습니다. 동결된 도면층의 객체는 플롯, 숨겨지거나 렌더링 또는 재생성되지 않습니다. 오랫동안 보이지 않게 하려는 도면층을 동결합니다. 반면에 가시성 설정을 자주 전환하려는 경우에는 도면이 재생성되지 않도록 켜기/끄기 설정을 사용합니다. 전체 뷰포트, 현재 배치 뷰포트 또는 해당 도면층이 작성된 새 배치 뷰포트에서도 도면층을 동결할 수 있습니다.

❏ **잠금(Lock)** – 도면층을 잠그거나 해제합니다.

- 🔓[잠금 해제(UnLock)]
- 🔒[잠금(Lock)]

  잠금 해제를 마우스로 한 번 클릭하면 잠금이 됩니다. 잠긴 도면층에 속하는 엔티티들은 도면 영역에 나타나지만 수정할 수 없습니다. 아예 선택조차 할 수 없기 때문에 수정 혹은 편집이 불가능합니다.

❑ **선가중치(Lineweight)** – 도면층에 선가중치를 설정합니다.

- 다음 그림처럼 '선가중치' 열의 '기본 값'을 마우스로 한 번 클릭합니다.

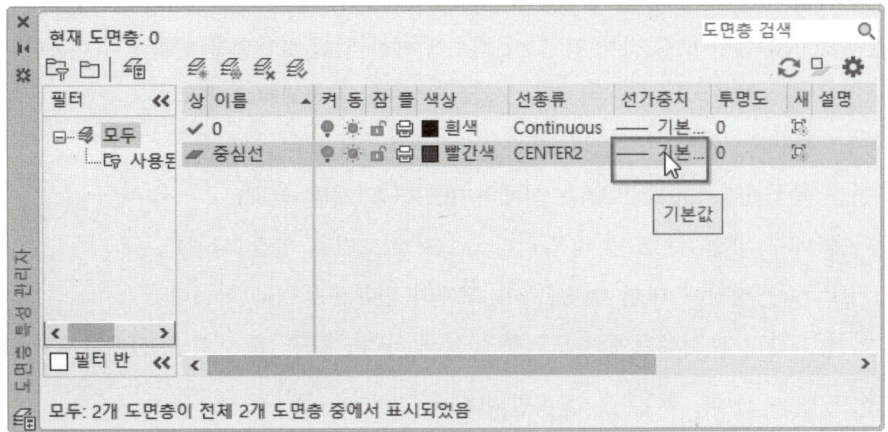

- 다음 그림처럼 '선가중치' 대화상자에서 원하는 [선가중치 값(0.250mm)]을 선택한 후에[확인] 버튼을 클릭합니다.

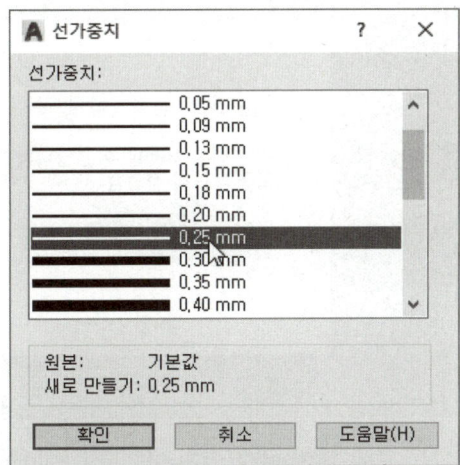

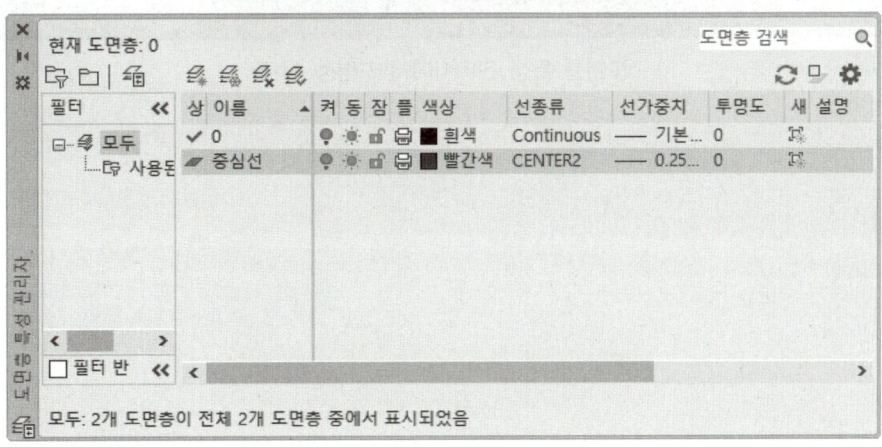

3.4 도면층 삭제(Delete)하기

- 우리는 AutoCAD에서 도형 작도 작업 시 개수에 제한 없이 도면층을 만들어서 이용할 수 있습니다. 작업이 완료되어 더 이상 이용하지 않는 도면층은 삭제해야 합니다.
- 도면층을 삭제하는 방법은 다음과 같이 두 가지가 있습니다.
  ① 도면층 특성관리자에서 도면층 삭제하기(도면층 개별 삭제)
  ② 풀다운 메뉴 파일 ⇨ 도면 유틸리티 ⇨ 소거(도면층 일괄 삭제)
     소거(Purge) 명령에 대한 설명은 이 교재의 앞부분을 참고합니다.
- '도면층 특성 관리자' 팔레트에서 도면층을 삭제 하려면, 도면층 이름을 선택하고, 상단 메뉴에서 [도면층 삭제] 아이콘을 클릭합니다.
- 만일 삭제 하려는 도면층이 다음 그림의 내용에 일치하면, 삭제되지 않고, 그렇지 않으면 삭제됩니다.

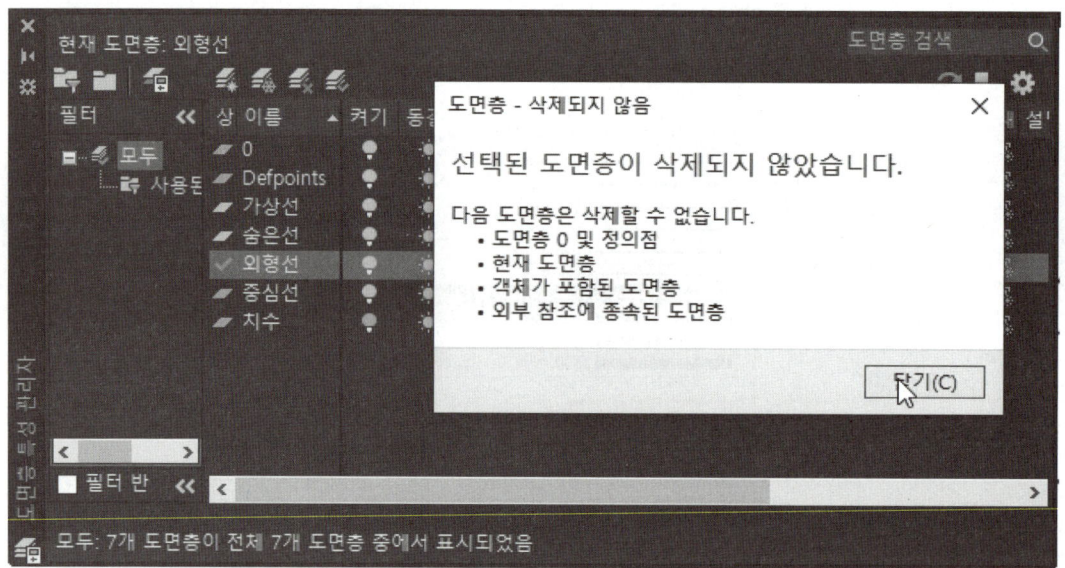

〈도면층 특성 관리자에서 도면층 삭제〉

3.5 도면층 상태 관리자 명령(LAYERSTATE)

- 명명된 도면층 상태를 저장, 복원 및 관리합니다. 도면의 도면층 설정을 명명된 도면층 상태로 저장합니다.
- 명명된 도면층 상태는 복원, 편집, 가져오기 및 내보내기가 가능하여 다른 도면에서 사용할 수 있습니다.
- 이미 도면층이 생성되어 있는 도면에서 새 도면 혹은 다른 도면에 모두 복사 혹은 선별적으로 도면층에 대한 정보들을 복사하는 편리한 기능을 제공 합니다.

메뉴:	형식 ⇨ 도면층 상태 관리자
도구막대:	도면층 ⇨ (도면층 상태 관리자)
리본:	홈 탭 ⇨ 도면층 패널 ⇨ 도면층 상태 드롭다운 ⇨ 도면층 상태 관리
명령 입력:	LAYERSTATE

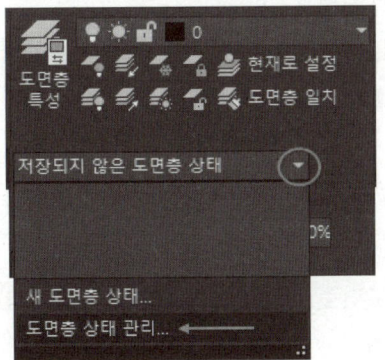

〈도면층 패널에서 도면층 상태 관리자 호출〉

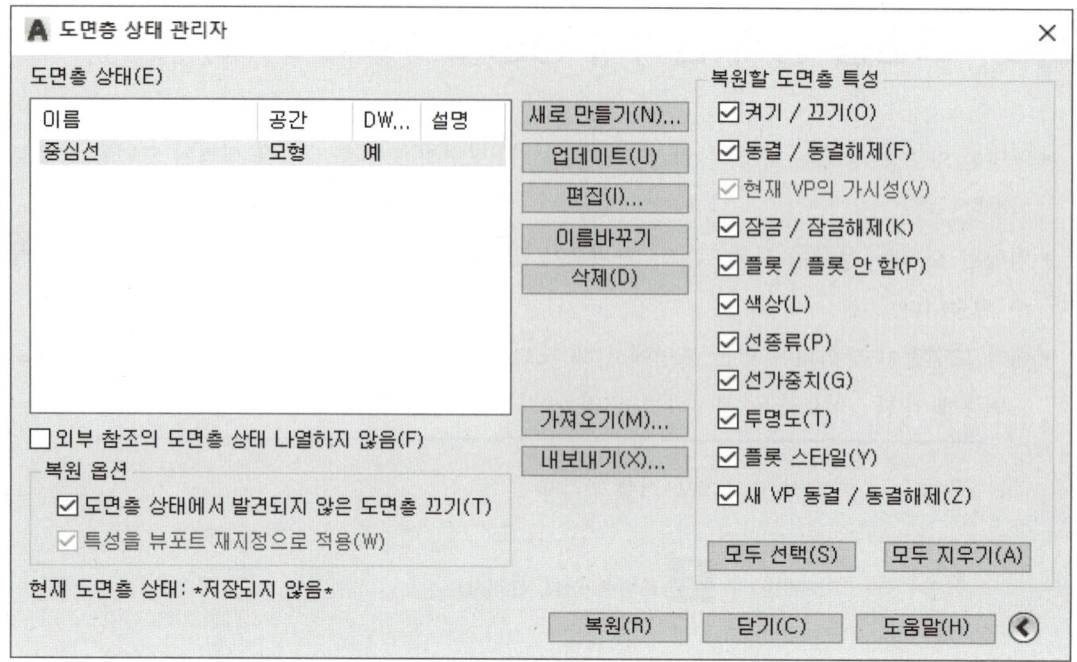

1) 도면 상태 관리자 옵션

- 새로 만들기 : 저장할 '새 도면층 상태' 대화상자를 표시하며, 여기서 새로운 명명된 도면층 상태에 대한 이름과 설명을 입력합니다.
- 저장 : 선택한 명명된 도면층 상태를 파일(*.LAS)로 저장합니다.
- 편집 : '도면층 상태 편집' 대화상자를 표시하며, 여기서 선택한 명명된 도면층 상태를 수정할 수 있습니다.
- 이름 바꾸기 : 도면층 상태 이름을 내부 편집할 수 있습니다.
- 삭제 : 선택한 명명된 도면층 상태를 제거합니다.
- 가져오기 : 이전에 내보낸 도면층 상태(LAS) 파일을 현재 도면에 로드할 수 있는 '표준 파일 선택' 대화상자를 표시합니다.
  파일(DWG, DWS 또는 DWT)의 도면층 상태 파일(LAS)을 가져 올 수 있습니다. 도면층 상태 파일로부터 가져온 결과에 추가로 도면층을 작성할 수 있습니다. DWG, DWS 또는 DWT 파일을 선택할 경우 가져올 도면층 상태를 선택할 수 있는 '도면층 상태 선택' 대화상자가 표시됩니다.
- 내보내기 : 선택한 명명된 도면층 상태를 도면층 상태(*.LAS) 파일로 저장할 수 있는 '표준 파일 선택' 대화상자를 표시합니다.
- 복원 : 도면에 있는 모든 도면층들의 상태 및 특성 설정을 이전에 저장된 설정으로 복원 합니다. 체크박스로 지정하는 도면층 상태 및 특성 설정만 복원합니다.

3.6 도면층 도구들(Layer Tools)

- 다음 그림처럼 풀다운 메뉴 [형식] ➪ [도면층 도구] 아래에 다양한 도면층 이용 및 관리에 대한 유틸리티 명령들이 있습니다.
- 이러한 유틸리티 명령들의 이름을 보면 즉시 기능들을 알 수 있듯이 유틸리티 명령들의 대부분 기능들은 [Layer(도면층)] 명령에서 이미 설명을 하였습니다.
- 이러한 유틸리티 명령들은 일련의 Macro(마크로) 형태로 실행되기 때문에, 경우에 따라서 [Layer(도면층)] 명령을 이용하는 것보다 편리 하고 수월할 수도 있습니다.

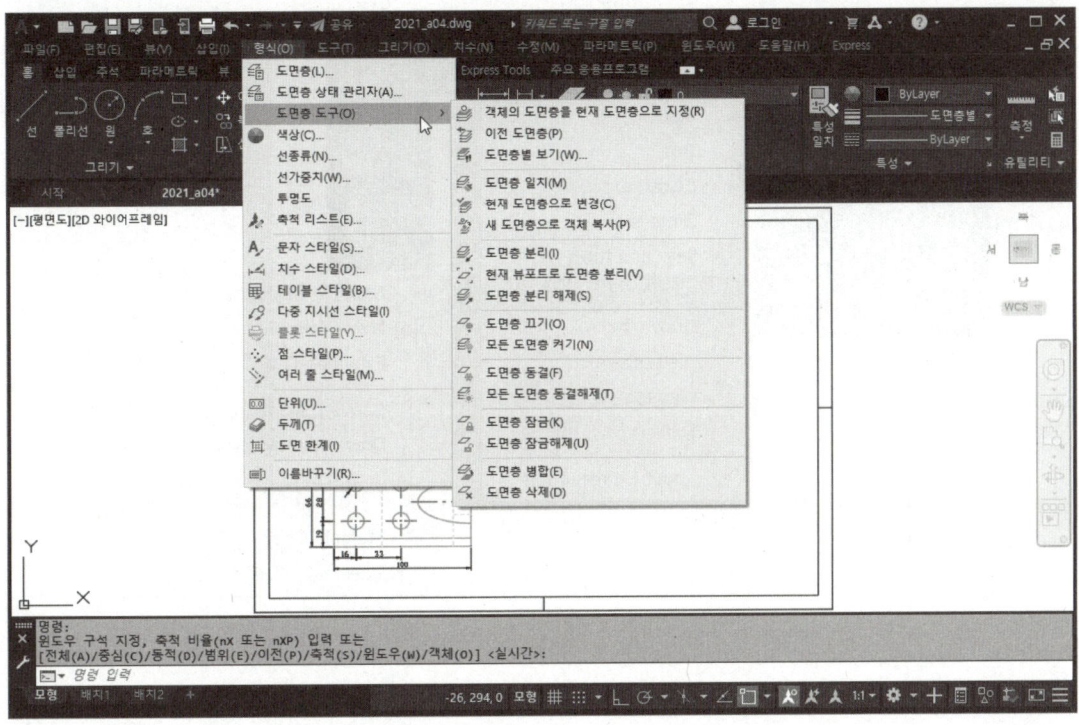

3.7 Express Tools

- Express Tools는 AutoCAD 사용자에 의해 개발된 AutoCAD의 기능을 확장하는 생산성 도구 집합입니다.
- Autodesk는 Express Tools를 제공은 하지만 지원은 하지 않습니다.

참고 Express Tools는 영어로 된 원래 형태로만 사용할 수 있으며 지원되지 않습니다. 2 바이트 문자(한글)는 지원되지 않습니다.

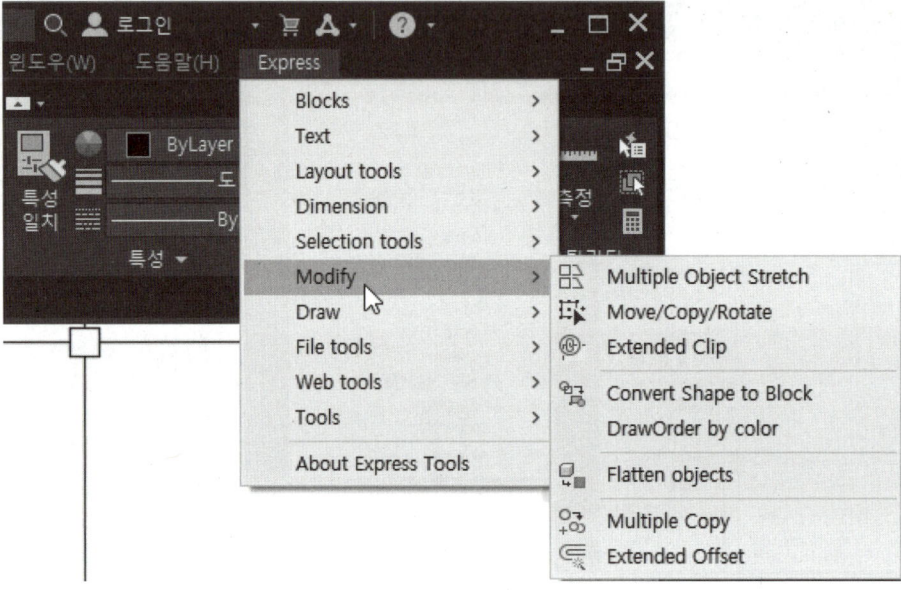

04 객체 간격띄우기, 자르기 및 연장하기

4.1 OFFSET(간격띄우기) 명령

- [OFFSET(간격띄우기)] 명령은 아마도 도면 영역에 도형 작도 시 가장 빈번하고 유용하게 사용하는 명령 중에 하나입니다.
- [OFFSET(간격띄우기)] 명령을 호출하고, 간격띄우기 거리값을 입력하고, 선형 혹은 원호 객체를 선택해서 지정한 방향으로 평행(Parallel)한 사본을 작도합니다.
- 사본 객체는 원본 객체로부터 작업자가 정의한 거리(Offset 간격)와 작업자가 지정한 점(통과점) 옵션에 의해서 선택한 방향에 그려집니다.
- 직선, 원, 호, 타원, 2D 폴리선, 구성선, 광선 그리고 평면의 스플라인 등을 간격띄우기할 수 있습니다.

1) OFFSET(간격띄우기) 명령 호출 방법

메뉴:	수정 ⇨ 간격띄우기
도구막대:	수정 ⇨ ⊂
리본:	홈 탭 ⇨ 수정 패널 ⇨ 간격띄우기
명령 입력:	OFFSET, O

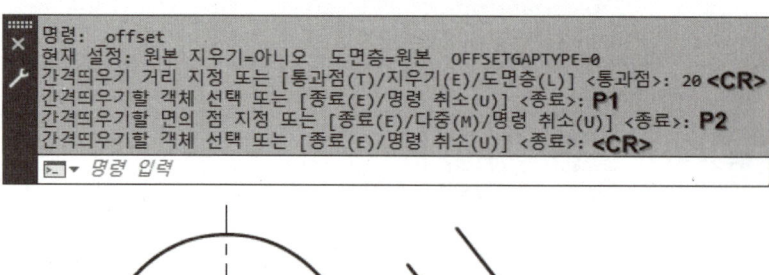

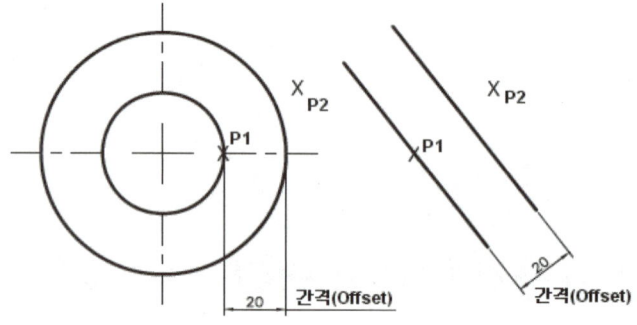

❏ OFFSET(간격띄우기) 명령 옵션

옵션	기 능
간격띄우기 거리	기존 객체에서 지정한 거리만큼 떨어진 위치에 새 객체를 작성합니다.
통과점(T)	지정한 점을 통과하는 객체를 작성합니다.
지우기(E)	원본 객체를 간격띄우기한 후 지웁니다.
도면층(L)	간격띄우기 객체를 현재 도면층에서 생성할지 원본 객체의 도면층에서 생성할지 여부를 결정합니다.

• '간격띄우기 거리'를 입력할 때 다음의 방법을 이용합니다.

입력 데이터 유형	입력 방법
정수를 입력하는 경우	정수 그대로 입력합니다. 25 ➪ 25
실수를 입력하는 경우	실수 그대로 입력합니다. 25.4 ➪ 25.4
실수를 2로 나누는 경우	소수점을 제거하고, 소수점 자릿수만큼 0을 붙여 나눕니다. 25.4 ➪ 254/20 25.42 ➪ 2542/200 25.426 ➪ 25426/2000
도면 창 혹은 객체로부터 거리값 가져오기	도면 창에서 두 점을 클릭하면, 두 점 사이의 거리값이 간격띄우기 거리로 가져오게 됩니다.

따라하기〉 OFFSET(간격띄우기) 명령 간격띄우기 거리 옵션 따라 하기

1 [홈] 탭 ⇨ [수정] 패널에서 [간격띄우기)] 아이콘을 클릭하거나 명령 행에 [OFFSET] 이라고 입력합니다.

① 간격띄우기 거리로 100 이라고 입력합니다.
② 다음 그림처럼 간격띄우기할 객체를 선택(P1)합니다.
③ 간격띄우기할 방향(P2)을 지정합니다.

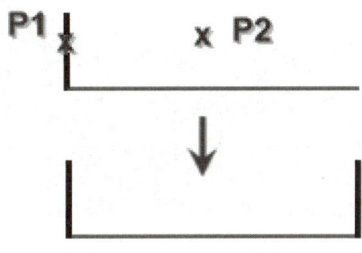

[실행 결과]

```
명령: _offset
현재 설정: 원본 지우기=아니오  도면층=원본  OFFSETGAPTYPE=0
간격띄우기 거리 지정 또는 [통과점(T)/지우기(E)/도면층(L)] <100>: 100 <CR>
간격띄우기할 객체 선택 또는 [종료(E)/명령 취소(U)] <종료>: P1
간격띄우기할 면의 점 지정 또는 [종료(E)/다중(M)/명령 취소(U)] <종료>: P2
간격띄우기할 객체 선택 또는 [종료(E)/명령 취소(U)] <종료>: <CR>
명령 입력
```

따라하기〉 OFFSET(간격띄우기) 명령 통과점 옵션 따라 하기

1 [홈] 탭 ⇨ [수정] 패널에서 [간격띄우기)] 아이콘을 클릭하거나 명령 행에 [OFFSET] 이라고 입력합니다.

① T를 입력하거나 엔터키를 누릅니다.
② 다음 그림처럼 간격띄우기할 객체를 선택합니다.
③ 기존 객체의 객체 스냅점(끝점)을 클릭합니다.

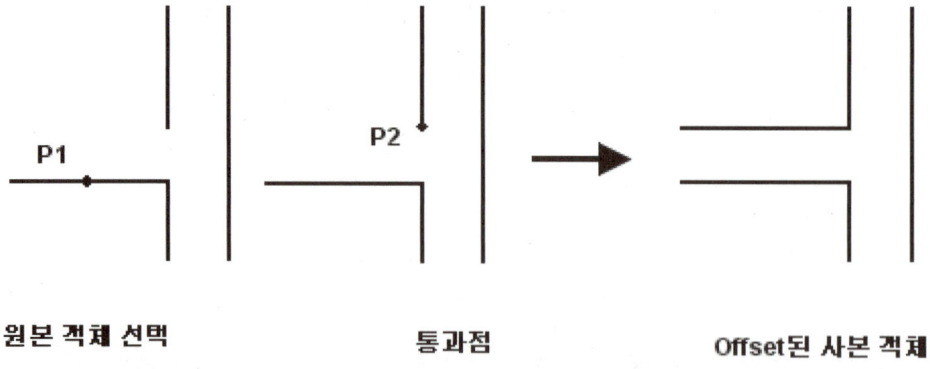

원본 객체 선택　　　　　통과점　　　　　Offset된 사본 객체

```
명령: O
OFFSET
현재 설정: 원본 지우기=아니오  도면층=원본  OFFSETGAPTYPE=0
간격띄우기 거리 지정 또는 [통과점(T)/지우기(E)/도면층(L)] <통과점>: T <CR>
간격띄우기할 객체 선택 또는 [종료(E)/명령 취소(U)] <종료>: P1
통과점 지정 또는 [종료(E)/다중(M)/명령 취소(U)] <종료>: P2
간격띄우기할 객체 선택 또는 [종료(E)/명령 취소(U)] <종료>: <CR>
```

따라하기〉 OFFSET(간격띄우기) 명령 도면 창 혹은 객체로부터 간격띄우기 거리 가져오기

1 [홈] 탭 ⇨ [수정] 패널에서 [간격띄우기)] 아이콘을 클릭하거나 명령 행에 [OFFSET] 이라고 입력합니다.

① 다음 그림처럼 선 객체의 왼쪽 끝점(P1)을 클릭합니다.
② 선 객체의 오른쪽 끝점(P2)을 클릭합니다.

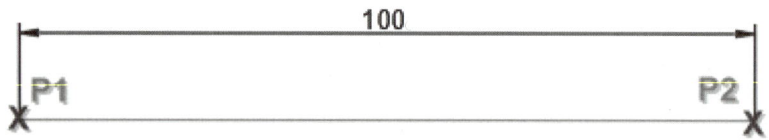

```
명령: _offset
현재 설정: 원본 지우기=아니오  도면층=원본  OFFSETGAPTYPE=0
간격띄우기 거리 지정 또는 [통과점(T)/지우기(E)/도면층(L)] <50>: P1 두 번째 점을 지정: P2
간격띄우기할 객체 선택 또는 [종료(E)/명령 취소(U)] <종료>: P3
간격띄우기할 면의 점 지정 또는 [종료(E)/다중(M)/명령 취소(U)] <종료>: P4
간격띄우기할 객체 선택 또는 [종료(E)/명령 취소(U)] <종료>: <CR>
명령: <CR>                                                        <CR>
OFFSET
현재 설정: 원본 지우기=아니오  도면층=원본  OFFSETGAPTYPE=0
간격띄우기 거리 지정 또는 [통과점(T)/지우기(E)/도면층(L)] <100>:
⌐▼ OFFSET 간격띄우기할 객체 선택 또는 [종료(E) 명령 취소(U)] <종료>:
```

4.2 TRIM자르기) 명령

- [TRIM(자르기)] 명령은 이번 버전에서 기능이 향상 되었습니다. 객체를 자르기 하는데 [표준 모드]와 [빠른 작업 모드]라는 두 가지 모드를 사용할 수 있습니다.

1) 표준 모드

- 지금까지 [TRIM] 명령을 사용하는 기존 방식으로 절단 모서리를 지정한 후 교차하는 엔티티들을 선택해서 절단 모서리를 경계로 객체를 자릅니다.
- 객체를 자르려면, 먼저 절단 모서리들을 선택합니다. 그런 다음 [엔터키]를 누르고, 자르려는 객체들을 선택합니다.
- 모든 객체들을 절단 모서리로 사용하려면, 첫 번째 객체 선택 프롬프트〈모두 선택〉에서 [엔터키]를 누릅니다.

2) 빠른 작업 모드

- 새롭게 추가된 기능으로 [TRIM] 명령을 호출하고, 개별적으로 자를 객체 부분을 클릭하거나 마우스 왼쪽 버튼을 누른 상태에서 드래그해서 자를 객체를 크로스 합니다.

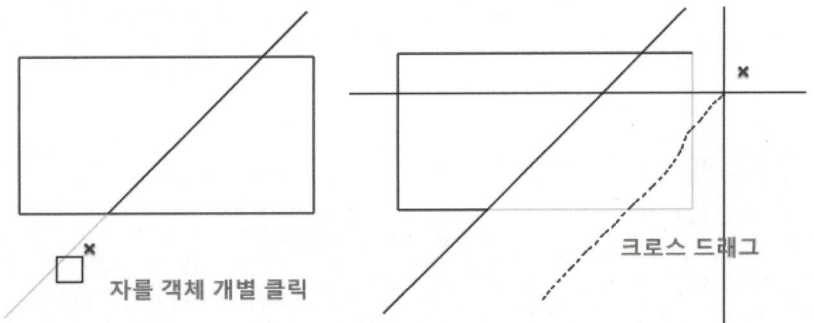

- 선택한 객체를 자를 수 없으면 삭제합니다.

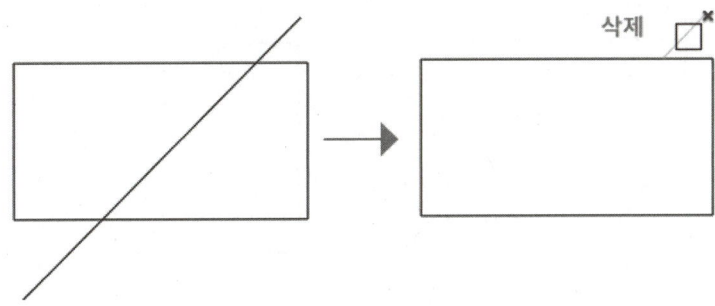

3) TRIM(자르기) 명령 호출 방법

메뉴:	수정 ⇨ 자르기
도구막대:	수정 ⇨ ✂
리본:	홈 탭 ⇨ 수정 패널 ⇨ 자르기 혹은 연장 드롭다운 ⇨ 자르기
명령 입력:	TRIM, TR

```
명령: _trim
현재 설정: 투영=UCS, 모서리=없음, 모드=빠른 작업
자를 객체를 선택하거나 Shift 키를 누른 채로 선택하여 확장 또는
   [절단 모서리(T)/걸치기(C)/모드(O)/프로젝트(P)/지우기(R)]: P1
자를 객체를 선택하거나 Shift 키를 누른 채로 선택하여 확장 또는
   [절단 모서리(T)/걸치기(C)/모드(O)/프로젝트(P)/지우기(R)/명령취소(U)]: P2
자를 객체를 선택하거나 Shift 키를 누른 채로 선택하여 확장 또는
   [절단 모서리(T)/걸치기(C)/모드(O)/프로젝트(P)/지우기(R)/명령취소(U)]: P3
```

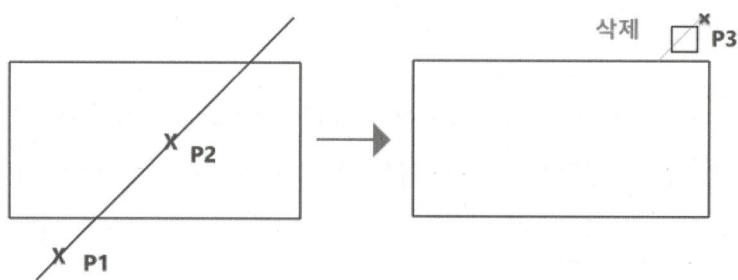

```
명령: TRIM
현재 설정: 투영=UCS, 모서리=없음, 모드=표준
절단 모서리 선택...
객체 선택 또는 [모드(O)] <모두 선택>: P1     1개를 찾음
객체 선택: <CR>
자를 객체를 선택하거나 Shift 키를 누른 채로 선택하여 확장 또는
   [절단 모서리(T)/울타리(F)/걸치기(C)/모드(O)/프로젝트(P)/모서리(E)/지우기(R)]: P2
자를 객체를 선택하거나 Shift 키를 누른 채로 선택하여 확장 또는
   [절단 모서리(T)/울타리(F)/걸치기(C)/모드(O)/프로젝트(P)/모서리(E)/지우기(R)/명령취소(U)]: P3
자를 객체를 선택하거나 Shift 키를 누른 채로 선택하여 확장 또는
   [절단 모서리(T)/울타리(F)/걸치기(C)/모드(O)/프로젝트(P)/모서리(E)/지우기(R)/명령취소(U)]: <CR>
```

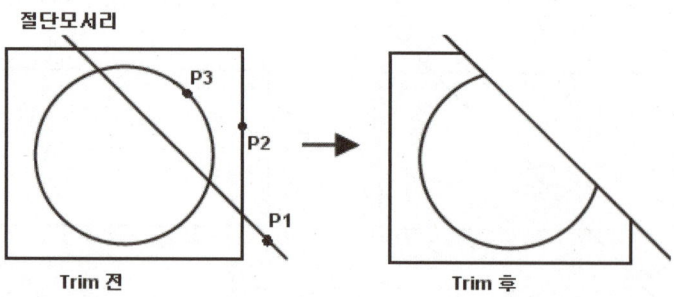

4) TRIM(자르기) 명령 옵션

옵션		기 능
〈모두 선택〉		도면의 모든 객체를 지정하여 자르기 경계로 사용할 수 있습니다.
울타리(F)		자를 객체를 선택하기 위해서, 울타리를 교차하는 모든 객체를 선택합니다.
걸치기(C)		자를 객체를 선택하기 위해 2개의 점에 의해 정의된 직사각형 영역 내에 포함되거나 이 영역을 교차하는 객체를 선택합니다.
프로젝트(P)		객체를 자를 때 사용하는 투영(프로젝트) 방법을 지정합니다.
	없음	투영 없음으로 지정합니다. 이 명령은 3D 공간에서 자를 모서리와 교차하는 객체만을 자릅니다.
	UCS	현재 UCS의 XY 평면에 투영을 지정합니다. 이 명령은 3D 공간에서 자를 모서리와 교차하지 않는 객체를 자릅니다.
	뷰	현재 뷰 방향을 따라 투영하도록 지정합니다. 이 명령은 현재 뷰의 경계와 교차하는 객체를 자릅니다.
모서리(E)		3D 공간에서 객체를 다른 객체의 외삽 모서리에서 자를지 아니면 교차하는 객체에 대해서만 자를지 결정합니다.
지우기(R)		선택한 객체를 삭제합니다. 이 옵션은 TRIM 명령을 종료하지 않고 불필요한 객체를 지우기 위한 편리한 방법을 제공합니다.

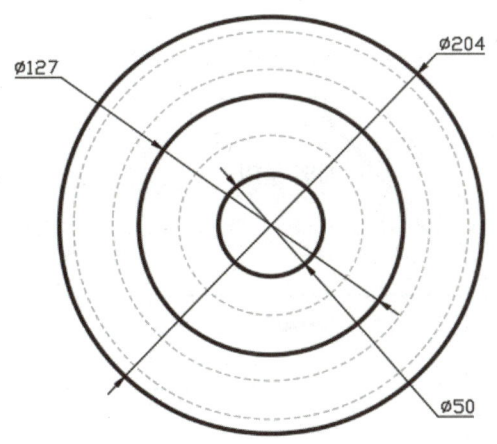
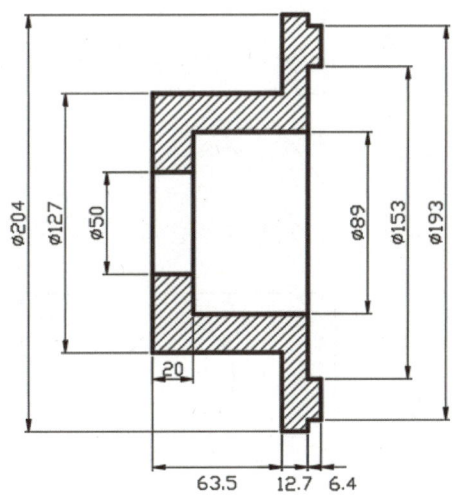

4.3 EXTEND(연장) 명령

- [EXTEND(연장)] 명령은 이번 버전에서 기능이 향상 되었습니다. 객체를 연장 하는데 [표준 모드] 와 [빠른 작업 모드]라는 두 가지 모드를 사용할 수 있습니다.

1) 표준 모드

- 지금까지 [EXTEND(연장)] 명령을 사용하는 기존 방식으로 경계 모서리를 지정한 후 연장할 엔티티들을 선택해서 절단 모서리를 경계로 객체를 자릅니다.
- 객체를 연장하려면 먼저 경계 모서리들을 선택합니다. 그런 다음 [엔터] 키를 누르고 연장할 객체를 선택합니다.
- 모든 객체들을 경계 모서리로 사용하려면, 첫 번째 객체 선택 프롬프트〈모두 선택〉에서 [엔터] 키를 누릅니다.

2) 빠른 작업 모드

- 새롭게 추가된 기능으로 [EXTEND(연장)] 명령을 호출하고, 개별적으로 연장할 객체를 클릭하거나 마우스 왼쪽 버튼을 누른 상태에서 드래그해서 연장할 객체를 크로스 합니다.

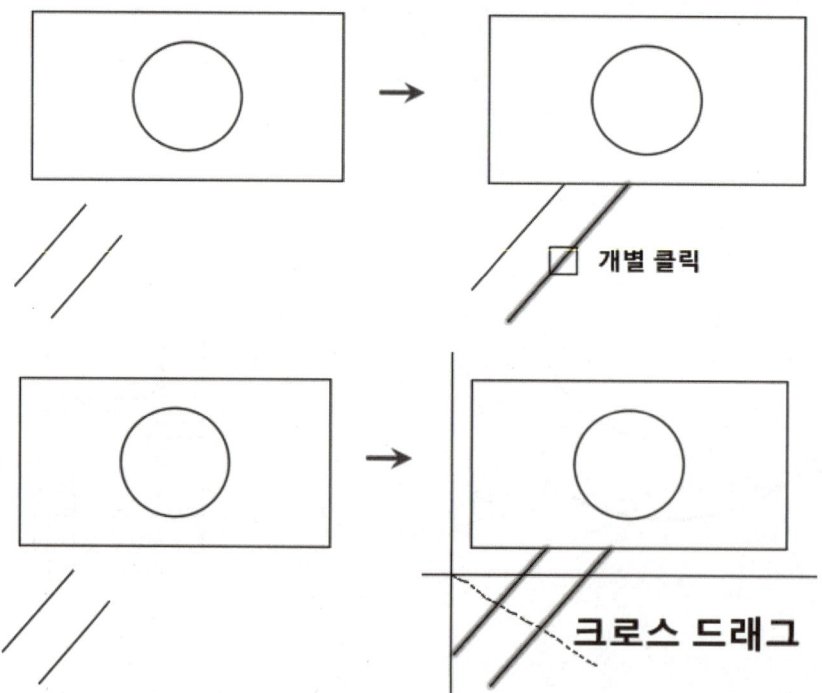

3) EXTEND(연장) 명령 호출 방법

메뉴:	수정 ⇨ 연장
도구막대:	수정 ⇨ [아이콘]
리본:	홈 탭 ⇨ 수정 패널 ⇨ 자르기 혹은 연장 드롭다운 ⇨ 자르기
명령 입력:	EXTEND, EX

```
명령: extend
현재 설정: 투영=UCS, 모서리=없음, 모드=빠른 작업
연장할 객체 선택 또는 Shift 키를 누른 채 선택하여 자르기 또는
 [경계 모서리(B)/걸치기(C)/모드(O)/프로젝트(P)]: P1
연장할 객체 선택 또는 Shift 키를 누른 채 선택하여 자르기 또는
 [경계 모서리(B)/걸치기(C)/모드(O)/프로젝트(P)/명령취소(U)]: P1
연장할 객체 선택 또는 Shift 키를 누른 채 선택하여 자르기 또는
 [경계 모서리(B)/걸치기(C)/모드(O)/프로젝트(P)/명령취소(U)]: <CR>
```

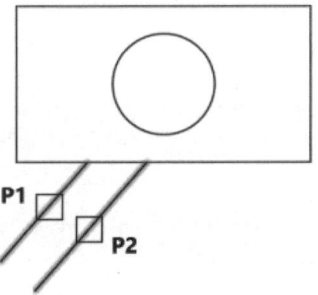

```
명령: extend
현재 설정: 투영= UCS 모서리=없음
경계 모서리 선택 ...
객체 선택 또는 <모두 선택>: P1        1개를 찾음
객체 선택: <CR>
연장할 객체 선택 또는 Shift 키를 누른 채 선택하여 자르기 또는
 [울타리(F)/걸치기(C)/프로젝트(P)/모서리(E)]: P2
연장할 객체 선택 또는 Shift 키를 누른 채 선택하여 자르기 또는
 [울타리(F)/걸치기(C)/프로젝트(P)/모서리(E)/명령 취소(U)]: <CR>
```

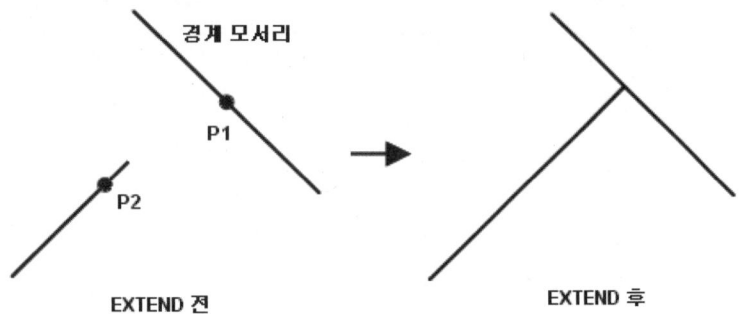

4.4 FILLET(모깎기) 명령

- [모깎기(FILLET)] 명령은 두 객체에 접하고 지정된 반지름을 가진 호를 이용해서 두 객체를 접선으로 연결합니다.
- 먼저 모깎기 반지름을 설정하고, 모깎기할 두 개의 객체를 선택합니다.

1) FILLET(모깎기) 명령 호출 방법

메뉴:	수정 ⇨ 모깎기	
도구막대:	수정 ⇨ ⌐	
리본:	홈 탭 ⇨ 수정 패널 ⇨ 모깎기 혹은 모따기 드롭다운 ⇨ 모깎기	
명령 입력:	**FILLET, F**	

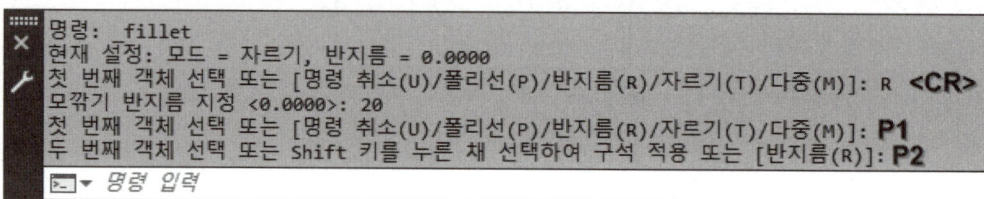

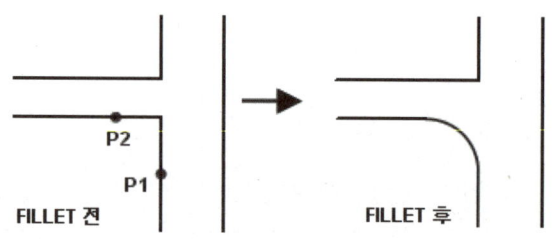

옵션	기능
폴리선(P)	두 개의 선 세그먼트가 만나는 2D 폴리선의 각 정점에 모깎기 호를 삽입합니다.
반지름(R)	모깎기 호의 반지름을 정의합니다.
자르기(T)	FILLET이 모깎기 호 끝점에 선택된 모서리를 자를지 여부를 조정합니다.
다중(M)	여러 곳에 모깎기를 작성합니다.

4.5 CHAMFER(모따기) 명령

- 공작물의 날카로운 모서리 또는 구석을 둥글게 깎아 내거나 구멍에 축이 끼워지기 쉽도록 양쪽의 모서리를 죽이는 것을 모따기, 모서리 면취 작업이라고 합니다.
- [CHAMFER(모따기)] 명령은 다음 그림처럼 같은 거리, 다른 거리 및 거리와 각도로 설정해서 모따기를 할 수 있습니다.

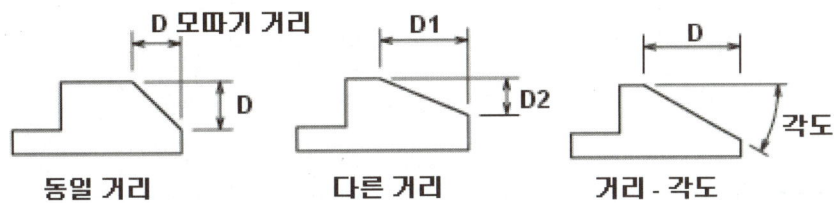

1) CHAMFER(모따기) 명령 호출 방법

메뉴:	수정 ⇨ 모따기
도구막대:	수정 ⇨ [아이콘]
리본:	홈 탭 ⇨ 수정 패널 ⇨ 모깎기 혹은 모따기 드롭다운 ⇨ 모깎기
명령 입력:	CHAMFER, CHA

```
명령: _chamfer
(자르기 모드) 현재 모따기 거리1 = 0.0000, 거리2 = 0.0000
첫 번째 선 선택 또는 [명령 취소(U)/폴리선(P)/거리(D)/각도(A)/자르기(T)/메서드(E)/다중(M)]: D <CR>
첫 번째 모따기 거리 지정 <0.0000>: 3 <CR>
두 번째 모따기 거리 지정 <3.0000>: 1 <CR>
첫 번째 선 선택 또는 [명령 취소(U)/폴리선(P)/거리(D)/각도(A)/자르기(T)/메서드(E)/다중(M)]: P1
두 번째 선 선택 또는 Shift 키를 누른 채 선택하여 구석 적용 또는 [거리(D)/각도(A)/메서드(M)]: P2
```

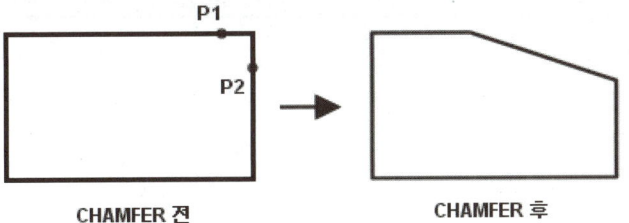

2) CHAMFER(모따기) 명령 옵션

옵션	기 능
폴리선(P)	완전한 2D 폴리선을 모따기합니다.
거리(D)	모따기 거리를 설정합니다.
각도(A)	각도를 사용하여 모따기 거리를 설정합니다.
자르기(T)	모서리를 모따기선 끝점까지 자르기 할지 여부를 조정합니다.
메서드(E)	두 거리를 사용할지 또는 한 거리와 한 각도를 사용할지 여부를 조정합니다.
다중(M)	여러 곳에 모따기를 작성합니다.

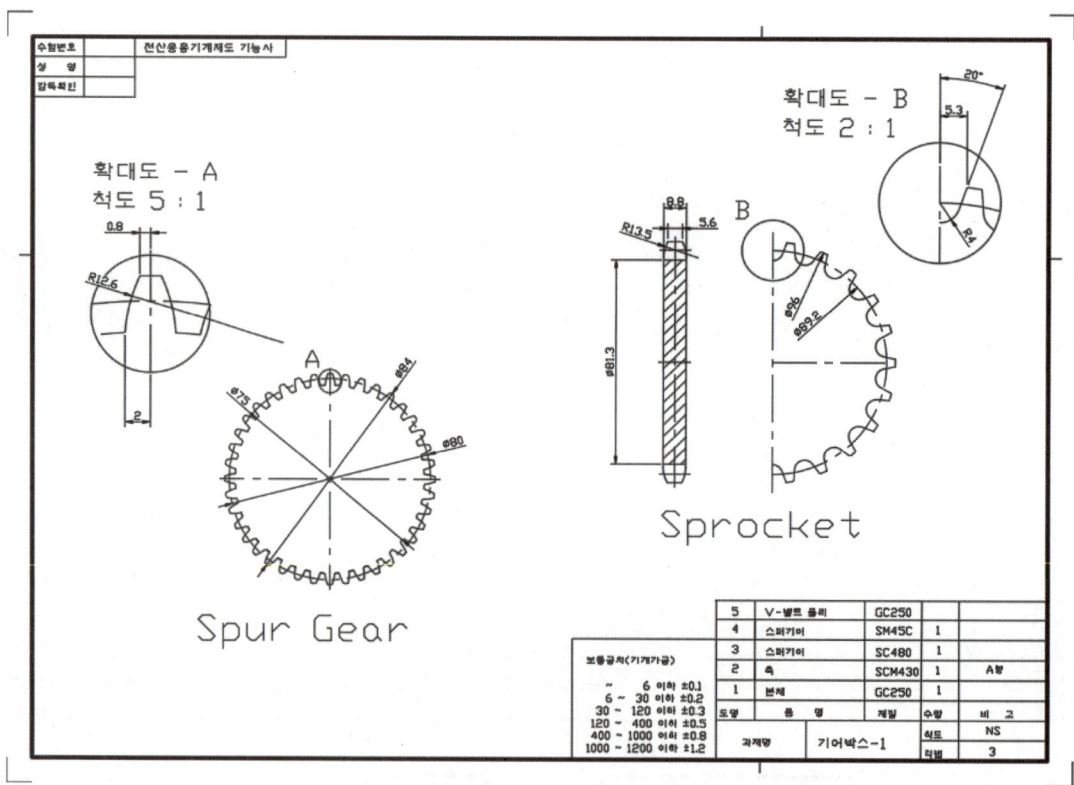

CHAPTER 4 원호 도형 그리기(Draws Circle and Arc shapes)

따라하기〉 Bracket 도형 작도 따라하기

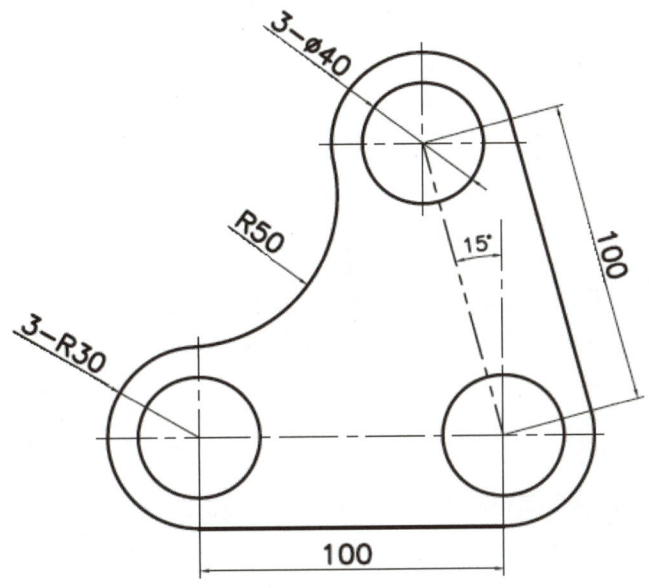

1 신속 접근 도구막대에서 [새로 만들기] 아이콘을 클릭합니다.

① 다음 그림처럼 '템플릿 선택' 대화상자에서 [acadiso.dwt] 파일을 선택한 후 [열기] 버튼을 클릭합니다. 현재 열린 스크래치(Scratch) 도면의 용지 크기는 A3(420 x 297) 이고, 단위는 mm입니다.

② 풀다운 메뉴 [형식] ⇨ [단위(UNITS)]를 클릭해서 호출합니다. 다음 그림처럼 '도면 단위' 대화상자에서 유형을 [십진], 정밀도를 [0]으로 설정하고, [확인] 버튼을 클릭합니다.

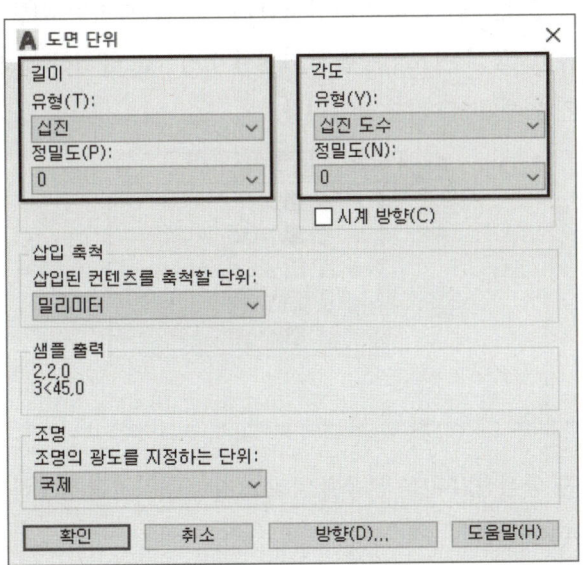

2 도면층을 설정하기 위해 [홈] 탭 ⇨ [도면층] 패널에서  아이콘을 클릭합니다.

① 다음 그림처럼 도면층들을 만들고, 속성을 설정합니다.
② '외형선' 도면층을 현재로 설정합니다.

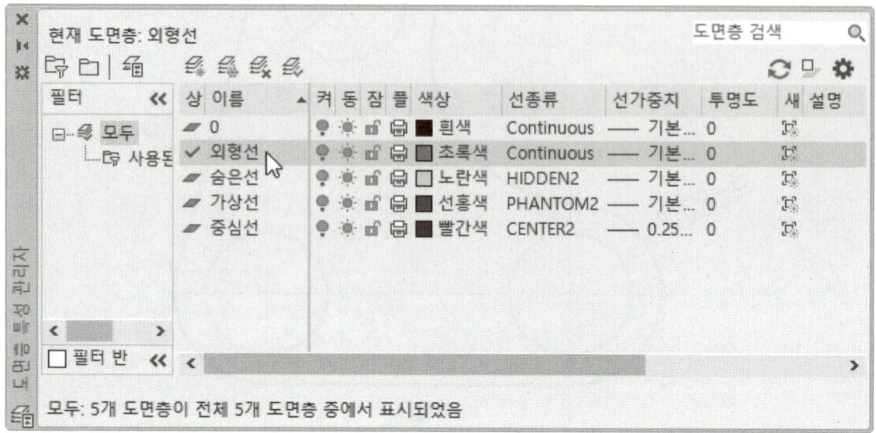

3 다음 그림처럼 임의의 점(P1)에서 100mm 길이의 수평 중심선을 작도합니다.

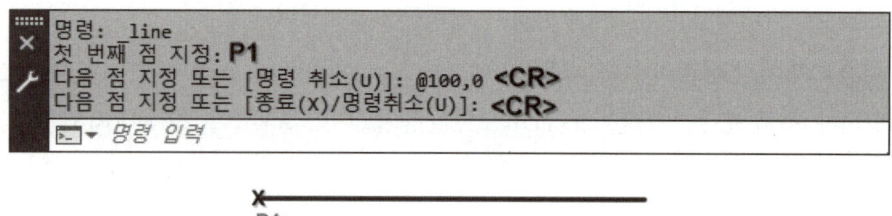

① 방금 작도한 수평선을 선택한 후 다음 그림처럼 [홈] 탭 ⇨ [도면층] 패널에서 '도면층'의 오른쪽 드롭다운을 클릭하고, [중심선] 도면층을 클릭해서 수평선을 '중심선' 도면층으로 이동 시킵니다. 선택을 릴리즈하기 위해 [ESC] 키를 누릅니다.

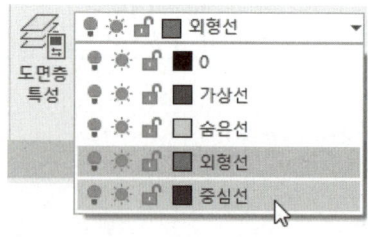

② 다음 그림처럼 수평 중심선의 왼쪽 끝점에 임의 크기의 수직선을 작도하고, 그것을 '중심선' 도면 층으로 이동 시킵니다.

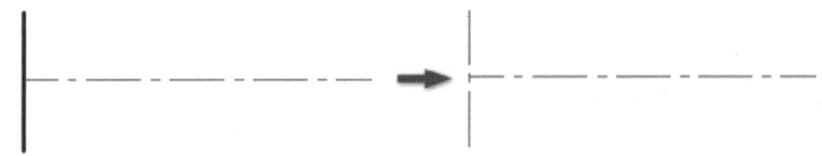

③ 왼쪽 수직 중심선을 [간격띄우기(Offset)] 명령의 [통과점] 옵션을 이용해서 다음 그림처럼 왼쪽 수직 중심선을 오른쪽 수직 중심선으로 간격띄우기 합니다.

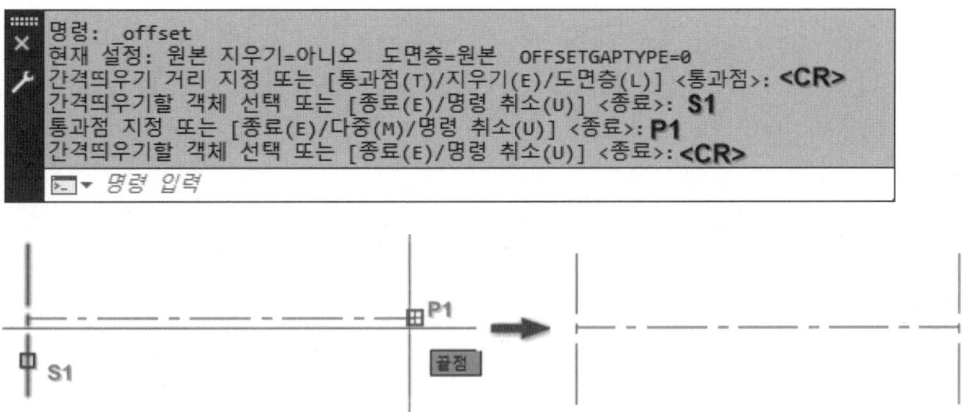

④ 다음 그림처럼 상대 극좌표를 입력해서 수평 중심선과 오른쪽 수직 중심선의 교차점으로부터 길이가 100mm, 각도가 105° 기울어진 경사 중심선을 작도합니다. 경사선을 중심선 도면층으로 이동합니다.

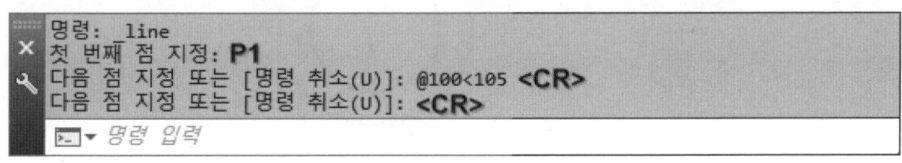

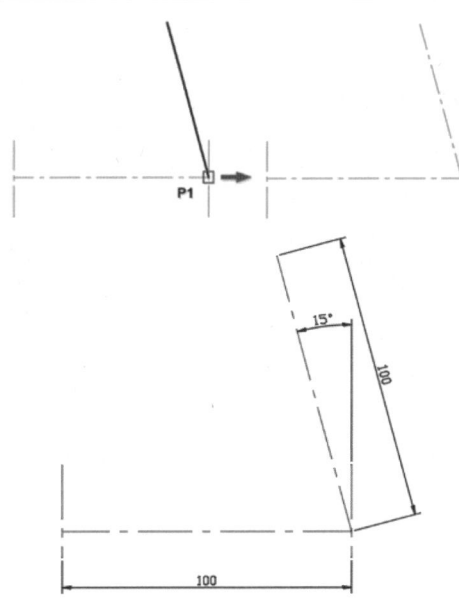

4 다음 왼쪽 그림처럼 경사 중심선의 끝점을 중심으로 반지름 20mm인 원을 작도합니다.

```
명령: _circle
원에 대한 중심점 지정 또는 [3점(3P)/2점(2P)/Ttr - 접선 접선 반지름(T)]: P1
원의 반지름 지정 또는 [지름(D)]: 20 <CR>
명령 입력
```

① 다음 우측 그림처럼 수평 중심선의 양 끝점에 반지름 20mm인 두 개의 원들을 추가합니다.

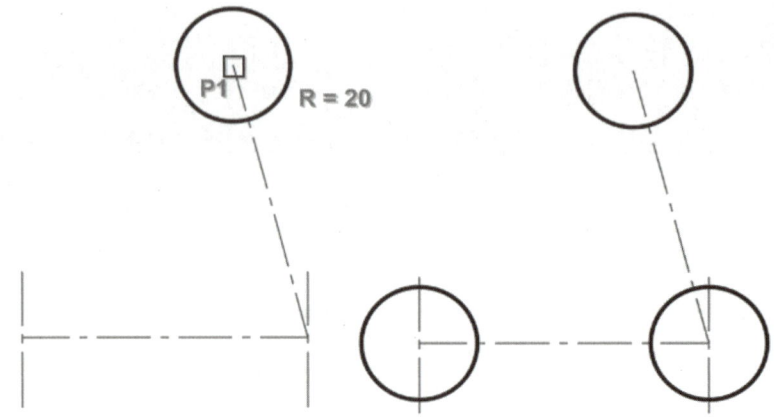

② 다음 그림처럼 반지름 30mm 인 세 개의 원들을 작도합니다.

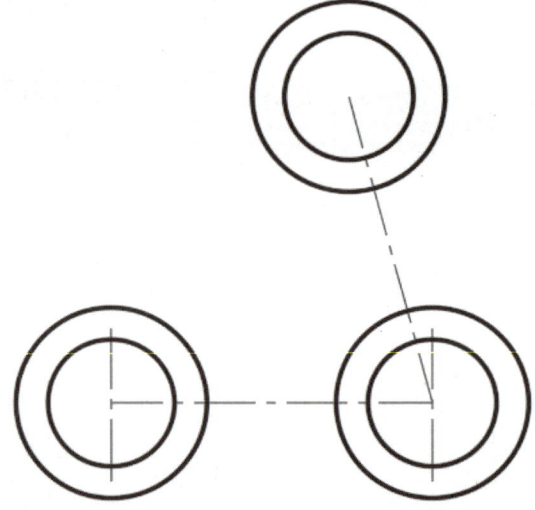

5 다음 그림처럼 [접선(Tan)] 객체 스냅을 이용해서 접선을 작도합니다.
  ① [선(LINE)] 명령을 호출합니다.
  ② 도면 창의 빈 영역으로 커서를 이동하고, 키보드에서 [Shift 키]를 누른 상태로 동시에 마우스 오른쪽 버튼을 클릭합니다.
  ③ '객체 스냅' 팝업 메뉴에서 [접점]을 클릭한 후 상단 원(S1)을 클릭합니다.

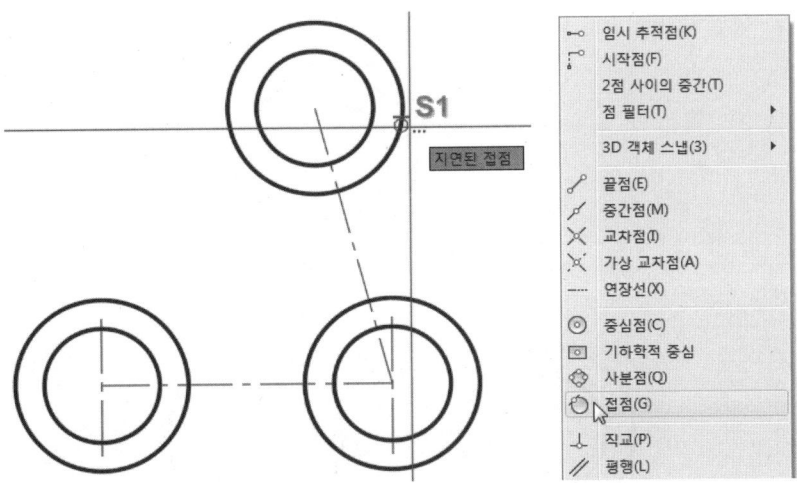

④ 다시 도면 창의 빈 영역으로 커서를 이동하고, 키보드에서 [Shift 키]를 누르고 동시에 마우스 오른쪽 버튼을 클릭합니다.

⑤ '객체 스냅' 팝업 메뉴에서 [접점]을 클릭한 후 오른쪽 원(S2)을 클릭합니다.

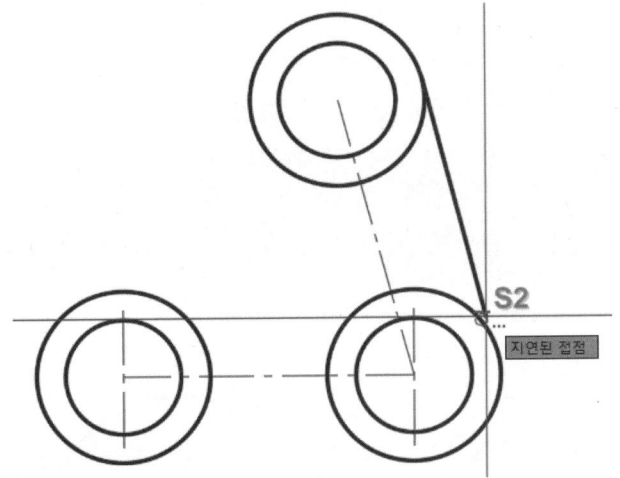

6 위의 5 번과 동일한 방법으로 다음 그림처럼 하단 접선을 작도합니다.

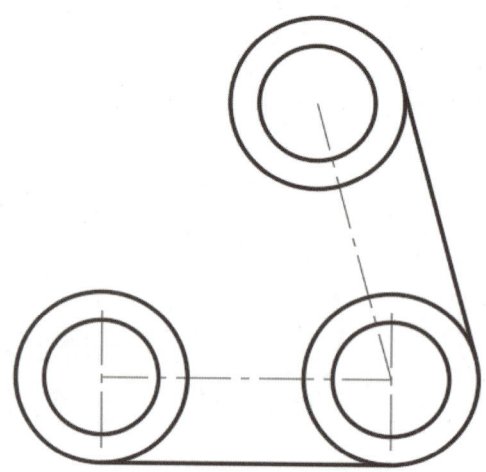

7 다음 왼쪽 그림처럼 반지름 50mm 인 접원을 작도합니다.

① [CIRCLE(원)] 명령을 호출합니다.

② [접선 접선 반지름(T)] 옵션을 지정합니다.

③ 다음 왼쪽 그림애서 상단 원의 접점(S1)을 선택합니다.

④ 다음 그림에서 왼쪽 하단 원의 접점(S2)을 선택합니다.

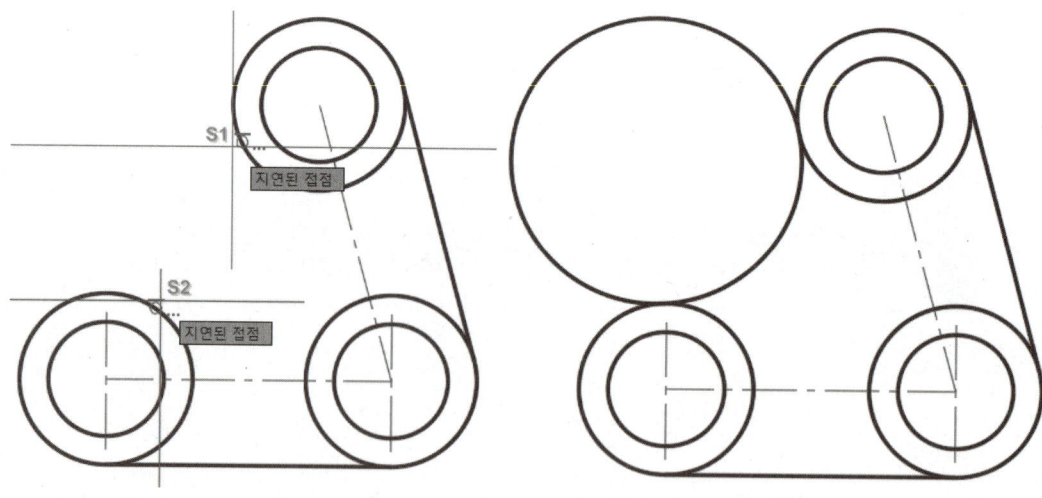

8 다음 그림처럼 '자르기(TRIM)' 명령을 이용해서 형상을 자르기합니다.

```
명령: trim
현재 설정: 투영=UCS, 모서리=없음, 모드=빠른 작업
자를 객체를 선택하거나 Shift 키를 누른 채로 선택하여 확장 또는
  [절단 모서리(T)/걸치기(C)/모드(O)/프로젝트(P)/지우기(R)]: P1
자를 객체를 선택하거나 Shift 키를 누른 채로 선택하여 확장 또는
  [절단 모서리(T)/걸치기(C)/모드(O)/프로젝트(P)/지우기(R)/명령취소(U)]: P2
자를 객체를 선택하거나 Shift 키를 누른 채로 선택하여 확장 또는
  [절단 모서리(T)/걸치기(C)/모드(O)/프로젝트(P)/지우기(R)/명령취소(U)]: P3
자를 객체를 선택하거나 Shift 키를 누른 채로 선택하여 확장 또는
  [절단 모서리(T)/걸치기(C)/모드(O)/프로젝트(P)/지우기(R)/명령취소(U)]: P4
자를 객체를 선택하거나 Shift 키를 누른 채로 선택하여 확장 또는
  [절단 모서리(T)/걸치기(C)/모드(O)/프로젝트(P)/지우기(R)/명령취소(U)]: P5
자를 객체를 선택하거나 Shift 키를 누른 채로 선택하여 확장 또는
  [절단 모서리(T)/걸치기(C)/모드(O)/프로젝트(P)/지우기(R)/명령취소(U)]: P6
자를 객체를 선택하거나 Shift 키를 누른 채로 선택하여 확장 또는
  [절단 모서리(T)/걸치기(C)/모드(O)/프로젝트(P)/지우기(R)/명령취소(U)]: P7
자를 객체를 선택하거나 Shift 키를 누른 채로 선택하여 확장 또는
  [절단 모서리(T)/걸치기(C)/모드(O)/프로젝트(P)/지우기(R)/명령취소(U)]: P8
자를 객체를 선택하거나 Shift 키를 누른 채로 선택하여 확장 또는
  [절단 모서리(T)/걸치기(C)/모드(O)/프로젝트(P)/지우기(R)/명령취소(U)]: <CR>
```

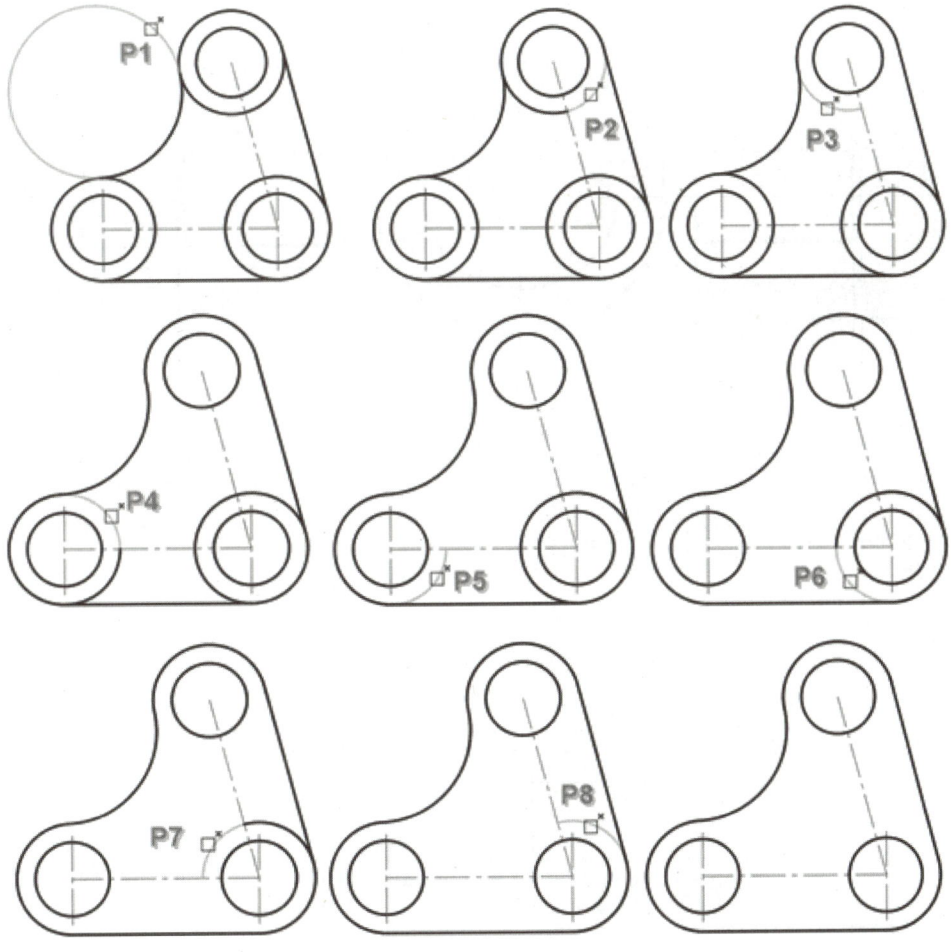

실습과제 13〉 도면층, 선종류를 이용해서 다음 도형을 작도합니다.

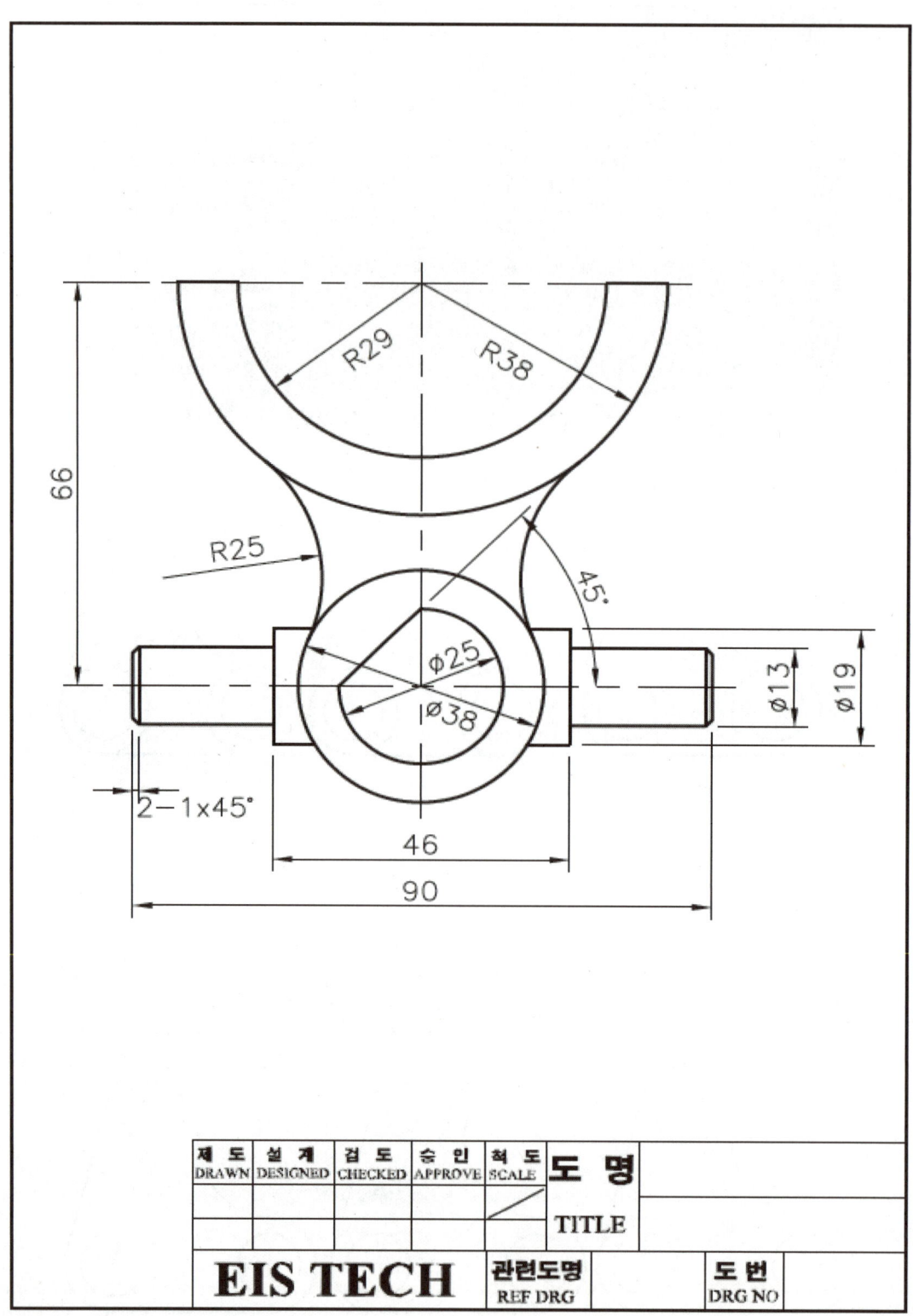

[작도 방법]

1. 다음 그림처럼 보조선(중심선)들을 작도합니다(치수 제외).

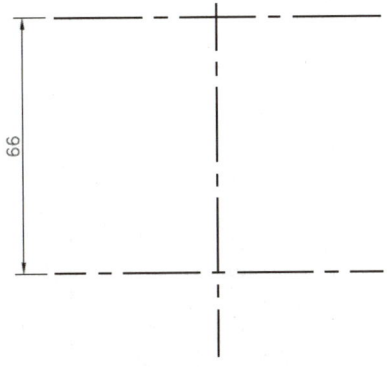

2. 다음 그림처럼
   ① P1 점을 중심점으로 하는 지름 25mm와 지름 38mm의 원들을 작도합니다.
   ② P2 점을 중심점으로 하는 반지름 29mm와 반지름 38mm의 원들을 작도합니다.
   ③ 다음 그림처럼 [TRIM(자르기)] 명령을 사용해서 형상을 잘라 완성합니다.

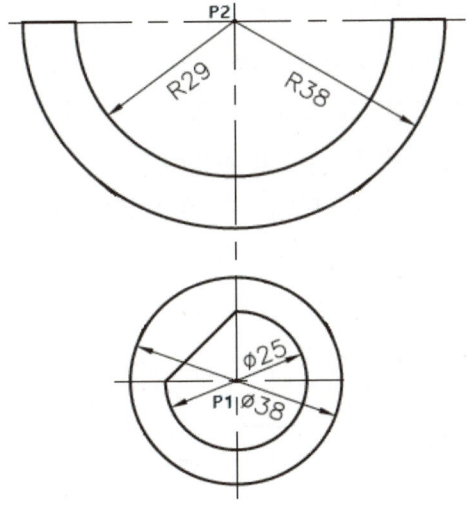

3. 다음 그림처럼
   ① P1 점을 지나는 수평 중심선을 9.5mm 간격으로 위쪽과 아래쪽으로 [OFFSET(간격 띄우기)] 명령을 사용해서 간격띄우기합니다.
   ② P1 점을 지나는 수직 중심선을 23mm 간격으로 왼쪽과 오른쪽으로 [OFFSET(간격 띄우기)] 명령을 사용해서 간격띄우기합니다.

③ 다음 그림처럼 [TRIM(자르기)] 명령을 사용해서 형상을 잘라 완성합니다.

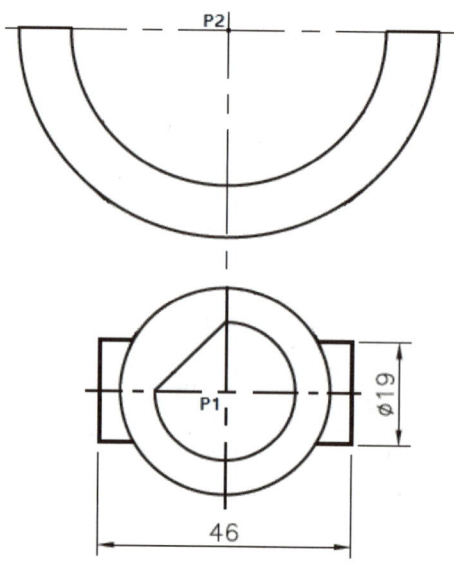

4. 다음 그림처럼

   ① P1 점을 지나는 수평 중심선을 6.5mm 간격으로 위쪽과 아래쪽으로 [OFFSET(간격 띄우기)] 명령을 사용해서 간격띄우기합니다.

   ② P1 점을 지나는 수직 중심선을 45mm 간격으로 왼쪽과 오른쪽으로 [OFFSET(간격 띄우기)] 명령을 사용해서 간격띄우기합니다.

   ③ 다음 그림처럼 [TRIM(자르기)] 명령을 사용해서 형상을 잘라 완성합니다.

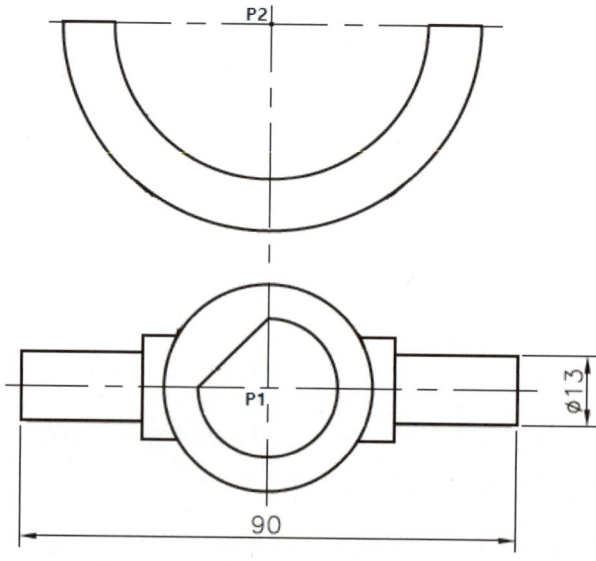

5. 다음 그림처럼 길이 1mm 각도 45°로 설정하고, 다음 그림처럼 [CHAMFER(모따기)] 명령을 사용해서 모따기합니다.

   왼쪽 끝과 오른쪽 끝의 모따기된 교차점들에서 2개의 수직선들을 작도합니다.

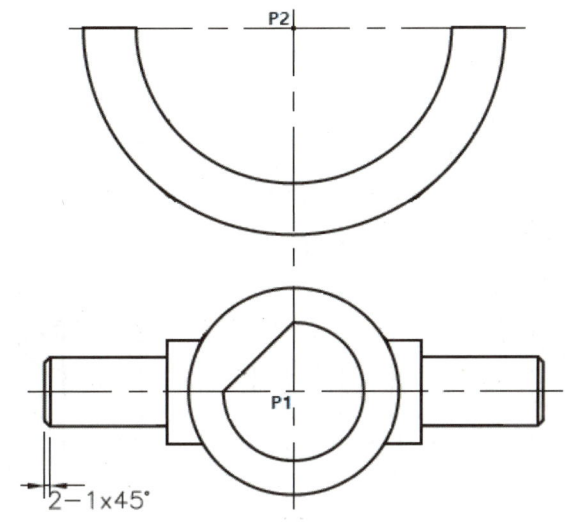

6. 다음 그림처럼;

   ① [CIRCLE(원)] 명령의 [접선-접선-반지름(T)] 옵션을 설정해서 반지름 25mm인 접원 2개를 왼쪽과 오른쪽에 작도합니다.

   ② 다음 그림처럼 [TRIM(자르기)] 명령을 사용해서 형상을 잘라 완성합니다.

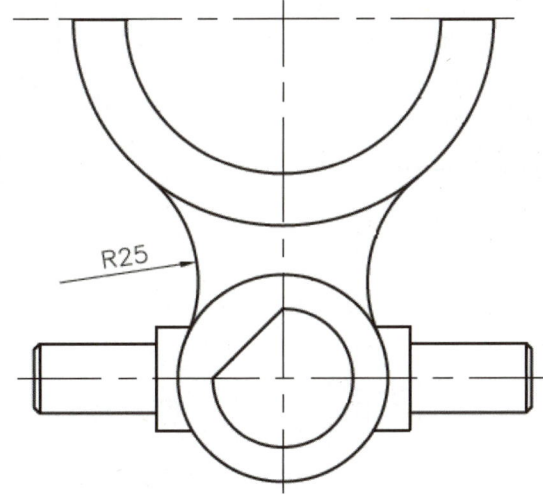

실습과제 14〉 도면층, 선종류를 이용해서 다음 도형을 작도합니다.

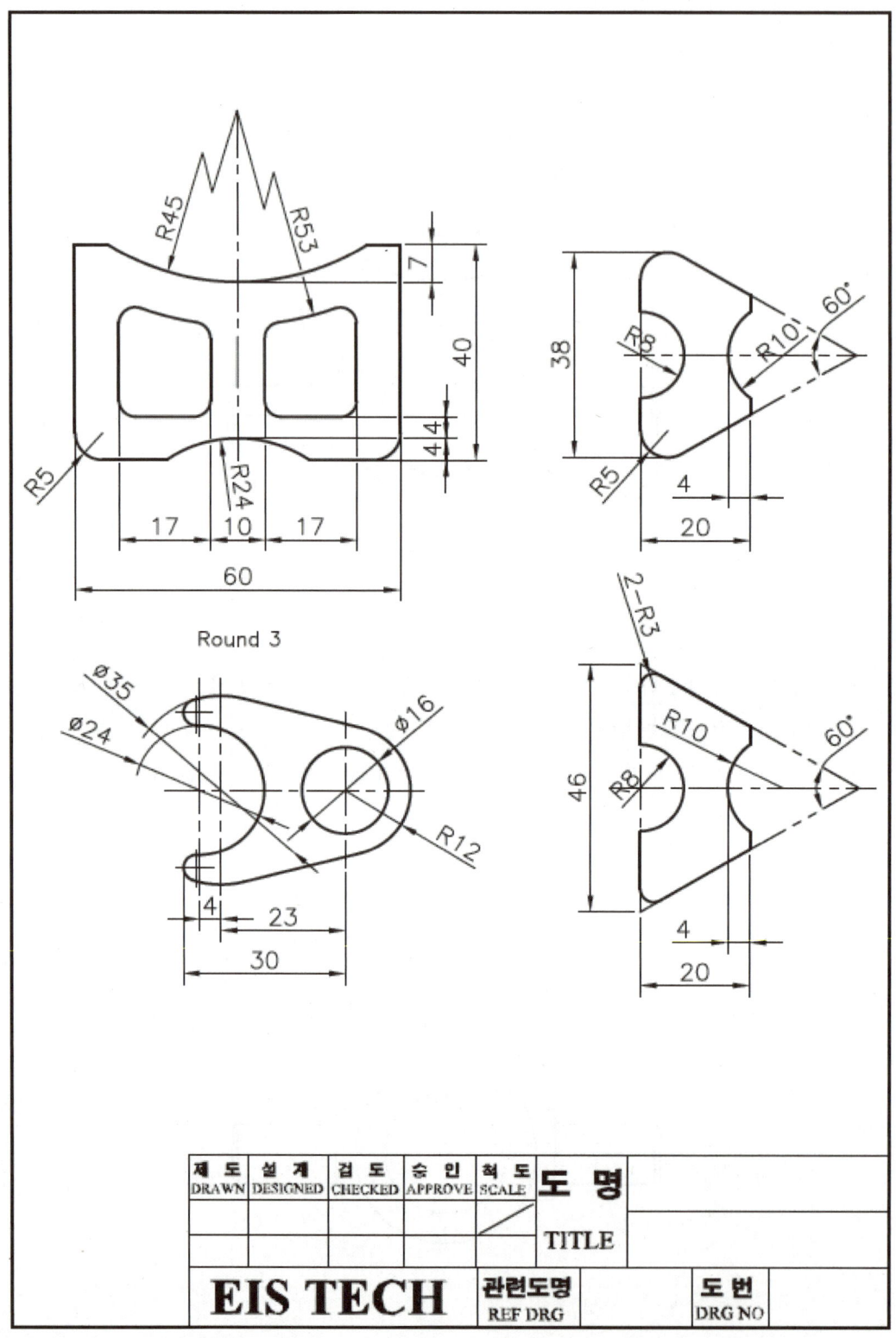

CHAPTER 4 원호 도형 그리기(Draws Circle and Arc shapes)

실습과제 15⟩ 도면층, 선종류를 이용해서 다음 도형을 작도합니다.

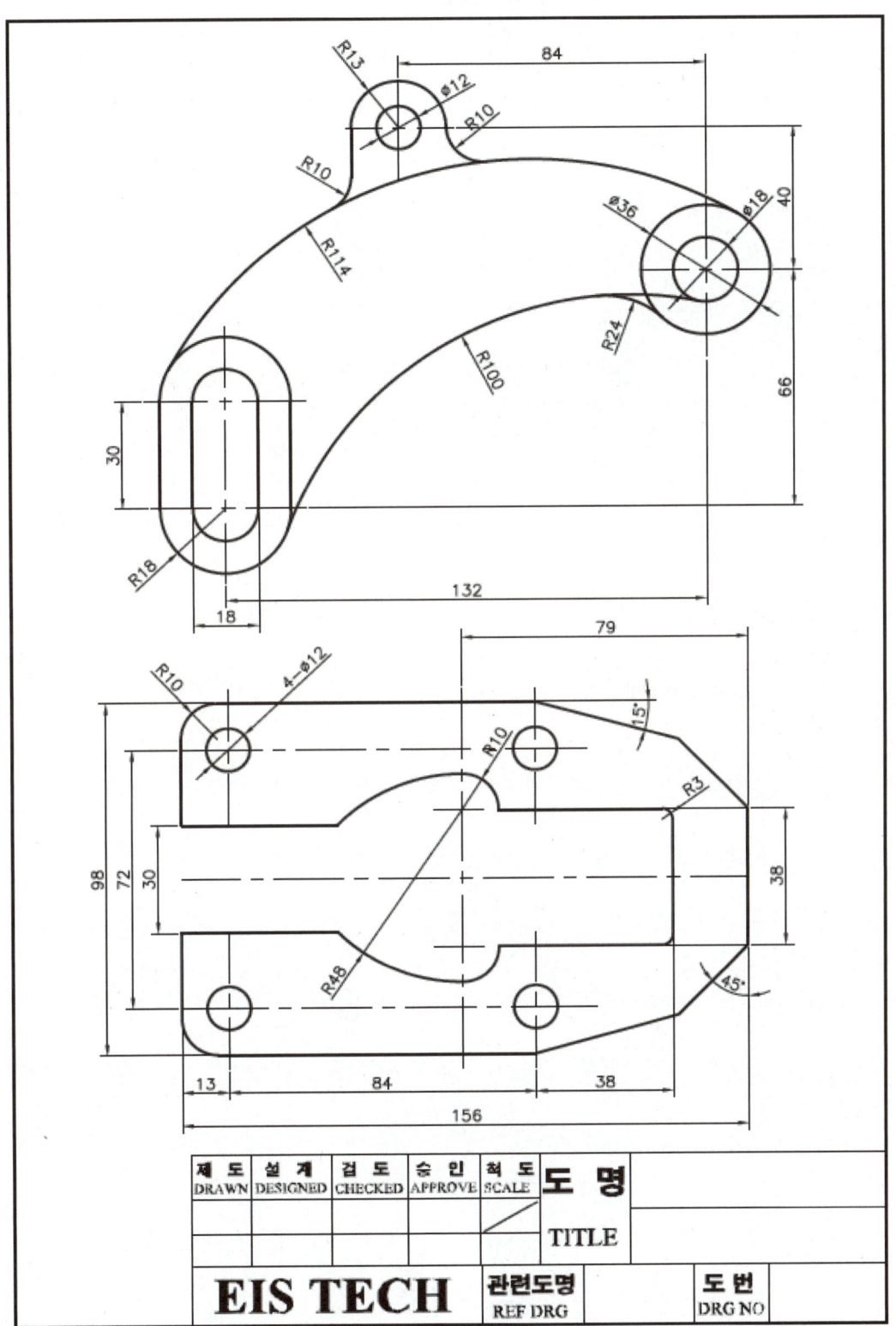

■ 이 장에서 다음의 내용을 학습하게 됩니다.

  ▸ 복합 객체 그리기
  ▸ 실습 과제
  ▸ 선형 객체 그리기
  ▸ 실습 과제
  ▸ 선택 세트(Selection set)
  ▸ 그립 편집(Grip editing)

CHAPTER

5

도형 정의하기
(Define the Shapes)

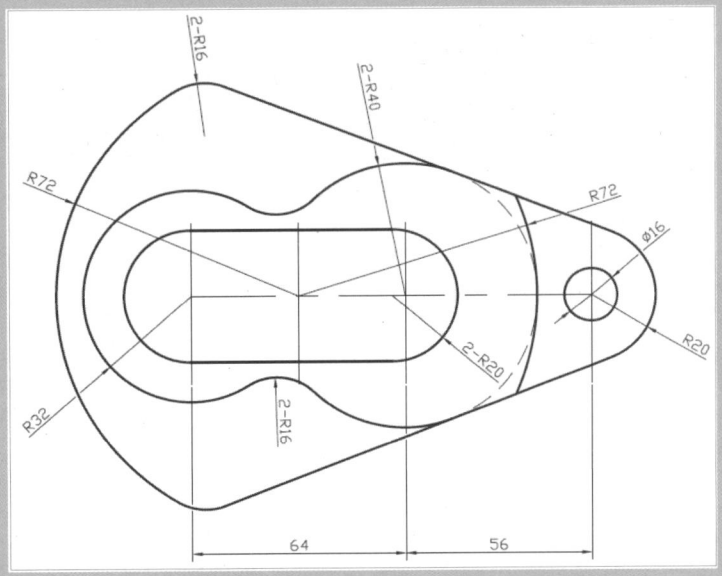

01 복합 객체 그리기
(Draws complex shapes)

1.1 Polyline(폴리선) 명령

- [Polyline(폴리선)] 명령은 선(Line)과 호(Arc) 세그먼트들을 조합하여 하나의 복합 객체를 작도할 수 있습니다.
- 폴리선은 복합 객체로 선(Line)과 호(Arc)의 단일 객체로 분해할 수 있습니다.
- 폴리선은 세그먼트에 폭(Width)을 지정할 수 있습니다.

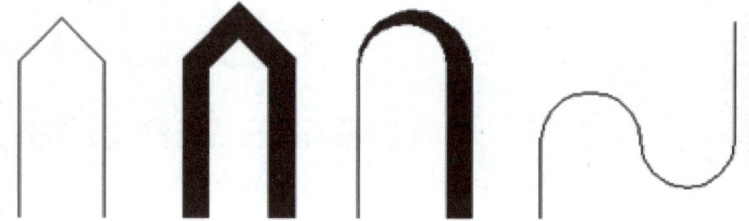

- (직사각형), (다각형), (도넛), (경계) 및 (구름형 리비전) 등 몇 가지 명령들은 LwPolyline(최적화된 폴리선) 객체 유형으로 형상을 작성합니다.
- 폴리선은 다음과 같은 응용프로그램에 적용할 수 있습니다.
    ① 지형도, 등압선 및 기타 과학용 응용프로그램의 윤곽선
    ② 배선 다이어그램 및 인쇄회로기판 배치
    ③ 공정 및 배관 다이어그램
    ④ 3D 솔리드 모델링을 위한 돌출 윤곽 및 돌출 경로
    ⑤ CAM 모델에서 Cutting Line

1) Polyline(폴리선) 명령 호출 방법

메뉴:	그리기 ⇨ 폴리선
도구막대:	그리기 ⇨ ⤵
리본:	홈 탭 ⇨ 그리기 패널 ⇨ ⤵ (폴리선)
명령 입력:	PLINE, PL

```
명령: _pline
시작점 지정: P1
현재의 선 폭은 0.0000임
다음 점 지정 또는 [호(A)/반폭(H)/길이(L)/명령 취소(U)/폭(W)]: P2
다음 점 지정 또는 [호(A)/닫기(C)/반폭(H)/길이(L)/명령 취소(U)/폭(W)]: A <CR>
호의 끝점 지정(Ctrl 키를 누른 상태에서 방향 전환) 또는
[각도(A)/중심(CE)/닫기(CL)/방향(D)/반폭(H)/선(L)/반지름(R)/두 번째 점(S)/명령 취소(U)/폭(W)]: P3
호의 끝점 지정(Ctrl 키를 누른 상태에서 방향 전환) 또는
[각도(A)/중심(CE)/닫기(CL)/방향(D)/반폭(H)/선(L)/반지름(R)/두 번째 점(S)/명령 취소(U)/폭(W)]: L <CR>
다음 점 지정 또는 [호(A)/닫기(C)/반폭(H)/길이(L)/명령 취소(U)/폭(W)]: P4
다음 점 지정 또는 [호(A)/닫기(C)/반폭(H)/길이(L)/명령 취소(U)/폭(W)]: <CR>
명령 입력
```

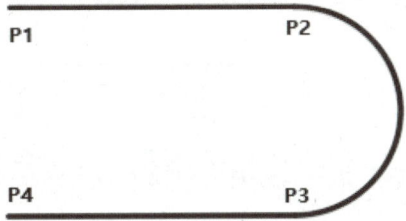

2) Polyline(폴리선) 명령 옵션

폴리선 모드 옵션	기 능
호(A)	폴리선에 호 세그먼트를 추가(호 모드 전환)
닫기(C)	폴리선 닫기
반폭(H)	폴리선의 절반 폭을 지정
길이(L)	길이를 입력하면 마지막에 그린 선 혹은 호의 방향으로 길이 연장
명령 취소(U)	가장 최근에 추가된 폴리선 세그먼트를 제거
폭(W)	폴리선의 전체 폭을 지정

호 모드 옵션	기 능
각도(A)	폴리선 호 세그먼트 각도 지정
중심(CE)	폴리선 호 세그먼트의 중심 지정
닫기(CL)	폴리선 호 세그먼트 닫기
방향(D)	폴리선 호 세그먼트의 방향 지정
반폭(H)	폴리선 호의 절반 폭을 지정
선(L)	폴리선에 선 세그먼트 추가(선 모드 전환)
반지름(R)	폴리선 호 세그먼트의 반지름 지정
두 번째 점(S)	세 점에 의한 폴리선 호 세그먼트 작성
명령 취소(U)	최근에 추가된 폴리선 호 세그먼트를 제거
폭(W)	폴리선 호 세그먼트의 폭 지정

따라하기〉 폴리선 명령으로 다음의 도형을 작도합니다.

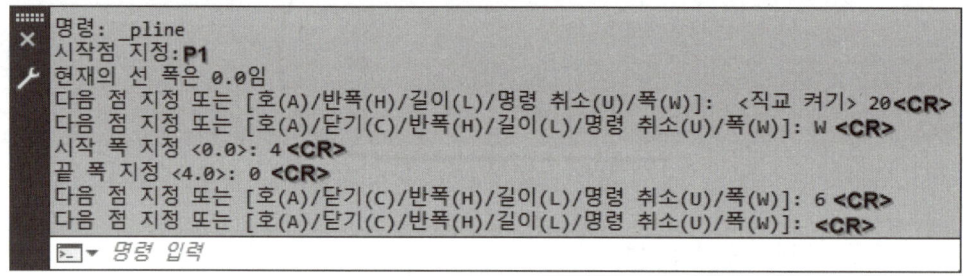

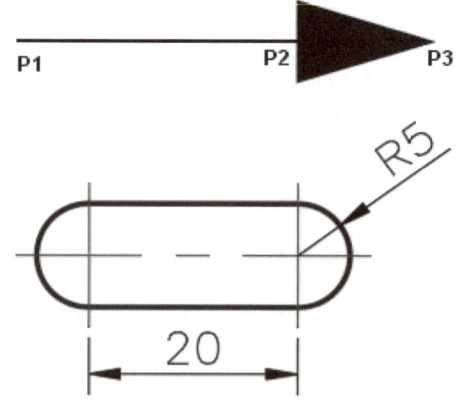

1.2 PEDIT(폴리선 편집) 명령

- 폴리선 및 3D 다각형 메쉬를 편집합니다.
- [PEDIT(폴리선 편집)] 명령은 2D 폴리선 닫기 및 결합, 폭 지정, 정점 편집, 2D 폴리선으로 선과 호 변환, 폴리선을 B-스플라인(스플라인-맞춤 폴리선) 근사 곡선으로 변환 등에 사용하는 폴리선 편집 기능을 제공합니다.

1) PEDIT(폴리선 편집) 명령 호출 방법

메뉴:	수정 ⇨ 객체 ⇨ 폴리선	
도구막대:	수정 II ⇨	
리본:	홈 탭 ⇨ 수정 패널 ⇨ ▼ ⇨ (폴리선 편)집	
명령 입력:	PEDIT, PE	

- 풀다운 메뉴 [수정] ⇨ [객체] ⇨ [폴리선]을 클릭합니다.
- 리본 [수정] 패널의 플라이아웃을 클릭하고, [폴리선 편집]을 선택합니다.
- 명령 행에 [PEDIT] 혹은 [PE] 이라고 입력합니다.

2) 2D 폴리선 편집 옵션

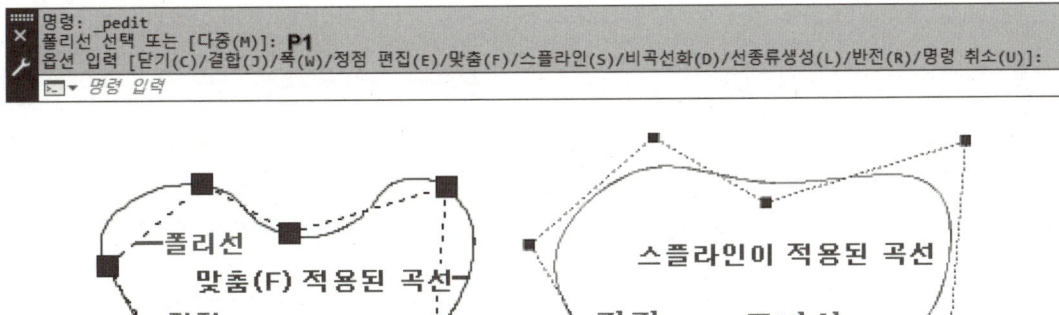

옵션	기 능
닫기(C)	열린 폴리선을 닫기 합니다.
열기(O)	닫힌 폴리선을 열기 합니다.
결합(J)	폴리선과 선, 선과 호 등을 단일 도면 요소로 결합 합니다.
폭(W)	폴리선 세그먼트의 폭을 지정 합니다.
정점 편집(E)	폴리선의 정점(꼭짓점)을 수정합니다.
맞춤(F)	직선 폴리선을 곡선으로 변형 합니다
스플라인(S)	직선 폴리선을 가장 부드러운 곡선으로 변형 합니다.
비곡선화(D)	곡선화된 폴리선을 직선으로 변환 합니다.
선종류생성(L)	폴리선 정점 주위 선종류를 설정 합니다.
반전(R)	폴리선의 정점 순서를 반전합니다.
명령 취소(U)	PEDIT 세션이 시작된 시점까지 작업을 되돌립니다.

정점 편집 옵션	기 능
다음(N)/이전(P)	X 표식기를 다음, 이전 정점으로 이동합니다.
끊기(B)	지정한 두 정점 사이의 모든 세그먼트와 정점을 삭제하고 정점 편집 모드로 복귀합니다.
삽입(I)	폴리선의 표시된 정점 다음에 새 정점을 추가합니다.
이동(E)	표시된 정점을 이동합니다.
재생성(R)	폴리선을 재생성합니다.
직선화(S)	X 표식기를 다른 정점으로 이동하는 동안 표시된 정점의 위치를 저장합니다.
접선(T)	이후에 곡선 맞춤에 사용할 표시된 정점에 접선 방향을 부착합니다.
폭(W)	표시된 정점 바로 뒤에 오는 세그먼트의 시작 및 끝 폭을 변경합니다.
종료(X)	정점 편집 모드를 종료합니다.

3) 선(Line), 호(Arc) 또는 스플라인(Spline) 편집 옵션

- [PEDIT(폴리선 편집)] 명령으로 선(Line), 호(Arc) 또는 스플라인(Spline)이 들어 있는 객체를 선택하면, 다음과 같은 프롬프트가 표시됩니다.

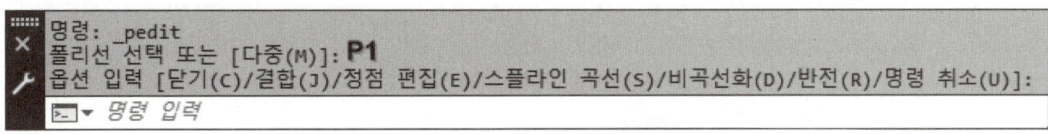

4) 3D 폴리선 편집 옵션

- [PEDIT(폴리선 편집)] 명령으로 3D 폴리선을 선택하면 다음과 같은 프롬프트가 표시됩니다.

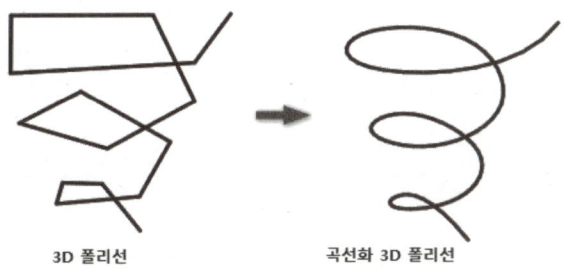

3D 폴리선 → 곡선화 3D 폴리선

5) 다각형 메쉬 편집 옵션

- [PEDIT(폴리선 편집)] 명령으로 다각형 메쉬를 선택하면 다음과 같은 프롬프트가 표시됩니다.

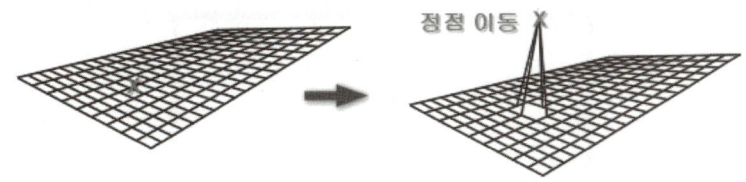

1.3 RECTANGLE(직사각형) 명령

- [RECTANGLE(직사각형)] 명령은 대각선으로 두 점들을 선택하거나 지정해서 직사각형 모양으로 닫힌 폴리선을 작성하는 기능을 제공합니다.
- [RECTANGLE(직사각형)] 명령의 옵션으로 직사각형에서 모깎기, 모따기, 고도, 두께, 폭 지정 등 사각형 형상의 구석 유형 및 3D 형상을 조정할 수 있습니다.
- 또한 영역, 길이, 치수 및 회전 옵션을 매개변수로 지정할 수 있습니다.

1) RECTANGLE(직사각형) 명령 호출 방법

메뉴:	그리기 ➡ 직사각형
도구막대:	그리기 ➡ ▢
리본:	홈 탭 ➡ 그리기 패널 ➡ 직사각형 드롭다운 ➡ ▢ (직사각형)
명령 입력:	RECTANG, REC

- 풀다운 메뉴 [그리기] ➡ [직사각형]을 클릭합니다.
- 리본 그리기 탭에서 ▢ [직사각형] 아이콘을 선택합니다.
- 명령 행에 [RECTANG] 혹은 [REC] 이라고 입력합니다.

```
명령: _rectang
첫 번째 구석점 지정 또는 [모따기(C)/고도(E)/모깎기(F)/두께(T)/폭(W)]: P1
다른 구석점 지정 또는 [영역(A)/치수(D)/회전(R)]: P2
▼ 명령 입력
```

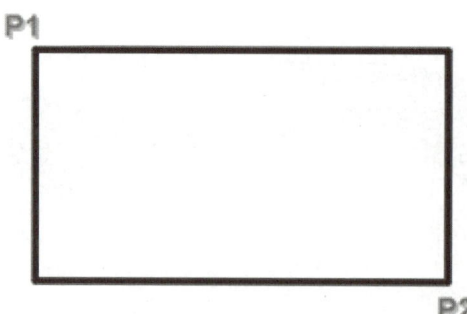

2) RECTANGLE(직사각형) 명령 옵션

옵션	기 능
모따기(C)	직사각형의 모따기 거리를 설정합니다.
고도(E)	직사각형의 고도를 지정합니다.
모깎기(F)	직사각형의 모깎기 반지름을 지정합니다.
두께(T)	직사각형의 두께를 지정합니다.
폭(W)	그릴 직사각형의 폴리선 너비를 지정합니다.
영역(A)	면적과 길이 또는 너비를 사용하여 직사각형을 작성합니다.
치수(D)	길이 및 폭 값을 사용하여 직사각형을 작성합니다.
회전(R)	지정된 회전 각도에서 직사각형을 작성합니다.

❑ [RECTANG(직사각형)] 명령의 옵션들을 설정해서 작도한 사각형들은 다음 그림과 같습니다.

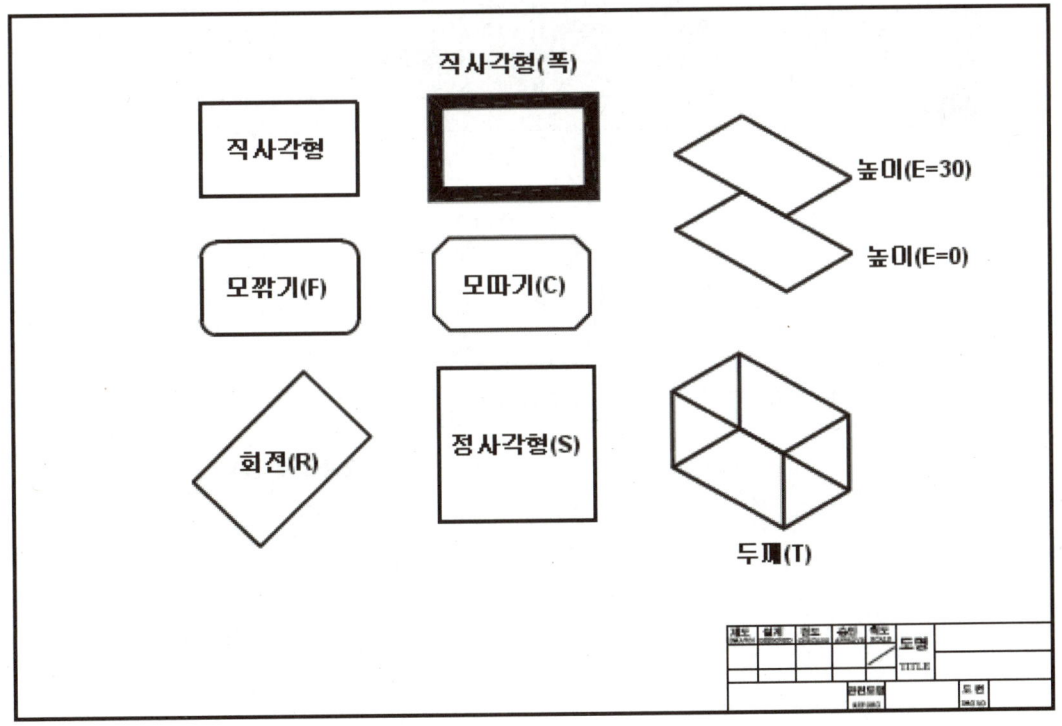

1.4 POLYGON(다각형) 명령

- [POLYGON(다각형)] 명령은 폴리선으로 다각형을 작도하고, 5각형에서부터 128각형까지 작도할 수 있습니다.

1) POLYGON(다각형) 명령 호출 방법

메뉴:	그리기 ⇨ 다각형
도구막대:	그리기 ⇨ ⬠
리본:	홈 탭 ⇨ 그리기 패널 ⇨ 직사각형 드롭다운 ⇨ ⬠ (다각형)
명령 입력:	POLYGON, POL

- 리본 [그리기] 탭에서 직사각형 드롭다운을 클릭하고 ⬠(다각형)을 선택합니다.
- 명령 행에 [POLYGON] 혹은 [POL] 이라고 입력합니다.

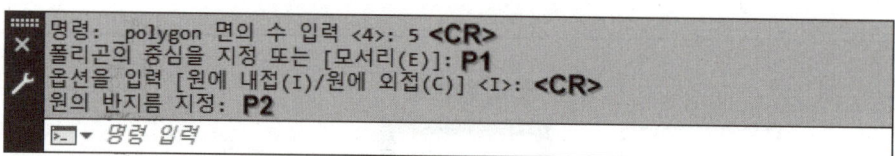

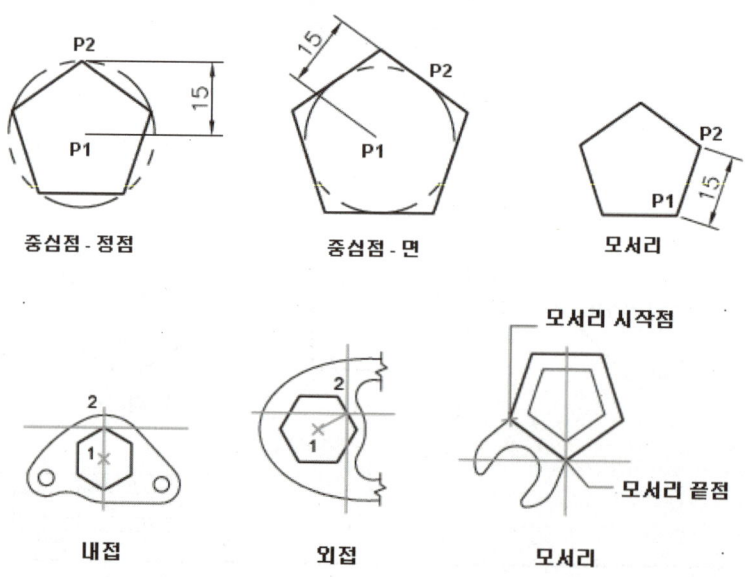

중심점 - 정점   중심점 - 면   모서리

내접   외접   모서리

1.5 SPLINE(스플라인 명령)

- [SPLINE(스플라인)] 명령은 NURBS(Nonuniform Rational B-Splines) 곡선이라는 특정 형식의 스플라인을 작성합니다.
- 스플라인은 점들의 집합에 의해 정의되는 부드러운 곡선입니다.
- 곡선이 점과 일치하는 정도를 조정할 수 있습니다.
- 배의 헐, 비행기 날개 혹은 터빈 블레이드의 단면처럼 조각 패치들로 이루어진 가장 곡률이 높은 부드러운 형상들을 만드는데 스플라인들을 이용합니다.

1) SPLINE(스플라인) 명령 호출 방법

메뉴:	그리기 ⇨ 스플라인 ⇨ 맞춤점
	그리기 ⇨ 스플라인 ⇨ 조정 정점
도구막대:	그리기 ⇨ [아이콘]
리본:	홈 탭 ⇨ 그리기 패널 ⇨ ▼ ⇨ [아이콘] (스플라인)
명령 입력:	SPLINE

2) SPLINE(스플라인) 명령 옵션

옵션	기 능
첫 번째 점	현재 방법에 따라 스플라인의 첫 번째 점(첫 번째 맞춤점 또는 첫 번째 조정 정점)을 지정합니다.
다음점	Enter 키를 누를 때까지 스플라인 세그먼트를 추가로 작성합니다.
명령 취소	마지막으로 지정한 점을 제거합니다.
닫기	마지막 점이 첫 번째 점과 일치하도록 정의하여 스플라인을 닫습니다.
메서드(M)	스플라인을 맞춤점으로 작성할지 조정 정점으로 작성할지 조정합니다. **맞춤(F)**: 스플라인이 통과해야 하는 맞춤점을 지정하여 각도 3(3차원) B-스플라인을 작성합니다. **조정 정점(CV)**: 조정 정점을 지정하여 최대 차수 10까지 스플라인을 작성합니다.
객체(O)	2D 또는 3D(2차원 또는 3차원) 스플라인 맞춤 폴리선을 해당하는 스플라인으로 변환합니다.
맞춤(F)/ 매듭(K)	스플라인 내의 연속하는 맞춤점 간에 구성요소 곡선을 혼합하는 방법을 결정하는 여러 계산 방법 중 하나인 매듭 매개변수화를 지정합니다. - 현(또는 현 길이 방법) - 제곱근(또는 중앙 집중적 방법) - 균일(또는 등거리 방법)
맞춤(F)/ 시작 접촉부(T)	스플라인 시작점의 접선 조건을 지정합니다.
맞춤(F)/ 끝 접촉부(T)	스플라인 끝점의 접선 조건을 지정합니다.
맞춤(F)/ 공차(L)	스플라인이 지정된 맞춤점에서 벗어날 수 있는 거리를 지정합니다.
조정 정점(CV)/ 각도(D)	결과로 생성된 스플라인의 다항식 각도를 설정합니다. 이 옵션을 사용하여 각도 1(선형), 각도 2(2차원), 각도 3(3차원) 등의 스플라인을 최대 각도 10까지 작성할 수 있습니다.

따라하기> 스플라인 맞춤점(FIT) 그리기

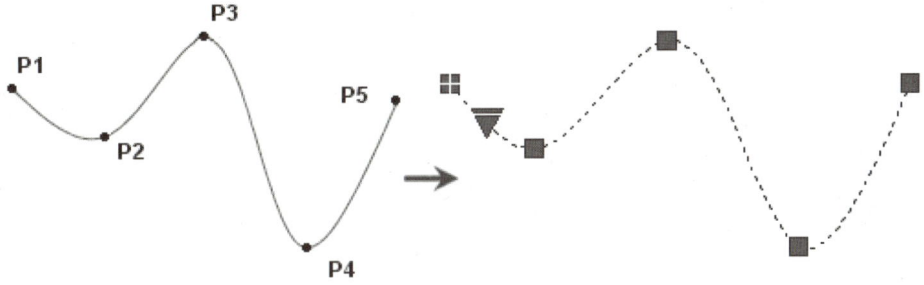

따라하기> 스플라인 조정 정점(CV) 그리기

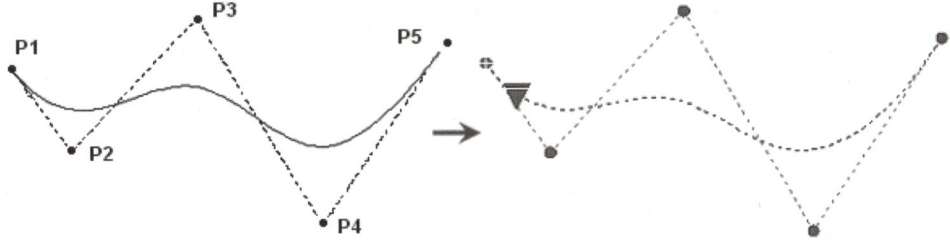

1.6 SPLINEDIT(스플라인 편집) 명령

- [SPLINEDIT(스플라인 편집)] 명령은 스플라인 또는 스플라인 맞춤 폴리선을 편집 및 수정합니다.

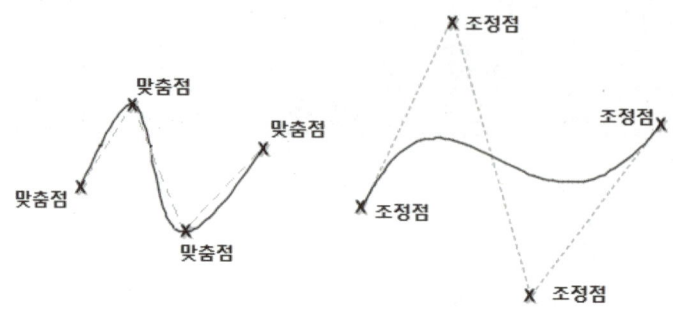

1) SPLINEDIT(스플라인 편집) 명령 호출 방법

메뉴:	수정 ⇨ 객체 ⇨ 스플라인
도구막대:	수정 Ⅱ ⇨
리본:	홈 탭 ⇨ 수정 패널 ⇨ ▼ ⇨ (스플라인 편집)
명령 입력:	SPLINEDIT

```
명령: splinedit
스플라인 선택: P1
옵션 입력 [닫기(C)/결합(J)/맞춤 데이터(F)/정점 편집(E)/폴리선으로 변환(P)/반전(R)/명령 취소(U)/종료(X)] <종료>:
```

옵션	기 능
닫기(C)	열린 스플라인을 닫아 스플라인을 양 끝점에서 접선 연속 되게 부드럽게 만듭니다.
열기(O)	스플라인을 원래 작성할 때 지정한 첫 번째 점과 마지막 점 사이의 최종 곡선 세그먼트를 제거하여 닫힌 스플라인을 엽니다.
결합(J)	선택한 스플라인을 일치하는 끝점에서 다른 스플라인, 선, 폴리선 및 호와 결합하여 더 큰 스플라인을 형성합니다.

옵션		기 능
맞춤 데이터(F)		옵션을 사용하여 맞춤 데이터를 편집합니다.
	추가(A)	스플라인에 맞춤점을 추가합니다.
	닫기(C)	열린 스플라인을 닫아 스플라인을 양 끝점에서 접선 연속되게 (부드럽게) 만듭니다.
	열기(O)	마지막 점이 첫 번째 점과 일치하도록 정의하여 열린 스플라인을 닫습니다.
	삭제(D)	스플라인에서 맞춤점을 제거하고 나머지 점들을 통과하도록 스플라인을 다시 맞춥니다.
	꼬임(K)	스플라인의 지정된 위치에서 매듭 및 맞춤점을 추가합니다.
	이동(M)	맞춤점을 새 위치로 이동합니다.
	소거(P)	도면 데이터베이스에서 스플라인의 맞춤 데이터를 제거합니다.
	접선(T)	스플라인의 시작 접선과 끝 접선을 편집합니다.
	공차(L)	기존 점의 스플라인을 새 공차 값에 따라 다시 맞춥니다.
	종료(X)	이전 프롬프트로 복귀합니다.
정점 편집(E)		옵션을 사용하여 제어 프레임 데이터를 편집합니다.
	추가(A)	두 기준 조정 정점 간에 있는 지정한 점에 새 조정 정점을 추가합니다.
	삭제(D)	선택한 조정 정점을 제거합니다.
	순서 올리기(E)	스플라인의 다항식 순서를 높입니다.
	이동(M)	선택한 조정 정점을 재배치합니다.
	가중치(W)	지정한 조정 정점의 가중치를 변경합니다.
	종료(X)	이전 프롬프트로 복귀합니다.
폴리선으로 변환(P)		스플라인을 폴리선으로 변환합니다. 정밀도 값은 결과로 생성되는 폴리선이 스플라인과 일치하는 정도를 결정합니다.
반전(E)		스플라인의 방향을 반전합니다.
명령 취소(U)		마지막 작업을 취소합니다.
종료(X)		명령 프롬프트로 복귀합니다.

1.7 ELLIPSE(타원) 명령

- [ELLIPSE(타원)] 명령은 타원을 작도합니다. 타원은 다음 그림처럼 장축과 단축으로 구성된 도형으로 일반적인 작도법은 먼저 중심점을 지정하고, 장축과 단축의 끝점들을 지정해서 작도됩니다.
- 첫 번째 축의 끝점을 지정하는 것에 의해 타원의 배치 방향이 결정되며, 장축과 단축을 정의하는 고정된 순서는 없습니다.

1) ELLIPSE(타원) 명령 호출하는 방법

메뉴:	그리기 ⇨ 타원 ⇨ 중심점
도구막대:	그리기 ⇨ [아이콘]
리본:	홈 탭 ⇨ 그리기 패널 ⇨ [아이콘] 타원 드롭다운 ⇨ 중심점
명령 입력:	ELLIPSE, EL

- 리본 [그리기] 탭에서 [타원] 아이콘 혹은 타원 ▼ 플라이아웃을 클릭합니다.
- 명령 행에 [ELLIPSE] 혹은 [EL] 라고 입력합니다.

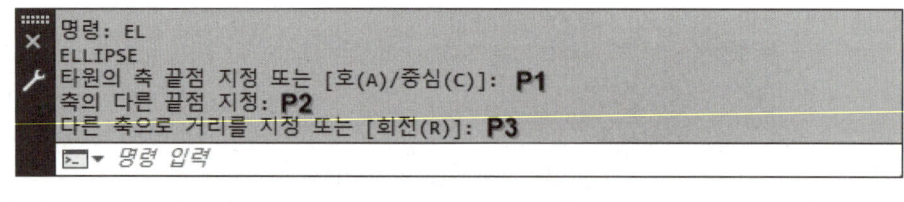

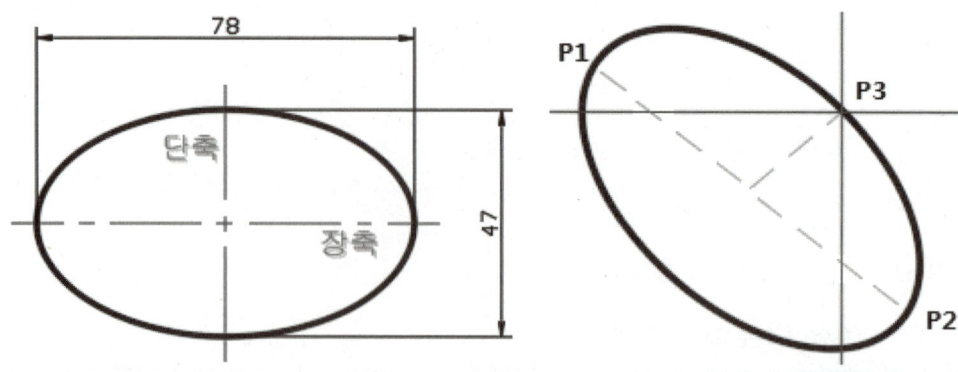

따라하기〉 타원 호 그리기

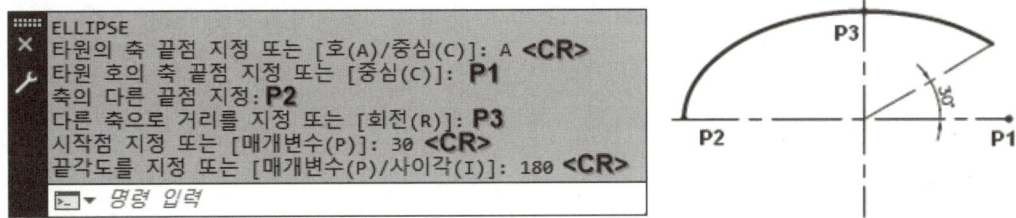

따라하기〉 등각원 그리기

1 등각 투영 작업 환경 설정하기

① 다음 그림처럼 [SNAP(스냅)] 명령을 실행해서 등각투영 환경을 설정합니다.

② 또 다른 방법으로 상태막대에서 '스냅모드' 드롭다운 리스트를 클릭하고, [스냅 설정]을 클릭합니다. '제도 설정' 대화상자에서 '스냅 및 그리드' 탭의 '스냅 유형'에서 [등각투영 스냅]을 클릭합니다. [확인] 버튼을 클릭합니다.

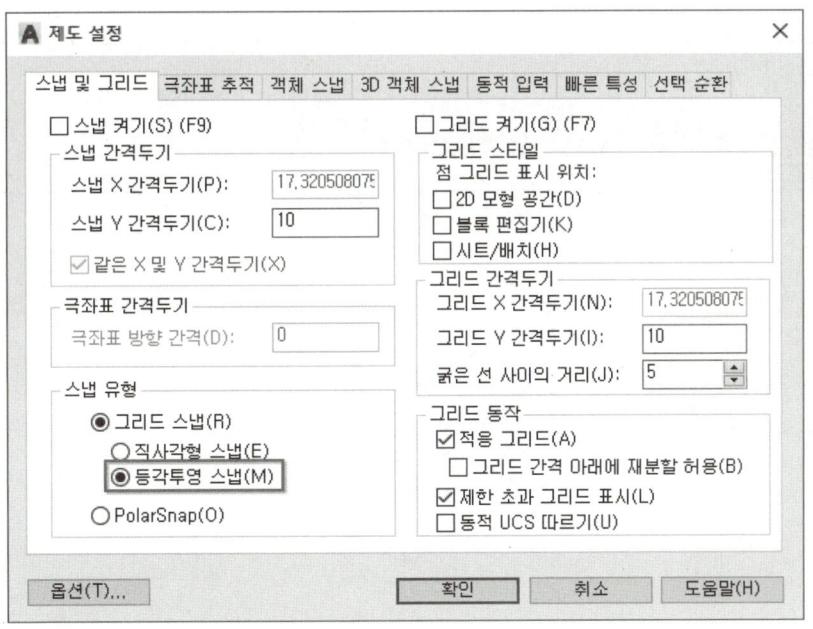

2 등각 투영면의 커서 제어 및 작도하기

① 상태막대에서 [도면 그리드 표시] 및 [도면 그리드로 스냅] 버튼을 클릭해서 켭니다.

② F5 키를 눌러 커서가 아래 그림처럼 표시되면, 선 명령을 이용해서 좌등각 투영면에 사각형을 작도합니다.

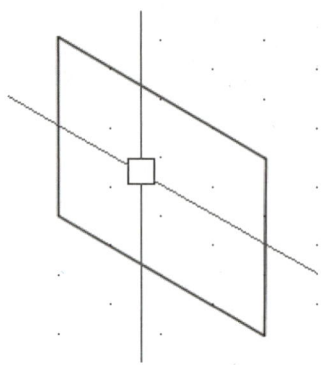

③ 동일한 방법으로 상등각 투영면, 우등각 투영면에 사각형을 작도해서 육면체를 완성합니다.

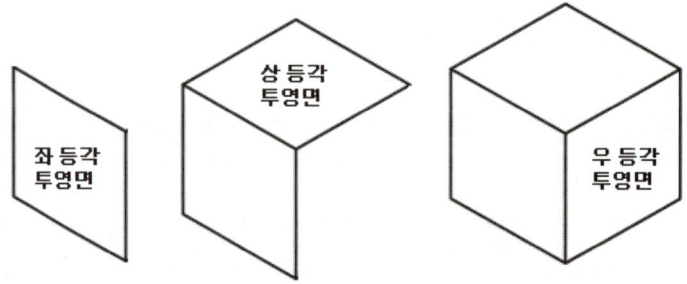

3 등각 투영면에 타원 명령을 이용해서 등각원을 작도합니다.

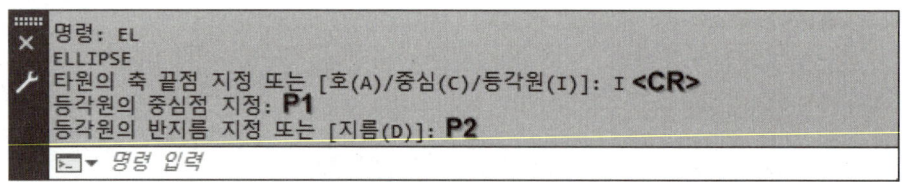

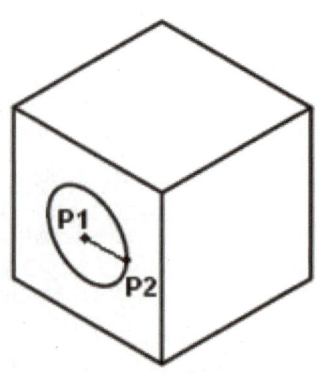

4 위와 동일한 방법으로 다음 그림처럼 상등각 투영면에 타원을 작도하고, 우등각 투영면에 타원을 작도해서 완성합니다.

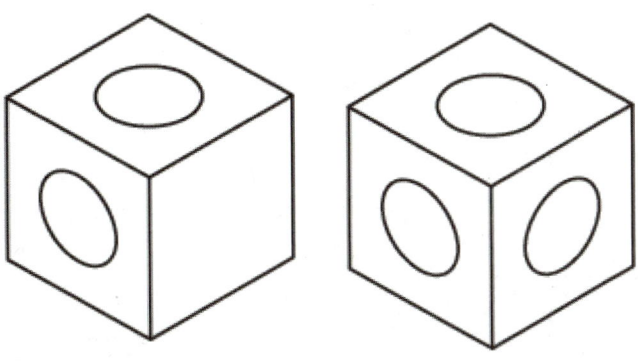

❏ ISODRAFT or ISOPLANE 명령

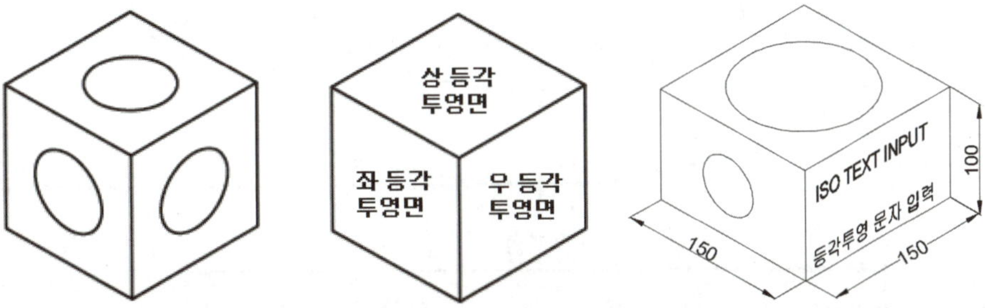

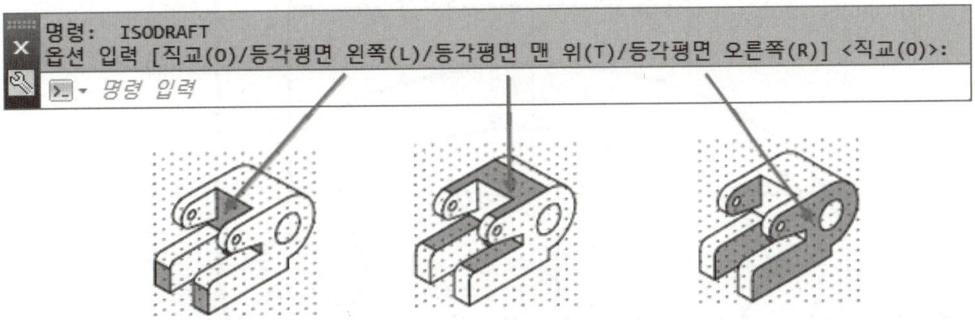

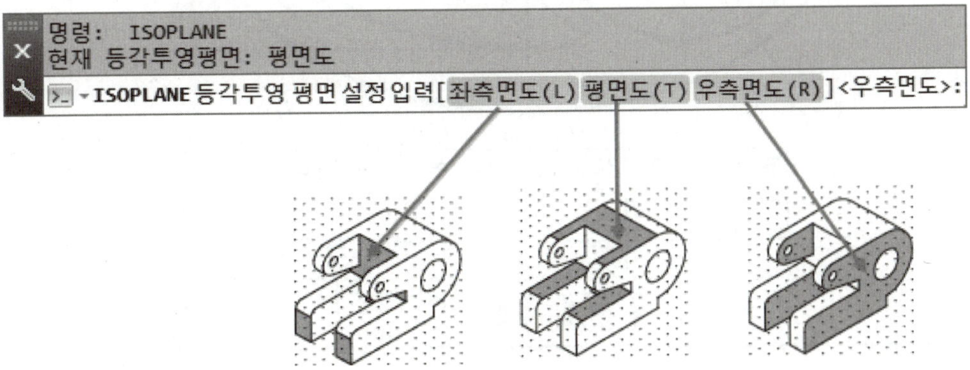

실습과제 16〉 도면층, 선종류를 이용해서 다음 도형을 작도합니다.

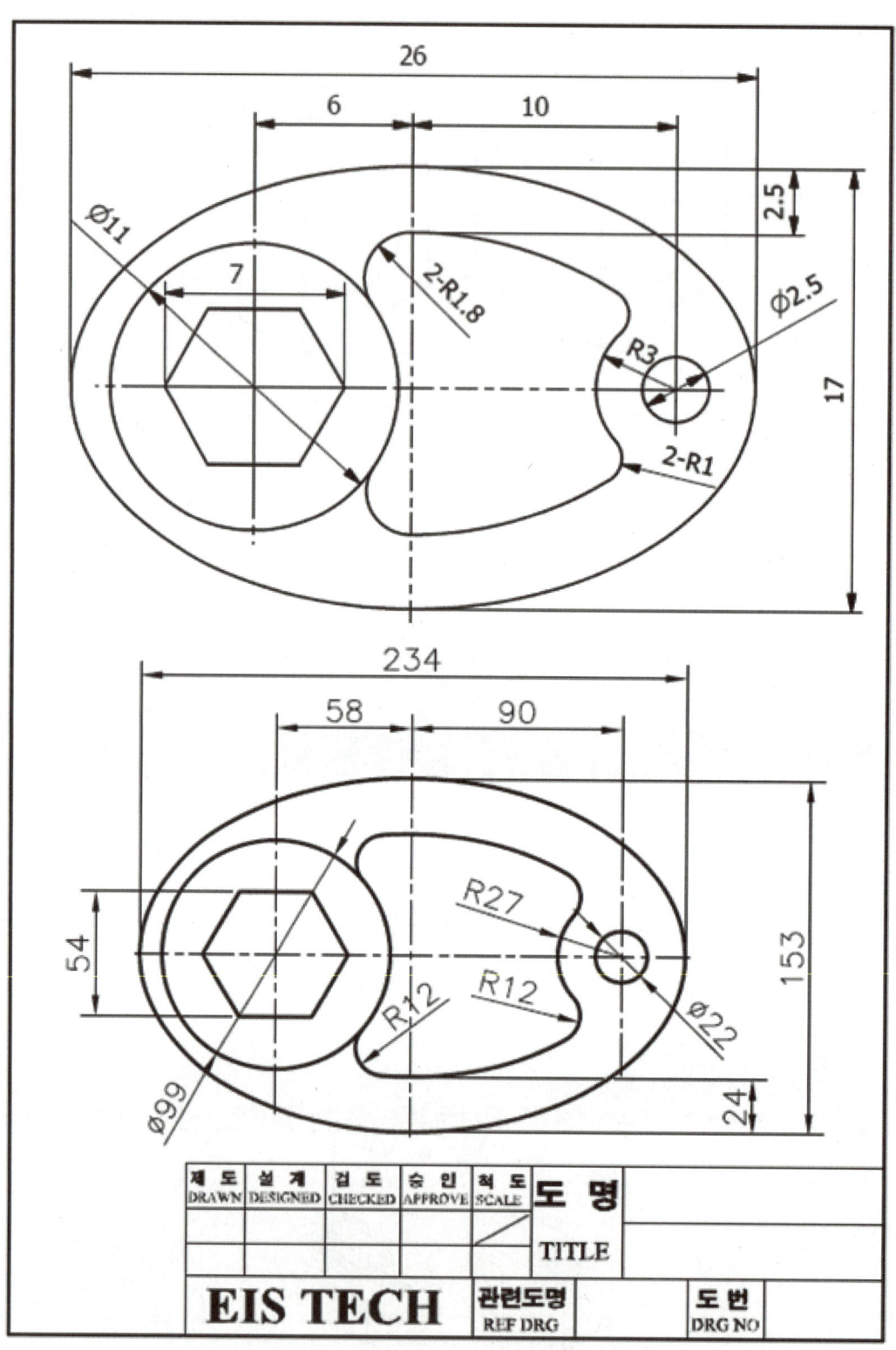

[작도 방법]

1. 다음 그림처럼 보조선(수직, 수평 중심선)들을 작도합니다(치수 참고).

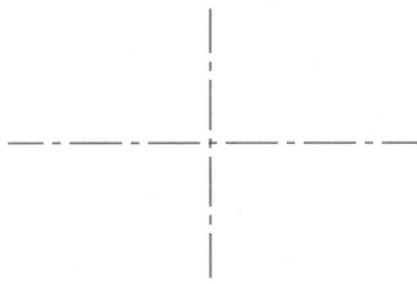

2. 다음 그림처럼

   ① P1 점을 지나는 수직 중심선을 13mm 거리만큼 오른쪽으로 [OFFSET(간격 띄우기)] 명령을 사용해서 간격띄우기합니다.

   ② P1 점을 지나는 수평 중심선을 8.5mm 거리만큼 위쪽으로 [OFFSET(간격 띄우기)] 명령을 사용해서 간격띄우기합니다.

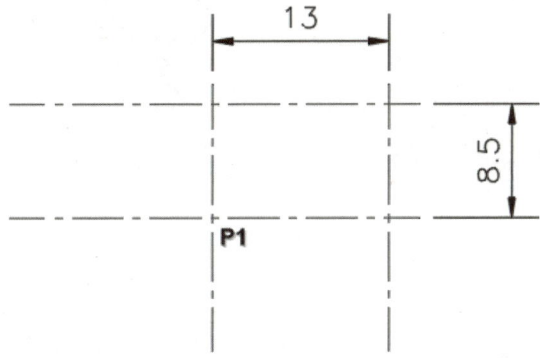

3. 다음 그림처럼

   ① 중심점을 P1, 장축의 끝점을 P2, 단축의 끝점을 P3로 하는 타원을 작도합니다.

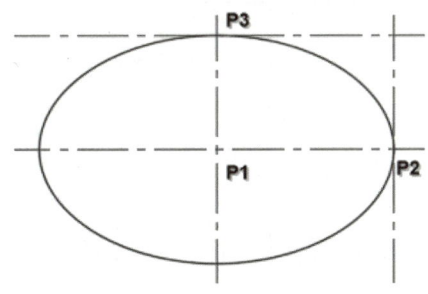

4. 다음 그림처럼
    ① P1 점을 지나는 수직 중심선을 10mm 간격으로 오른쪽으로 [OFFSET(간격띄우기)] 명령을 사용해서 간격띄우기 합니다.
    ② P1 점을 지나는 수직 중심선을 6mm 간격으로 왼쪽으로 [OFFSET(간격띄우기)] 명령을 사용해서 간격띄우기 합니다.

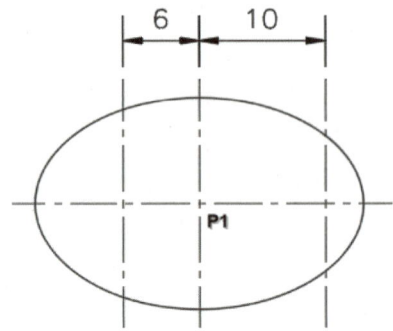

5. 다음 그림처럼 오른쪽 교차점을 중심점으로 하는 지름 2.5mm, 반지름 3.0mm인 원들을 작도합니다.

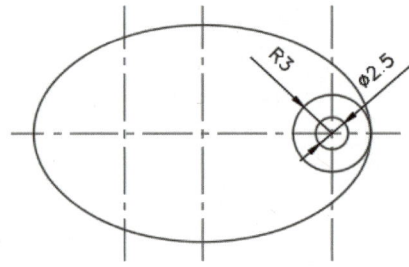

6. 다음 그림처럼
    ① P1 점을 지나는 수직 중심선을 3.5mm 간격으로 왼쪽으로 [OFFSET(간격띄우기)] 명령을 사용해서 간격띄우기 합니다.
    ② P1 점을 중심으로 하고, P2점에 접하는 내접 육각형을 [POLYGON(폴리곤)] 명령을 사용해서 작도합니다.

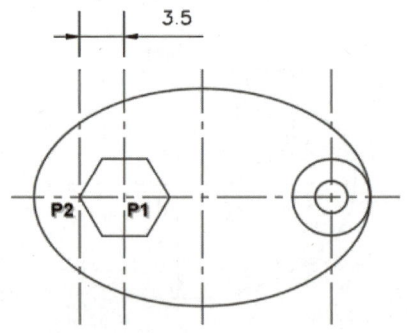

7. 다음 그림처럼
    ① P1 점을 중심으로 하는 지름 11mm인 원을 작도합니다.

    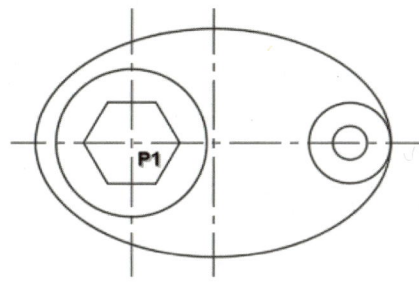

    ② 2.5mm 간격으로 타원을 안쪽으로 [OFFSET(간격띄우기)] 명령을 사용해서 간격띄우기 합니다.

    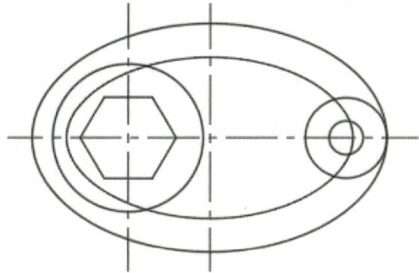

    ③ 다음 그림처럼 반지름 1.8mm와 1.0mm로 [FILLET(모깎기)] 명령을 이용해서 상하 2개씩 모깎기를 작도합니다.

    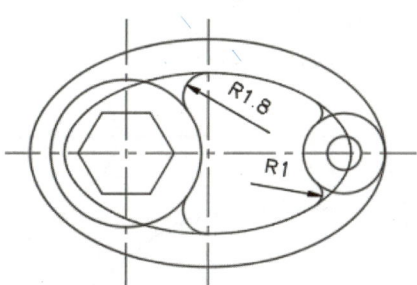

    ④ 다음 그림처럼 [TRIM(자르기)] 명령을 사용해서 형상을 잘라 완성합니다.

    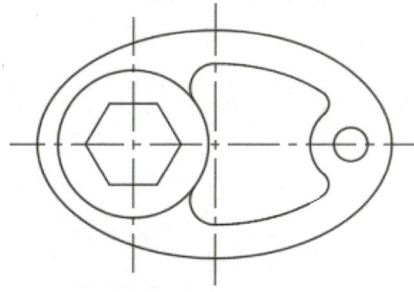

실습과제 17〉 도면층, 선종류를 이용해서 다음 도형을 작도합니다.

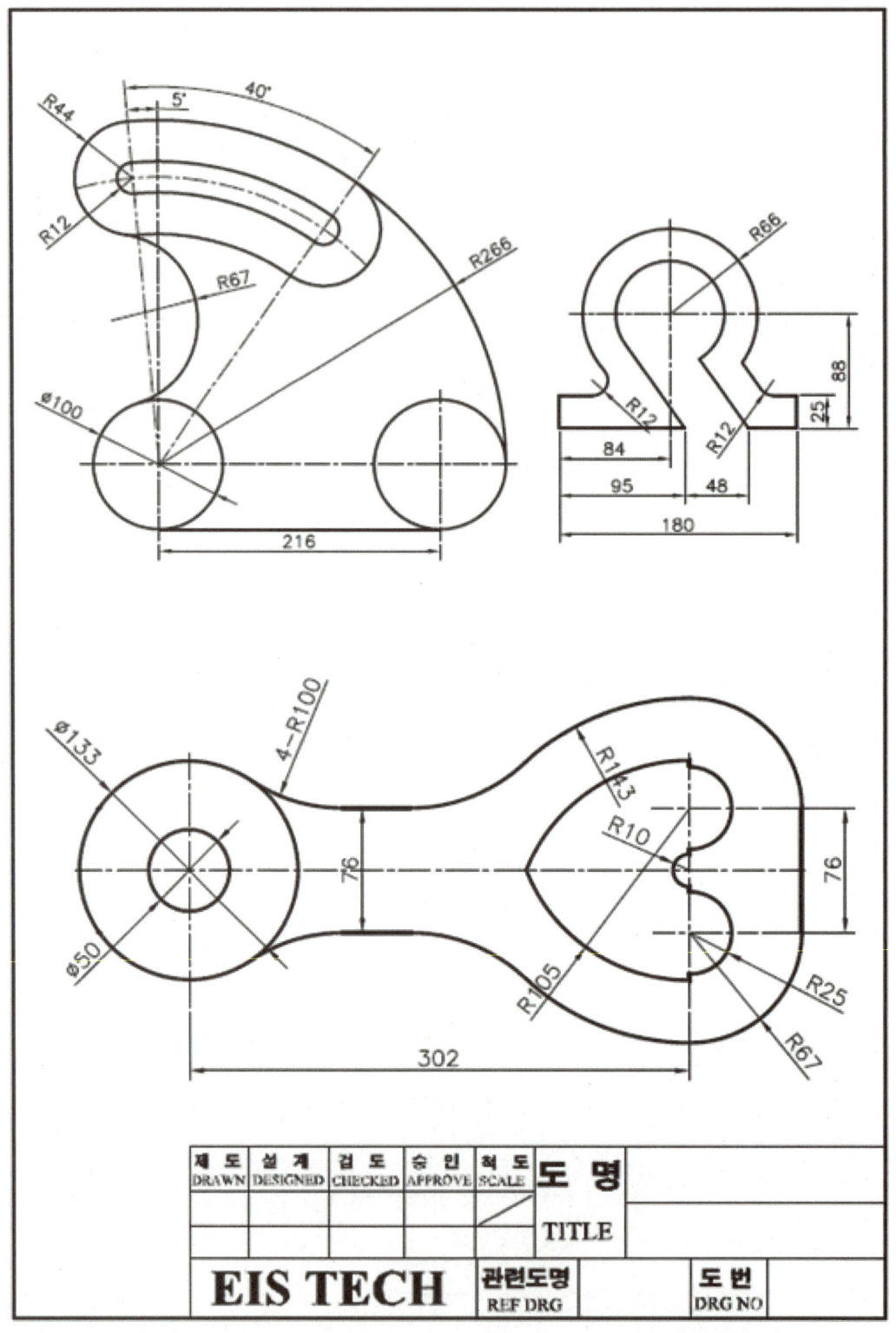

[작도 방법]

1. 다음 그림처럼 보조선(수직, 수평 중심선 및 경사선)들을 작도합니다(치수 참고).

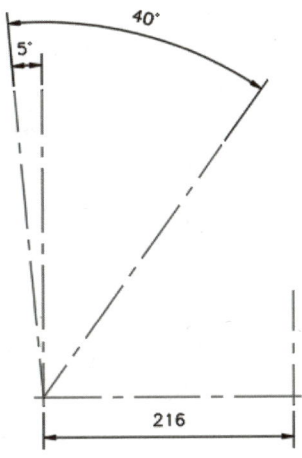

2. 다음 그림처럼

① P1 점을 중심으로 반지름 222mm 원을 작도한 후 자르기해서 중심 호를 작도합니다.

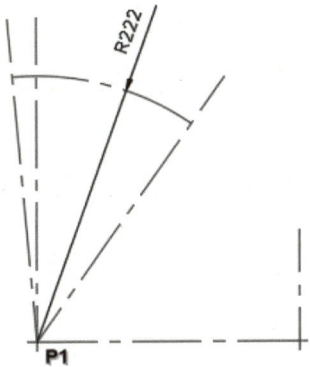

② 중심 호를 44mm와 12mm 간격으로 위쪽 및 아래쪽으로 [OFFSET(간격 띄우기)] 명령을 사용해서 간격띄우기합니다.

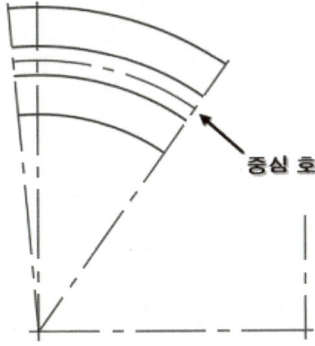

3. 다음 그림처럼
   ① [ARC(호)] 명령을 호출하고, [중심(C)] 옵션을 설정해서 중심점(P1), 시작점(P2), 끝점(P3)을 차례로 선택해서 왼쪽과 오른쪽에 각각 2개씩 호를 작도합니다.

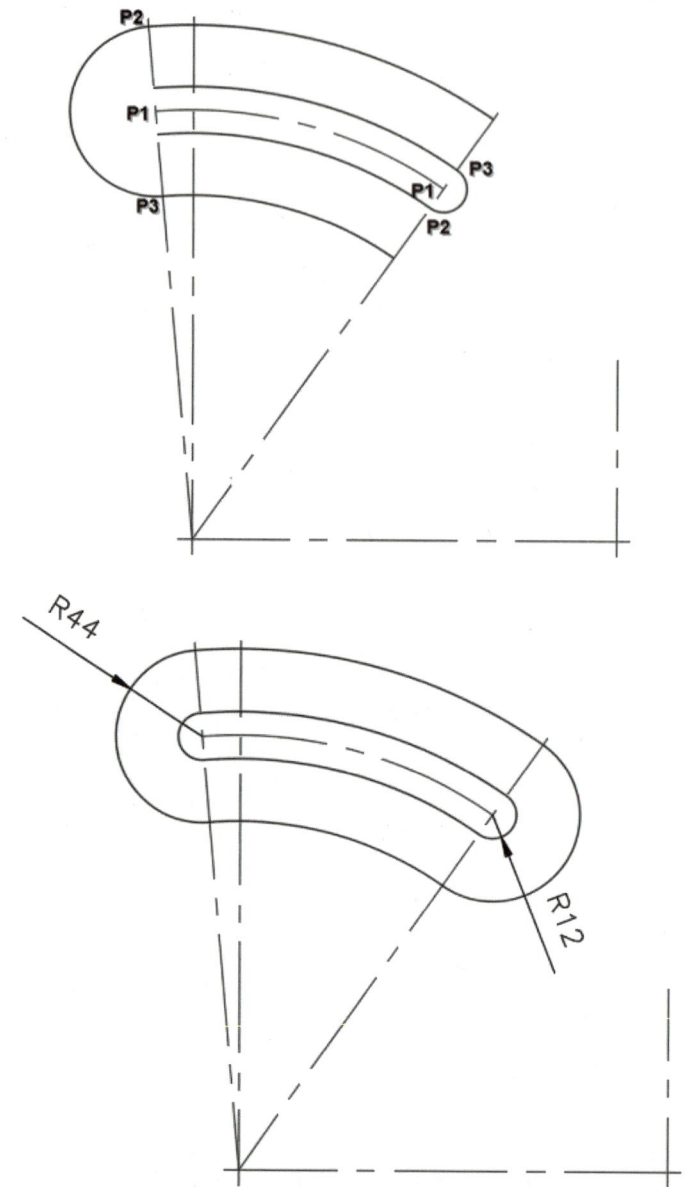

4. 다음 그림처럼
   ① P1 점을 중심으로 지름 100mm 원을 작도합니다.
   ② P2 점을 중심으로 지름 100mm 원을 작도합니다.

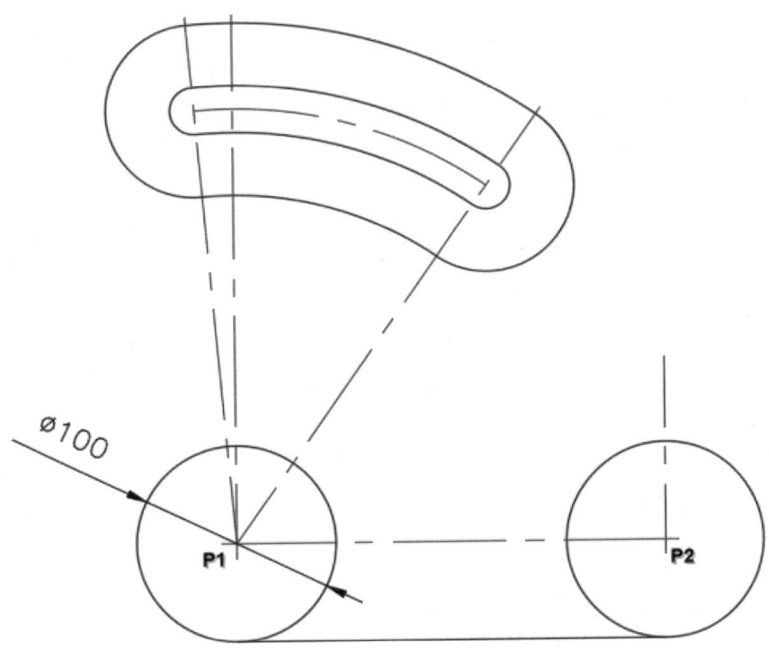

5. 다음 그림처럼 왼쪽에 반지름 67mm 접원을 작도하고, 오른쪽에 반지름 266mm 접원을 작도합니다.

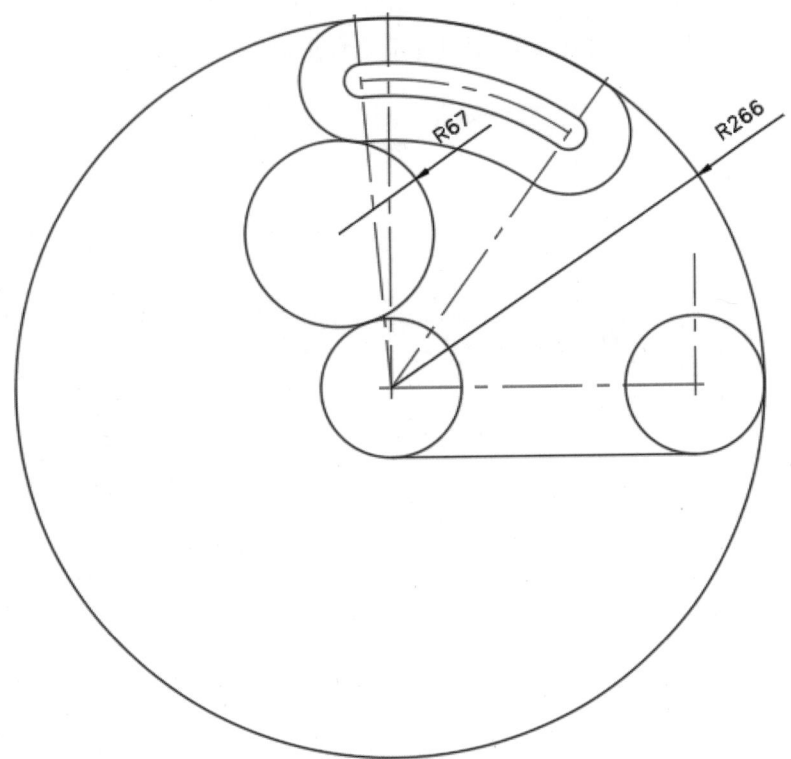

6. 다음 그림처럼

   ① 다음 그림처럼 [TRIM(자르기)] 명령을 사용해서 형상을 잘라 완성합니다.

   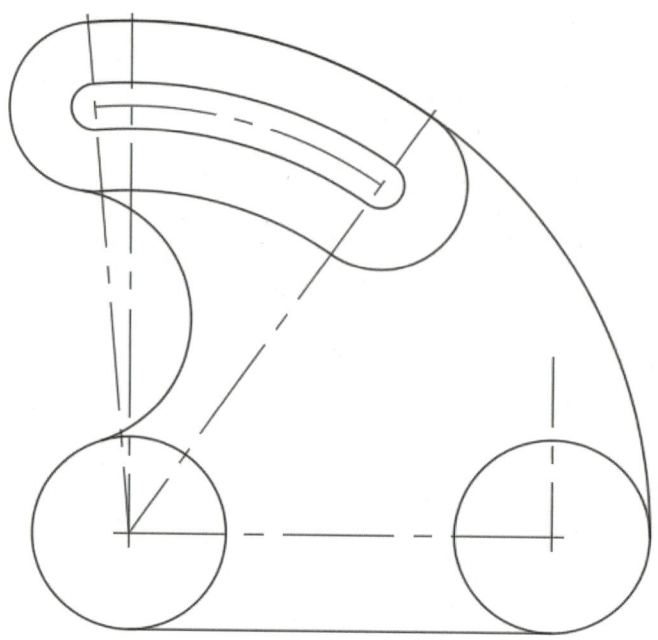

   ② 다음 그림처럼 두 개의 외형선이 겹치는 곳에서 상태막대의 [순환 선택] 도구 버튼을 이용해서 44mm로 간격띄우기된 호를 선택해서 삭제합니다.

   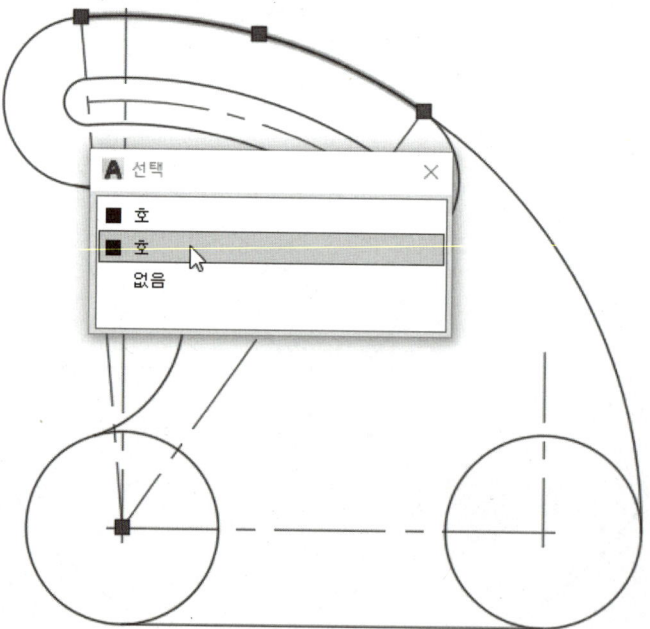

실습과제 18〉 도면층, 선종류를 이용해서 다음 도형을 작도합니다.

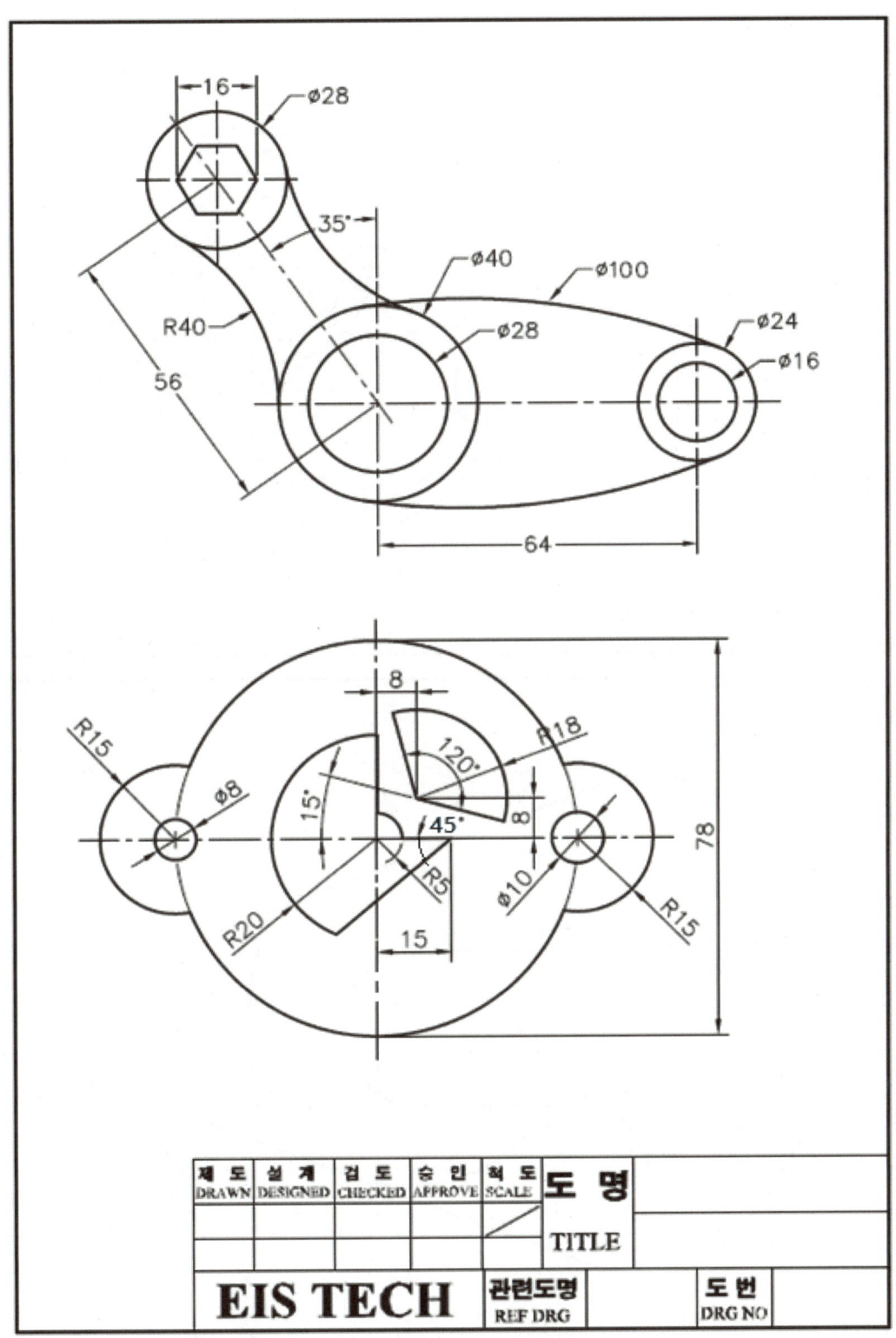

실습과제 19〉 도면층, 선종류를 이용해서 다음 도형을 작도합니다.

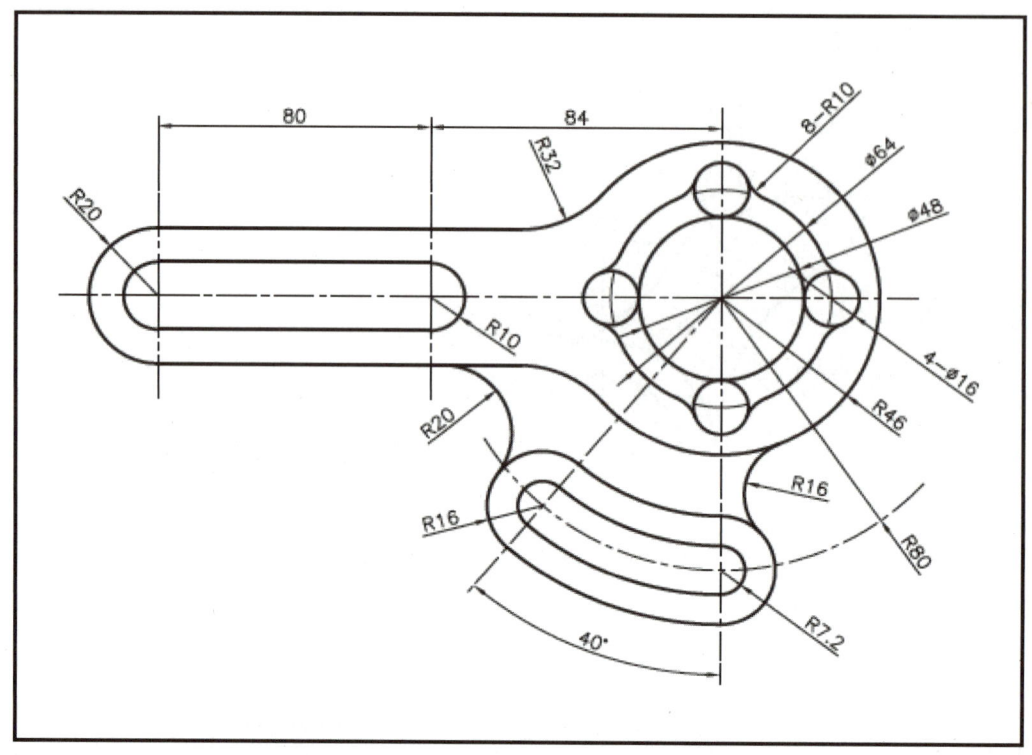

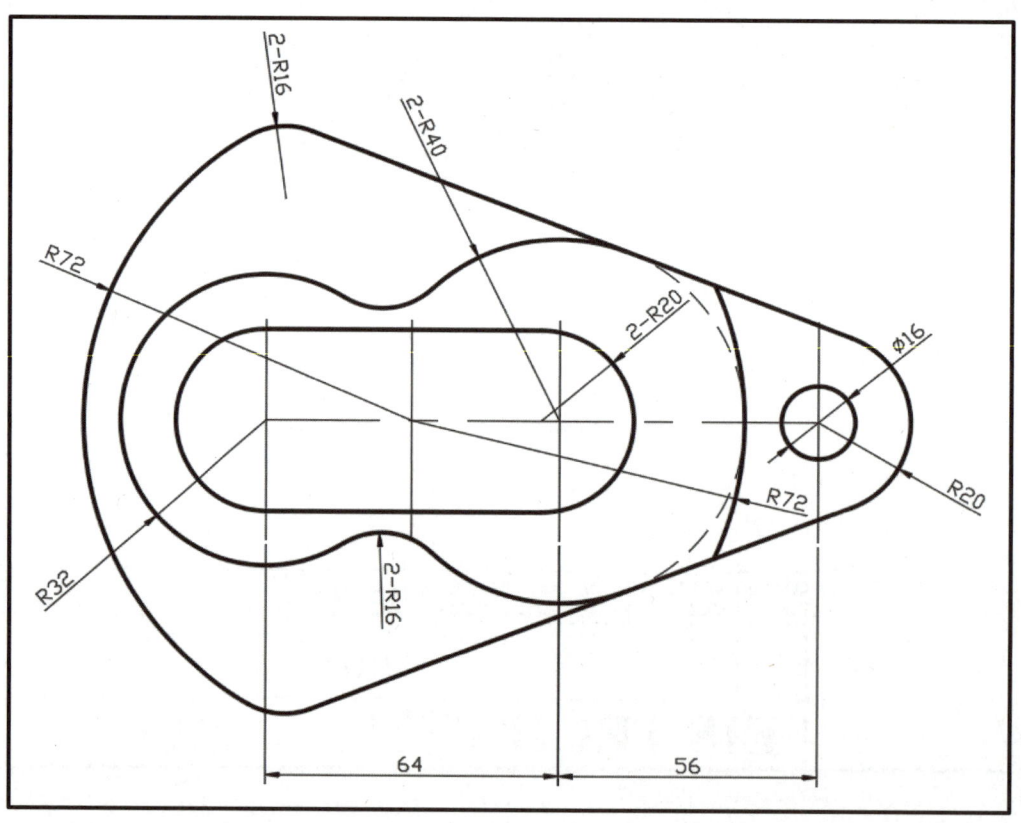

02 선형 객체 그리기
(Draw the linear Object)

선 객체를 이용해서 다양한 선형 도형(Linear shape)을 쉽고 빠르고 정확하고 정밀하게 작도할 수 있는 다음 몇 가지 명령들을 소개합니다.

2.1 구성선(XLine) 그리기

- AutoCAD에서 구성선(Construction Line)은 3차원(3D) 모델 공간에서 작도할 수 있는 무한 길이의 선형 보조선입니다.
- 구성선은 다음 그림처럼 삼각 투영법에 의한 2D 투영 뷰 배치 및 형상을 그리는데 기준이 되는 수평, 수직 혹은 경사선을 작도하는데 매우 유용합니다.
- 특히 3D 모델링 작업을 하는데 주로 참조하는 보조선으로 사용합니다.

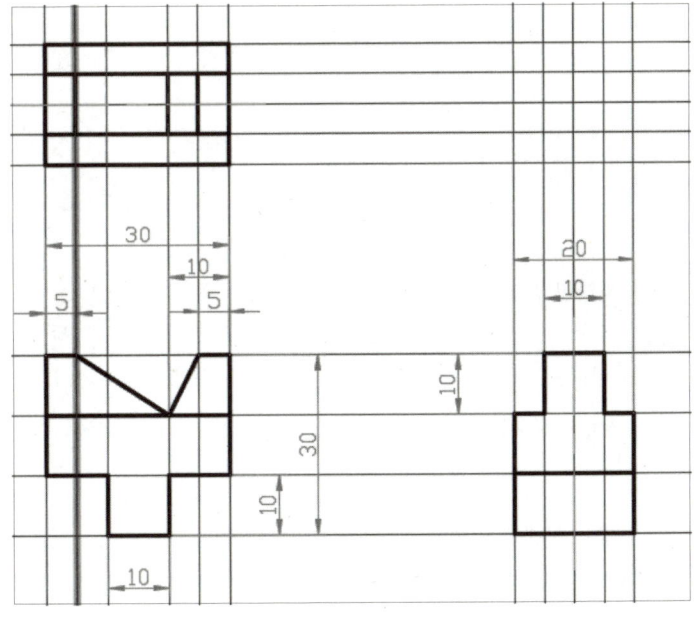

1) XLine(구성선) 명령 호출 방법

메뉴:	그리기 ⇨ 구성선
도구막대:	그리기 ⇨ ✎
리본:	홈 탭 ⇨ 그리기 패널 ⇨ ▼ ⇨ ✎ (구성선)
명령 입력:	XLine, XL

- [홈] 탭의 [그리기] 패널 제목 막대 플라이아웃을 클릭해서 [그리기] 패널을 확장한 후 ✎ [구성선] 아이콘을 클릭합니다.
- [그리기] 도구 막대에서 ✎ [구성선] 아이콘을 클릭합니다.
- 명령 행에 [XLine] 혹은 [XL] 이라고 입력합니다.

2) XLine(구성선) 명령 옵션

옵션	기 능	참고
점 지정 (디폴트 프롬프트)	구성선이 통과할 두 점을 지정	
수평(H)	지정한 점을 지나는 수평선 작도	
수직(V)	지정한 점을 지나는 수직선 작도	
각도(A)	지정한 점에서 지정한 각도의 선 작도	
이등분(B)	지정한 객체의 이등분선을 작도	
간격띄우기(O)	참조 객체에 평행한 선 작성(거리, 점)	- 간격띄우기 거리, - 통과점

CHAPTER 5 도형 정의하기(Define the Shapes)

따라하기〉 구성선 그리기

1 상태 막대에서 [직교 모드] 버튼을 클릭합니다.

2 리본 [그리기] 패널에서 (구성선) 아이콘을 클릭하고 두 점을 지정합니다.

```
명령: _xline
점 지정 또는 [수평(H)/수직(V)/각도(A)/이등분(B)/간격띄우기(O)]: P1
통과점을 지정: P2
통과점을 지정: <CR>
▶ 명령 입력
```

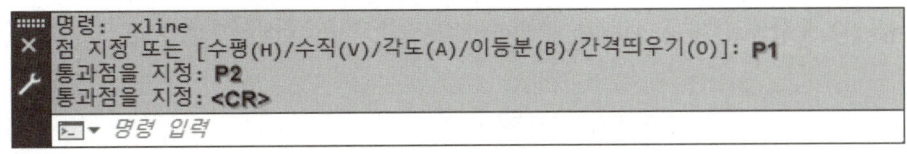

3 '수직(V)' 옵션에 의한 구성선을 다음 그림처럼 작도합니다.

```
명령: _xline
점 지정 또는 [수평(H)/수직(V)/각도(A)/이등분(B)/간격띄우기(O)]: V <CR>
통과점을 지정: P1
통과점을 지정: P2
통과점을 지정: P3
통과점을 지정: <CR>
▶ 명령 입력
```

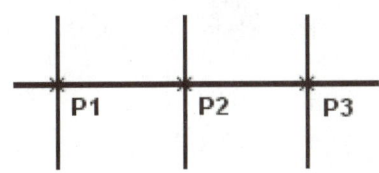

4 '각도(A)' 옵션에 의한 구성선을 다음 그림처럼 작도합니다.

```
명령: _xline
점 지정 또는 [수평(H)/수직(V)/각도(A)/이등분(B)/간격띄우기(O)]: A <CR>
X선의 각도 입력 (0) 또는 [참조(R)]: 30 <CR>
통과점을 지정: P1
통과점을 지정: P2
통과점을 지정: P3
통과점을 지정: <CR>
▶ 명령 입력
```

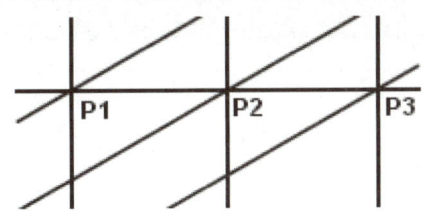

2.2 RAY(광선) 그리기

- 광선(Ray)은 구성선과 유사한 특성을 가진 선으로 시작점으로부터 임의의 방향으로 무한 길이의 선으로 작도됩니다.
- 광선은 3D 공간에서 다른 객체를 작성하는 참조선 혹은 구성선으로 이용됩니다.

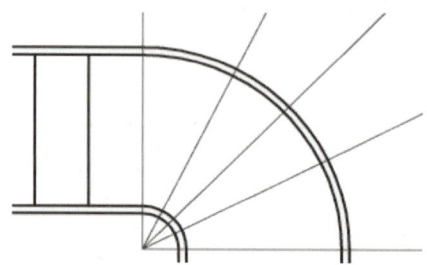

1) RAY(광선) 그리기

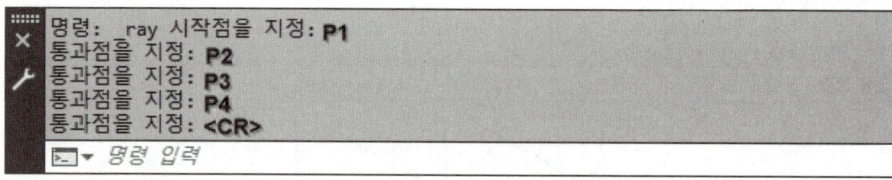

- [그리기] 패널 제목 막대 플라이아웃을 클릭하고, [광선] 아이콘을 클릭합니다.
- 명령 행에 [RAY] 라고 입력합니다.

```
명령: ray 시작점을 지정: P1
통과점을 지정: P2
통과점을 지정: P3
통과점을 지정: P4
통과점을 지정: <CR>
```

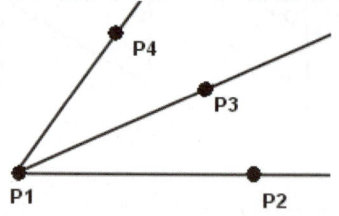

2.3 MLINE STYLE(여러 줄 스타일) 명령

- 아파트 혹은 주택 평면도에서 벽체를 작도하는 경우에 여러 줄(Multiple Line) 객체를 이용하면 매우 편리합니다.
- 여러 줄 객체를 작도를 시작하기 전에, 먼저 [MLSTYLE(여러 줄 스타일)] 명령을 이용해서 여러 줄 스타일을 정의해야 합니다.
- [MLSTYLE(여러 줄 스타일)] 명령은 여러 줄 객체를 정의하고, 수정 및 관리할 수 있습니다.

1) MLSTYLE(여러 줄 스타일) 명령 호출 방법

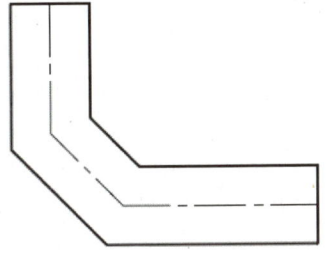

메뉴:	형식 ⇨ [여러 줄 스타일]
도구막대:	
리본:	
명령 입력:	MLSTYLE

- 새로운 여러 줄 스타일 객체의 정의를 완료하면, [MLINE(여러 줄)] 명령을 호출해서 도면 영역에 여러 줄 객체를 작도할 수 있습니다.
- [MLEDIT(여러 줄 편집)] 명령을 이용해서 도면 영역에 여러 줄 객체를 수정 및 편집할 수 있습니다.

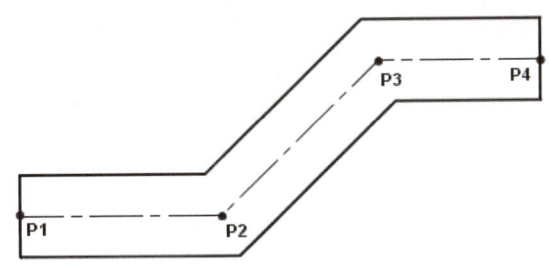

따라하기〉 여러 줄 스타일 정의하기

1 풀다운 메뉴 [형식] ⇨ [MLSTYLE(여러 줄 스타일)] 명령을 클릭해서 호출하면, 다음 그림처럼 '여러 줄 스타일' 대화상자가 표시됩니다.

새 여러 줄 스타일을 정의하기 위해 [새로 만들기] 버튼을 클릭합니다.

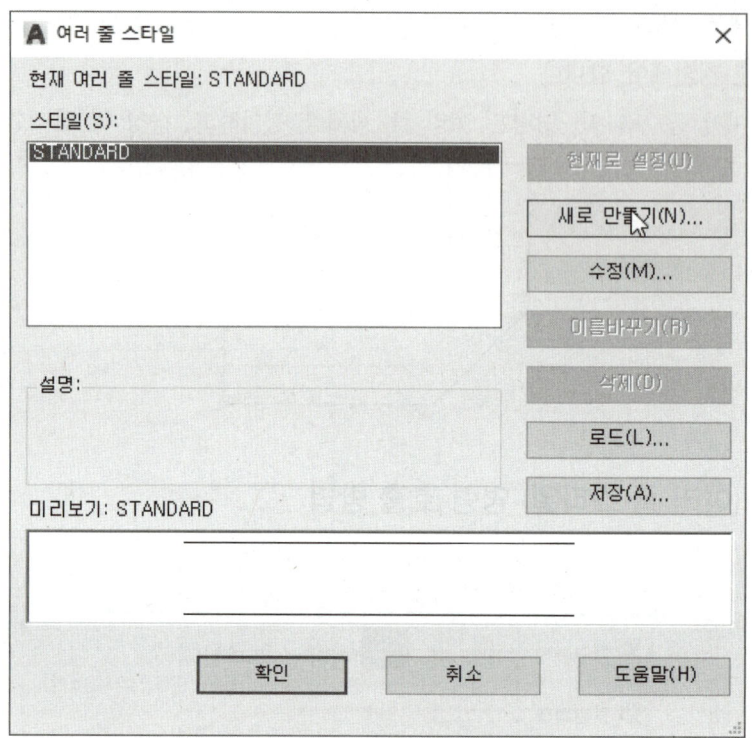

2 '새 여러 줄 스타일 작성' 대화상자에서 스타일 이름으로 [Wall]을 입력하고, [계속] 버튼을 클릭합니다.

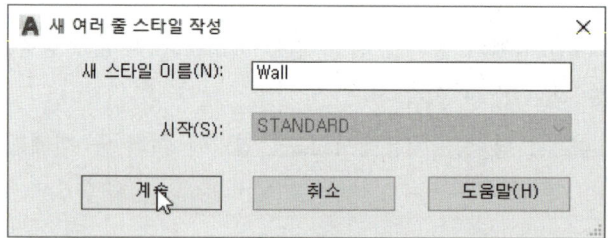

3 다음 그림처럼 표시된 '새 여러 줄 스타일' 대화상자에서 [추가] 버튼을 클릭해서 새로운 요소 하나를 추가 합니다.

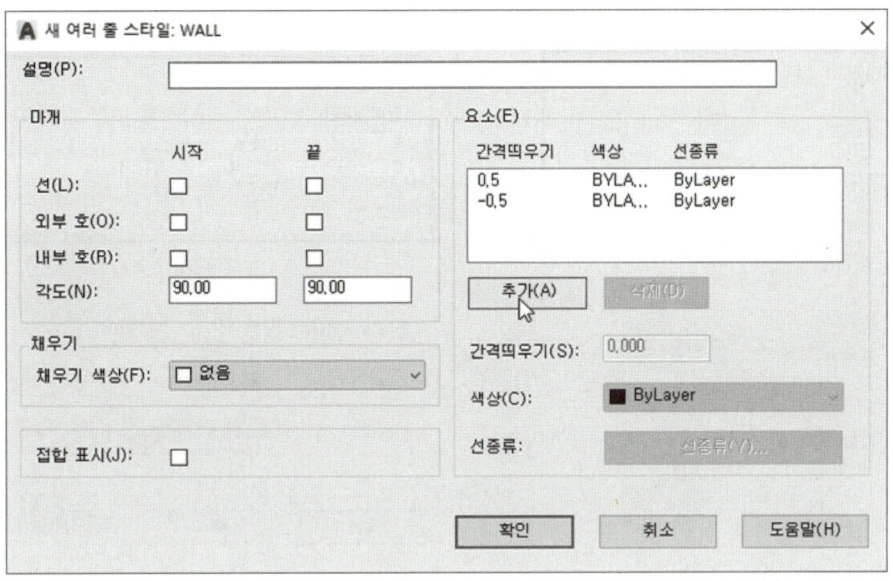

① 추가된 선(중간 요소)을 선택하고, 색상 드롭리스트 버튼을 눌러 [빨간색]으로 설정합니다.
② '선종류' 버튼을 눌러 [CENTER2] 선종류를 설정합니다. 만일 '선종류 선택' 대화상자에 [CENTER2] 선종류가 없다면, [로드] 버튼을 누르고 '선종류 로드 또는 다시 로드' 대화상자에서 [CENTER2] 선종류를 선택한 후 [확인] 버튼을 클릭합니다. 다시 '선종류 선택' 대화상자에서 [CENTER2]를 선택하고 [확인] 버튼을 클릭합니다.

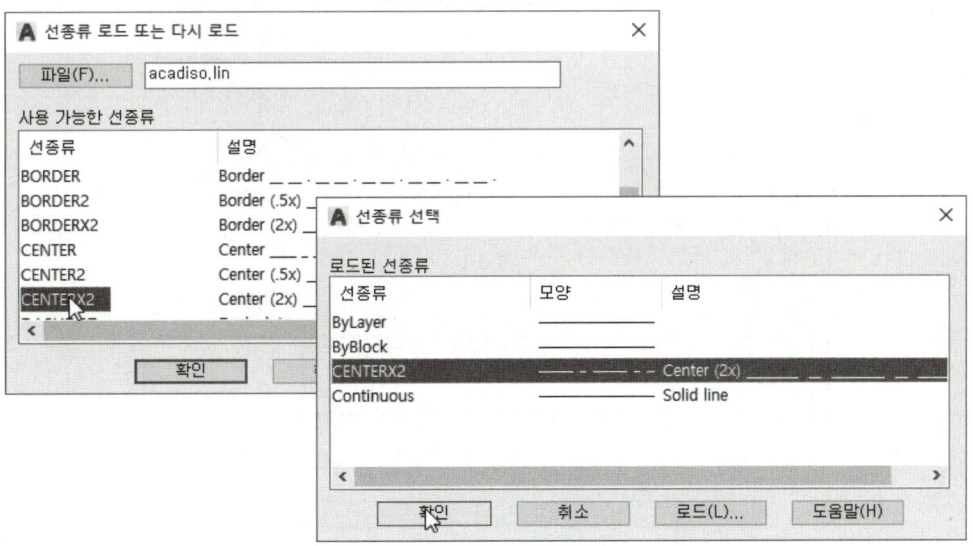

③ 첫 번째 선과 세 번째 선의 간격띄우기를 각각 5, -5로 설정합니다.
④ 마개 영역에서 선의 [시작]과 [끝] 체크박스를 체크합니다.

⑤ [확인] 버튼을 클릭합니다.

4 작성된 여러 줄 스타일을 활성화하기 위해 다음 그림처럼 '스타일' 영역의 리스트에서 [WALL]을 선택하고, 오른쪽 위의 [현재로 설정] 버튼을 클릭합니다.

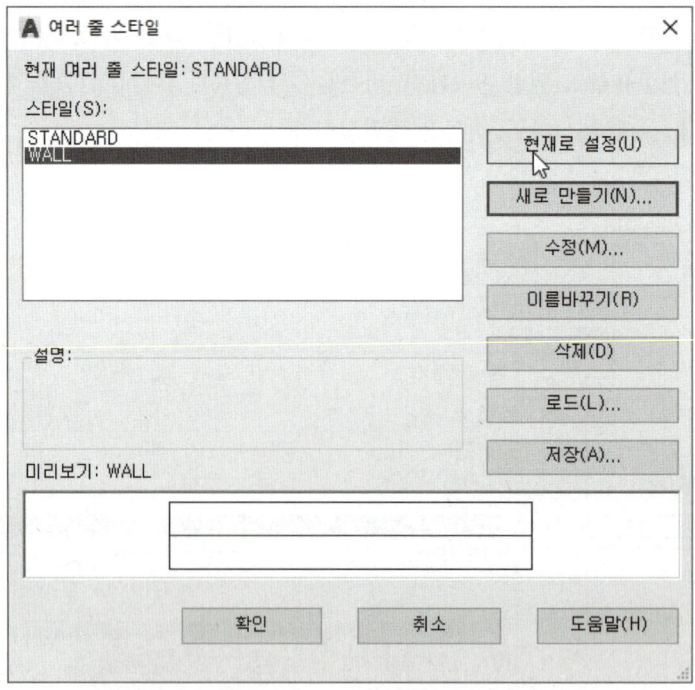

5 대화상자에서 새 여러 줄 스타일 정의를 완료하기 위해 [확인] 버튼을 클릭합니다.

2.4 MLINE(여러 줄) 명령

- [MLINE(여러 줄)] 명령은 미리 정의해서 설정된 여러 줄 스타일을 이용해서 여러 줄 객체를 작도합니다.
- 여러 줄 객체는 최대 16 개의 평행선 요소를 구성할 수 있는 복합 객체입니다.

메뉴:	그리기 ⇨ [여러 줄]
도구막대:	
리본:	
명령 입력:	**MLINE**

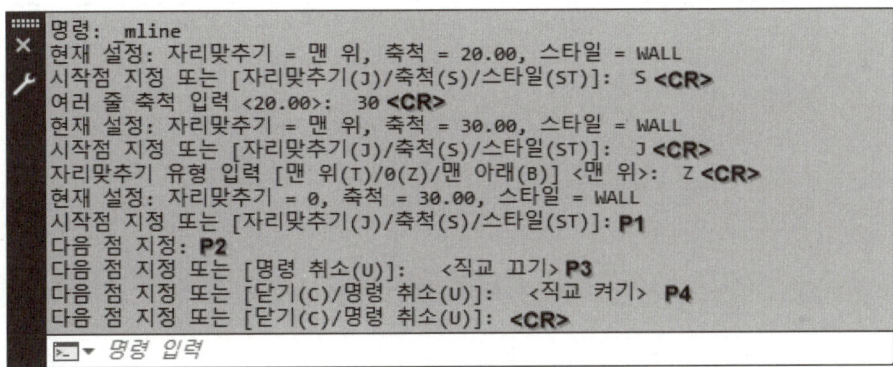

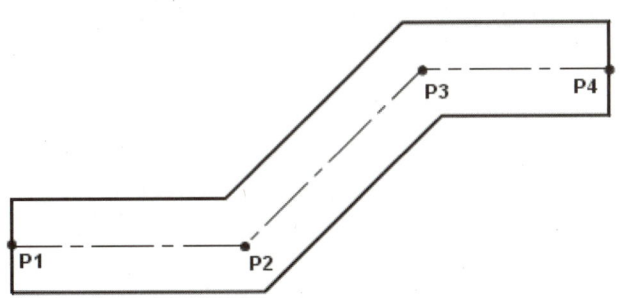

TIP〉 여러 줄 스타일 수정

도면 영역에 작도도어 사용 중인 여러 줄 스타일의 요소 및 여러 줄 특성은 편집할 수 없습니다. 정의된 기존 여러 줄 스타일을 수정하려면 해당 여러 줄 스타일을 사용하는 여러 줄 객체를 도면 영역에 그리기 전에 수정해야 합니다.

2.5 MLEDIT(여러 줄 편집) 명령

- **[MLEDIT(여러 줄 편집)]** 명령은 여러 줄 객체의 교차점, 중단점, 정점을 편집합니다.

메뉴:	수정 ⇨ 객체 ⇨ (여러 줄)
도구막대:	
리본:	
명령 입력:	MLEDIT

```
명령: _mledit
첫 번째 여러 줄 선택: P1
두 번째 여러 줄 선택: P2
첫 번째 여러 줄 선택 또는 [명령 취소(U)]: <CR>
```

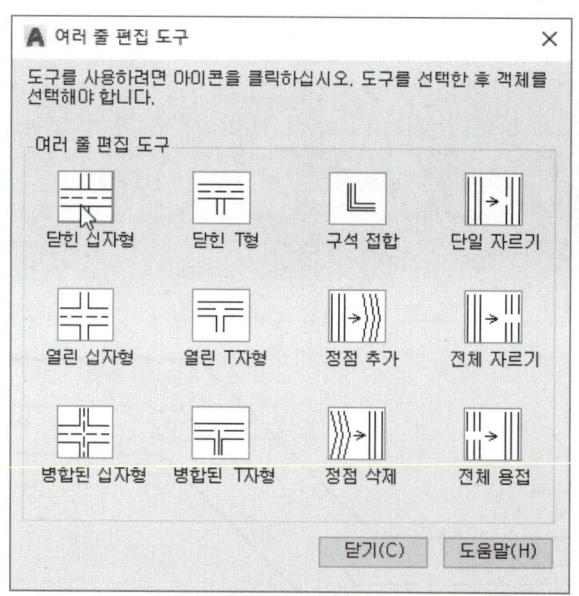

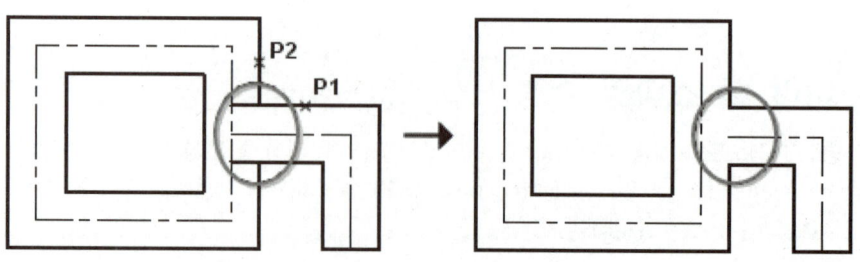

실습과제 20〉 간단한 사무실 평면도를 직접 작성해 보도록 합니다.

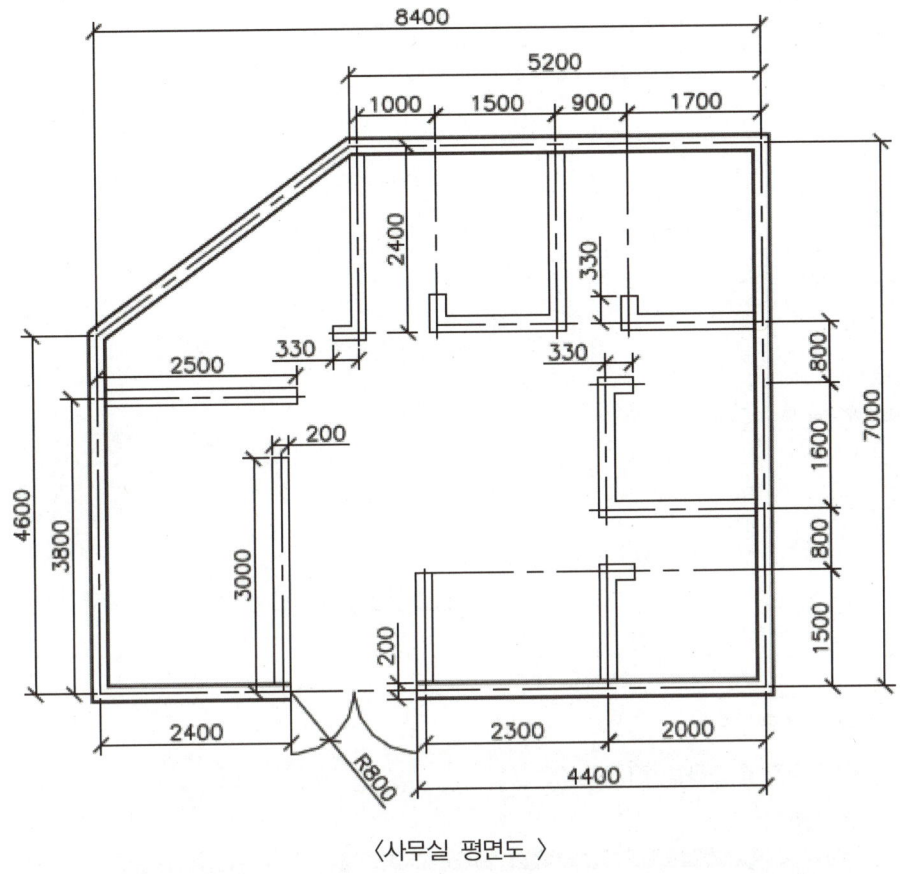

〈 사무실 평면도 〉

1 아래 그림처럼 벽체 및 칸막이 중심선을 그립니다.(위의 그림에서 치수 참고).

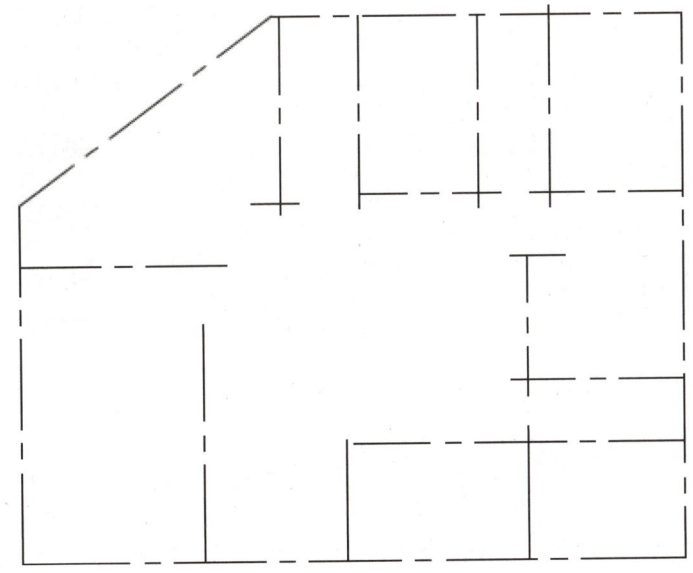

2 풀다운 메뉴에서 [형식] ⇨ [여러 줄 스타일] 명령을 클릭해서 새로운 여러 줄 스타일(이름 - PTN)을 정의 하고, [현재로 설정]으로 지정합니다.

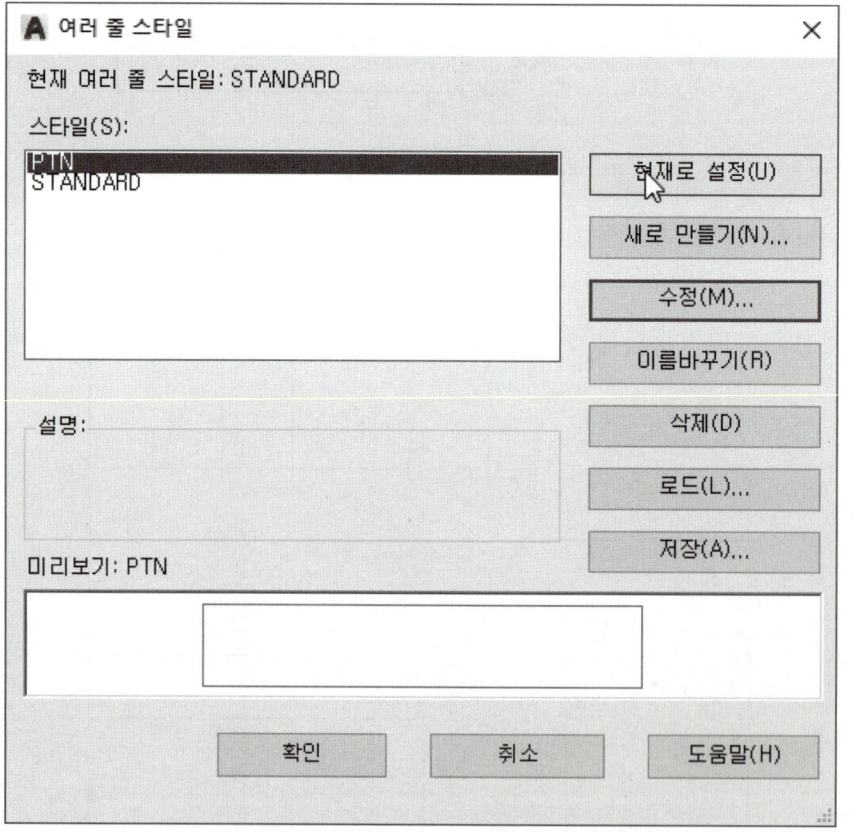

3 다음 그림처럼 벽체로 '여러 줄 스타일(PTN)'을 중심선을 기준으로 그리고, 출입문을 그립니다.

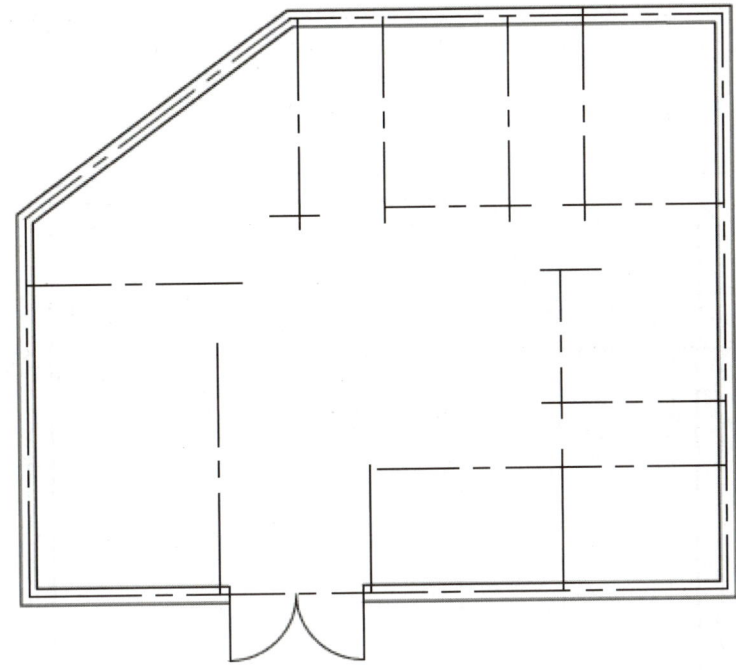

4 다음 그림처럼 파티션 칸막이 '여러 줄 스타일(PTN)'를 중심선을 기준으로 작도하고 [MLEDIT(여러 줄 편집)] 명령으로 편집합니다.

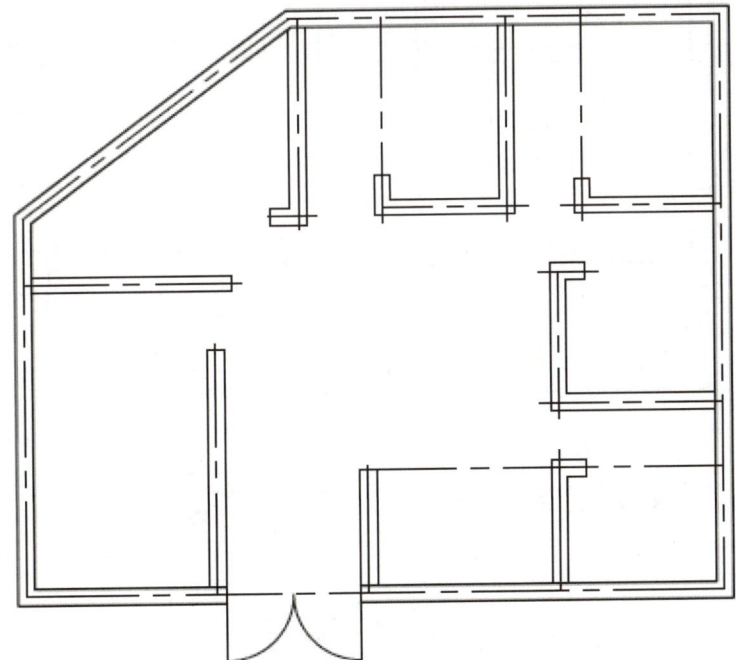

실습과제 21〉 간단한 사무실 평면도를 직접 작성해 보도록 합니다.

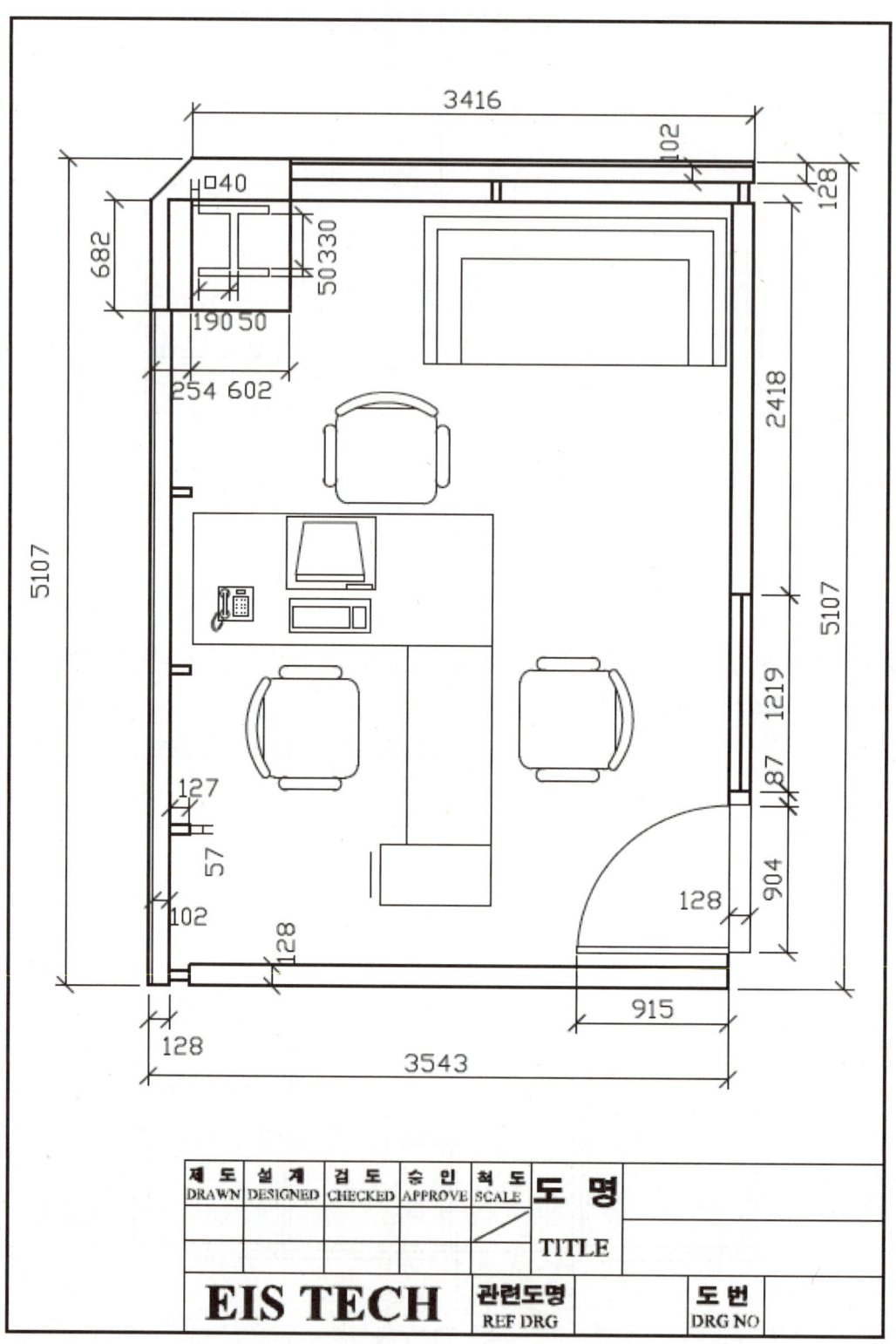

실습과제 22> 단독주택 평면도 그리기(외벽 350, 내벽 200, 처마끝 775)

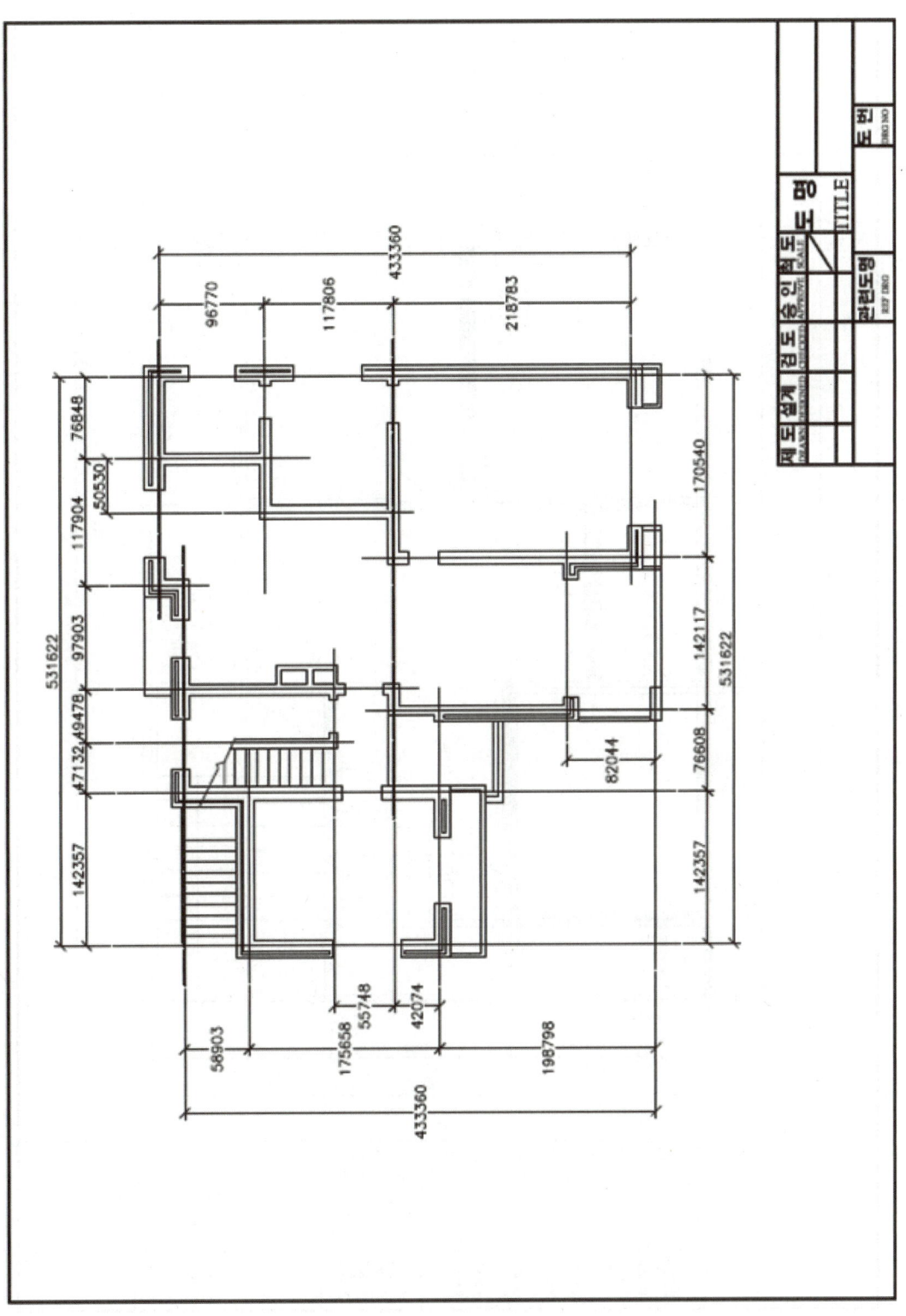

실습과제 23〉 단독 주택 평면도 그리기

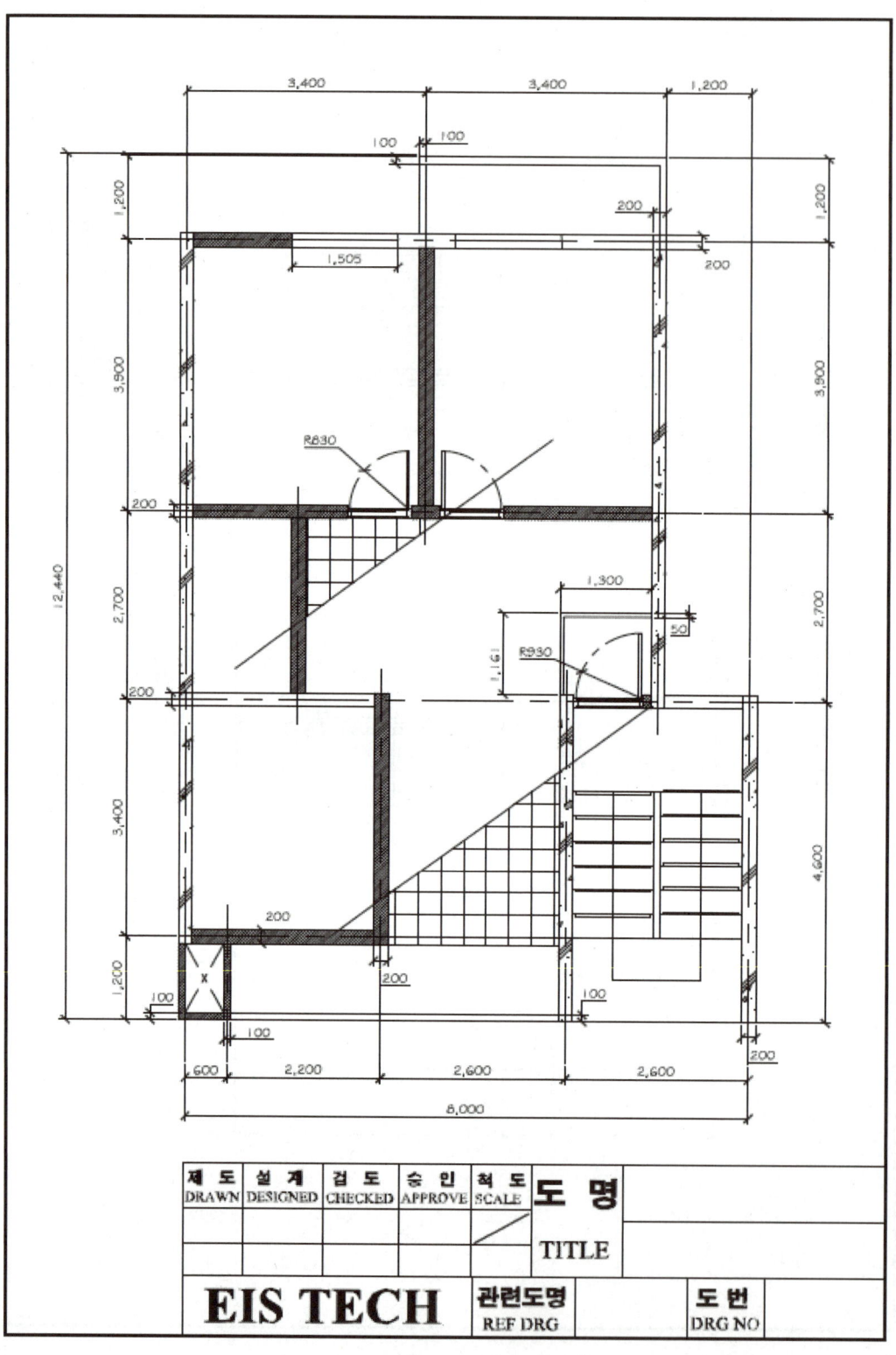

03 선택 세트(Selection set)

- AutoCAD에서 물체를 도면 영역에 도시한 형상들을 객체(Object)라고 말하고, 그것은 [그리기(Draw)] 메뉴 명령으로 작도된 모든 도면 요소 즉 엔티티(Entity)들로 구성됩니다.
- 각 엔티티들은 자신만의 고유한 특성(Properties)을 가지고 있습니다.
- AutoCAD [수정(Modify)] 메뉴 명령들을 이용해서 작도된 엔티티 혹은 객체들을 수정하기 위해 '객체 선택' 프롬프트에 따라서 그것들을 선택하면, 그것들의 DWG 데이터 정보를 메모리에 로드 하는데 이것을 [선택 세트(Selection set)] 라고 합니다.
- [선택 세트(Selection set)]의 예를 들면, 다음 그림처럼 원(Circle) 객체를 선택하고, 풀다운 메뉴 [수정] ⇨ [Properties(특성)] 명령을 호출하면 [특성] 팔레트에 표시된 데이터들이 바로 [선택 세트(Selection set)]입니다.
- AutoCAD는 설계자가 필요한 엔티티 혹은 객체들만을 선택하는데 도움이 되고 편리하게 사용할 수 있는 다양한 테크닉의 옵션 및 도구들을 제공합니다.
- 객체 선택 옵션들의 이용 방법들에 능통하게 되면, 여러분은 도면 작도 작업의 속도와 효율성은 점점 더 빨라지고 정밀하고 정확하게 도면을 작도하게 될 것입니다.

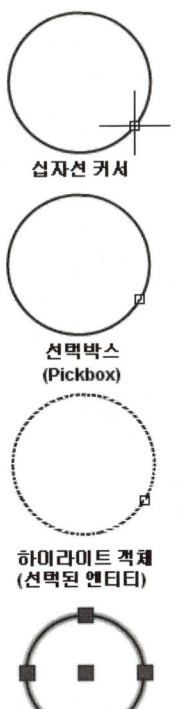
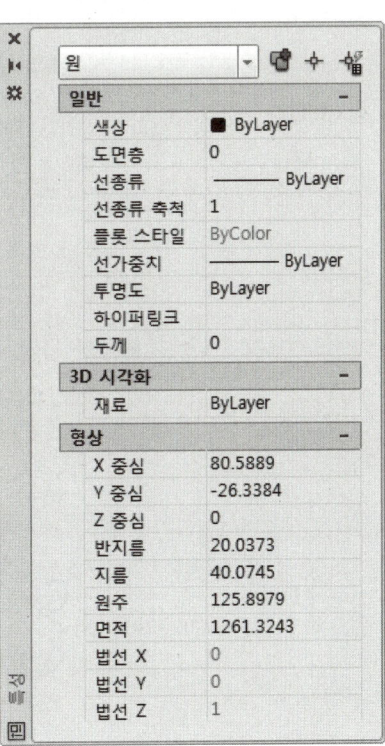

3.1 객체 선택(Selecting Object) 옵션

```
객체 선택: ?
*유효하지 않은 선택*
점을 예상하거나 또는 윈도우(W)/최종(L)/걸치기(C)/상자(BOX)/모두(ALL)/울타리(F)
/윈도우 폴리곤(WP)/걸침 폴리곤(CP)/그룹(G)/추가(A)/제거(R)/다중(M)/이전(P)/
명령 취소(U)/자동(AU)/단일(SI)/하위 객체(SU)/객체(O)
명령 입력
```

선택 옵션	기 능
윈도우(W)	Only Inside
최종(L)	가장 최근에 작성된 가시적인 객체 선택(방금 전의 명령에서 작도된 것)
걸치기(C)	Inside and Crossing
상자(BOX)	– 2개의 대각선 점에 의해 지정된 영역 내에 포함되거나 교차하는 모든 객체 선택. – 직사각형의 점이 오른쪽에서 왼쪽으로 지정되면 상자는 교차와 동일하고 반대의 경우에는 윈도우와 동일.
모두(ALL)	ALL
울타리(F)	Crossing
윈도우 폴리곤(WP)	Only Inside

선택 옵션	기 능
걸침 폴리곤(CP)	
그룹(G)	지정된 그룹에 속하는 모든 객체 선택.
추가(A)	
제거(R)	– 임의의 객체 선택 방법을 사용하여 현재 선택 세트에서 객체를 제거. – Shift 키를 누른 상태에서 단일 객체를 선택 혹은 자동 옵션을 사용.
다중(M)	객체 선택 중에 객체를 강조하지 않고 개별적으로 선택.
이전(P)	가장 최근의 선택 세트를 선택.
명령 취소(U)	가장 최근에 선택 세트에 추가된 객체의 선택을 취소.
자동(AU)	– 객체 내부 또는 외부의 빈 영역을 가리키면 상자 방법에 의해 정의되는 상자의 첫 번째 구석이 형성됩니다. – 자동과 추가가 기본 방법입니다.
단일(SI)	개별적으로 객체 선택.
하위 객체(SU)	– 복합 솔리드나 정점. 모서리 및 3D 솔리드의 면 등 하위 객체 선택. – Ctrl 키를 누르고 있는 것은 SELECT 명령의 하위 객체 옵션을 선택하는 것과 같은 기능을 합니다.
객체(O)	하위 객체를 선택할 수 있는 기능을 종료하고 일반 객체 선택 모드로 복귀.

3.2 클릭에 의한 객체 선택 (Selecting Objects by Picking)

- AutoCAD에서 하나의 엔티티 혹은 객체들을 선택하는 가장 확실한 방법은 개별적으로 엔티티를 직접 선택하는 것입니다. 일반적으로 이 방법은 엔티티 위에 십자선 커서를 놓고 마우스 왼쪽 버튼을 클릭하면 엔티티가 선택될 것입니다.

- [ERASE(지우기)] 수정 명령을 시작하면, 다음의 두 가지 과정이 발생합니다.
  ① 커서가 십자선에서 [선택 박스(Pick box)]로 변경되고,
  ② 명령 행에 [객체 선택(Select objects)] 프롬프트가 표시됩니다.

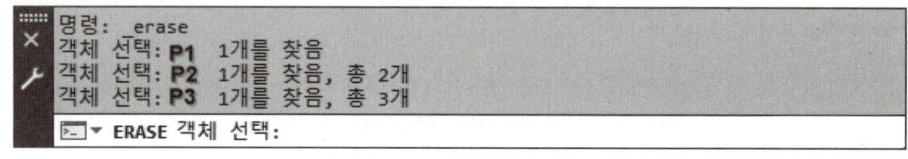

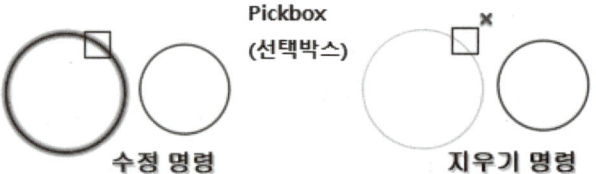

- 이러한 두 과정들은 AutoCAD가 설계자에게 하나 이상의 객체들을 선택하라고 프롬프트합니다.
- 객체를 선택하기 위해서, 객체 위에 선택 박스를 놓고 마우스 왼쪽 버튼을 클릭합니다.
- 객체가 선택되면, 객체가 현재 선택된 것이라는 것을 표시하기 위해 희미해지게 되거나 하이라이트되고, 명령 행에 [1 개를 찾음] 메시지를 표시합니다.
- 추가로 엔티티 선택을 위해 명령 행에 [객체 선택] 프롬프트를 계속 표시하게 됩니다.
- 이 때 설계자는 나머지 객체를 클릭해서 선택세트에 객체를 추가하는 것을 계속하거나 선택 옵션을 입력해서 객체를 추가로 선택하거나 선택을 완료하려고 [엔터] 키 혹은 [스페이스바(Space Bar)] 키를 눌러 줍니다.
- [객체 선택]프롬프트에 하나 이상의 객체들을 클릭하면, 설계자는 효율적으로 하나의 선택 세트를 만들 수 있습니다.
- [선택 세트(Selection set)]와 그것의 [옵션]들은 도면에 작도된 형상들이 복잡해짐에 따라 특히 수정 및 편집 작업 시 효과적으로 이용되기 때문에, AutoCAD에서 매우 중요한 개념입니다.

3.3 윈도우(Window) 옵션

- 객체를 선택할 때마다 마우스 왼쪽 버튼을 직접 클릭해서 선택 세트를 만드는 것은 다수의 객체들을 선택해야 하는 경우에 매우 비효율적인 작업이 될 수 있습니다. 다행히도 AutoCAD는 보다 쉽고 빠르게 객체들을 선택할 수 있는 다양한 선택 옵션을 제공합니다.
- [윈도우(W)] 옵션은 [객체 선택] 프롬프트에서 [W] 라고 입력해서 호출합니다.
- 윈도우 옵션은 [RECTANGLE(직사각형)] 명령과 동일하게 임의의 대각선 위치에 있는 두 개의 점 지정을 요구합니다.
- 지정한 두 점에 의해서 다음 그림처럼 가상의 윈도우가 정의되면, 윈도우 내부에 완전하게 포함된 모든 객체들은 선택 세트에 포함됩니다.

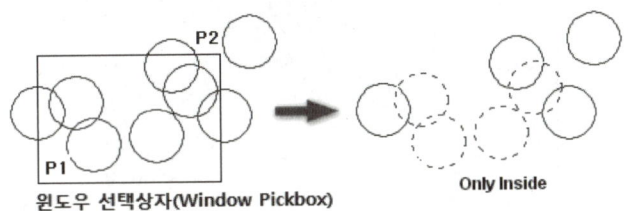
윈도우 선택상자(Window Pickbox)   Only Inside

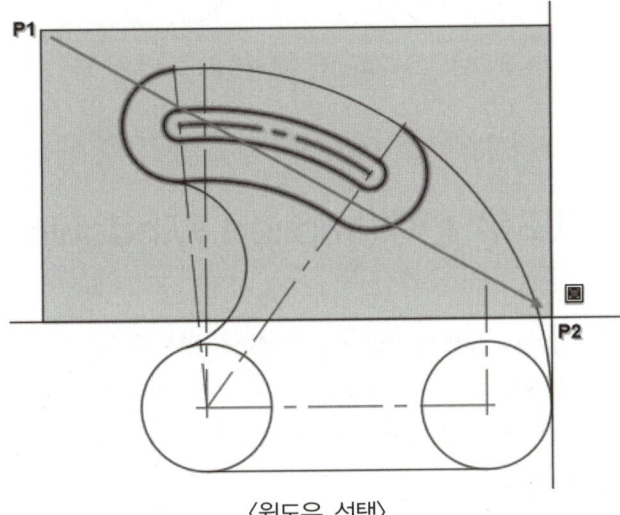
〈윈도우 선택〉

3.4 걸치기(Cross) 옵션

- [걸치기(C)] 옵션은 [객체 선택] 프롬프트에서 [C] 라고 입력하면 호출되고, [윈도우(W)] 옵션의 또 다른 선택 방법입니다.

- 이러한 [걸치기(C)] 옵션의 실행 순서는 [윈도우(W)] 옵션의 실행과 동일하며 대각선으로 임의의 지정한 두 점에 의해 가상의 윈도우 경계선 내부 혹은 걸쳐 있는 객체들은 모두 선택 세트에 포함됩니다.

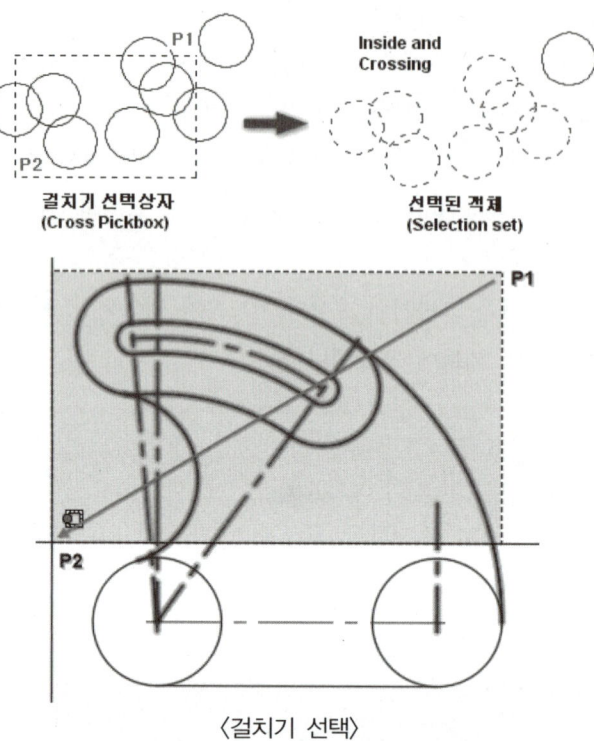

〈걸치기 선택〉

3.5 묵시적 윈도우 선택(Implied Windowing Selection)

- 설계자가 [객체 선택] 프롬프트에서 [W] 혹은 [C]를 입력해서 윈도우 혹은 걸치기 선택상자를 호출하지만, 실제 도면 작업에서 이렇게 이용하는 것은 극히 드물다.
- 이 두 선택 옵션들은 키보드로 입력하지 않고, AutoCAD가 제공하는 묵시적 선택 방법으로 사용하는 것이 일반화되어 있습니다.
- 이것을 명령 및 옵션을 호출하지 않고 테스트할 수 있습니다. [객체 선택] 프롬프트에서 도면 작업창에 임의의 한 점을 클릭하면, AutoCAD는 여러분이 선택 윈도우를 정의하기를 원한다고 가정하고 프롬프트하게 될 것이고, 선택 윈도우의 첫 번째 점으로 클릭한 점을 이용할 것입니다.
- 만일 첫 번째 클릭한 점의 우측 대각선 방향으로 커서를 이동하면, 다음 그림처럼 [윈도우 선택상자(실선 박스)]를 갖게 될 것입니다. 반대로 좌측 대각선 방향으로 커서를 이동하면, [교차 선택

상자(점선 박스)]를 갖게 될 것입니다.

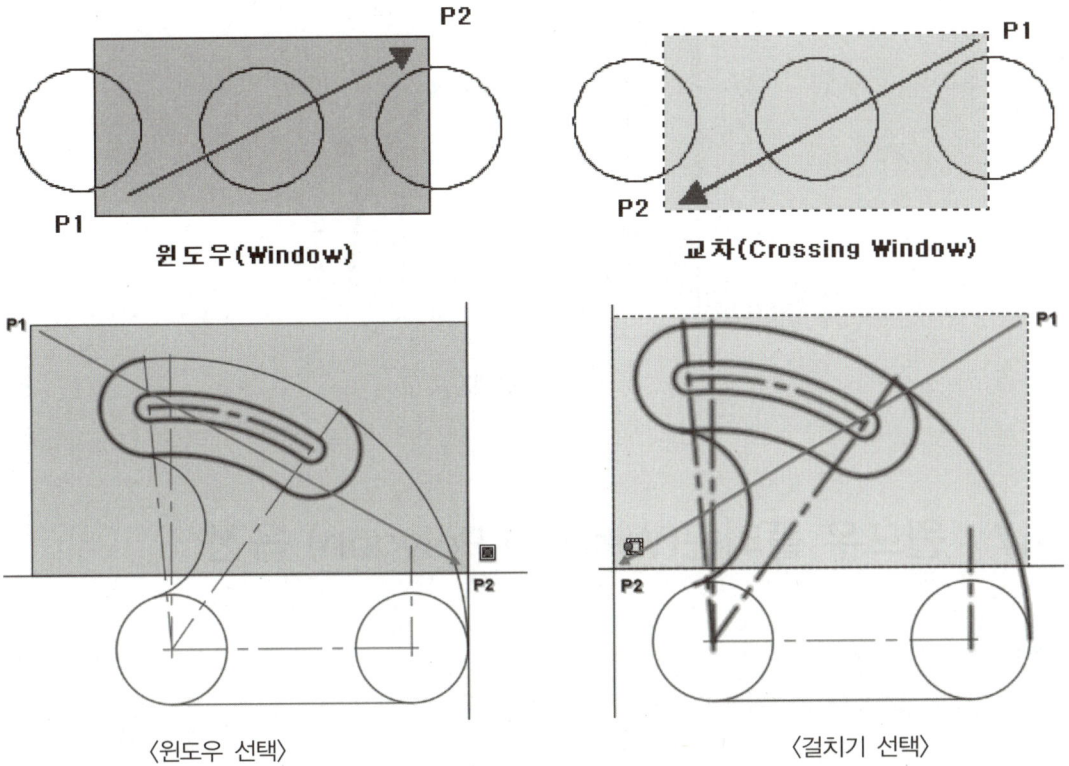

⟨윈도우 선택⟩　　　　　　　　　　　⟨걸치기 선택⟩

3.6 울타리(Fence) 옵션

- [울타리(F)] 옵션은 설계자가 도면 영역에 널리 분산되어 있는 객체들을 선택하기 위해선택 상자로 [Polyline(폴리선)] 명령처럼 다수의 선 세그먼트로 연결된 선 혹은 다각형을 지정하는 것을 허용합니다.
- [울타리(F)] 옵션으로 지정한 울타리를 통과하는 모든 객체들은 선택될 것이고, 내부에 포함된 객체는 선택되지 않을 것입니다. 울타리 옵션은 [객체 선택] 프롬프트에 [F] 를 입력해서 호출합니다.

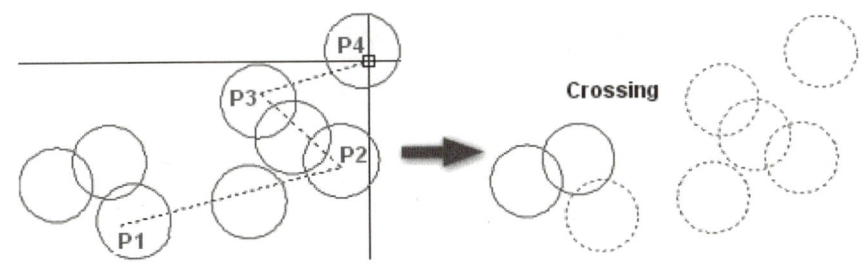

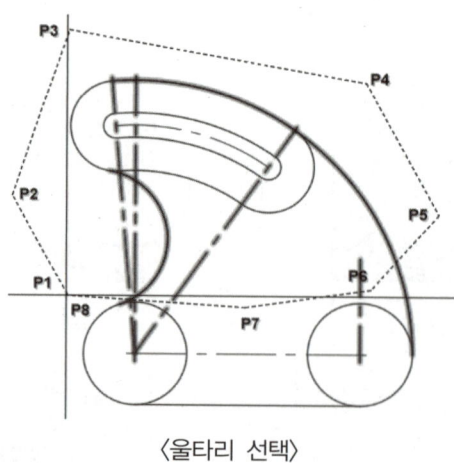

〈울타리 선택〉

3.7 윈도우 폴리곤(Window Polygon) 옵션

- [객체 선택] 프롬프트에 [WP]를 입력해서 호출하는 [윈도우 폴리곤(WP)] 옵션은 객체를 내부에 완전하게 포함하는 불규칙한 다각형을 정의하는 것을 제외하고 [윈도우(W)] 선택 옵션과 유사한 기능을 제공합니다.
- [W(윈도우)] 옵션처럼 다각형 내부에 완전하게 포함되는 객체들만 선택되고 다각형은 최소 3점 이상 선택해야 합니다.

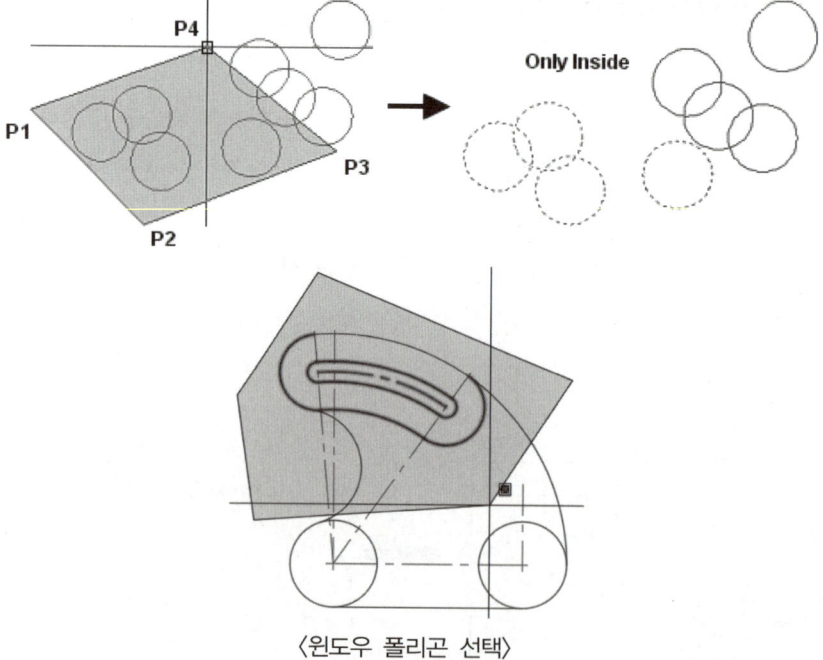

〈윈도우 폴리곤 선택〉

3.8 걸침 폴리곤(Cross Polygon) 옵션

- [걸침 폴리곤(CP)] 옵션은 [윈도우 폴리곤(WP)] 옵션과 정확하게 동일하지만 [걸치기 윈도우(CP)] 옵션과 동일하게 객체들이 다각형 경계선을 통과 하거나 완전하게 내부에 포함되는 객체들이 선택됩니다.
- [객체 선택] 프롬프트에 [CP]를 입력해서 호출 합니다.

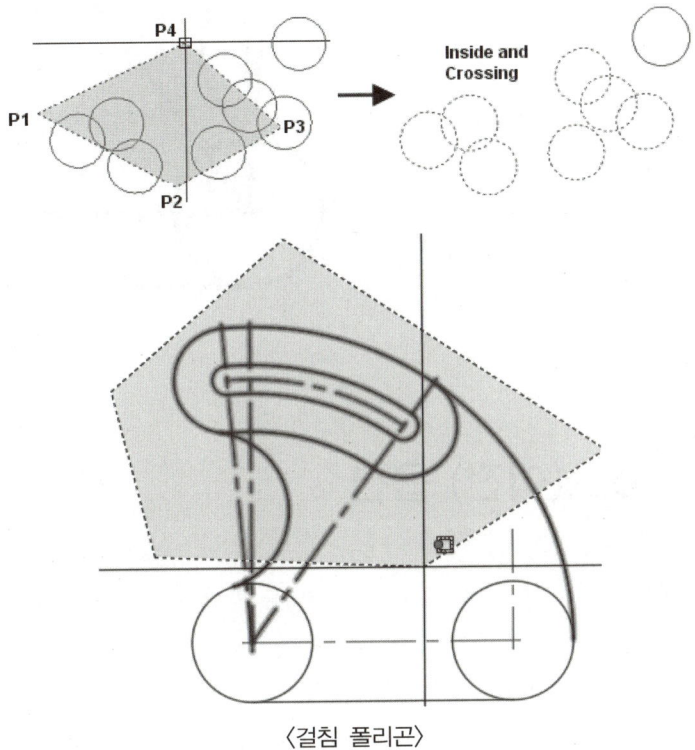

〈걸침 폴리곤〉

3.9 전체(All) 옵션

- [전체(ALL)] 옵션은 [객체 선택] 프롬프트에서 [ALL]을 입력해서 호출합니다.
- 현재 도면에 있는 모든 객체들을 선택하기 위해서 이 옵션을 이용할 수 있고, 클릭은 요구 되지 않습니다.
- 잠금(Locked) 혹은 동결(Frozen) 도면층에 있는 객체들은 선택이 불가능 하지만, 끄기(OFF)된 도면층에 있는 객체들은 선택할 수 있습니다.

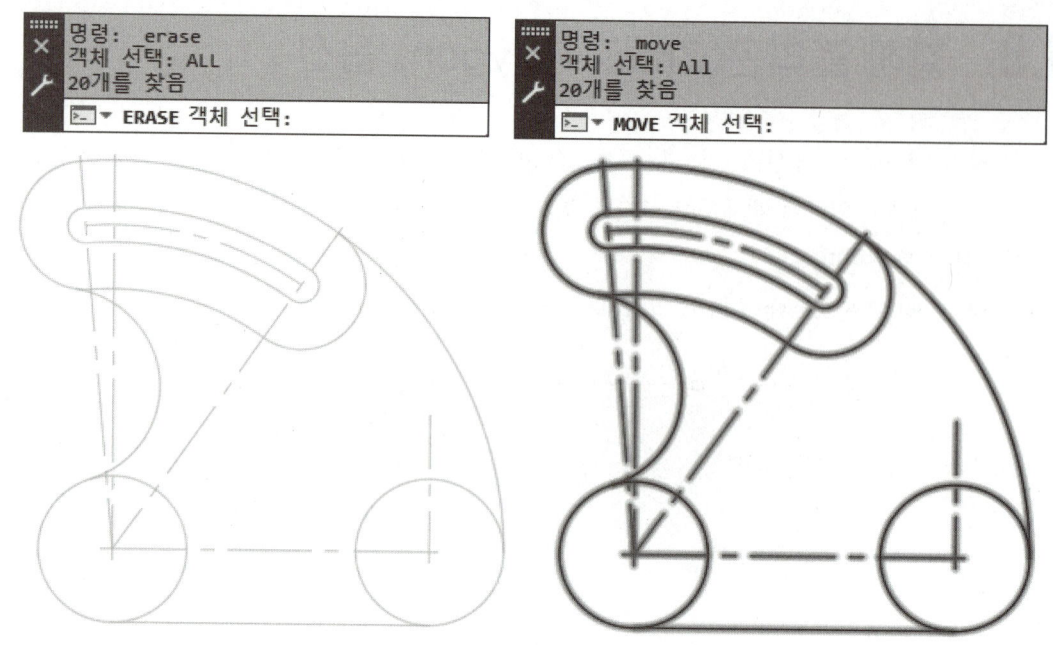

3.10 Previous(이전) 옵션

- AutoCAD는 선택한 이전 [선택 세트(Selection set)]를 항상 메모리에 보관하고 있는데 이것은 설계자가 다른 명령 혹은 작업 과정에서도 이 [선택 세트(Selection set)]를 이용해서 선택 작업 없이 객체를 수정할 수 있기 때문에 매우 편리합니다.
- 이전 [선택 세트(Selection set)]를 다시 선택하기 위해서 [이전(P)] 옵션을 이용하는데 [객체 선택] 프롬프트에서 [P]를 입력해서 이전 [선택 세트(Selection set)]를 이용할 수 있습니다.

3.11 Last(최종) 옵션

- [Last(최종)] 선택 옵션은 [이전(P)] 선택 옵션과 유사한 기능을 제공하는 기능으로 [객체 선택] 프롬프트에서 [L] 을 입력해서 가장 최근에 작성된 가시적인 객체를 선택합니다.
- 객체는 현재 공간, 즉 모형 공간이나 도면공간에 있어야 하며 해당 도면층은 동결로 설정 되거나 꺼져 있지 않아야 합니다.

TIP 〉

[Last(최종)] 및 [이전(P)] 선택 옵션들은 사용하기 전에 반드시 선택 세트가 메모리에 만들어져 저장되어 있어야 합니다.

만일 선택 세트가 존재하지 않으면, 아래와 같은 메시지를 프롬프트하는데 이 경우에는 다양한 선택 옵션들 중에서 작업 상황에 적당한 옵션을 이용해서 [선택 세트(Selection set)]를 만들어야 합니다.

```
명령: _move
객체 선택: p
이전 선택 세트가 없습니다.
MOVE 객체 선택:
```

3.12 추가 및 제거옵션(Add and Remove options)

- AutoCAD는 [선택 세트(Selection set)]에 객체를 추가 및 제거하는 방법을 제공합니다. 이미 알고 있듯이 객체들은 간단하게 직접 그들을 클릭하거나 앞에서 설명한 다양한 선택 옵션들 중에서 하나를 이용해서 [선택 세트(Selection set)]에 추가할 수 있습니다.
- 설계자는 Shift Picking 테크닉에 의해 쉽게 [선택 세트(Selection set)]로부터 선택된 객체들을 제거 할 수 있습니다. 만일 설계자가 Shift 키를 누른 상태에서 선택 하이라이트된 객체들을 다시 클릭하면, 그 객체들은 [선택 세트(Selection set)]로부터 제거 됩니다. 또한 설계자는 Shift 키를 누른 상태에서 묵시적 윈도우를 이용해서 한 번에 다중 객체들을 [선택 세트(Selection set)]로부터 제거 할 수 있습니다. 그러나 키보드 입력을 요구하는 다른 선택 옵션들은 Shift Picking 방법을 이용해서 선택된 객체들을 선택 해제할 수 없습니다.

선택 모드
- ☑ 명사/동사 선택(N)
- ☐ Shift 키를 사용하여 선택에 추가(F)
- ☑ 객체 그룹화(O)
- ☐ 연관 해치(V)
- ☑ 빈 영역 선택 시 자동 윈도우(I)
  - ☐ 객체에서 누른 채 끌기 허용(D)
  - ☑ 올가미의 누른 채 끌기 허용(L)

윈도우 선택 방법(L):
모두 - 자동 탐지

25000   특성 팔레트에 대한 객체 제한(J)

```
객체 선택: R↵
객체 제거: P1
1개를 찾음, 1개 제거됨, 총 1
```

- 만일 현재의 [선택 세트(Selection set)]로부터 보다 복잡한 선택을 제거하기를 원한다면, 제거 모드를 활성화하기 위해서 [제거(R)] 옵션을 이용할 수 있습니다. [객체 선택] 프롬프트에서 [R]을 입력하면 AutoCAD는 [객체 제거]를 프롬프트합니다.
- 위에서 설명한 방법으로 객체들을 클릭하거나 선택하면 현재 [선택 세트(Selection set)]로부터 제거 될 것입니다.
- 객체 제거를 완료하면, 설계자는 [객체 제거] 프롬프트에서 [A]를 입력하면 정상 실행 상태 즉 객체 [추가(ADD) 모드]로 환원하게 됩니다.
- 설계자는 원하는 ●를 정의하기 위해 클릭, 선택 옵션 및 추가/제거 모드를 작업 상황에 적절하게 조합해서 이용할 수 있습니다. 설계자는 필요한 모든 엔티티들을 선택하면, 선택 작업을 완료하거나 현재 명령을 계속해서 작업을 수행하기 위해서 [엔터(Enter)] 키를 즉시 누릅니다.

3.13 올가미 선택(Lasso selection)옵션

- 명령 입력 상태 혹은 [객체 선택] 프롬프트에서 도면 빈 공간에 마우스 왼쪽 버튼을 클릭한 상태로 커서를 드래그하면, [Lasso selection (올가미 선택)] 옵션이 활성화됩니다.
- 이 때 [Crossing selection(걸치기 선택)] 옵션을 이용하려면, Clockwise(시계 방향)으로 커서를 드래그 하고, 반대로 [Window selection(윈도우 선택)] 옵션을 이용하려면, 반 시계 방향으로 커서를 드래그합니다.
- 직사각형 선택을 하려면, 마우스를 클릭한 후 릴리즈해서 커서를 대각선으로 드래그해서 클릭합니다.
- [Lasso selection (올가미 선택)] 옵션이 활성 상태에서 [Window(윈도우), Crossing(걸치기), 및 Fence(울타리)] 객체 선택 모드를 순환하려면, [Spacebar] 키를 누릅니다.

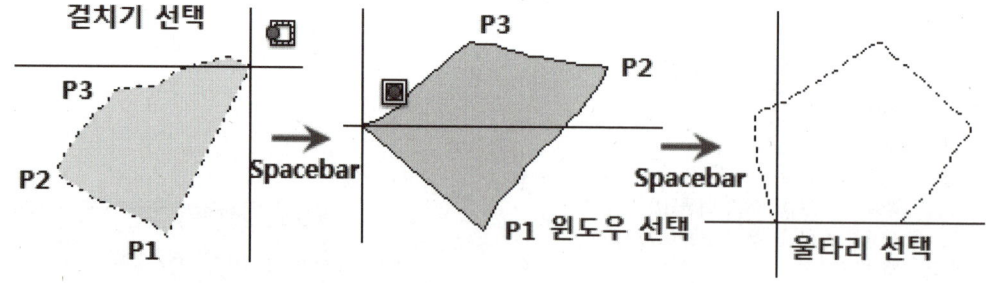

- [Lasso selection (올가미 선택)] 옵션은 [Options(옵션)] 명령을 호출한 후 대화상자의 '선택' 탭을 클릭하고, 다음 그림처럼 '선택 모드' 영역에서 제어할 수 있습니다.

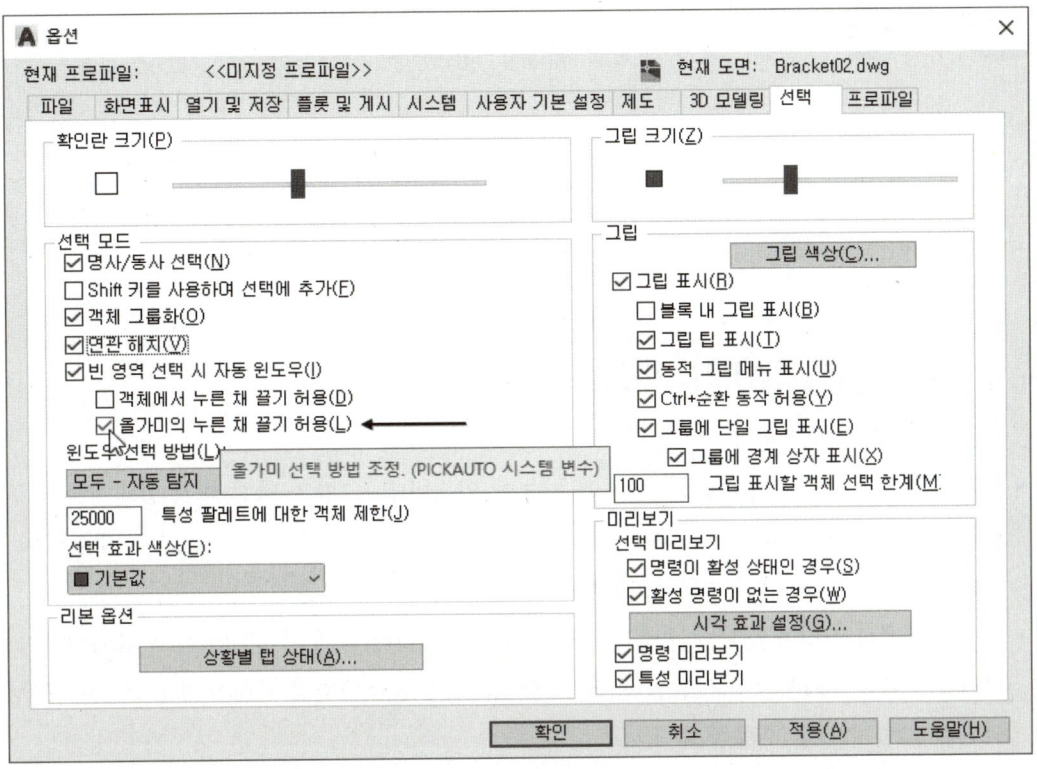

04 그립 편집(Grip Editing)

4.1 그립(Grip)의 개요

- AutoCAD에서 그립(Grip)이라는 유용한 기능이 있습니다. 그립은 명령 대기 상태에서 마우스로 선택된 객체의 선택점에 나타나는 작은 솔리드로 채워진 사각형입니다. 이 그립을 끌어 객체를 신속하게 신축, 이동, 회전, 축척 또는 대칭합니다.
- 명령을 실행하지 않은 상태에서 엔티티를 선택하면 엔티티 상에 가시적인 푸른 그립점들이 표시됩니다. 그 때 마우스 커서를 이용해서 다시 그립점을 선택하면 이러한 푸른 점들은 활성화 되면서 그립 기능을 이용하게 됩니다.

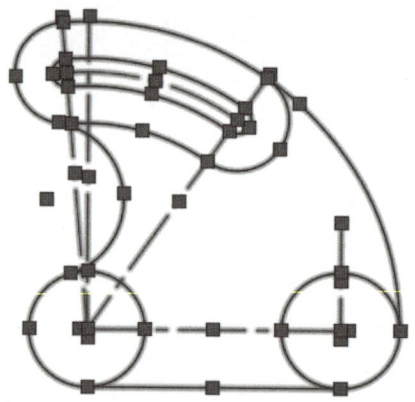

- 명령을 실행하지 않고, 엔티티들을 선택하면 다음 그림처럼 그립점들이 나타납니다. 이것은 그립점들을 클릭했을 때 그립점에 지정된 어떤 동작을 할 준비가 되어 있다는 것을 의미합니다.

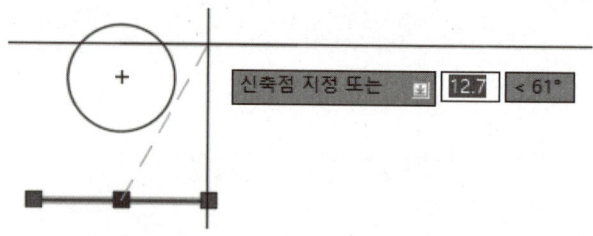

4.2 엔티티 그립(Entity Grip)

- 엔티티 그립은 새로운 방법으로 도면에 그려진 엔티티들을 편집하는 것을 지원합니다. 설계자가 하나의 그립점을 클릭하자마자 다음 그림처럼 그것은 활성화되고 그 점의 색상은 적색으로 변하게 됩니다.

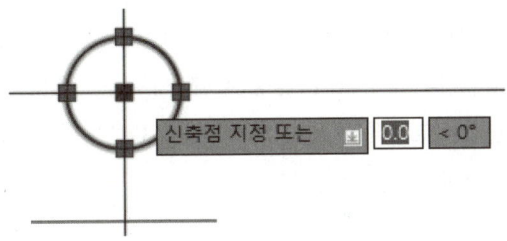

- 이 때 활성 그립 명령에 대한 하나의 정보가 명령 행에 표시됩니다.

- 디폴트에 의해서 명령 그룹의 첫 번째 명령은 [신축(STRETCH)] 명령이고, 이 [신축] 명령은 설계자가 선택한 엔티티의 그립점에 의존해서 그것의 사용을 변경합니다.

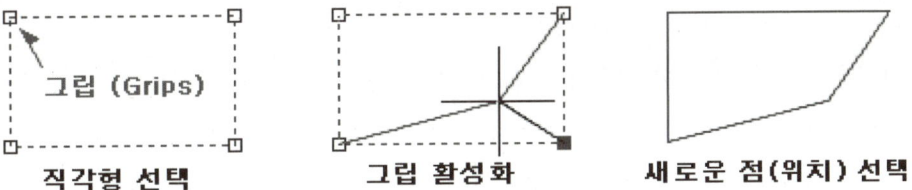

- 예를 들면, 원의 중심점을 선택하면, 이 때 [신축] 명령은 [이동(MOVE)] 명령의 사용을 가능하게 할 것 입니다. 한편으로 우리가 원주 상에 있는 그립 점을 선택하면 그 때에는 우리는 원의 지름의 크기를 변경할 수 있을 것입니다.

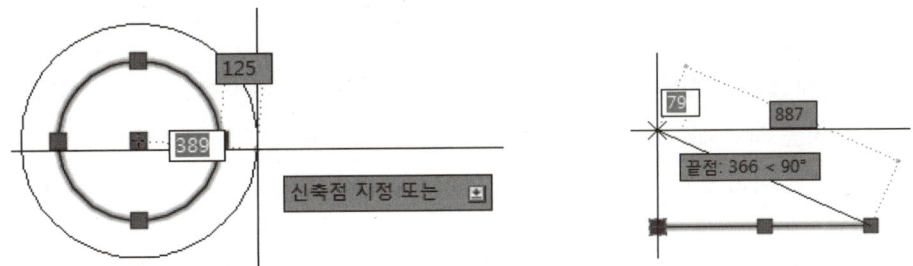

- 유사하게 선의 중간점에 있는 그립점을 선택하면 [이동] 명령이 활성화 됩니다. 선의 끝점에 있는 하나의 그립점을 선택하면 [신축] 명령이 활성화됩니다.

- 만일 설계자가 어떤 행위를 하지 않고, [스페이스 바]나 [엔터] 키를 누르면, 명령 그룹은 [신축(Stretch)], [이동(Move)], [회전(Rotate)], [축척(Scale)], [대칭(Mirror)] 명령들이 누를 때마다 활성화 됩니다.
- 각 명령들을 위한 다음 옵션들은 동일한 방법으로 동작합니다.

> ▼ 신축점 지정 또는 [기준점(B) 복사(C) 명령 취소(U) 종료(X)]:

- 만일 [복사(C)] 옵션을 선택하면, 그 때 원본 엔티티는 변경 없이 유지될 것이고, [신축(Stretch)], [이동(Move)], 기타 명령들이 실행 후에 새로운 동일한 객체가 작도됩니다.
- 예를 들면, 원 중심 그립점으로부터 원을 선택하면, 그 때 [신축(Stretch)] 명령이 [복사(C)] 옵션을 가지고 함께 실행될 것입니다.

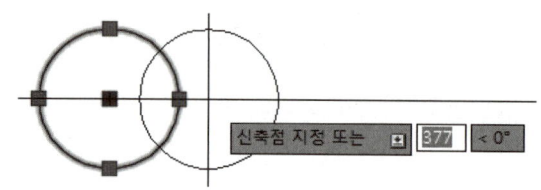 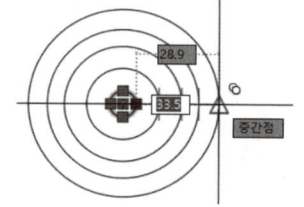

- 위의 그림에서 원본 객체는 그대로 유지되고 새로운 원이 작도 됩니다. 이것은 원 엔티티를 위한 [간격 띄우기(Offset)] 명령처럼 동작합니다.
- 만일 이 동작을 시도한다면, 설계자가 [종료(Exit)] 옵션을 선택할 때까지 여러 개의 복사본을 만들 수 있는 것을 볼 수 있습니다.
- 이 기능과 [Ctrl] 키와 같이 사용하면, 그 때 어떤 간격을 가지고 복사를 할 수 있습니다. 선(Line)에서 이 기능을 시도하면 어떻게 되는지 살펴봅니다.

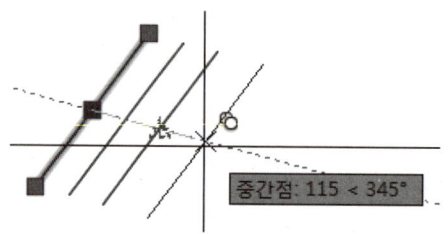

- 선의 중간점에 있는 그립점을 선택한 후에 [복사(C)] 옵션을 이용 합니다. 만일 설계자가 새로운 선의 위치를 선택하는 동안에 [Ctrl] 키를 누르면, 그 때 당신은 동일한 간격을 갖는 원본 선을 [Ctrl] 키를 릴리즈 할 때까지 선택한 첫 번째 간격으로 복사하는 것을 볼 수 있을 것입니다.
- 회전 스냅을 사용하여 기준 그립 주위로 각도 간격을 가지고 다중 사본을 배치할 수 있습니다. 회전 스냅은 회전 그립 모드를 사용할 때 객체와 다음 사본 사이의 각도로 정의됩니다. [Ctrl] 키를 누른 상태에서 회전 스냅을 사용합니다.

4.3 선택되지 않은 그립(Unselected Grip)

- 선택되지 않은 그립은 커서로 아직 선택하지 않은 그립이지만, 현재 선택 세트에 속해 있는 엔티티이고, 도면 창에 하이라이트된 상태입니다. 그립을 표시하기 위해 엔티티를 선택합니다.

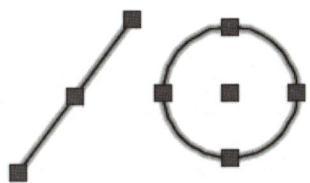

4.4 선택된 그립(Selected Grip)

- 선택된 그립은 편집하기 위해 혹은 기준점을 정의하기 위해서 커서로 직접 선택한 그립 사각 박스입니다. 그립박스는 채워진 색상의 솔리드이고, 편집을 할 수 있는 그립 위치입니다.

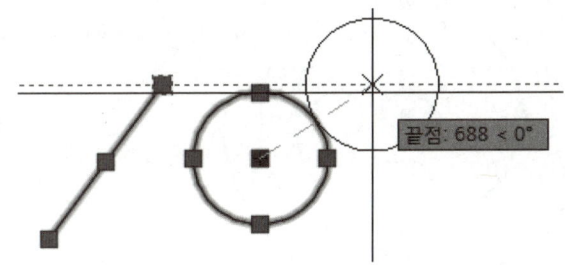

4.5 그립 취소(Cancelling Grip)

- 그립 기능을 취소하기 위해서는 [ESC] 키를 누릅니다.
- 만일 객체에 그립박스가 표시된 상태에서 [ERASE(지우기)] 명령을 클릭하면, 선택된 객체들은 삭제됩니다.

4.6 그립 이용하기(How to use Grip)

- 편집을 원하는 객체들을 선택하고, 기준점으로 이용할 그립점을 선택합니다.
- 그립모드를 순환하기 위해 [스페이스 바]를 누르거나 마우스 오른쪽 버튼을 클릭합니다.

```
명령:
** 신축 **
신축점 지정 또는 [기준점(B)/복사(C)/명령 취소(U)/종료(X)]:
** MOVE **
이동점 지정 또는 [기준점(B)/복사(C)/명령 취소(U)/종료(X)]:
** 회전 **
회전 각도 지정 또는 [기준점(B)/복사(C)/명령 취소(U)/참조(R)/종료(X)]:
** 축척 **
축척 비율 지정 또는 [기준점(B)/복사(C)/명령 취소(U)/참조(R)/종료(X)]:
** 대칭 **
두 번째 점 지정 또는 [기준점(B)/복사(C)/명령 취소(U)/종료(X)]:
▶ 명령 입력
```

- 실행 가능한 키워드를 입력할 수도 있습니다.
- 실행을 위해 마우스를 드래그합니다.

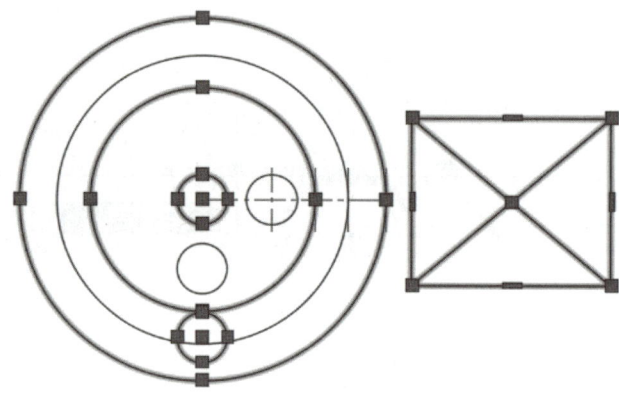

〈객체 고유의 그립 점〉

4.7 그립 설정(DDGRIPS)

🕸 메뉴:	도구 ⇨ 옵션
🕸 도구막대:	
🕸 리본:	
⌨ 명령 입력:	DDGRIPS

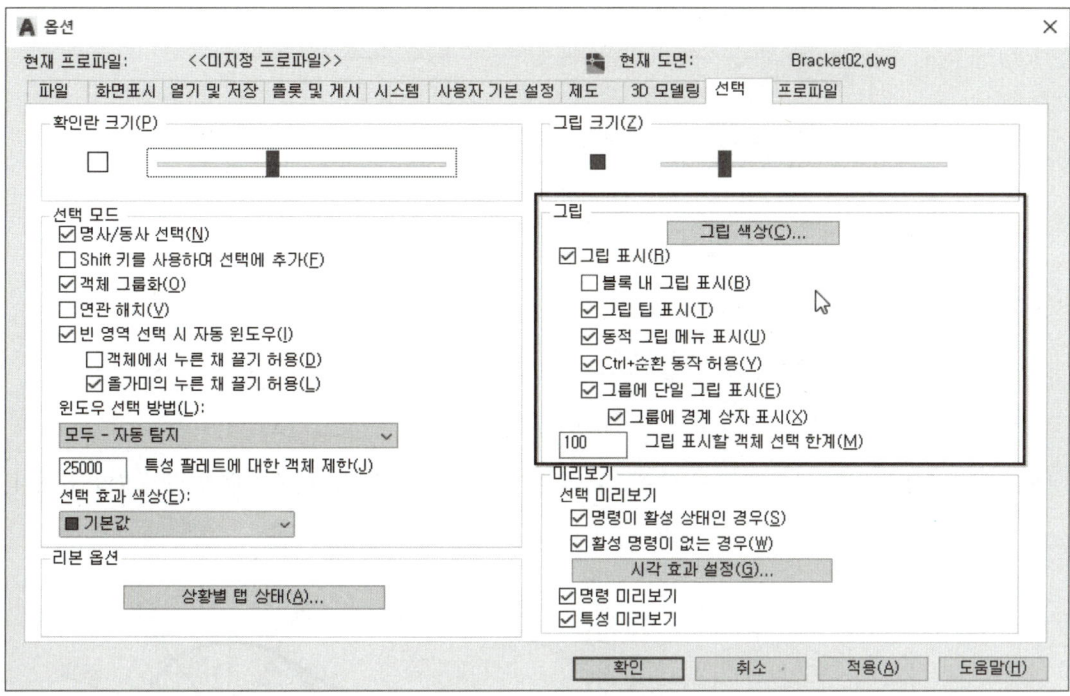

- 그립 크기 : 그립 표식 크기를 제어합니다.
- 그립 표시 : 선택한 객체에서 그립의 표시를 조정합니다. 도면에 그립을 표시하면 성능 이 현저하게 떨어집니다. 성능을 최적화하려면 이 옵션을 비활성화해야 합니다.
  GRIPS 시스템 변수에 저장합니다.
- 블록 내 그립 표시 : 그립 팁 및 Ctrl-순환 툴팁 표시를 조정합니다.
- 그립 팁 표시 : 그립 팁을 지원하는 작업자 객체의 그립 주변을 커서가 맴돌 면 그립 특정 팁을 표시합니다.
- 동적 그립 메뉴 표시 : 다기능 그립 위에 마우스 커서를 놓을 때 동적 메뉴 표시를 조정합니다.
- Ctrl+순환 동작 허용 : 다기능 그립의 Ctrl+순환 동작을 허용합니다.
- 그룹에 단일 그립 표시 : 객체 그룹에 대해 단일 그립을 표시합니다.
- 그룹에 경계 상자 표시 : 그룹화된 객체의 범위 주위에 경계 상자를 표시합니다.
- 그립 표시할 객체 선택 한계 : 선택 세트가 지정된 객체 수보다 많은 객체를 포함할 때 그립의 표시를 억제합니다.
  유효한 범위는 1에서 32,767까지입니다.
  기본 설정은 100입니다.
- 그립 색상 : 서로 다른 그립 상태 및 요소들에 대해 색상을 지정할 수 있는 그립 색상 대화상자를 표시합니다.

'그립 색상' 대화상자에서 그립의 색상 특성을 설정합니다.

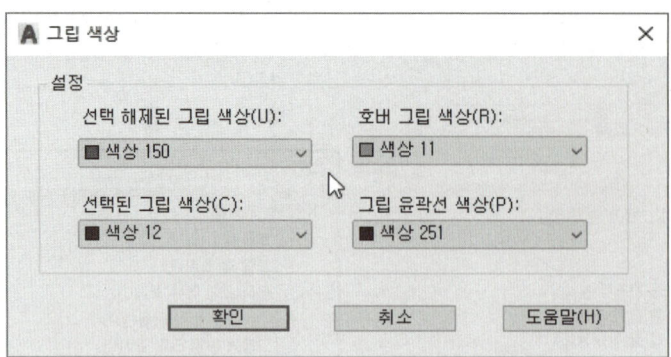

- 끝으로 우리는 마찬가지로 스냅점으로서 그립점을 이용할 수 있다는 것을 언급하고자 합니다.

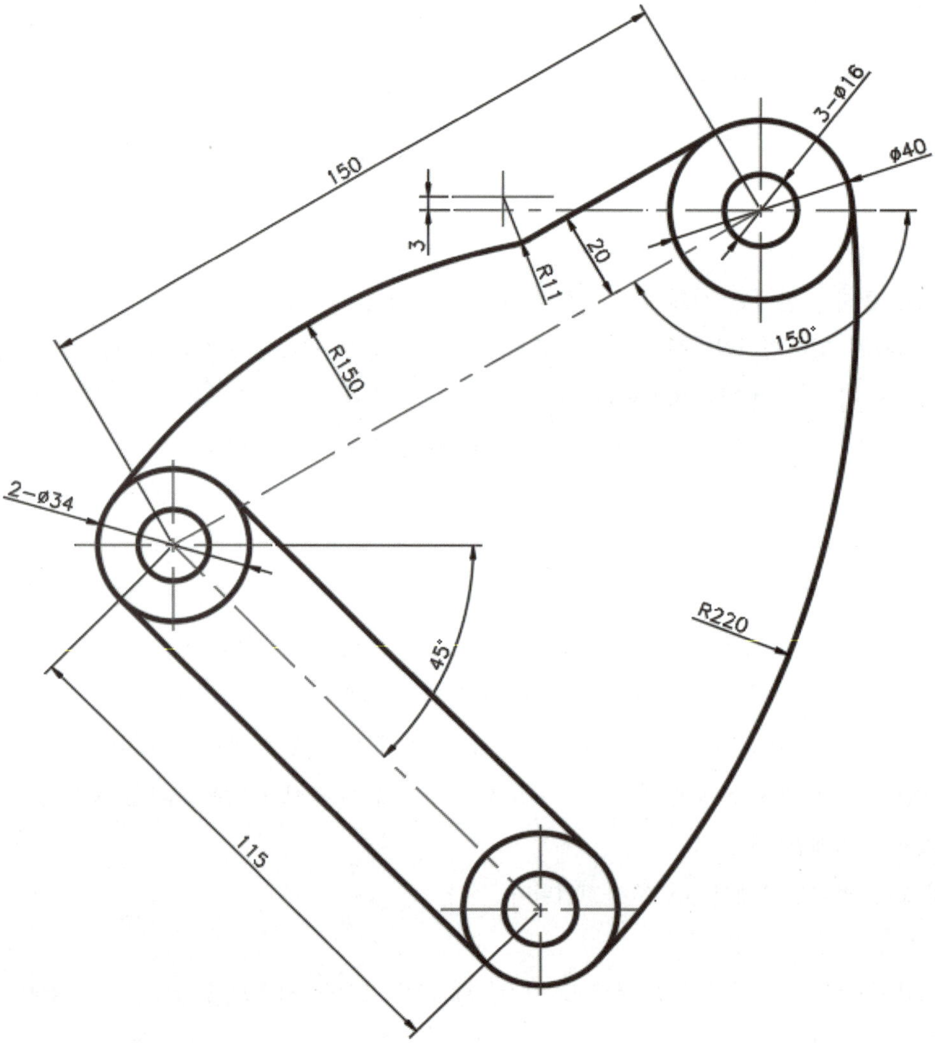

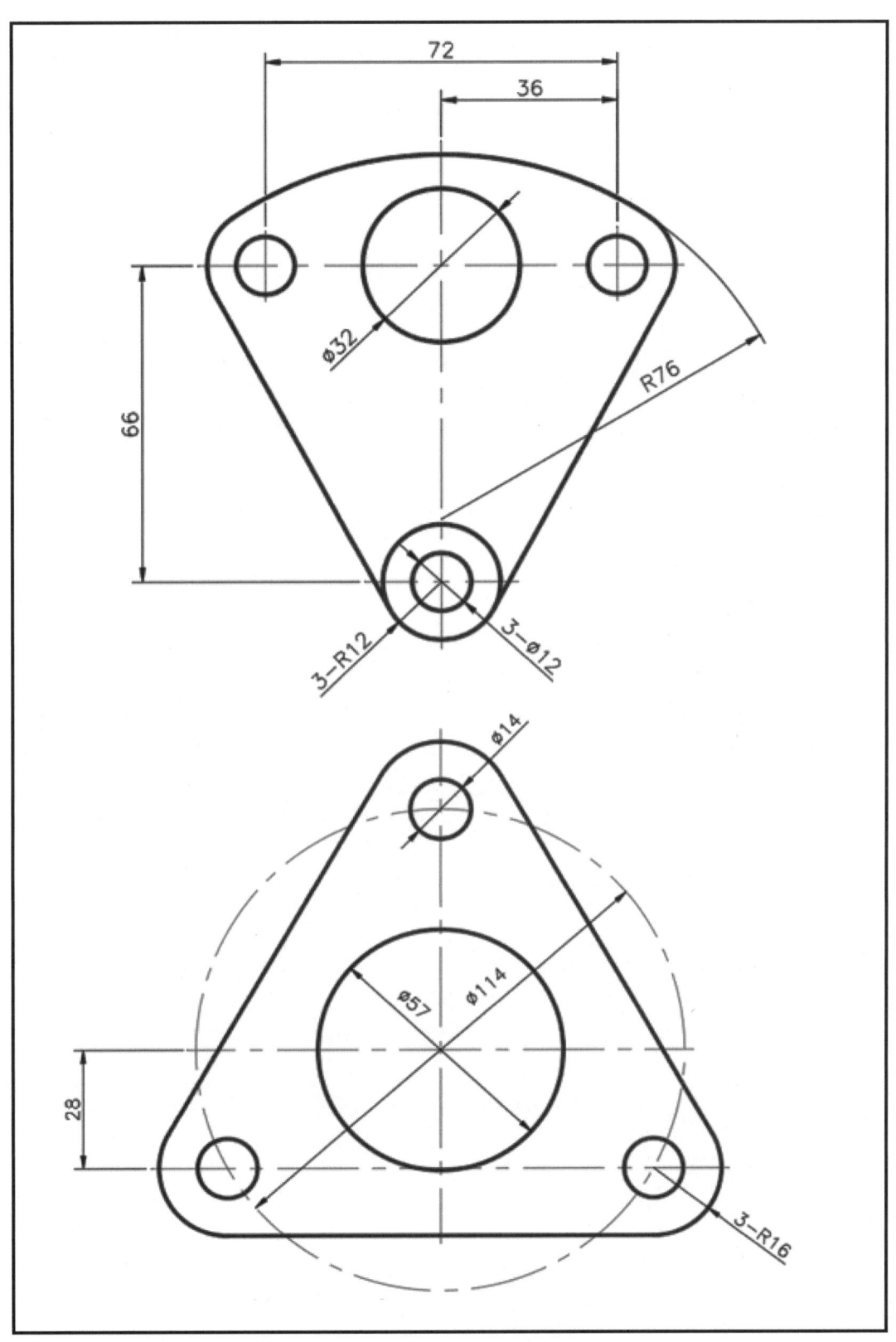

■ 이 장에서 다음의 내용을 학습하게 됩니다.

▸ 엔티티 특성 개념 및 활용
▸ 색상(Color)의 개념 및 활용
▸ 선종류(Linetype)의 개념 및 활용
▸ 선가중치(Lineweight)의 개념 및 활용
▸ 실습 과제

CHAPTER 6

엔티티 특성
(Entity Property)

옵션	기 능
색상(C)	선택된 엔티티의 색상을 변경합니다.
도면층(LA)	선택된 엔티티의 도면층을 변경합니다.
선종류(LT)	선택된 엔티티의 선종류를 변경합니다.
선종류축척(S)	선택된 엔티티의 선종류 축척을 변경합니다.
선가중치(LW)	선택된 엔티티의 선 가중치를 변경합니다.
두께(T)	선택된 엔티티의 Z축 방향 두께를 변경합니다.
투명도(TR)	선택한 객체의 투명도 레벨을 변경합니다.
재료(M)	부착된 객체의 재료를 변경합니다.
주석(A)	선택된 객체의 주석 특성을 변경합니다.
고도(E)	선택된 엔티티의 고도(Z축 값)를 변경합니다.

01 엔티티 특성(Entity Property) 개념 및 활용

1.1 엔티티 특성(Entity Property) 개요

- 작도된 객체는 도면층, 선종류, 색상 및 선가중치 등과 같은 엔티티 특성을 가지고 있으며, 그것들을 변경하여 엔티티의 표시하거나 플롯되는 방법을 조정할 수 있습니다.
- 도면층은 다양한 도면 정보를 구성 및 그룹화하여 투명하게 중첩시켜 놓은 것으로 색상, 선종류 및 선가중치 등과 같은 공통 특성이 있고, 이 특성은 객체가 속하는 도면층으로부터 상속되며 개별 객체에 특별하게 지정될 수 있습니다.
- 색상을 사용하면, 도면의 유사한 요소를 쉽게 구별할 수 있습니다.
- 선종류를 사용하면 서로 다른 제도 요소를 쉽게 구별할 수 있습니다.
- 선가중치는 폭으로 객체의 크기 또는 유형을 나타내므로 보다 읽기 쉽고 향상된 도면을 작성할 수 있습니다.
- 도면층과 도면층에 객체를 구성하면, 도면 정보를 더 쉽게 관리할 수 있습니다.
- 모든 엔티티 혹은 객체는 특성을 가지고 있습니다. 특성 중 일부는 도면층, 색상, 선종류 및 플롯 스타일 같이 일반적인 것은 대부분의 객체에 공통으로 적용됩니다. 또 다른 객체별 특성으로, 예를 들어, Circle(원) 특성에는 반지름과 영역이 있고, Line(선) 특성에는 길이와 각도가 있습니다.
- 대부분의 일반 특성은 도면층별로 객체에 지정되거나 직접 객체에 지정될 수 있습니다.
  ① ByLayer : 도면층에 지정된 속성을 따른다는 것을 의미합니다. 특성 값이 ByLayer로 설정되면, 객체는 속하는 도면층에 설정된 특성으로 지정됩니다. 예를 들어, Layer 0에 그려진 객체에 ByLayer가 지정되면, Layer 0에 빨간색이 지정되면 Layer 0에 속한 모든 객체들은 빨간색이 됩니다.
  ② ByBlock : 삽입된 블록의 색상, 선의 종류, 선의 가중치는 절대로 수정할 수 없습니다. 그렇지만 블록 생성 시 객체의 속성을 ByBlock으로 지정해 놓고 블록을 정의한다면, 삽입한 블록이라고 할지라도 얼마든지 속성(색상, 선의 종류, 선가중치)들을 바꿀 수 있습니다.
  ③ 객체 특성에 특정 값을 지정하면, 해당 값은 도면층에 설정된 값을 재지정합니다. 예를 들어, Layer 0에 그려진 선에 파란색을 지정하면 Layer 0에 빨간색이 지정되어 있더라고 선은

파란색이 됩니다. 이것은 ByLayer 규칙을 어긴 것이 됩니다.

1.2 객체의 특성 표시 및 변경

- 도면에서 모든 객체에 대해 현재 특성을 표시하고 변경할 수 있습니다.
- 다음과 같은 방법으로 모든 도면객체들에 대해 현재 특성을 표시하고 변경할 수 있습니다.
  ① [빠른 특성] 팔레트를 열어 선택한 객체 특성의 설정을 보고 변경합니다.
  ② [특성] 팔레트를 열고 객체의 모든 특성에 대해 설정을 보고 변경합니다.
  ③ 도면층 도구막대의 도면층 컨트롤과 특성 도구막대의 색상, 선종류, 선가중치 및 플롯 스타일 컨트롤에서 설정을 보고 변경합니다.
  ④ [LIST(리스트)] 명령을 사용하여 문자 윈도우의 정보를 봅니다.
  ⑤ [ID(ID 점)] 명령을 사용하여 좌표 위치를 표시합니다.

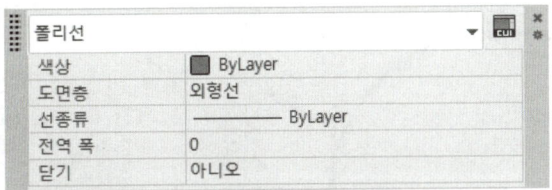

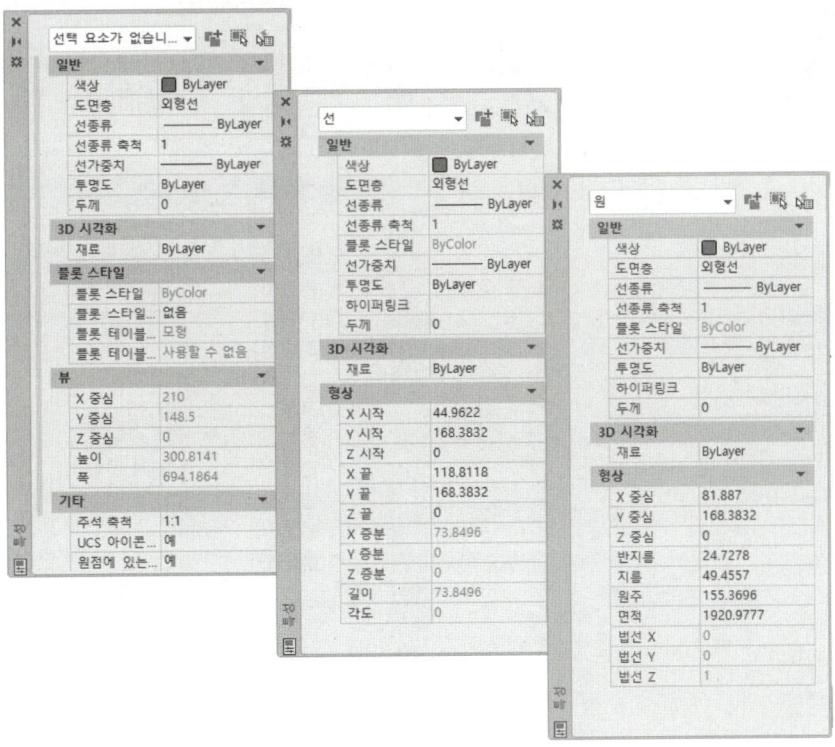

1.3 PROPERTIES(특성) 명령

- 엔티티 특성들을 특성 팔레트에 표시하고 각 특성을 변경할 수 있습니다.

메뉴:	수정 ⇨ 특성
도구막대:	표준 ⇨
리본:	뷰 탭 ⇨ 특성 ⇨ (특성)
명령 입력:	PROPERTIES, PR

- 풀다운 메뉴에서 [수정] ⇨ [특성]을 클릭합니다.

- 리본 [뷰] 탭 [팔레트] 패널에서 [특성] 아이콘을 클릭합니다.

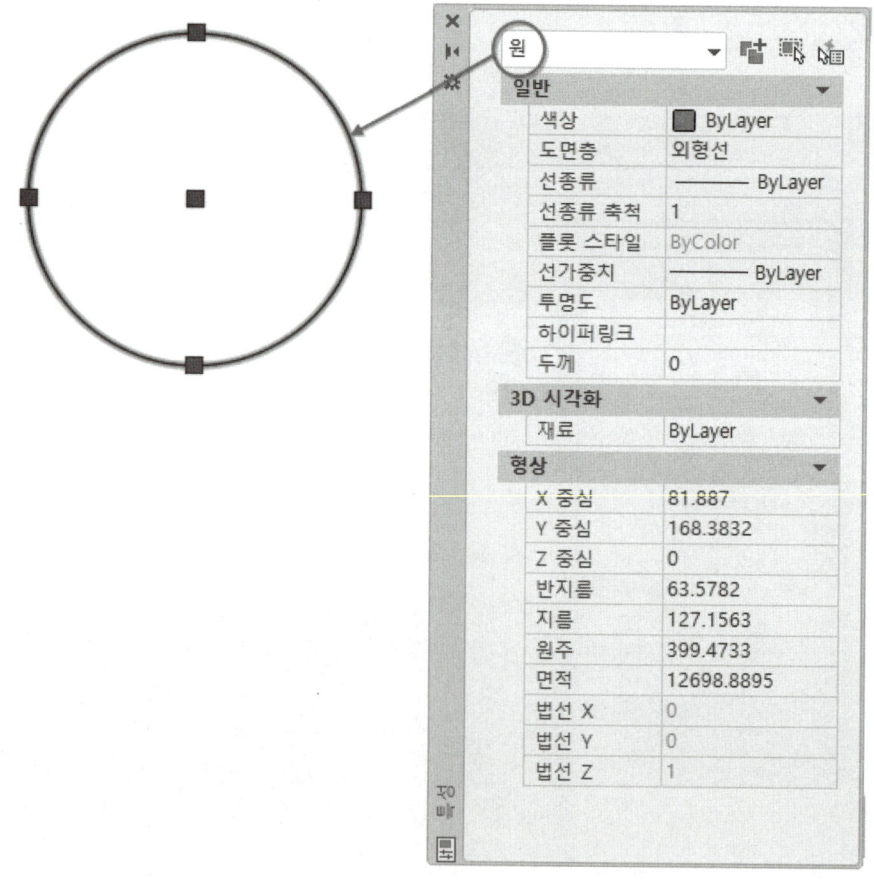

1.4 MATCHPROP(특성 일치) 명령

- [특성 일치] 명령을 사용하여 객체의 일부 또는 전체 특성을 다른 객체에 복사합니다.
- 복사할 수 있는 특성 스타일에는 색상, 도면층, 선종류, 선종류 축척, 선가중치, 플롯 스타일, 뷰포트 특성 재지정 및 3D 두께 등이 있습니다.
- 특정한 특성이 복사되지 않도록 하려면, 설정 옵션을 사용하여 해당 특성의 복사를 억제합니다.

메뉴:	수정 ⇨ 특성일치
도구막대:	표준 ⇨
리본:	홈 탭 ⇨ 특성 ⇨ (특성일치)
명령 입력:	MATCHPROP, 투명 용도의 'MATCHPROP

- 리본 [홈] 탭 [특성] 패널에서 [특성 일치] 아이콘을 클릭합니다.

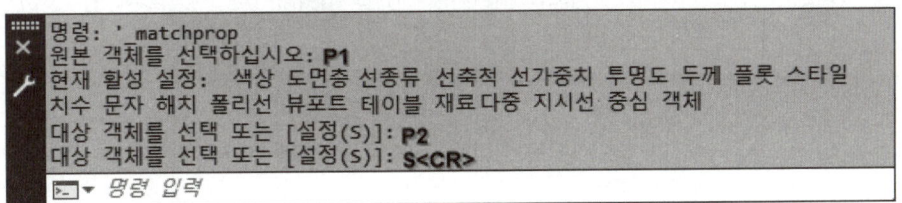

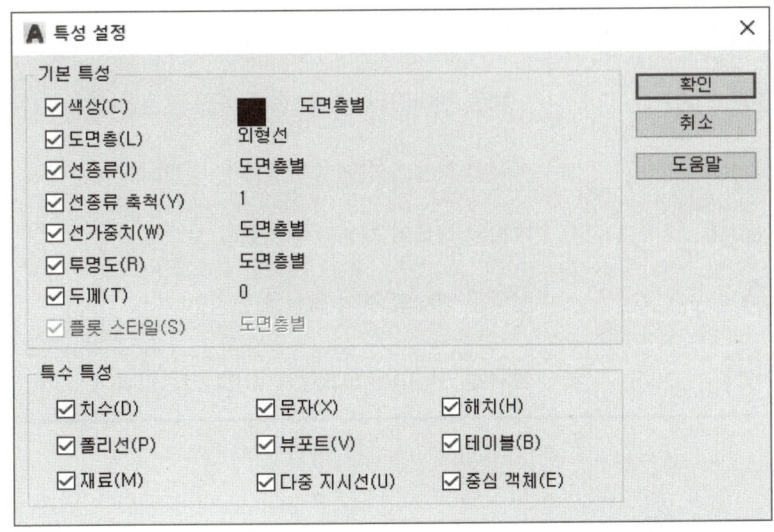

1.5 CHANGE or CHPROP(특성 변경) 명령

- 선택한 엔티티의 속성(Property) 및 엔티티를 변경합니다.
- [CHANGE or CHPROP(특성 변경)] 명령은 과거에 AutoCAD MS-DOS 버전에서 주로 사용했던 TTY-base 명령으로 사용이 번거롭습니다. 지금은 [Properties(특성)] 명령을 주로 사용합니다. 명령 행에 [CHANGE] or [CHPROP] 라고 입력합니다.

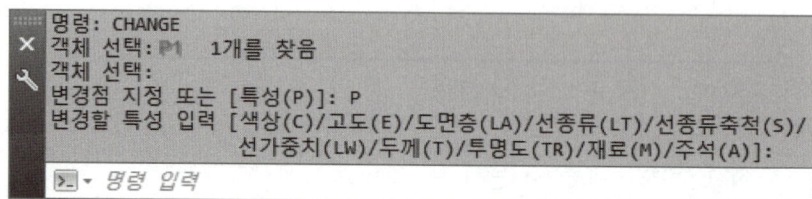

옵션	기능
색상(C)	선택된 엔티티의 색상을 변경합니다.
도면층(LA)	선택된 엔티티의 도면층을 변경합니다.
선종류(LT)	선택된 엔티티의 선종류를 변경합니다.
선종류축척(S)	선택된 엔티티의 선종류 축척을 변경합니다.
선가중치(LW)	선택된 엔티티의 선 가중치를 변경합니다.
두께(T)	선택된 엔티티의 Z축 방향 두께를 변경합니다.
투명도(TR)	선택한 객체의 투명도 레벨을 변경합니다.
재료(M)	부착된 객체의 재료를 변경합니다.
주석(A)	선택된 객체의 주석 특성을 변경합니다.
고도(E)	선택된 엔티티의 고도(Z축 값)를 변경합니다.

1.6 SetByLayer(ByLayer로 변경) 명령

- [SetByLayer(ByLayer로 변경)] 명령을 사용하여 ByLayer 원칙을 무시한 특성을 지닌 선택한 객체를 ByLayer로 변경할 수 있습니다.

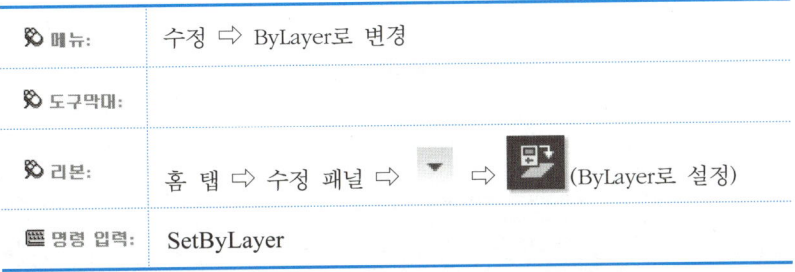

- ByBlock 설정을 가지는 객체도 ByLayer로 변경할 수 있습니다. 객체의 특성이 ByLayer로 설정되어 있지 않을 때 이러한 객체는 뷰포트에 의해 설정된 도면층 특성 재지정을 표시하지 않습니다.

- 리본 [홈] 탭 [수정] 패널에서 [ByLayer로 변경] 아이콘을 클릭합니다.

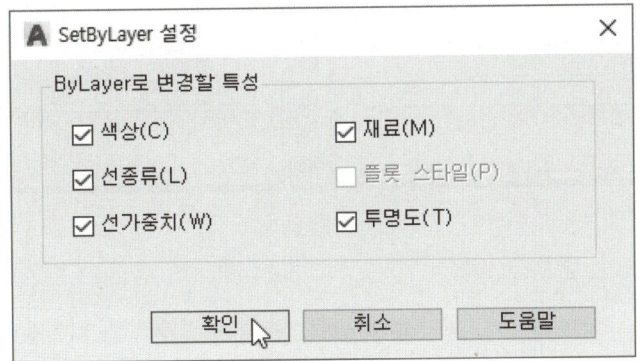

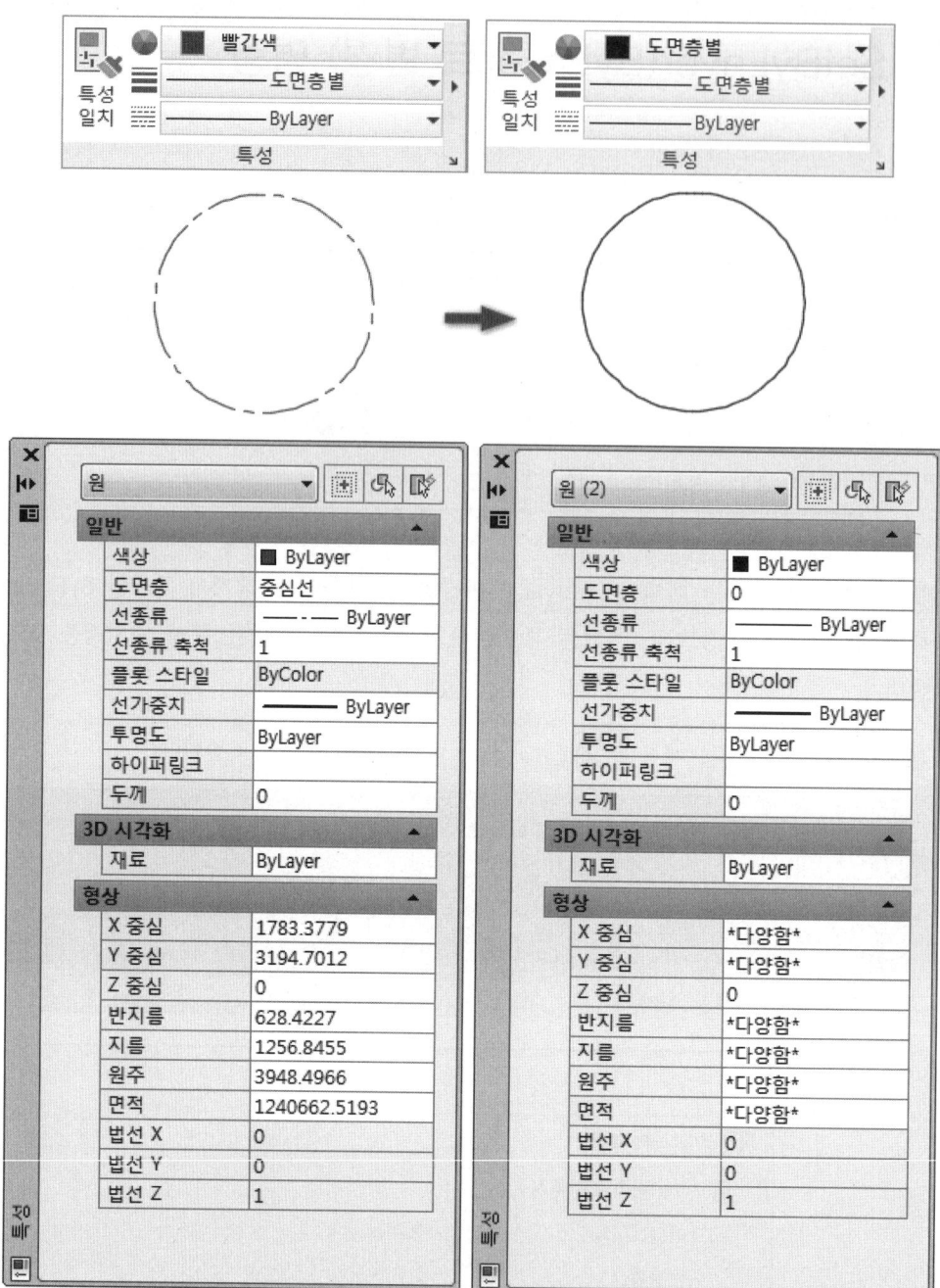

02 색상(Color)의 개념 및 활용

2.1 색상(Color)의 개요

- 도면 엔티티들에 색상을 적용하면, 객체를 시각적으로 그룹화하는데 도움을 줍니다.
- 도면층별로 또는 개별적으로 객체에 색상을 지정할 수 있습니다.
- 엔티티에 색 지정은 두 가지 방법으로 할 수 있습니다.
   ① ByLayer - 도면층에서 색 지정을 할 수 있습니다. - [LAYER(도면층)] 명령.
   ② 개별 색상 - [Color(색상)] 명령으로 색을 지정할 수 있습니다.
- 도면층에서 색상을 ByLayer로 지정하면, 도면 내에서 각 도면층 및 그 도면층에 속하는 객체들을 쉽게 구별이 가능합니다.

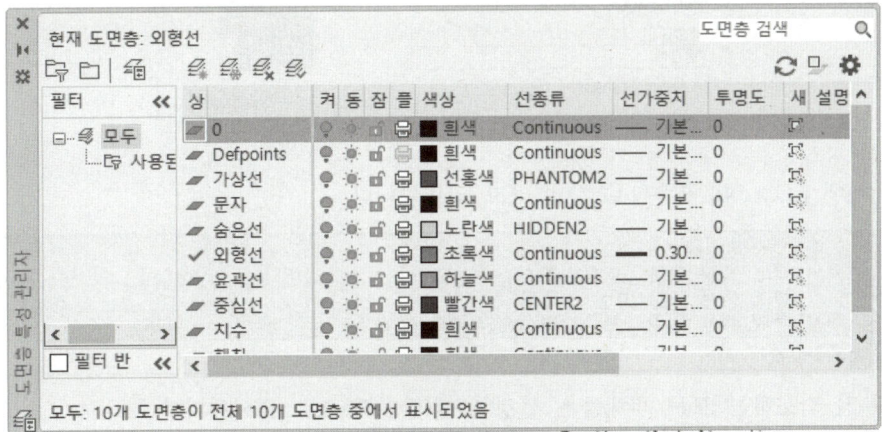

- [Color(색상)] 명령을 이용해서 동일한 도면층에 존재하는 엔티티들에 서로 다른 색을 지정하면, 엔티티에 다양한 속성들을 추가할 수 있습니다.
- '색상 선택' 대화상자에서 [색상 색인], [트루 컬러(True Color)], [색상표] 탭 중에서 색상을 선택해서 엔티티에 색상을 정의할 수 있습니다.
- 도면 완성 후 출력(Plot)을 할 때에는 색상에 의한 제도 규정의 선 가중치(Lineweight)를 적용해서 선종류(굵기) 표시로 도면 시트를 출력할 수 있습니다.

2.2 COLOR(색상) 명령

- 새로 작성하는 객체의 색상을 설정합니다.

메뉴:	형식 ⇨ 색상
도구막대:	
리본:	홈 탭 ⇨ 특성 패널 ⇨ ● (객체 색상)
명령 입력:	COLOR, COL, 투명 용도의 'COLOR

- 풀다운 메뉴 [형식] ⇨ [색상]을 클릭합니다.

  '색상 선택' 대화상자에서 원하는 색상을 선택하고 [확인] 버튼을 클릭합니다.

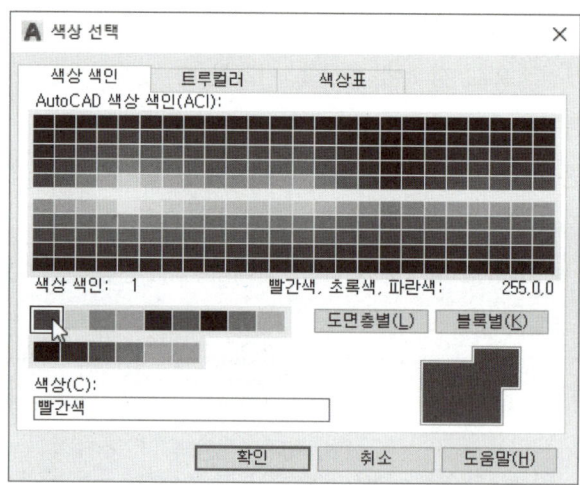

- 명령 행에 [-COLOR] 혹은 [-COL] 이라고 입력합니다.

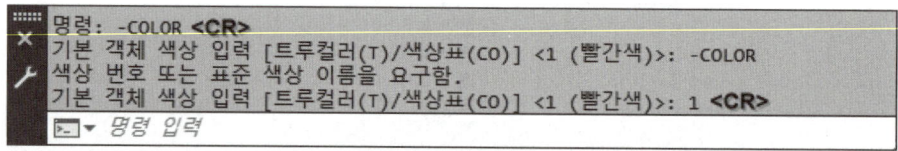

이제부터 작도하는 모든 객체들은 설정한 색(빨간색)으로 표시됩니다.

즉 ByLayer 원칙을 무시하면서 객체를 작도하게 됩니다.

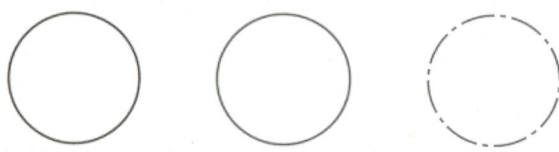

03 선종류(Linetype) 개념 및 활용

3.1 선종류(Linetype)의 개요

- 도면을 작도할 때, 선종류를 사용하면 형상을 시각적으로 구별할 수 있으며, 도면의 가독성을 증진할 수 있습니다.
- KS 제도 규격에서 도면에 사용하는 선(Line)은 같은 굵기, 같은 모양의 선이라도 용도에 따라 이름이 다르고, 지정된 선종류를 적용해서 작도해야 합니다(다음 도면 그림 참고).

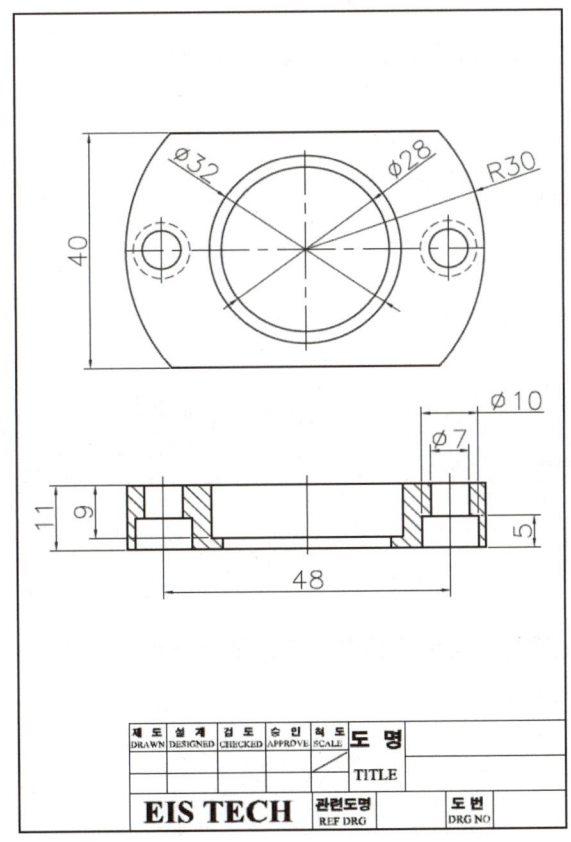

3.2 Linetype(선종류) 명령

- 선종류를 로드하고 현재 선종류를 설정합니다.

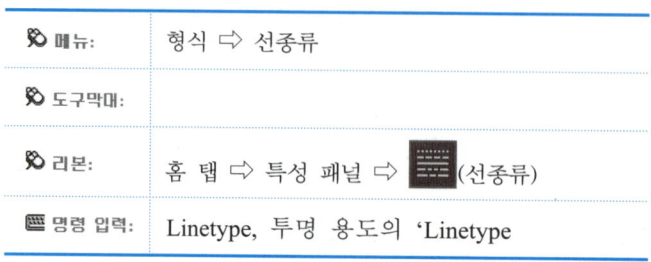

- 도면에 사용하는 선종류는 실선 혹은 대시(3mm), 점 , 빈칸(1mm)의 패턴이 반복되는 직선 또는 곡선으로 표시됩니다.
- [Linetype(선종류)] 명령을 이용해서 다양한 선종류들을 로드하거나 설정하거나 수정할 수 있습니다. 프로젝트를 시작할 때 해당 프로젝트에 필요한 선종류를 로드하면 나중에 다시 사용할 수 있습니다.
- 사용할 수 있는 선종류를 확인하려면, 도면에 로드하거나 LIN(선종류 정의) 파일에 저장된 선종류의 리스트를 표시합니다.
- AutoCAD에는 ACAD.LIN(영국식 단위) 및 ACADISO.LIN(미터법 단위)의 두 개의 선종류 정의 파일을 제공합니다.
- 참조되지 않는 선종류 정보를 제거하려면 [PURGE(소거)] 명령을 사용하거나 '선종류 관리자' 대화상자에서 해당 선종류를 삭제합니다.

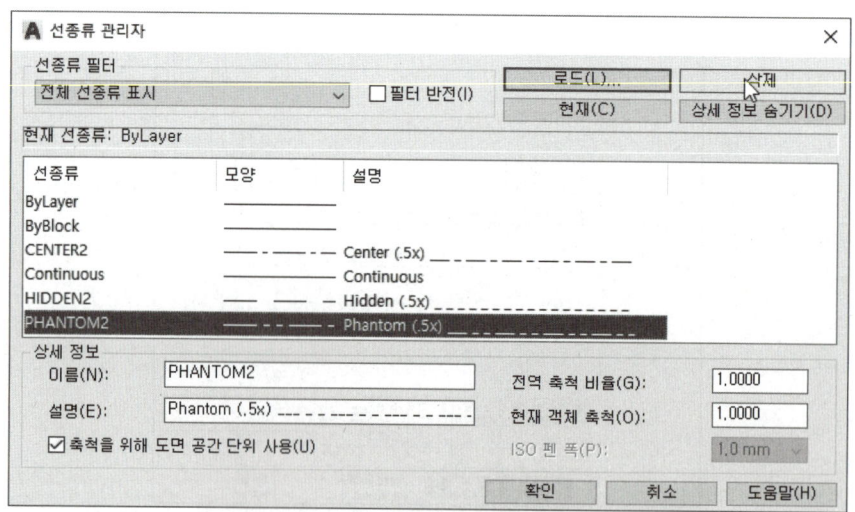

3.3 현재 선종류 설정(Set up current Linetype)

- 다음 그림처럼 [특성] 패널 혹은 [특성] 도구막대의 선종류 컨트롤에 표시된 현재 선종류를 사용하여 모든 객체가 작성됩니다.
- [특성] 패널 혹은 선종류 컨트롤을 사용하여 현재 선종류를 설정할 수 있습니다.

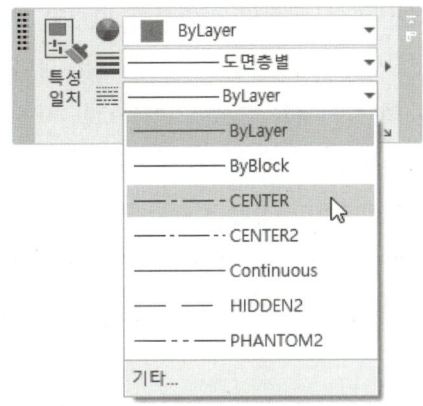

- 현재 선종류가 [ByLayer]로 설정되어 있는 경우 객체는 현재 도면층에 지정된 선종류로 만들어집니다.
- 현재 선종류가 [ByBlock]으로 설정되어 있는 경우 객체는 블록으로 그룹화될 때까지 [CONTINUOUS] 선종류를 사용하여 만들어집니다.
- 블록이 도면에 삽입되는 경우, 해당 객체에는 현재 선종류 설정이 사용됩니다.
- 현재 선종류를 현재 도면층에 지정된 선종류로 사용하지 않을 경우, 다른 선종류를 명시적으로 지정할 수 있습니다.
- 문자, 점, 뷰포트, 해치 및 블록과 같은 특정 객체의 선종류는 표시되지 않습니다.

3.4 객체의 선종류 변경(Change Object's Linetype)

- 객체를 다른 도면층에 다시 지정하거나, 객체가 있는 도면층의 선종류를 변경하거나, 객체의 선종류를 명시적으로 지정하면 해당 객체의 선종류를 변경할 수 있습니다.

다음 세 가지 방법 중에서 선택하여 객체의 선종류를 변경할 수 있습니다.

① 엔티티 혹은 객체를 다른 선종류의 도면층으로 다시 지정합니다. 객체의 선종류가 [ByLayer]로 설정되어 있는 상태로 해당 객체를 다른 도면층으로 다시 지정하면, 새 도면층의 선종류가 적용됩니다.

② 엔티티 혹은 객체가 있는 도면층에 지정된 선종류를 변경합니다. 객체의 선종류가 [ByLayer]로 설정되어 있는 경우, 해당 도면층의 선종류가 적용됩니다.

③ 도면층에 지정된 선종류를 변경하면, [ByLayer] 선종류로 지정된 해당 도면층의 모든 객체가 자동으로 업데이트됩니다.

④ 도면층의 선종류를 재지정 하도록 객체의 선종류를 지정합니다. 각 객체의 선종류를 명시적으로 지정할 수 있습니다. 도면층에서 지정된 엔티티 혹은 객체의 선종류를 다른 선종류로 재지정하려는 경우, 기존 객체의 선종류를 [ByLayer]에서 [DASHED] 등과 같은 특정 선종류로 변경합니다.

- 이후에 작성된 모든 객체의 특정 선종류를 설정하려면, [특성] 패널에서 현재 선종류 설정을 [ByLayer]에서 특정 선종류로 변경합니다.

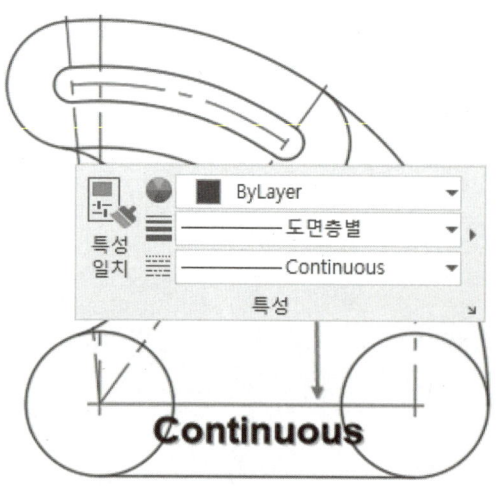
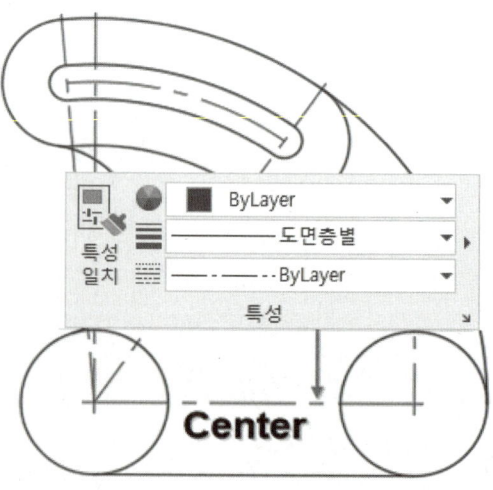

3.5 LTSCALE(선종류 축척) 명령

- 객체에 대해 전체적으로 또는 개별적으로 선종류 축척 비율을 변경하여 같은 선종류를 다른 축척으로 사용할 수 있습니다.
- 기본적으로 전역 및 개별 선종류 축척은 모두 1.0으로 설정됩니다.

〈선종류 관리자 대화상자〉

- 축척이 작을수록 도면 단위당 생성되는 패턴 반복 개수가 더 많습니다. 예를 들어, 축척을 0.5로 설정하면 각 도면 단위에 대해 선종류 정의의 패턴이 두 번 반복됩니다. 하나의 전체 선종류 패턴을 표시할 수 없는 짧은 선 세그먼트가 연속되어 표시됩니다. 선이 너무 짧아 대시 시퀀스를 하나도 표시할 수 없는 경우 더 작은 선종류 축척을 사용합니다.

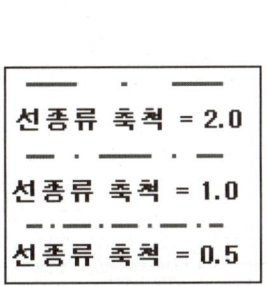

- 선종류 관리자에는 전체 축척 비율 및 현재 객체 축척이 표시됩니다.
  ① 전역 축척 비율 값은 LTSCALE 시스템 변수를 조정하여 새 객체와 기존 객체 모두에 대한 선종류 축척을 전역적으로 변경합니다.
  ② 현재 객체 축척 값은 CELTSCALE 시스템 변수를 조정하여 새로운 객체의 선종류 축척을 설정합니다.
  ③ CELTSCALE 값과 LTSCALE 값을 곱하면 표시되는 선종류 축척이 생성됩니다.

1) LTSCALE(명령) 호출하는 방법

- 전역 선종류 축척 비율을 설정합니다.

메뉴:	형식 ⇨ 선종류
도구막대:	
리본:	홈 탭 ⇨ 특성 패널 ⇨ 선종류
명령 입력:	LTSCALE, LTS, 투명 용도의 'LTSCALE

```
명령: LTS <CR>
LTSCALE 새 선종류 축척 비율 입력 <1.0000>: 2.0 <CR>
모형 재생성 중.
명령 입력
```

선종류 관리자

선종류 필터: 전체 선종류 표시 ☐ 필터 반전(I)   로드(L)...   삭제
                                                현재(C)   상세 정보 숨기기(D)

현재 선종류: ByLayer

선종류	모양	설명
ByLayer		
ByBlock		
CENTER2	—— — —— —	Center (.5x) _ _ _ _ _ _ _ _ _
Continuous	———————	Continuous
HIDDEN2	—— —— ——	Hidden (.5x) _ _ _ _ _ _ _ _ _
PHANTOM2	—— - - ——	Phantom (.5x) _ _ _ _ _ _ _ _

상세 정보

이름(N):　　　　　　　　　　　　　　전역 축척 비율(G): 2.0000
설명(E):　　　　　　　　　　　　　　현재 객체 축척(O): 1.0000
☑ 축척을 위해 도면 공간 단위 사용(U)   ISO 펜 폭(P): 1.0 mm

　　　　　　　　　　　　확인　　취소　　도움말(H)

04 선 가중치(Line weight)의 개념 및 활용

4.1 선가중치(LWEIGHT)의 개요

- 도면에서 선가중치는 그래픽 객체뿐만 아니라 특정 유형의 문자 및 기호에 할당되는 굵기(폭)의 값입니다.
- 선 가중치를 사용하면, 굵은선과 가는선을 작성하여 단면의 잘라내기, 입면도 깊이, 치수선 및 눈금 표식 등 세부적인 차이를 표시할 수 있습니다.
- 최종 도면은 제도 규정에 따라 그림처럼 선가중치 값을 적용해서 도면 객체를 플롯(Plot)해야 합니다.

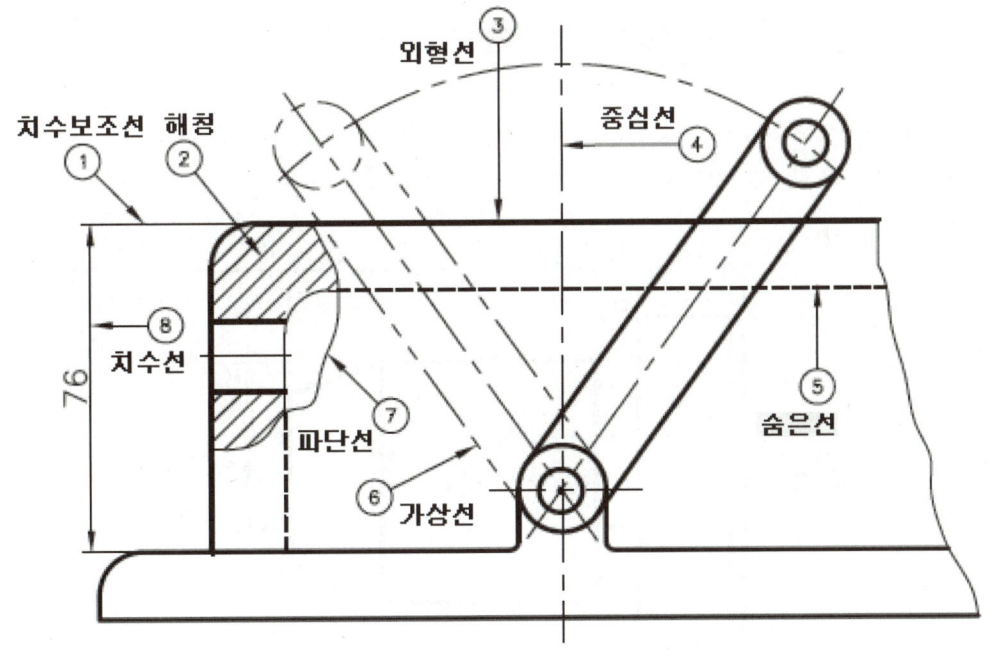

4.2 LWEIGHT(선가중치) 명령

- 현재 선가중치, 선가중치 표시 옵션 및 선가중치 단위를 설정합니다.

메뉴:	형식 ⇨ 선가중치
도구막대:	
리본:	홈 탭 ⇨ 특성 패널 ⇨ ▤ (선가중치)
명령 입력:	LWEIGHT, LW, 투명 용도의 'LWEIGHT

- 풀다운 메뉴에서 [형식] ⇨ [선 가중치]를 클릭합니다.
- 명령 행에서 [WEIGHT]라고 입력합니다.

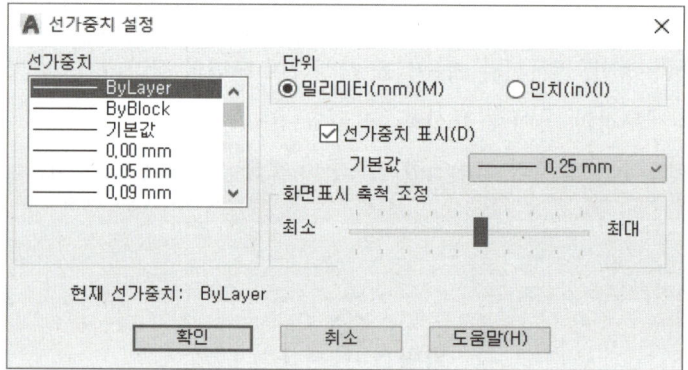

1 '선가중치 설정' 대화상자에서 단위를 [밀리미터], [선가중치 표시]를 체크합니다.
2 [화면표시 축척 조정] 슬라이드 바를 오른쪽으로 이동해서 설정합니다.

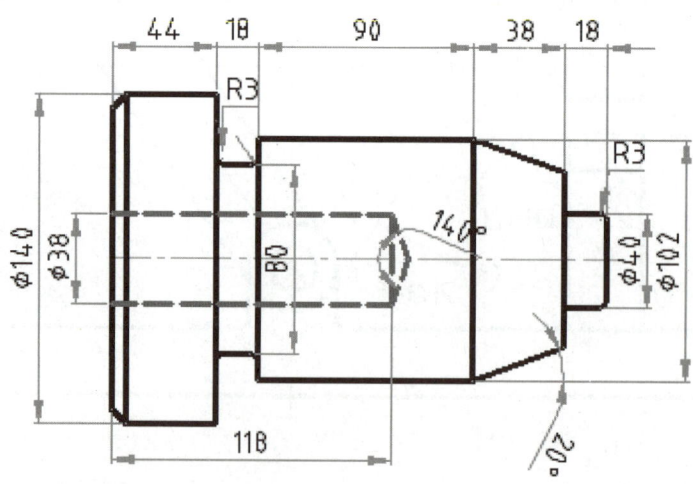

CHAPTER 6 엔티티 특성(Entity Property)

실습과제 24〉 도면층, 선종류를 이용해서 다음 도형을 작도합니다.

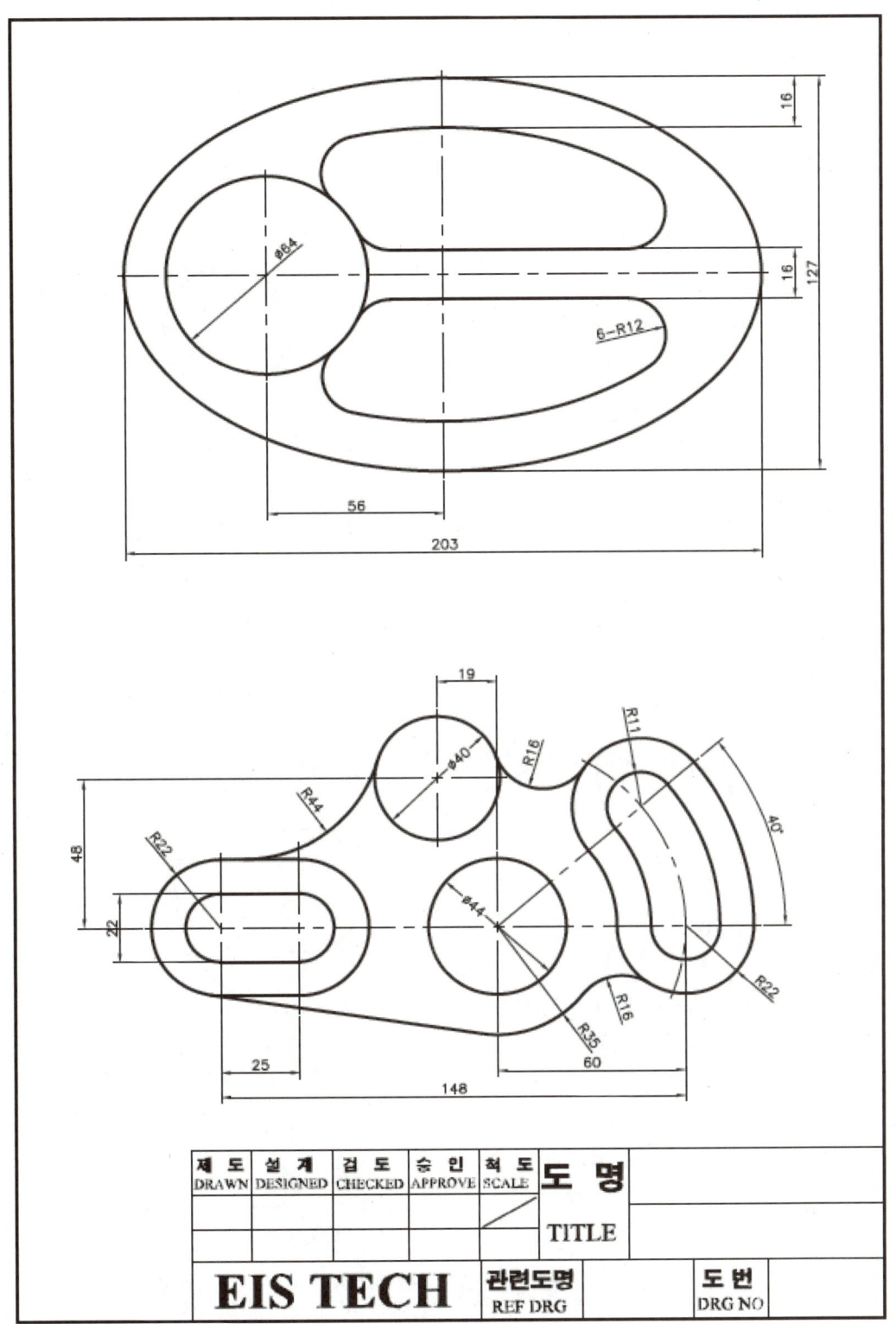

실습과제 25〉 도면층, 선종류를 이용해서 다음 도형을 작도합니다.

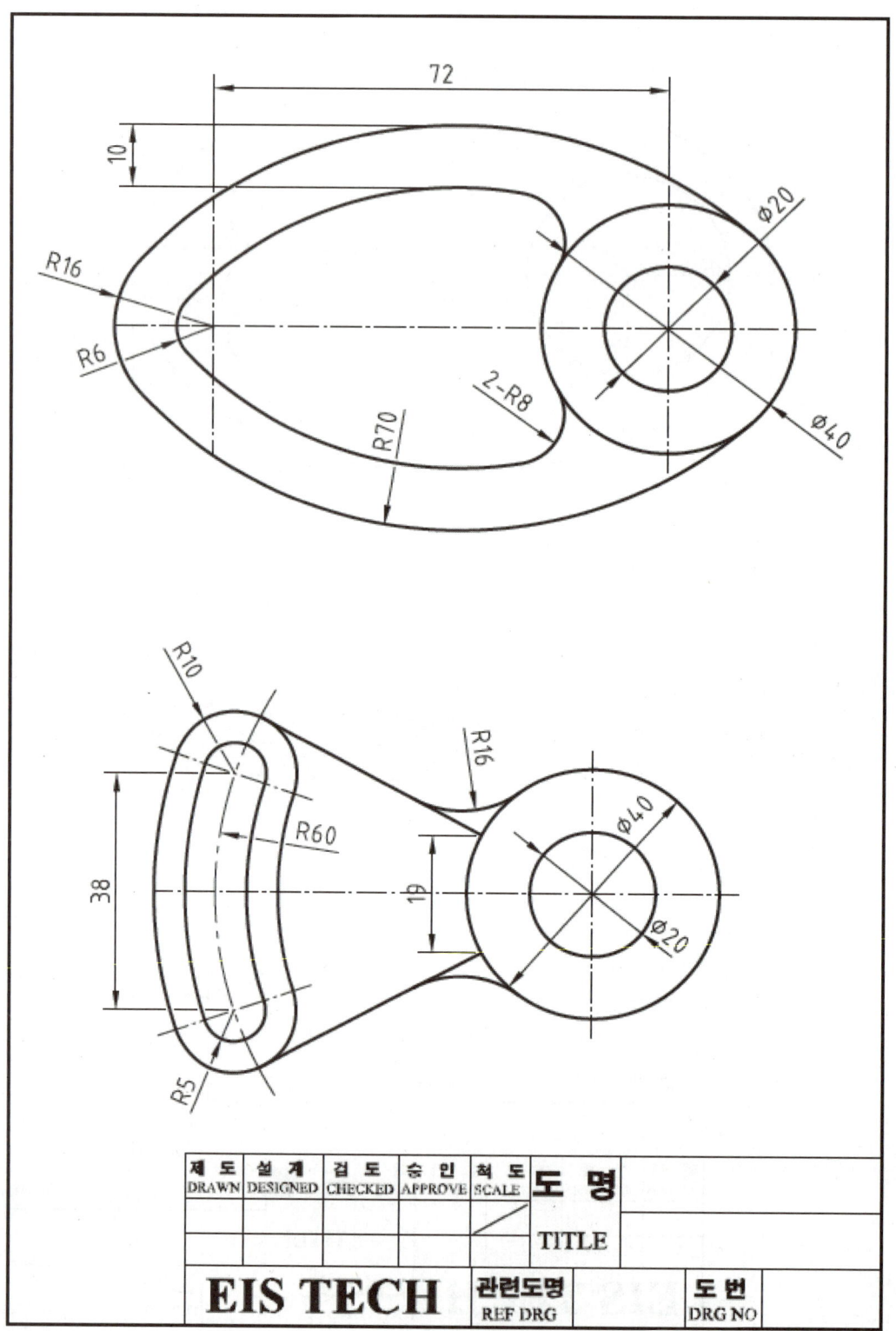

실습과제 26〉 도면층, 선종류를 이용해서 다음 도형을 작도합니다.

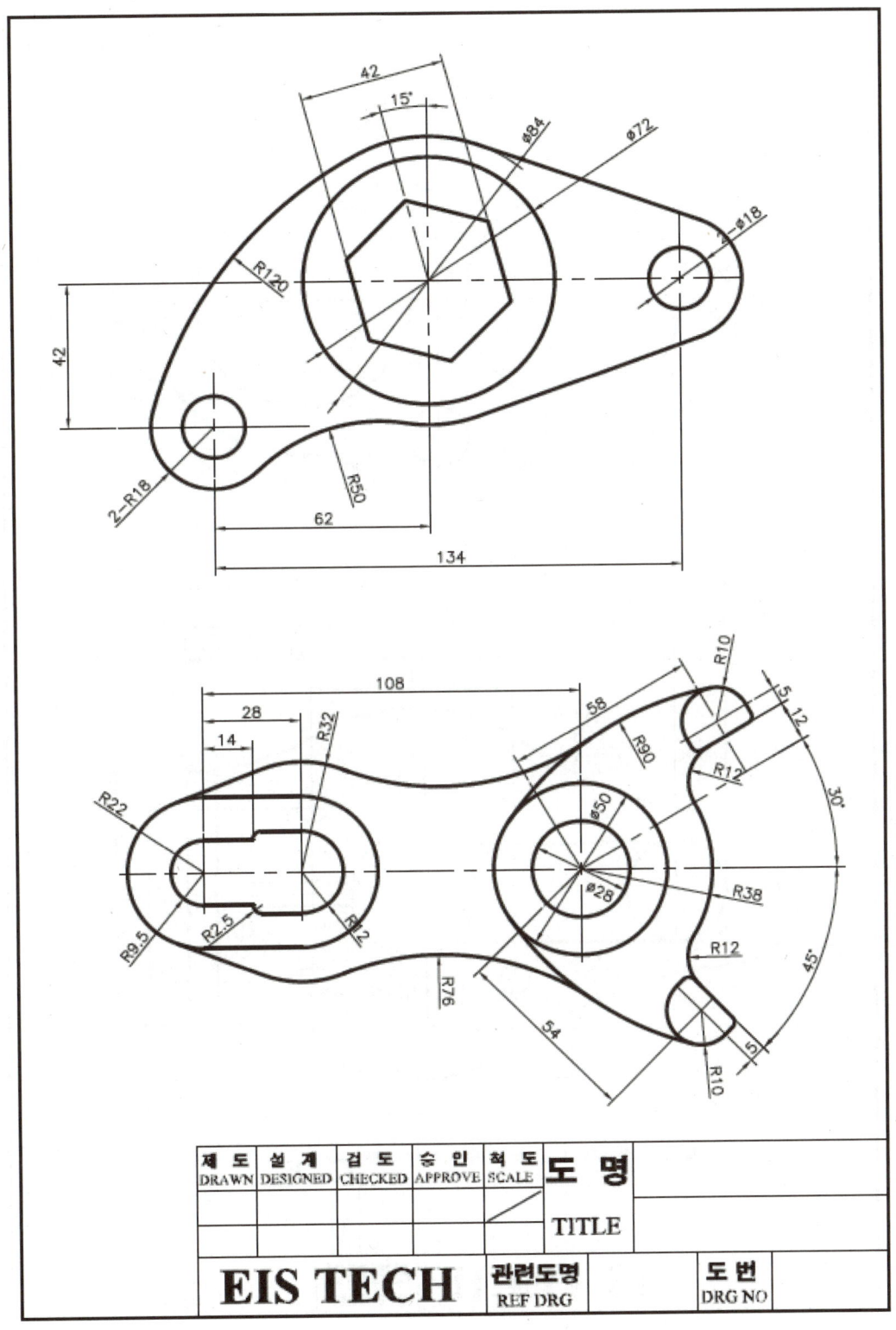

실습과제 27〉 도면층, 선종류를 이용해서 다음 도형을 작도합니다.

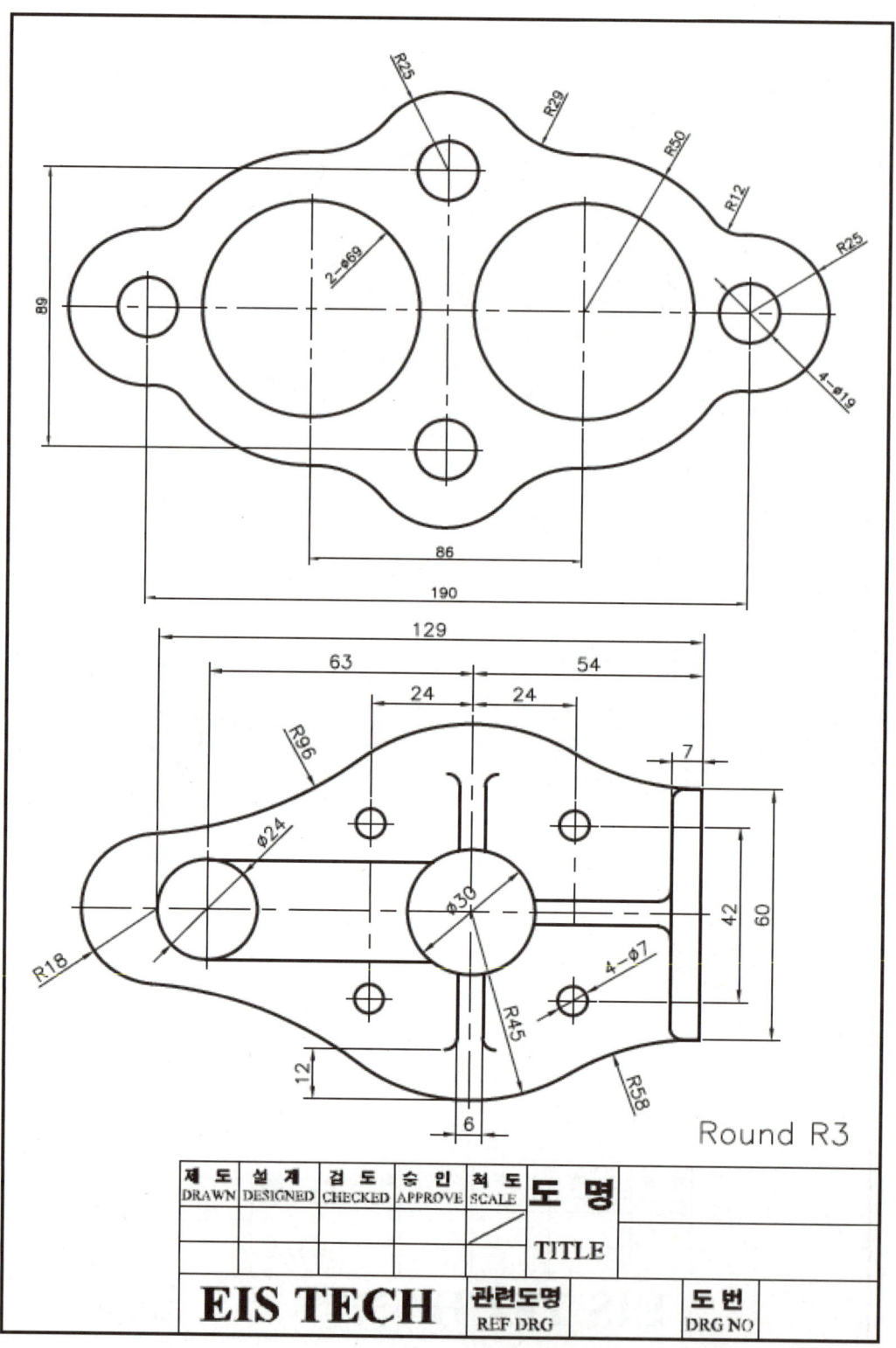

실습과제 28⟩ 도면층, 선종류를 이용해서 다음 도형을 작도합니다.

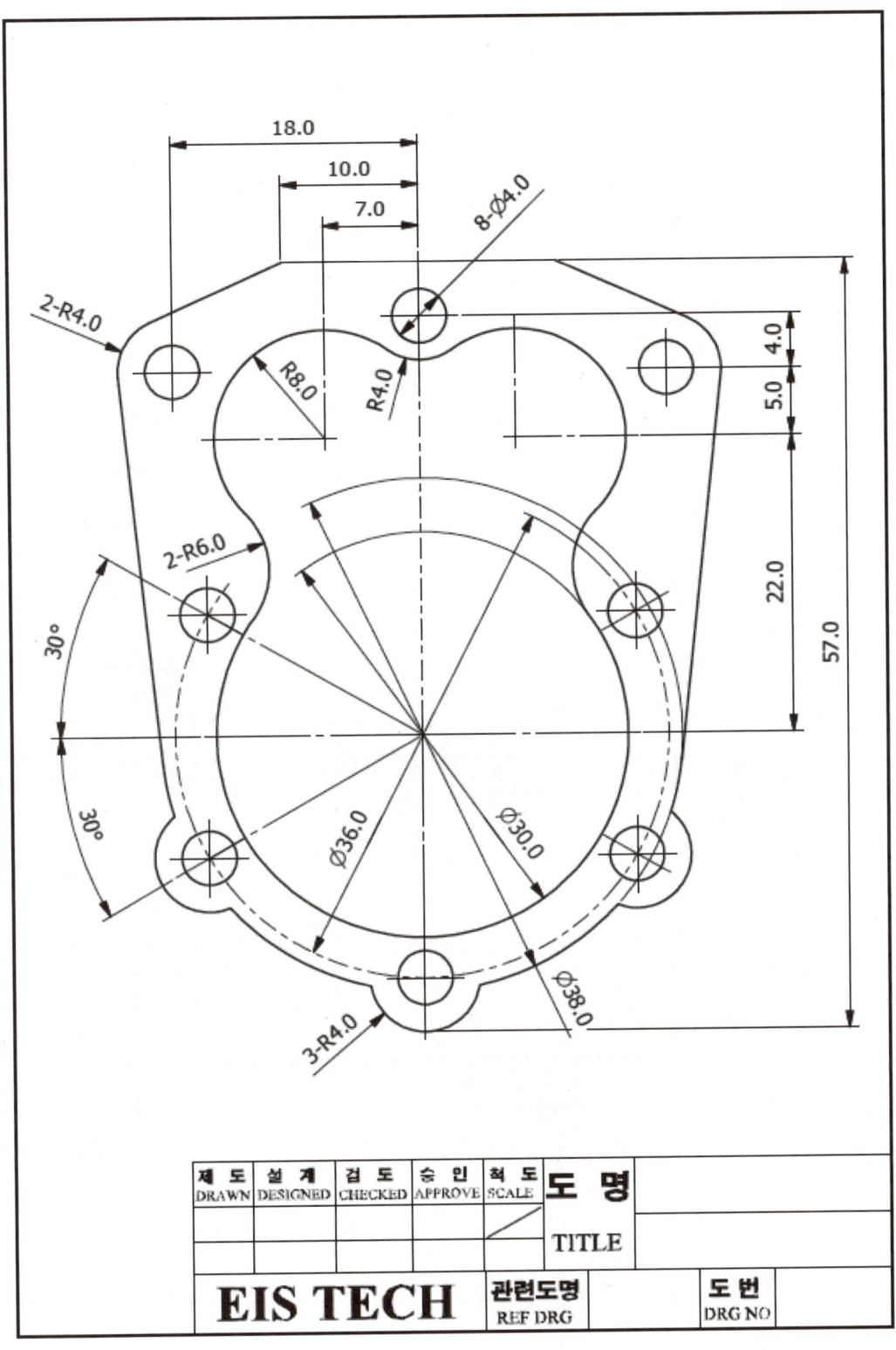

실습과제 29〉 도면층, 선종류를 이용해서 다음 도형을 작도합니다.

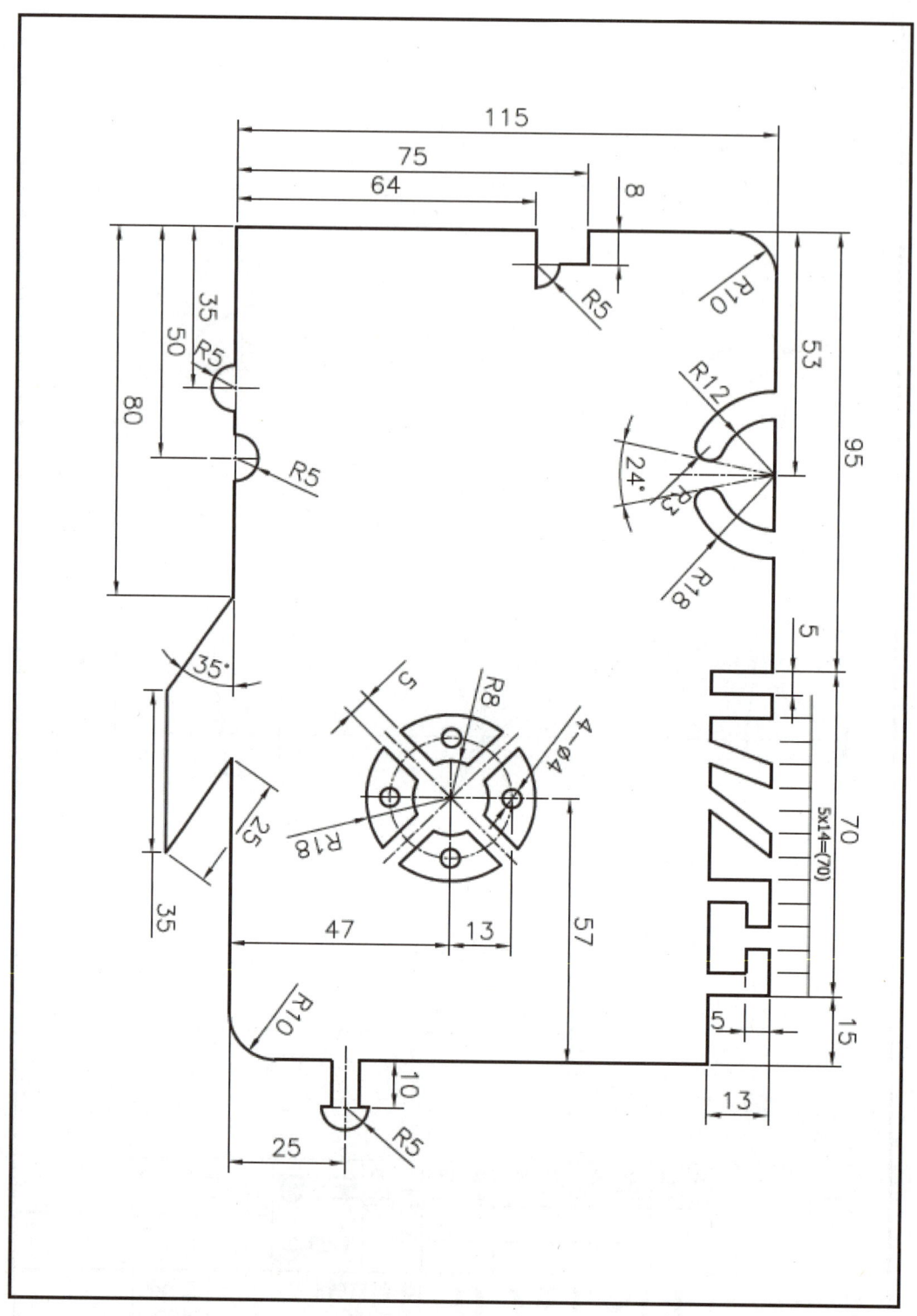

■ 이 장에서 다음의 내용을 학습하게 됩니다.

　▸ 도형 복사, 대칭 및 배열하기(Copy, Mirror and Array the shapes)
　▸ 실습 과제
　▸ 엔티티 편집(Editing Entity)
　▸ 조회 명령들(Inquiry Commands)
　▸ 실습 과제

CHAPTER

7

객체 수정하기
(Modify the Object)

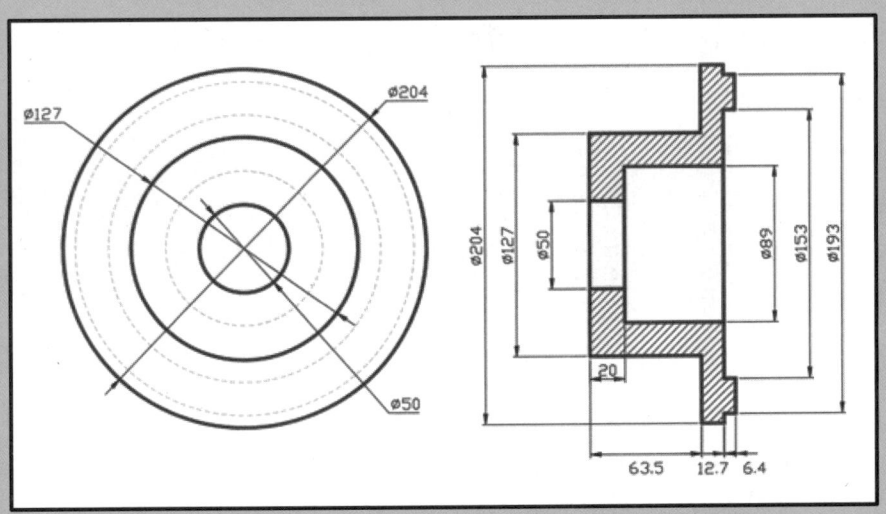

01 도형 복사, 대칭 및 배열하기

1.1 COPY(복사) 명령

- [COPY(복사)] 명령은 원본 객체로부터 지정된 거리 및 방향으로 그 것의 복사본을 작성합니다.

메뉴:	수정 ➡ 복사
도구막대:	수정 ➡
리본:	홈 탭 ➡ 수정 패널 ➡ (복사)
명령 입력:	COPY, CO

1) COPY(복사) 명령 호출 방법

- 풀다운 메뉴 [수정] ➡ [복사]를 클릭합니다.
- 리본 [홈] 탭 [수정] 패널에서 [복사] 아이콘을 클릭합니다.
- 명령 행에 [COPY] 혹은 [CO] 이라고 입력합니다.

```
명령: _copy
객체 선택: E1 1개를 찾음
객체 선택: <CR>
현재 설정: 복사 모드 = 다중(M)
기본점 지정 또는 [변위(D)/모드(O)] <변위>: P1
두 번째 점 지정 또는 [배열(A)] <첫 번째 점을 변위로 사용>: P2
두 번째 점 지정 또는 [배열(A)/종료(E)/명령 취소(U)] <종료>: <CR>
▼ 명령 입력
```

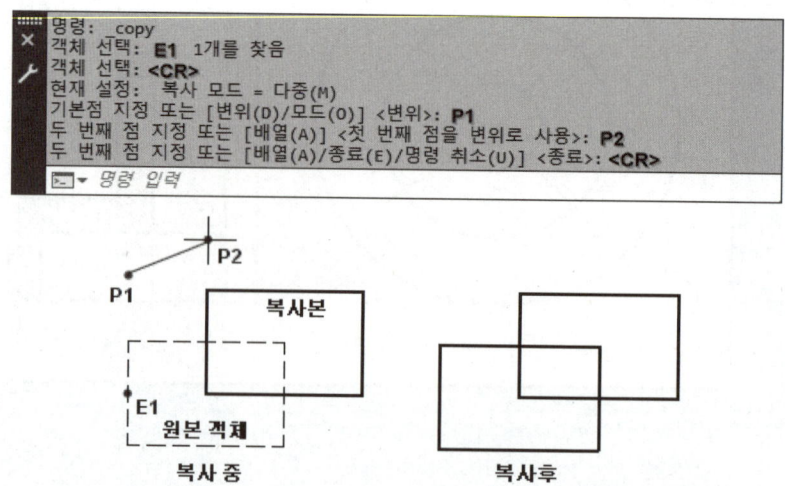

2) COPY(복사) 명령 옵션

옵션		기 능
변위(D)		지정한 좌표 위치로 상대 거리 및 방향을 지정해서 선택한 객체를 복사합니다.
모드(O)	단일(S)	선택한 객체의 단일 사본을 작성합니다.
	다중(M)	COPY 명령을 자동 반복하도록 설정됩니다.
배열(A)		선형 배열에 지정한 수의 사본을 정렬합니다.
	배열할 항목 수	원래 선택 세트를 포함하여 배열의 항목 수를 지정합니다.
	두 번째 점	기준점을 기준으로 배열의 거리 및 방향을 결정합니다.
	맞춤(F)	최종 사본은 배열의 지정한 변위에 배치합니다. 다른 사본은 원래 선택 세트와 최종 사본 사이의 선형 배열에 맞춰집니다.

```
명령: _copy
객체 선택: E1  1개를 찾음
객체 선택: <CR>
현재 설정: 복사 모드 = 다중(M)
기본점 지정 또는 [변위(D)/모드(O)] <변위>: P1
두 번째 점 지정 또는 [배열(A)] <첫 번째 점을 변위로 사용>: A
배열할 항목 수 입력: 3 <CR>
두 번째 점 지정 또는 [맞춤(F)]: P2
두 번째 점 지정 또는 [배열(A)/종료(E)/명령 취소(U)] <종료>: A
배열할 항목 수 입력 또는 [3]: <CR>
두 번째 점 지정 또는 [맞춤(F)]: P3
두 번째 점 지정 또는 [배열(A)/종료(E)/명령 취소(U)] <종료>: <CR>
```

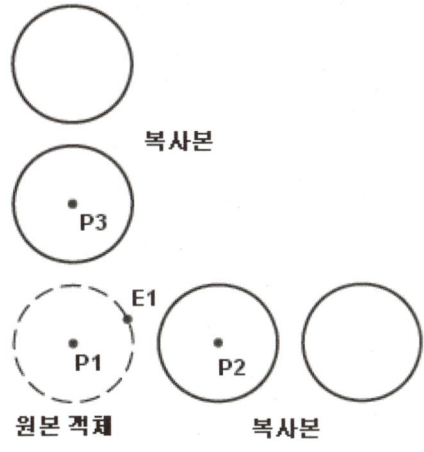

1.2 MOVE(이동) 명령

- [MOVE(이동)] 명령은 객체를 지정된 방향 및 지정된 거리만큼 이동합니다.

1) MOVE(이동) 명령 호출 방법

- 풀다운 메뉴 [수정] ⇨ [이동]을 클릭합니다.

- 리본 [홈] 탭 [수정] 패널에서 [이동] 아이콘을 클릭합니다.

- 명령 행에 [MOVE] 혹은 [M] 이라고 입력합니다.

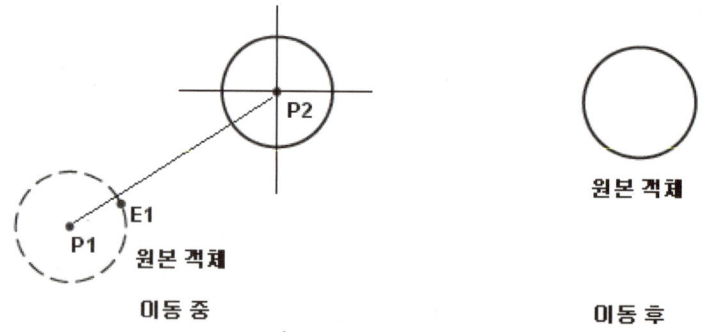

2) MOVE(이동) 명령 옵션

- 변위(D) : 벡터를 나타내는 좌표를 입력합니다.
  지정한 좌표 위치로 상대 거리 및 방향을 지정해서 선택한 객체를 이동합니다.

1.3 MIRROR(대칭) 명령

- [MIRROR(대칭)] 명령은 두 점에 의해 정의된 축의 다른 쪽에 기존 객체의 대칭 사본을 작성합니다.

메뉴:	수정 ⇨ 대칭
도구막대:	수정 ⇨ △
리본:	홈 탭 ⇨ 수정 패널 ⇨ △ (대칭)
명령 입력:	MIRROR, MI

1) MIRROR(대칭) 명령 호출 방법

- 풀다운 메뉴 [수정] ⇨ [대칭]을 클릭합니다.
- 리본 [홈] 탭 [수정] 패널에서 △ [대칭] 아이콘을 클릭합니다.
- 명령 행에 [MIRROR] 혹은 [MI] 이라고 입력합니다.

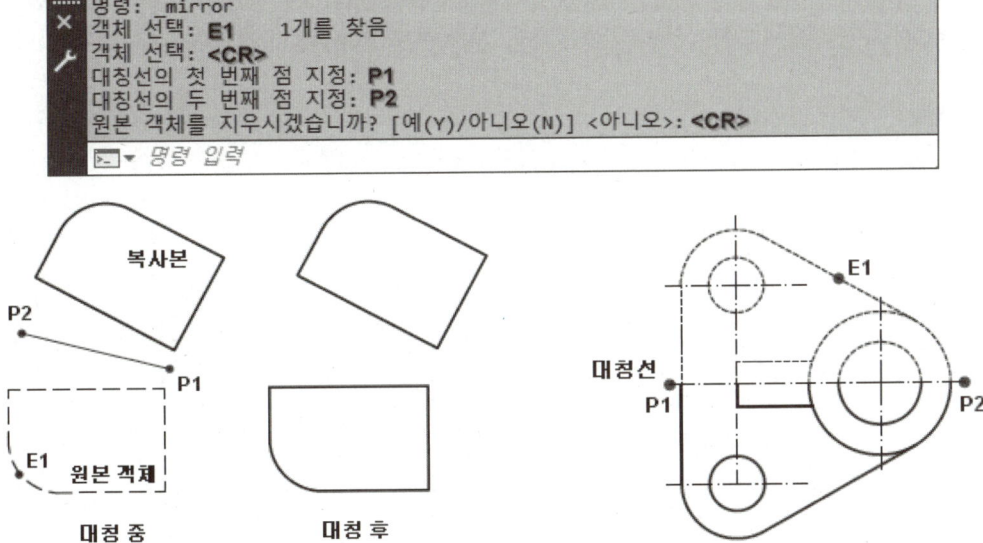

- 대부분 기계 부품들은 좌우상하 대칭 형상 혹은 반복(패턴) 형상을 이루고 있습니다. 특히 기계요소 표준 부품들은 거의 완벽한 대칭 형태를 유지하고 있습니다. 형상의 절반을 표현하는 객체를 작성하고 이를 선택하여 특정 선에 대해서 대칭 이미지를 만들어 다른 절반을 작성할 수 있습니다.

TIP〉MIRRTEXT 시스템 변수

기본적으로 문자, 해치, 속성 및 속성 정의를 대칭시키면 대칭 이미지에서 위아래가 뒤집혀지거나 거꾸로 표시되지 않습니다. 그러면 문자는 객체가 대칭하기 전과 동일한 정렬 및 자리맞추기로 유지됩니다.

문자를 거꾸로 보이게 하려면 [MIRRTEXT] 시스템 변수를 1로 설정합니다.

명령: MIRRTEXT ↵
MIRRTEXT에 대한 새 값 입력 〈0〉: 1〈CR〉
명령: MIRRTEXT ↵
MIRRTEXT에 대한 새 값 입력 〈1〉: 0〈CR〉

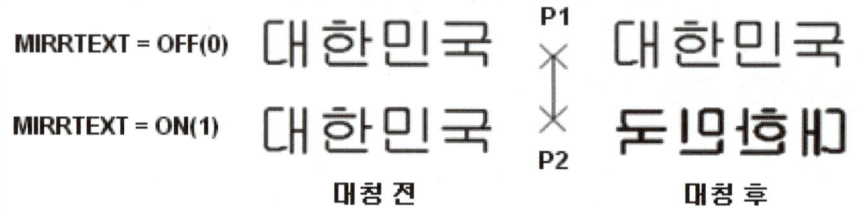

[MIRRTEXT] 시스템 변수는 [TEXT(단일행 문자)], [ATTDEF(속성 정의)] 또는 [MTEXT(다중행 문자)] 명령, 속성 정의 및 변수 속성으로 작성된 문자에 영향을 줍니다. 삽입된 블록이 대칭될 경우 그에 포함된 문자와 상수 속성은 [MIRRTEXT] 시스템 변수의 설정과 관계없이 거꾸로 보이게 됩니다.

[MIRRHATCH] 시스템 변수는 [GRADIENT] 또는 [HATCH(해치)] 명령을 사용하여 작성한 해치 객체에 적용됩니다. [MIRRHATCH] 시스템 변수를 사용하여 해치 패턴 방향이 대칭되는지 그대로 유지되는지를 조정합니다.

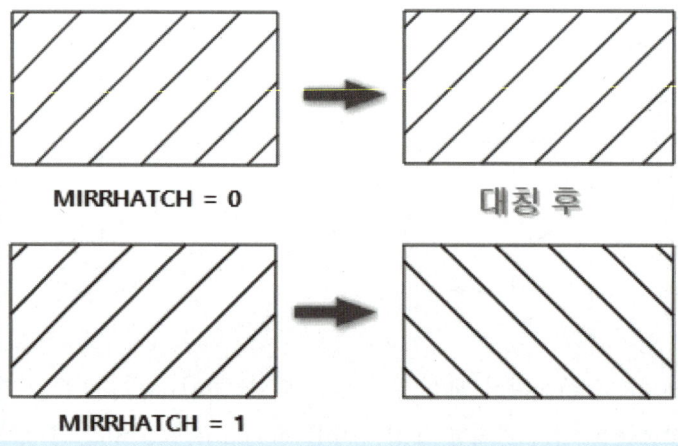

1.4 ROTATE(회전) 명령

- [ROTATE(회전)] 명령은 기준점을 중심으로 객체를 회전합니다.

메뉴:	수정 ⇨ 회전
도구막대:	수정 ⇨ ⟳
리본:	홈 탭 ⇨ 수정 패널 ⇨ ⟳ (회전)
명령 입력:	ROTATE, RO

1) ROTATE(회전) 명령 호출 방법

- 풀다운 메뉴 [수정] ⇨ [회전]을 클릭합니다.
- 리본 [홈] 탭 [수정] 패널에서 ⟳ [회전] 아이콘을 클릭합니다.
- 명령 행에 [ROTATE] 혹은 [RO] 라고 입력합니다.

```
명령: _rotate
현재 UCS에서 양의 각도: 측정 방향=시계 반대 방향 기준 방향=0
객체 선택: E1 1개를 찾음
객체 선택: <CR>
기준점 지정: P1
회전 각도 지정 또는 [복사(C)/참조(R)] <0>: P2
```

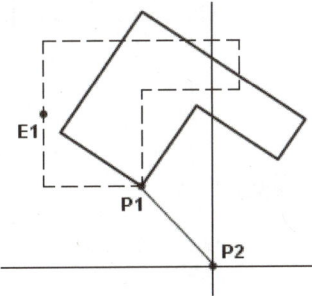

2) ROTATE(회전) 명령 옵션

옵션	기 능
회전각도	객체가 기준점을 중심으로 어느 정도 거리를 두고 회전하는지 결정합니다.
복사(C)	회전하려고 선택된 객체의 사본을 작성합니다.
참조(R)	지정된 각도부터 새 절대 각도까지 객체를 회전합니다.

1.5 SCALE(축척) 명령

- [SCALE(축척)] 명령은 선택한 객체의 크기를 변경(확대 또는 축소)합니다.

메뉴:	수정 ⇨ 축척
도구막대:	수정 ⇨ ▣
리본:	홈 탭 ⇨ 수정 패널 ⇨ ▣ (축척)
명령 입력:	SCALE

1) SCALE(축척) 명령 호출 방법

- 풀다운 메뉴 [수정] ⇨ [축척]을 클릭합니다.
- 리본 [홈] 탭 [수정] 패널에서 ▣ 축척] 아이콘을 클릭합니다.
- 명령 행에 [SCALE] 혹은 [SC] 라고 입력합니다.

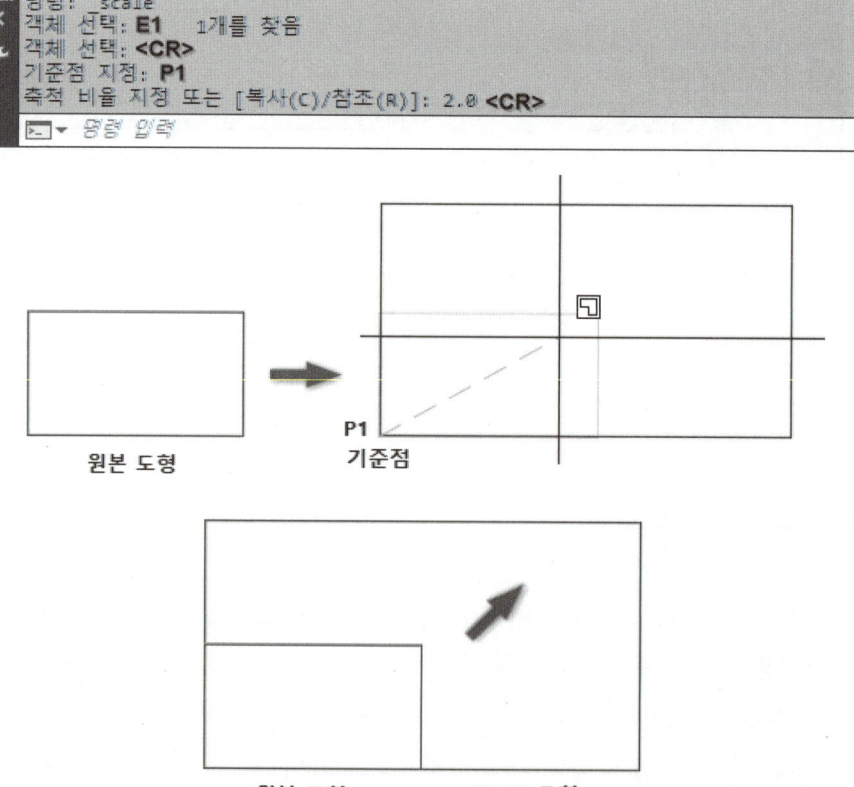

1.6 ARRAYRECT(직사각형 배열) 명령

- [ARRAY(배열)] 명령은 규칙적인 매트릭스(열 과 행) 패턴으로 선택된 객체들의 다중 복사를 만듭니다.
- 다음과 같은 세 가지 유형의 배열이 있습니다.
  ① 직사각형(RECTANGLE)
  ② 경로(PATH)
  ③ 원형(CIRCULAR)

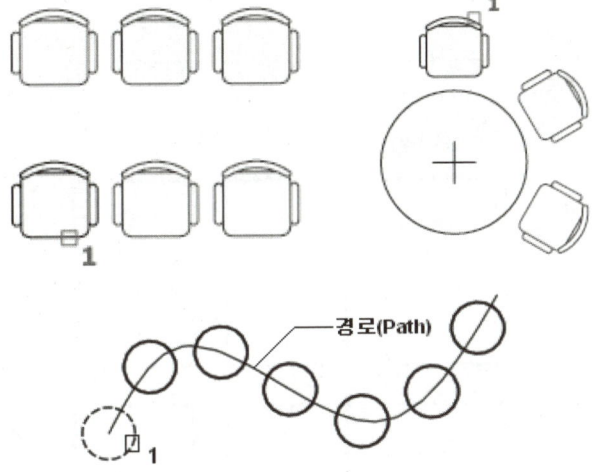

- 이 명령은 AutoCAD 2012 버전에서 기존 배열 명령을 새로 변경해서 추가 되었습니다. 이 명령은 ARRAY의 직사각형 옵션에 해당합니다.

메뉴	수정 ⇨ 배열 ⇨ 직사각형
도구막대	수정 ⇨ ▦
리본	홈 탭 ⇨ 수정 패널 ⇨ 배열 드롭다운 ⇨ ▦ (직사각형 배열)
명령 입력	ARRAYRECT

1) ARRAYRECT(직사각형 배열) 명령 호출 방법

- 풀다운 메뉴 [수정] ⇨ [배열] ⇨ [직사각형 배열]을 클릭합니다.

• 리본 [수정] 패널에서 [직사각형 배열] 아이콘을 클릭합니다.

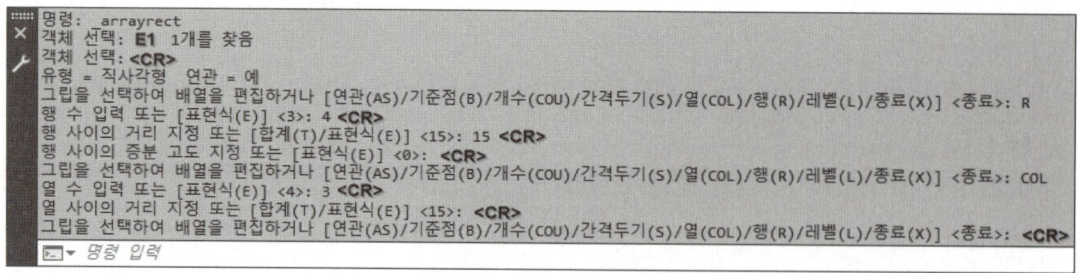

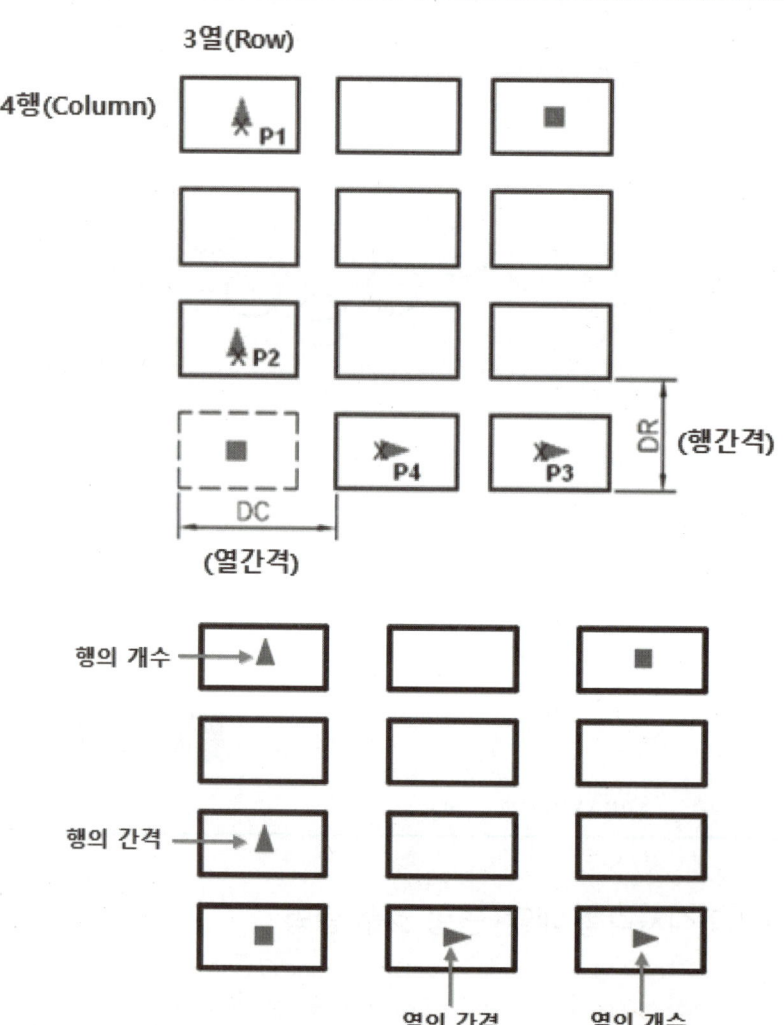

1.7 ARRAYPOLAR(원형 배열) 명령

- 이 명령은 객체 사본을 중심점 또는 회전축을 기준으로 원형 패턴으로 배치합니다.

메뉴:	수정 ⇨ 배열 ⇨ 원형 배열
도구막대:	수정 ⇨ [아이콘]
리본:	홈 탭 ⇨ 수정 패널 ⇨ 배열 드롭다운 ⇨ [아이콘] (원형 배열)
명령 입력:	ARRAYPOLAR

1) ARRAYPOLAR(원형 배열) 명령 호출 방법

- 풀다운 메뉴 [수정] ⇨ [배열] ⇨ [원형 배열]을 클릭합니다.

- 리본 [홈] 탭 [수정] 패널에서 [원형 배열] 아이콘을 클릭합니다.

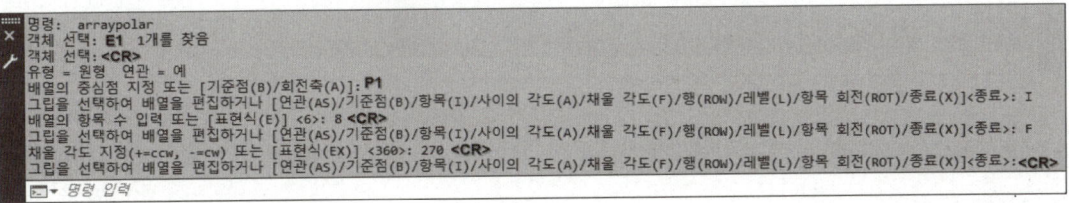

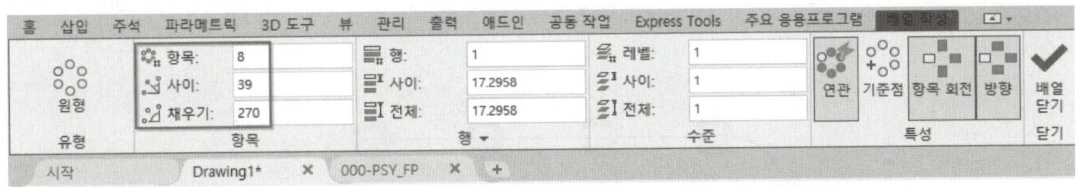

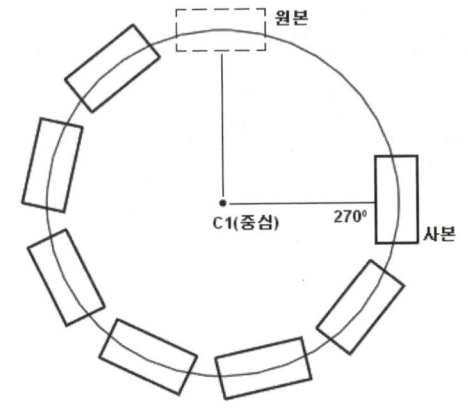

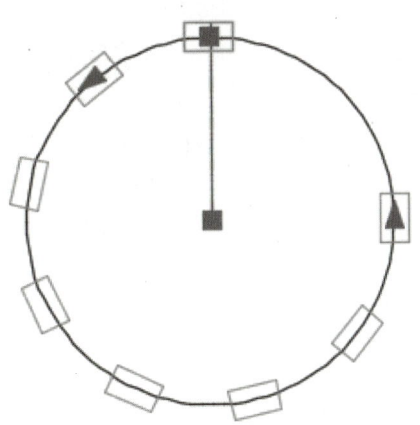

1.8 ARRAYPATH(경로 배열) 명령

- 이 명령은 객체 사본을 경로 또는 경로의 일부분을 따라 균일하게 분산합니다.
- 경로는 선, 폴리선, 3D 폴리선, 스플라인, 나선, 호, 원 또는 타원일 수 있습니다.

메뉴:	수정 ⇨ 배열 ⇨ 경로 배열
도구막대:	수정 ⇨ [아이콘]
리본:	홈 탭 ⇨ 수정 패널 ⇨ 배열 드롭다운 ⇨ [아이콘] (경로 배열)
명령 입력:	ARRAYPATH

```
명령: arraypath
객체 선택: P1 반대 구석 지정: P2 2개를 찾음
객체 선택: <CR>
유형 = 경로  연관 = 예
경로 곡선 선택: P3
그립을 선택하여 배열을 편집하거나 [연관(AS)/메서드(M)/기준점(B)/접선 방향(T)/항목(I)/행(R)/레벨(L)/항목 정렬(A)/Z 방향(Z)/종료(X)] <종료>: M
경로 방법 입력 [등분할(D)/측정(M)] <측정>: D
그립을 선택하여 배열을 편집하거나 [연관(AS)/메서드(M)/기준점(B)/접선 방향(T)/항목(I)/행(R)/레벨(L)/항목 정렬(A)/Z 방향(Z)/종료(X)] <종료>: I
경로를 따라 배열되는 항목 수 입력 또는 [표현식(E)] <28>: 14 <CR>
그립을 선택하여 배열을 편집하거나 [연관(AS)/메서드(M)/기준점(B)/접선 방향(T)/항목(I)/행(R)/레벨(L)/항목 정렬(A)/Z 방향(Z)/종료(X)] <종료>:
```

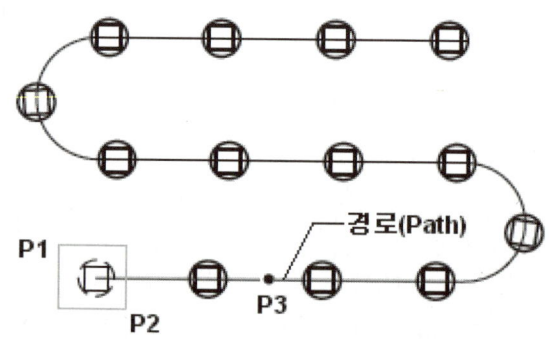

1.9 ARRAYEDIT(배열 편집) 명령

- 연관 배열 객체 및 해당 원본 객체를 편집합니다. 배열 특성 또는 원본 객체를 편집하거나 항목을 다른 객체로 대치하여 연관 배열을 수정합니다.

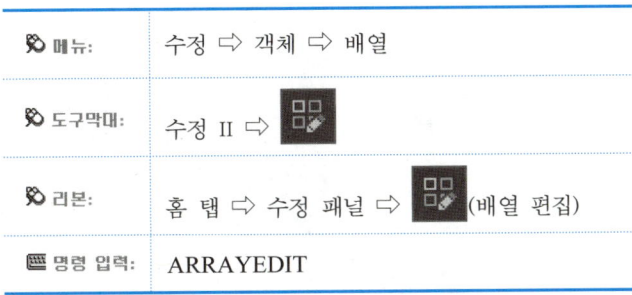

- 단일 배열 객체를 선택하고 편집할 때는 배열 편집기 리본 상황별 탭이 표시됩니다.
- 배열 편집기 리본 상황별 탭에서 사용할 수 있는 배열 특성은 선택한 배열의 유형에 따라 달라집니다.

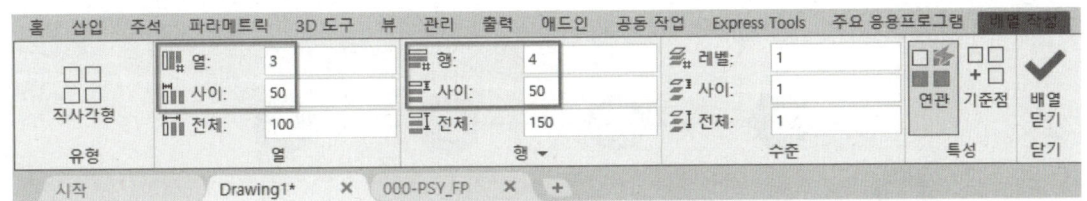

〈직사각형 배열 편집〉

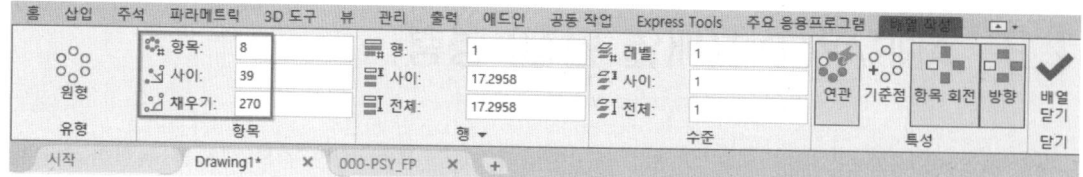

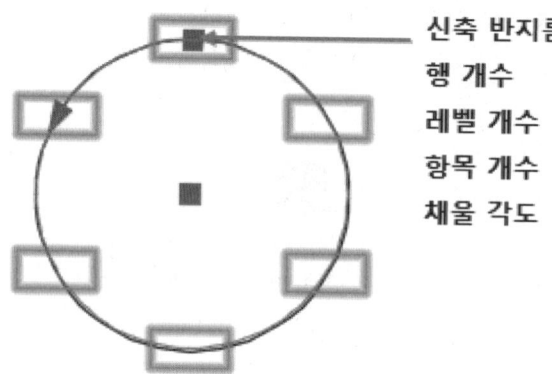

〈원형 배열 편집〉

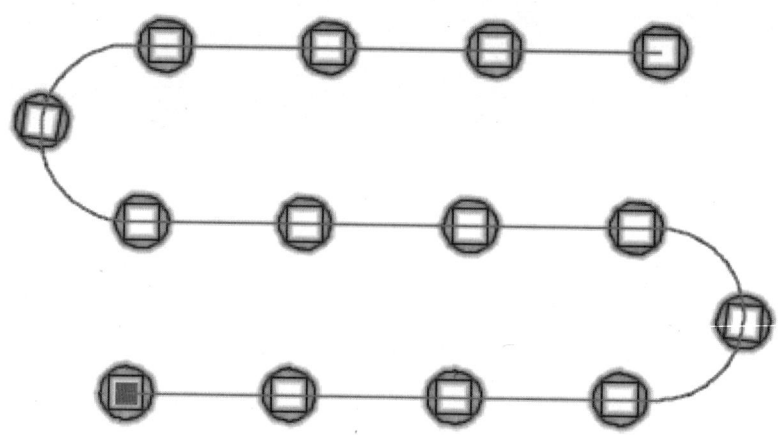

〈경로 배열 편집〉

```
명령: _arrayedit
배열 선택: P1
옵션 입력 [원본(S)/대치(REP)/기준점(B)/행(R)/열(C)/레벨(L)/재설정(RES)/종료(X)] <종료>: C
열 수 입력 또는 [표현식(E)] <4>: 3 <CR>
열 사이의 거리 지정 또는 [합계(T)/표현식(E)] <15>: <CR>
옵션 입력 [원본(S)/대치(REP)/기준점(B)/행(R)/열(C)/레벨(L)/재설정(RES)/종료(X)] <종료>:<CR>
```

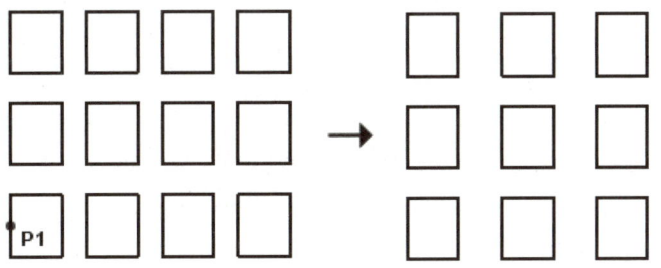

〈직사각형 배열 편집〉

❏ 옵션

옵션		설명
원본		선택한 항목에 대해 원본 객체 또는 대치 원본 객체를 편집 상태를 활성화합니다.
대치		선택한 항목 또는 원본 객체를 참조하는 모든 항목에 대해 원본 객체를 대치합니다.
	대치 객체	새 원본 객체를 선택합니다.
	기준점	대치 객체의 기준점을 지정합니다.
	배열의 항목	원본 객체가 대치될 항목을 선택하고 추가 항목을 선택하기 위한 프롬프트를 계속해서 표시합니다.
기준점		배열의 기준점을 재정의 합니다. 경로 배열은 새 기준점을 기준으로 재배치됩니다.
행		행의 수 및 간격과 행 사이의 증분 고도를 지정합니다.
	표현식	수학 공식 또는 방정식을 사용하여 값을 파생시킵니다.
	전체	첫 번째 행과 마지막 행 사이의 전체 거리를 지정합니다.

옵션		설명
열(직사각형 배열)		열의 수와 간격을 지정합니다.
	열 수	배열 내에서 열의 수를 지정합니다.
	열 사이의 거리	열 사이의 거리를 지정합니다.
	표현식	수학 공식 또는 방정식을 사용하여 값을 파생시킵니다.
	전체	첫 번째 열과 마지막 열 사이의 전체 거리를 지정합니다.
레벨		3D 배열의 경우 레벨의 수와 간격을 지정합니다.
	레벨 수	배열의 레벨 수를 지정합니다.
	레벨 사이의 거리	레벨 사이의 거리를 지정합니다.
	표현식	수학 공식 또는 방정식을 사용하여 값을 파생시킵니다.
	전체	첫 번째 레벨과 마지막 레벨 사이의 전체 거리를 지정
방법(경로)		항목 경로 또는 수를 편집 시 항목을 분산시킬 방법을 조정합니다.
	등분할	지정한 개수에 따라 분할합니다.

옵션	설 명	
	길이 분할	지정된 길이에 따라 분할합니다.
항목(경로 및 원형)	배열 내의 항목 수를 지정합니다.	
항목 정렬(경로)	각 항목을 경로 방향에 접하도록 정렬할지 여부를 지정합니다.	
Z방향 (경로)	항목의 Z 방향을 유지할지 아니면 3D 경로를 따라 항목을 자연적으로 뱅크할지를 조정합니다.	
사이의 각도(원형)	항목 사이의 각도를 지정합니다.	
채울 각도	배열에서 첫 번째 항목과 마지막 항목 사이의 각도를 지정합니다.	
항목 회전	항목이 배열될 때 회전되는지 여부를 제어합니다.	
재설정	지운 항목을 복원하고 항목 재지정을 제거합니다.	
종료	명령을 종료합니다.	

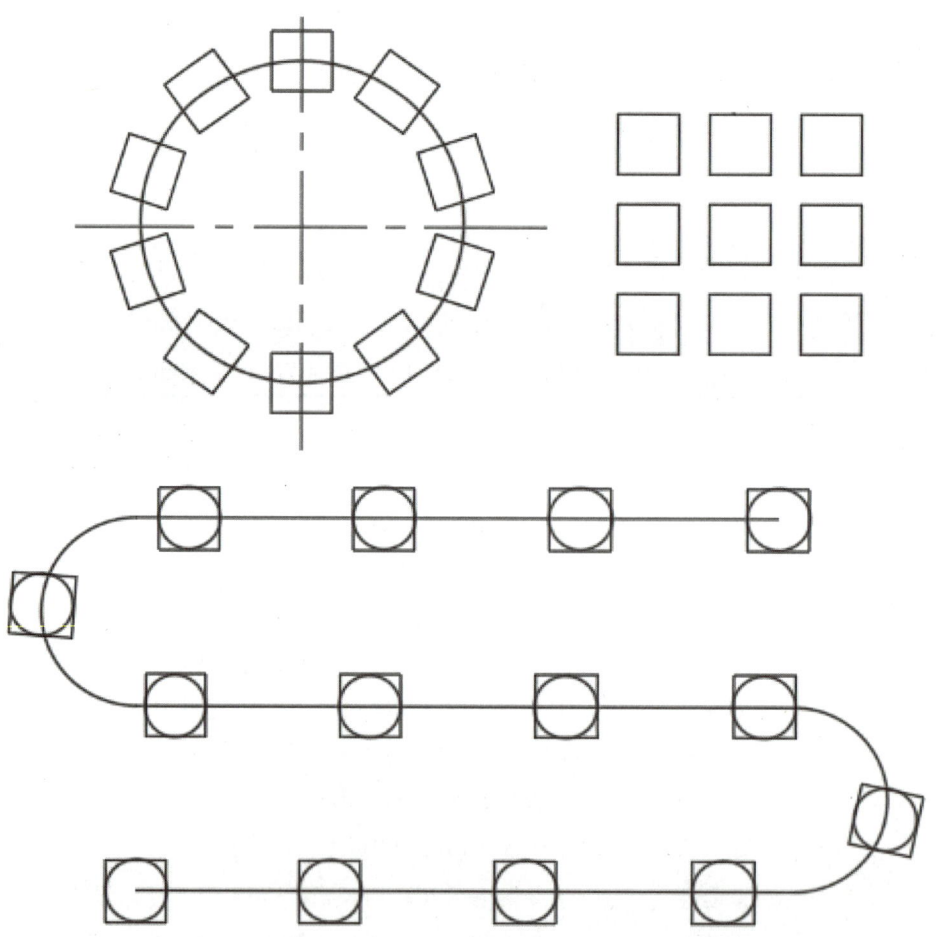

실습과제 30> 도면층, 선종류를 이용해서 다음 도형을 작도합니다.

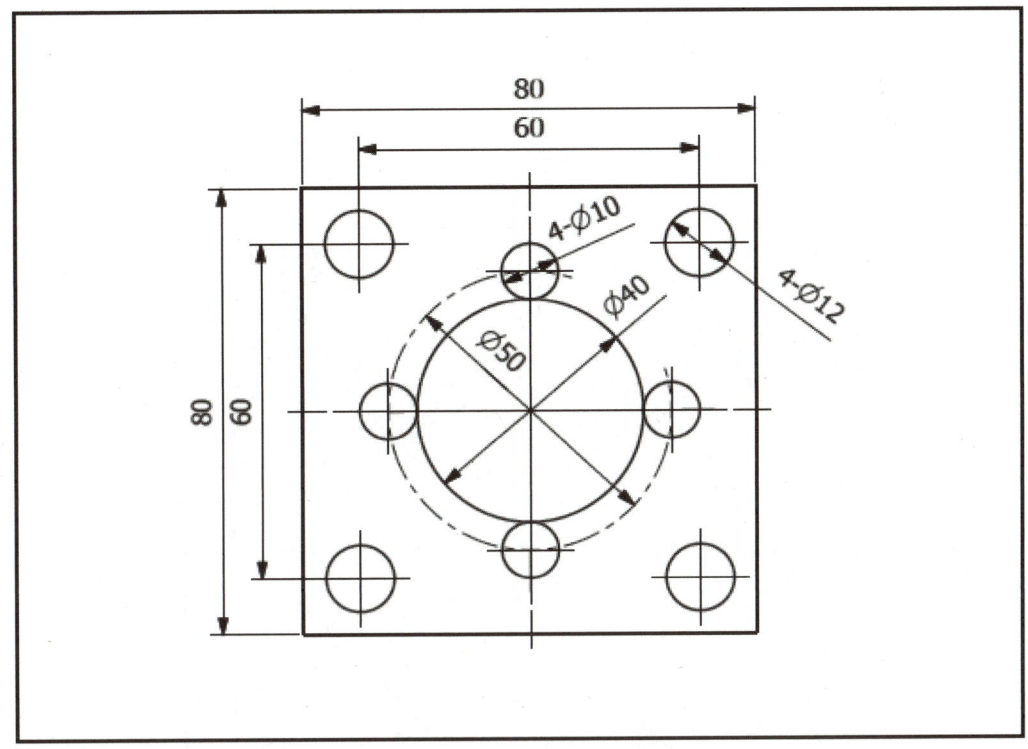

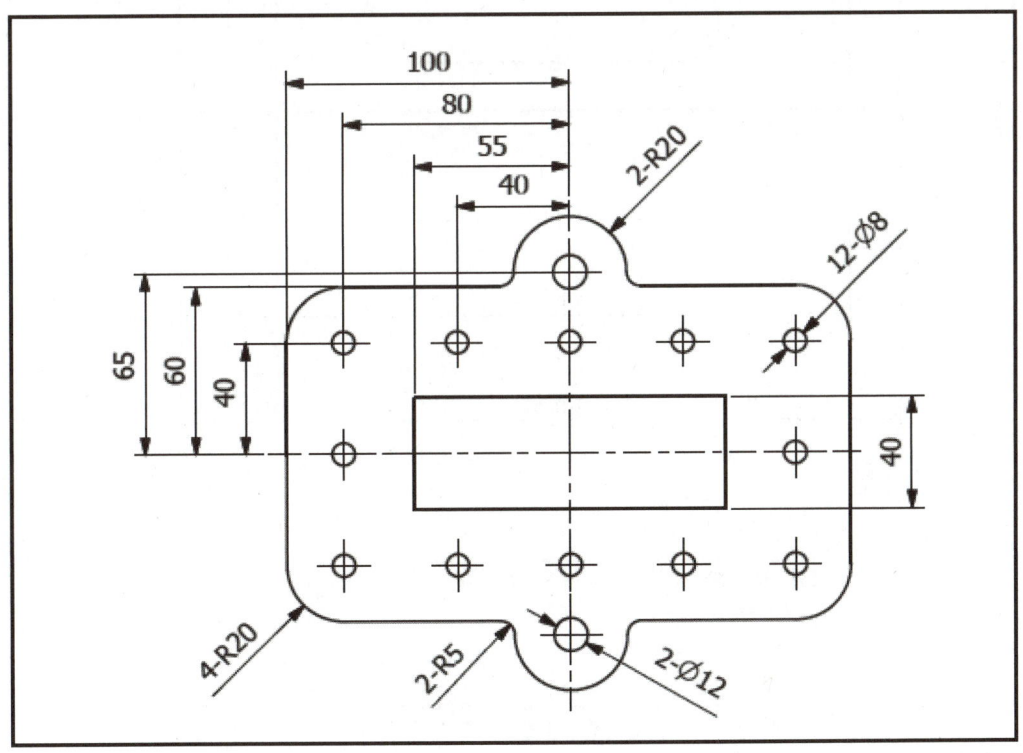

실습과제 31〉 도면층, 선종류를 이용해서 다음 도형을 작도합니다.

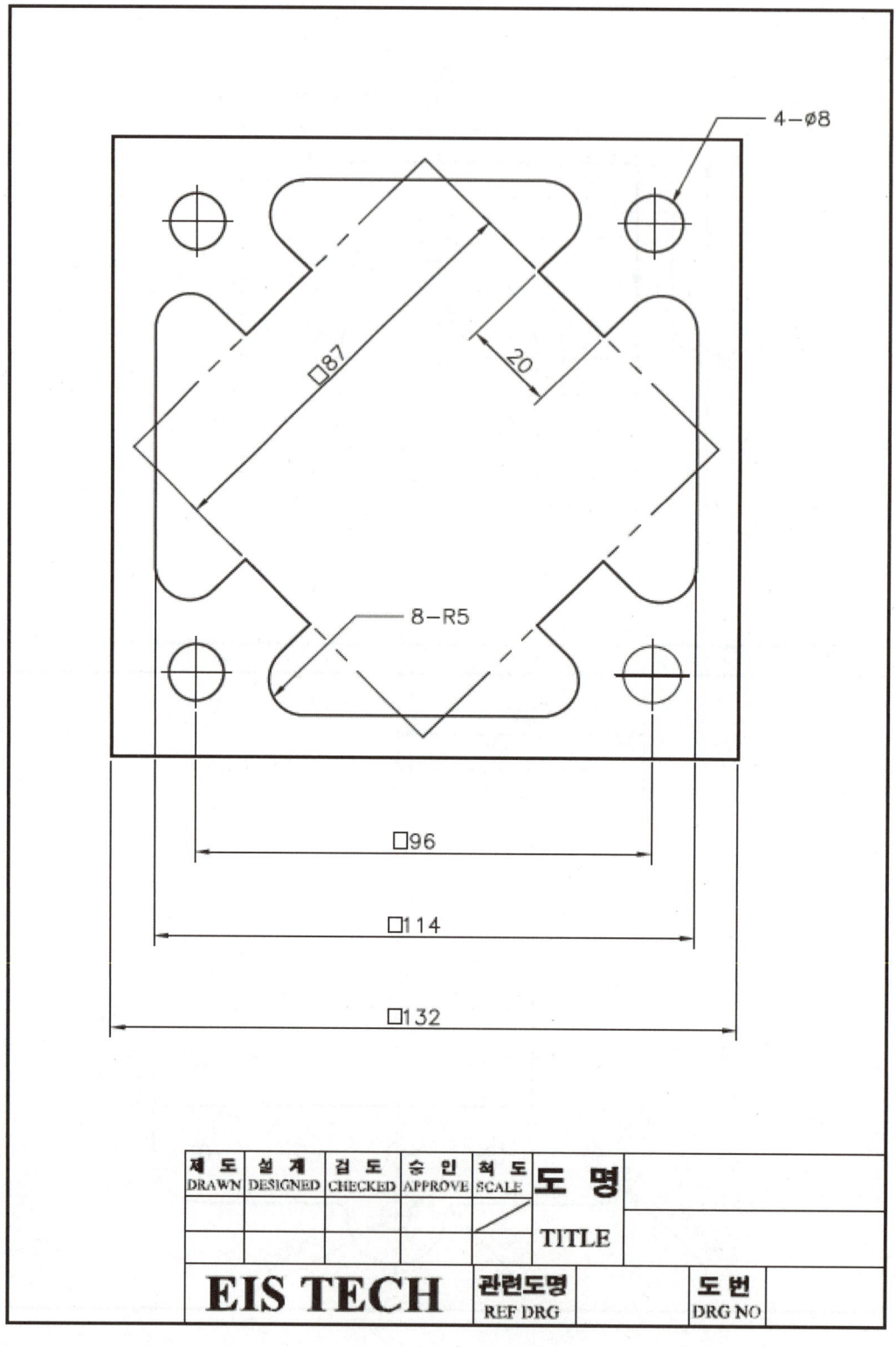

실습과제 32⟩ 도면층, 선종류를 이용해서 다음 도형을 작도합니다.

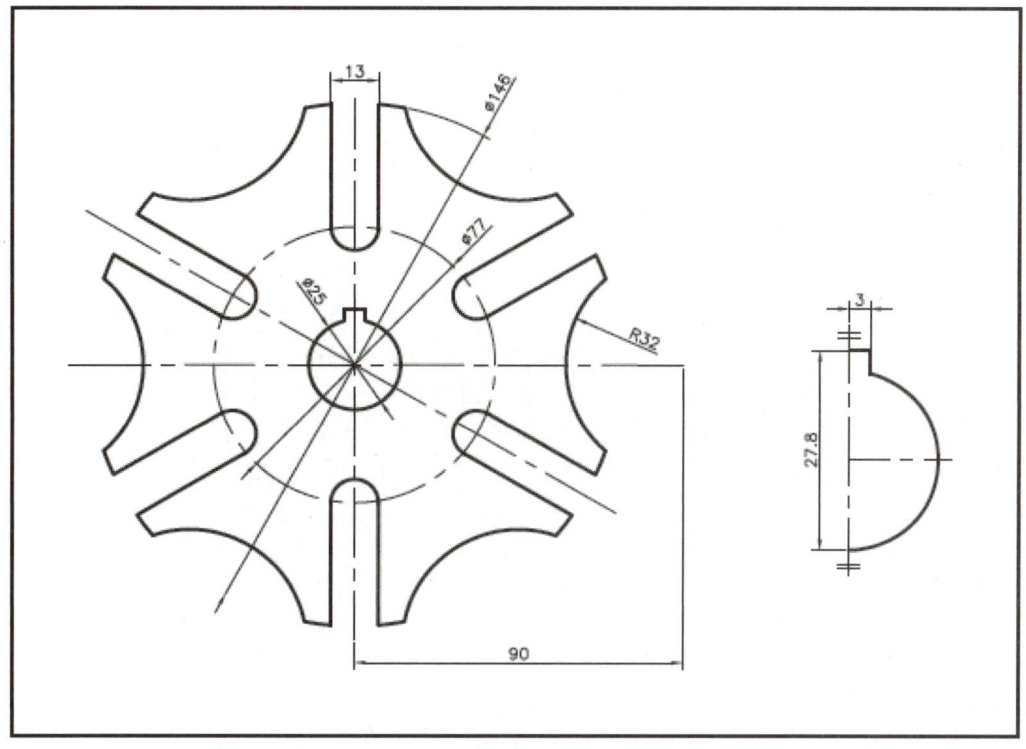

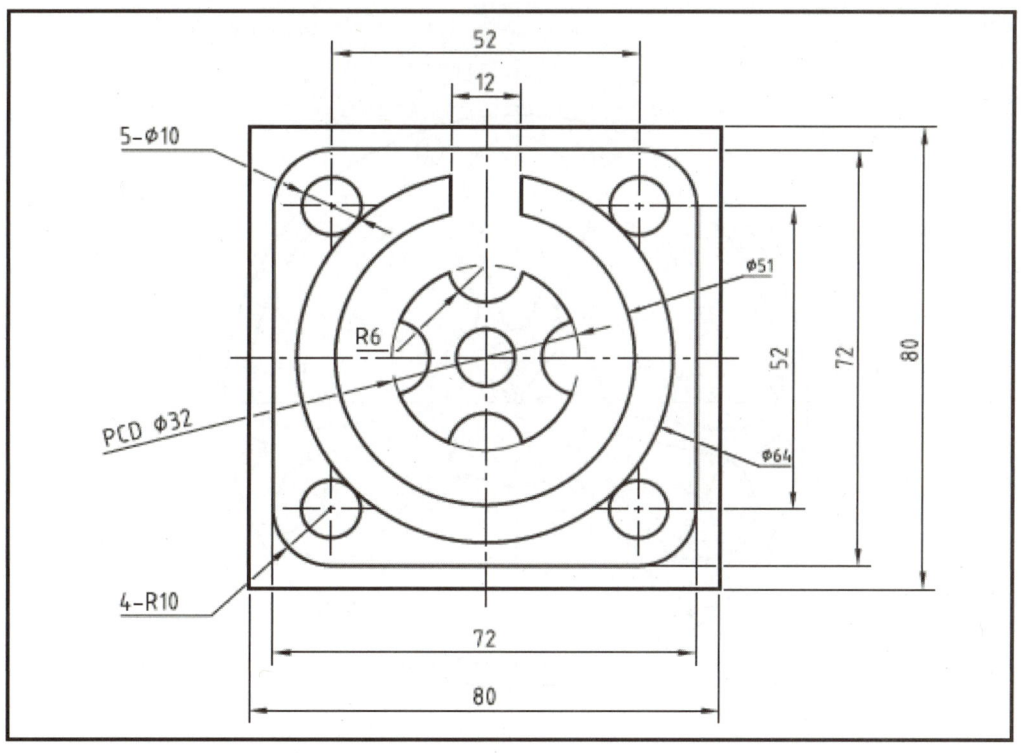

실습과제 33〉 도면층, 선종류를 이용해서 다음 도형을 작도합니다.

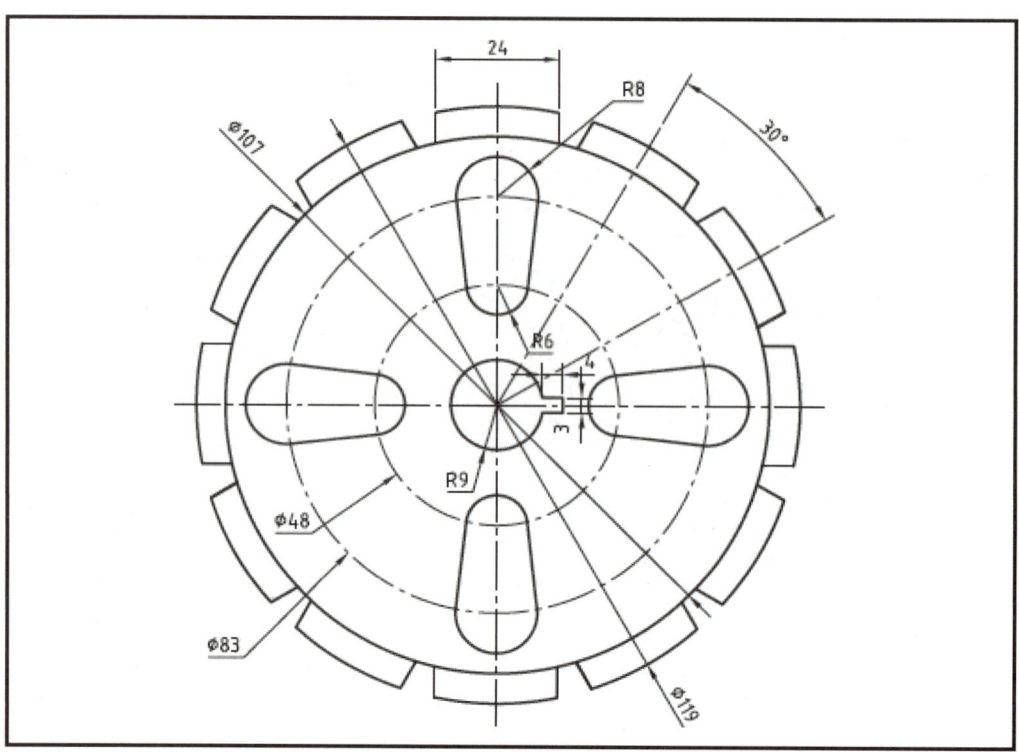

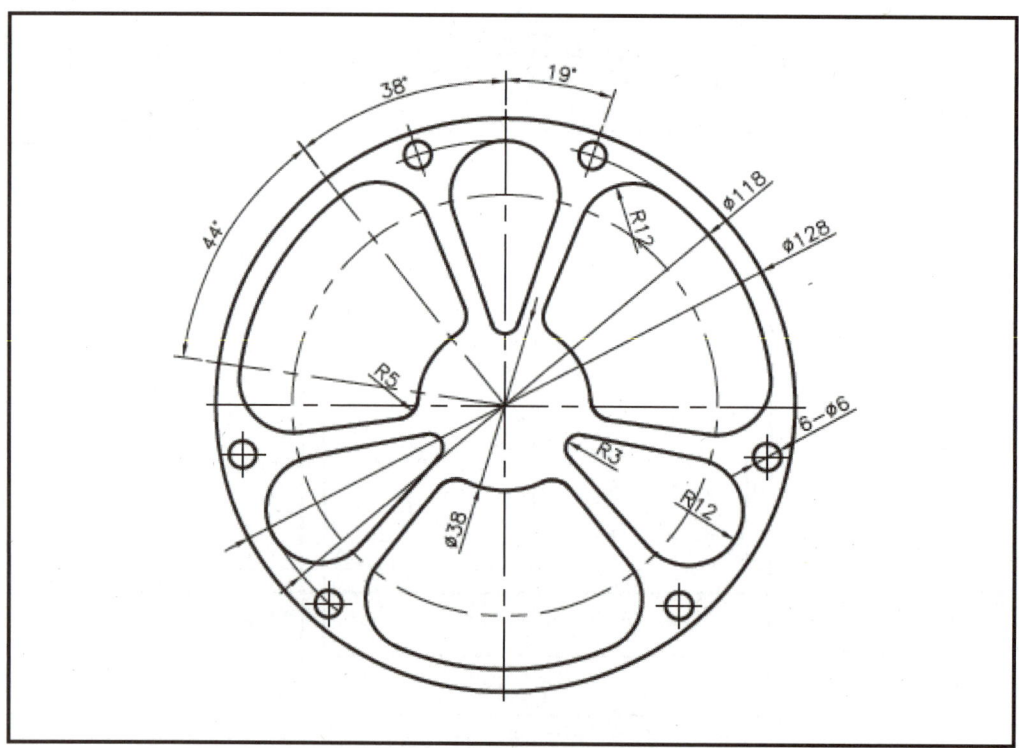

실습과제 34〉 도면층, 선종류를 이용해서 다음 도형을 작도합니다.

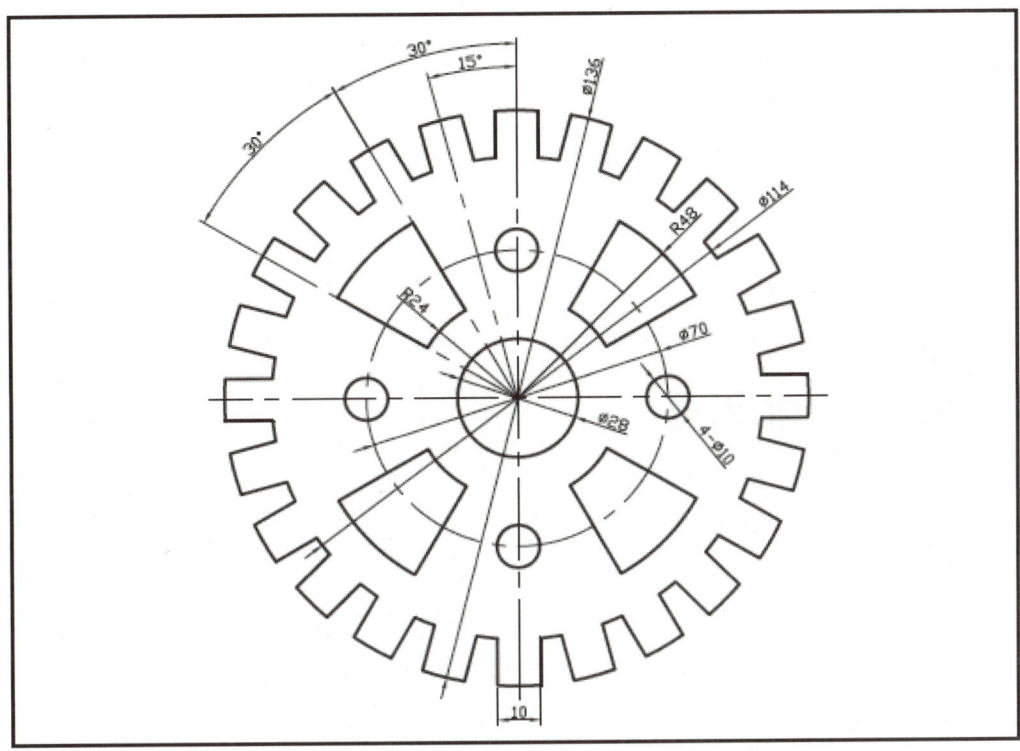

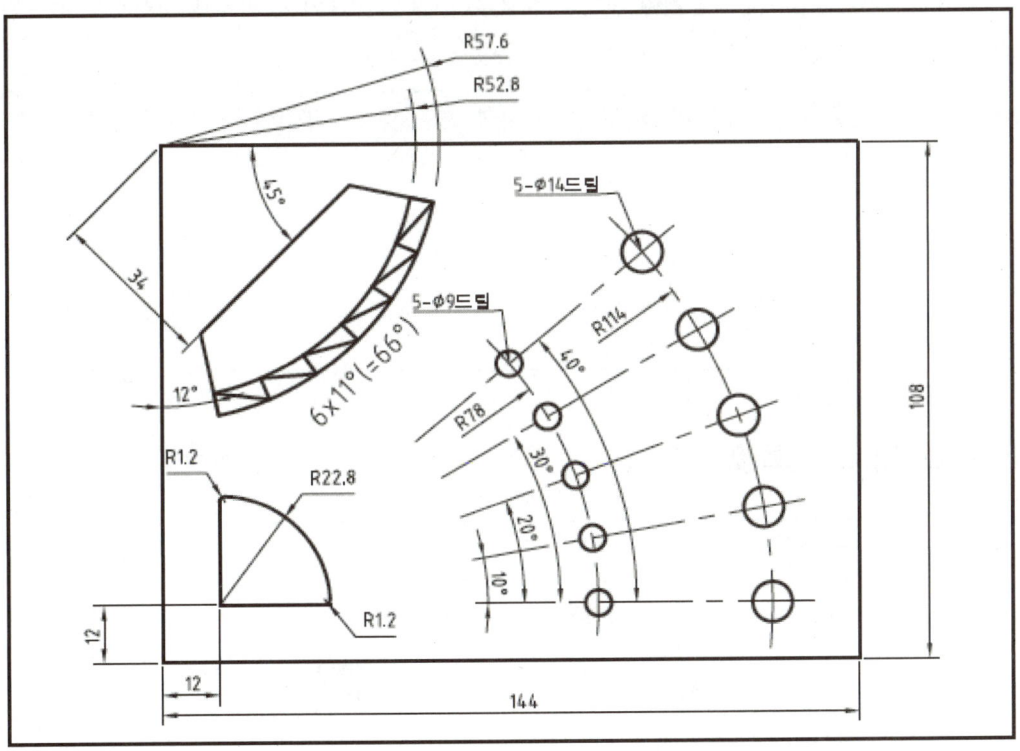

02 엔티티 편집(Editing Entity)

2.1 JOIN(결합)명령

- [JOIN(결합)] 명령은 두 개의 엔티티들을 단일 엔티티로 결합합니다.
- [JOIN(결합)] 명령은 두 개의 선들 혹은 호들을 결합할 수 있습니다.
- [JOIN(결합)] 명령은 두 개의 선들은 동일선상에 존재해야 하고, 평행해야 합니다. 호들은 반지름이 서로 같고, 동심이어야 합니다. 떨어진 끝점들은 현 위치에 존재하고, 이 두 점 사이에 새 선이 작도됩니다.
- [JOIN(결합)] 명령은 호들은 첫 번째 선택한 호로부터 두 번째 호까지 반시계 방향으로 결합됩니다. 다음 객체들을 결합할 수 있습니다.

	객 체
1	호(ARC)
2	타원형 호(Ellipsed ARC)
3	선(LINE)
4	폴리선(Polyline)
5	스플라인(SPLINE)

1) [JOIN(결합)] 명령 호출방법

메뉴:	수정 ⇨ 결합
도구막대:	수정 ⇨ ⟷
리본:	홈 탭 ⇨ 수정 패널 ⇨ ▼ ⇨ ⟷ (결합)
명령 입력:	JOIN

- 리본 [홈] 탭 [수정] 패널에서 [결합]을 아이콘을 클릭합니다.
- 풀다운 메뉴 [수정] ⇨ [결합] 명령을 호출합니다.

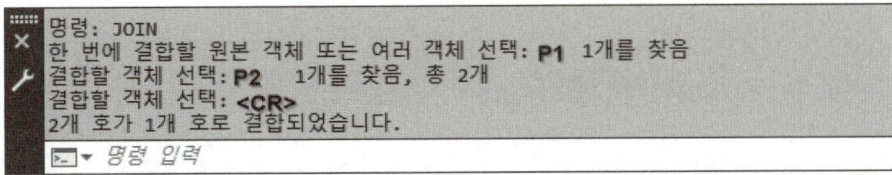

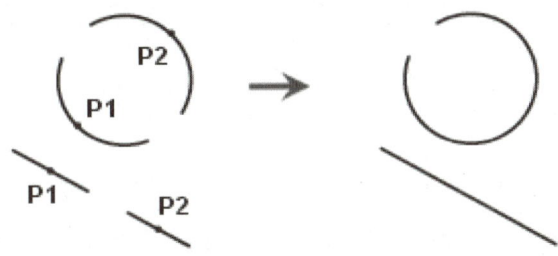

2) [PEDIT(폴리선 편집)] 명령의 [결합(J)] 옵션

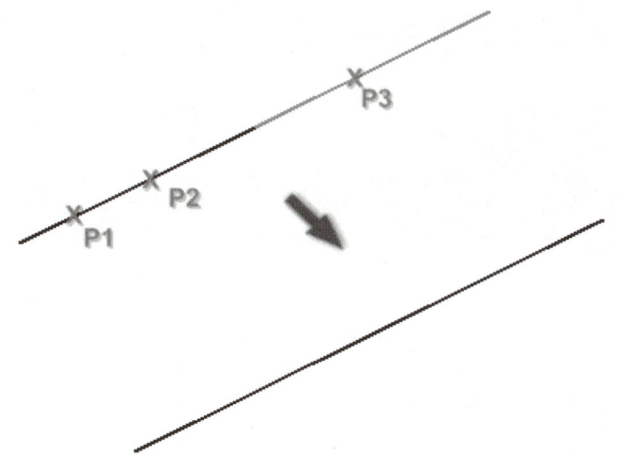

2.2 BREAK(끊기) 명령

- [BREAK(끊기)] 명령은 호, 원, 타원, 선, 폴리선, 광선 및 무한 선을 끊기할 수 있습니다.
- [BREAK(끊기)] 명령은 선택된 엔티티를 두 점 사이에서 끊습니다.
- [BREAK(끊기)] 명령은 기계 설계 작업 시 간혹 제자리 끊기 기능을 이용합니다.

메뉴:	수정 ⇨ 끊기
도구막대:	수정 ⇨ [아이콘]
리본:	홈 탭 ⇨ 수정 패널 ⇨ ▼ ⇨ [아이콘](끊기)
명령 입력:	BREAK, BR

1) 디폴트(간격) 끊기

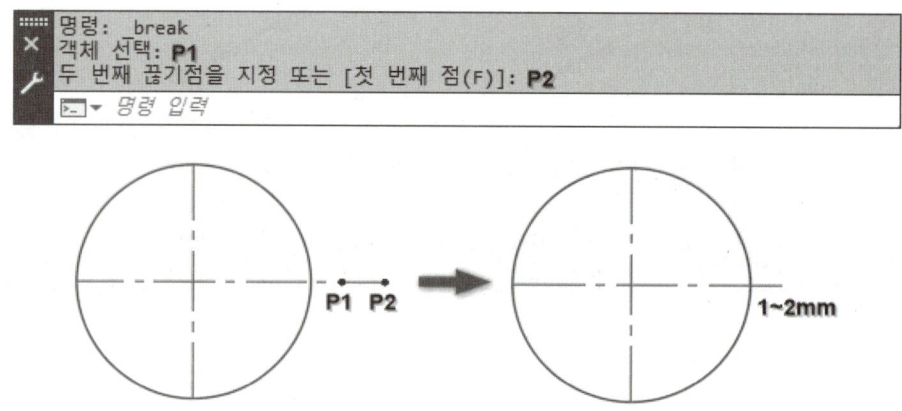

2) 옵션(제자리 혹은 동일 지점) 끊기

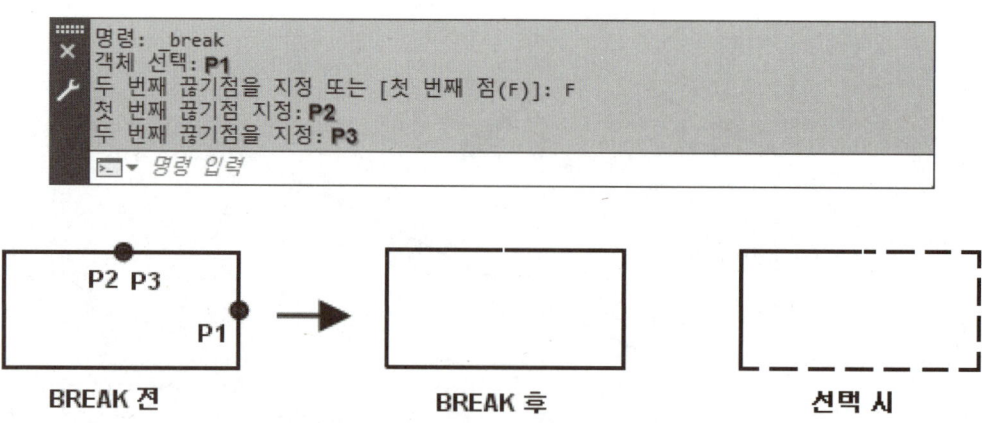

2.3 단일 점에서 객체 끊기(BREAKATPOINT)

- 새로운 [BREAKATPOINT(점에서 끊기)] 명령을 이용하면, 선택한 객체를 지정된 점에서 두 개의 객체로 나눕니다(제자리 끊기).
- 리본 메뉴 [홈]탭 ⇨ [수정] 패널의 [점에서 끊기] 도구를 엔터키를 눌러 반복 호출할 수 있습니다. 이 명령은 선, 호 또는 열린 폴리선을 지정된 점에서 두 객체로 직접 끊습니다.

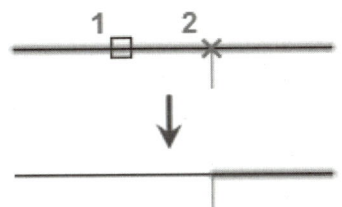

메뉴:	수정 ⇨ 점에서 끊기
도구막대:	수정 ⇨ [아이콘]
리본:	홈 탭 ⇨ 수정 패널 ⇨ ▼ ⇨ [아이콘] (점에서 끊기)
명령 입력:	BREAK, BR

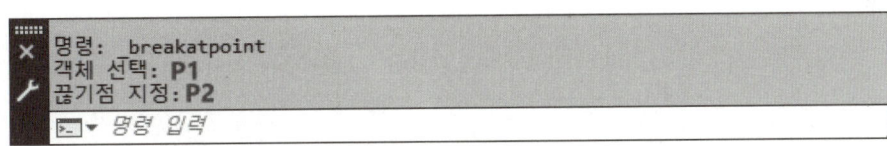

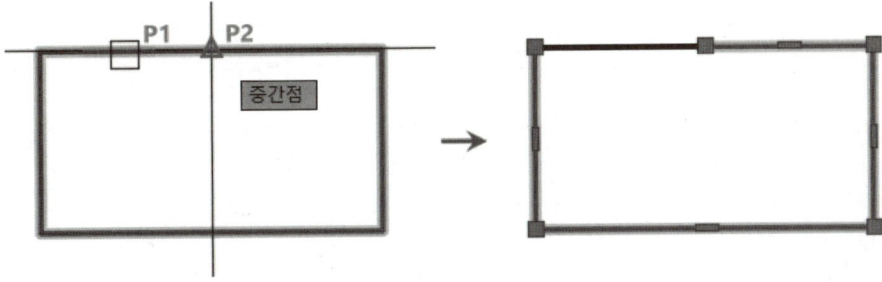

2.4 LENGTHEN(길이 조정) 명령

• [LENGTHEN(길이 조정)] 명령은 객체의 길이와 호의 사이 각도를 변경합니다.

메뉴:	수정 ⇨ 길이 조정
도구막대:	
리본:	홈 탭 ⇨ 수정 패널 ⇨ ▼ ⇨ (길이 조정)
명령 입력:	LENGTHEN, LEN

1) 증분(DE) 옵션

• 선택점에 가장 가까운 끝점으로부터 측정된 지정된 증분 값만큼 객체의 길이 혹은 호의 각도를 변경합니다. 양수 값이면 객체가 확대되고 음수 값이면 객체가 잘립니다.
• 증분 길이 : 지정된 증분 값만큼 객체의 길이를 변경합니다.
• 각도 : 선택된 호의 사이 각도를 지정된 각도만큼 변경합니다.

```
명령: _lengthen
측정할 객체 또는 [증분(DE)/퍼센트(P)/합계(T)/동적(DY)] 선택 <증분(DE)>: DE
증분 길이 또는 [각도(A)] 입력 <2.0>: 5 <CR>
변경할 객체 선택 또는 [명령 취소(U)]: P1
변경할 객체 선택 또는 [명령 취소(U)]: P2
변경할 객체 선택 또는 [명령 취소(U)]: P3
변경할 객체 선택 또는 [명령 취소(U)]: P4
변경할 객체 선택 또는 [명령 취소(U)]: <CR>
```

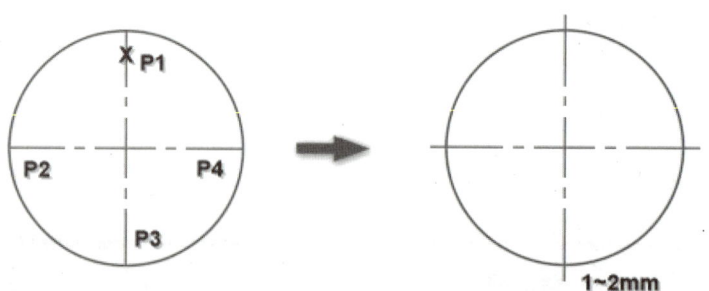

```
명령: _lengthen
측정할 객체 또는 [증분(DE)/퍼센트(P)/합계(T)/동적(DY)] 선택 <증분(DE)>: P1
현재 길이: 52.6, 사이각: 1.4
측정할 객체 또는 [증분(DE)/퍼센트(P)/합계(T)/동적(DY)] 선택 <증분(DE)>: DE
증분 길이 또는 [각도(A)] 입력 <5.0>: A
증분 각도 입력 <30>: 30 <CR>
변경할 객체 선택 또는 [명령 취소(U)]: P2
변경할 객체 선택 또는 [명령 취소(U)]: <CR>
```

2) 퍼센트(P) 옵션

객체의 길이를 전체 길이에 대해서 지정하는 퍼센트(백분율)로 길이를 연장 혹은 축소합니다.

3) 합계(T) 옵션

고정된 끝점으로부터의 전체 절대 길이를 지정하여 선택된 객체의 길이를 설정합니다. 지정된 전체 각도에 의해 호의 사이각도 설정합니다.

- 전체 길이 : 선택점에서 가장 가까운 끝점으로부터 지정된 값으로 객체의 길이를 조정합니다.

- 각도 : 선택된 호의 사이 각도를 설정합니다.

4) 동적(DY) 옵션

동적 끝기모드를 활성화합니다. 선택된 객체의 끝점 중 하나를 끌어 객체 길이를 변경할 수 있습니다. 다른 끝점은 고정되어 있습니다.

```
명령: _lengthen
측정할 객체 또는 [증분(DE)/퍼센트(P)/합계(T)/동적(DY)] 선택 <증분(DE)>: P1
현재 길이: 45.0
측정할 객체 또는 [증분(DE)/퍼센트(P)/합계(T)/동적(DY)] 선택 <증분(DE)>: DY
변경할 객체 선택 또는 [명령 취소(U)]: P2
새 끝점을 지정: P3
변경할 객체 선택 또는 [명령 취소(U)]: <CR>
```

2.5 STRETCH(신축) 명령

- [STRETCH(신축)] 명령은 선택 윈도우나 다각형과 교차하는 객체를 신축합니다.
- [STRETCH(신축)] 명령은 걸침 윈도우에 의해 일부 둘러싸인 객체는 신축됩니다. 걸침 윈도우 내에서 완전히 둘러싸이거나 개별적으로 선택된 객체는 신축되지 않고 이동됩니다. 원, 타원 및 블록 등의 여러 객체는 신축할 수 없습니다.

메뉴:	수정 ⇨ 신축
도구막대:	수정 ⇨
리본:	홈 탭 ⇨ 수정 패널 ⇨ (신축)
명령 입력:	STRETCH, S

```
명령: _stretch
걸침 윈도우 또는 걸침 폴리곤만큼 신축할 객체 선택...
객체 선택: P1 반대 구석 지정: P2  1개를 찾음
객체 선택: <CR>
기준점 지정 또는 [변위(D)] <변위>: P3
두 번째 점 지정 또는 <첫 번째 점을 변위로 사용>: P4
```

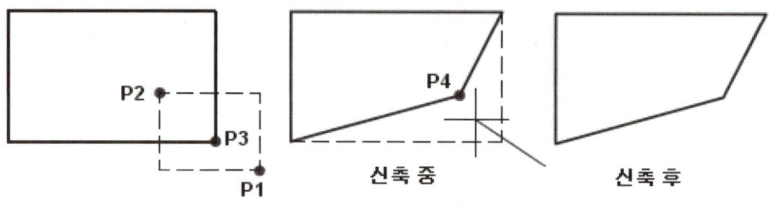

```
명령: stretch
걸침 윈도우 또는 걸침 폴리곤만큼 신축할 객체 선택... P1
걸치기(C) 올가미  스페이스바를 눌러 옵션 순환  P2  1개를 찾음
객체 선택: <CR>
기준점 지정 또는 [변위(D)] <변위>: P3
두 번째 점 지정 또는 <첫 번째 점을 변위로 사용>: P4
```

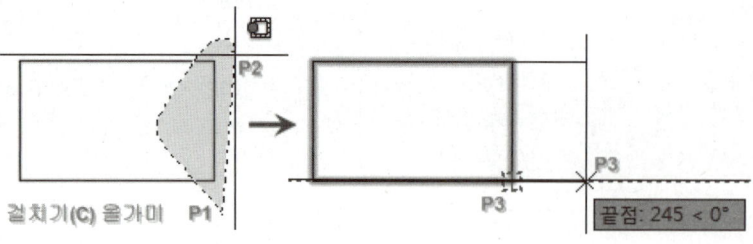

2.6 EXPLODE(분해) 명령

- **[EXPLODE(분해)]** 명령은 복합 객체를 해당 구성요소 엔티티로 분해합니다.

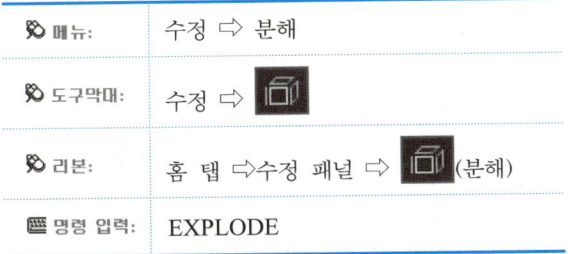

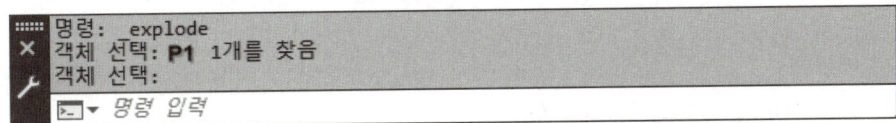

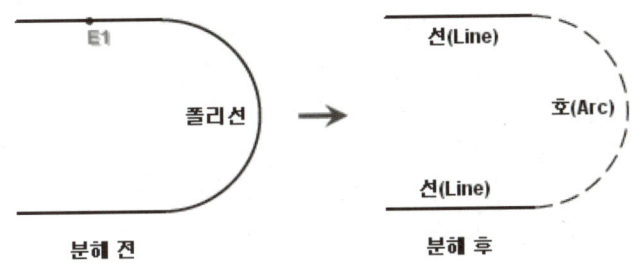

복합 객체	분해된 객체	복합 객체	분해된 객체	복합 객체	분해된 객체
2D 및 선가중치 폴리선	선, 호	배열	원본의 사본으로 분해	여러 줄 문자	문자
3D 폴리선	선	블록	구성 요소	여러 줄	선, 호
3D 솔리드	영역	본체	영역, 곡선	폴리면 메쉬	점, 선, 3D 면
주석 객체	구성 성분으로 분해	지시선	선, 문자	영역	선, 호, 스플라인
원, 호	타원형 호	메쉬 객체	3D 면		

2.7 점 스타일 및 점 명령(PTYPE and POINT)

- [PTYPE(점 스타일)] 명령은 설정된 점 스타일의 점 객체를 설정합니다.

메뉴:	형식 ⇨ 점 스타일
도구막대:	
리본:	홈 탭 ⇨ 유틸리티 드롭다운 ⇨ (점 스타일)
명령 입력:	DDPTYPE, 투명 용도의 'DDPTYPE

- 풀다운 메뉴에서 [형식] ⇨ [점 스타일]을 클릭하고, '점 스타일' 대화상자에서 원하는 점 스타일을 체크하고, [확인] 버튼을 클릭합니다.

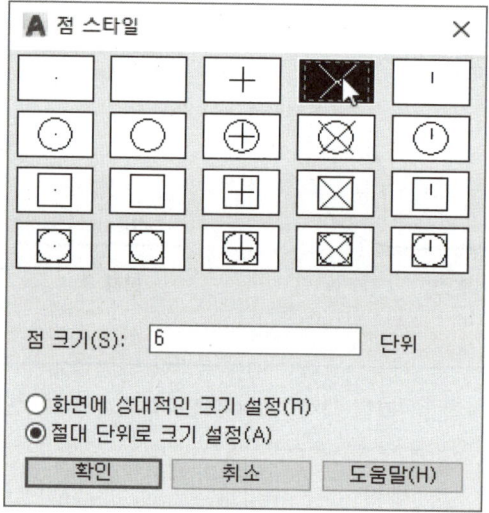

메뉴:	그리기 ⇨ 점 ⇨ 단일 점
도구막대:	그리기 ⇨
리본:	홈 탭 ⇨ 그리기 패널 ⇨ ⇨ (다중점)
명령 입력:	POINT, PO

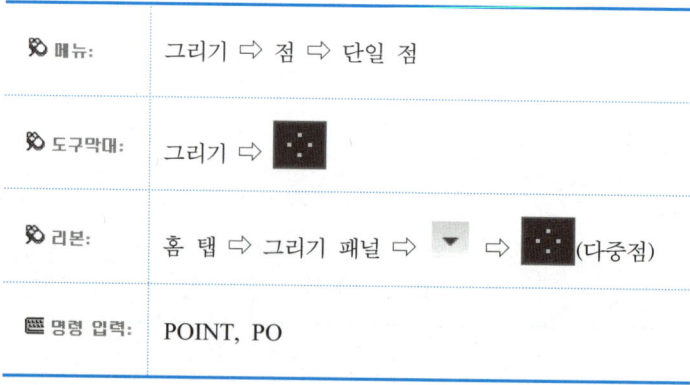

- 풀다운 메뉴 [그리기] ⇨ [점] ⇨ [단일 점]을 클릭합니다.

- 리본 [홈] 탭 [그리기] 패널에서 [다중 점] 아이콘을 선택합니다.

- 명령 행에 [POINT] 혹은 [PO] 라고 입력합니다.

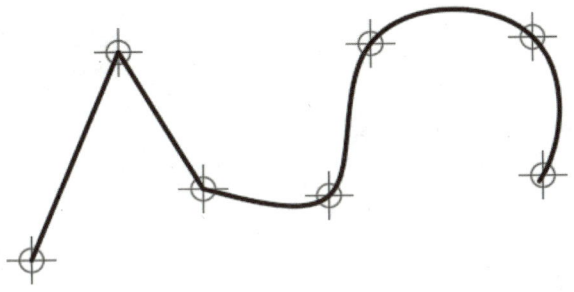

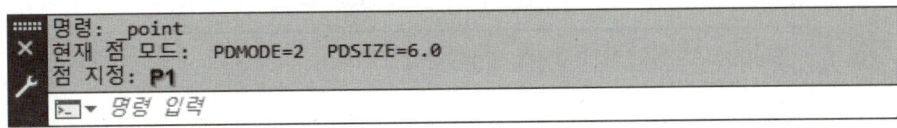

TIP〉 점(노드) 객체 스냅 설정

점 객체는 객체 스냅 및 상대적 간격띄우기에 대한 노드(Node) 또는 참조 형상으로서 유용하게 사용됩니다.

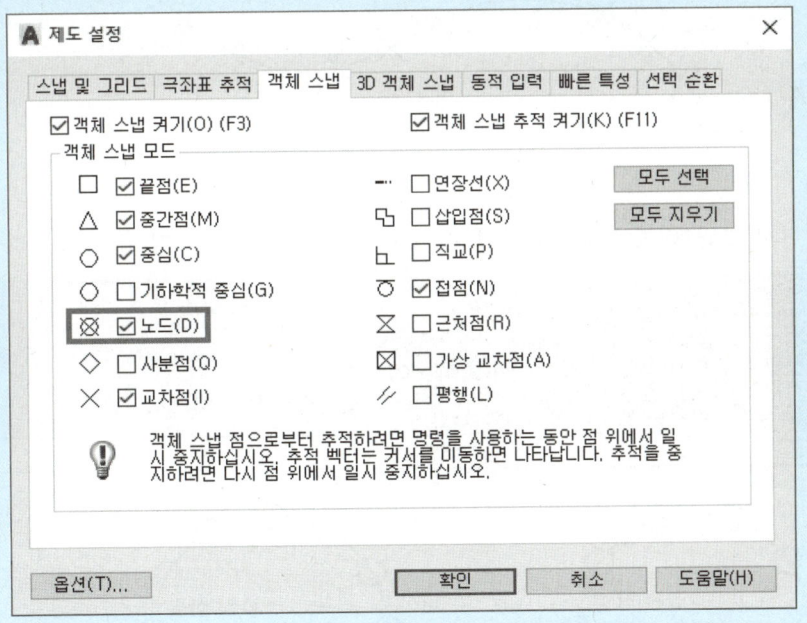

2.8 DIVIDE(등분할 – 개수 분할) 명령

- 객체 길이 또는 둘레를 따라 일정 간격으로 점(Point) 또는 블록(Block)을 배치합니다.

메뉴:	그리기 ⇨ 점 ⇨ 등분할
도구막대:	
리본:	홈 탭 ⇨ 그리기 패널 ⇨ ▼ ⇨ (등분할)
명령 입력:	DIVIDE, DIV

- 풀다운 메뉴 [형식] ⇨ [점 스타일]을 클릭하고 '점 스타일' 대화상자에서 점 스타일로 ⊗ 을 선택하고 설정합니다.
- 풀다운 메뉴 [그리기] ⇨ [점] ⇨ [등분할] 명령을 호출합니다.

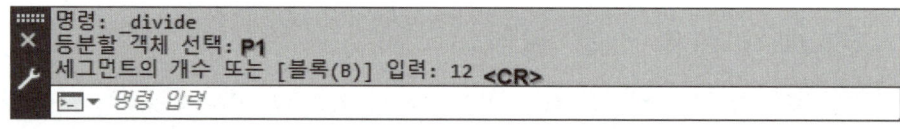

❏ 블록 배치

- 블록은 현재 도면 내에 정의 되어 있고, 정렬 혹은 비정렬 배치할 수 있습니다.

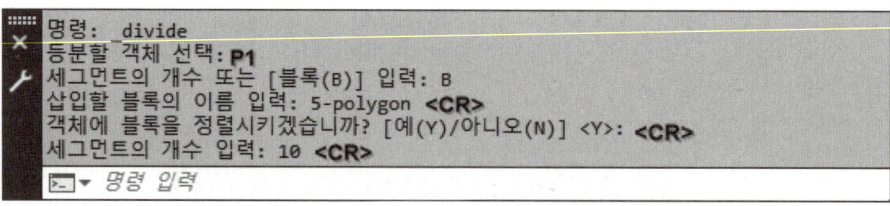

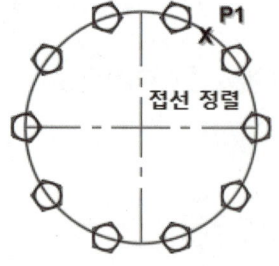
접선 정렬

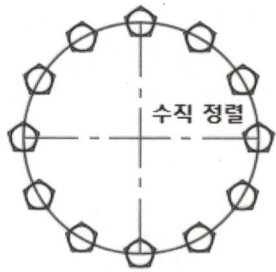
수직 정렬

2.9 MEASURE(길이 분할) 명령

- 객체의 길이/둘레를 따라 길이 분할된 간격으로 객체에 점 또는 블록을 배치합니다.

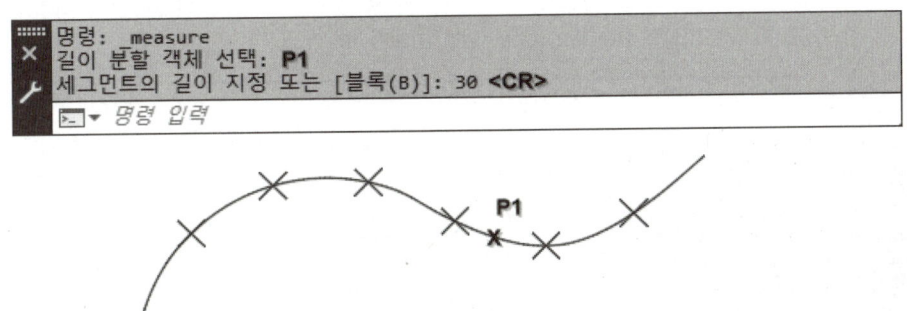

- 풀다운 메뉴 [그리기] ⇨ [점] ⇨ [길이 분할]을 클릭합니다.

```
명령: _measure
길이 분할 객체 선택: P1
세그먼트의 길이 지정 또는 [블록(B)]: 30 <CR>
```

❏ 세그먼트 길이

- 객체를 선택하는데 사용한 점에서 가장 가까운 끝점에서 시작하여 선택한 객체를 따라 지정된 간격으로 점 객체를 배치합니다.
- 닫힌 폴리선의 길이 부속 객체는 초기 정점(첫 번째 정점)에서 시작합니다.
- 원의 길이 부속 객체는 중심에서 현재 스냅 회전 각도로 설정된 각도로 시작합니다. 스냅 회전 각도가 0이면 원의 길이 부속 객체는 원주에서 중심의 오른쪽으로 시작합니다.

```
명령: _measure
길이 분할 객체 선택: E1
세그먼트의 길이 지정 또는 [블록(B)]: B
삽입할 블록의 이름 입력: 5-polygon
객체에 블록을 정렬시키겠습니까? [예(Y)/아니오(N)] <Y>:
세그먼트의 길이 지정: 30
```

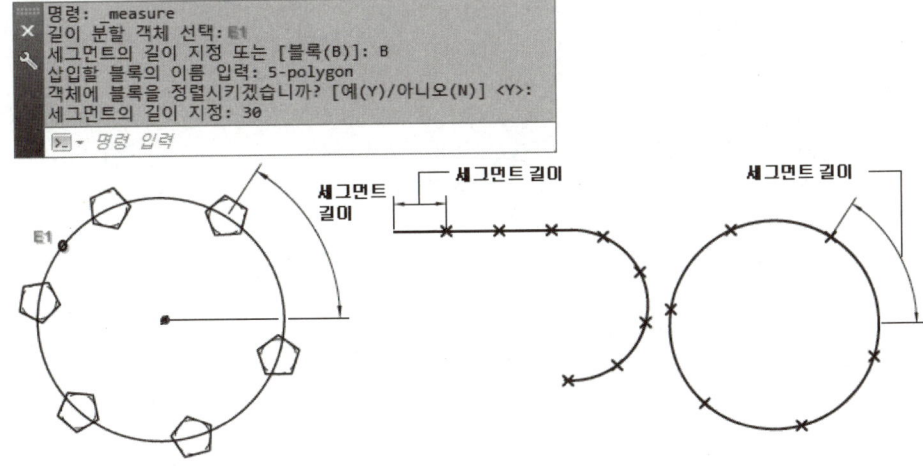

2.10 BOUNDARY(경계) 명령

- [Boundary(경계)] 명령을 이용하면, 경계 세트(테두리)를 작성할 수 있습니다.
- 경계 세트는 엔티티들의 경계 경로를 결정하는데 도와줍니다.
- 복잡한 도면을 작업할 때, 보다 신속하게 경계 폴리선을 작성할 수 있습니다.

메뉴:	그리기 ⇨ 경계
도구막대:	
리본:	홈 탭 ⇨ 그리기 패널 ⇨ ▼ ⇨ ⬜ (경계)
명령 입력:	BOUNDARY, BO, BPOLY

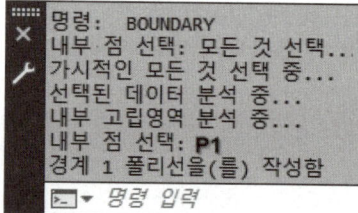
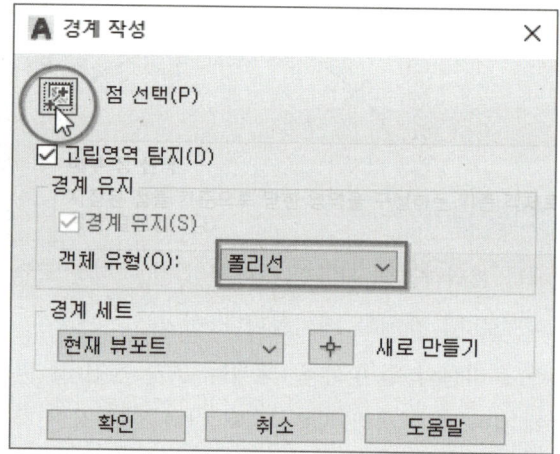
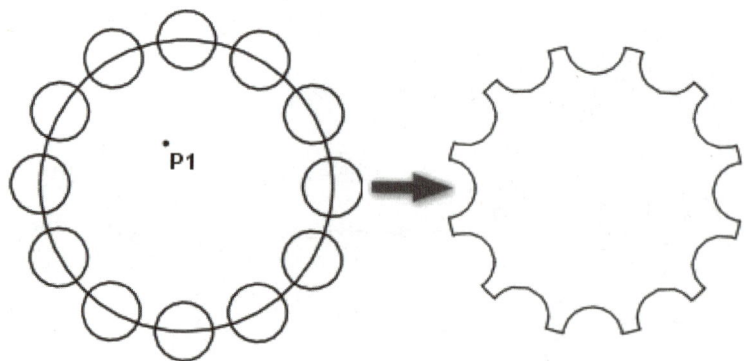

2.11 REGION(영역) 명령

- 영역(REGION)은 2D 닫힌 영역으로 변환해서 한쪽 면이 평평한 Surface와 같이 보이는 특별한 형태의 객체입니다.
- 다른 한편으로 영역은 3D 솔리드와 유사한 특성을 가지고 있습니다.
- 둥근 모서리들을 갖는 평평한 Surface를 만들기 위해 영역들을 이용할 수 있습니다.
- 또한 3D 솔리드를 만들기 위해 영역을 이용할 수 있습니다.
- 영역은 중심 또는 질량의 중심 등과 같은 물리적 특성이 있는 2D 닫힌 영역입니다.
- 여러 기존 영역을 단일 복합 영역으로 결합할 수 있습니다.

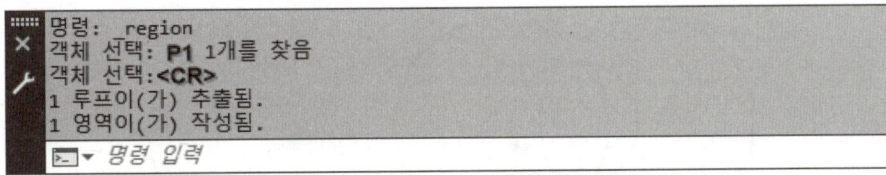

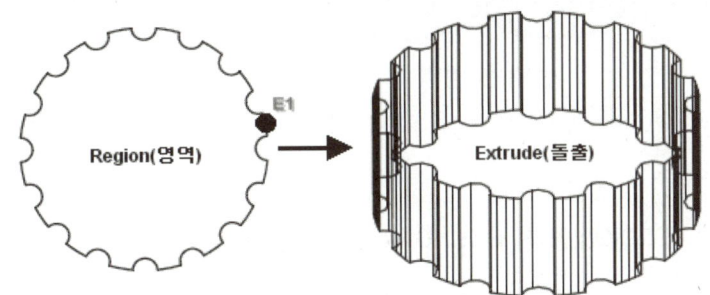

- 영역은 다음과 같은 경우에 사용할 수 있습니다.
  ① [MASSPROP(영역/질량 특성)] 명령을 사용하여 면적, 중심 등의 설계 정보 추출
  ② 해칭 및 음영처리 적용
  ③ 부울 연산을 통해 단순 객체를 더욱 복잡한 객체로 결합
- [REGION(영역)] 명령을 사용하여 영역을 작성해 닫힌 객체를 영역으로 변환하고, [Boundary(경계)] 명령을 사용하여 객체로 닫힌 면적에서 영역을 작성합니다.
- 영역을 합하거나, 빼거나, 교차시켜 결합할 수 있습니다.

❏ [UNION(합집합)] 명령을 사용하여 결합된 객체:

❏ [SUBTRACT(차집합)] 명령을 사용하여 결합된 객체:

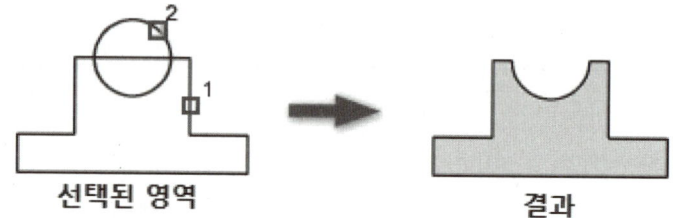

❏ [INTERSECT(교집합)] 명령을 사용하여 결합된 객체:

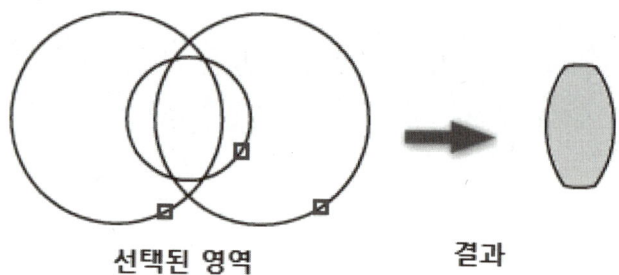

실습과제 35〉 [REGION(영역), BOUNDARY(경계)] 명령을 실습합니다.

1 [ARC(호), ELLIPSE(타원)] 명령으로 다음 그림처럼 임의의 크기의 도형을 작성합니다.

2 [DELOBJ] 시스템 변수의 값을 1로 변경합니다.

이 시스템 변수 값이 1 이면, 영역 명령은 영역을 만드는데 이용된 객체를 삭제합니다.

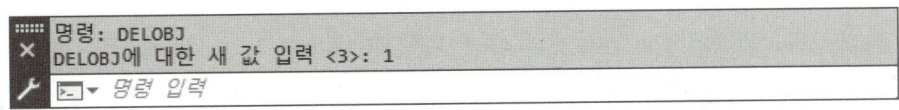

3 리본 [뷰] 탭 [비주얼 스타일] 패널의 [비주얼 스타일] 드롭다운 에서 ![실제] 아이콘을 클릭합니다.

4 리본 [홈] 탭 [그리기] 패널의 ![] [영역] 아이콘을 클릭하고 오른쪽 타원 객체를 선택합니다.

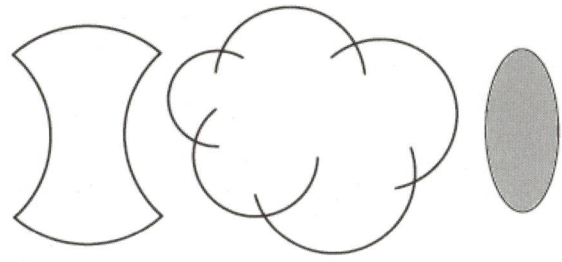

5 [DELOBJ] 시스템 변수의 값을 0으로 변경합니다.

이 시스템 변수 값이 0이면, 영역 명령은 영역을 만드는데 이용된 모든 정의 형상이 유지 됩니다.

6 리본 [홈] 탭 [그리기] 패널에서 ![] [영역] 아이콘을 클릭합니다.

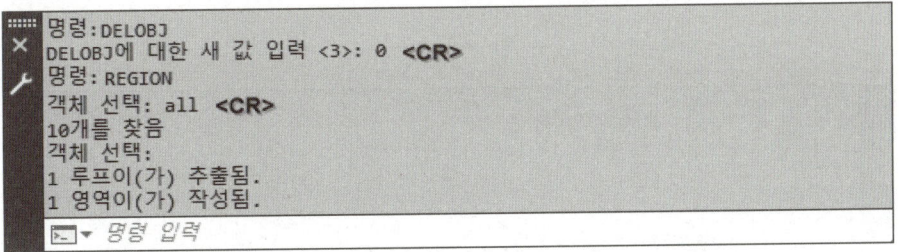

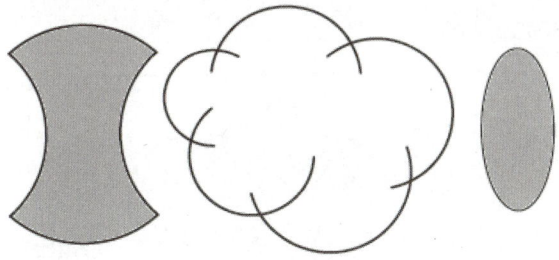

- 영역 명령은 존재하는 영역 객체에는 영향을 미치지 않습니다.
- 위 그림의 중간 객체들은 하나의 영역으로 변환되지 않습니다. 이것은 그것의 경계선 객체들이 인접한 곡선들이 아니기 때문에 하나의 복잡한 폐곡선 객체로 인식합니다.

- 영역 명령은 이러한 폐곡선 객체들을 분석할 수 없습니다.
- 복잡한 폐곡선을 기본적으로 영역을 만들기 위해서는 [Boundary(경계)] 명령을 이용합니다.

7 리본 [홈] 탭 [그리기] 패널에서 [경계] 아이콘을 클릭합니다.

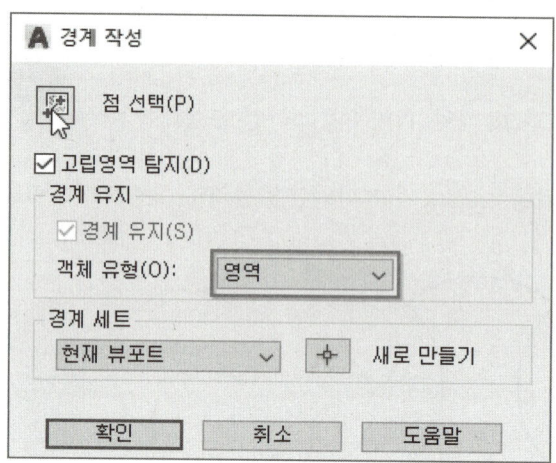

- '경계 작성' 대화상자에서 '객체 유형'으로 영역 을 선택합니다.
- [점 선택] 버튼을 클릭하고, 중간 객체 내부의 한 점(P1)을 클릭합니다.
- [엔터] 키를 누릅니다.

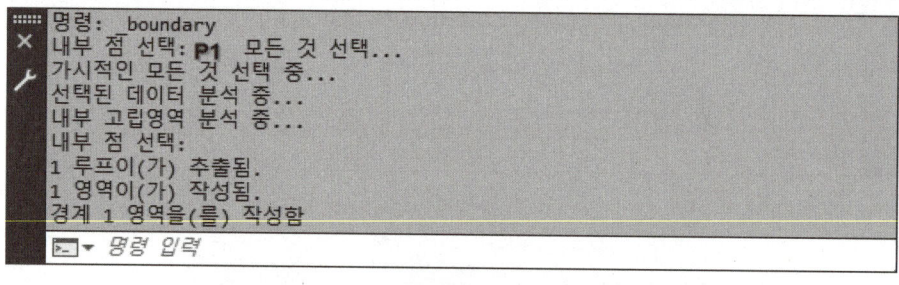

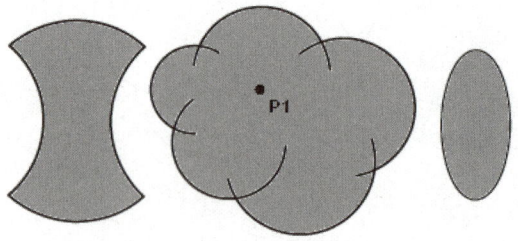

- 이름을 지정하고, 저장합니다.

03 조회 명령들 (Inquiry Commands)

3.1 DIST(거리) 명령

- [DIST(거리)] 명령은 두 점 사이의 거리와 각도를 측정합니다.

메뉴:	도구 ⇨ 조회 ⇨ 거리
도구막대:	조회 ⇨
리본:	홈 탭 ⇨ 유틸리티 패널 ⇨ 길이 분할 드롭다운 ⇨ (거리)
명령 입력:	DIST, DI, MEASUREGEOM

- 풀다운 메뉴 [도구] ⇨ [조회] ⇨ [거리]를 클릭합니다.

- [홈] 탭 [유틸리티] 패널에서 [길이 분할] 드롭다운 리스트를 클릭하고, (거리) 아이콘을 클릭합니다.

- 명령 행에 [DIST] 혹은 [DI] 라고 입력합니다.

```
명령: _MEASUREGEOM
옵션 입력 [거리(D)/반지름(R)/각도(A)/면적(AR)/체적(V)/빠른 작업(Q)/모드(M)/종료(X)] <거리>: _d
첫 번째 점 지정: P1
두 번째 점 또는 [다중 점(M)] 지정: P2
거리 = 38.2,   XY 평면에서의 각도 = 0,    XY 평면으로부터의 각도 = 0
X증분 = 38.2,  Y증분 = 0.0,   Z증분 = 0.0
옵션 입력 [거리(D)/반지름(R)/각도(A)/면적(AR)/체적(V)/빠른 작업(Q)/모드(M)/종료(X)] <거리>: X
명령 입력
```

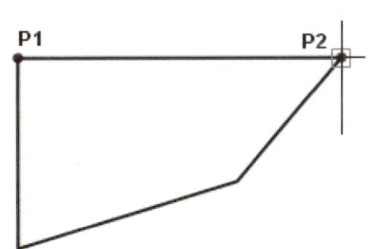

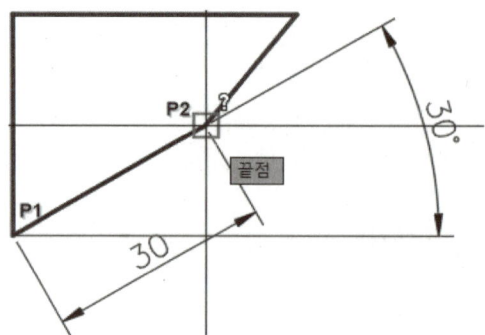

- [홈] 탭 ⇨ [유틸리티] 패널 ⇨ [길이 분할] 드롭다운 ⇨ [빠른 작업] 아이콘을 클릭합니다.

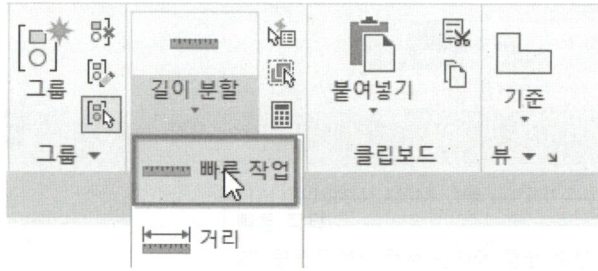

- 변경된 명령[MEASUREGEOM] - 실시간 측정값에 대한 [빠른 작업] 옵션이 추가 되었습니다.

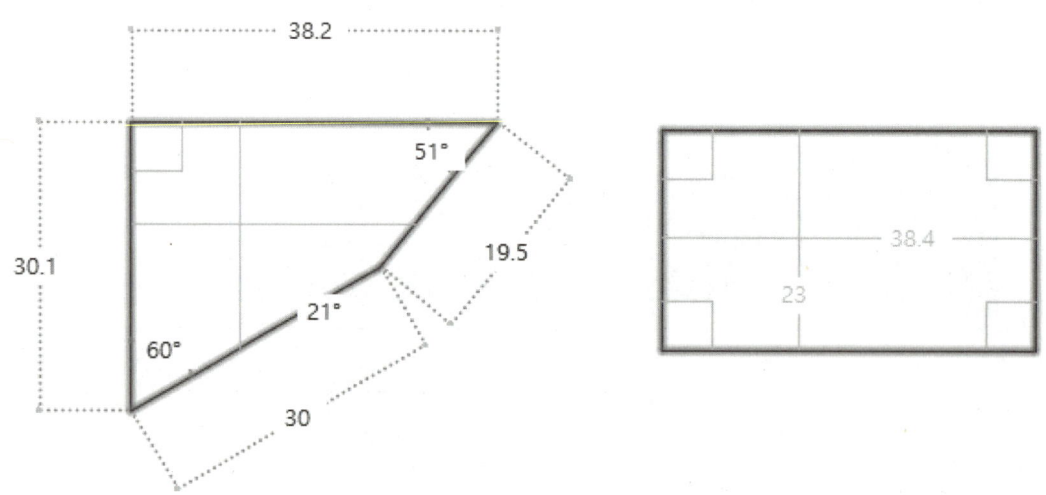

3.2 AREA(면적) 명령

- [AREA(면적)] 명령은 객체 또는 정의된 면적의 면적과 둘레를 계산합니다.
- 면적을 구하는 방법에는 점을 이용하거나 객체를 이용하는 방법이 있습니다.

메뉴:	도구 ⇨ 조회 ⇨ 면적
도구막대:	
리본:	홈 탭 ⇨ 유틸리티 패널 ⇨ 길이 분할 드롭다운 ⇨ ▥ (면적)
명령 입력:	AREA, MEASUREGEOM

- 풀다운 메뉴에서 [도구] ⇨ [조회] ⇨ [면적]을 클릭합니다.

- [홈] 탭 [유틸리티] 패널에서 [길이 분할] 드롭다운 리스트를 클릭하고, ▥ 아이콘을 클릭합니다.

```
명령: _MEASUREGEOM
옵션 입력 [거리(D)/반지름(R)/각도(A)/면적(AR)/체적(V)/빠른 작업(Q)/모드(M)/종료(X)] <거리>: _area
첫 번째 구석점 지정 또는 [객체(O)/면적 추가(A)/면적 빼기(S)/종료(X)] <객체(O)>: P1
다음 점 또는 [호(A)/길이(L)/명령 취소(U)] 지정: P2
다음 점 또는 [호(A)/길이(L)/명령 취소(U)] 지정: P3
다음 점 또는 [호(A)/길이(L)/명령 취소(U)/합계(T)] 지정 <합계>: P4
다음 점 또는 [호(A)/길이(L)/명령 취소(U)/합계(T)] 지정 <합계>: <CR>
영역 = 680.7, 둘레 = 117.8
옵션 입력 [거리(D)/반지름(R)/각도(A)/면적(AR)/체적(V)/빠른 작업(Q)/모드(M)/종료(X)] <면적(AR)>: X
명령 입력
```

```
명령: AREA
첫 번째 구석점 지정 또는 [객체(O)/면적 추가(A)/면적 빼기(S)] <객체(O)>: P1
다음 점 또는 [호(A)/길이(L)/명령 취소(U)] 지정: P2
다음 점 또는 [호(A)/길이(L)/명령 취소(U)] 지정: P3
다음 점 또는 [호(A)/길이(L)/명령 취소(U)/합계(T)] 지정 <합계>: P4
다음 점 또는 [호(A)/길이(L)/명령 취소(U)/합계(T)] 지정 <합계>: <CR>
영역 = 680.7, 둘레 = 117.8
명령 입력
```

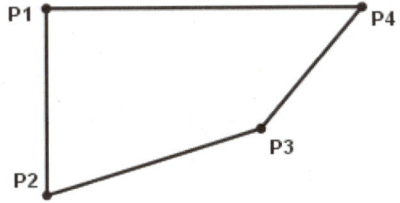

따라하기〉 면적 및 둘레 구하기

- [홈] 탭 ⇨ [유틸리티] 패널 ⇨ [길이 분할] 드롭다운 ⇨ [빠른 작업] 아이콘을 클릭합니다.

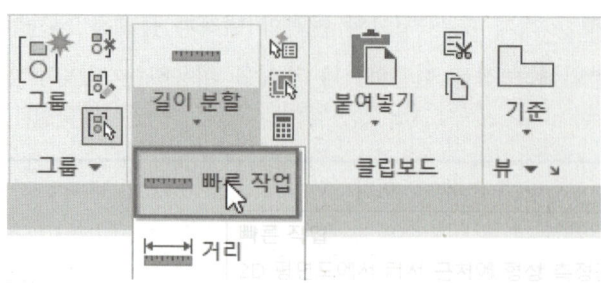

- 다음 그림처럼 직사각형 내부로 마우스 커서를 가져갑니다. 즉시 사각형의 가로 길이 및 세로 길이가 표시됩니다.

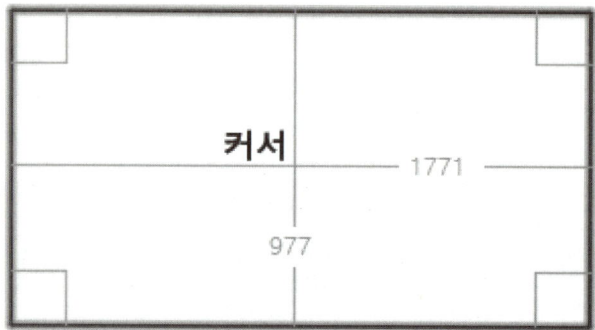

- 직사각형 내부를 클릭하기 위해 마우스 왼쪽 버튼을 클릭합니다. 다음 그림처럼 사각형의 영역(면적), 둘레 및 클릭한 절대좌표값을 표시합니다.

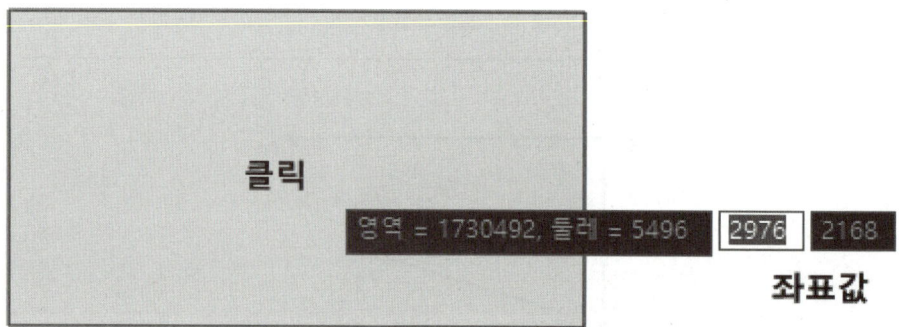

따라하기 〉 면적 구하기

```
명령: _MEASUREGEOM
옵션 입력 [거리(D)/반지름(R)/각도(A)/면적(AR)/체적(V)/빠른 작업(Q)/모드(M)/종료(X)] <거리>: _area
첫 번째 구석점 지정 또는 [객체(O)/면적 추가(A)/면적 빼기(S)/종료(X)] <객체(O)>: A
첫 번째 구석점 지정 또는 [객체(O)/면적 빼기(S)/종료(X)]: O
(추가 모드) 객체 선택: E1
영역 = 681, 길이 = 118
전체 면적 = 681
(추가 모드) 객체 선택: <CR>
영역 = 681, 길이 = 118
전체 면적 = 681
첫 번째 구석점 지정 또는 [객체(O)/면적 빼기(S)/종료(X)]: S
첫 번째 구석점 지정 또는 [객체(O)/면적 추가(A)/종료(X)]: O
(빼기 모드) 객체 선택: E2
영역 = 83, 원주 = 32
전체 면적 = 598
(빼기 모드) 객체 선택: <CR>
영역 = 83, 원주 = 32
전체 면적 = 598
첫 번째 구석점 지정 또는 [객체(O)/면적 추가(A)/종료(X)]: X
전체 면적 = 598
옵션 입력 [거리(D)/반지름(R)/각도(A)/면적(AR)/체적(V)/빠른 작업(Q)/모드(M)/종료(X)] <면적(AR)>: X
```

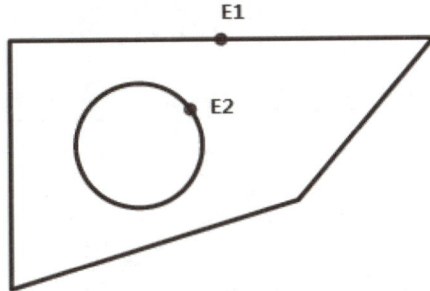

따라하기 〉 반지름 및 각도 구하기

```
명령: MEASUREGEOM
커서 이동 또는 [거리(D)/반지름(R)/각도(A)/면적(AR)/체적(V)/빠른 작업(Q)/모드(M)/종료(X)] <종료(X)>: R
호 또는 원 선택: E1
반지름 = 5
지름 = 10
옵션 입력 [거리(D)/반지름(R)/각도(A)/면적(AR)/체적(V)/빠른 작업(Q)/모드(M)/종료(X)] <반지름>: X
```

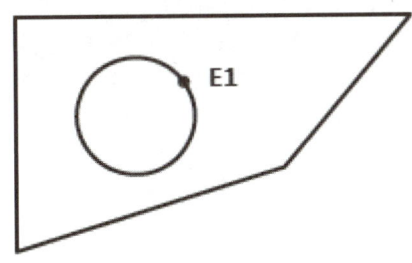

```
명령: _MEASUREGEOM
옵션 입력 [거리(D)/반지름(R)/각도(A)/면적(AR)/체적(V)/빠른 작업(Q)/모드(M)/종료(X)] <거리>: _angle
호, 원, 선을 선택하거나 <정점 지정>: E1
두 번째 선 선택: E2
각도 = 60°
옵션 입력 [거리(D)/반지름(R)/각도(A)/면적(AR)/체적(V)/빠른 작업(Q)/모드(M)/종료(X)] <각도>: X
```

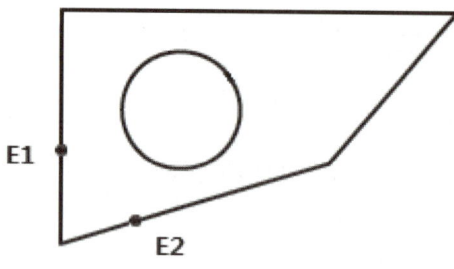

따라하기〉 체적 구하기

```
명령: _MEASUREGEOM
옵션 입력 [거리(D)/반지름(R)/각도(A)/면적(AR)/체적(V)/빠른 작업(Q)/모드(M)/종료(X)] <거리>: _volume
첫 번째 구석점 지정 또는 [객체(O)/체적 추가(A)/체적 빼기(S)/종료(X)] <객체(O)>: O
객체 선택: E1
체적 = 9458
옵션 입력 [거리(D)/반지름(R)/각도(A)/면적(AR)/체적(V)/빠른 작업(Q)/모드(M)/종료(X)] <체적>: X
```

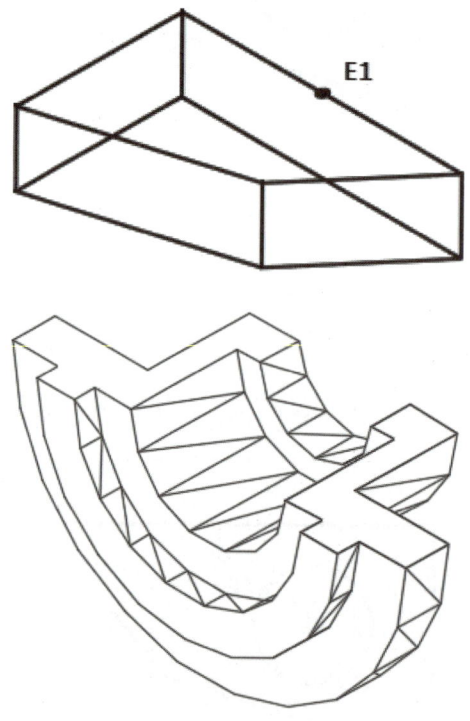

3.3 MASSPROP(영역/질량 특성) 명령

- [MASSPROP(영역/질량 특성)] 명령은 객체 영역 및 3D 솔리드의 질량 특성을 계산합니다.

메뉴:	도구 ⇨ 조회 ⇨ 영역/질량특성
도구막대:	조회 ⇨
리본:	
명령 입력:	MASSPROP

따라하기〉 영역/질량 특성 구하기

1 다음 그림처럼 [PLINE(명령)]으로 사각형을 그립니다.

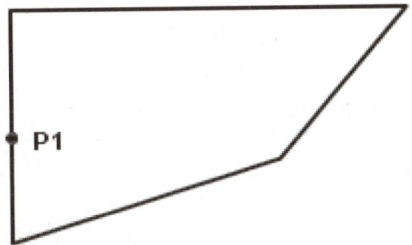

2 작도한 사각형을 [REGION(영역)] 명령으로 Region 객체로 만듭니다.

3 풀다운 메뉴 [도구] ⇨ [조회] ⇨ [영역/질량 특성]을 클릭합니다.

```
명령: massprop
객체 선택: 1개를 찾음
객체 선택:
----------------    영역    ----------------
면적:                681
둘레:                118
경계 상자:       X: 110  --  149
                 Y: 172  --  202
중심:            X: 124
                 Y: 191
관성 모멘트:     X: 24835795
                 Y: 10604974
관성곱:          XY: -16191153
회전 반경:       X: 191
                 Y: 125
중심에 관하여 주 모멘트와 X-Y 방향:
                 I: 24499   [1 0]
                 J: 70819   [0 1]
파일에 분석을 쓰겠습니까 ? [예(Y)/아니오(N)] <N>:
명령 입력
```

따라하기〉 영역/질량 특성 구하기

1. 풀다운 메뉴 [그리기] ⇨ [모델링] ⇨ [상자]을 클릭합니다.
   다음 그림처럼 육면체를 작도합니다.

2. 풀다운 메뉴 [뷰] ⇨ [3D 뷰] ⇨ [남동 등각투영]을 클릭합니다.

3. 풀다운 메뉴 [도구] ⇨ [조회] ⇨ [영역/질량 특성]을 클릭합니다.

```
명령: _massprop
객체 선택: P1  1개를 찾음
객체 선택: <CR>
----------------    솔리드    ----------------
질량:                    520363
체적:                    520363
경계 상자:        X: 1185  --  1304
                  Y: 1529  --  1582
                  Z: 0     --  82
중심:             X: 1244
                  Y: 1556
                  Z: 41
계속하려면 Enter 키를 누르십시오: <CR>
관성 모멘트:      X: 1260465564936
                  Y: 807560579507
                  Z: 2065714012876
관성곱:           XY: -1007289449235
                  YZ: -33042045200
                  ZX: -26432069939
회전 반경:        X: 1556
                  Y: 1246
                  Z: 1992
중심에 관하여 주 모멘트와 X-Y-Z 방향:
                  I: 412095900   [1 0 0]
                  J: 909717171   [0 1 0]
계속하려면 Enter 키를 누르십시오:
                  K: 743780179   [0 0 1]
파일에 분석을 쓰겠습니까 ? [예(Y)/아니오(N)] <N>: <CR>
▶▼ 명령 입력
```

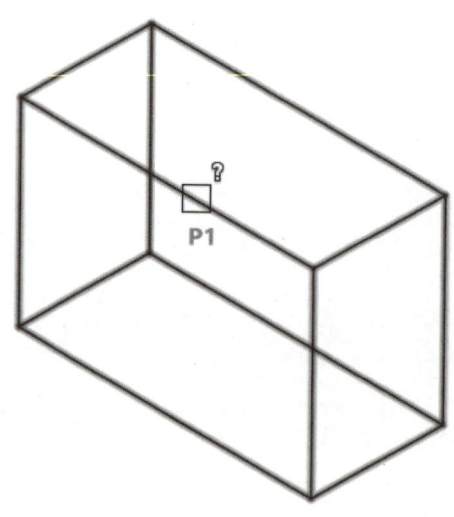

3.4 LIST(리스트) 명령

- [LIST(리스트)] 명령은 선택한 객체의 특성 데이터를 표시합니다.

메뉴:	도구 ⇨ 조회 ⇨ 리스트
도구막대:	조회 ⇨
리본:	홈 탭 ⇨ 특성 패널 ⇨ ▼ ⇨ (리스트)
명령 입력:	LIST, LI

- 풀다운 메뉴 [도구] ⇨ [조회] ⇨ [리스트]를 클릭합니다.
- [홈] 탭 [특성] 패널을 확장하고, [리스트] 아이콘을 클릭합니다.
- 명령 행에 [LIST] 혹은 [LI] 라고 입력합니다.

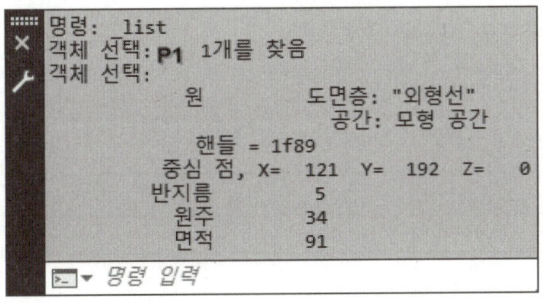
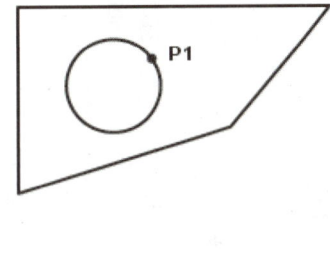

3.5 ID(좌표) 명령

- [ID(좌표)] 명령은 지정한 위치의 절대 좌표를 표시합니다.

메뉴:	도구 ⇨ 조회 ⇨ ID 점
도구막대:	조회 ⇨ 🔍
리본:	홈 탭 ⇨ 유틸리티 패널 ⇨ 🔍 (ID 점)
명령 입력:	ID, 투명 용도의 'ID

- 풀다운 메뉴 [도구] ⇨ [조회] ⇨ [ID 점]을 클릭합니다.
- 조회 도구막대에서 🔍 [ID 점] 아이콘을 클릭합니다.
- 명령 행에 [ID] 라고 입력합니다.

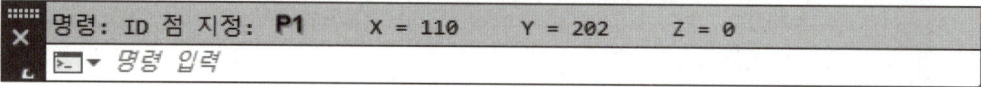

명령: ID 점 지정: P1   X = 110   Y = 202   Z = 0

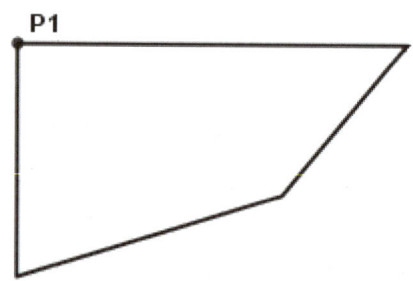

실습과제 36〉 도면층, 선종류를 이용해서 다음 도형을 작도합니다.

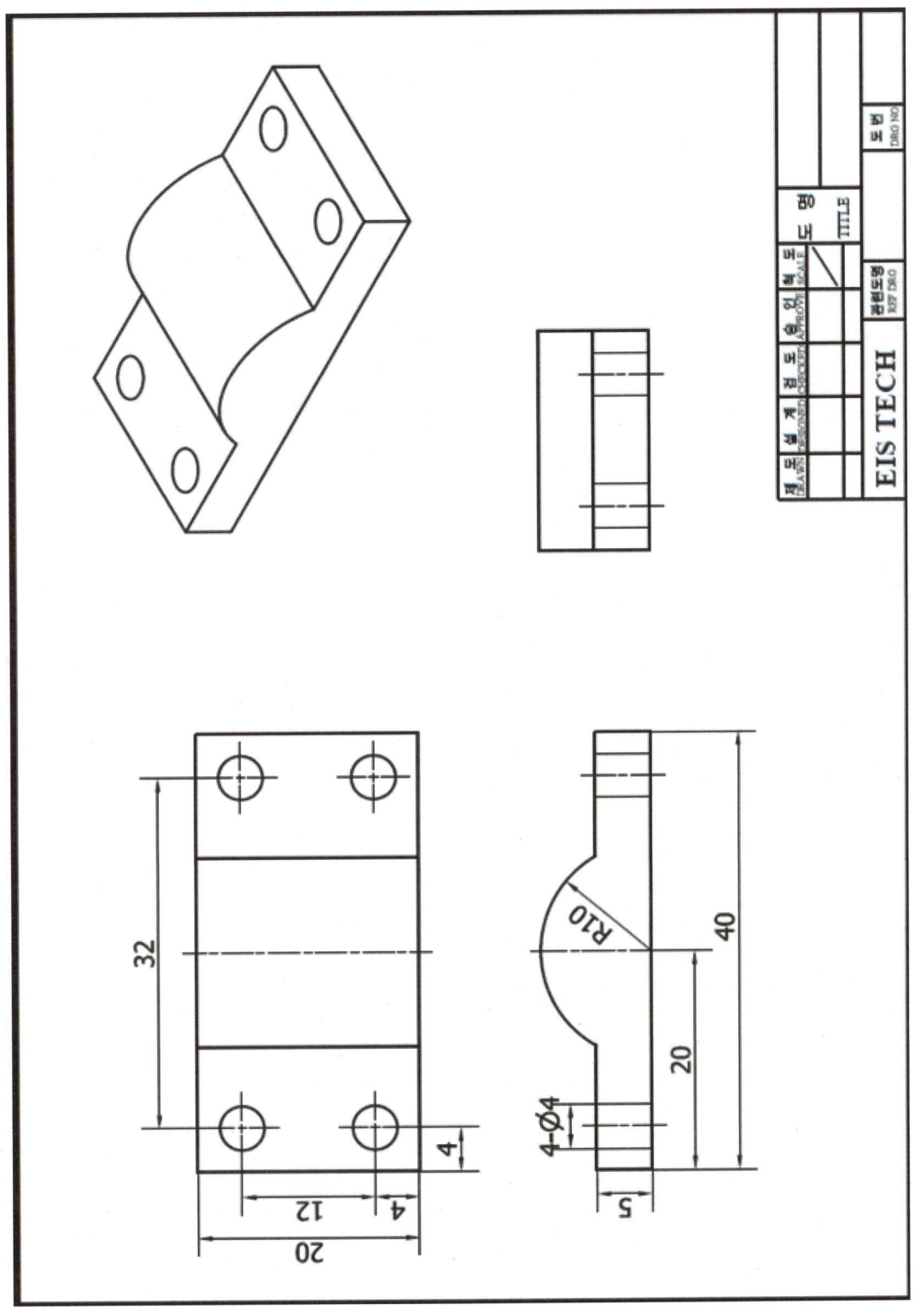

실습과제 37> 도면층, 선종류를 이용해서 다음 도형을 작도합니다.

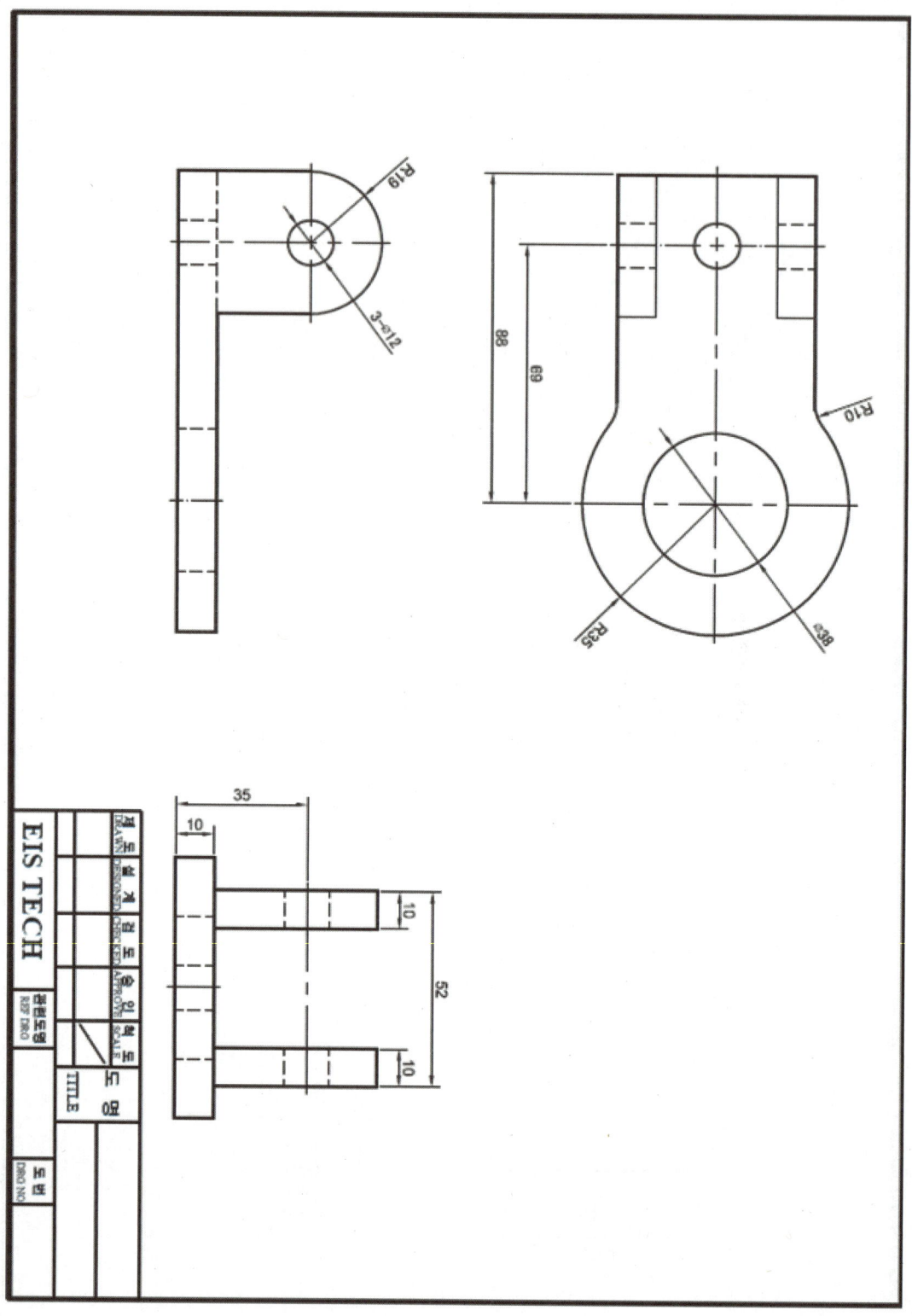

실습과제 38〉 도면층, 선종류를 이용해서 다음 도형을 작도합니다.

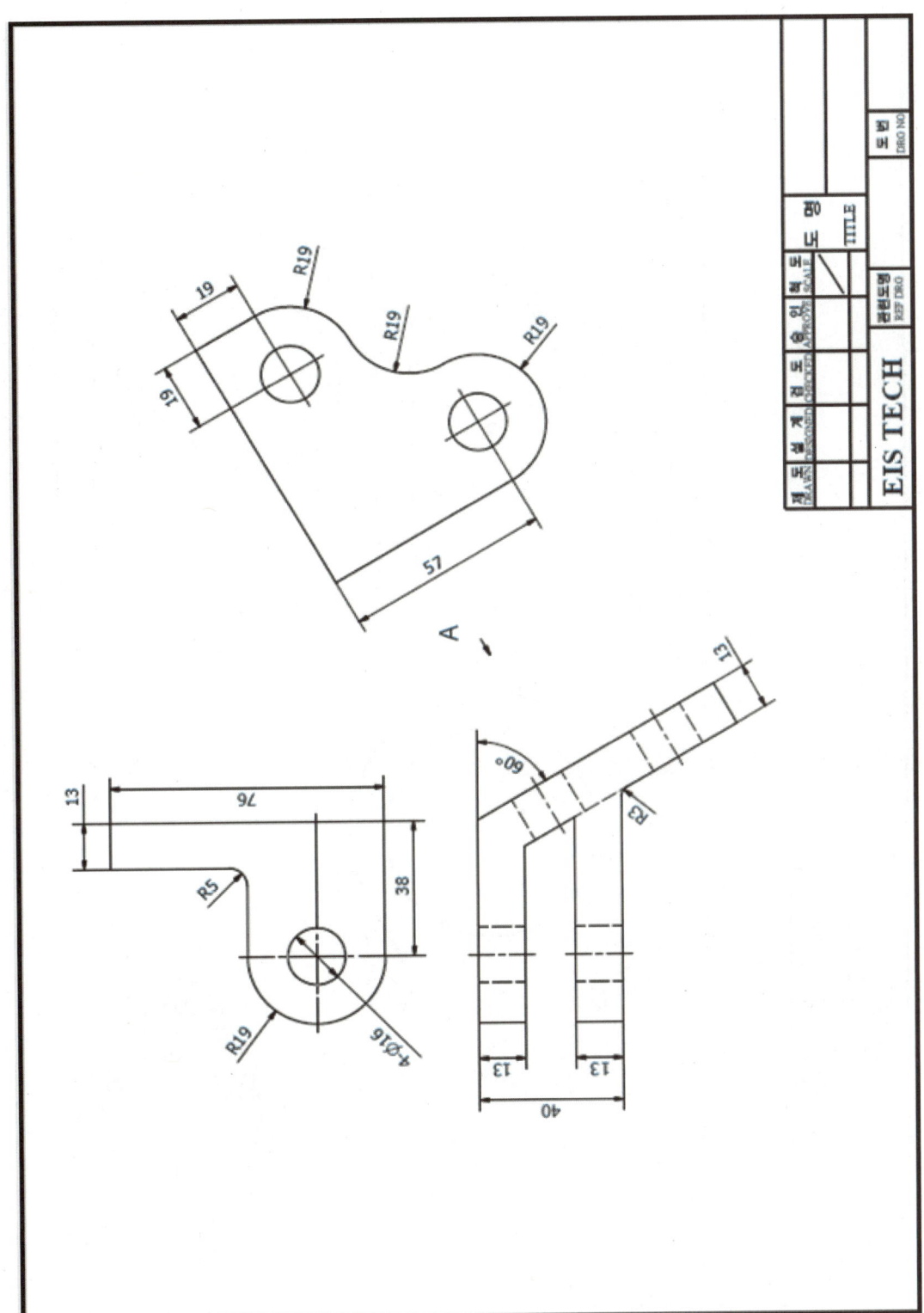

실습과제 39〉 도면층, 선종류를 이용해서 다음 도형을 작도합니다.

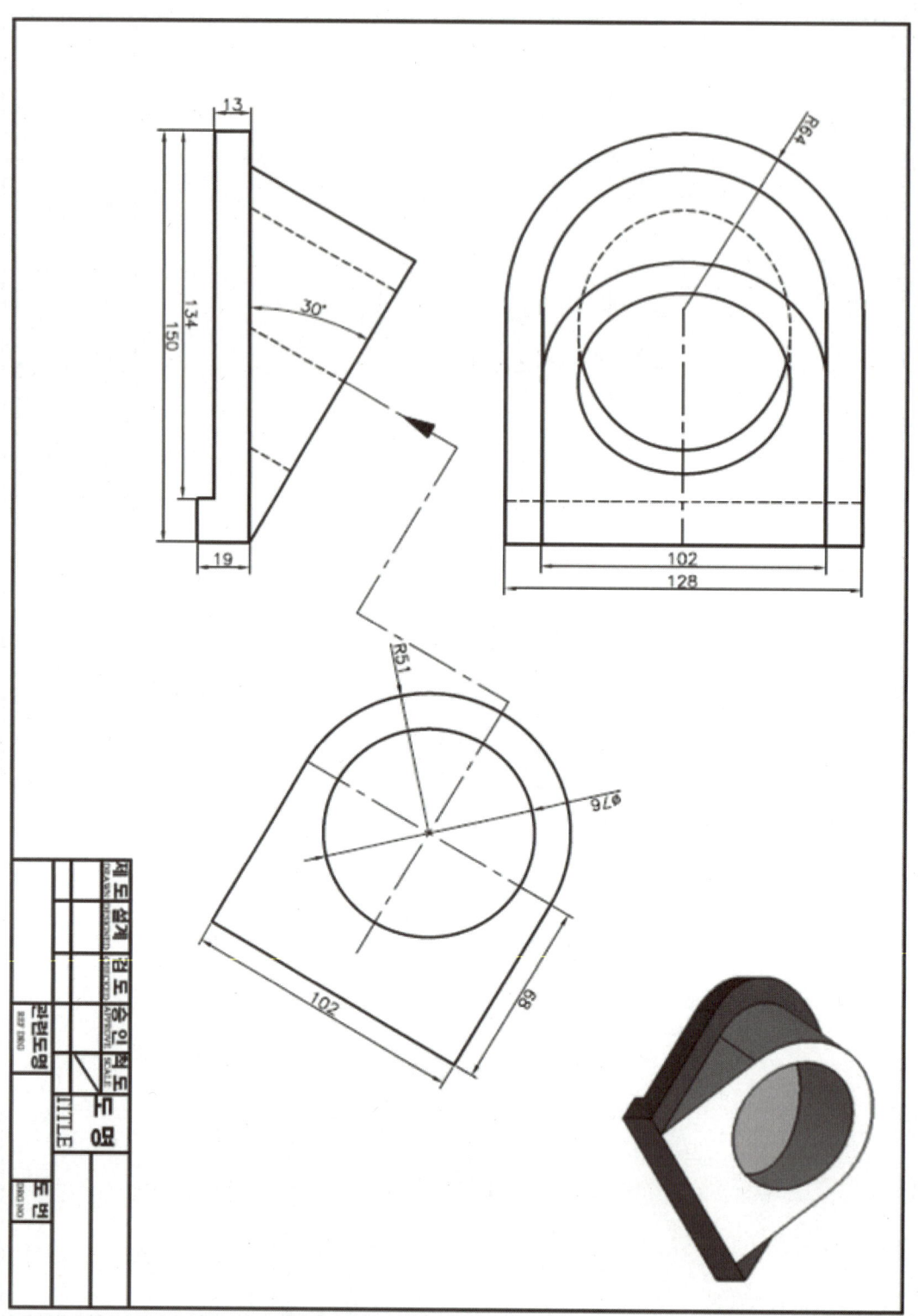

실습과제 40〉 도면층, 선종류를 이용해서 다음 도형을 작도합니다.

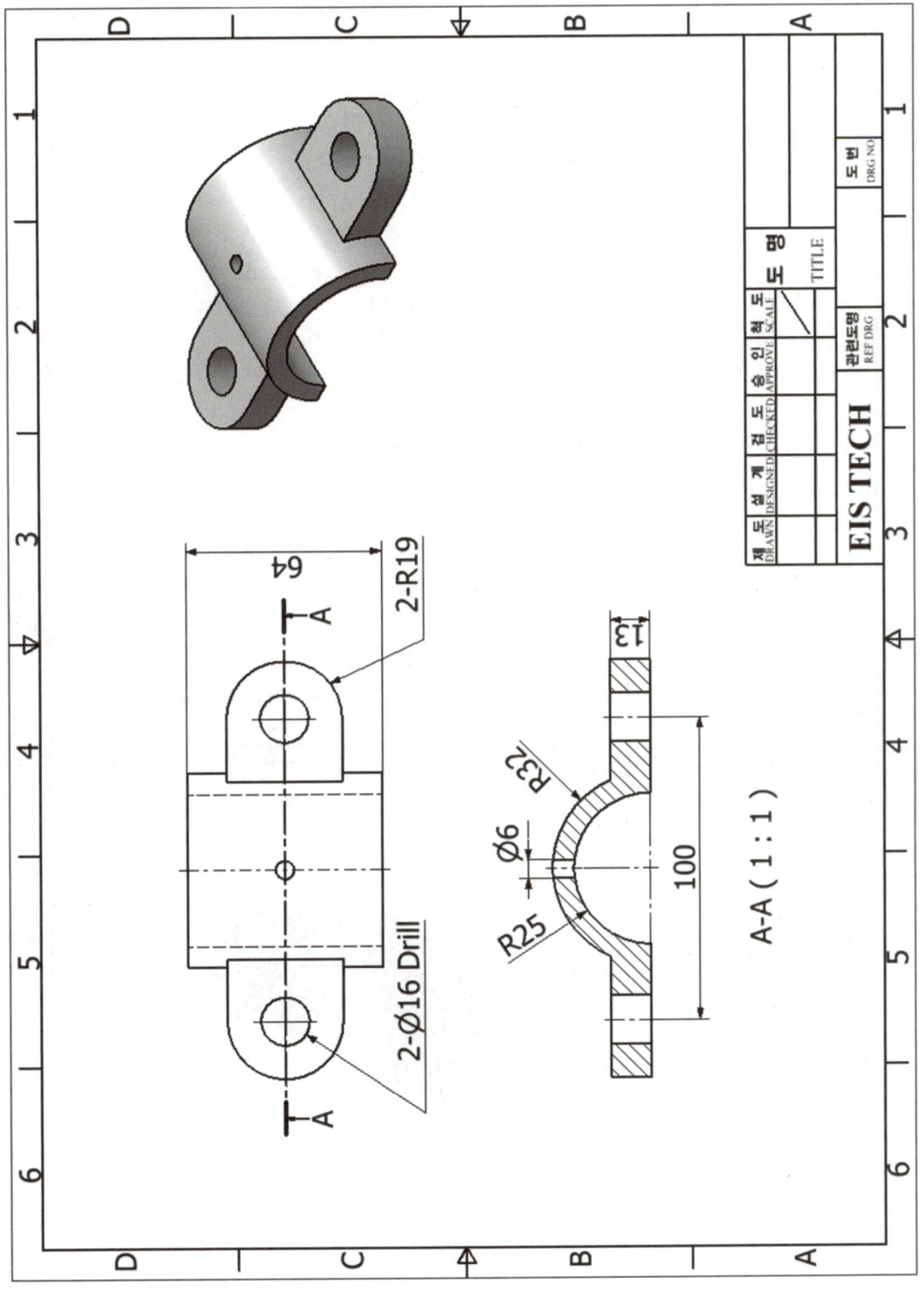

실습과제 41〉 도면층, 선종류를 이용해서 다음 도형을 작도합니다.

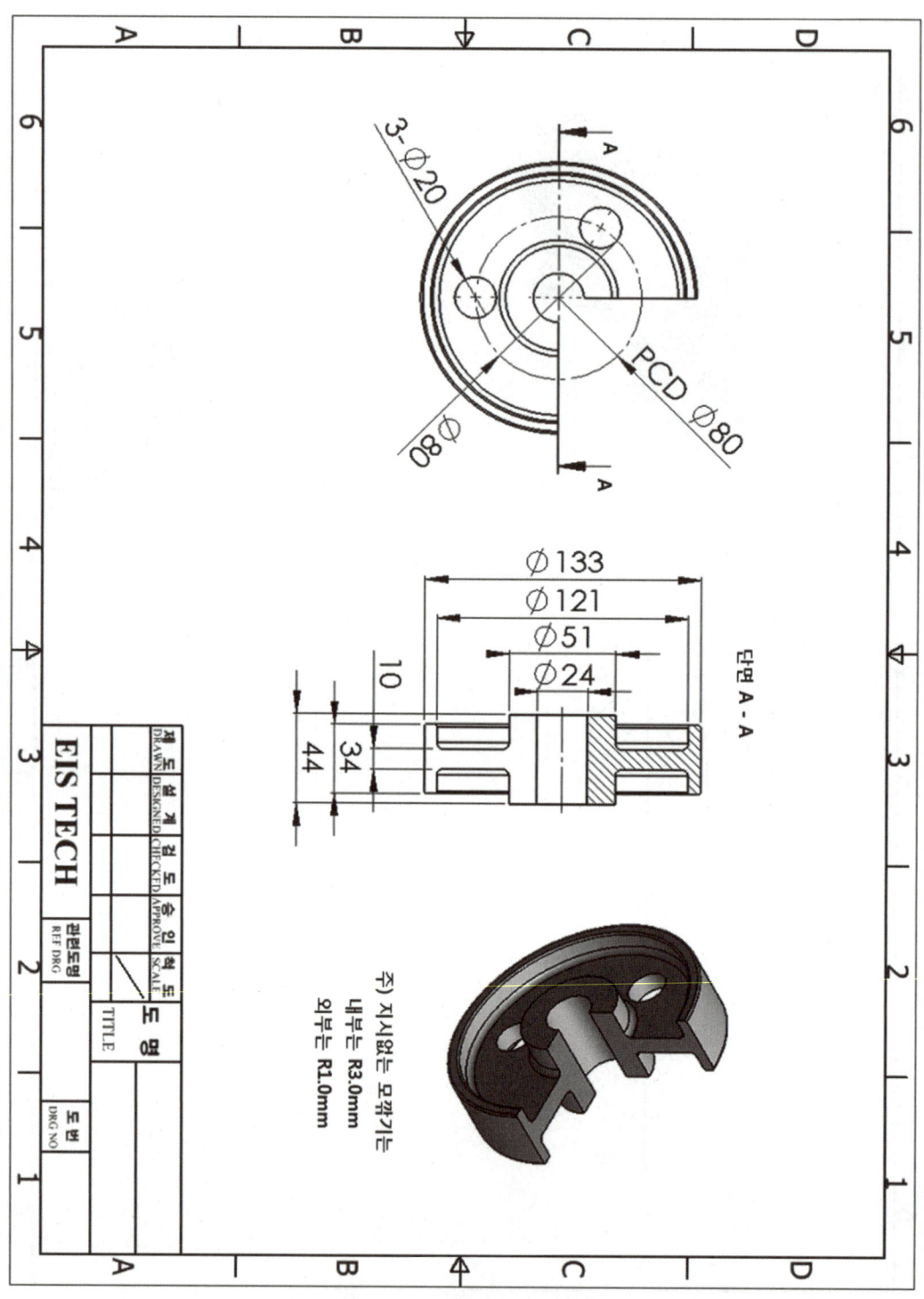

■ 이 장에서 다음의 내용을 학습하게 됩니다.

▸ 문자 입력 및 편집(Input and edit the text)
▸ 실습 과제
▸ 해치 작업(HATCHING)
▸ 블록(Block) 이용하기
▸ 실습 과제

CHAPTER

문자, 해치 및 블록
(Text, hatch and block)

한글폰트 파일명	글꼴 유형	입력 샘플
whgtxt.shx	단선 고딕체	한글버젼
whgdtxt.shx	복선 고딕체	한글버젼
whtgtxt.shx	복선 태고딕체	한글버젼
whtmtxt.shx	복선 태명조체	한글버젼

01 문자 입력 및 편집
(Input and edit the Text)

1.1 문자 입력 개요

- AutoCAD는 CAD 도구이기 때문에 도형을 그리는 기능은 뛰어나지만, 한글 워드프로세스 프로그램과 달리 문자를 입력하고, 편집하는 것이 다소 까다롭고 어렵습니다.
- 초기의 AutoCAD MS-DOS 버전에서는 벡터폰트(Vector font)인 고유한 자신만의 도면 폰트 (SHP, SHX)를 사용하지만 미려한 글꼴을 사용하는 것이 불가능했습니다.
- 지금은 Microsoft Windows 트루타입 글꼴(TTF)을 사용할 수 있지만, 트루타입 글꼴을 많이 입력하면, 도면 파일 크기가 너무 커지게 되어 컴퓨터 실행 속도에 지대한 영향을 미치게 됩니다.
- 도면에 문자를 입력할 때는 KS 규격 A0107 '제도에 사용하는 문자'를 기준으로 합니다.
- 도면에 사용하는 문자는 다음의 일반 사항을 만족해야 합니다.
  ① 읽기 쉬운 글자를 사용해야 한다.
  ② 문자의 크기와 굵기가 균일해야 한다.
  ③ 마이크로필름 촬영에 적합해야 한다.
  ④ 한자는 상용 한자표에 따라야 한다.
  ⑤ 한글은 정방형 단선 고딕체를 바르게 쓰거나 15° 기울여 써야 한다.
  ⑥ 아라비아 숫자 및 영문자는 원칙적으로 J형 사체 또는 B형 사체를 사용한다.
   　사체(italic)는 오른쪽으로 15° 기울여 쓰는 것을 의미한다.
  ⑦ 문자의 크기(호칭)는 문자의 높이로 나타낸다.
  ⑧ 문자의 크기는 2.24, 3.15, 4.5, 6.3, 9.0mm의 5 종류로 한다.
  ⑨ 문자의 선굵기는 문자 높이의 1/9로 하는 것이 좋다.
   　예를 들어 3.15mm 문자의 경우 문자의 선굵기는 0.35mm가 바람직하다.
  ⑩ AutoCAD에서 도면에 문자 입력 작업은 먼저 '문자 스타일(Style)'을 정의하고, 문자를 입력하고, 입력된 문자를 수정할 수 있는 명령 및 도구들을 제공합니다.
  ⑪ '문자 스타일'을 정의할 때, 기본 'STANDARD' 문자 스타일을 제외하고, 사용하려는 모든 문자

는 먼저 스타일을 정의해야 합니다. 정의하는 '문자 스타일' 개수의 제한은 없지만, 정의된 '문자 스타일'을 사용하지 않으면 Purge(소거)해야 합니다.

❑ 단일행 문자(Single Text)

특수 문자를 입력하지 않는 경우에 다중 글꼴이나 행이 필요하지 않은 짧은 문자 입력에는 TEXT(단일행 문자) 명령으로 작성합니다. 단일행 문자는 레이블에 가장 편리합니다.

❑ 여러 줄 문자(Multiple Text)

특수 문자의 입력 및 길고 복잡한 문자 입력에는 여러 줄이나 단락 문자를 작성합니다. 여러 줄 문자는 작업자가 지정한 폭에 맞는 여러 문자 행이나 단락으로 구성되며 수직 방향으로 무한히 확장될 수 있습니다. 행의 개수에 관계없이 단일 편집 세션에서 작성된 단락의 각 세트는 이동, 회전, 지우기, 복사, 대칭 또는 축척할 수 있는 단일 객체를 형성합니다.

단일행 문자보다는 여러 줄 문자를 위한 편집 옵션이 더 많습니다. 예를 들어, 설계자는 단락 내의 개별적인 문자, 단어나 구에 대해 밑줄, 글꼴, 색상 및 문자 높이 변경 사항을 적용할 수 있습니다.

❑ 주석 문자(Annotation Text)

도면의 주석(Note) 및 레이블(Label)에 대해 주석 문자를 사용합니다. 도면의 문자 높이를 설정하는 주석 문자 스타일을 사용하여 주석 문자를 작성합니다.

다음 객체들은 주석이 될 수 있습니다(주석 특성이 있음).

	객체		객체
1	해치	2	문자(단일행과 여러 줄)
3	치수	4	공차
5	블록	6	속성
7	지시선과 다중 지시선	8	

1.2 STYLE(문자 스타일) 명령

- [STYLE(문자 스타일)] 명령은 문자 스타일을 작성, 수정 또는 지정합니다.

- 리본 [주석] 탭 [문자] 패널의 제목 막대 오른쪽의 버튼을 클릭합니다.
- 명령 행에서 [STYLE] 혹은 [ST] 라고 입력합니다.

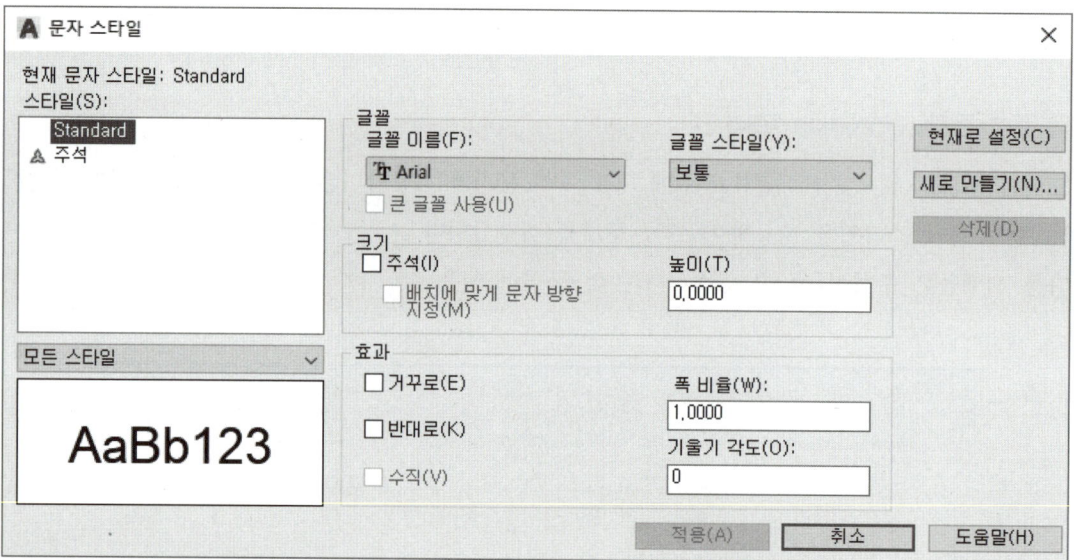

옵션	설 명
현재 문자 스타일	현재 문자 스타일을 표시합니다.
스타일	도면에 정의된 스타일들의 리스트를 표시합니다. 아이콘은 스타일이 주석임을 나타냅니다.
스타일리스트 필터	드롭다운 리스트는 스타일리스트에 모든 스타일이 표시될지 또는 사용 중인 스타일만 표시될지 여부를 지정합니다.

옵션		설 명
미리보기		글꼴을 변경하고 효과를 수정하면 동적으로 변경되는 샘플 문자를 표시합니다.
글꼴		스타일의 글꼴을 변경합니다.
	글꼴이름	등록된 모든 트루타입 글꼴 및 Fonts 폴더에 있는 모든 컴파일된 쉐이프(SHX) 글꼴의 글꼴 그룹 이름을 나열합니다.
	글꼴 스타일	기울임꼴, 굵게 또는 보통과 같은 글꼴 문자 형식을 지정합니다.
	큰 글꼴 사용	아시아어 큰 글꼴 파일을 지정합니다. SHX 파일만이 큰 글꼴 작성에 적합한 파일 형식입니다.
크기		글자의 크기를 변경합니다.
	주석	문자가 주석임을 지정합니다.
	높이	문자 높이를 설정합니다.
	배치에 맞게 문자 방향 지정	도면 공간 뷰포트의 문자 방향이 배치의 방향과 일치하도록 지정합니다.
효과		높이, 폭 비율, 기울기 각도 및 글꼴이 위아래 뒤집어 표시될지, 거꾸로 표시될지, 수직으로 정렬될지 여부와 같은 글꼴 특성을 수정합니다.
	거꾸로	문자를 반대 방향으로 표시합니다.
	반대로	문자를 위아래를 뒤집어 표시합니다.
	수직	문자를 수직으로 정렬시켜 표시합니다.
	폭 비율	문자 간격을 설정합니다.
	기울기 각도	문자의 기울기 각도를 설정합니다.
현재로 설정		문자 스타일을 현재 스타일로 지정합니다.
새로 만들기		새 문자 스타일을 작성합니다.
삭제		사용되지 않은 문자 스타일을 삭제합니다.
적용		대화상자에서 지정한 스타일 변경사항을 적용합니다.

TIP〉트루타입 폰트(TrueType font)와 도면 폰트(Drawing font)

트루타입 글꼴은 윈도우 전용 시스템 폰트입니다. AutoCAD 전용 폰트가 아닙니다.

AutoCAD 전용 폰트는 큰 글꼴(Big Font)이라고 하고, 벡터 폰트의 개념을 가지고 있습니다. 또한 이것을 도면 폰트(Drawing font)라고도 합니다. 큰 글꼴은 시스템 폰트보다 화려하거나 미려하지 못한 결점이 있지만, 도면 파일(.SHX)의 크기가 작아 상대적으로 시스템 속도에 영향을 미치지 않습니다. AutoCAD에 내장된 완성형 한글폰트(KS 5601)들은 다음과 같습니다.

한글폰트 파일명	글꼴 유형	입력 샘플
whgtxt.shx	단선 고딕체	한글버전
whgdtxt.shx	복선 고딕체	한글버전
whtgtxt.shx	복선 태고딕체	한글버전
whtmtxt.shx	복선 태명조체	한글버전

제품에 포함된 아시아 언어 큰 글꼴	
글꼴 파일 이름	설명
@extfont2.shx	일본어 수직 글꼴(세로 문자에서 제대로 나타나도록 몇 문자가 회전됨)
bigfont.shx	일본어 글꼴, 문자의 하위 세트
chineset.shx	중국어 번체 글꼴
extfont.shx	일본어 확장 글꼴, 레벨 1
extfont2.shx	일본어 확장 글꼴, 레벨 2
gbcbig.shx	중국어 간체 글꼴

1.3 TEXT or DTEXT(단일행 문자) 명령

- [TEXT or DTEXT(단일행 문자)] 명령은 단일행 문자 객체를 작성합니다.

메뉴:	그리기 ⇨ 문자 ⇨ 단일행 문자
도구막대:	문자 ⇨ A
리본:	홈 탭 ⇨ 주석 패널 ⇨ 문자 드롭다운 ⇨ A (단일 행)
명령 입력:	TEXT, DTEXT, DT

- 리본 [홈] 탭 [주석] 패널의 [문자] 드롭다운 리스트에서 A 아이콘을 클릭합니다.
- 풀다운 메뉴에서 [그리기] ⇨ [문자] ⇨ [단일행 문자]를 클릭합니다.
- 명령 행에서 [TEXT], [DTEXT] 혹은 [DT] 라고 입력합니다.

```
명령: TEXT
현재 문자 스타일: "RDTxt" 문자 높이: 12.0  주석: 아니오  자리맞추기: 왼쪽
문자의 시작점 지정 또는 [자리맞추기(J)/스타일(S)]: J
옵션 입력 [왼쪽(L)/중심(C)/오른쪽(R)/정렬(A)/중간(M)/맞춤(F)/맨위왼쪽(TL)/맨위중심(TC)
/맨위오른쪽(TR)/중간왼쪽(ML)/중간중심(MC)/중간오른쪽(MR)/맨아래왼쪽(BL)/맨아래중심(BC)
/맨아래오른쪽(BR)]: BL
문자의 맨 아래 왼쪽 점 지정: P1
높이 지정 <12.0>: 10 <CR>
문자의 회전 각도 지정 <0>: <CR>
```

❏ 문자 자리 맞추기(Text Justification)옵션

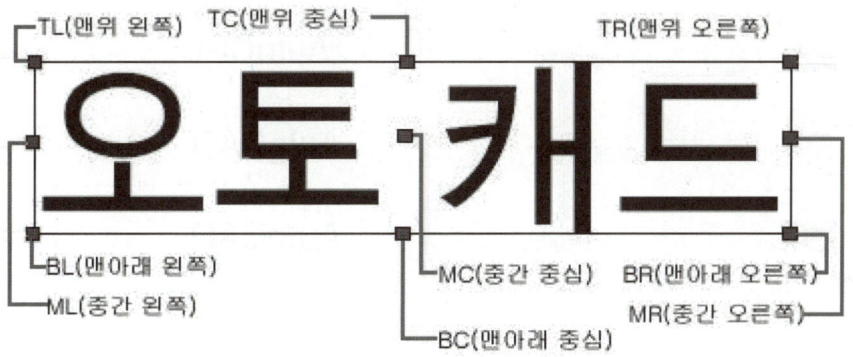

자리 맞추기 옵션	시작점 및 효과	적용 결과
정렬(A)	문자의 높이 및 방향	AutoCAD P1→P2
맞춤(F)	영역에 문자 맞춤	AutoCAD P1–P2
중심(C)	문자의 가로 중심	AutoCAD (P1 아래 중앙)
중간(M)	문자 가로 및 세로 중심	AutoCAD (P1 중앙)
오른쪽(R)	기준선 오른쪽	AutoCAD P1
좌상단(TL)	왼쪽 위쪽	P1·AutoCAD
상단중앙(TC)	위쪽 중심	P1 위 AutoCAD
우상단(TR)	위쪽 오른쪽	AutoCAD·P1
좌측중간(ML)	왼쪽 중간	P1·AutoCAD
중앙중간(MC)	문자 가로 세로 중간	AutoCAD (P1)
우측중간(MR)	오른쪽 중간	AutoCAD·P1
좌하단(BL)	왼쪽 아래	AutoCAD (P1 아래)
하단중앙(BC)	아래쪽 중간	AutoCAD (P1 아래 중앙)
우하단(BR)	오른쪽 아래	AutoCAD·P1

따라하기 〉 단일행 문자 입력하기

1 리본 [주석] 탭 [문자] 패널의 제목 막대 오른쪽의 ⌐ 버튼을 클릭합니다.

2 '문자 스타일' 대화상자에서 [새로 만들기] 버튼을 클릭합니다.

의미를 가진 유일한 스타일 이름을 입력하고 [확인] 버튼을 클릭합니다.

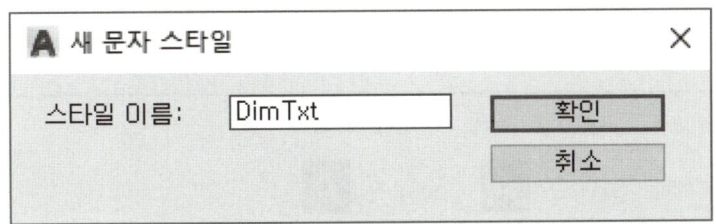

3 대화상자의 '글꼴' 영역에서 다음과 같이 설정하고 [적용] 버튼을 클릭합니다.

① 드롭다운 리스트를 클릭해서 [txt.shx](영문 단선 고딕체) 글꼴을 지정합니다.

② [큰 글꼴 사용]을 체크하고, 오른쪽 드롭다운 리스트를 클릭해서 [whgtxt.shx](완성형 한글 단선 고딕체)를 지정합니다.

4 대화상자 '스타일' 영역에서 방금 만든 [Dimtxt] 스타일을 선택하고 [현재로 설정] 버튼을 클릭하고 [닫기] 버튼을 클릭합니다.

5 리본 [주석] 탭 [문자] 패널에서 [여러 줄 문자] 아이콘의 플라이아웃을 클릭하고, [단일행] 명령을 클릭합니다.

도면 영역에 문자의 P1(시작점)을 클릭하고, 높이를 [12]로 입력하고 다음 그림처럼 [AutoCAD 문자 입력] 이라고 입력합니다.

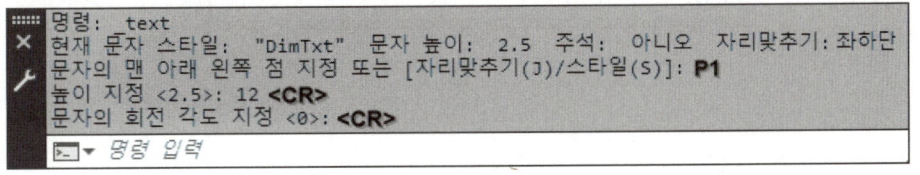

1.4 MTEXT(여러 줄 문자) 명령

- [MTEXT(여러 줄 문자)] 명령은 여러 줄 문자 객체를 작성합니다. 내부 문자편집기에서 여러 줄 문자의 단락을 작성하거나 명령 행에서 프롬프트를 사용할 수 있습니다.
- 또한 ASCII 또는 RTF형식으로 저장된 파일에서 문자를 삽입할 수도 있습니다.

메뉴:	그리기 ⇨ 문자 ⇨ 여러 줄 문자
도구막대:	문자 ⇨ A , 그리기 ⇨ A
리본:	홈 탭 ⇨ 주석 패널 ⇨ 문자 드롭다운 ⇨ A (여러 줄 문자)
명령 입력:	MTEXT, MT

- 풀다운 메뉴에서 [그리기] ⇨ [문자] ⇨ [여러 줄 문자]를 클릭합니다.
- 리본 [주석] 탭 [문자] 패널에서 A [여러 줄 문자]를 클릭합니다.
- 명령 행에서 [MTEXT] 혹은 [MT] 라고 입력합니다.

```
명령: MTEXT
현재 문자 스타일: "DimTxt" 문자 높이: 12  주석: 아니오
첫 번째 구석 지정: P1
반대 구석 지정 또는 [높이(H)/자리맞추기(J)/선 간격두기(L)/회전(R)/스타일(S)/폭(W)/열(C)]: P2
A ▼ MTEXT
```

따라하기 〉 여러 줄 문자 입력하기

1 문자를 입력할 영역을 지정할 대각선의 두 점(P1, P2)을 클릭합니다.

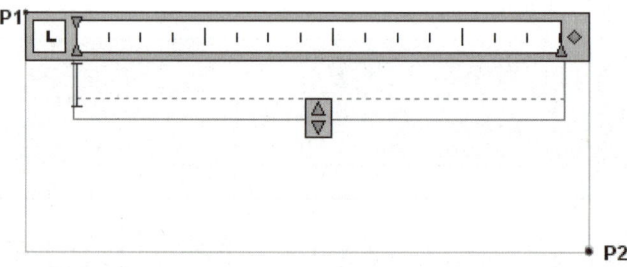

- 다음 그림처럼 리본 메뉴에는 [문자 편집기] 탭이 활성화되어 표시되고, 도면 영역에는 내부 문자 편집기가 표시됩니다.

- 내부 문자 편집기는 다음과 같은 구성을 가지고 있습니다.

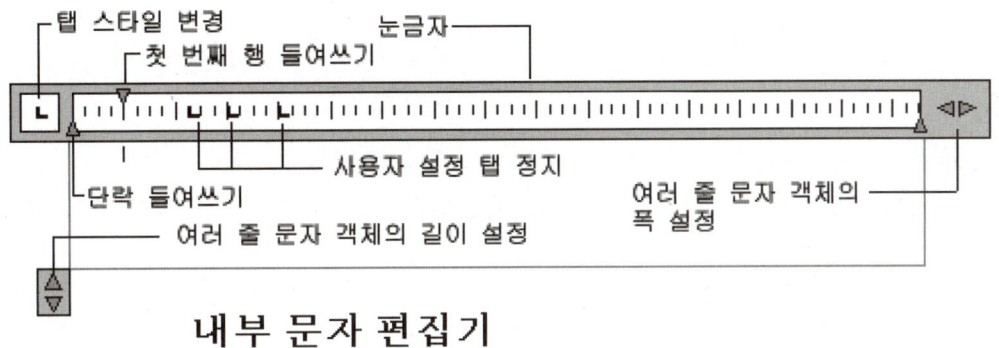

2 다음 그림처럼 여러 줄 문자열을 키보드로 입력합니다.

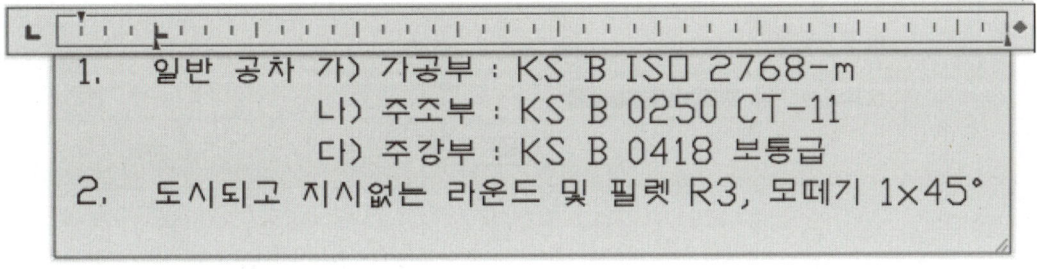

3 문자 입력을 완료하면, [문자 편집기] 탭 [닫기] 패널에서  [문자 편집기 닫기] 아이콘을 클릭합니다.

TIP〉 DTEXTED 혹은 MTEXTED 시스템 변수

0	내부 문자 편집기를 표시합니다.
1	문자 편집용 문자 편집 대화상자를 표시합니다.
2	문자 작성 및 편집을 위한 내부 문자 편집기를 표시합니다.

❑ DTEXTED 시스템 변수 = 0 또는 2

① [Text] 또는 [DTEXT]를 사용하여 작성된 문자는 문자 형식 도구막대 및 눈금자 없이 내부 문자 편집기를 표시합니다.
② [MTEXT]를 사용하여 작성된 문자의 경우 내부 문자 편집기가 표시됩니다.
③ 속성 정의(블록 정의 일부가 아님)의 경우 속성 정의 편집 대화상자가 표시됩니다.
④ 피처 공차 프레임의 경우 기하학적 공차 대화상자가 표시됩니다.

❑ DTEXTED 시스템 변수 = 1

① [Text] 또는 [DTEXT]로 작성된 문자는 '문자 편집' 대화상자가 표시됩니다.

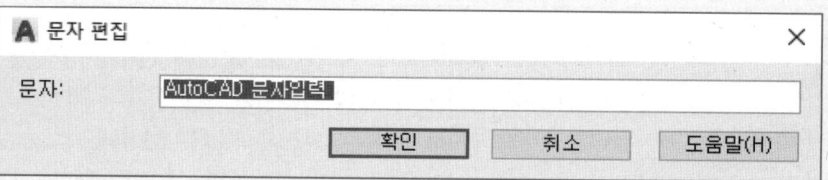

② MTEXT를 사용하여 작성된 문자의 경우 내부 문자 편집기가 표시됩니다.

디폴트 여러 줄 문자(MTEXT)의 대화상자는 복잡합니다. 만일 몇 줄의 다중 문자 입력 시 간단한 인터페이스의 대화상자가 더 편리할 경우가 있습니다.
따라서 복잡한 대화상자보다 간단한 대화상자를 선호한다면, 시스템 변수에 값을 변경함으로써 편리하게 다중 문자를 입력할 수 있습니다.

1.5 TEXTEDIT(문자 편집) 명령

- [단일 행 문자(TEXT)], [여러 줄 문자(MTEXT)] 또는 [여러 줄 지시선(MLEADER)]명령으로 작성된 문자들을 다른 객체처럼 수정할 수 있고, 이동, 회전, 지우기 및 복사할 수 있습니다. 문자는 다음의 두 가지 방법에 의해 수정할 수 있습니다.
- [TEXTEDIT(문자 편집)] 명령 - 단일행 문자, 여러 줄 문자, 치수 문자 그리고 속성 정의 및 기능 제어 프레임을 편집합니다.
- [PROPERTIES] 명령 - 특성 팔레트에서 문자 특성을 변경할 수 있습니다.
- [DDEDIT(문자 편집)] 명령은 구형으로 [TEXTEDIT] 명령을 호출 및 실행합니다.

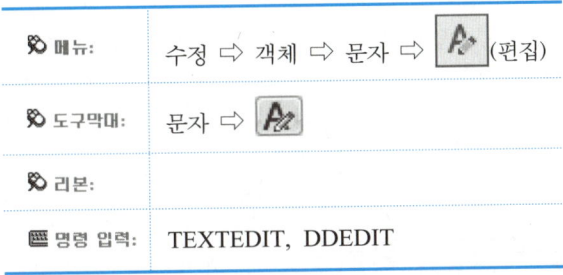

- 풀다운 메뉴에서 [수정] ⇨ [객체] ⇨ [문자] ⇨ [편집]을 클릭합니다.
- 명령 행에서 [TEXTEDIT] 혹은 [DDEDIT] 라고 입력합니다.

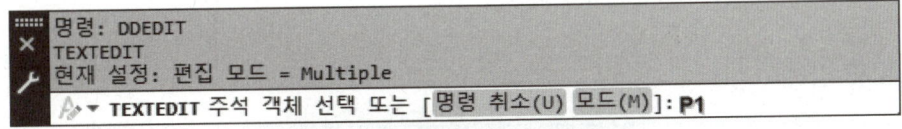

혹은

〈시스템 변수 DTEXTED = 1〉

1.6 MTEDIT(여러 줄 문자 편집) 명령

- [MTEDIT(여러 줄 문자 편집)] 명령은 여러 줄 문자를 편집합니다.
- 선택한 여러 줄 문자 객체의 형식 또는 내용을 수정할 수 있도록 리본에 [여러 줄 문자]탭을 표시하거나 내부 문자 편집기를 표시합니다.

메뉴:	
도구막대:	
리본:	
명령 입력:	MTEDIT

- 명령 행에서 [MTEDIT] 라고 입력하거나 여러 줄 문자 객체를 두 번 클릭합니다.

```
명령: _mtedit
명령: MTEDIT
MTEDIT 여러 줄 문자 객체 선택: P1
```

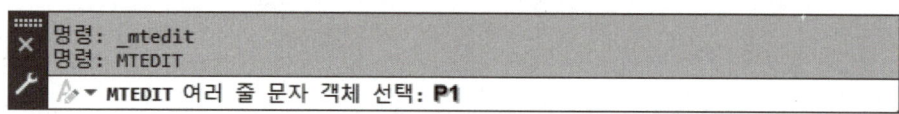

❏ 특수 문자 입력

입력코드	설명	입력 샘플	표시
%%O	문자 위 줄긋기	%%oHole	H̄ōl̄ē
%%U	문자 밑 줄긋기	%%uHole	Hole
%%D	각도 표시	45%%d	45°
%%P	공차 표시	20%%p5	20±5
%%C	지름 표시	%%c30	Ø30
%%%	퍼센트 표시	45%%%	45%
%%%nnn	ASCII 코드	%%100	d

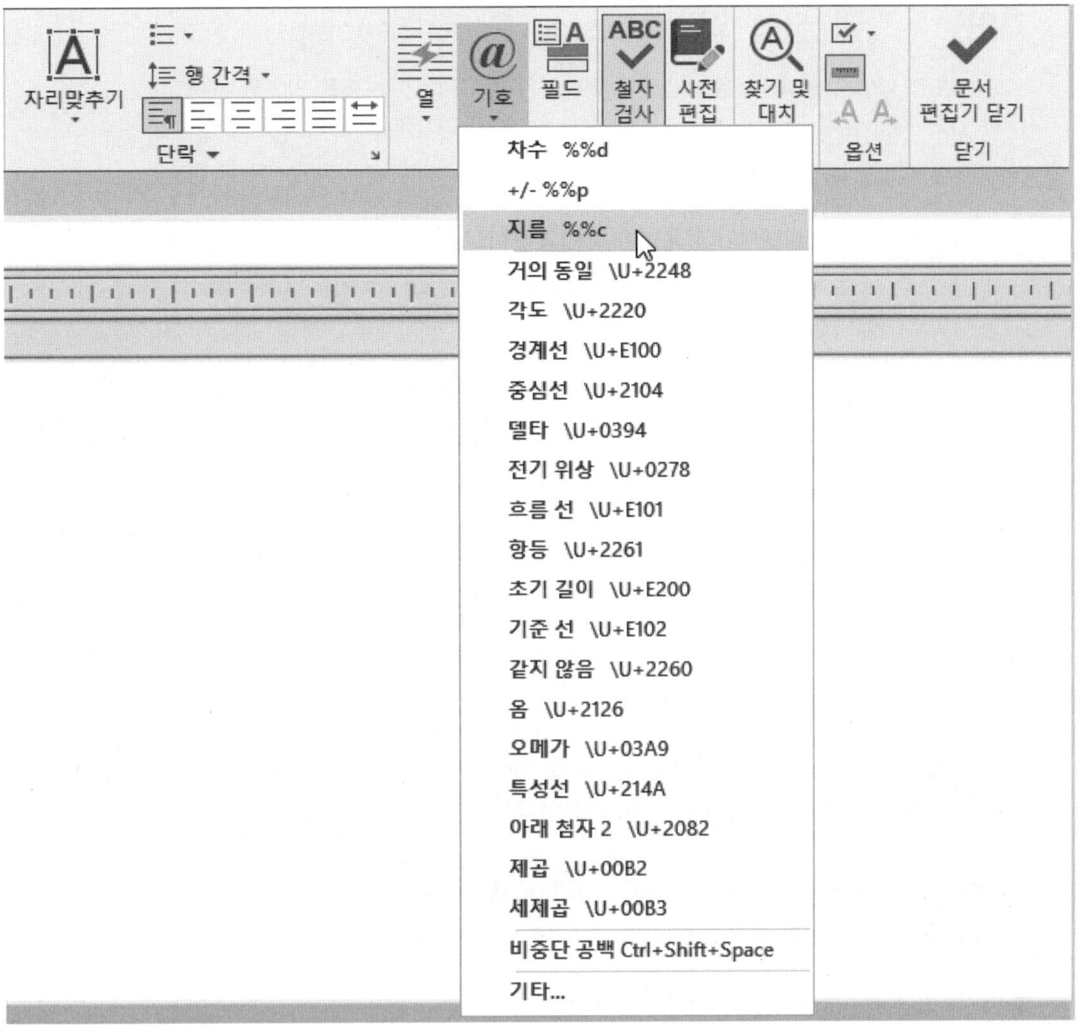

CHAPTER 8 문자, 해치 및 블록(Text, hatch and block)

차수 %%d
+/- %%p
지름 %%c
거의 동일 \U+2248
각도 \U+2220
경계선 \U+E100
중심선 \U+2104
델타 \U+0394
전기 위상 \U+0278
흐름 선 \U+E101
항등 \U+2261
초기 길이 \U+E200
기준 선 \U+E102
같지 않음 \U+2260
옴 \U+2126
오메가 \U+03A9
특성선 \U+214A
아래 첨자 2 \U+2082
제곱 \U+00B2
세제곱 \U+00B3
비중단 공백 Ctrl+Shift+Space
기타...

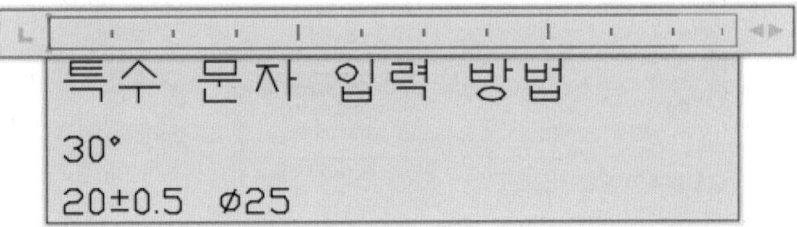

TIP]〉 누락된 글꼴 맵핑(Missing Font Mapping)

외부 도면 파일을 열 때, 다음과 같은 대화상자가 표시된다면, 도면을 열면서 AutoCAD가 검색한 결과 해당 폰트 파일이 컴퓨터 AutoCAD Fonts(폰트) 폴더에 없기 때문에 발생합니다.

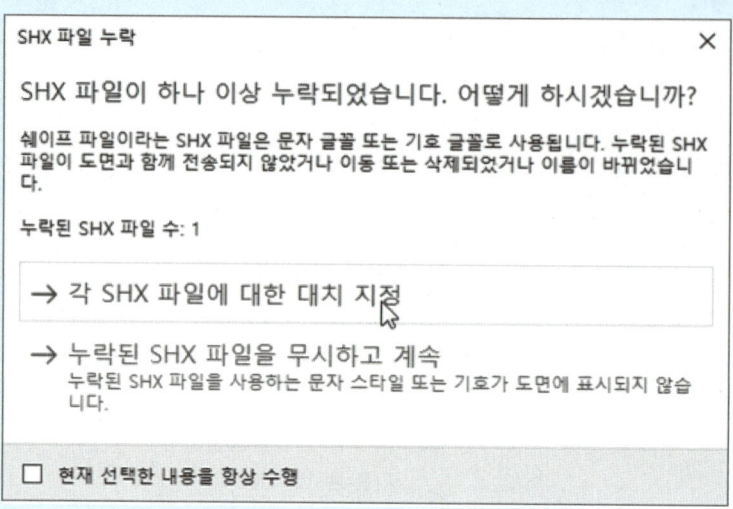

이 문제를 해결하는 두 가지 방법이 있습니다.

① 도면 파일 작성자로부터 누락된 해당 폰트 파일을 요구해서 컴퓨터 AutoCAD 폰트(Fonts) 폴더에 복사한 후 다시 이 도면 파일을 엽니다.

② [각 SHX 파일에 대한 대치 지정] 항목을 클릭하고, 다음 대화상자에서 'w'로 시작하는 4개의 한글폰트 중 하나(whgtxt.shx - 한글 단선 고딕)를 선택한 후 [확인] 버튼을 클릭하면, 선택한 한글 폰트로 대체되면서 도면은 정상적으로 열리게 됩니다.

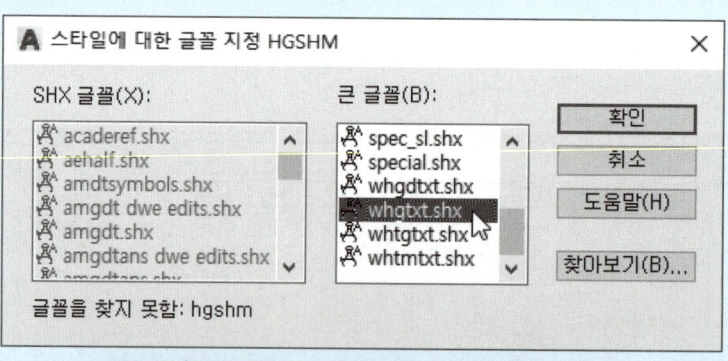

실습과제 42〉 다음 지시대로 문자를 입력합니다.

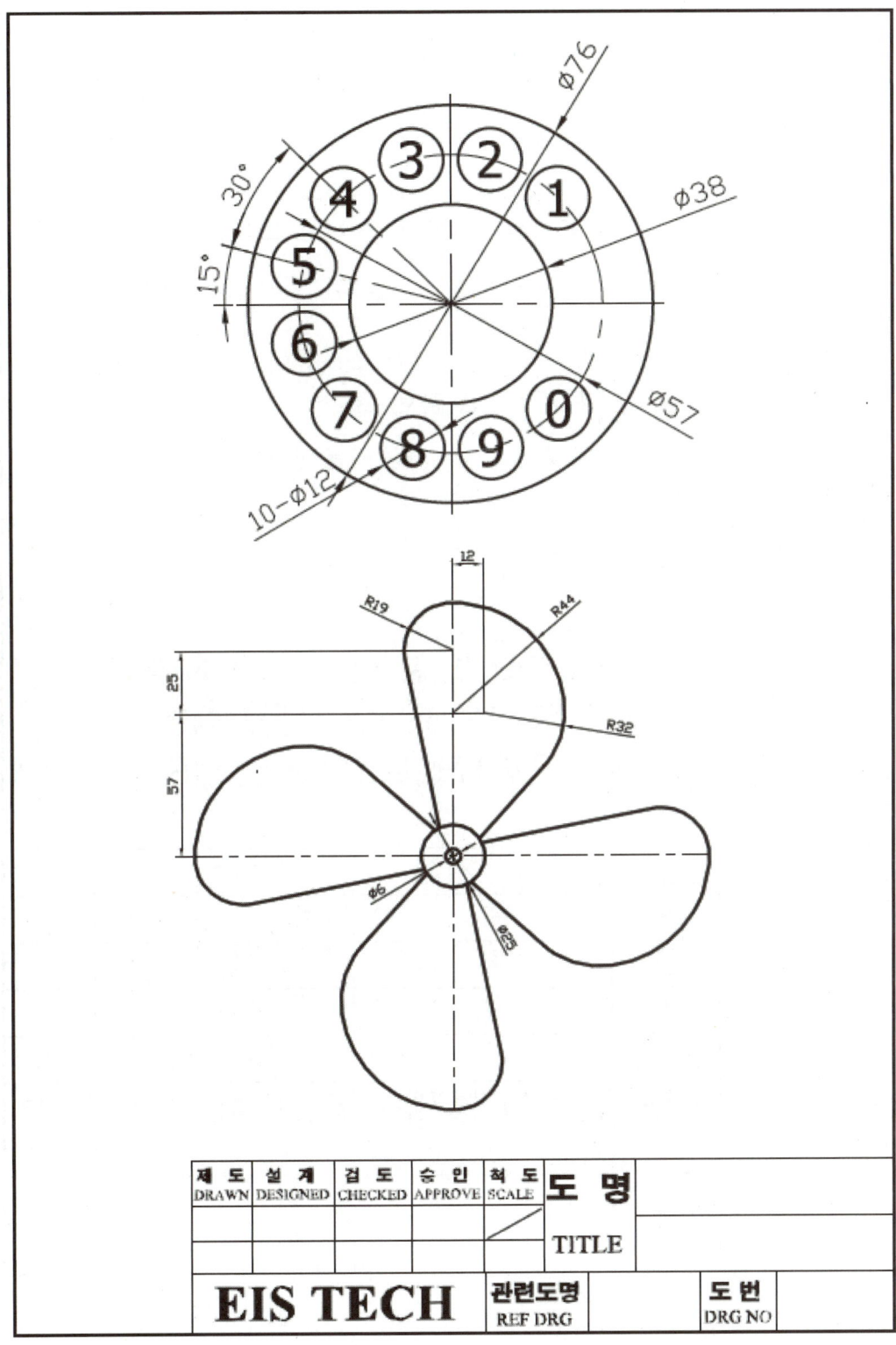

실습과제 43〉 다음 지시대로 문자를 입력합니다.

주 석

1. 일반 공차 가)가공부 : KS B ISO 2768-m
   　　　　　나)주조부 : KS B 0250 CT-11
   　　　　　다)주강부 : KS B 0418 보통급
2. 도시되고 지시없는 라운드 및 필렛R3, 모떼기1×45°
3. 일반 모떼기 0.2×45°
4. ---- 열처리 H$_R$C55$_{±0.2}$ (품번 3)
5. ✓부 외면 명회색 도장후 가공 (품번 1, 2)
6. 기어 치부 열처리 H$_R$C55$_{±0.2}$
7. 표면 거칠기

   ✓ = ✓ , - , -
   ^{W}✓ = $^{12.5}$✓ , Ry50, Rz50   , N10
   ^{x}✓ = $^{3.2}$✓ , Ry12.5, Rz12.5 , N8
   ^{y}✓ = $^{0.8}$✓ , Ry3.2, Rz3.2   , N6

5	스퍼 기어	SCM 415	2	
3	축	SM 45C	1	
2	하우징 커버	SC 49	1	
1	하 우 징	SC 49	1	
품 번	품　　　　명	재 질	수 량	비 고

EIS TECH 설계제도 / CAD 학습과제				
척도	각법	도　　명	제　　도	도 번
1:2	3		성 명	
			일 자	

02 해치 작업(HATCHING)

2.1 해치 개요(Hatch Overview)

- AutoCAD는 도면의 높은 가독성을 위해서 조립품의 구성 요소를 구별하거나 부품 재질 및 재료를 나타내는데 사용하는 솔리드 채우기 및 50개가 넘는 산업 표준(Industrial Standard) 해치 패턴(Hatch pattern)을 제공합니다.
- 또한 AutoCAD에서는 ISO(International Standards Organization) 표준을 따르는 14개의 해치 패턴을 제공합니다.
- ISO 패턴을 선택하는 경우 펜 폭을 지정할 수 있으며, 이 펜 폭에 따라 패턴의 선가중치가 결정됩니다.
- 도면에서 객체의 단면을 도시할 때 필히 해치를 표시해야 합니다.

  단면(Section plane)에 해치(Hatch)를 할 때에는 다음과 같이 작도합니다.

  ① 해칭선은 가는 실선으로 해칭선의 각도는 45°를 원칙으로 합니다.

  ② 같은 간격으로 그리고 단면의 크기에 따라 간격을 적절히 조절합니다.

  ③ 같은 부품의 단면은 같은 방법으로 해칭합니다.

  ④ 서로 다른 부품의 단면이 인접해 있을 때는 해칭선의 각도를 서로 반대로 하거나 간격을 다르게 표시합니다.

  ⑤ 해치 부분에 문자, 기호 등을 기입할 때에는 그 부분의 해칭선을 자릅니다.

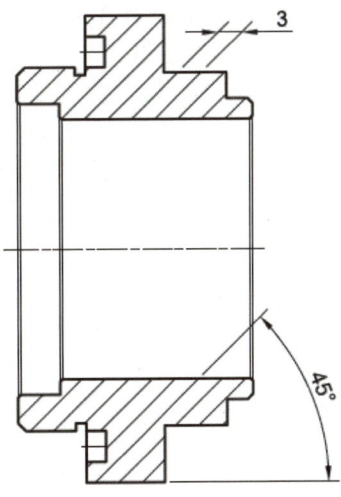

2.2 HATCH, BHATCH(해치) 명령

- 해치, 솔리드 채우기, 또는 그라데이션으로 닫힌 영역이나 선택된 객체를 채웁니다.

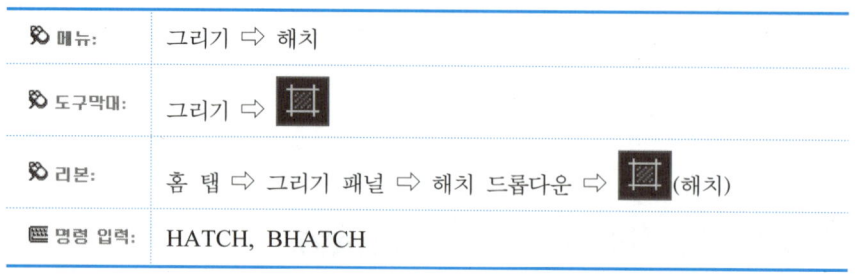

- 리본 [홈] 탭 [그리기] 패널에서 [해치] 아이콘을 클릭합니다.

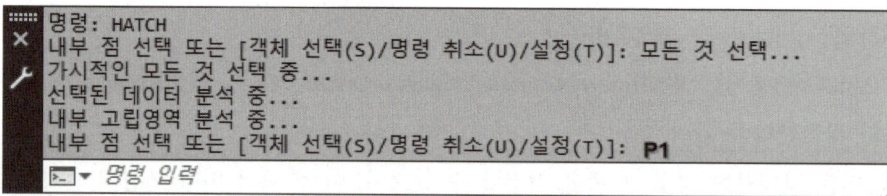

- 다음 그림처럼 리본 [해치 작성] 탭 [패턴] 패널에서 [ANSI31]을 클릭합니다.

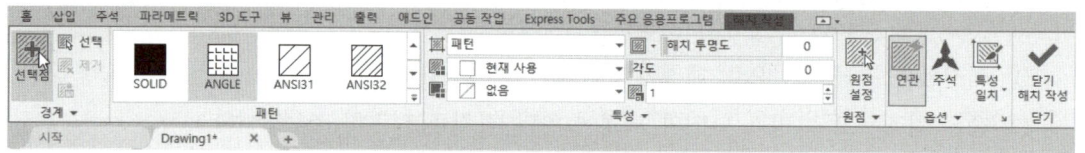

- [경계] 패널에서 [선택점] 아이콘을 클릭한 후 다음 그림처럼 P1 지점을 클릭합니다.

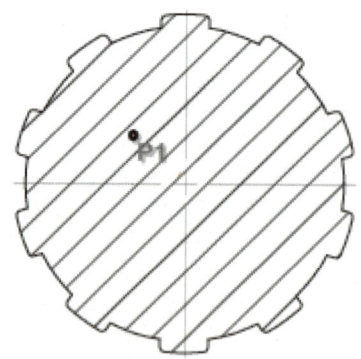

CHAPTER 8 문자, 해치 및 블록(Text, hatch and block)

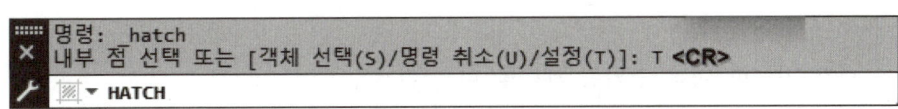

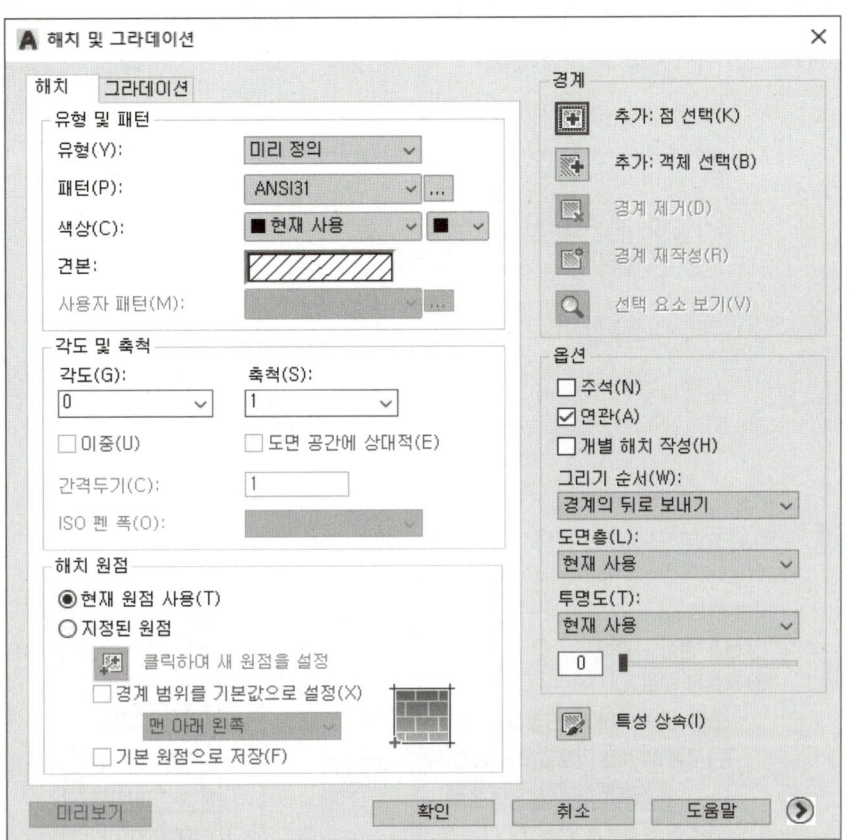

❏ 유형 및 패턴

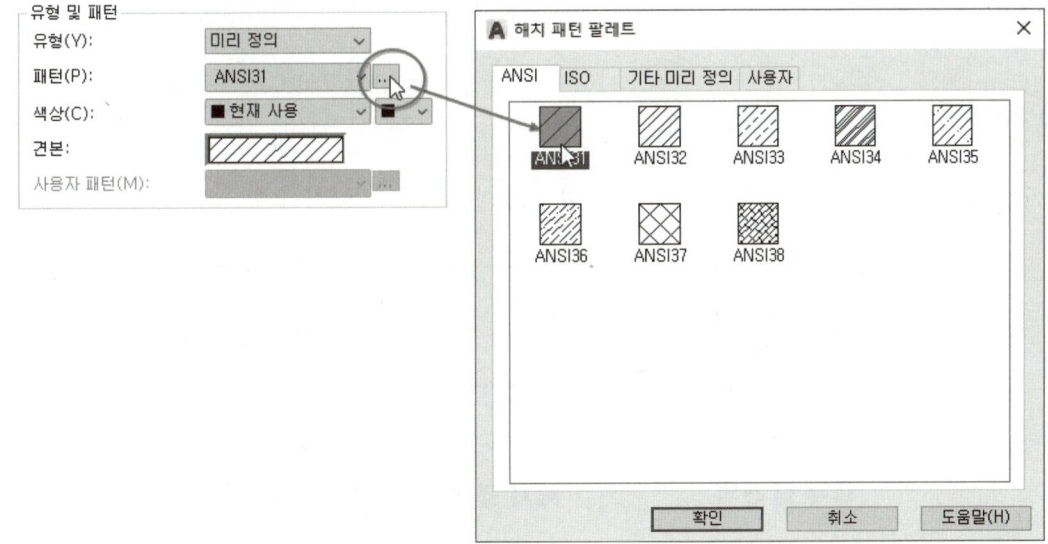

- 유형 - 패턴 유형을 설정합니다.
- 패턴 - 사용 가능한 미리 정의된 패턴을 나열합니다.
- 색상 - 해치 패턴 및 솔리드 채우기에 대해 지정된 색상으로 현재 색상을 재지정합니다.
- 견본 - 미리보기 이미지를 표시합니다.

❏ 각도 및 축척 – 선택된 해치 패턴의 축척 및 각도를 지정합니다.

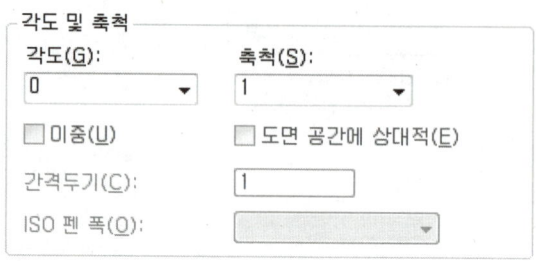

❏ 해치 원점 – 해치 패턴 생성의 시작위치를 조정합니다.

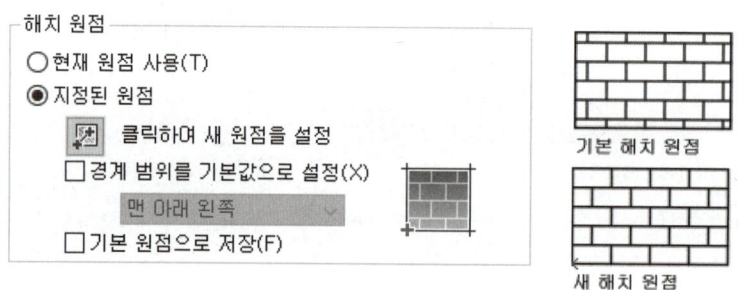

❏ 미리보기 – 대화상자를 닫고 현재 해치 또는 채우기 설정 값으로 현재 정의된 경계를 표시합니다.

❏ 경계 – 해치 경계를 결정합니다.

- [추가: 점 선택] - 도면에 있는 닫힌 도형의 내부를 선택합니다.

- ![icon] [추가: 객체 선택] - 선택된 객체에서 닫힌 영역을 구성하는 경계를 결정합니다.

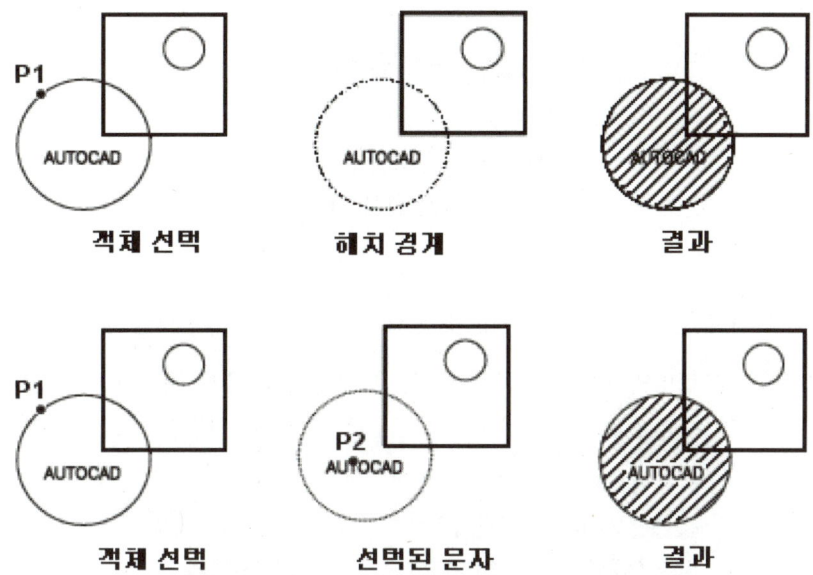

- ![icon] [경계 제거] - 이전에 추가된 객체를 경계정의에서 모두 제거합니다.

❏ 옵션 – 일반적으로 사용되는 해치 또는 채우기 옵션들을 조정합니다.

- 주석 - 해치를 주석으로 지정합니다.
- 연관 - 해치 또는 채우기가 연관인지 비연관인지를 조정합니다.
- 개별 해치 작성 - 여러 개별 닫힌 경계를 지정할 경우, 단일 해치 객체 또는 복수 해치 객체를 작성하는지 여부를 조정합니다.
- 그리기순서 - 해치 또는 채우기에 그리기 순서를 지정합니다.
- 도면층 - 지정한 도면층에 새 해치 객체를 지정하여 현재 도면층을 재지정합니다.
- 투명도 - 새 해치 또는 채우기에 대해 투명도 레벨을 설정하여 현재 객체 투명도를 재지정합니다.

❑ 특성 상속 – 선택된 해치 객체의 해치 또는 해치 채우기 특성을 사용하여 지정된 경계를 해치 하거나 채웁니다.

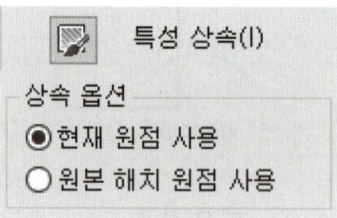

❑ 고립영역 – 최외각 경계내에 있는 객체 해치 또는 해치 채우기에 사용할 방법을 지정합니다.

- 고립영역탐지 - 고립영역이라고 불리는 내부 닫힌 경계를 탐지 여부를 조정합니다.

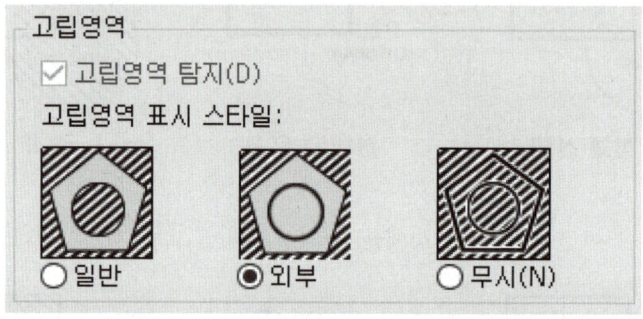

❑ 경계유지 – 경계를 객체로 유지할지 여부를 지정하며 이러한 객체에 적용하는 객체 유형을 결정합니다.

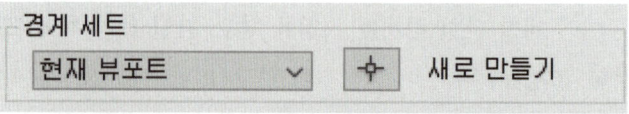

❑ 경계세트 – 지정된 점으로부터 경계를 정의할 때 분석하는 객체 세트를 정의합니다.

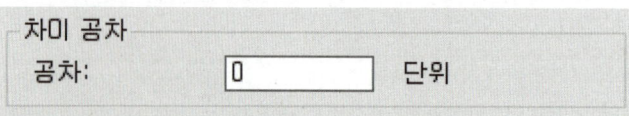

❑ 차이 공차 – 객체가 해치 경계로 사용될 때 무시할 수 있는 차이의 최대 크기를 설정합니다.

따라하기 〉 해치 작업하기

1 다음 형상을 작도합니다.

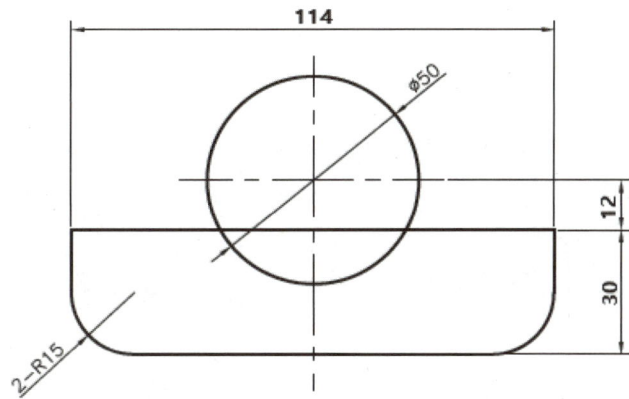

2 리본 [홈] 탭 [그리기] 패널에서 [해치] 아이콘을 클릭합니다.

```
명령: HATCH
내부 점 선택 또는 [객체 선택(S)/명령 취소(U)/설정(T)]: 모든 것 선택...
가시적인 모든 것 선택 중...
선택된 데이터 분석 중...
내부 고립영역 분석 중...
내부 점 선택 또는 [객체 선택(S)/명령 취소(U)/설정(T)]: P1
명령 입력
```

3 다음 그림처럼 리본 [해치 작성] 탭 [패턴] 패널에서 [ANSI31]을 클릭합니다.

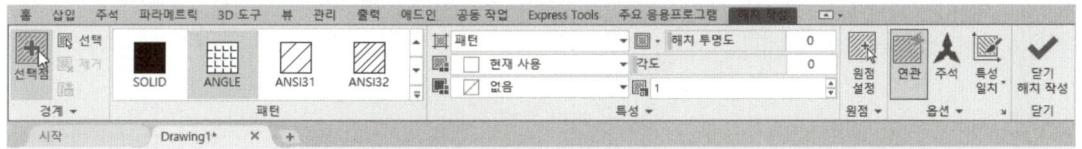

- [경계] 패널에서 [선택점] 아이콘을 클릭한 후 다음 그림처럼 P1 지점을 클릭합니다.

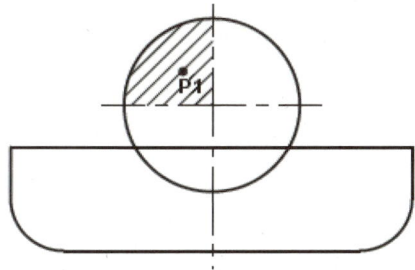

5 리본 [홈] 탭 [그리기] 패널에서 [해치] 아이콘을 클릭합니다.

- [T] 옵션을 입력해서 '해치 및 그라데이션' 대화상자를 호출합니다.

- 대화상자에서 [특성 상속] 버튼을 클릭하고, 도면 영역에서 방금 전에 작성한 해치 패턴

(ANSI31)을 선택(P1)합니다.

- ⊞ [추가: 점 선택] 버튼을 클릭하고, 다음 그림처럼 P2 점을 클릭합니다.
- 해치 작업을 완료하기 위해 [엔터] 키를 누릅니다.

```
명령: _hatch
내부 점 선택 또는 [객체 선택(S)/명령 취소(U)/설정(T)]: T
내부 점 선택 또는 [객체 선택(S)/명령 취소(U)/설정(T)]:
해치 객체 선택: P1
내부 점 선택 또는 [객체 선택(S)/명령 취소(U)/설정(T)]: P2 모든 것 선택..
가시적인 모든 것 선택 중...
선택된 데이터 분석 중...
내부 고립영역 분석 중...
내부 점 선택 또는 [객체 선택(S)/명령 취소(U)/설정(T)]: <CR>
```

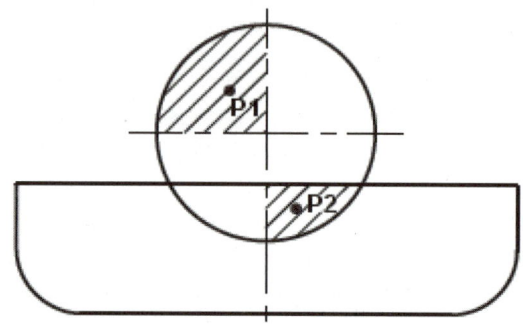

2.3 HATCHEDIT(해치 편집) 명령

- [HATCHEDIT(해치 편집)] 명령은 기존 해치 또는 채우기를 수정합니다.

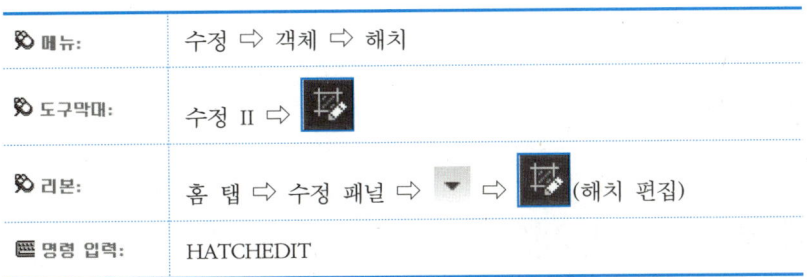

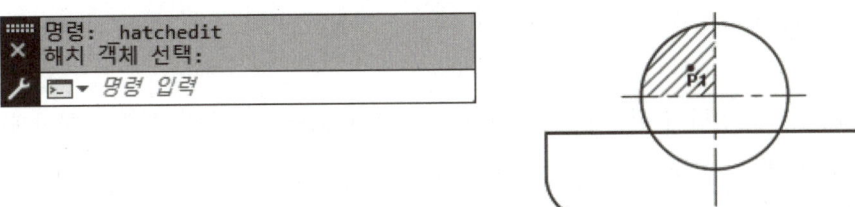

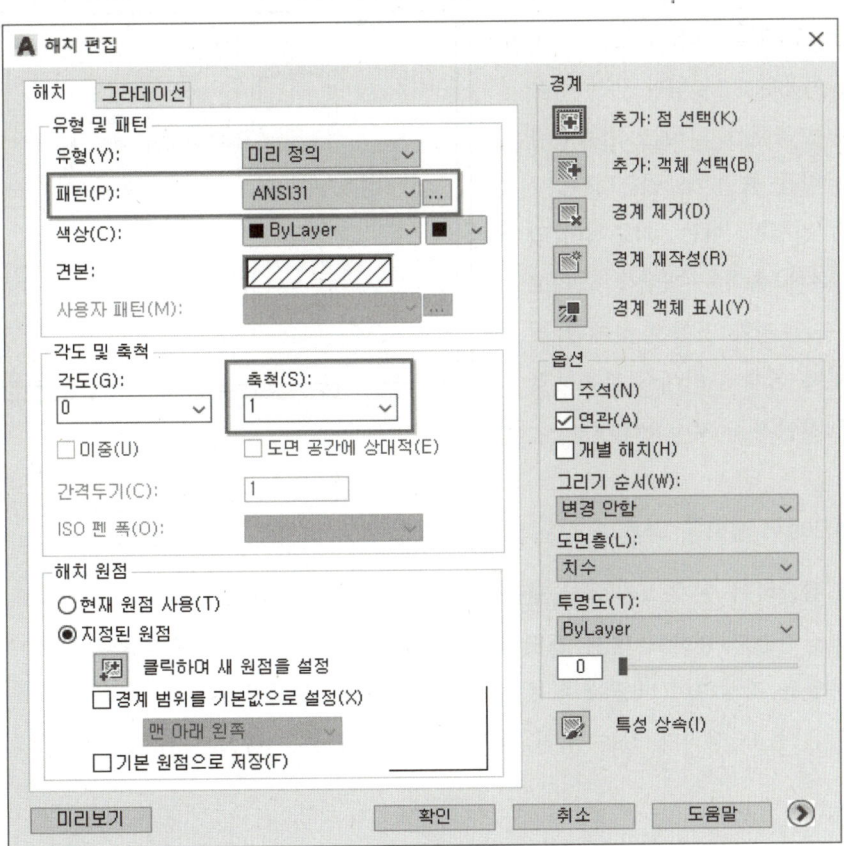

03 블록(Block) 이용하기

3.1 블록(Block) 개요

- 블록(Block)은 AutoCAD에서 보다 쉽게 도면 작업을 가능하게 해 주는 그룹(Group) 혹은 복합 객체(Complex Object)입니다.
- 블록은 반복해서 빈번하게 사용하는 객체(Object) 혹은 도형을 고유한 이름을 지정해서 도면 내부 혹은 하드 디스크 폴더에 저장해 놓고, 새 도면을 작성할 때 필요 시 이름으로 검색해서 도면에 삽입해서 도면을 쉽고 빠르게 그릴 수 있습니다.
- 블록을 이용하면, 동일한 객체 혹은 도면을 반복해서 그리는 번잡함과 시간 낭비를 줄일 수 있습니다.
- 블록을 정의할 때는 기준점(삽입점), 블록에 속하는 객체를 그리고 객체들을 유지할 것인지 삭제할 것인지 또는 현재 도면에서 블록으로 변환할 것인지를 지정합니다.

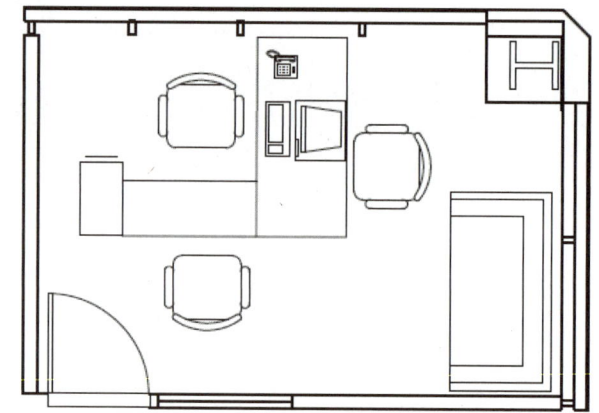

❏ AutoCAD에서 블록은 다음과 같은 다양한 방법으로 작성할 수 있습니다.

- 객체를 결합하여 현재 도면에서 블록 정의를 작성합니다(내부 블록).
- 블록 편집기를 사용하여 현재 도면의 블록 정의에 동적 동작을 추가합니다.
- 도면 파일을 작성하여 나중에 다른 도면에 블록으로 삽입합니다.
- 여러 관련 블록 정의가 있는 도면 파일을 작성하여 블록 라이브러리로 사용합니다.

3.2 블록의 색상 및 선종류 특성 조정

- 삽입된 블록의 객체는 원래 특성을 유지하거나 삽입된 도면층에서 특성을 상속 하거나 도면의 현재 특성으로 설정된 특성을 상속할 수도 있습니다.
- 도면에 블록을 삽입할 때 블록에 있는 객체의 색상, 선종류 및 선가중치는 도면의 현재 설정 값에 관계없이 원래 설정 값을 유지합니다.
- 현재 색상, 선종류 및 선가중치 설정 값을 상속하는 객체로 블록을 작성할 수 있습니다. 이 객체는 부동 특성을 가지고 있습니다.
- 블록 참조가 도면에 삽입될 때 객체의 색상, 선종류 및 선가중치 특성을 처리하는 방법에는 다음과 같은 세 가지 선택사항이 있습니다.

① 블록에 속해 있는 객체가 현재 설정 값에서 색상, 선종류 및 선가중치 특성을 상속 하지 않습니다. 블록에 속해 있는 객체의 특성이 현재 설정 값에 관계없이 변경되지 않습니다. 이러한 선택 사항의 경우 블록 정의에서 각 객체의 색상, 선종류 및 선가중치 특성을 개별적으로 설정하는 것이 좋습니다. 이러한 객체를 작성할 때는 'ByBlock' 또는 'ByLayer' 색상, 선종류 및 선가중치 설정을 사용하지 않습니다.

② 블록에 속해 있는 객체는 현재 도면층에만 지정된 색상, 선종류 및 선가중치의 해당 특성을 상속합니다. 이 경우 블록 정의에 포함할 객체를 작성하기 전에 현재 도면층을 '0'으로 설정하고, 현재 색상, 선종류 및 선가중치를 'ByLayer'로 설정합니다.

③ 객체는 현재 도면층에 지정된 색상, 선종류 또는 선가중치를 재지정 하도록 명시적으로 설정한 현재 색상, 선종류 및 선가중치에서 해당 특성을 상속합니다. 해당 특성을 명시적으로 설정하지 않은 경우, 이러한 특성은 현재 도면층에 지정된 색상, 선종류 및 선가중치에서 상속됩니다. 이 선택 항목의 경우, 블록 정의에 포함할 객체를 작성하기 전에 현재 색상 또는 선종류를 'ByBlock' 으로 설정하는 것이 바람직합니다.

블록에 있는 객체가 다음 사항을 따르기를 원할 때	다음 도면층에서 객체 작성	다음 특성으로 객체 작성
원래 특성 유지	0을 제외하고 전체	ByBlock 혹은 ByLayer 제외하고 전체
현재 도면층에서 특성 상속	0(영)	ByLayer
개별 특성을 먼저 상속한 다음 도면층 특성 상속	전체	ByBlock

3.3 블록의 유형

1) 내부 블록(Internal Block)

- 현재 활성 도면에서만 삽입할 수 있는 블록을 내부 블록이라고 하고, 일반적으로 이것을 흔히 블록이라고 합니다.
- 내부 블록은 그 블록 정의를 포함하고 있는 도면(DWG) 파일에만 삽입할 수 있는 블록입니다.
- 모든 도면 파일에는 '블록 정의 테이블'이라고 하는 숨겨진 데이터 영역이 있습니다. 블록 정의 테이블에는 모든 블록 정의(Block Definition)가 저장되며, 블록 정의는 블록과 연관된 모든 정보로 구성됩니다. 도면에 블록을 삽입하면, 이 블록 정의가 참조(Reference)됩니다.(자세한 내용은 DXF 매뉴얼 혹은 자료 참고).

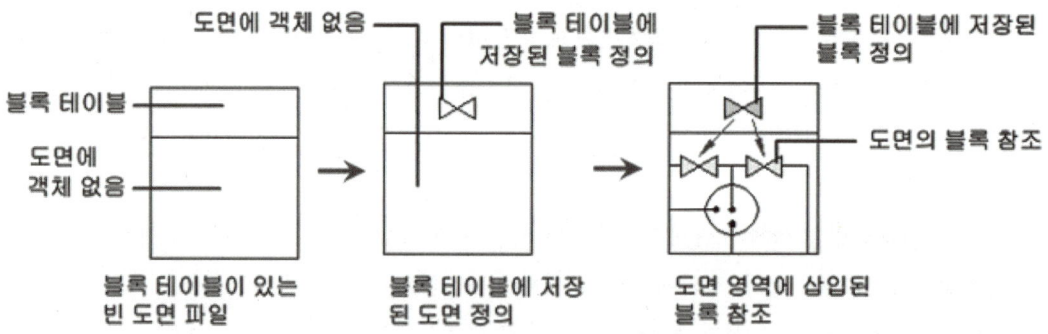

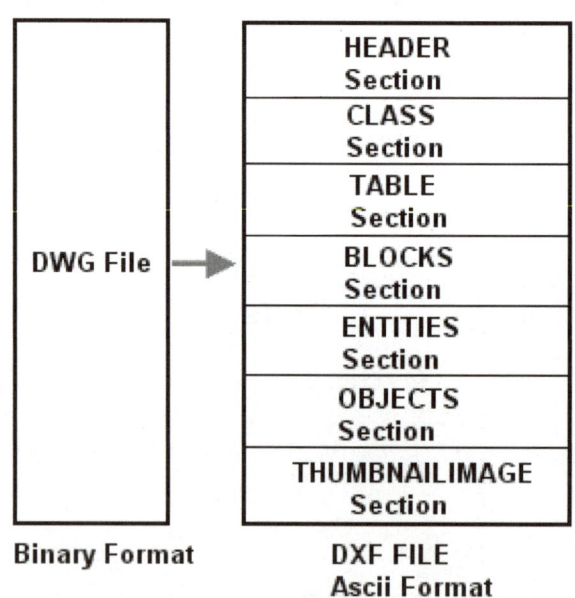

2) 외부 블록(External Block)

- 블록을 작성해서 하나의 고유한 이름의 .DWG 파일로 하드 디스크에 지정된 폴더를 지정해서 저장할 수 있는데 이것을 외부 블록이라고 합니다.
- 외부 블록은 모든 도면 파일에 블록 참조로 삽입할 수 있습니다.
- 개별 도면을 저장하거나 [Wblock] 명령으로 블록을 만들면, 하나의 외부 블록으로 저장할 수 있습니다. 즉 하나의 저장된 도면(DWG) 파일은 외부 블록으로 이용 가능하므로 다른 도면에 블록으로 삽입할 수도 있습니다.
- 개별 도면 파일은 블록 정의 원본으로의 관리 및 작성이 용이합니다. 기호 집합은 개별 도면 파일로 저장할 수도 있고 폴더에 그룹으로 저장할 수도 있습니다.

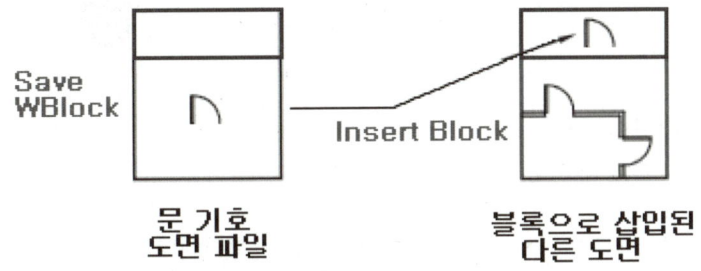

- 다음은 내부 및 외부 블록을 비교한 내용입니다.

	내부 블록	외부 블록
블록 정의 명령	BLOCK	WBLOCK
블록 참조 명령	BLOCKSPALETTE(INSERT)	
저장 장소	블록 테이블	도면 파일(DWG)
이용 범위	저장된 도면	모든 도면 파일

3.4 BLOCK(블록 만들기) 명령

- [BLOCK(블록 만들기)] 명령은 선택한 객체로 블록 정의를 작성합니다.

- 풀다운 메뉴에서 [그리기] ⇨ [블록] ⇨ [만들기]를 클릭합니다.
- 명령 행에서 [BLOCK] 이라고 입력합니다.

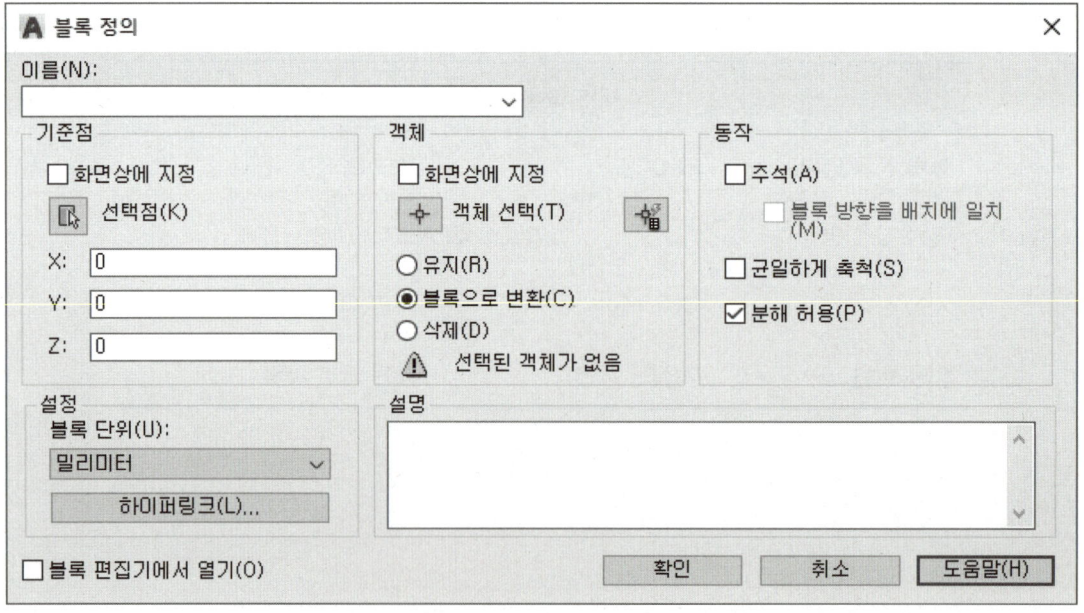

옵션	설명
이름	작성할 블록의 이름을 입력합니다. 이름은 최대 255자를 포함할 수 있으며, 문자, 숫자, 공백 그리고 운영 체제 또는 이 프로그램에서 다른 목적으로 사용하지 않는 특수 문자를 포함할 수 있습니다. 블록 이름 및 정의는 현재 도면에 저장됩니다.

기준점	기준점은 블록의 삽입점입니다.
	삽입점은 블록이 삽입될 때 작업자의 참조점이 됩니다.
	기본값은 0,0,0(원점)입니다.
	• 화면상에 지정 : 대화상자가 닫히면 기준점을 지정하라는 프롬프트가 표시됩니다.
	• (선택점) – 삽입 기준점을 현재 도면에 지정할 수 있도록 대화상자를 임시로 닫습니다.
	  – X : X 좌표값을 지정합니다.
	  – Y : Y 좌표값을 지정합니다.
	  – Z : Z 좌표값을 지정합니다.

설정	블록 참조에 대한 삽입 단위를 지정합니다. • 블록 단위 – 블록 참조에 대한 삽입 단위를 지정합니다. • 하이퍼링크 – 하이퍼링크를 블록 정의에 연관시킬 수 있는 하이퍼링크 삽입 대화상자를 엽니다.
블록 편집기에서 열기	블록 편집기에서 현재 블록 정의가 열립니다.
객체	블록에 포함될 엔티티들을 선택하기 위한 영역입니다. 블록을 만든 이후에 엔티티들을 어떻게 처리해야 하는가 하는 세 개의 설정이 있습니다. • 화면상에 지정 – 대화상자가 닫히면 객체를 지정하라는 프롬프트가 표시됩니다. • (객체 선택) – 블록에 사용할 객체를 선택하는 동안 블록 정의 대화상자를 임시적으로 닫습니다. 객체 선택을 마친 뒤 [엔터] 키를 눌러 블록 정의 대화상자를 다시 표시합니다. • (신속 선택) – 신속 선택 대화상자를 표시하여 선택 세트를 정의합니다. • 유지 – 블록을 작성한 후 선택된 객체를 도면내의 별개의 객체로 유지합니다. • 블록으로 변환 – 블록을 작성한 후 선택된 객체를 블록 복제로 변환합니다. • 삭제 – 블록을 작성한 후 선택된 객체를 도면에서 삭제합니다.
동작	블록의 동작을 지정합니다. • 주석 – 블록이 주석임을 지정합니다. • 균일하게 축척 – 블록 참조가 균일하게 축척될지 여부를 지정합니다. • 분해 허용 – 블록 참조를 분해 여부를 지정합니다.
설명	블록에 대한 간단한 문자 설명을 입력합니다.

따라하기 〉 내부 블록 만들기

1 다음 도형을 작도하고, 형상은 '0(Zero)' 도면층에 치수는 'DIM' 도면층에 작도합니다. 작도가 완료되면 'DIM' 도면층을 끄기 합니다.

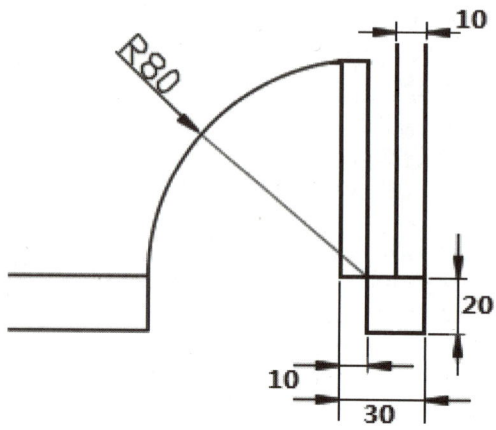

2 리본 [홈] 탭 [블록] 패널에서 [블록 작성] 아이콘을 선택합니다.

블록 정의 대화상자의 이름 에디터박스에 [Door] 라는 블록의 이름을 입력합니다.

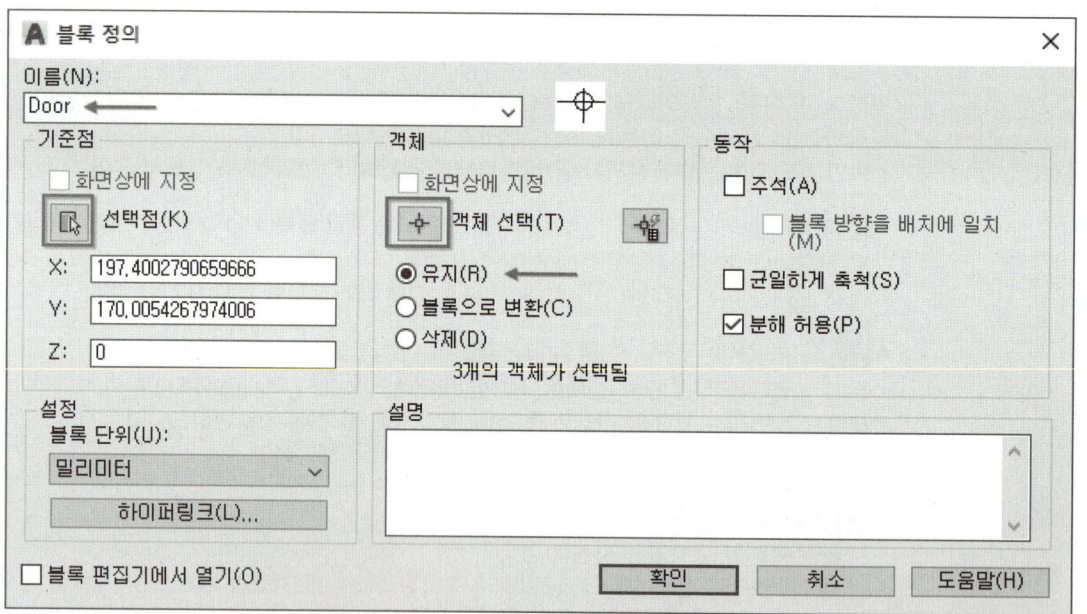

3 대화상자 기준점 영역에서 [선택점]을 클릭하고 기준점으로 'P1' 을 지정합니다.

4 객체 영역에서 [객체 선택] 버튼을 클릭하고, 블록을 구성하는 엔티티 P2, P3, P4, P5, P6들을 선택하고 [유지] 버튼을 체크합니다.

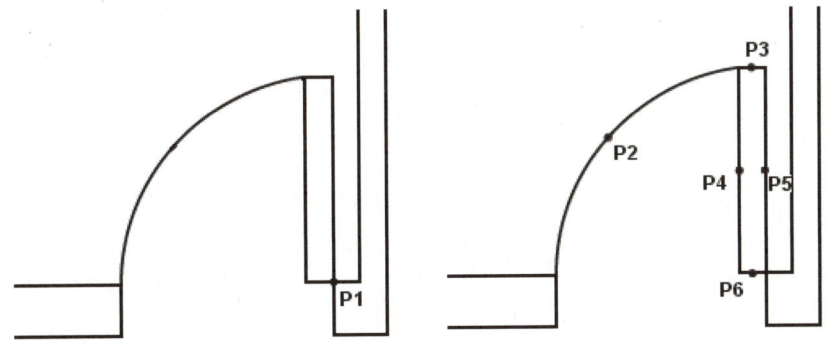

5 '블록 정의' 대화상자에서 [확인] 버튼을 클릭합니다.

이제 도면 파일에는 'Door' 라고 하는 내부 블록이 작성되었습니다.

6 나중 사용을 위해 도면 파일을 [BLOCK-INSERT] 이름으로 저장합니다.

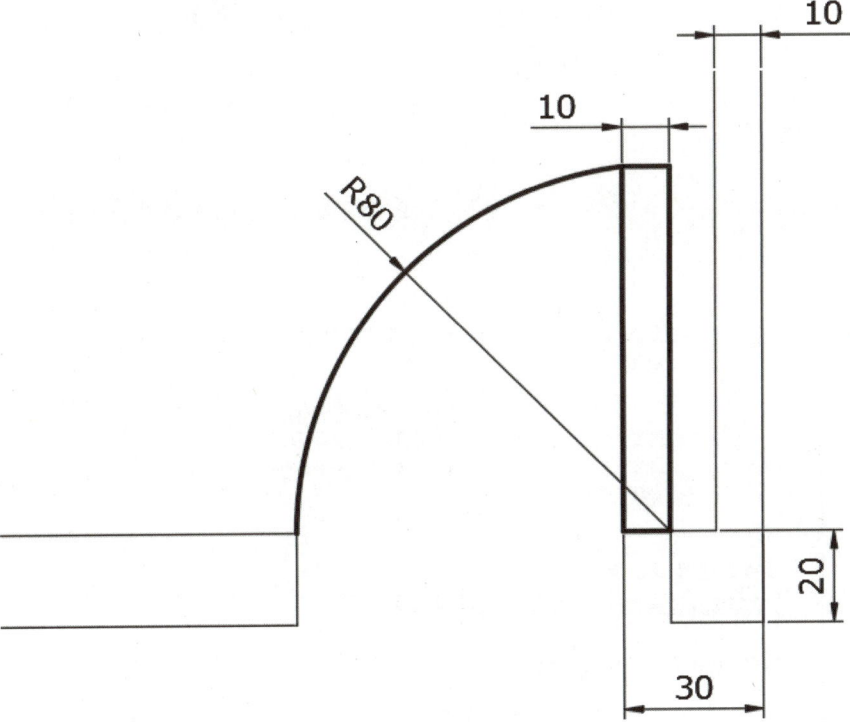

3.5 Wblock(외부 블록 만들기) 명령

- [Wblock(블록 쓰기)] 명령은 선택한 객체를 저장하거나 블록을 지정한 도면 파일로 변환합니다.
- '블록 쓰기' 대화상자에서 현재 도면의 일부분을 다른 도면 파일로 저장하거나 지정한 블록 정의를 별도의 고유한 이름의 도면 파일로 하드 디스크 폴더에 저장하는 편리한 방법을 제공합니다.

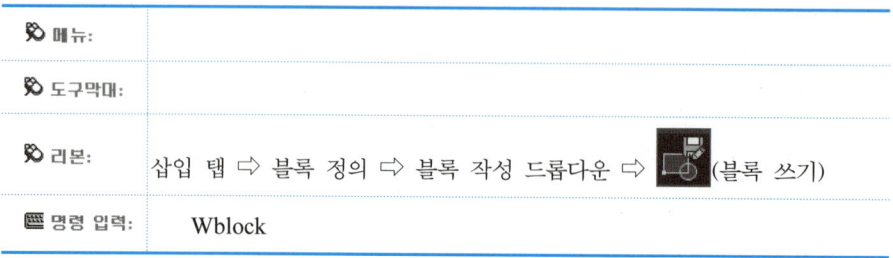

- 리본 [삽입] 탭 [블록 정의] 패널에서 [블록 작성] 드롭다운에서 [블록 쓰기]를 클릭합니다.
- 명령 행에서 [Wblock] 이라고 입력합니다.

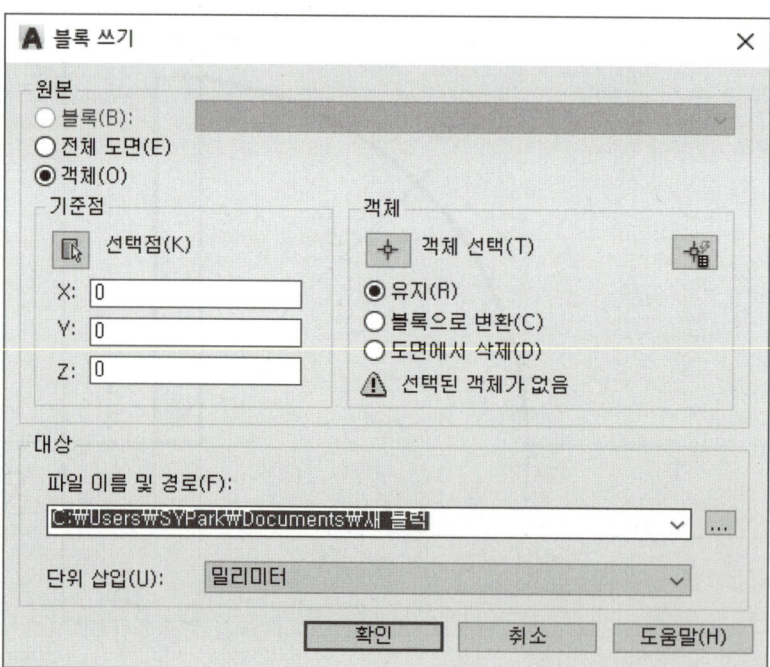

옵션	설 명
원본	객체에 삽입점을 지정하고, 블록으로 선택해서 파일로 저장합니다.
원본/블록	내부 블록을 외부 블록으로 만들기 위해서 파일로 저장할 기존 블록을 지정합니다.
원본/전체 도면	전체 도면을 외부 블록으로 만들기 위해서 현재 도면을 다른 파일로 저장하도록 선택합니다.
객체	일부 객체만 선택해서 외부 블록으로 만들기 위해서 기준점을 지정 하고, 객체를 선택합니다.
기준점 영역	블록의 삽입 기준점을 지정합니다. 기본값은 0,0,0입니다. • (선택점) – 블록의 삽입 기준점을 지정합니다. • 기준점의 X, Y, Z 좌표값을 지정합니다.
객체 영역	새 블록에 포함시킬 객체를 지정하고 블록을 작성한 후 선택된 객체를 유지할지, 삭제할지 아니면 블록 복제로 변환할지를 지정합니다. • (객체 선택) – 파일로 저장할 하나 이상의 객체를 선택할 수 있도록 대화상자를 잠시 닫습니다. • (신속 선택) – 선택 세트를 필터링할 수 있는 신속 선택 대화상자를 엽니다. • 유지 – 선택한 객체를 파일로 저장한 후 이들 객체를 현재 도면에 그대로 유지합니다. • 블록으로 변환 – 선택된 객체를 파일로 저장한 후에 현재 도면 내의 블록으로 변환합니다. • 도면에서 삭제 – 선택한 객체를 파일로 저장한 후 현재 도면에서 삭제합니다.
대상	파일의 새로운 이름 및 위치와 블록이 삽입될 때 사용될 측정 단위를 지정합니다. • 파일 이름 및 경로 – 블록 또는 객체를 저장할 파일 이름 및 경로를 지정합니다. • ... – 표준 파일 선택 대화상자를 표시합니다. • 삽입 단위 – 새 파일을 DesignCenter에서 끌어 오거나 다른 단위를 사용하는 도면에 블록으로 삽입할 경우 자동 축척에 사용될 단위 값을 지정합니다. 도면을 삽입할 때 자동 축척을 원하지 않으면, 단위 없음을 선택합니다.

따라하기〉 외부 블록 만들기

1 다음 다듬질 기호 도형을 작도합니다.

형상은 '0(Zero)' 도면층에 치수는 'DIM' 도면층에 작도합니다.

작도가 완료되면, 'DIM' 도면층의 '켜기'를 클릭해서 끕니다.

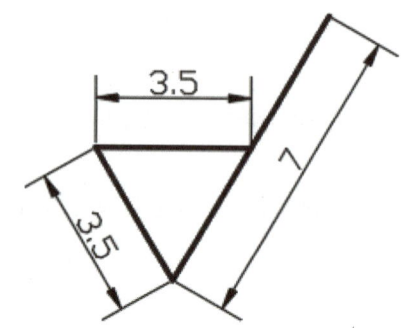

2 명령 행에 [Wblock] 이라고 입력하고 [엔터] 키를 누릅니다.

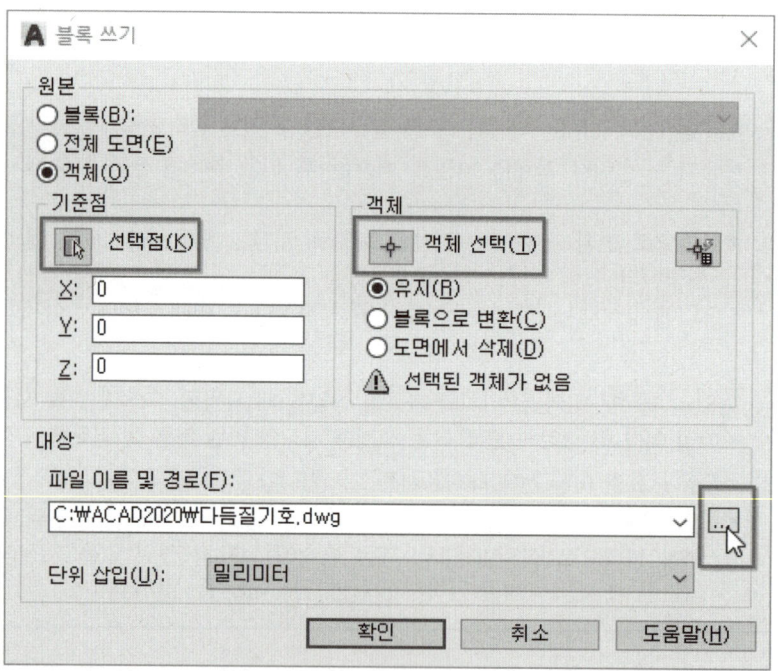

3 '블록 쓰기' 대화상자의 '파일 이름 및 경로' 우측 [...] 버튼을 클릭합니다.

'도면 파일 찾아보기' 대화상자의 '파일 이름' 영역에 [다듬질 기호]라는 블록의 이름을 입력합니다.

[저장] 버튼을 클릭합니다.

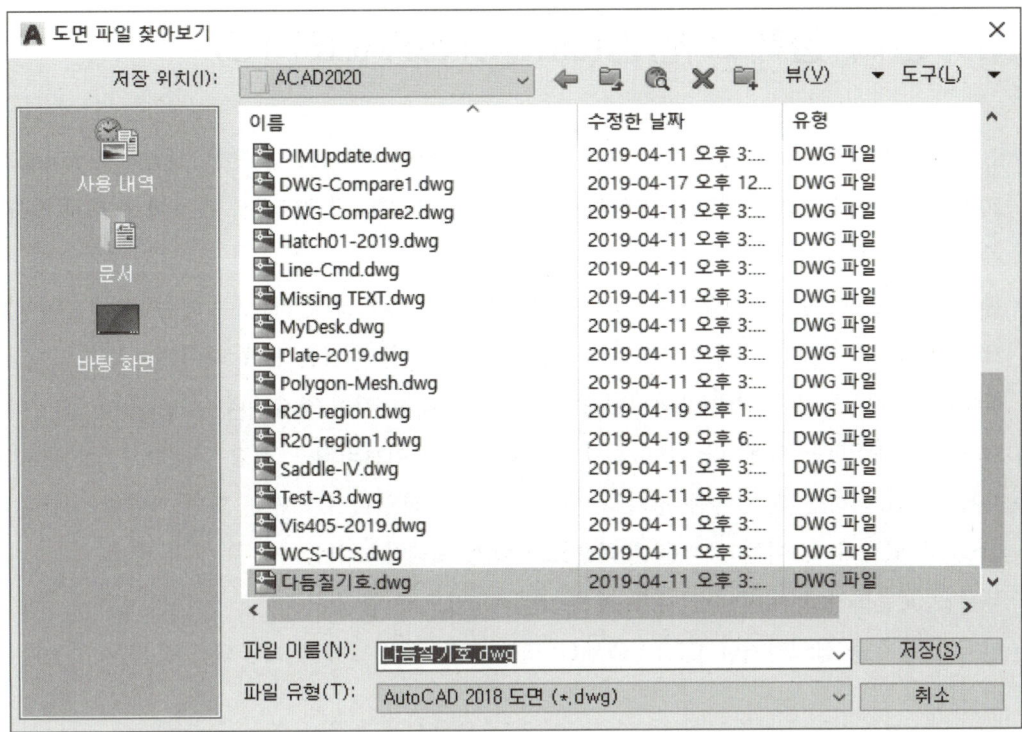

4 '블록 쓰기' 대화상자 '기준점' 영역에서 [선택점] 버튼을 클릭하고, 기준점으로 다음 그림처럼 'P1'을 지정합니다.

객체 영역에서 [객체 선택] 버튼을 클릭하고, 다듬질 기호를 구성하는 엔티티 P2, P3, P4들을 선택합니다.

[유지] 버튼을 체크합니다.

[확인] 버튼을 클릭합니다.

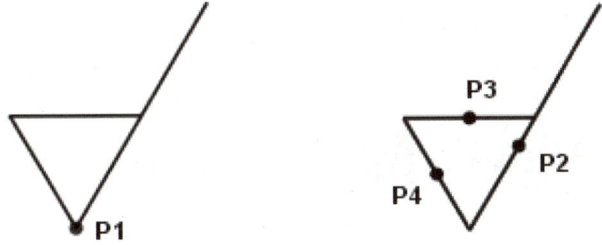

5 도면 파일을 [BLOCK-WINSERT] 이름으로 저장합니다.

3.6 블록 팔레트 명령(BLOCKSPALETTE)

- [BLOCK] 혹은 [Wblock] 명령에 의해서 만들거나 저장한 블록들을 도면에 삽입하는 AutoCAD 2022버전에서 소개하는 새로운 명령입니다. 설계자는 블록 팔레트에서 블록에 빠르게 액세스 할 수 있습니다.
- 블록 라이브러리 및 도구 팔레트를 사용하여 블록을 구성하고 관리할 수 있습니다. 블록 라이브러리는 도면 파일 하나에 저장된 블록 정의 모음입니다. 이것을 블록 라이브러리 도면이라고 합니다. 설계자는 블록 라이브러리에서 블록을 삽입하는 것이 좋습니다. Autodesk 또는 다른 업체에서 제공하는 블록 라이브러리를 사용하거나 라이브러리를 직접 작성할 수 있습니다.
- 블록 라이브러리는 관련 블록 정의를 저장하는 도면 파일이거나 관련 도면 파일이 포함된 폴더일 수 있습니다. 이들 각각을 블록으로 삽입할 수 있습니다. 이 두 가지 방법 중 하나로 블록을 표준화하고 여러 작업자가 액세스할 수 있도록 합니다.
- 설계자 블록을 삽입하거나 DesignCenter 또는 도구 팔레트에서 제공되는 블록을 사용할 수 있습니다.

메뉴:	삽입 ⇨ 블록 팔레트
도구막대:	삽입 ⇨
리본:	홈 탭 ⇨ 블록 패널 ⇨ (삽입) 뷰 탭 ⇨ 팔레트 패널 ⇨ (블록) 삽입 탭 ⇨ 블록 패널 ⇨ (삽입)
명령 입력:	BLOCKSPALETTE, INSERT

- 리본 [뷰] 탭 ⇨ [팔레트] 패널 ⇨ [블록] 아이콘을 클릭합니다.
- 풀다운 메뉴에서 [삽입] ⇨ [블록 팔레트]를 클릭합니다.
- 명령 행에서 [BLOCKSPALETTE] 혹은 [INSERT] 이라고 입력합니다.

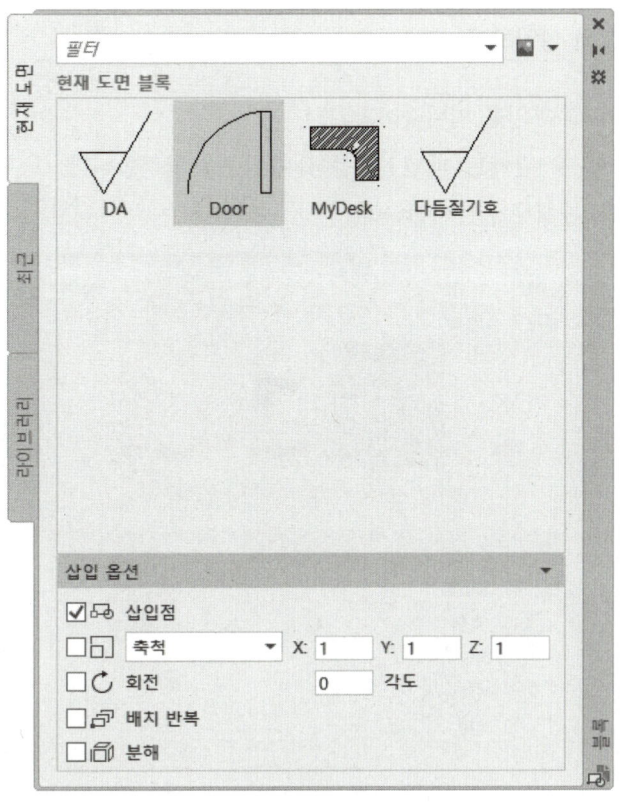

옵션	설 명
필터	찾고자하는 블록을 와일드카드 문자를 사용하여 필터링하는 기능을 제공합니다.
찾아보기 ...	현재 도면에 블록으로 삽입할 해당 블록 정의 중 하나 또는 도면 파일을 선택하기 위한 파일 선택 대화상자를 표시합니다. 주: 이 옵션은 라이브러리 탭에서만 사용할 수 있습니다.
▼	나열할 블록들의 표시 옵션을 설정합니다.
삽입점	블록 삽입 시 블록의 삽입점을 커서 혹은 좌표 입력으로 지정합니다.
축척	블록 삽입 시 블록의 축척을 지정합니다.
회전	블록 삽입 시 블록의 축척을 지정합니다.
배치 반복	블록 삽입 시 자동 반복 삽입 여부를 지정합니다.
분해	블록 삽입 시 블록의 분해 여부를 지정합니다.

따라하기〉 내부 블록 삽입하기

1 'BLOCK-INSERT.DWG' 파일을 엽니다.

2 리본 메뉴에서 [뷰] 탭 ⇨ [팔레트] 패널 ⇨ [블록] 아이콘을 클릭합니다.

다음 그림처럼 [블록] 팔레트가 표시됩니다.

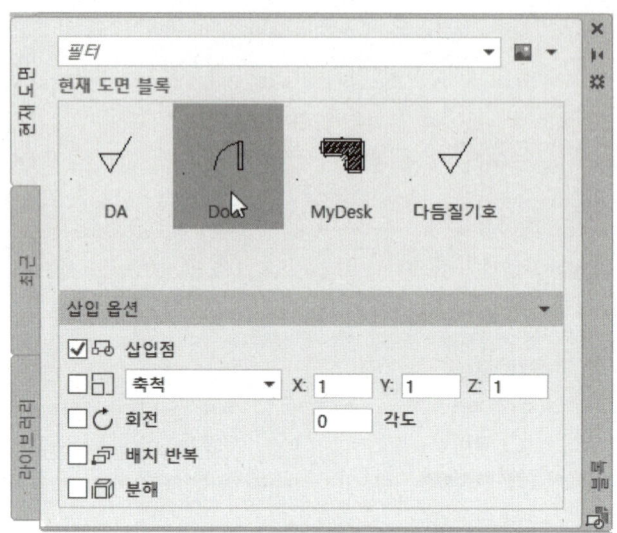

3 팔레트 창에서 [Door] 블록을 클릭&드롭해서 다음 그림처럼 삽입합니다.

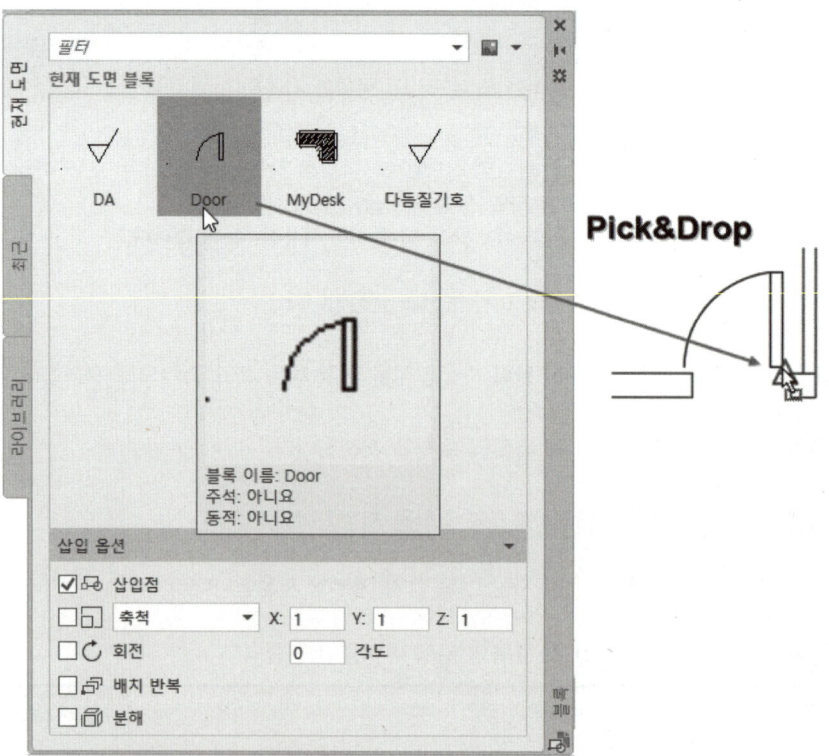

따라하기〉 외부 블록 삽입하기

1 'BLOCK-WINSERT.DWG' 도면 파일을 다음 그림처럼 임의 크기의 사각형을 그립니다.

2 리본 메뉴에서 [뷰] 탭 ⇨ [팔레트] 패널 ⇨ [블록] 아이콘을 클릭합니다.

① 다음 그림처럼 '축척 = 1' '회전각도 = 0°'의 값을 설정합니다.

② 팔레트 창에서 [다듬질 기호] 블록을 선택한 후 마우스 오른쪽 버튼을 클릭해서 [삽입]을 클릭합니다.

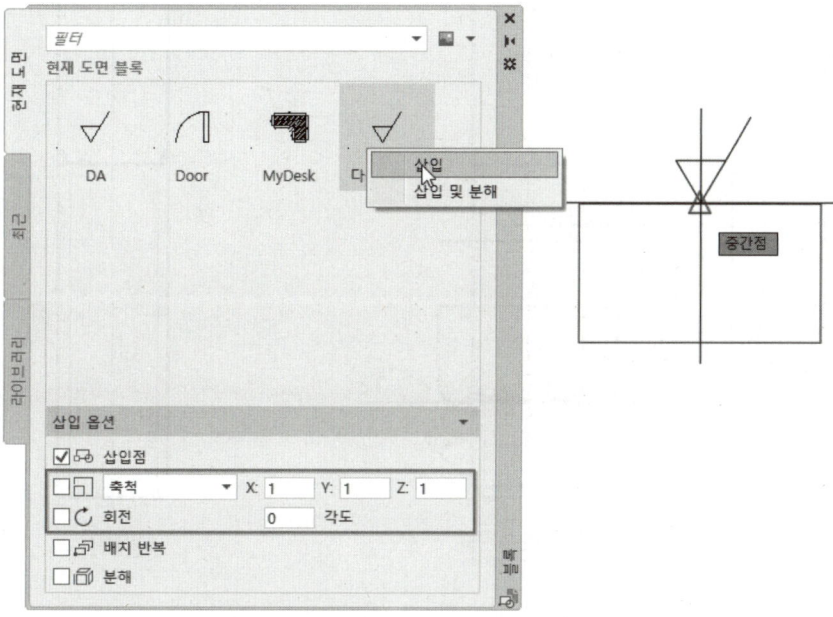

③ 팔레트 창에서 '축척 = 0.5' '회전각도 = 270°'의 값을 설정합니다.

④ 팔레트 창에서 [다듬질 기호] 블록을 선택한 후 마우스 오른쪽 버튼을 클릭해서 [삽입]을 클릭합니다.

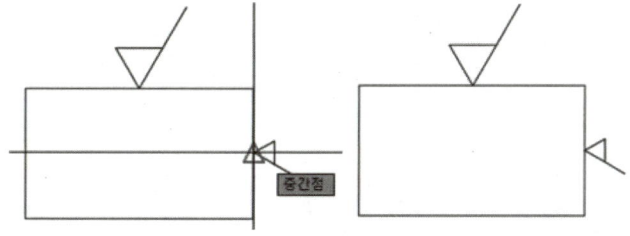

실습과제 44> 다음 볼트/너트 도형을 내부 블록과 외부 블록으로 작성하세요.

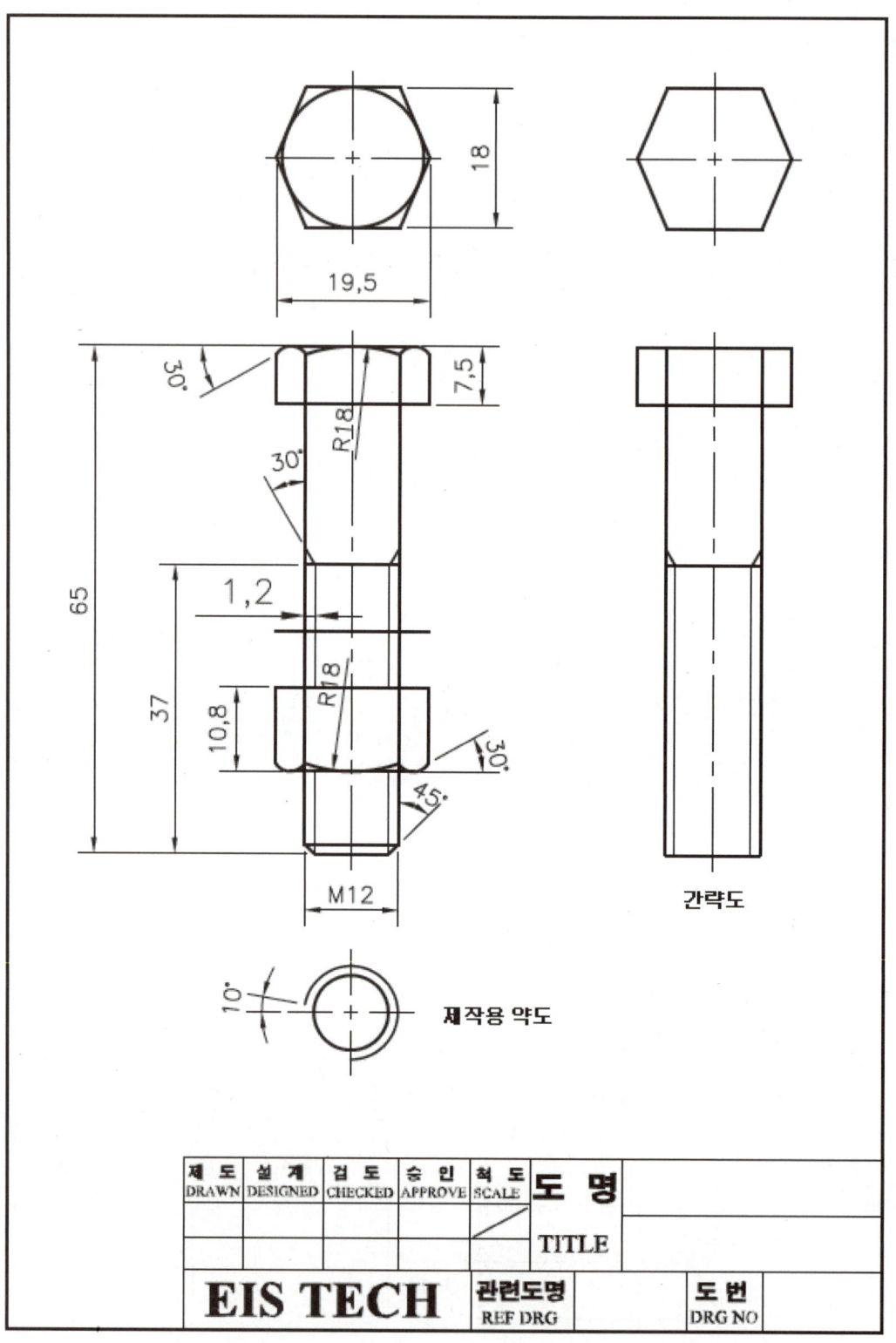

실습과제 45〉 다음 그림처럼 다듬질 기호를 작도하세요.

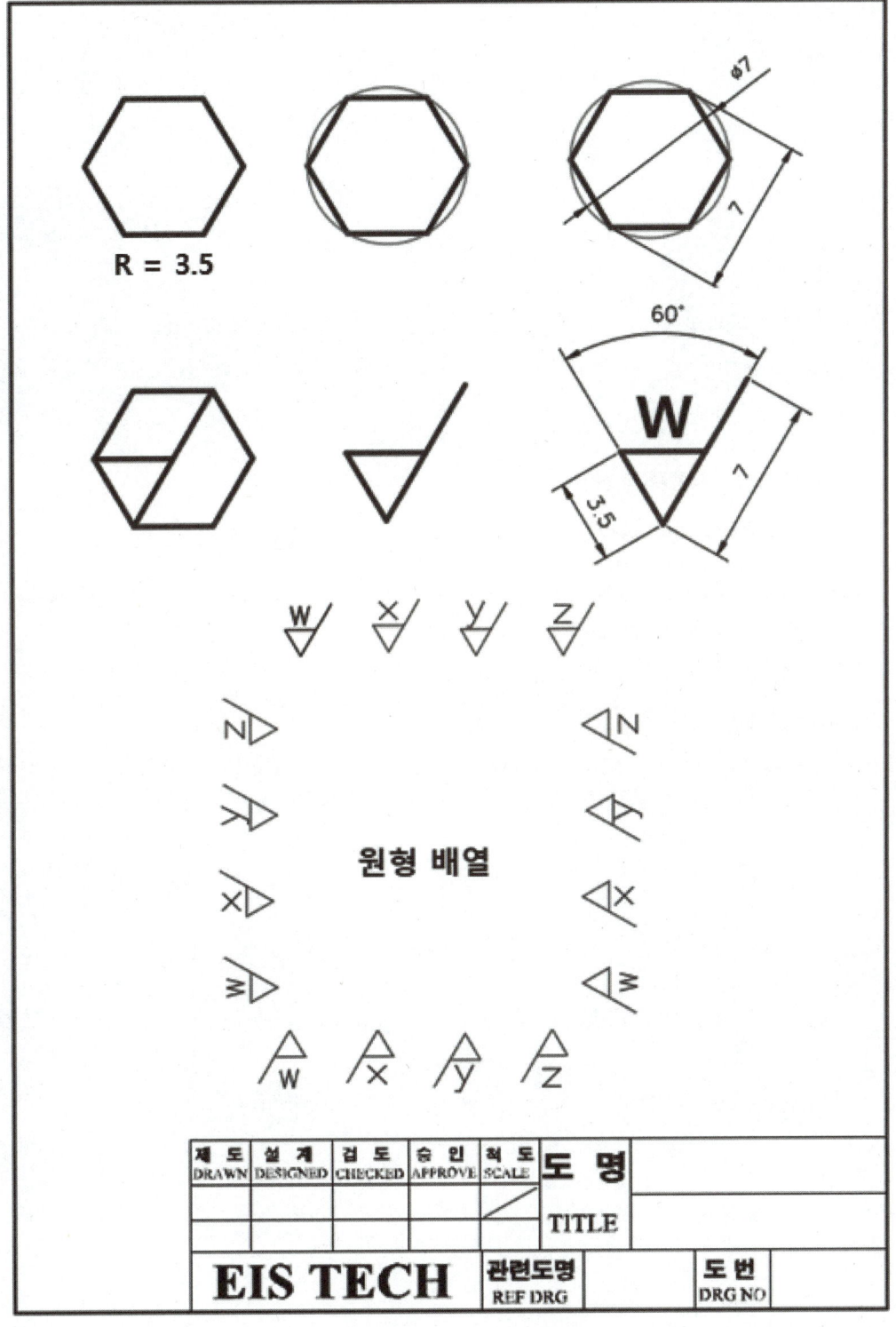

■ 이 장에서 다음의 내용을 학습하게 됩니다.

▸ 치수 개요(Dimension Overview)
▸ 치수 스타일(Dimension Style)
▸ 선형 치수(Linear Dimension)
▸ 원호 치수 (Radial Dimension)
▸ 기타 치수 명령
▸ 치수 편집
▸ 지시선을 갖는 주석(Annotation with Leader)
▸ 실습 과제

CHAPTER

9

치수 작업
(Dimensioning)

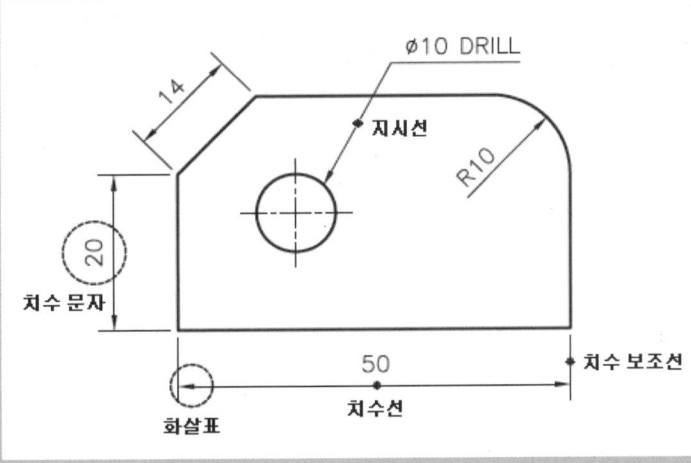

01 치수 개요 (Dimension Overview)

- 부품 형상에 대한 그리기 작업이 완성되면, 작도된 형상의 크기를 정의하기 위해서 치수들을 기입해야 합니다.
- 치수는 도면을 보는 사람에게 설계자의 설계 의도(Design Intent)를 정확하게 전달하는 매우 중요한 수단으로 분명하게 기입하여야 하고 중복해서 기입되지 않도록 주의합니다.
- AutoCAD에서 치수 명령과 관련 도구들의 올바른 사용은 정확한 도면을 완성하는 지름길입니다.
- AutoCAD에서 치수 작업을 위해서 다음의 두 기능들을 제공합니다.
  ① 치수 명령(Dimension command)들
  ② 치수 변수(Dimension variable)들
- 치수 명령들은 직접 도면 형상에 치수들을 기입하는 명령들이고, 치수 변수들은 치수 스타일(Dimension Style)을 정의합니다.
- 치수는 치수선(Dimension line), 치수 보조선(Extension line), 치수 문자(Dimension text)로 이루어진 복합 객체)이기 때문에, 다양한 치수 명령과 치수 변수들을 제공하고 있습니다.

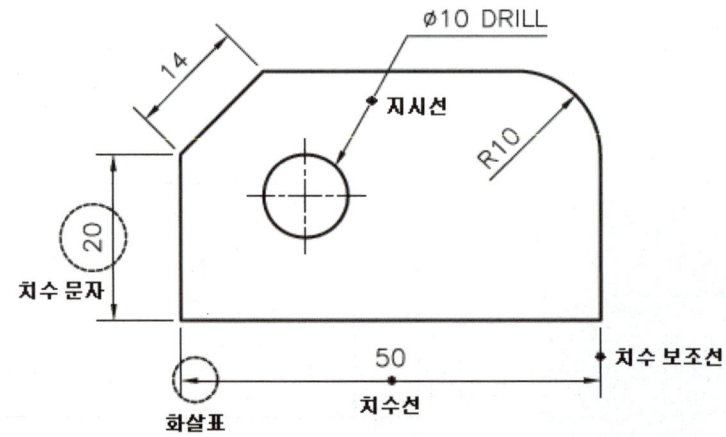

- 치수 스타일은 작업자가 원하는 방법으로 치수들이 표시 되도록 치수의 외형을 디자인 하는 것을 지원합니다.
- 모든 치수 요소들은 하나로서 행동하는 연관성(Associativity)을 가지고 있습니다.

만일 치수 객체를 분해(Explode) 한다면, 이러한 치수의 특성을 이용하는 것이 불가능 하거나 더 이상 그것의 스타일을 제어할 수 없습니다. 반드시 필요한 경우가 아니라면, 가능한 치수 객체는 분해하지 않는 것이 좋습니다.

- 치수 기입은 단순하게 부품의 크기를 해당 부분에 숫자로 표시하는 것이 아닙니다. 치수 기입은 부품이 제작되는 순서와 가공 방법을 결정하기 때문입니다.
- AutoCAD는 측정이 필요 없이 임의의 형상에 신속하게 치수 작업에 사용할 수 있는 다양한 치수 도구들을 제공합니다. AutoCAD에서 치수 작업은 거의 자동화되어 있습니다.
- 선, 화살표 및 문자로 구성된 연관 치수는 모두 치수 명령에 의해서 처리됩니다.
- AutoCAD 치수는 필요에 따라 쉽게 편집하거나 지우기 할 수 있는 특수한 블록들입니다.

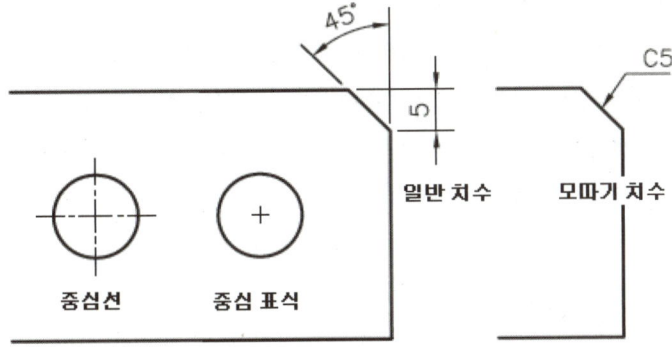

- 치수를 기입할 형상에 따라 다섯 가지 범주로 치수를 구분합니다.
  ① 선형(Linear) 치수
  ② 원형(Radial) 치수(반지름, 지름 치수)
  ③ 각도(Angular) 치수
  ④ 세로좌표(Ordinate) 치수
  ⑤ 호 길이(Arc length) 치수
  ⑥ 지시선(Leader) 치수

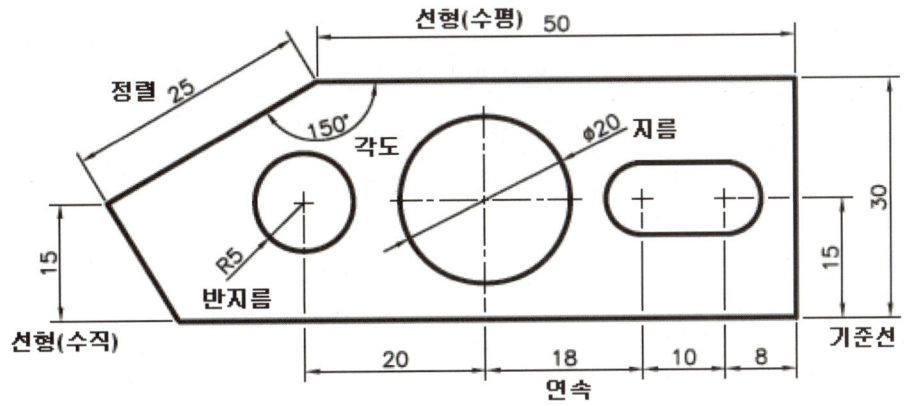

1.1 치수 기입 원칙

- 치수선과 치수 보조선은 가는 실선으로 그립니다.
- 치수선 끝은 원칙적으로 3.18 ~ 6.3mm 크기의 화살표를 붙입니다.
- 치수 보조선은 치수선을 지나 2.0mm 정도 더 긋습니다.
- 치수 보조선은 외형선으로부터 1.0mm 정도 띄웁니다.
   단, 치수 보조선을 중심선으로부터 끌어낼 때에는 띄우지 않습니다.
- 치수 문자의 크기는 3.18 ~ 6.3mm이지만 주로 3.18mm를 사용합니다.
- 치수 문자는 치수선과 1mm 정도 간격을 유지합니다.
- 치수선과 치수선 사이의 간격은 8 ~ 10mm 정도로 일정하게 합니다.
- 기준선 혹은 연속 치수를 이용해서 치수 보조선이 겹치도록 치수를 기입하지 않습니다.
- 모든 치수는 외형선으로부터 동일한 간격을 유지하도록 기입, 배치합니다.
- 치수 보조선이 외형선을 가로질러 배치된다면, 치수 보조선을 끊어야 합니다.

1.2 치수 보조 기호

- 일반적으로 도면에 정면도 하나만으로 부품을 표현할 수 있을 경우에 나머지 투상도를 그리지 않습니다. 즉 일면도 또는 이면도로 대상체를 도시할 때 다음 치수 모양 기호를 사용합니다.

기호	설 명
Ø	지름 치수(Diameter)
R	반지름 치수(Radius)
t	두께(Thickness)
C	45도 모따기(Chamfer)
( )	참고 치수(Reference)
SØ	구의 지름 치수(Spherical Diameter)
SR	구의 반지름 치수(Spherical Radius)
□	정사각형 변의 치수(Square)
⌒	원호의 길이(Arc length)
▭	이론적으로 정확한 치수

02 치수 스타일 (Dimension Style)

2.1 치수 스타일(Dimension style) 개요

- AutoCAD에서 도면에 배치되는 모든 치수 및 지시선의 모양은 Dimension style(치수 스타일) 과 MLEADER style(다중 지시선 스타일)에 의해 정의되고, 조정됩니다.
- Dimension style(치수 스타일)은 치수선과 치수 보조선, 화살표 스타일과 크기, 문자 위치와 크기, 축척, 측정 단위 및 측면 공차와 같은 치수 모양을 조정하는 치수 모음입니다.
- 치수 스타일을 작성하여 신속하게 선호하는 치수 형식을 지정할 수 있으며 업종 또는 프로젝트(Project)별 치수 표준을 유지하도록 할 수 있습니다.
- 치수를 기입할 때는 Current Dimension style(현재 치수 스타일)의 설정을 적용합니다.
- 치수 스타일 설정을 변경하는 경우, 해당 스타일을 사용하는 도면의 모든 치수가 자동으로 업데이트됩니다.
- 현재 치수 스타일에서 벗어나는 특정 치수 스타일에 대해서 '치수 하위 스타일'을 작성해서 적용할 수 있습니다.
- 필요한 경우 치수 스타일을 임시로 '재지정'할 수 있습니다.

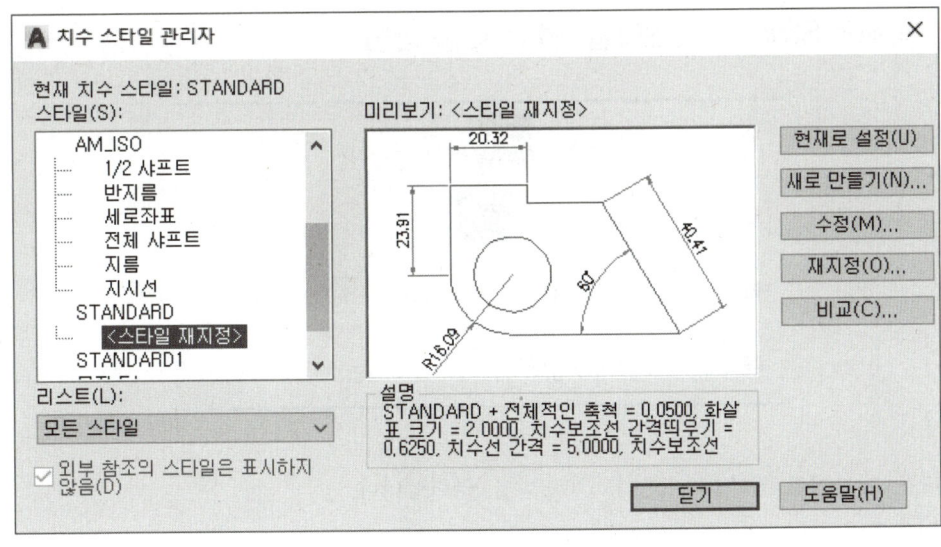

2.2 Dimension Style(치수 스타일) 명령

- [DimStyle(치수 스타일)] 명령은 '치수 스타일 관리자' 대화상자를 이용해서 새로운 치수 스타일을 작성하고, 현재 치수 스타일 설정하고, 치수 스타일 설정들을 수정하고, 현재 치수 스타일의 재지정 설정 및 스타일 비교를 수행할 수 있습니다.
- 새로운 치수들은 '치수 스타일 관리자' 대화상자에서 현재로 설정된 치수 스타일을 적용해서 작성됩니다.
- 새로운 도면을 열면, 새 치수 스타일을 작성하는데 참고할 수 있는 'Standard', 'ISO-25', '주석' 스타일들을 지원하며, 다른 스타일을 현재 스타일로 설정하지 않는 한 디폴트 'ISO-25' 스타일이 적용됩니다.

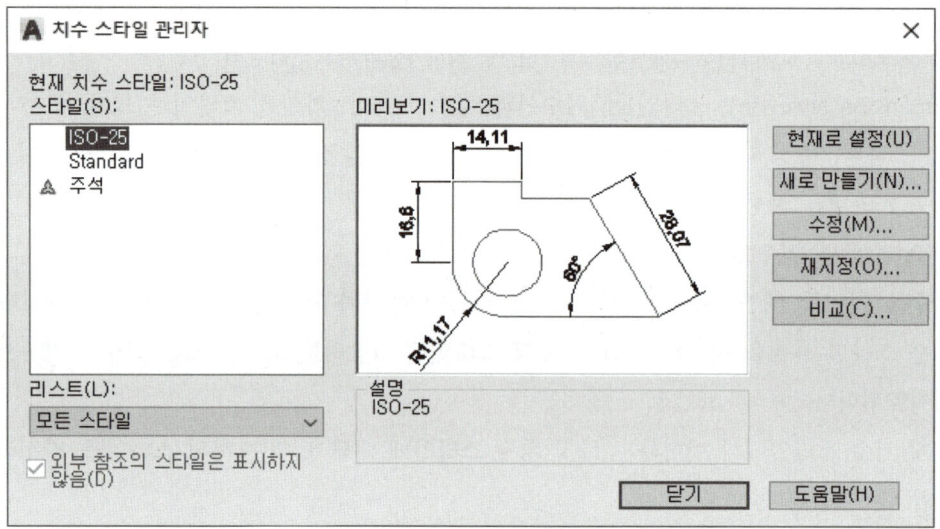

1) Dimension Style(치수 스타일) 명령 호출 방법

- 풀다운 메뉴에서 [형식] ⇨ [치수 스타일]을 클릭합니다.

- 리본 [주석] 탭 [치수] 패널에서 ⬔(치수 스타일)을 클릭합니다.
- 명령 행에서 [DimStyle] 이라고 입력합니다.

2) Dimension Style Manager(치수 스타일 관리자)

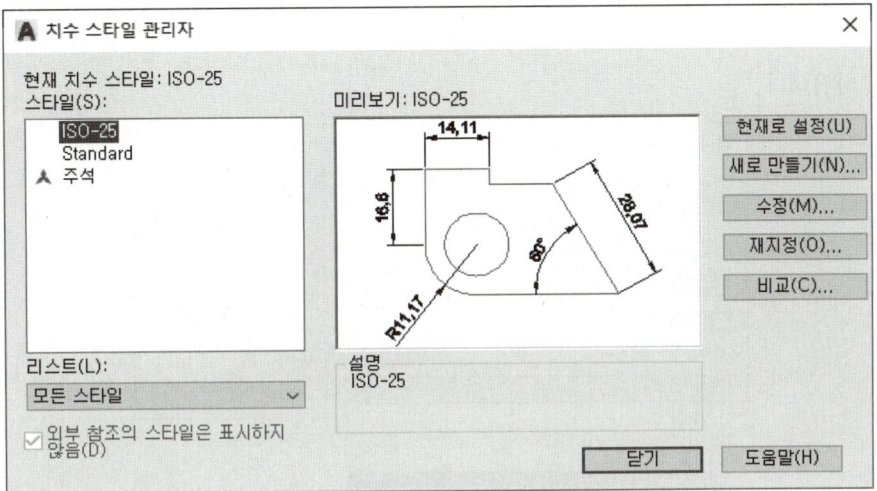

❑ Dimension Style option(치수 스타일 옵션)

항 목	기 능
현재 치수 스타일 (Current dimension style)	현재 치수 스타일의 이름을 표시합니다. 작성되는 치수에는 현재 스타일이 적용됩니다.
스타일(Styles)	정의된 치수 스타일의 리스트를 나열합니다.
리스트(List)	스타일리스트의 스타일 표시를 설정합니다.
미리보기(Preview)	스타일리스트에서 선택한 스타일이 그래픽으로 표시됩니다.
현재로 설정(Set Current)	스타일 아래에서 선택된 스타일을 현재 스타일로 설정합니다. 작성한 치수에 현재 스타일이 적용됩니다.
새로 만들기(New)	새 치수 스타일을 정의할 수 있는 새 치수 스타일 작성 대화 상자를 표시합니다.
수정(Modify)	치수 스타일을 수정할 수 있는 치수 스타일 수정 대화상자를 표시합니다.
재지정(Override)	치수 스타일에 임시 재지정을 설정할 수 있는 현재 스타일 재지정 대화상자를 표시합니다.
비교(Compare)	치수 스타일의 모든 특성을 표시하거나 두 치수 스타일을 비교할 수 있는 치수 스타일 비교 대화상자를 표시합니다.

❏ 치수 하위 스타일 작성

1 '치수 스타일 관리자'에서 하위 스타일을 작성할 대상 스타일을 선택하고 [새로 만들기] 버튼을 클릭합니다.

2 다음 그림처럼 '새 치수 스타일 작성' 대화상자에서 '사용' 리스트로부터 하위 스타일에 적용할 치수 유형을 선택하고 [계속] 버튼을 클릭합니다.

3 '새 치수 스타일' 대화상자에서 해당 탭을 선택한 후 변경하여 치수 하위 스타일을 정의하고 [확인] 버튼을 클릭합니다.

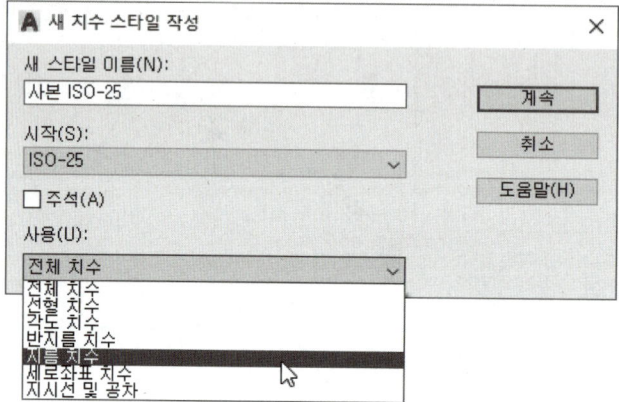

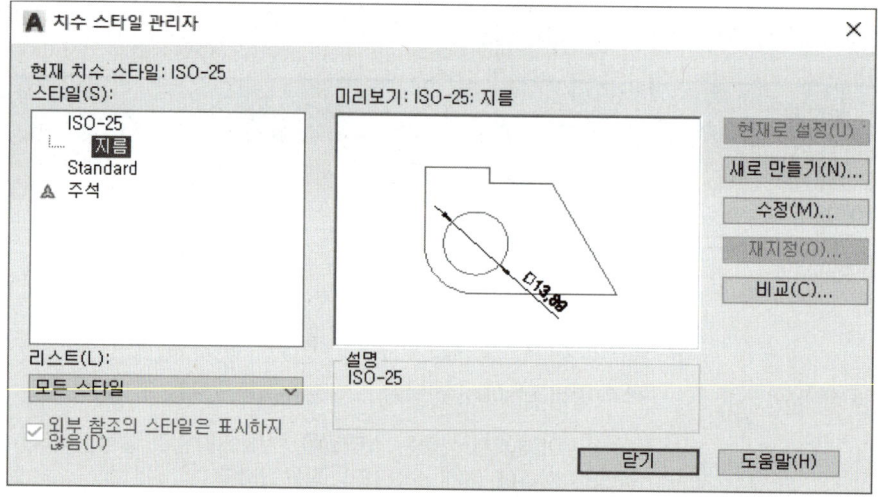

❏ Dimension Style compare(치수 스타일 비교)

- '치수 스타일 관리자' 대화상자에서 [비교(C)] 버튼을 클릭합니다.
- 비교할 두 개의 치수 스타일을 지정하면 단일 치수 스타일의 모든 특성을 나열하거나 두 치수 스타일을 비교할 수 있는 '치수 스타일 비교' 대화 상자를 표시합니다.

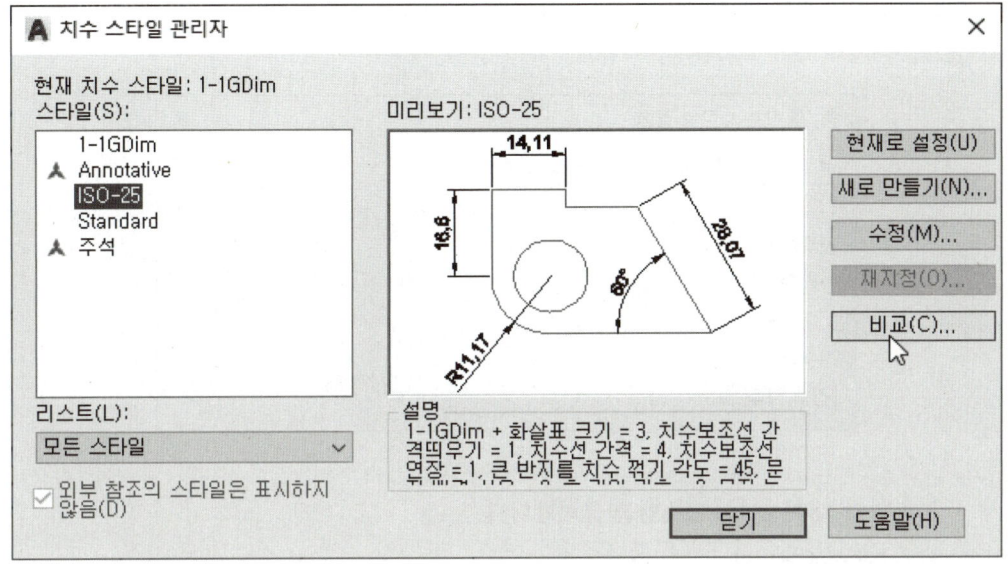

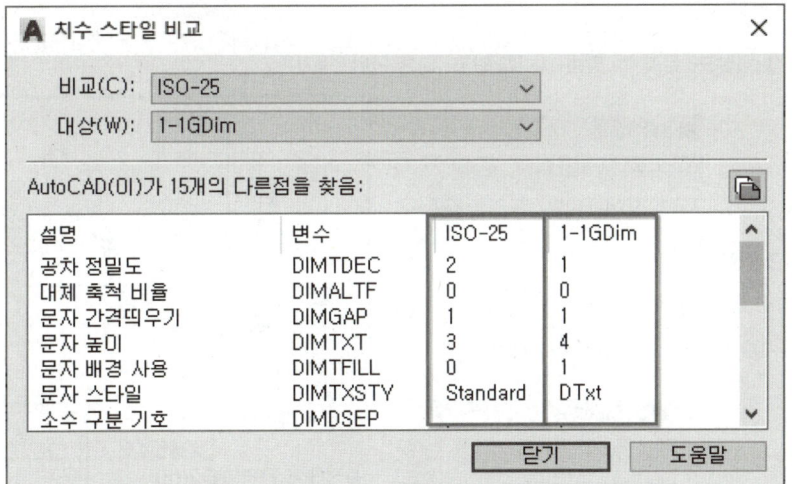

따라하기〉 치수 스타일 설정하기(기능사 실기 시험 규격)

1 리본 [주석] 탭 [치수] 패널에서 ⬚(치수 스타일)을 클릭합니다.
   - '치수 스타일' 관리자 대화상자에서 [새로 만들기] 버튼을 클릭합니다.
   - '새 치수 스타일 작성' 대화상자에서 새 스타일 이름을 [GDIM]이라고 입력하고, [계속] 버튼을 클릭합니다.

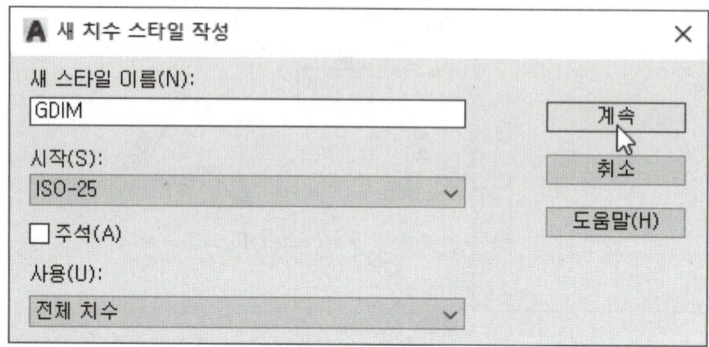

2 '새 치수 스타일' 대화상자의 [선] 탭을 클릭합니다.
   다음 그림처럼 설정합니다.

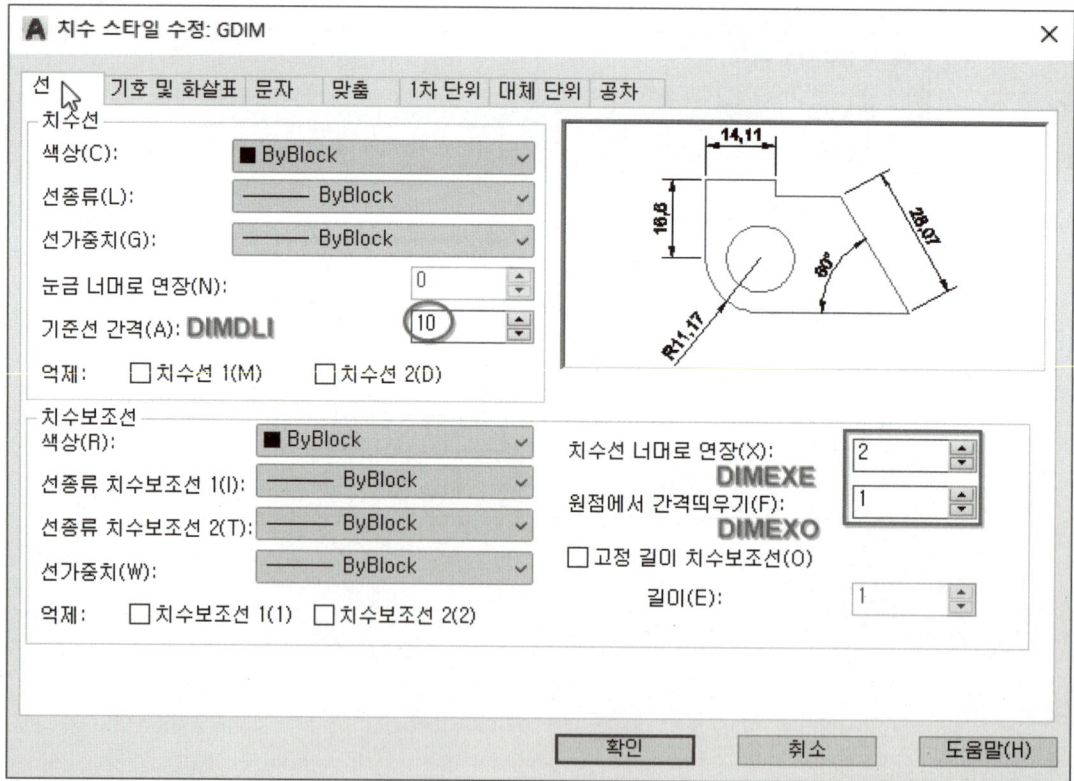

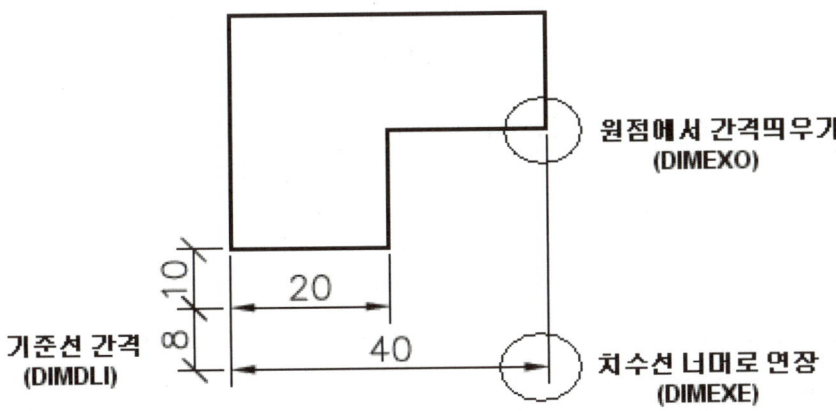

3 '새 치수 스타일' 대화상자의 [기호 및 화살표] 탭을 클릭합니다. 다음 그림처럼 설정합니다.

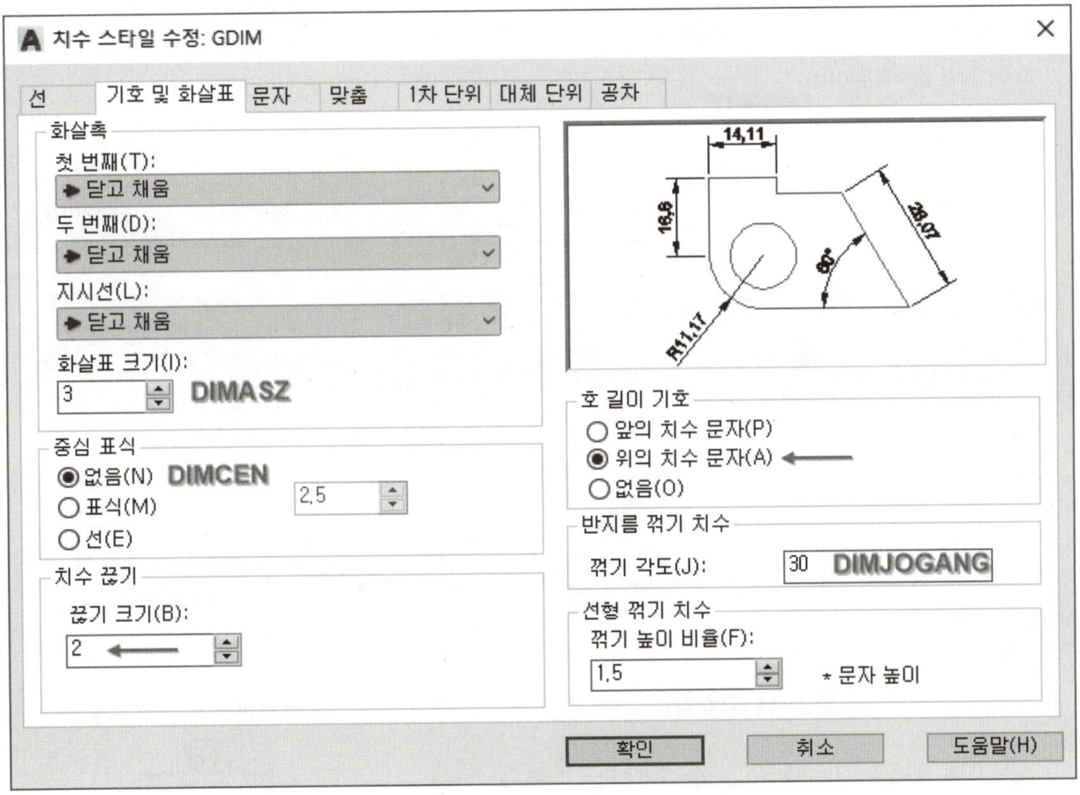

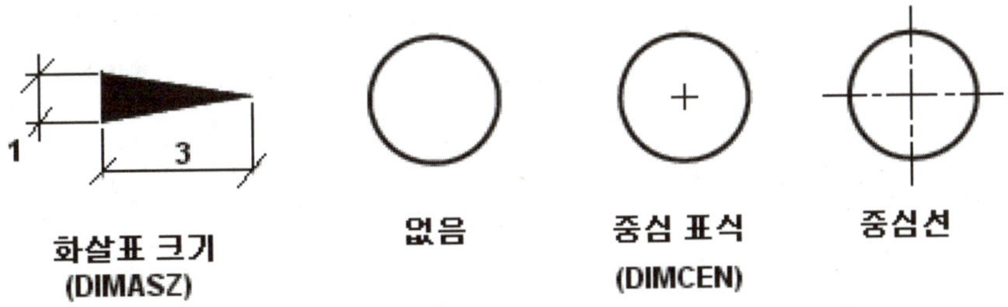

4 '새 치수 스타일' 대화상자의 [문자] 탭을 클릭하고, 다음 그림처럼 설정합니다.

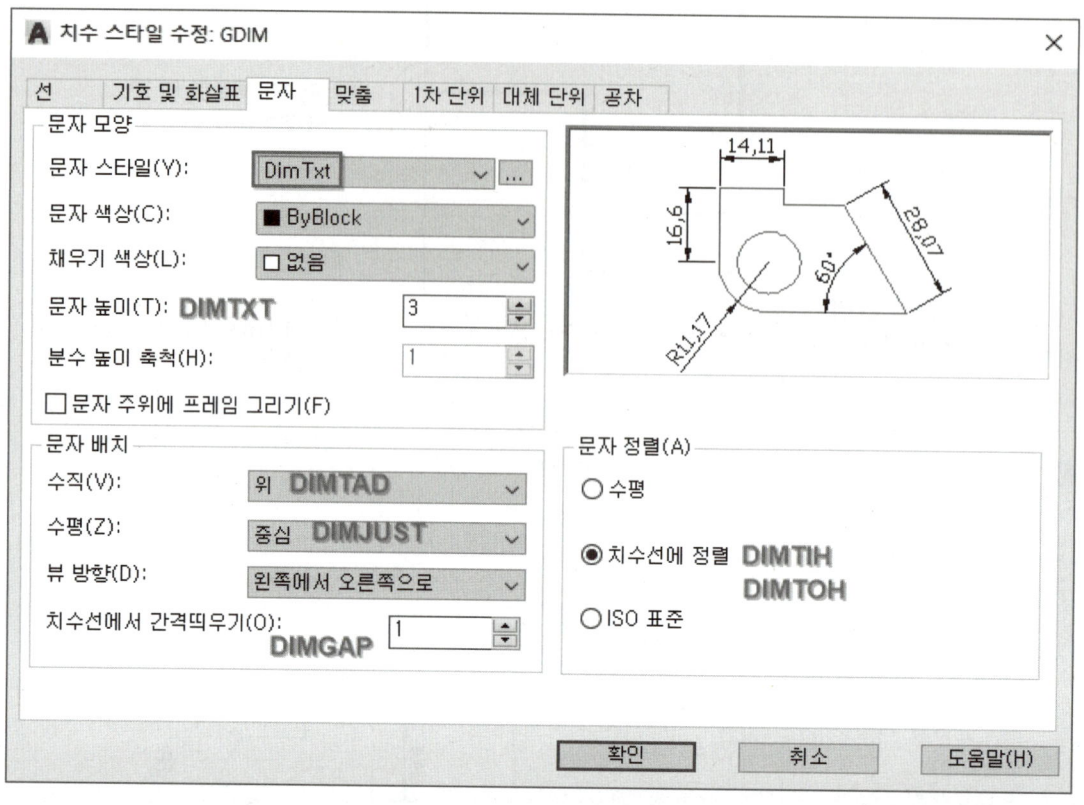

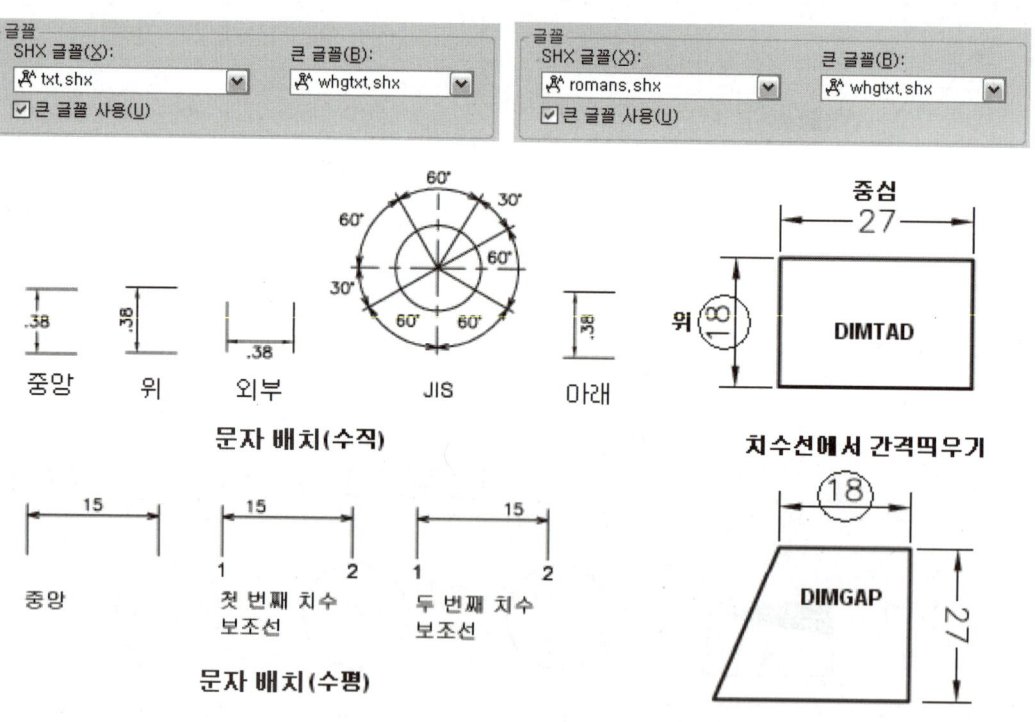

5 [맞춤] 탭을 클릭하고, 다음 그림처럼 설정합니다.

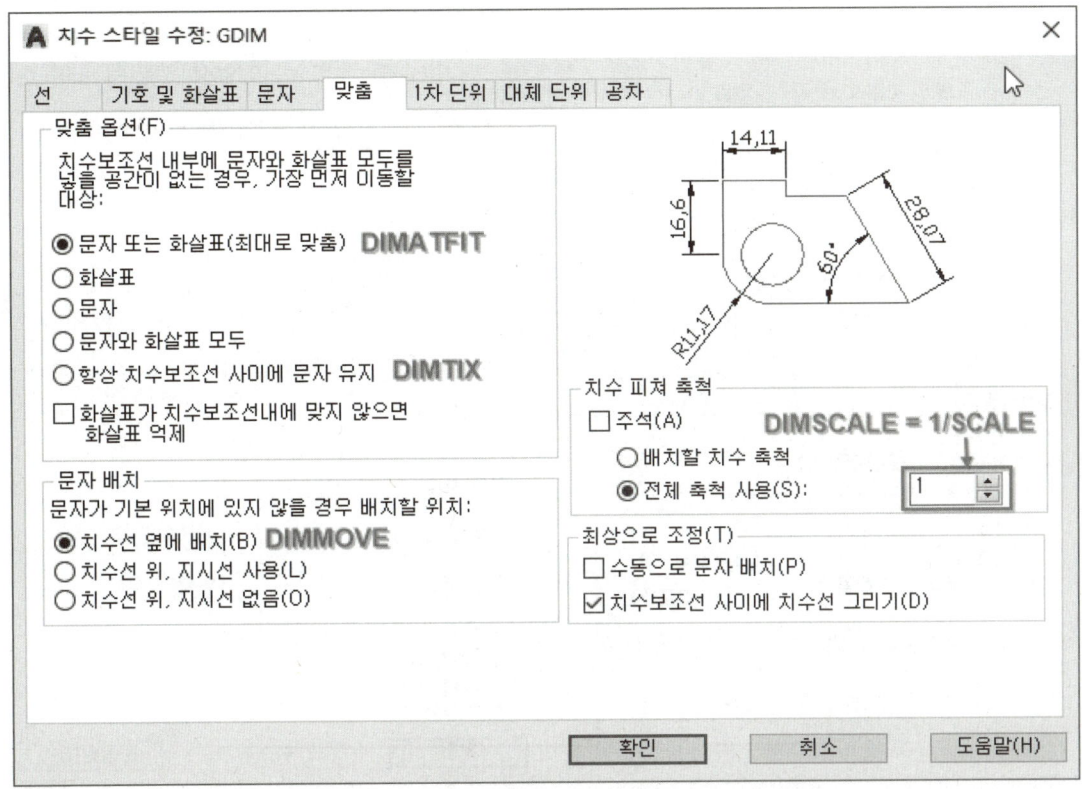

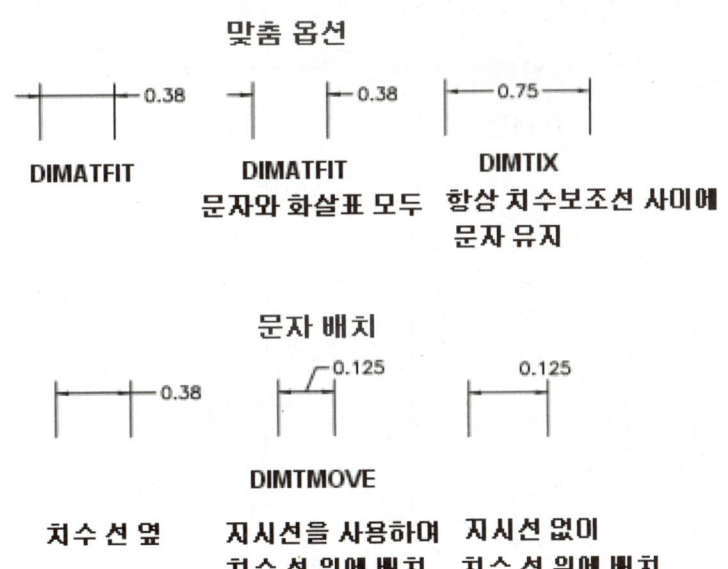

6 [1차 단위] 탭을 클릭하고, 다음 그림처럼 설정합니다.

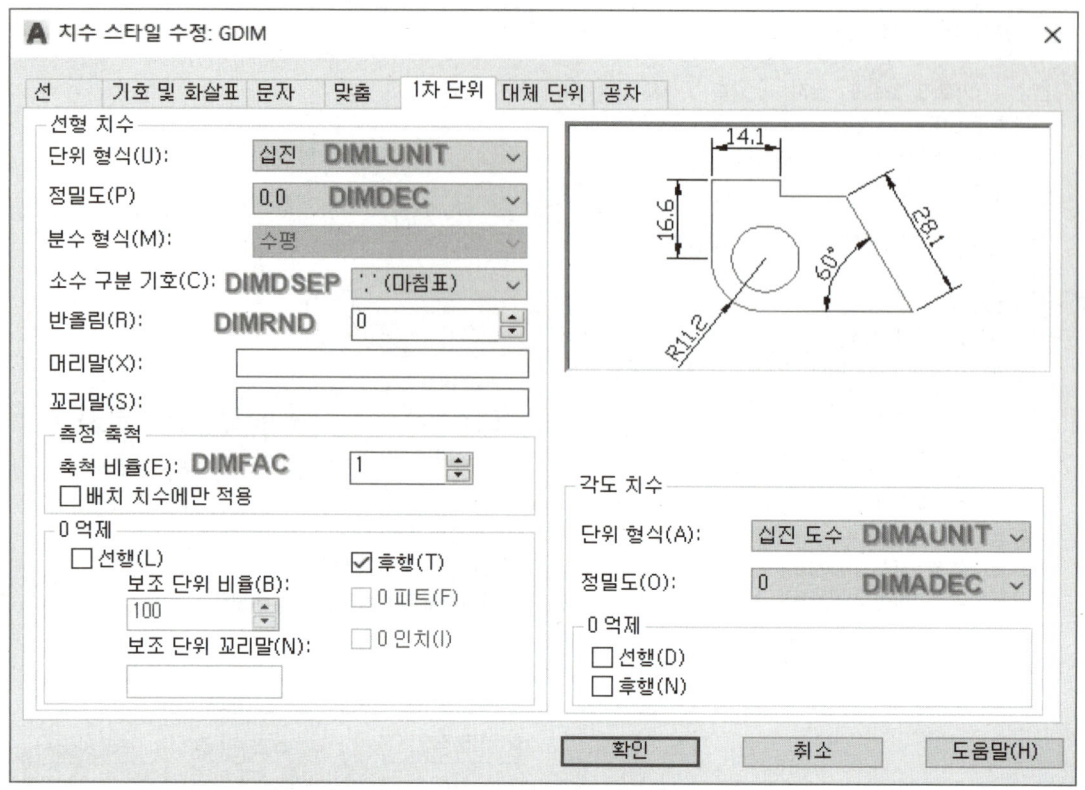

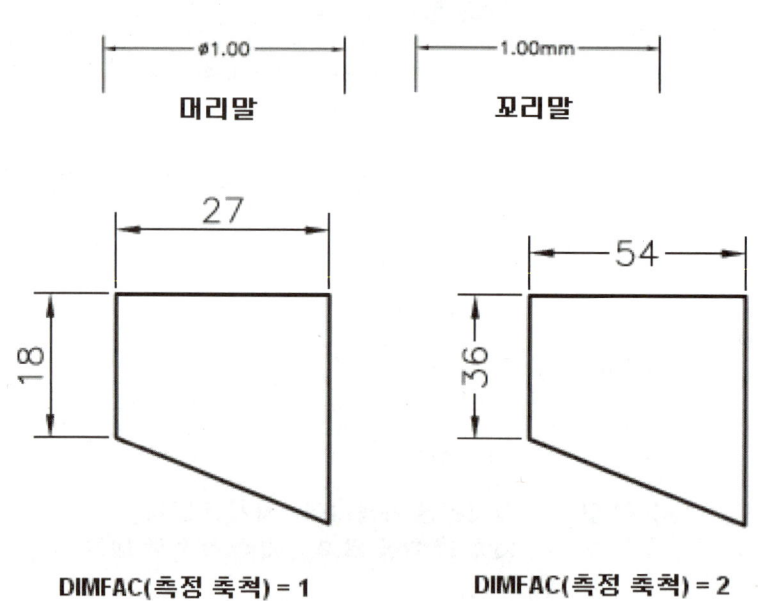

DIMFAC(측정 축척) = 1   DIMFAC(측정 축척) = 2

7 [대체 단위] 탭을 클릭하고, 필요 시 설정합니다.
- 대체 단위는 치수 단위를 변환해서 치수를 표시하는 기능을 제공합니다.
- 만 일 인치 단위로 치수를 도면이 있는데 밀리미터 단위로 치수를 표시해야 한다면, 다시 치수 작업을 하는 것이 아니라 대체 단위 기능을 이용해서 인치와 밀리미터 치수를 동시에 표시할 수 있는 기능을 이용할 수 있습니다.

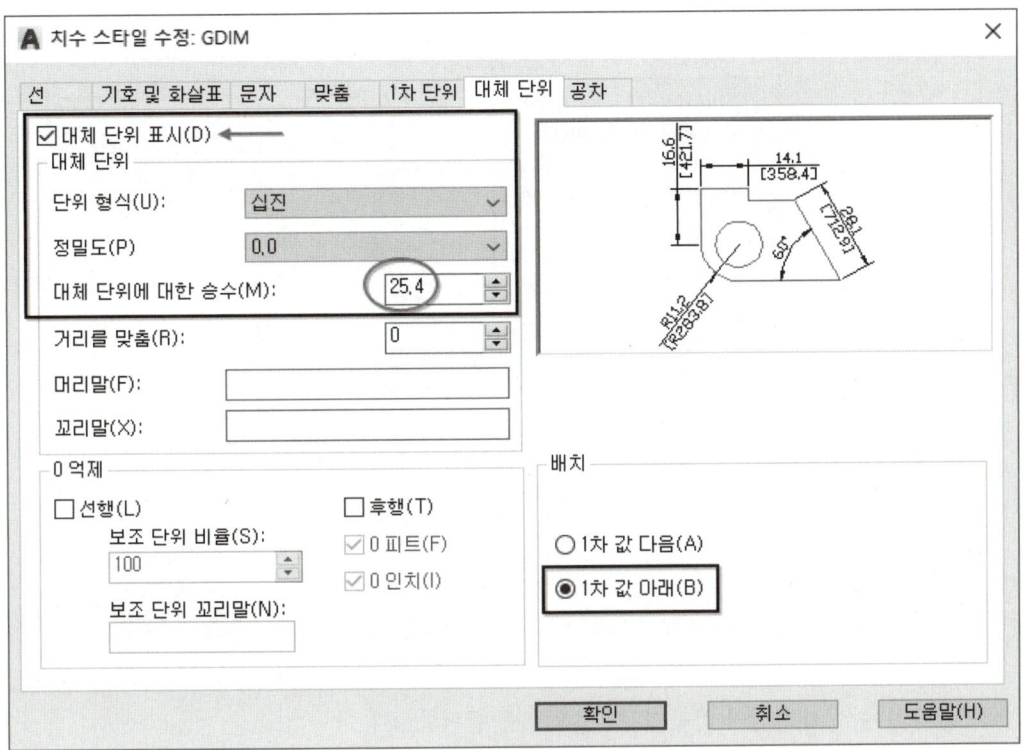

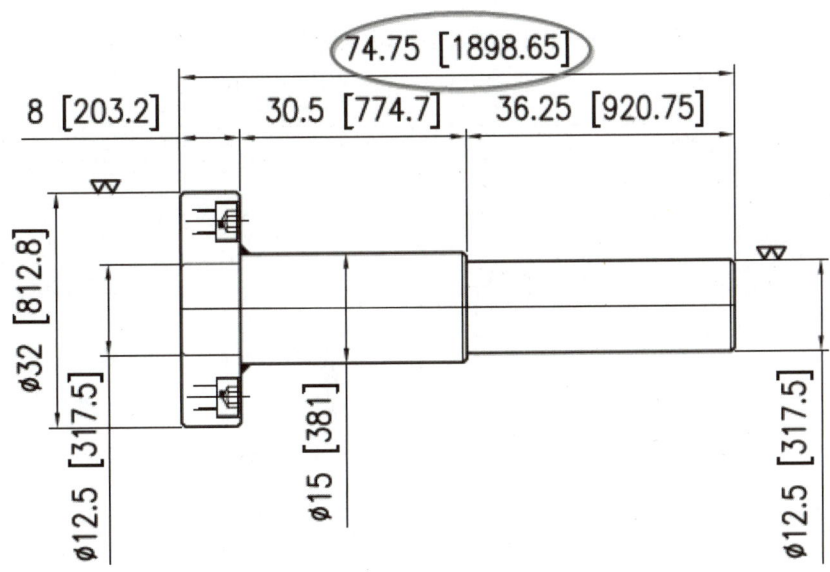

8 [공차 단위] 탭을 클릭하고, 필요 시 설정합니다.
- 공차를 치수에 표시하고자 하는 경우에 이용하는 기능을 제공합니다.
- 공차는 KS 제도 규정에 따라 기입해야하기 때문에 공차에 대한 개념과 적용 방법을 완벽하게 이해하는 것이 우선입니다.

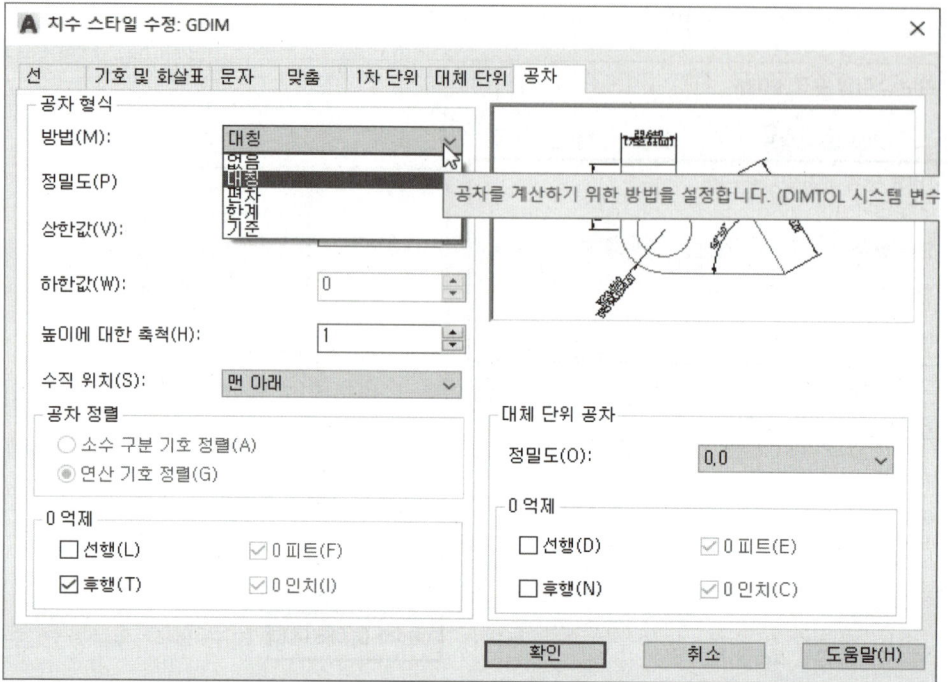

9 '치수 스타일 수정' 대화상자 하단의 [확인] 버튼을 클릭합니다.
- '치수 스타일 관리자' 대화상자로 복귀합니다.

10 '치수 스타일 관리자' 대화상자에서 [GDIM] 치수 스타일을 선택한 후 [현재로 설정] 버튼을 클릭합니다. '치수 스타일 관리자' 대화상자 하단의 [닫기] 버튼을 클릭합니다.

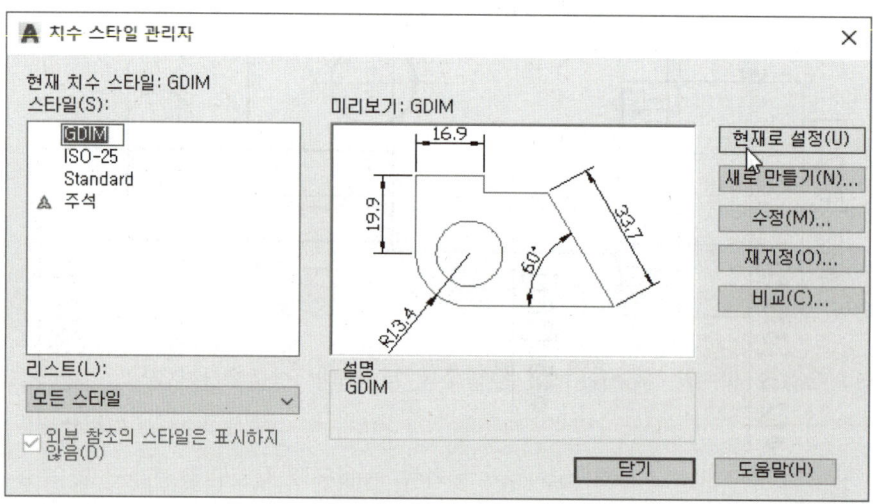

2.3 치수 변수(Dimension Variable)

- 치수 변수들은 치수 객체의 외형을 제어하는 기능을 제공합니다.
- [DimStyle(치수 스타일)] 명령으로 설정이 가능하지만, 또한 명령:(명령 모드) 프롬프트에서 치수 시스템 변수 설정 변경을 할 수 있습니다.

❏ DIMTOFL 변수

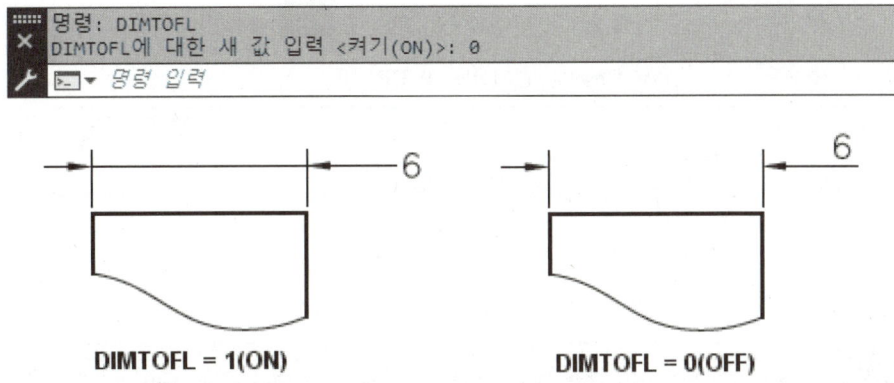

❏ DIMTOH, DIMTIX 변수

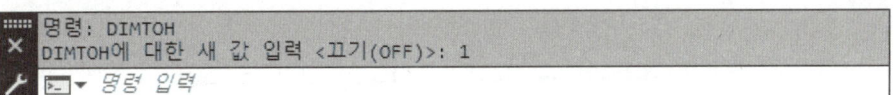

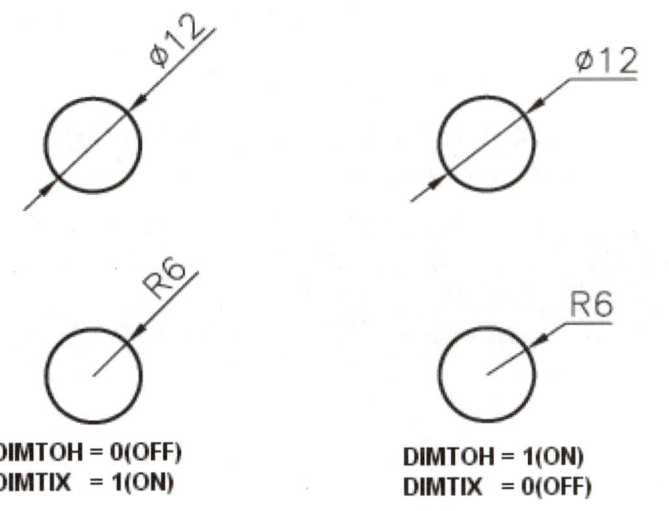

2.4 DIMOVERRIDE(치수 재지정) 명령

- 선택한 치수에 대해서 지정된 치수 시스템 변수를 재지정하거나, 선택한 치수 객체의 재지정을 지우고 해당 치수 스타일에 정의된 설정으로 돌아가도록 합니다.

- 풀다운 메뉴에서 [치수] ⇨ [재지정]을 클릭합니다.

- 리본 [주석] 탭 [치수] 패널에서 확장하고 [재지정]을 클릭합니다.

- 명령 행에서 [DIMOVERRIDE] 혹은 [DIMOVER]이라고 입력합니다.

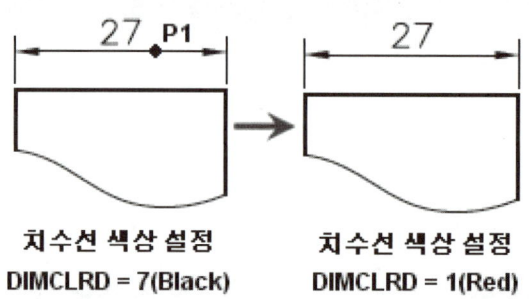

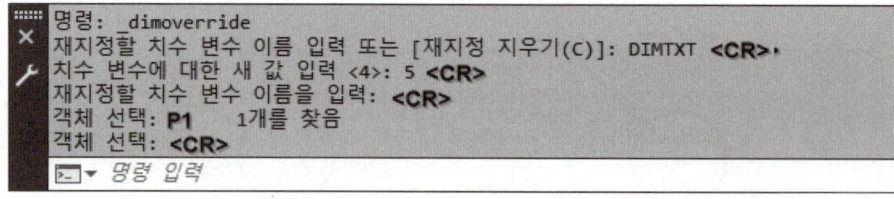

CHAPTER 9 치수 작업(Dimensioning)

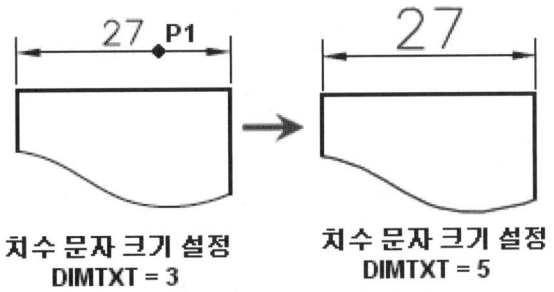

치수 문자 크기 설정
DIMTXT = 3

치수 문자 크기 설정
DIMTXT = 5

```
명령: _dimoverride
재지정할 치수 변수 이름 입력 또는 [재지정 지우기(C)]: DIMTAD <CR>
치수 변수에 대한 새 값 입력 <1>: 0 <CR>
재지정할 치수 변수 이름을 입력: <CR>
객체 선택: P1      1개를 찾음
객체 선택: <CR>
```

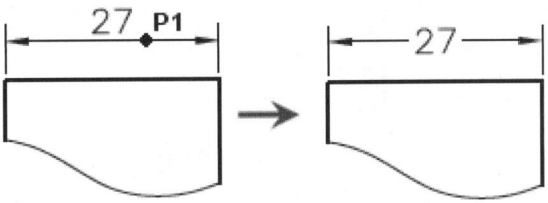

치수 문자 위치 설정
(DIMTAD = 1)

치수 문자 위치 설정
(DIMTAD = 0)

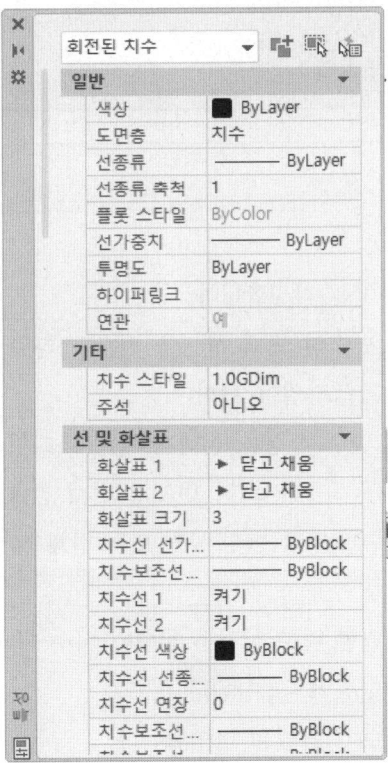

2.5 -DimStyle(치수 업데이트) 명령

- [-DimStyle(업데이트)] 명령은 현재 설정된 치수 스타일을 도면에 존재하는 치수에 적용하고, 치수 기입 시스템 변수를 선택한 치수 스타일로 저장하거나 복원할 수 있습니다. 또한 치수의 스타일을 변경하기 위해서 이 명령을 이용할 수 있습니다.
- 문자 스타일과 달리 치수 스타일(DimStyle)은 스타일이 변경되면, 자동으로 업데이트 되지 않습니다.
- [-DimStyle(업데이트)] 명령은 치수들이 현재 문자 스타일에 표시 되도록 강요하는데 이용해야 합니다.

메뉴:	치수 ⇨ 업데이트
도구막대:	치수 ⇨
리본:	주석 탭 ⇨ 치수 패널 ⇨ (업데이트)
명령 입력:	-DimStyle

```
명령: -dimstyle
현재 치수 스타일: 1-1GDim    주석: 아니오
치수 스타일 옵션 입력
[주석(AN)/저장(S)/복원(R)/상태(ST)/변수(V)/적용(A)/?] <복원(R)>: _apply
객체 선택: P1  1개를 찾음
객체 선택: <CR>
명령 입력
```

❏ 옵션

- 주석(AN) - 주석 치수 스타일을 작성합니다.
- 저장(S) - 치수기입 시스템 변수의 현재 설정을 치수 스타일로 저장합니다.
  새 치수 스타일이 현재 치수 스타일이 됩니다.
- 복원(R) - 치수기입 시스템 변수 설정을 선택된 치수 스타일의 설정으로 복원합니다.
- 상태(ST) - 도면에 있는 모든 치수 시스템 변수의 현재 값을 표시합니다.
- 변수(V) - 치수 스타일의 치수 시스템 변수 설정 또는 현재 설정을 수정하지 않은 선택된 치수를 나열합니다.
- 적용(A) - 현재 치수기입 시스템 변수 설정을 선택된 치수 객체에 적용하여 이 객체에 적용된 기존 치수 스타일을 모두 영구 재지정합니다.
- ? - 현재 도면의 명명된 치수 스타일을 나열합니다.

따라하기 〉 치수 업데이트 및 재지정

1 '치수 스타일 관리자' 대화상자에서 [재지정] 버튼을 클릭합니다.

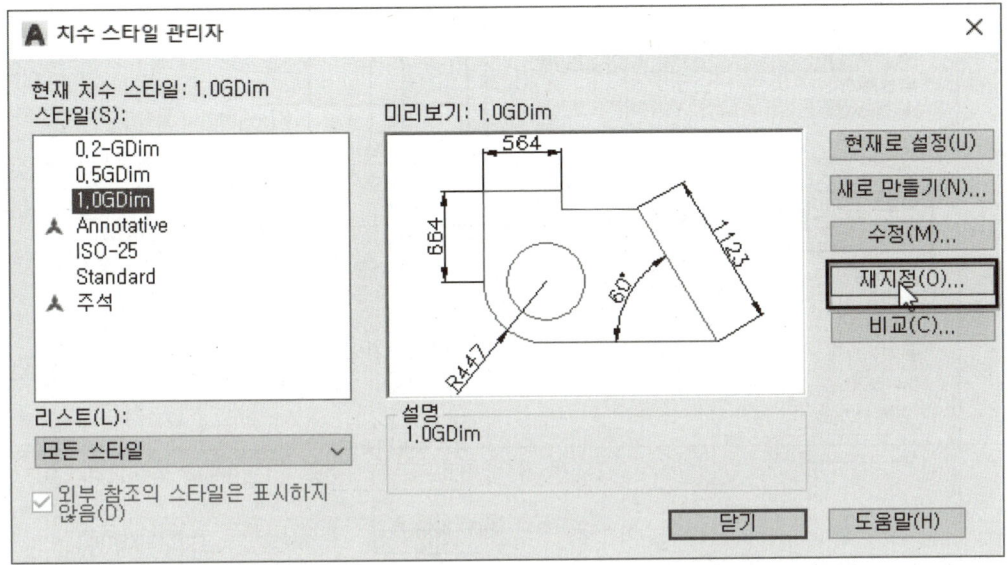

2 [선] 탭에서 치수선과 치수 보조선의 색상을 [빨간색]으로 설정합니다.

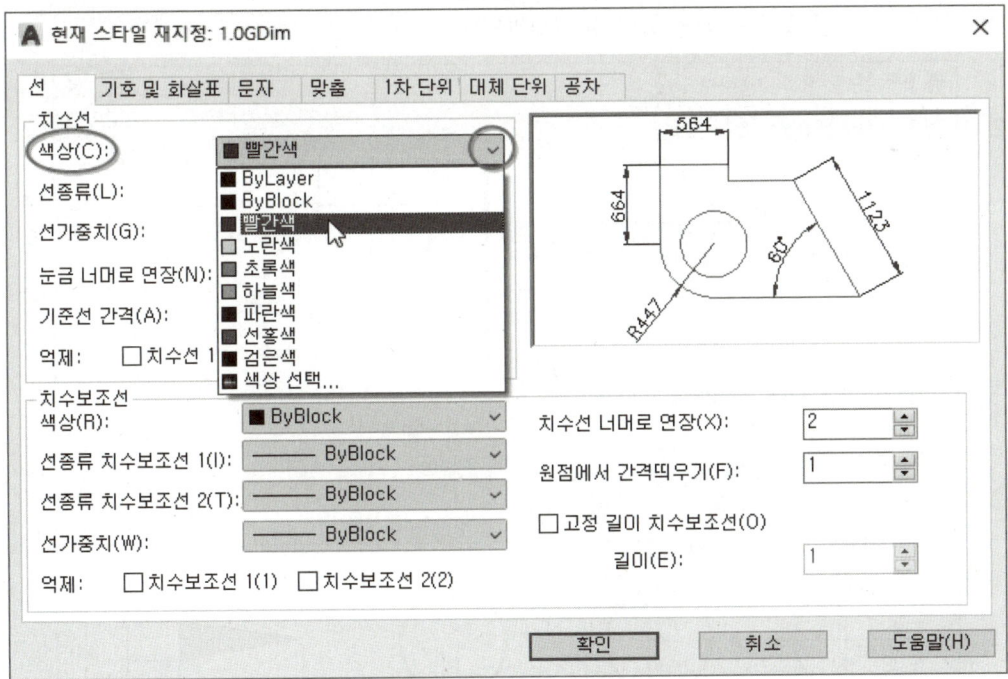

3 [기호 및 화살표] 탭에서 화살표 크기를 [5]로 입력합니다.

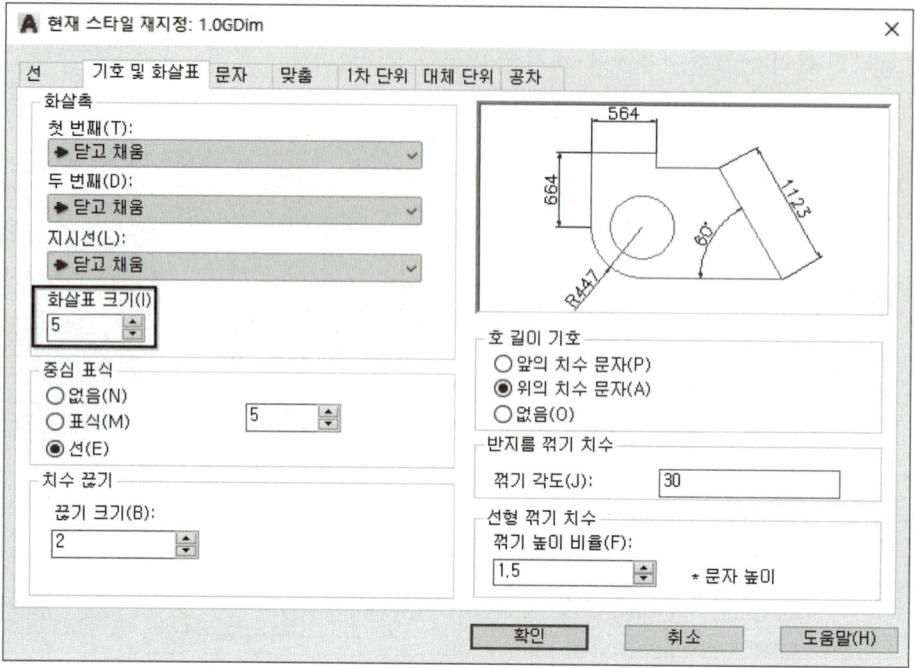

4 [문자] 탭에서 문자 색상을 [빨간색], 문자 높이를 [5]로 설정하고, '문자 배치' 부분에서 수직을 [중심],
치수선에서 간격 띄우기를 [2]로 입력 및 설정합니다.

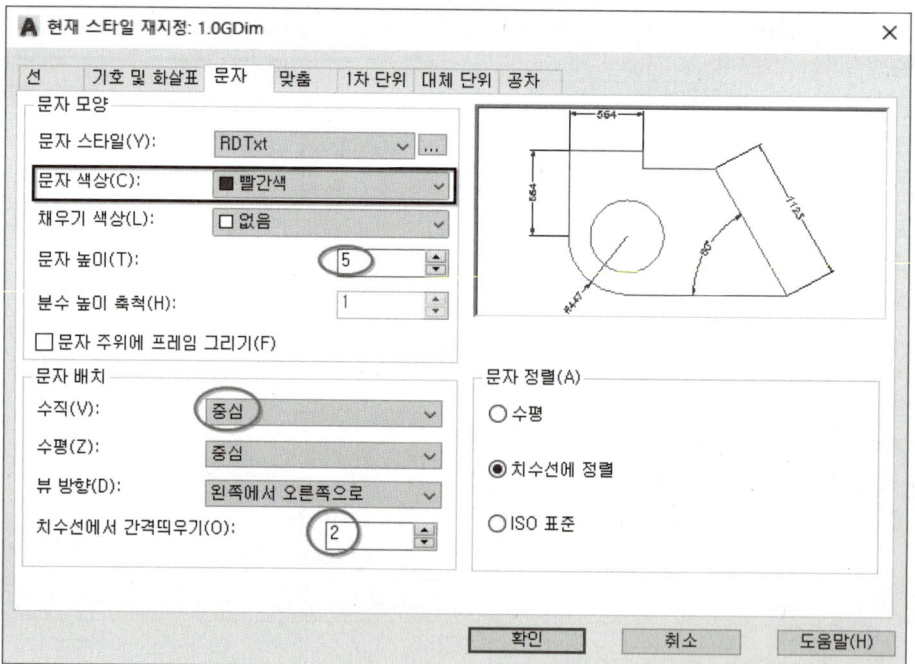

5 [확인] 버튼을 클릭하면 치수 스타일 관리자 대화상자로 복귀합니다.
  〈스타일 재지정〉이 만들어 지고, 현재 스타일로 자동으로 지정됩니다.
  치수 스타일 관리자 대화상자를 종료하기 위해 [닫기] 버튼을 클릭합니다.

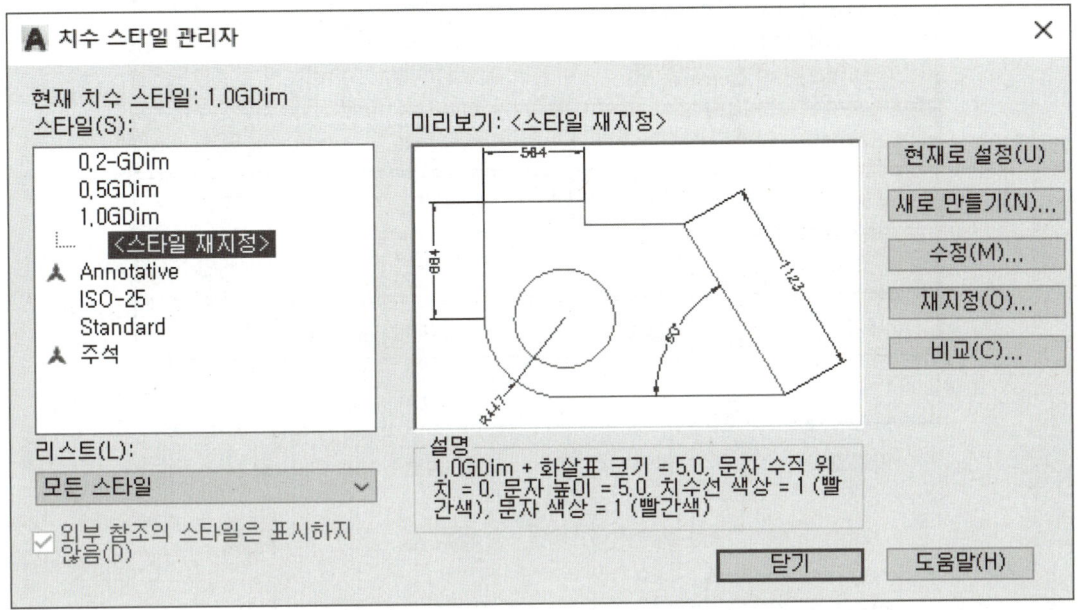

6 [주석] 탭 [치수] 패널에서 [업데이트] 아이콘을 클릭하고, 치수들을 클릭합니다.

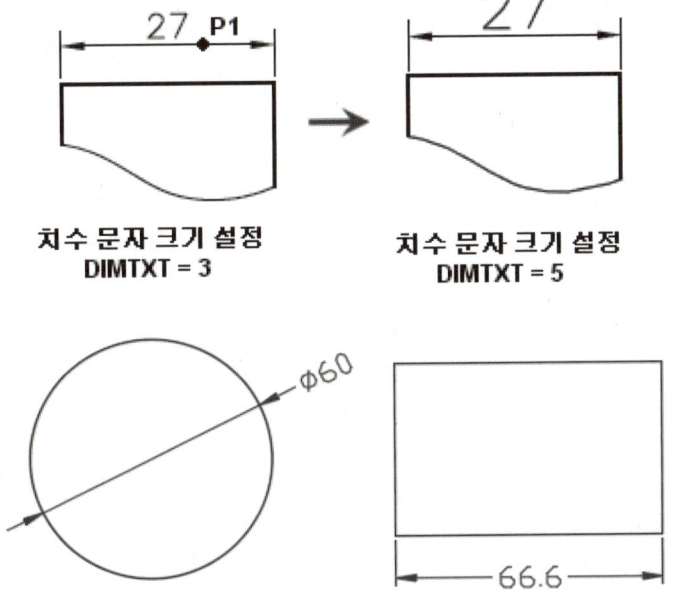

TIP 〉 제어 코드 및 특수 문자

입력방법	내 용	입 력	출 력
%%u	밑줄	%%uCAD	CAD
%%d	각도	50%%d	50°
%%p	공차	%%p50	±50
%%c	지름	%%c50	Ø50
%%%	퍼센트	50%%%	50%

입력코드	설명	입력 샘플	표시
%%O	문자 위 줄긋기	%%oHole	Hole
%%U	문자 밑 줄긋기	%%uHole	Hole
%%D	각도 표시	45%%d	45°
%%P	공차 표시	20%%p5	20±5
%%C	지름 표시	%%c30	Ø30
%%%	퍼센트 표시	45%%%	45%
%%%nnn	ASCII 코드	%%100	d

03 선형 치수(Linear Dimension)

- 제도 규정에 따라서 도면의 각 뷰에 대한 형상의 작도가 완료되면, 치수를 기입하기 전에 먼저 제품의 가공 방법, 조립 순서, 동작 상태 등을 고려하여 치수 기입 기준이 되는 선을 정해야 합니다.
- 가공/조립할 때 기준이 되는 곳이 있다면, 그곳을 기준으로 치수를 기입해야 합니다.
- 다음 그림의 도면처럼 치수의 종류에는 다음과 같은 유형이 있습니다.
    ① - 크기를 나타내는 치수들
    ② - 위치를 나타내는 치수들
    ③ - 각도를 나타내는 치수

    이러한 종류들의 치수를 도형에 기입 표시하면 형상에 전체 치수 기입이 완성됩니다.

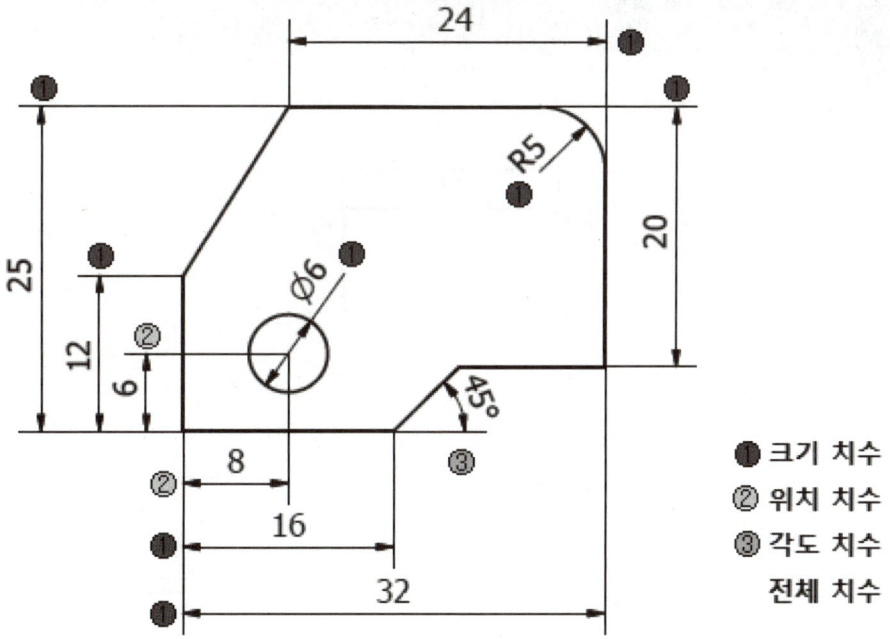

3.1 LINEAR DIMENSION(선형 치수) 명령

- 수평, 수직 또는 회전 치수선과 함께 선형 치수를 작성합니다.

메뉴:	치수 ⇨ 선형
도구막대:	치수 ⇨ H
리본:	홈 탭 ⇨ 주석 패널 ⇨ 치수 드롭 ⇨ H (선형)
명령 입력:	DIMLINEAR

- 풀다운 메뉴에서 [치수] ⇨ [선형]을 클릭합니다.

- 리본 [주석] 탭 [치수] 패널에서 H [선형] 아이콘을 클릭하거나 H 선형 ▼ 플라이아웃을 클릭하고 H [선형] 아이콘을 클릭합니다.

- 명령 행에서 [DIMLINEAR] 혹은 [DIMLIN] 이라고 입력합니다.

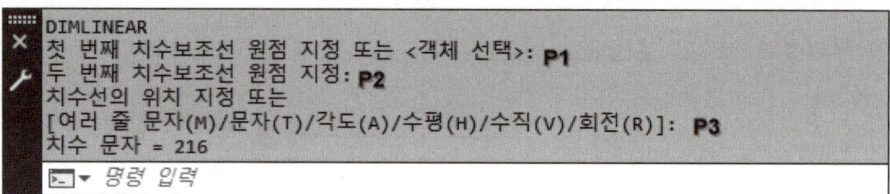

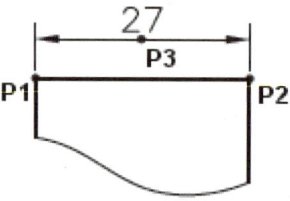

옵션

- 여러 줄 문자(M) - 치수 문자를 편집할 수 있는 내부 문자편집기가 표시됩니다.

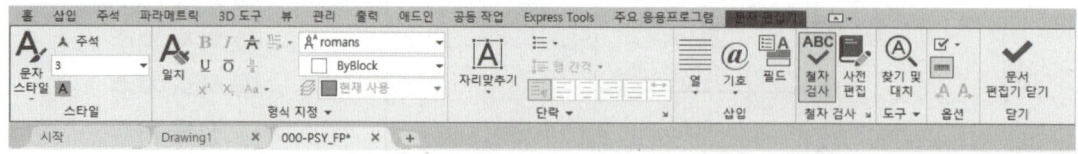

머리말 또는 꼬리말을 추가하려면, 생성된 측정된 치수 문자 전 또는 뒤에 머리말 또는 꼬리말을 입력합니다. 특수 문자나 기호를 입력하려면, 제어코드 및 유니코드 문자열을 사용합니다.

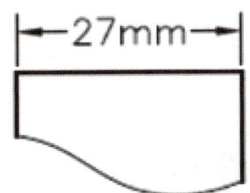

- 문자(T) - 명령 프롬프트에서 측정된 치수 문자 대신 새로운 치수 문자를 입력할 수 있습니다.

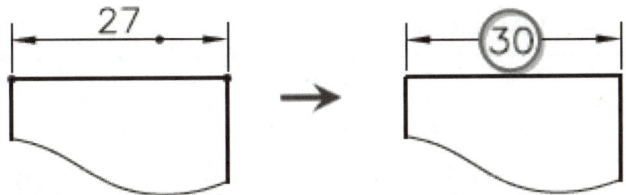

- 각도(A) - 치수 문자의 각도를 변경합니다.

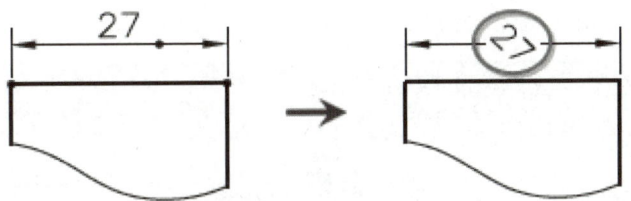

- 수평(H) - 수평 선형치수를 작성합니다.
- 수직(V) - 수직 선형치수를 작성합니다.
- 회전(R) - 회전 선형치수를 작성합니다.

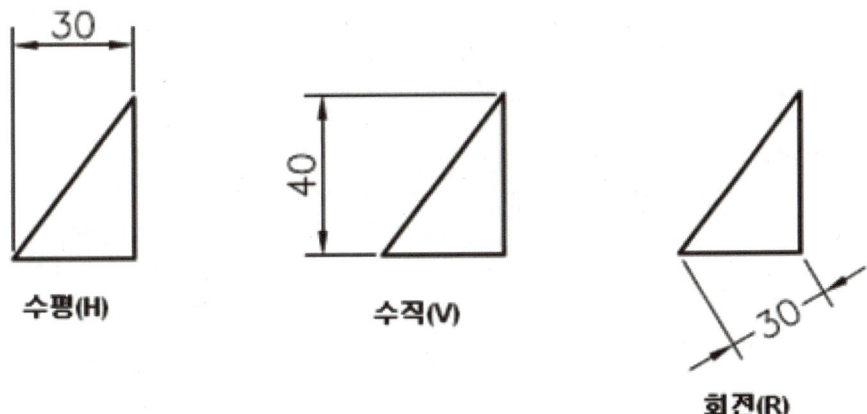

3.2 ALIGNED DIMENSION(정렬 치수) 명령

- 경사진 치수 작업을 위해서 정렬 치수 명령을 이용합니다.

메뉴:	치수 ⇨ 정렬
도구막대:	치수 ⇨
리본:	홈 탭 ⇨ 주석 패널 ⇨ 치수 드롭 ⇨ (정렬)
명령 입력:	DIMALIGNED

- 풀다운 메뉴에서 [치수] ⇨ [정렬]을 클릭합니다.

- 리본 [주석] 탭 [치수] 패널에서 선형 플라이아웃을 클릭하고, [정렬] 아이콘을 클릭합니다.

- 명령 행에서 [DIMALIGNED] 혹은 [DIMALI] 이라고 입력합니다.

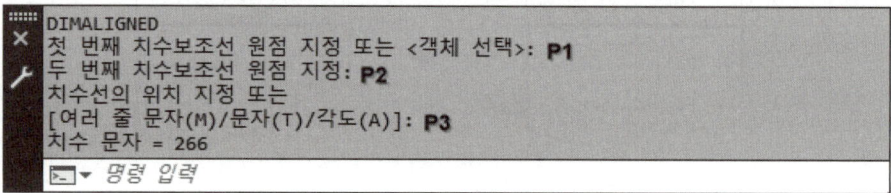

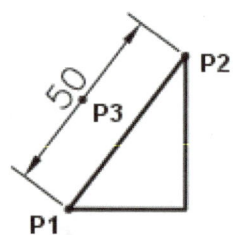

- 각도(A) 옵션 - 치수 문자의 각도를 변경합니다.

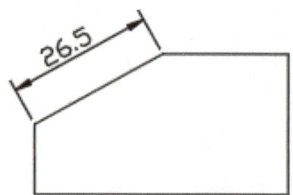
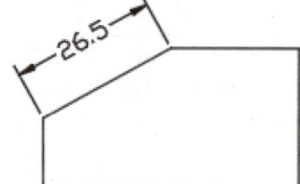
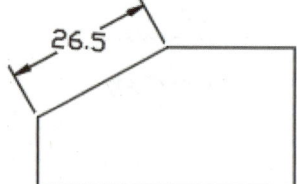

3.3 DIMJOGLINE(꺾어진 선형 치수) 명령

- 선형 또는 정렬 치수에 꺾기 선을 추가하거나 제거합니다.

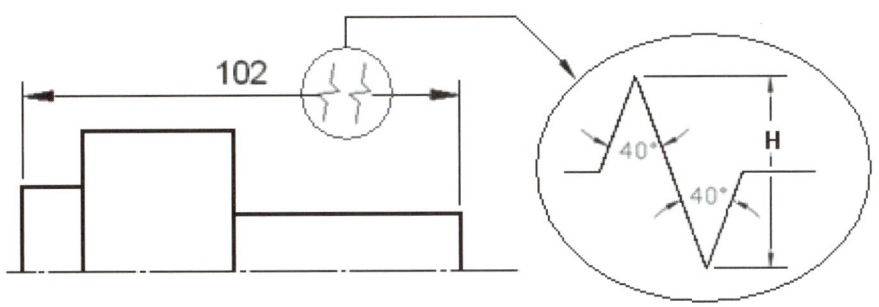

메뉴:	치수 ⇨ 꺾어진 선형
도구막대:	치수 ⇨ ⚡
리본:	주석 탭 ⇨ 치수 패널 ⇨ ⚡ (치수 꺾기선)
명령 입력:	DIMJOGLINE

- 풀다운 메뉴에서 [치수] ⇨ [꺾어진 선형]을 클릭합니다.

- 리본 [주석] 탭 [치수] 패널에서 ⚡ [치수, 치수 꺾기선] 아이콘을 클릭합니다.

- 명령 행에서 [DIMJOGLINE] 이라고 입력합니다.

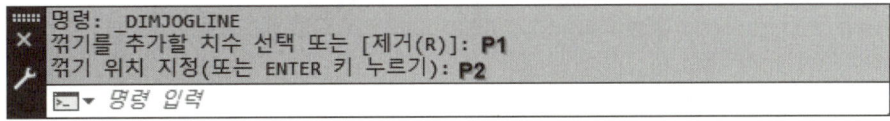

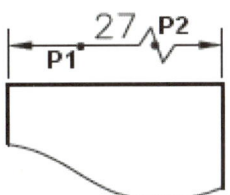

3.4 DIMORDINATE(세로 좌표 치수) 명령

- 세로 혹은 가로 좌표 치수 혹은 데이텀 치수를 작성합니다.
- 이 치수는 판금 도면에 주로 기입합니다.

메뉴:	치수 ⇨ 세로 좌표
도구막대:	치수 ⇨
리본:	홈 탭 ⇨ 주석 패널 ⇨ 치수 드롭다운 ⇨ (세로 좌표)
명령 입력:	DIMORDINATE

- 풀다운 메뉴 [치수] ⇨ [세로좌표]를 클릭합니다.
- [주석] 탭 [치수] 패널에서  치수 플라이아웃을 클릭하고, [세로 좌표] 아이콘을 클릭 합니다.
- 명령 행에서 [DIMORDINATE] 이라고 입력합니다.

```
명령: _dimordinate
피쳐 위치를 지정: P1
지시선 끝점을 지정 또는 [X데이텀(X)/Y데이텀(Y)/여러 줄 문자(M)/문자(T)/각도(A)]: P2
치수 문자 = 0
```

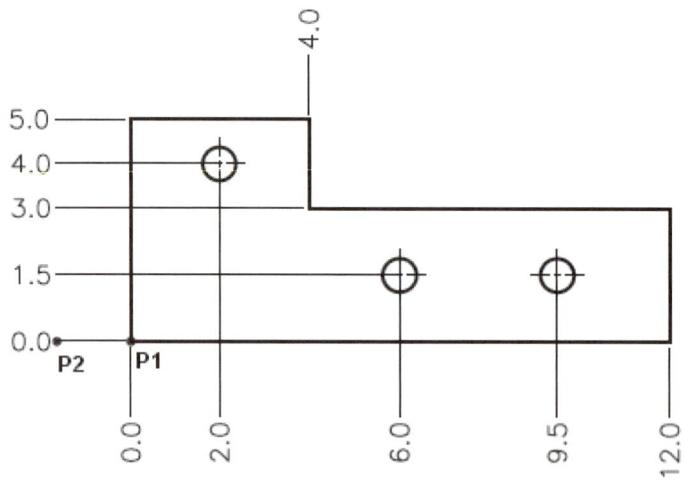

참고〉 UCS 명령을 이용해서 먼저 원점을 재정의한 후에 세로좌표 치수를 기입합니다.

3.5 DIMCONTINUE(연속 치수) 명령

- 마지막으로 작성한 선형, 각도 또는 좌표 치수나 선택한 치수보조선을 사용하여 추가 치수를 자동으로 계속 작성합니다. 치수선이 자동으로 정렬됩니다.

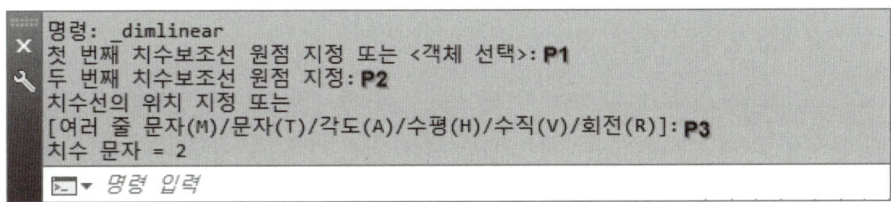

- 리본 [주석] 탭 [치수] 패널에서 [선형] 아이콘을 클릭합니다.

 다음 그림처럼 P1, P2, P3 점들을 차례로 클릭해서 선형 수평 치수를 추가합니다.

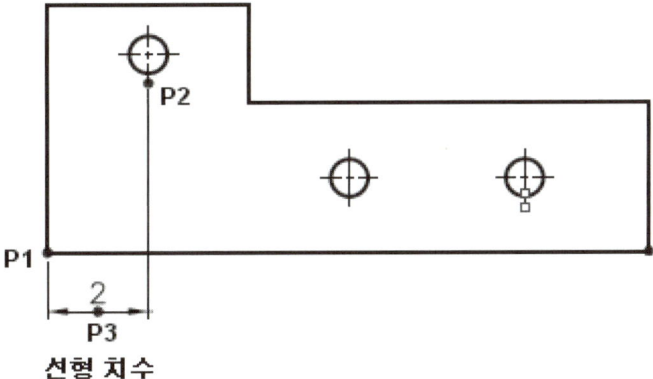

선형 치수

- 리본 [주석] 탭 [치수] 패널에서 [연속] 플라이아웃을 클릭하고 [연속] 아이콘을 클릭합니다.
- 명령 행에서 [DIMCONTINUE] 혹은 [DIMCONT] 이라고 입력합니다.

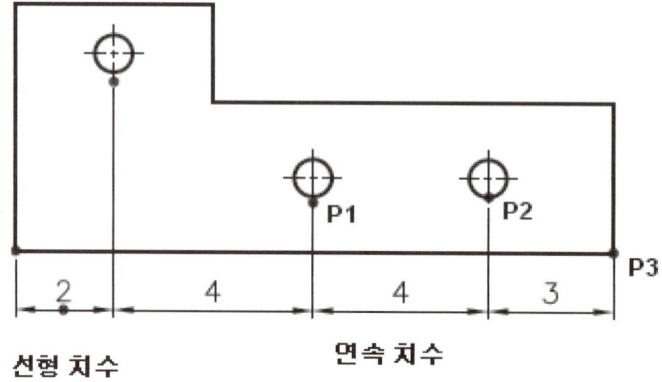

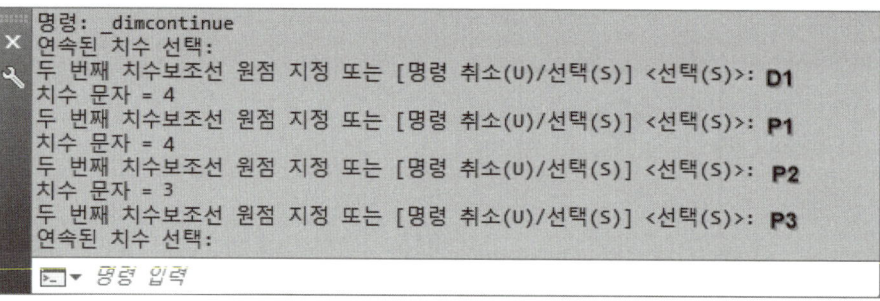

❏ 연속 치수가 기준 치수로 선형 치수를 인식하지 못하는 경우

- 다음 그림처럼 연속 치수 명령 호출 후 먼저 기준이 될 선형 치수를 클릭해서 선택하고, 연속 치수를 배치할 객체의 치수보조선 원점들을 순서대로 지정합니다.

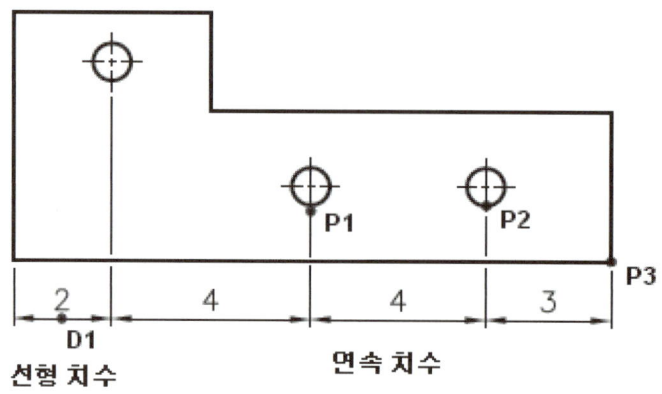

3.6 DIMBASELINE(기준선 치수) 명령

- 기준점에서 일련의 치수들을 작도하기 위해 기준선 치수 명령을 이용합니다.
- 기준선 치수간의 기본 간격은 [치수 스타일 관리자] ⇨ [선 탭] ⇨ [기준선 간격]에서 재설정할 수 있습니다(DIMDLI 시스템 변수).

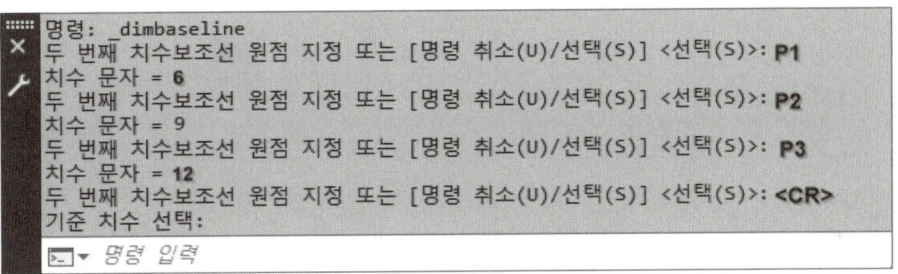

- 리본 [주석] 탭 [치수] 패널에서 [연속] 플라이아웃을 클릭하고, [기준선] 아이콘을 클릭합니다.

```
명령: _dimbaseline
두 번째 치수보조선 원점 지정 또는 [명령 취소(U)/선택(S)] <선택(S)>: P1
치수 문자 = 6
두 번째 치수보조선 원점 지정 또는 [명령 취소(U)/선택(S)] <선택(S)>: P2
치수 문자 = 9
두 번째 치수보조선 원점 지정 또는 [명령 취소(U)/선택(S)] <선택(S)>: P3
치수 문자 = 12
두 번째 치수보조선 원점 지정 또는 [명령 취소(U)/선택(S)] <선택(S)>: <CR>
기준 치수 선택:
```

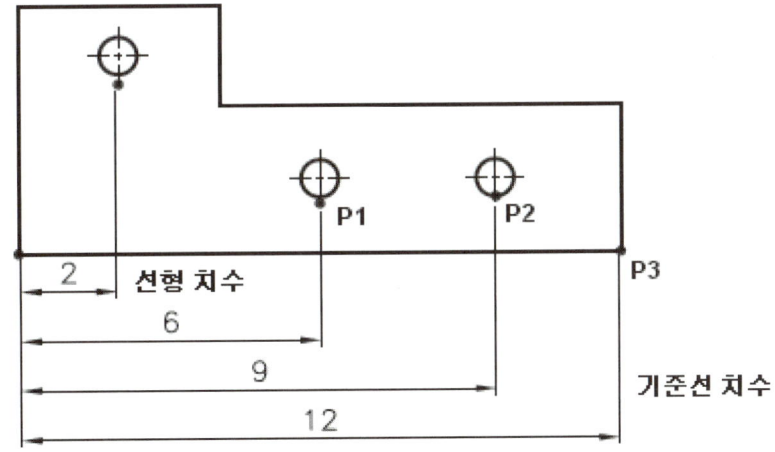

04 원호 치수(Radial Dimension)

4.1 DIAMETER DIMENSION(지름 치수) 명령

- 원 또는 호의 지름 치수를 작성합니다.

메뉴:	치수 ⇨ 지름
도구막대:	치수 ⇨
리본:	홈 탭 ⇨ 주석 패널 ⇨ 치수 드롭다운 ⇨ (지름)
명령 입력:	**DIMDIAMETER**

- 풀다운 메뉴 [치수] ⇨ [지름]을 클릭합니다.
- 리본 [홈] 탭 [주석] 패널에서 선형 플라이아웃을 클릭하고, [지름] 아이콘을 클릭합니다.
- 명령 행에서 [DIMDIAMETER] 혹은 [DIMDIA]이라고 입력합니다.

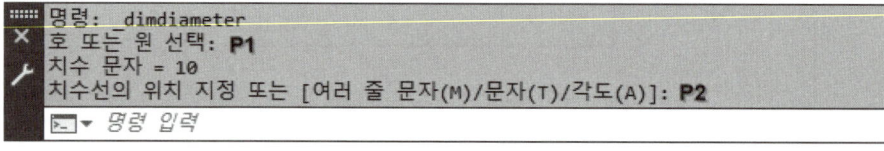

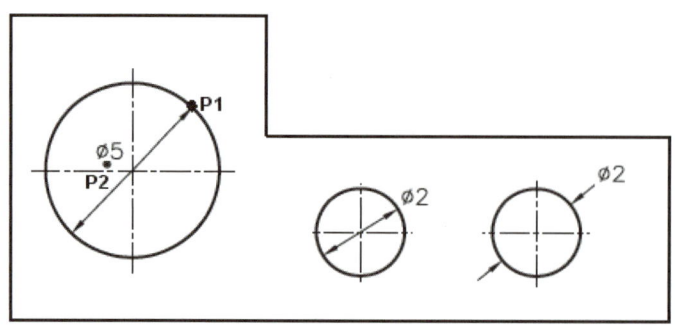

4.2 RADIUS DIMENSION(반지름 치수) 명령

- 원 또는 호의 반지름 치수를 작성합니다.
- 선택한 원이나 호의 반지름을 측정하고 원이나 호 앞에 반지름 기호와 함께 치수 문자를 표시합니다.
- 그립을 사용하여 반지름 치수를 손쉽게 재배치할 수 있습니다.

메뉴:	치수 ⇨ 반지름
도구막대:	치수 ⇨
리본:	홈 탭 ⇨ 주석 패널 ⇨ 치수 드롭다운 ⇨ (반지름)
명령 입력:	DIMRADIUS

- 풀다운 메뉴 [치수] ⇨ [반지름]을 클릭합니다.
- 리본 [홈] 탭 [주석] 패널에서 선형 플라이아웃을 클릭하고, [반지름] 아이콘을 클릭합니다.
- 명령 행에서 [DIMRADIUS] 혹은 [DIMRAD]이라고 입력합니다.

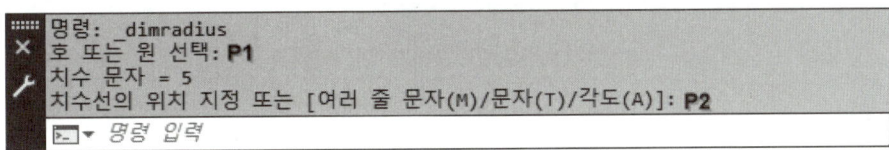

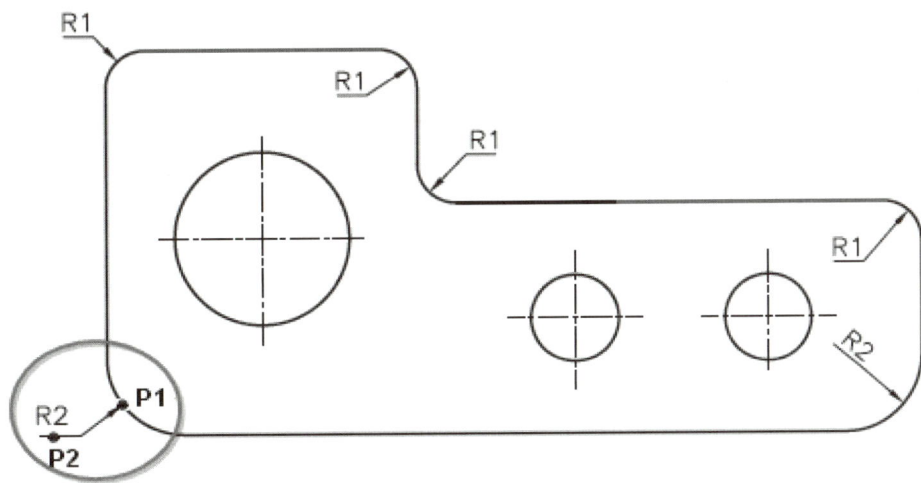

4.3 ANGULAR DIMENSION(각도 치수) 명령

- 각도 치수는 도형의 각도를 측정해서 치수를 기입하는데 이용합니다.
- 선택한 객체 또는 3개의 점 사이의 각도를 측정합니다.
- 호, 원, 선 객체를 선택할 수 있습니다.

메뉴:	치수 ⇨ 각도
도구막대:	치수 ⇨
리본:	홈 탭 ⇨ 주석 패널 ⇨ 치수 드롭다운 ⇨ (각도)
명령 입력:	DIMANGULAR

- 풀다운 메뉴 [치수] ⇨ [각도]를 클릭합니다.
- 리본 [홈] 탭 [주석] 패널에서 선형 플라이아웃을 클릭하고, [각도] 아이콘을 클릭합니다.
- 명령 행에서 [DIMANGULAR] 혹은 [DIMANG]이라고 입력합니다.

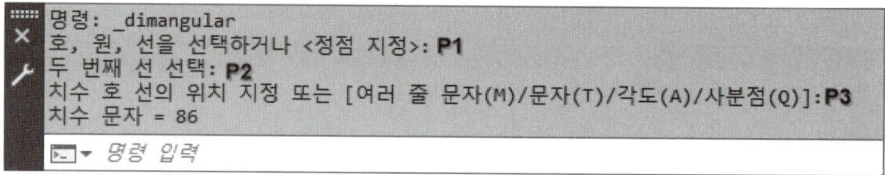

```
명령: _dimangular
호, 원, 선을 선택하거나 <정점 지정>: P1
두 번째 선 선택: P2
치수 호 선의 위치 지정 또는 [여러 줄 문자(M)/문자(T)/각도(A)/사분점(Q)]: P3
치수 문자 = 86
```

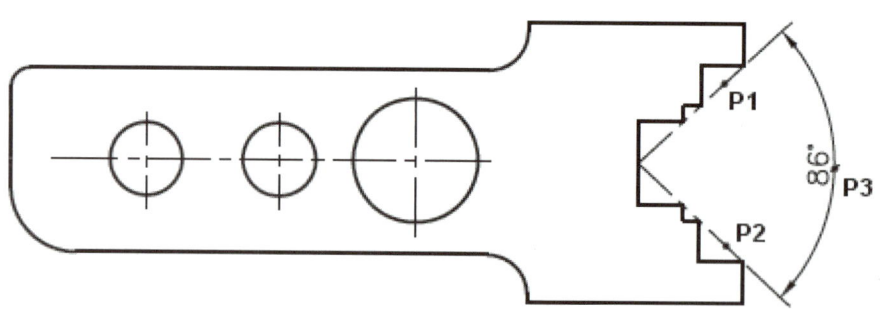

4.4 ARC LENGTH DIMENSION(호 길이 치수)명령

- 호 길이 치수는 호 또는 폴리선 호 세그먼트의 거리를 측정합니다.
- 이 치수는 보통 캠(Cam) 주위의 진행 거리 측정 및 케이블 길이 표시등에 사용됩니다.

메뉴:	치수 ⇨ 호 길이
도구막대:	치수 ⇨
리본:	홈 탭 ⇨ 주석 패널 ⇨ 치수 드롭다운 ⇨ (호 길이)
명령 입력:	DIMARC

- 리본 [홈] 탭 [주석] 패널에서 선형 플라이아웃을 클릭하고 [호 길이] 아이콘을 클릭합니다.

```
명령: _dimarc
호 또는 폴리선 호 세그먼트 선택: P1
호 길이 치수 위치 지정 또는 [여러 줄 문자(M)/문자(T)/각도(A)/부분(P)/지시선(L)]: P2
치수 문자 = 20
```

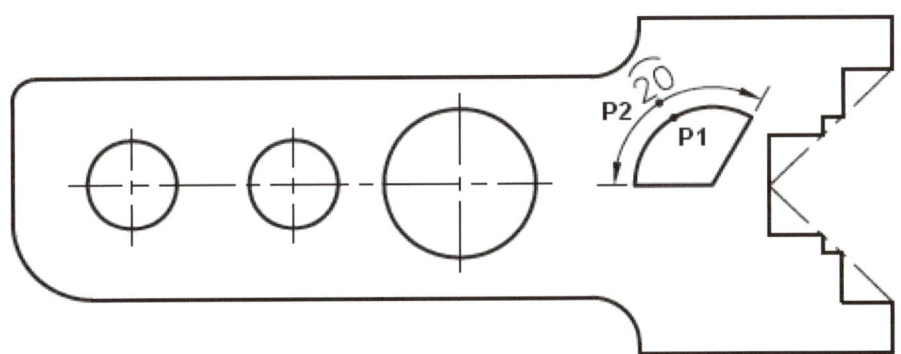

4.5 DIMJOGGED(꺾어진 반지름 치수) 명령

- 원 또는 호의 꺾어진 반지름 치수를 작성합니다. 실제 중심점 대신에 가상의 중심점을 재지정해서 꺾어진 반지름 치수를 기입합니다.

메뉴:	치수 ⇨ 꺾어진
도구막대:	치수 ⇨
리본:	홈 탭 ⇨ 주석 패널 ⇨ 치수 드롭다운 ⇨ (꺾기)
명령 입력:	DIMJOGGED

- 리본 [홈] 탭 [주석] 패널에서 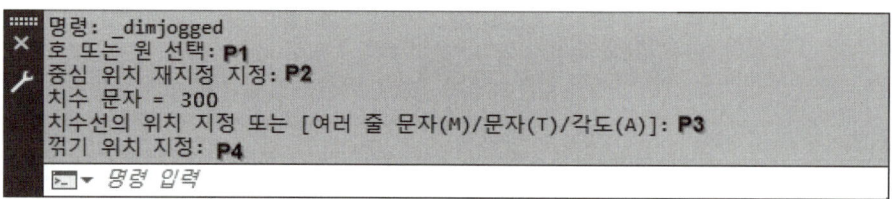 선형 플라이아웃을 클릭하고 [꺾기] 아이콘을 클릭합니다.

```
명령: _dimjogged
호 또는 원 선택: P1
중심 위치 재지정 지정: P2
치수 문자 = 300
치수선의 위치 지정 또는 [여러 줄 문자(M)/문자(T)/각도(A)]: P3
꺾기 위치 지정: P4
```

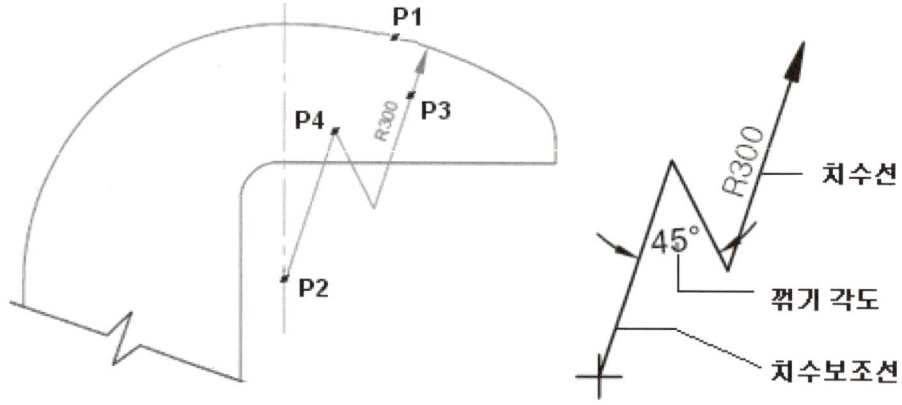

05 기타 치수 명령

5.1 DIM(치수) 명령

- [DIM(치수)] 명령은 단일 치수 명령 세션 내에서 여러 유형의 치수를 작성합니다. 치수 기입할 객체 위에 마우스를 놓으면 [DIM(치수)] 명령이 사용할 적합한 치수 유형의 미리보기를 자동으로 표시합니다. 치수 기입할 객체, 선 또는 점을 선택하고 치수를 그릴 도면 영역의 아무 곳이나 클릭합니다.
- 지원되는 치수 유형 범위에는 수직, 수평, 정렬된 및 회전된 선형 치수부터 각도 치수, 반지름, 지름, 꺾기 반지름 및 호 길이 치수, 기준선 및 연속 치수가 있습니다. 필요한 경우 명령 행 옵션을 사용하여 치수 유형을 변경할 수 있습니다. 이것을 스마트 치수 기입(Smart Dimensioning) 기능이라고 합니다.

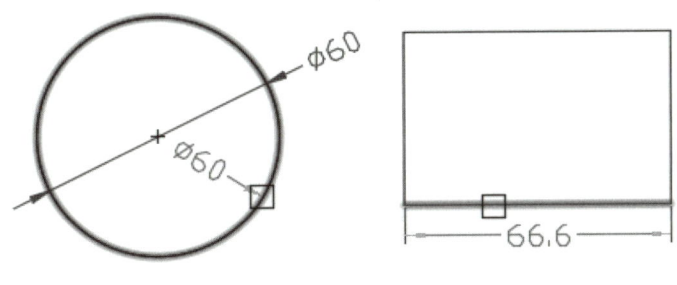

메뉴:	
도구막대:	
리본:	주석 탭 ⇨ 치수 패널 (치수)
명령 입력:	DIM

- 리본 [홈] 탭 [주석] 패널에서 [치수] 아이콘을 클릭합니다.

```
명령: _dim
객체 선택 또는 첫 번째 치수보조선 원점 지정 또는 [각도(A)/기준선(B)/계속(C)/세로좌표(O)/정렬(G)/분산(D)/도면층(L)/명령 취소(U)]:
첫 번째 치수보조선 원점 지정 또는 [각도(A)/기준선(B)/계속(C)/세로좌표(O)/정렬(G)/분산(D)/도면층(L)/명령 취소(U)]: P1
두 번째 치수보조선 원점 지정 또는 [명령 취소(U)]: P2
치수선 위치 또는 각도의 두 번째 선 지정 [여러 줄 문자(M)/문자(T)/문자 각도(N)/명령 취소(U)]: P3
객체 선택 또는 첫 번째 치수보조선 원점 지정 또는 [각도(A)/기준선(B)/계속(C)/세로좌표(O)/정렬(G)/분산(D)/도면층(L)/명령 취소(U)]:
첫 번째 치수보조선 원점 지정 또는 [각도(A)/기준선(B)/계속(C)/세로좌표(O)/정렬(G)/분산(D)/도면층(L)/명령 취소(U)]:
명령 입력
```

옵션

- 객체 선택 - 선택하는 객체에 적용 가능한 치수 유형이 자동 선택되고 해당 치수 유형에 맞는 프롬프트가 표시됩니다.

선택된 객체 유형	동작
호(ARC)	기본적으로 치수 유형을 반지름 치수로 지정합니다.
원(CIRCLE)	기본적으로 치수 유형을 반지름 치수로 지정합니다.
선(LINE)	기본적으로 치수 유형을 선형 치수로 지정합니다.
치수(Dimension)	선택된 치수를 수정할 수 있는 옵션을 표시합니다.
타원(Ellipse)	선을 선택하도록 설정된 옵션으로 기본 지정합니다.

- 첫 번째 치수보조선 원점 – 양쪽 두 끝점을 선택하면 선형 치수를 작성합니다.
- 각도(A) - [DIMANGULAR(각도)] 명령과 동일하게 세 점 사이의 각도 또는 두 선 사이의 각도를 표시하는 각도 치수를 작성합니다.
- 기준선(B) - [DIMBASELINE(기준선)] 명령과 동일하게 이전 또는 선택된 치수의 첫 번째 치수보조선에서 선형, 각도 또는 세로좌표 치수를 작성합니다.
- 계속(C) - [DIMCONTINUE(연속)] 명령과 동일하게 선택된 치수의 두 번째 치수보조선에서 선형, 각도 또는 세로좌표 치수를 작성합니다.
- 세로좌표(O) - [DIMORDINATE(세로좌표)] 명령과 동일하게 세로좌표 치수를 작성합니다.
- 정렬(G) - 여러 개의 평행, 동심 또는 동일한 데이터 치수를 선택된 기준 치수에 정렬합니다.
- 분산(D) - 선택된 분리된 선형 또는 세로좌표 치수 그룹을 분산하는 방법을 지정합니다.
- 도면층(L) - 지정된 도면층에 새 치수를 지정하여 현재 도면층을 재지정합니다.
현재 도면층을 사용하려면 현재 사용 또는 "."을 입력합니다. (DIMLAYER 시스템 변수)

5.2 QDIM(신속 치수) 명령

- [QDIM(신속 치수)] 명령을 사용하여 일련의 치수를 신속하게 작성하거나 편집합니다.
- 이 명령은 기준선 또는 연속 치수를 작성하거나 일련의 원과 호에 치수를 기입하는데 특히 유용합니다.

메뉴:	치수 ⇨ 신속 치수
도구막대:	치수 ⇨ [아이콘]
리본:	주석 탭 ⇨ 치수 패널 [아이콘] (신속 치수)
명령 입력:	QDIM

- 풀다운 메뉴 [치수] ⇨ [신속 치수]를 클릭합니다.
- 리본 [주석] 탭 [치수] 패널에서 [아이콘] [신속 치수] 아이콘을 클릭합니다.
- 명령 행에서 [QDIM] 이라고 입력합니다.

```
명령: qdim
연관 치수 우선순위 = 끝점(E)
치수 기입할 형상 선택: P1  1개를 찾음
치수 기입할 형상 선택: <CR>
치수선의 위치 지정 또는 [연속(C)/다중(S)/기준선(B)/세로좌표(O)/반지름(R)/지름(D)/데이텀 점(P)/편집(E)/설정(T)] <연속(C)>: P2
```

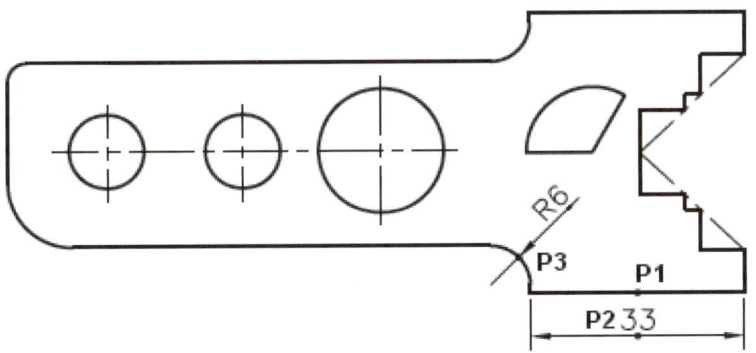

5.3 DIMCENTER(중심 표식) 명령

- 치수선 스타일 설정 값에 따라 '중심 표식' 및 '중심선'이 지름 및 반지름 치수에 대해 자동 생성됩니다.
- 중심 표식과 중심선은 치수선이 원 또는 호의 외부에 있을 경우에만 작성됩니다.
- 작도 명령을 사용하여 중심선과 중심 표식을 직접 작성할 수 있습니다.
- '치수 스타일 수정' 대화상자에 있는 기호 및 화살표 탭의 중심 표식에서 중심선과 중심 표식의 크기 및 가시성을 조정할 수 있습니다.

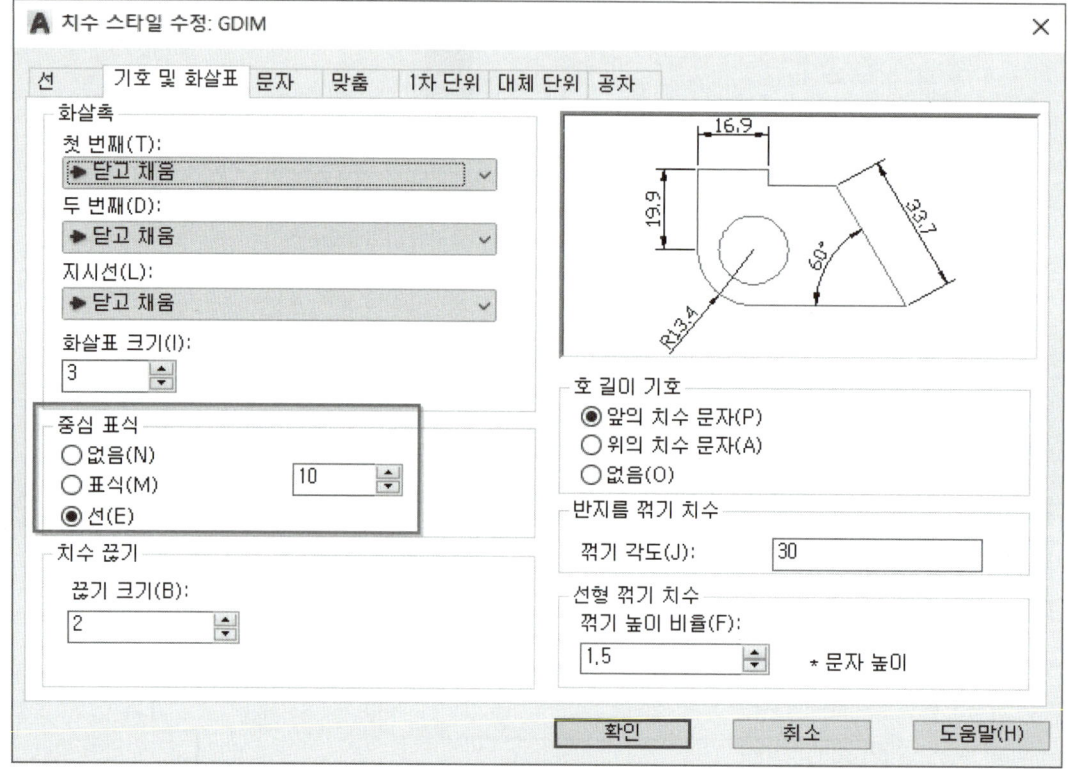

- 또한 [DIMCEN] 치수 시스템 변수를 사용하여 중심선과 중심 표식의 크기를 설정할 수 있습니다.

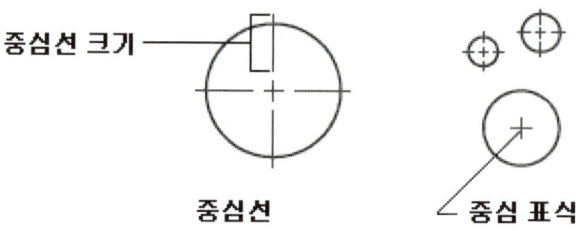

메뉴:	치수 ⇨ 중심 표식
도구막대:	치수 ⇨ ⊕
리본:	주석 탭 ⇨ 중심선 패널 ⇨ ⊕ (중심 표식)
명령 입력:	DIMCENTER, CENTERMARK

- 풀다운 메뉴 [치수] ⇨ [중심 표식]을 클릭합니다.
- 리본 [주석] 탭 [치수] 패널에서 ⊕ [중심 표식] 아이콘을 클릭합니다.
- 명령 행에서 [DIMCENTER] 혹은 [CENTERMARK]라고 입력합니다.

```
명령: centermark
중심 표식을 추가할 원 또는 호 선택: P1
중심 표식을 추가할 원 또는 호 선택: <CR>
명령 입력
```

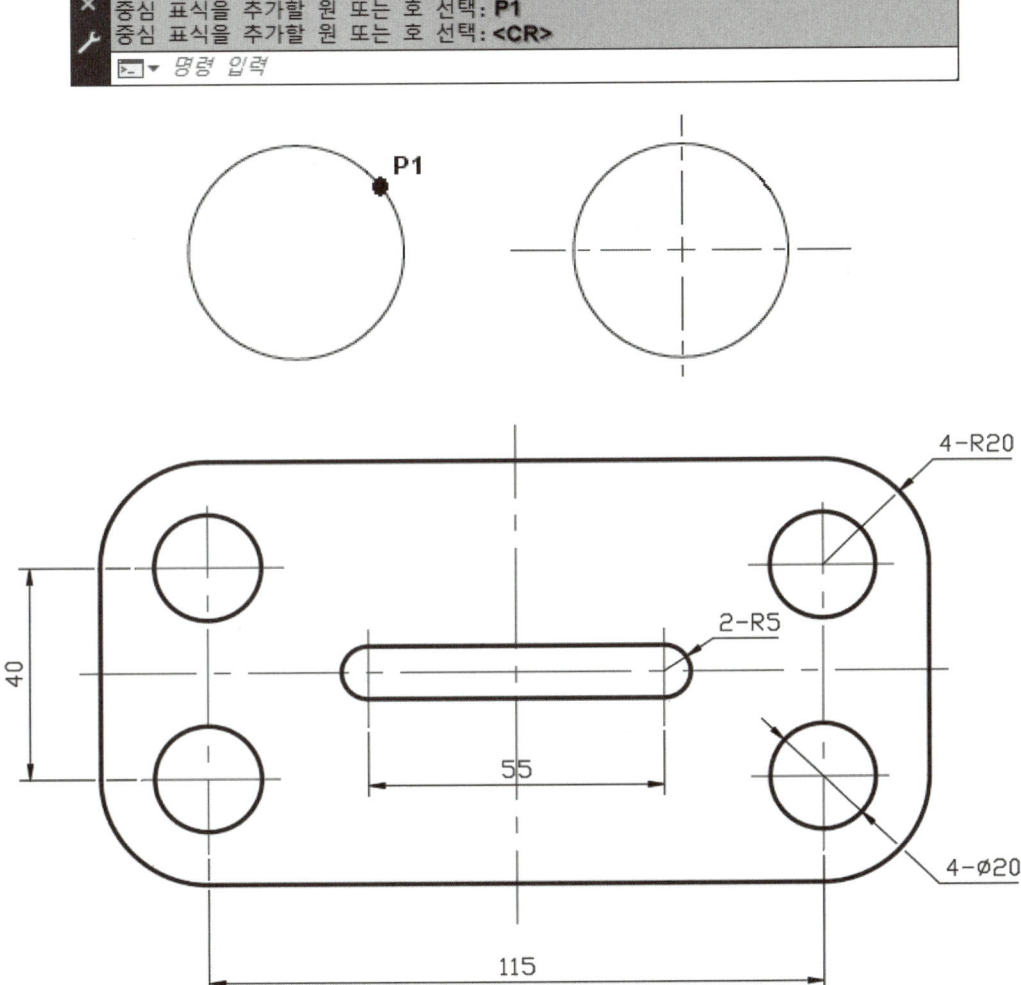

5.4 DIMSPACE(치수 간격) 명령

- [DIMSPACE(치수 간격)] 명령은 선형 치수 또는 각도 치수 사이의 간격을 조정합니다.

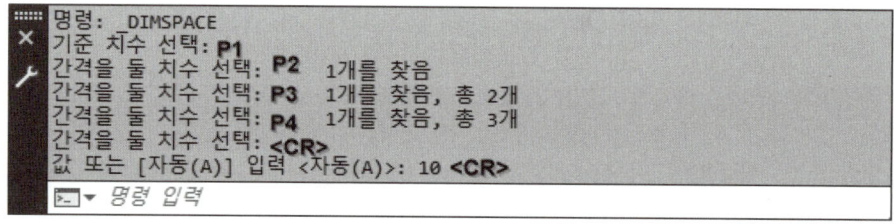

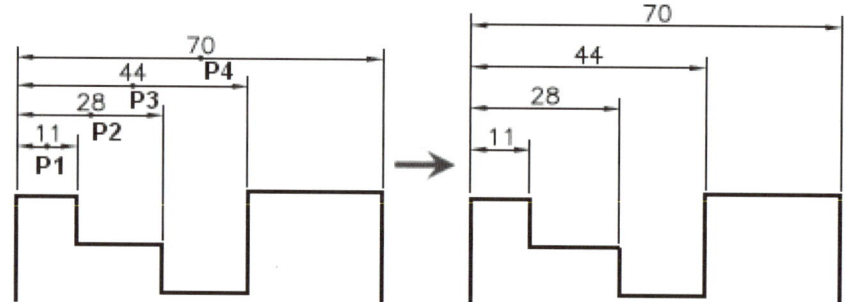

❏ 옵션

- 간격두기 값 : 기준 치수에서 선택한 치수에 간격두기 값을 적용합니다. 예를 들어, 값 10을 입력하면 선택한 모든 치수가 10 간격으로 구분됩니다.
- 자동(A) : 선택된 기준 치수의 치수 스타일에 지정되어 있는 문자 높이에 따라 자동으로 간격두기 거리를 계산합니다. 결과 간격두기 값은 치수 문자 높이의 두 배입니다.

5.5 DIMBREAK(치수 끊기) 명령

- 치수선 및 치수보조선이 형상의 외형선과 교차하면 치수선 및 치수보조선을 2mm 간격으로 끊어야 합니다.
- [DIMBREAK(치수 끊기)] 명령으로 치수 끊기를 사용하면, 치수, 치수보조선 또는 지시선이 마치 설계의 일부분인 것처럼 보이는 것을 방지할 수 있습니다.
- 치수 끊기는 치수나 다중 지시선에 자동 또는 수동으로 추가될 수 있습니다.
- 치수 끊기의 배치를 위해 선택하는 방법은 치수 또는 다중 지시선을 교차하는 객체의 수에 따라 결정됩니다.

메뉴:	치수 ⇨ 치수 끊기
도구막대:	치수 ⇨ [아이콘]
리본:	주석 탭 ⇨ 치수 패널 ⇨ [아이콘] (끊기)
명령 입력:	DIMBREAK

```
명령: DIMBREAK
끊기를 추가/제거할 치수 선택 또는 [다중(M)]: P1
치수를 끊을 객체 선택 또는 [자동(A)/수동(M)/제거(R)] <자동>: P2
치수를 끊을 객체 선택: <CR>
1개의 객체 수정됨
```

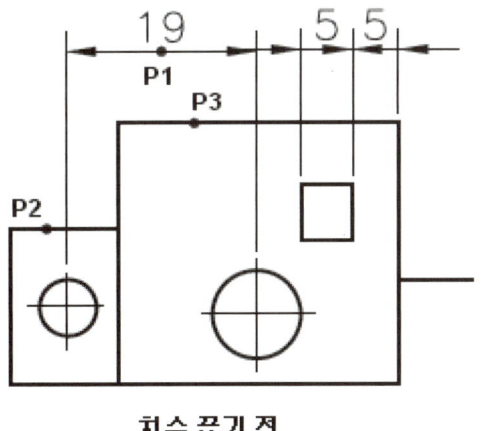

치수 끊기 전

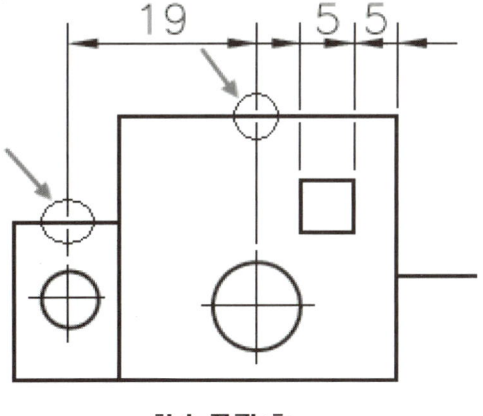

치수 끊기 후

5.6 DIMREASSOCIATE(치수 재연관) 명령

- 선택된 치수를 기하학적 객체에 연관시킵니다. 즉 이전 AutoCAD 버전에서 작성된 치수에 연관성을 추가하는 등 치수의 연관성을 변경해야 할 경우가 있습니다.
- 다음과 같은 일부 환경에서 치수의 연관성을 변경해야 합니다.
  ① 도면에서 상당 부분 편집된 치수의 연관성을 재정의합니다.
  ② 부분적으로 연관 해제된 치수에 연관성을 추가합니다.
  ③ 기존 도면의 치수에 연관성을 추가합니다.
  ④ AutoCAD 2002 이전 릴리즈에서 작업하지만 도면에 프록시 객체를 포함하지 않으려면 도면의 치수에서 연관성을 제거합니다.
  ⑤ 치수는 연관, 비연관 또는 분해 치수입니다.
  ⑥ 연관 치수는 측정되는 기하학적 객체의 변경에 따라 조정됩니다.
  ⑦ 치수 연관성은 기하학적 객체와 치수 사이의 관계를 정의하여 기하학적 객체에 거리와 각도를 제공합니다.

- 기하학적 객체와 치수 간에 세 가지 연관성 유형이 있습니다.
  ① 연관치수 : 연관된 기하학적 객체가 수정될 때 치수의 위치, 방향 및 측정값을 자동으로 조정합니다. 배치의 치수는 모형 공간의 객체와 연관시킬 수 있습니다(DIMASSOC = 2).
  ② 비연관치수 : 측정한 객체와 함께 선택 및 수정됩니다. 비연관 치수는 측정한 기하학적 객체가 수정될 때 변경되지 않습니다(DIMASSOC = 1).
  ③ 분해된 치수 : 단일 치수 객체가 아닌 분리된 객체 모음입니다(DIMASSOC = 0).

- 치수를 선택하고 다음 방법 중 하나로 치수가 연관인지 비연관인지 확인할 수 있습니다.
  ① [Properties(특성)] 명령 팔레트를 사용하여 '치수 특성'을 표시합니다.
  ② [LIST(리스트)] 명령을 사용하여 '치수 특성'을 표시합니다.
  ③ '신속 선택' 대화상자에서 연관 또는 비연관 치수 선택을 필터링할 수 있습니다.

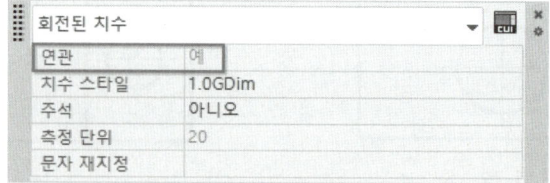

  ④ 치수는 치수의 한 쪽 끝만 기하학적 객체에 연관되어 있어도 연관 치수로 간주됩니다.
  ⑤ [DIMREASSOCIATE(치수 재연관)] 명령으로 치수의 연관 및 비연관 요소가 표시됩니다.

⑥ [DIMREASSOCIATE(치수 재연관)] 명령은 선택한 치수를 객체 또는 객체의 점에 연관시키거나 재연관 시킵니다. 이 명령을 호출하면, 선택된 각 치수가 차례로 강조 표시되고 선택된 치수에 적절한 연관점을 지정하라는 프롬프트가 표시됩니다. 각 연관점 프롬프트마다 표식기가 표시됩니다.

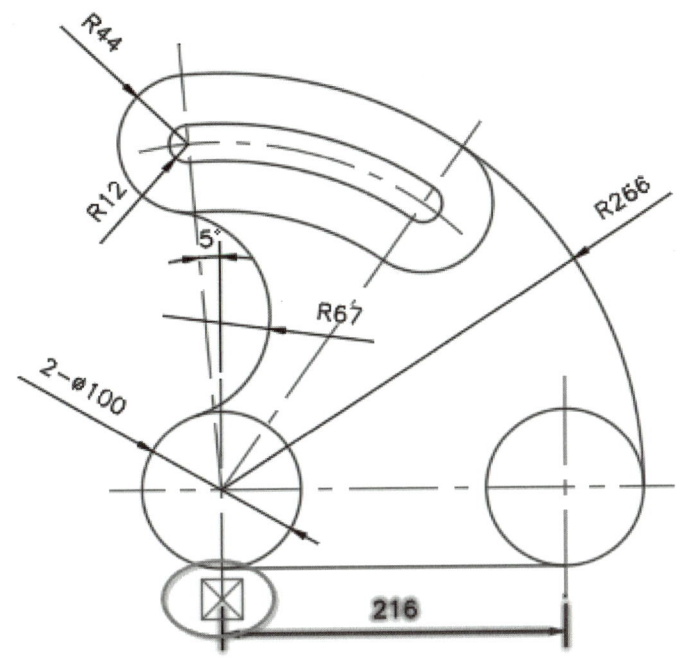

- 현재 치수의 정의점이 기하학적 객체와 연관되어 있지 않으면 X 표식기가 표시됩니다.
- 정의점이 연관된 상태라면 상자 안에 X 표식기가 표시됩니다.

명령 호출

메뉴:	치수 ⇨ 치수 재연관
도구막대:	
리본:	주석 탭 ⇨ 치수 패널 ⇨ [아이콘] (재연관)
명령 입력:	DIMREASSOCIATE

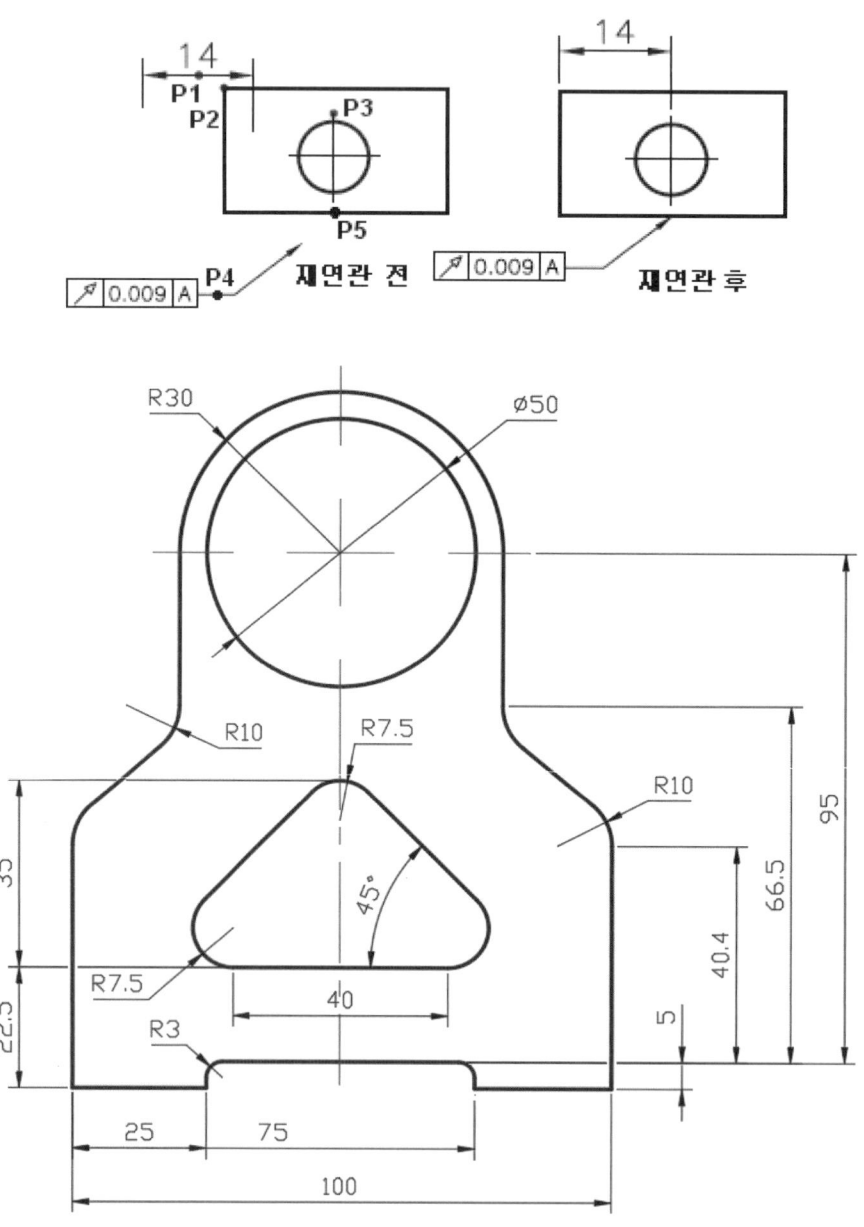

06 치수 편집 (Editing Dimension)

- [DIMEDIT(치수 편집)] 명령 및 [DIMTEDIT(치수 문자 편집)] 명령은 치수 문자 편집 및 위치 조정합니다.

6.1 치수 기입 작업 시 문자 수정

- 치수 명령의 [여러 줄 문자(M)] 와 [문자(T)] 옵션은 치수선에 표시될 문자를 수정하는 것을 허용합니다.
- [문자(T)] 옵션은 단일 문자열을 입력하는 기능이고, [여러 줄 문자(M)] 옵션은 [MTEXT(여러 줄 문자)] 명령을 호출하고 형식화된 다중 문자열을 치수선에 추가합니다. 이러한 옵션은 측정된 거리를 수정하거나 치수에 설명문을 추가하는데 이용합니다.

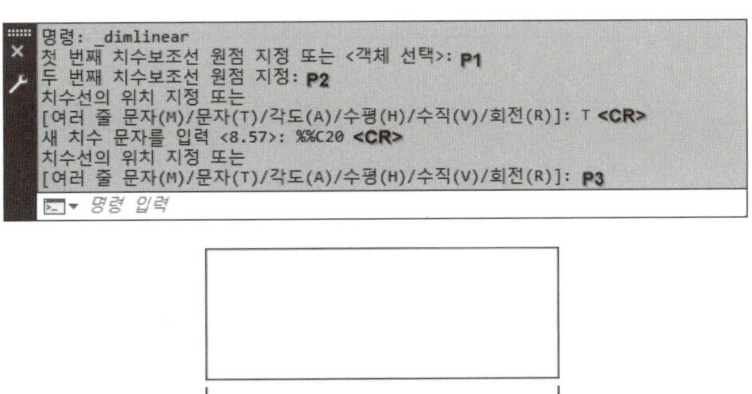

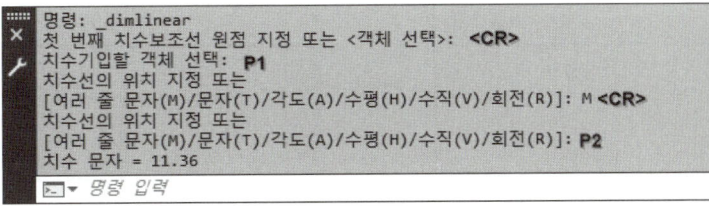

6.2 DIMTEDIT(치수 문자 편집) 명령

- 치수 문자 편집 명령은 단일 치수의 문자 위치를 수정하기 위해 이용됩니다.
- 이 명령은 동적으로 문자의 위치를 지정하거나 옵션중의 하나가 이동의 특별한 형태일 수 있습니다. 예를 들면, 다음 그림에서 오른쪽 그림에 표시된 치수는 문자의 위치를 동적으로 이동해서 편집되었습니다. 그 때 문자는 각도 옵션에 의해 회전 되었습니다.

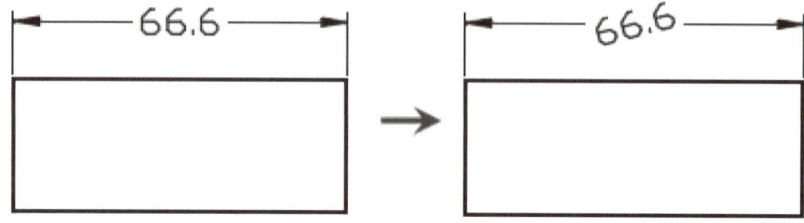

메뉴:	치수 ➪ 문자 정렬 ➪ 각도
도구막대:	치수 ➪ [아이콘]
리본:	주석 탭 ➪ 치수 패널 ➪ ▼ ➪ [아이콘] (문자 각도)
명령 입력:	DIMTEDIT

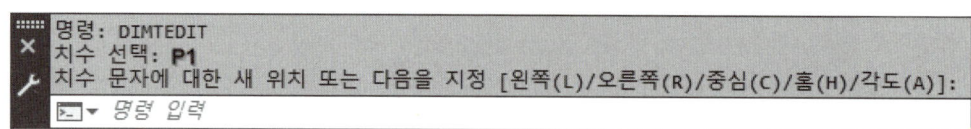

□ 옵션

- 치수 문자에 대한 새 위치 : 치수 문자를 끌면 문자의 위치를 동적으로 이동합니다.
- 왼쪽(L) : 선형, 반지름 및 지름 치수에 대해서만 사용할 수 있습니다.

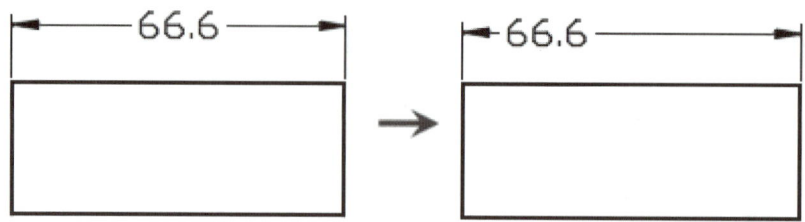

- 오른쪽(R) : 선형, 반지름 및 지름 치수에만 사용할 수 있습니다.

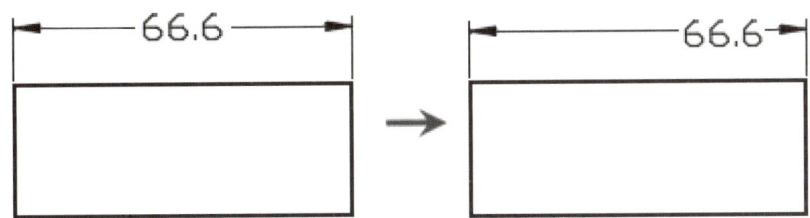

- 중심(C) : 치수문자를 치수선의 중심에 오게 합니다.

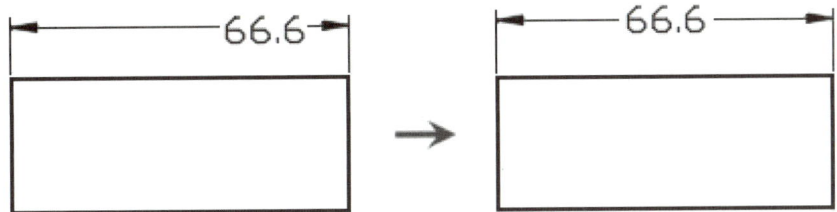

- 홈(H) : 치수 문자를 다시 기본 위치로 이동합니다.

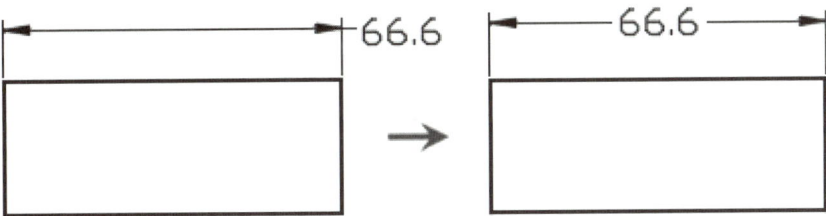

- 각도(A) : 치수 문자의 각도를 변경합니다.

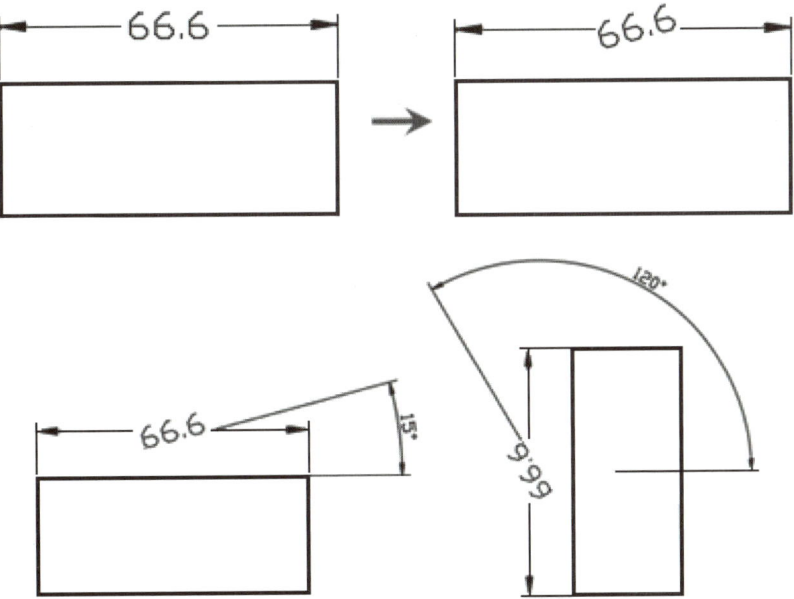

6.3 DIMEDIT(치수 편집) 명령

● [DIMEDIT(치수 편집)] 명령은 치수 문자 편집과 치수 보조선의 위치를 조정하는데 이용합니다. 예를 들면 치수 문자의 머리말 혹은 꼬리말 문자를 추가 하는데 이용합니다.

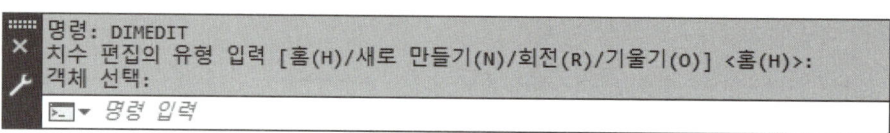

```
명령: DIMEDIT
치수 편집의 유형 입력 [홈(H)/새로 만들기(N)/회전(R)/기울기(O)] <홈(H)>:
객체 선택:
```

❏ 옵션

● 홈(H) : 회전된 치수 문자를 다시 기본 위치로 이동합니다.

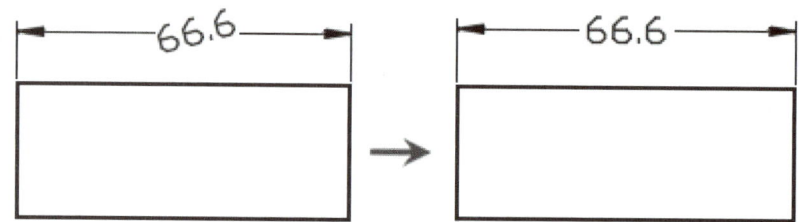

● 새로 만들기(N) : 내부 문자 편집기를 사용하여 치수 문자를 변경합니다.

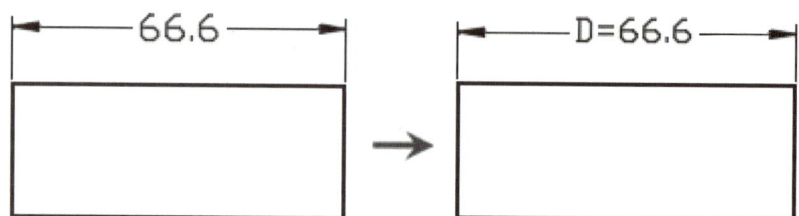

- 회전(R) : 치수 문자를 회전합니다.

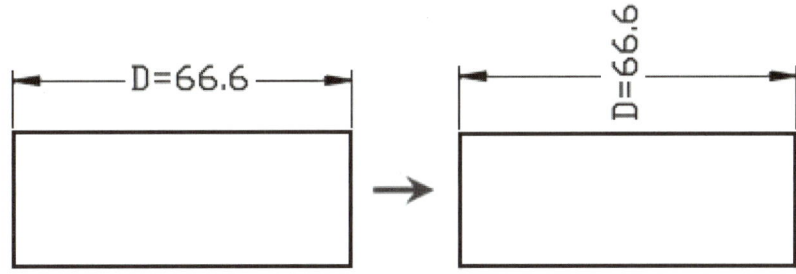

- 기울기(O) : 선형 치수 치수보조선의 기울기 각도를 조정합니다.

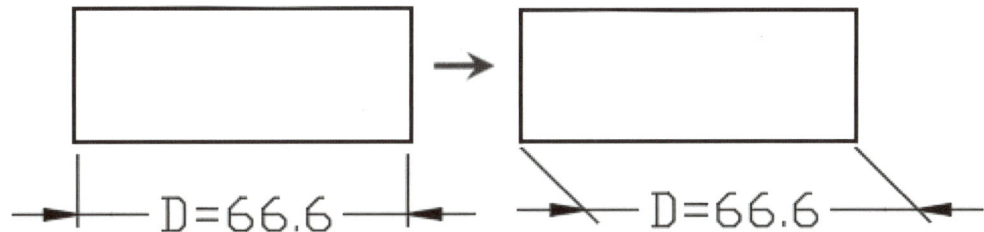

이 옵션은 등각(ISOPLANE) 투영 도면에서 치수 작업을 할 때 매우 유용합니다. 이러한 경우에 도면은 Align(정렬) 명령을 이용해서 치수 작업을 할 수 있고, 그 때 기울기 각도는 치수 위치를 적당하게 편집합니다. 이것은 보통 치수 방향에 따라 30, 330, 90도 각도를 설정하는 것을 의미합니다.

만일 여러분이 등각 투영에서 상세 작업을 한다면, 작업의 효율성을 위해 등각 투영 스냅/모눈 옵션을 이용하는 것을 분명하게 설정합니다.

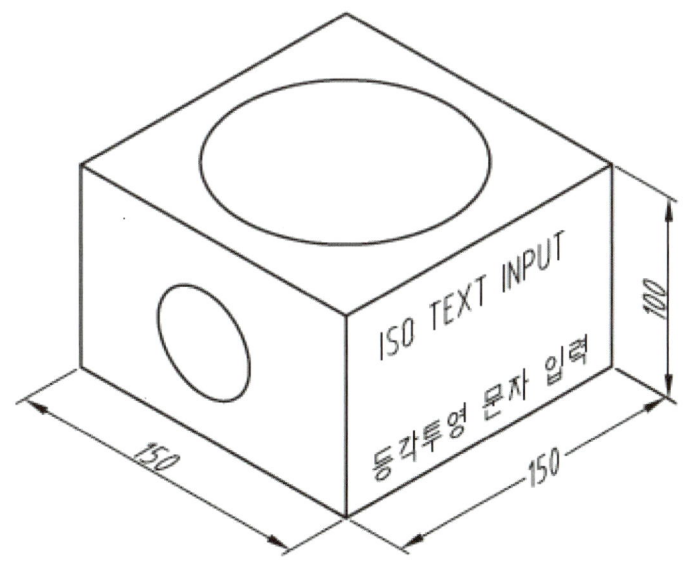

6.4 치수 편집 – 화살표 반전

- 치수 객체를 선택한 후 치수 문자 그립점을 선택하면, 다음 그림처럼 커서 메뉴가 표시됩니다.

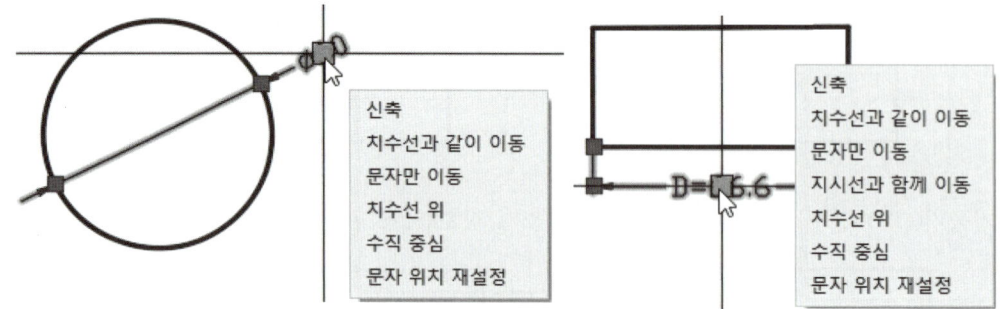

- 치수 화살표 그립점(오른쪽 그림)을 선택하면, 다음 그림처럼 커서 메뉴가 표시됩니다.

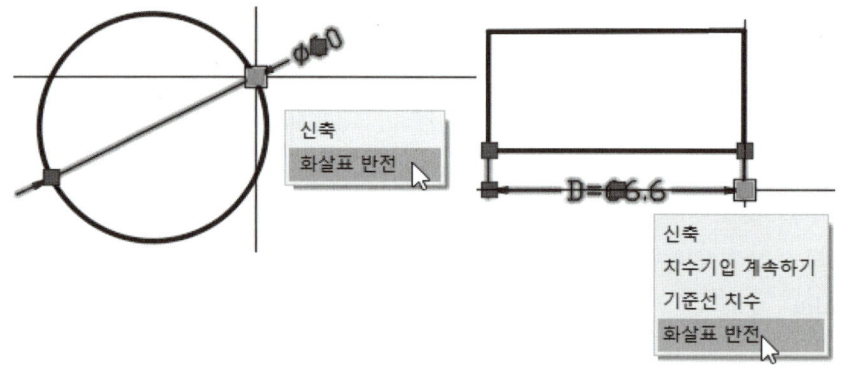

- 그 때 [화살표 반전] 메뉴를 클릭합니다. 그러면 하나의 화살표가 반전되고, 반대쪽 화살표에 한 번 더 반복하면 두 화살표 모두 반전됩니다.

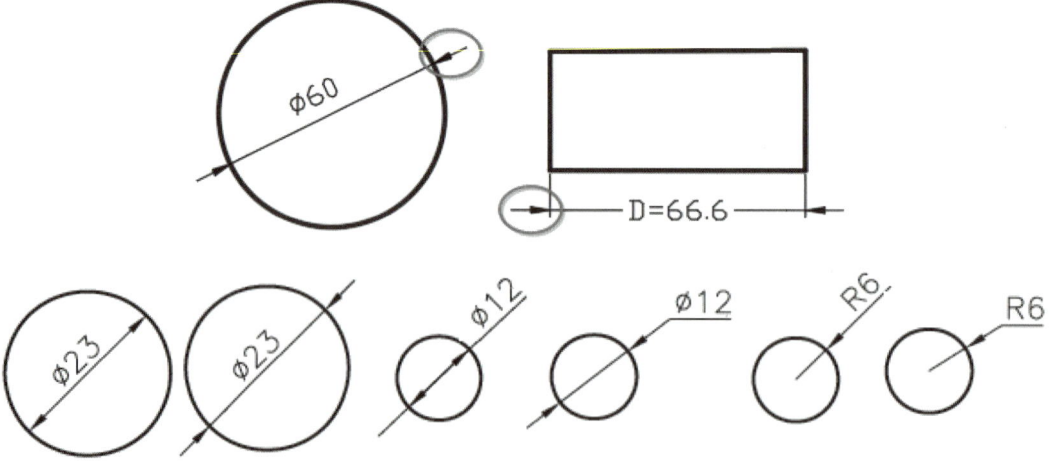

07 지시선을 갖는 주석 (Annotation with Leader)

7.1 다중 지시선 개요

- AutoCAD에서 지시선(Leader)은 화살촉, 지시선, 연결선 및 콘텐츠로 구성된 복합 객체입니다. 왼쪽 하단 끝에는 화살촉, 데이텀 삼각형 등과 같은 작업자 기호(User Symbol)들을 지정할 수 있고, 지시선은 직선 혹은 스플라인이고, 오른쪽 상단 연결선 끝에는 여러 줄 문자(MTEXT) 또는 블록(Block)을 이용할 수 있는 복합 객체입니다.

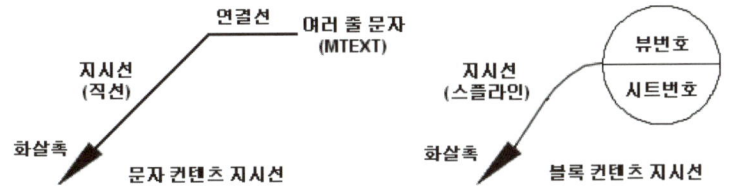

- AutoCAD에서 지시선 작업을 위해서 앞에서 소개한 치수 객체처럼 먼저 [MLEADER Style(다중 지시선 스타일)] 명령으로 사용자 지시선 스타일을 정의하고, 그 지시선 스타일을 현재로 설정한 후 [Leader(지시선)], [QLEADER] 혹은 [MLEADER(다중 지시선)] 명령을 이용해서 도면에 추가합니다.
- AutoCAD에서 도면의 형상 객체, 그림 등 모든 점에서 지시선 혹은 다중 지시선을 작성할 수 있으며 설계자가 작도 하면서 그 모양을 조정할 수 있습니다.

❑ 지시선과 객체 연관

- 연관 치수 기입이 켜져 있으면 객체 스냅을 사용하여 지시선 화살촉을 객체의 특정 위치에 연관시킬 수 있습니다.
- 객체가 재배치되면 화살촉은 객체에 부착된 상태로 있고 지시선은 신축 되지만 여러 줄 문자는 제자리에 있습니다.
- 주석 감시를 사용하여 지시선 연관성을 추적할 수 있습니다. 주석 감시가 켜져 있으면 연관성이 손실된 지시선에 배지를 표시하고 해당 지시선에 플래그를 지정합니다.

7.2 MLEADER Style(다중 지시선 스타일) 명령

- 도면에 지시선 혹은 다중 지시선 객체를 기입 혹은 설명 문자 대신에 설명 버블을 사용 하려면, 가장 먼저 다중 지시선 스타일을 정의해야 합니다.

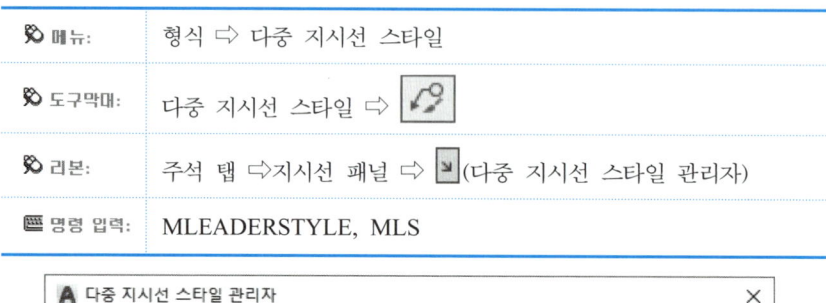

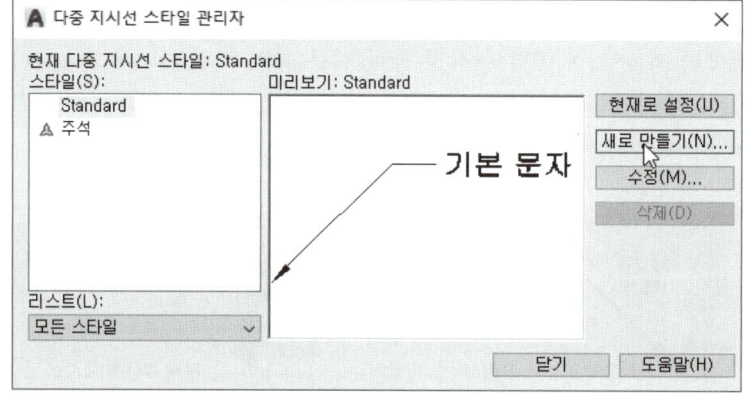

❑ 옵션

- 현재로 설정(U) : 스타일 목록에서 선택된 스타일을 현재 스타일로 설정하거나 작성한 다중 지시선이 현재 스타일이 됩니다.
- 새로 만들기(N) : 새 다중 지시선 스타일을 정의할 수 있는 '새 다중 지시선 스타일 작성' 대화 상자를 표시합니다.

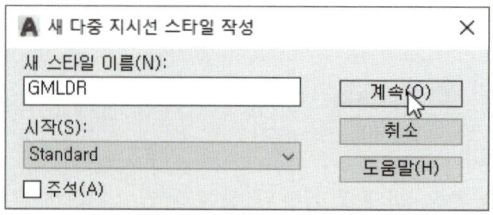

- 수정)(M) - 기존의 다중 지시선 스타일을 수정할 수 있는 '다중 지시선 스타일 수정' 대화상자를 표시합니다.

❏ 다중 지시선 스타일 대화상자 – [지시선 형식] 탭

- '지시선 형식' 탭에서 다중 지시선의 일반적인 모양과 형태를 설정하고, 화살촉의 기호와 크기를 제어하고, 관리합니다.

  ① '일반 영역'에서 지시선 유형으로 '직선', '스플라인' 혹은 '없음'을 선택할 수 있습니다. 지시선에 대한 '색상', '선종류' 그리고 '선가중치'에 대해서 설정할 수 있습니다.

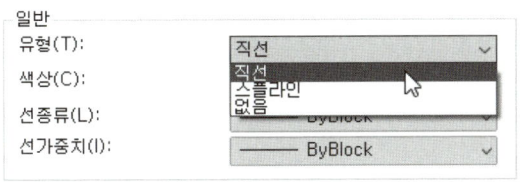

  ② 화살촉 영역에서 기호의 유형과 크기를 지정할 수 있습니다.
  가능하다면, '치수 스타일' 대화상자에서 지정한 화살촉의 유형 및 동일한 크기로 설정해야 합니다.

  ③ 지시선 끊기 영역에서 지시선이 외형선 혹은 문자 위를 지나가는 경우에 그것의 끊기의 크기를 지정할 수 있습니다.
  가능한 '치수 스타일'대화상자에서 지정한 치수 끊기의 크기와 동일한 크기로 설정해야 합니다.

  ④ 미리보기 영역에는 수정 중인 지시선 스타일의 미리보기 이미지를 표시합니다.

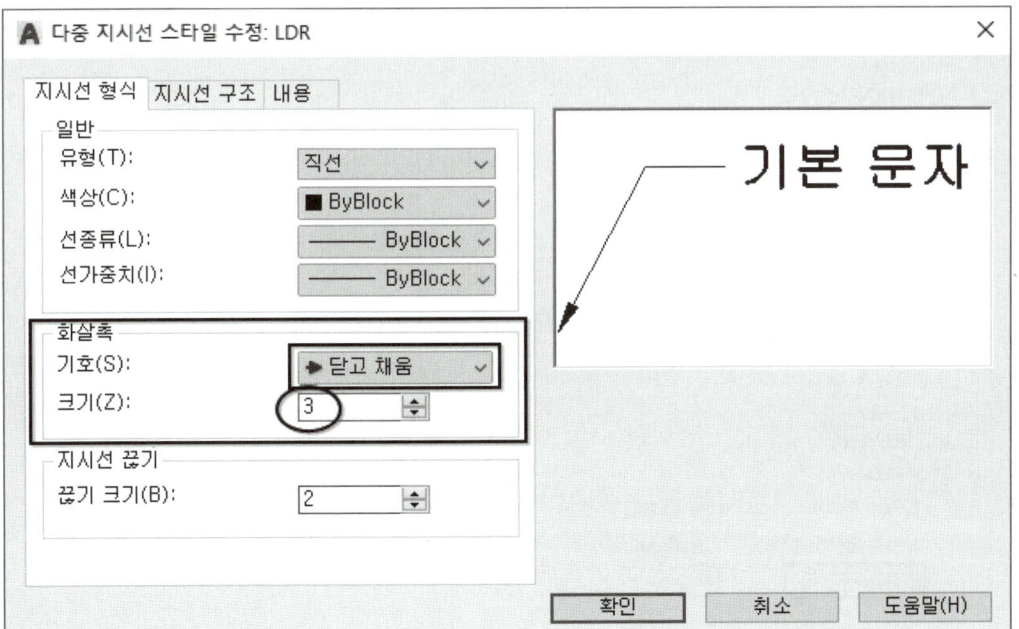

❑ 다중 지시선 스타일 대화상자 – [지시선 구조] 탭

- '지시선 구조' 탭에서 다중 지시선의 구속 조건, 연결선 및 축척을 제어합니다.

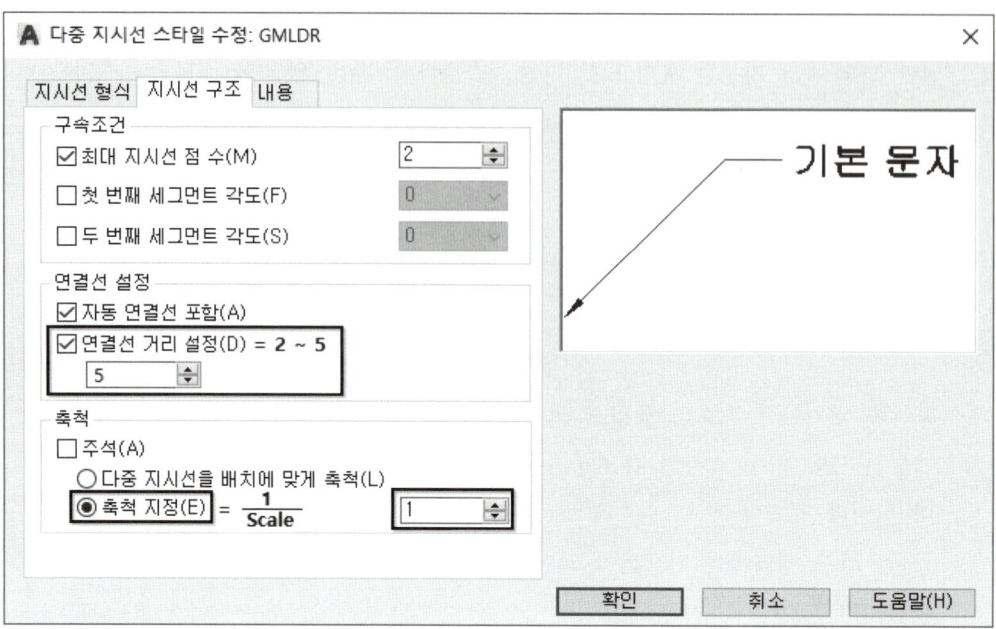

❑ 다중 지시선 스타일 대화상자 – [내용] 탭

- 내용' 탭에서 다중 지시선의 유형, 지시선 연결을 제어합니다.

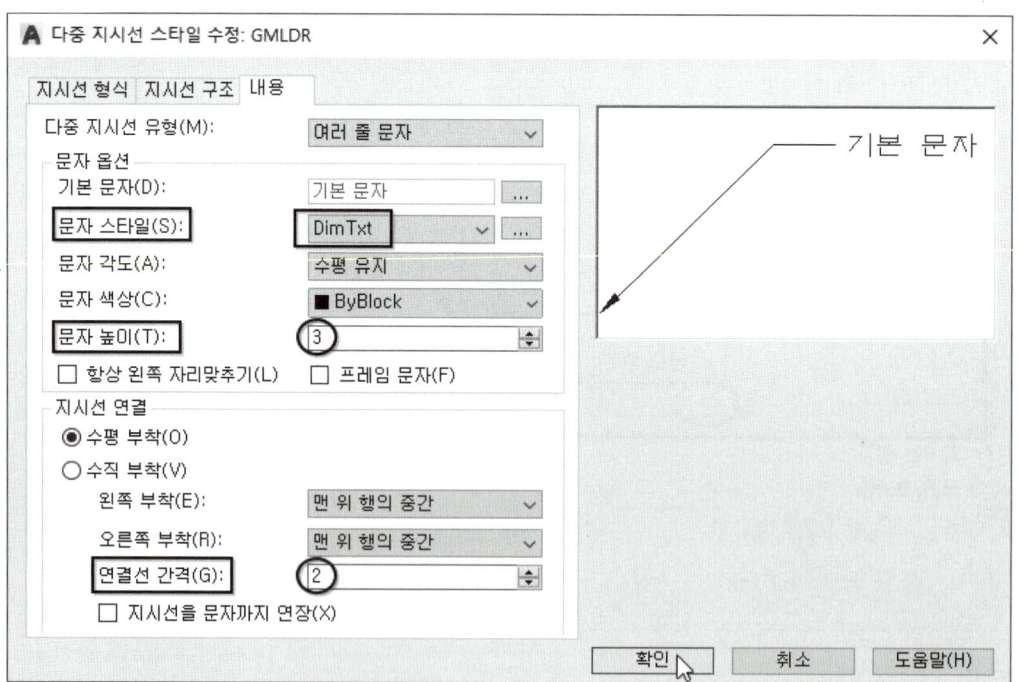

7.3 MLEADER(다중 지시선) 명령

- [MLEADER(다중 지시선)] 명령은 다중 지시선 객체를 작성합니다.
- 일반적으로 다중 지시선 객체는 화살촉, 수평 연결선, 지시선 또는 곡선 그리고 여러 줄 문자 객체 또는 블록으로 구성됩니다.
- 화살촉 먼저, 지시선 연결선 먼저 또는 콘텐츠 먼저 옵션을 이용해서 도면에 다중 지시선을 작성할 수 있습니다.
- 다중 지시선 스타일을 사용했으면 지정된 스타일에서 새로운 다중 지시선을 작성할 수 있습니다.

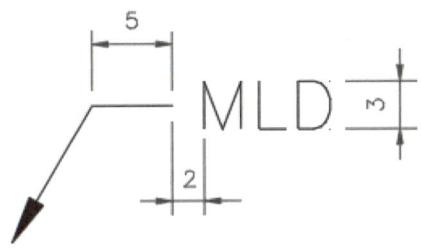

메뉴:	치수 ⇨ 다중 지시선
도구막대:	다중 지시선 ⇨ [아이콘]
리본:	홈 탭 ⇨ 주석 패널 ⇨ 지시선 ⇨ [아이콘] (다중 지시선)
명령 입력:	MLEADER, MLD

```
명령: _mleader
지시선 화살촉 위치 지정 또는 [지시선 연결선 먼저(L)/컨텐츠 먼저(C)/옵션(O)] <옵션>: P1
지시선 연결선 위치 지정: P2
명령 입력
```

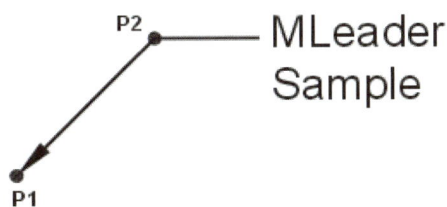

따라하기〉 블록을 이용한 다중 지시선

1. 지름이 10mm인 원을 그리고 'MAT-NO' 이름으로 블록을 정의합니다.
2. 리본 [주석] 탭 [지시선] 패널에서 ⬊ 아이콘을 클릭합니다.
   - 새 다중 지시선 스타일(BLK-MLDR)을 만듭니다.

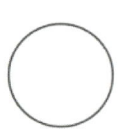 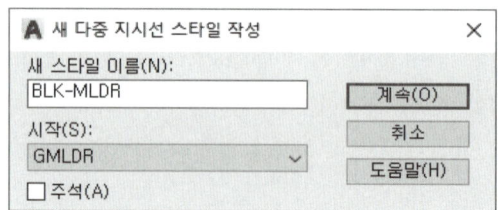

   - [내용] 탭에서 다음 그림처럼 설정합니다.

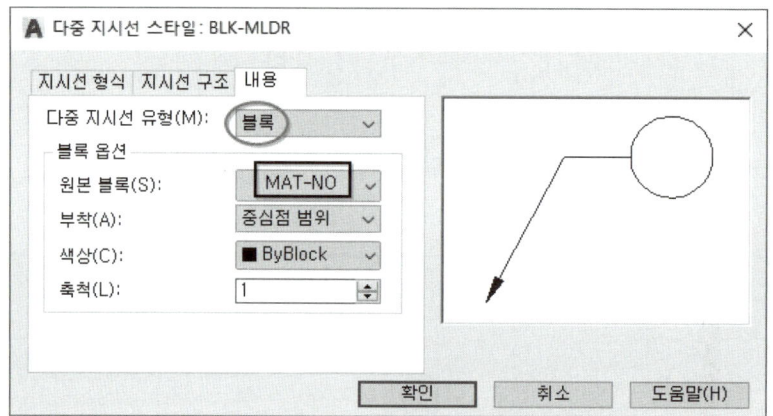

   - [확인] 버튼을 클릭합니다.
   - [BLK-MLDR] 스타일을 선택한 후 [현재로 설정] 및 [닫기] 버튼을 클릭합니다.

3. 리본 [주석] 탭 [지시선] 패널에서 [다중 지시선] 아이콘을 클릭합니다.

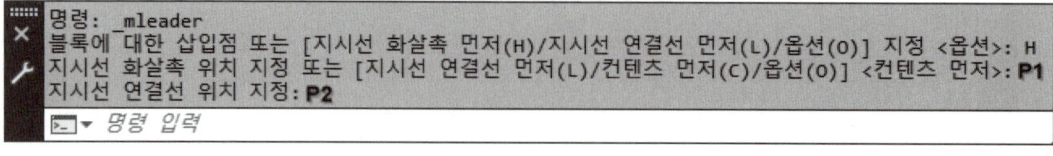

7.4 LEADER(지시선) 명령

- [LEADER(지시선)] 명령은 피처에 주석을 연결해 주는 지시선을 작성합니다.
- 가능하다면 지시선 객체를 생성하려면, [LEADER(지시선)] 명령은 AutoCAD 초창기 버전에서 지시선 객체를 작성하는데 이용했던 명령으로 지금은 [MLEADER(다중 지시선)] 명령을 통해서 지시선 객체를 작성하는 것이 바람직합니다.

메뉴:	
도구막대:	
리본:	
명령 입력:	LEADER, LEAD

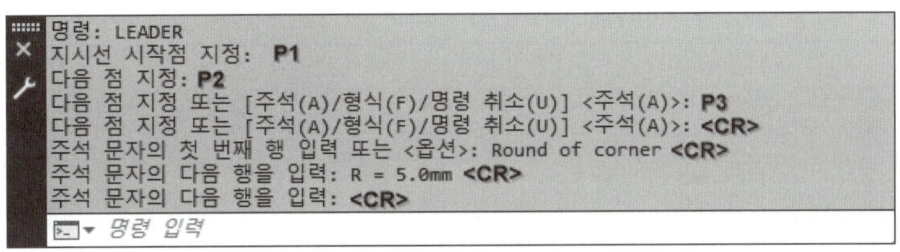

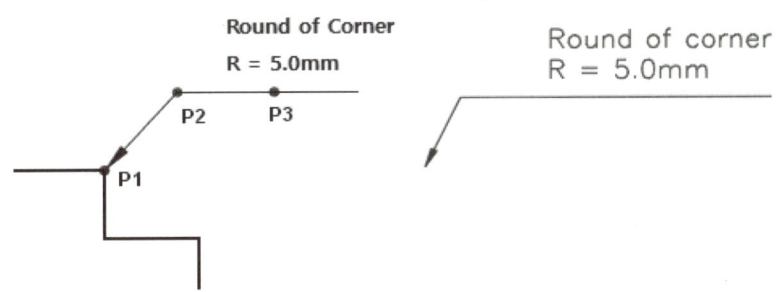

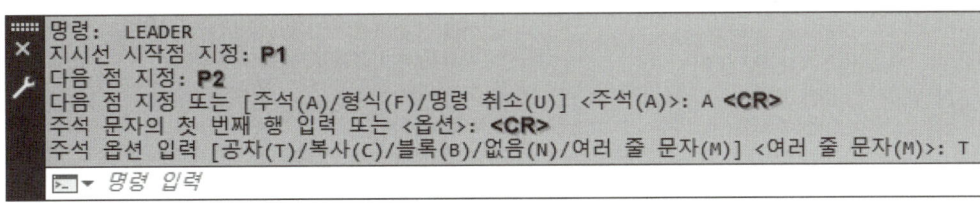

7.5 QLEADER(지시선) 명령

- [QLEADER(지시선)] 명령은 [LEADER(지시선)] 명령의 GUI로 업데이트된 기능으로 다음 그림처럼 지시선, 데이텀, 공차 및 지시선 주석을 작성합니다.

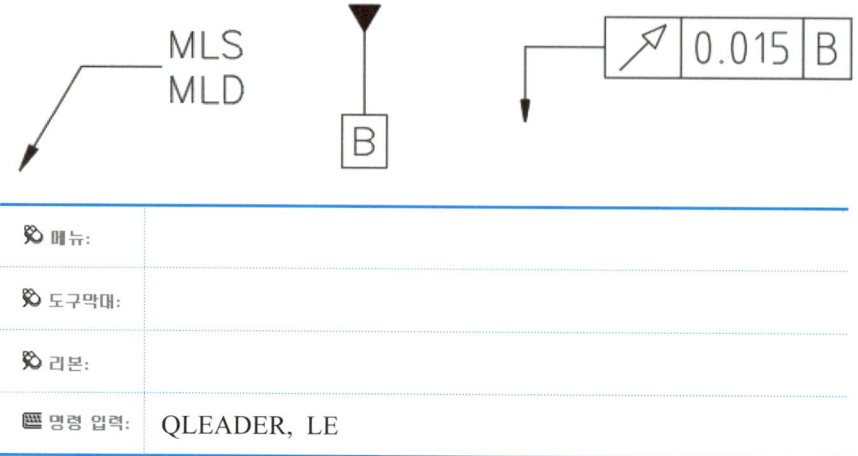

메뉴:	
도구막대:	
리본:	
명령 입력:	QLEADER, LE

```
명령: QLEADER
첫 번째 지시선 점 지정 또는 [설정(S)] <설정>: S
첫 번째 지시선 점 지정 또는 [설정(S)] <설정>: P1
다음 점 지정: P2
다음 점 지정: P3
문자 폭 지정 <3>: <CR>
주석 문자의 첫 번째 행 입력 또는 <여러 줄 문자>: QLEADER <CR>
주석 문자의 다음 행을 입력: Sample <CR>
주석 문자의 다음 행을 입력: <CR>
```

❑ 설정(S) 옵션 – [주석] 탭

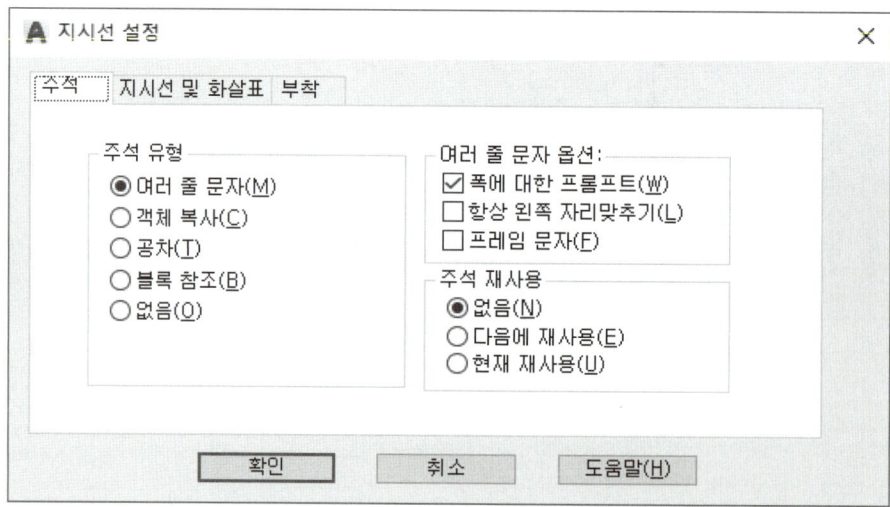

❑ 설정(S) 옵션 – [지시선 및 화살표] 탭

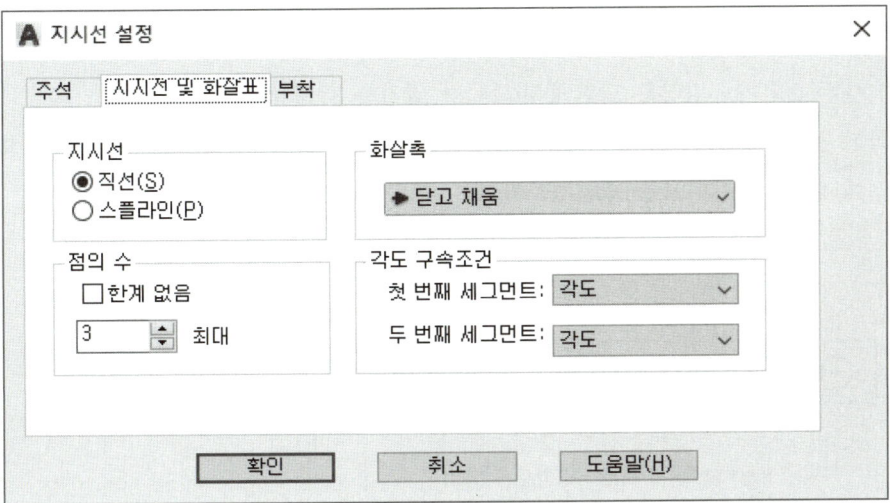

❑ 설정(S) 옵션 – [부착] 탭

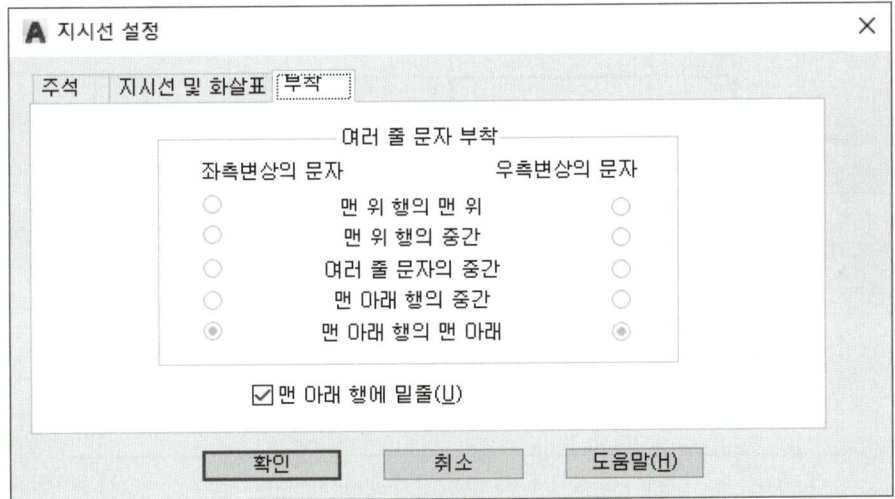

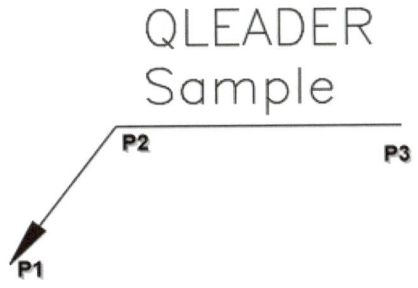

7.6 TOLERANCE(공차) 명령

- [TOLERANCE(공차)] 명령은 도면에 기하학적 공차를 작성합니다.
- 기하학적 공차는 피처의 형식, 윤곽, 방향, 위치, 런아웃 등의 편차를 표시하고, 또한 피처 조정 프레임에 단일 치수의 모든 공차정보가 들어 있습니다.

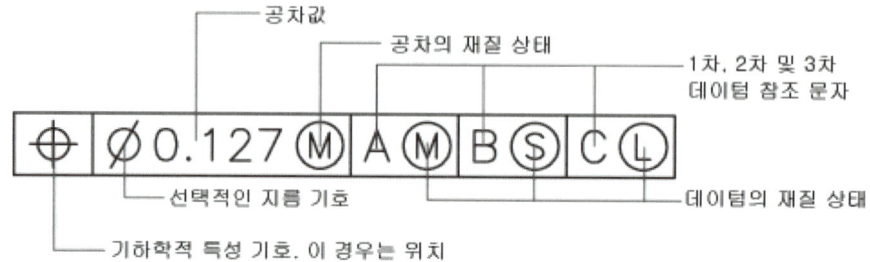

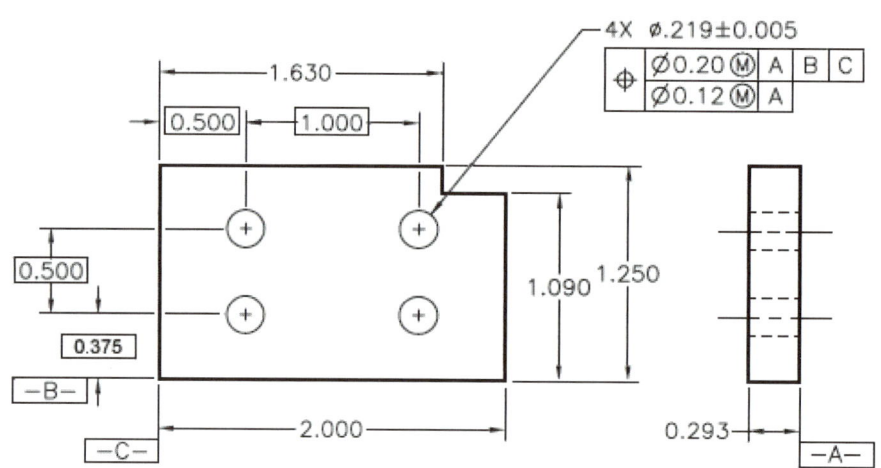

메뉴:	치수 ⇨ 공차
도구막대:	치수 ⇨ [아이콘]
리본:	주석 탭 ⇨ 치수 패널 ⇨ ▼ ⇨ [아이콘] (공차)
명령 입력:	TOLERANCE

- 리본 [주석] 탭 [치수] 패널을 확장하고 [아이콘] [공차] 아이콘을 클릭합니다.

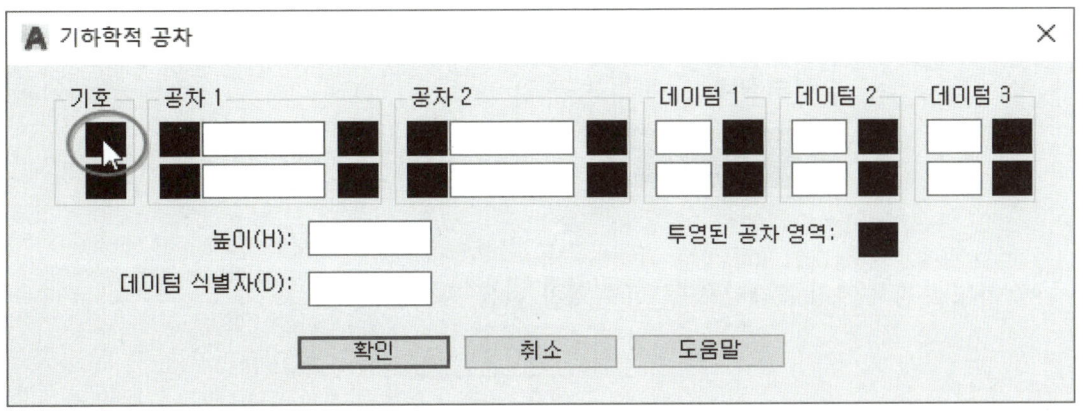

- 기호 : '기하학적 공차' 대화상자에서 '기호' 부분의 흑색 사각형을 클릭합니다. 그러면 다음 그림처럼 '기호' 대화상자가 표시됩니다.

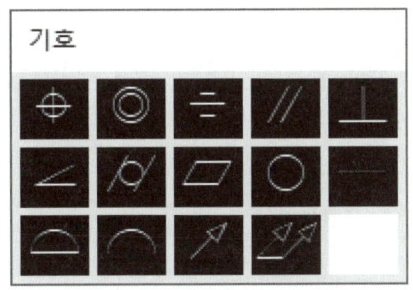

기하학적 특성 기호						
기호	특성	유형	기호	특성	유형	
⊕	위치	위치	▱	평면형	양식	
◎	동심 또는 동축	위치	○	원형 또는 구형	양식	
=	대칭	위치	—	일직선	양식	
//	평행	방향	⌒	표면의 프로파일	프로파일	
⊥	수직	방향	⌒	선의 프로파일	프로파일	
∠	각짐	방향	↗	원형 런아웃	런아웃	
⌓	원통형	양식	↗↗	전체 런아웃	런아웃	

- 공차 1 : 피처 조정 프레임에서 첫 번째 공차 값을 작성합니다.

- 공차 2 : 피처 조정 프레임에 두 번째 공차 값을 작성합니다.

- 데이텀 1 : 피처 조정 프레임에서 기본 데이텀 참조를 작성합니다.

- 데이텀 2 : 1차 데이텀 참조를 작성한 것과 같은 방법으로 피처 조정 프레임에 2차 데이텀 참조를 작성합니다.

- 데이텀 3 : 1차 데이텀 참조를 작성한 것과 같은 방법으로 피처 조정 프레임에 3차 데이텀 참조를 작성합니다.

- 높이 : 피처 조정 프레임에서 투영된 공차 영역 값을 작성합니다.

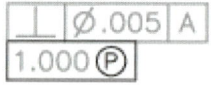

- 투영된 공차 영역 : 투영된 공차 영역 값 뒤에 투영된 공차 영역기호를 삽입합니다.

- 데이텀 식별자 : 참조 글자로 구성된 데이텀 식별기호를 작성합니다.

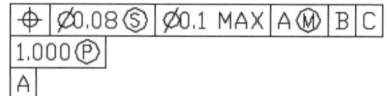

따라하기〉 데이텀 작성하기(1)

1 명령 행에 [LE]라고 입력합니다.

① [설정(S)] 옵션을 클릭해서 선택합니다.

② '지시선 설정' 대화상자에서 [주석] 탭을 클릭합니다.

③ 다음 그림처럼 '주석 유형'을 [없음]으로 설정합니다.

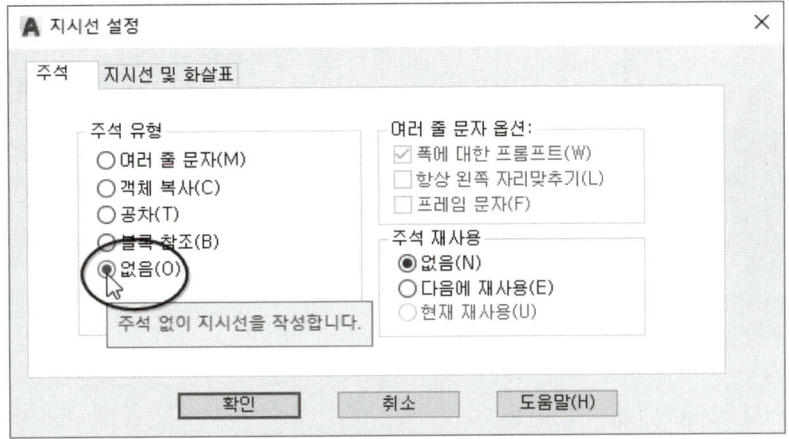

④ '지시선 설정' 대화상자에서 [지시선 및 화살표] 탭을 클릭합니다.

⑤ 다음 그림처럼 '화살촉' 드롭다운 리스트에서 [데이텀 삼각형 채우기]를 선택해서 설정합니다. 대화상자를 닫기 위해 [확인] 버튼을 클릭합니다.

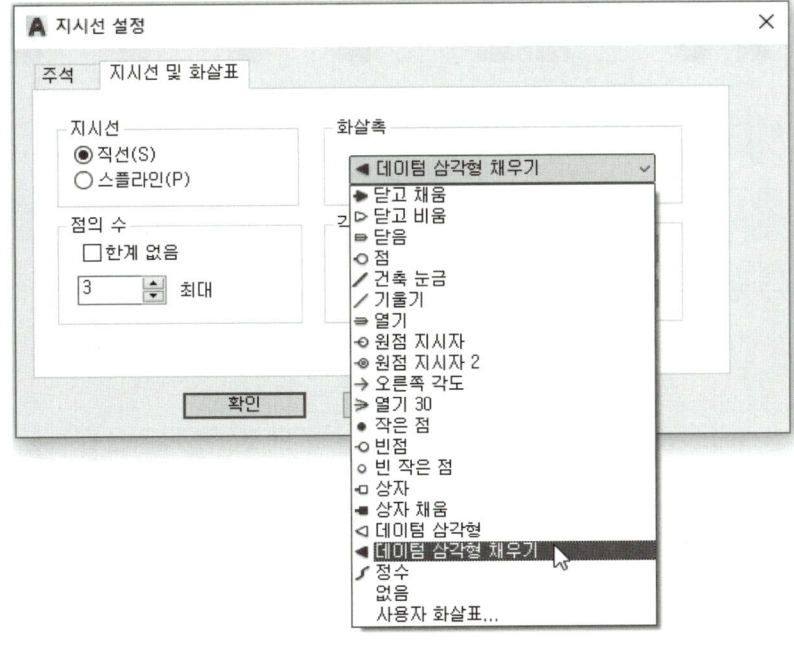

2 다음 그림처럼 축의 오른쪽 중심선의 적당한 위치(P1)를 근처점 스냅으로 클릭합니다.
아래쪽으로 수직으로 이동해서 적당한 위치(P2)를 클릭하고 [엔터] 키를 누릅니다.

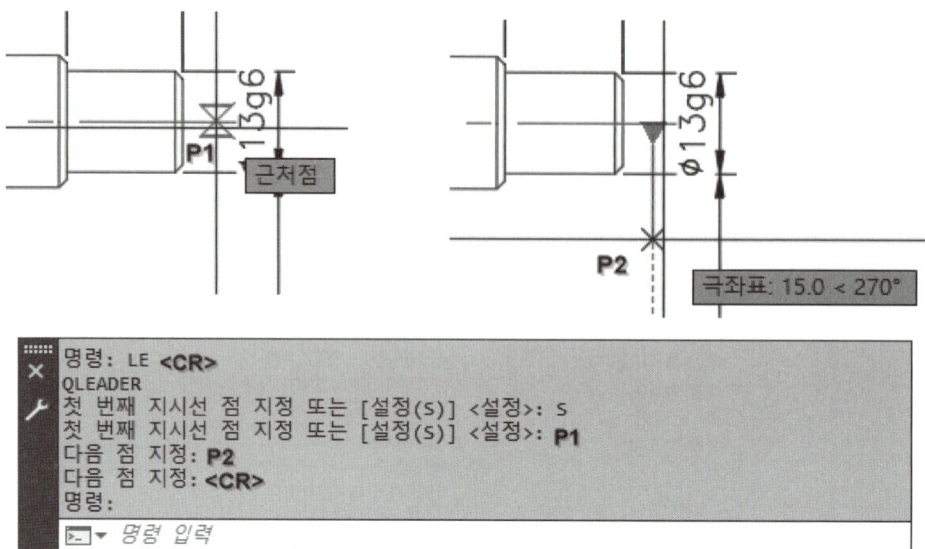

3 명령 행에 [TOL]이라고 입력합니다.

① 다음 그림처럼 '기하학적 공차' 대화상자에서 '데이텀1' 아래에 [A]라고 입력합니다.
또는 '데이텀 식별자' 우측 란에 입력해도 됩니다.

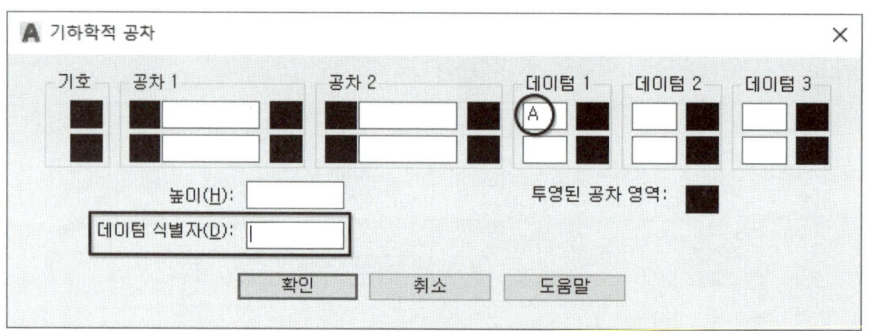

② 대화상자를 닫기 위해 [확인] 버튼을 클릭합니다.
③ 적당한 위치(P1)를 클릭해서 데이텀 문자 기호를 배치합니다.

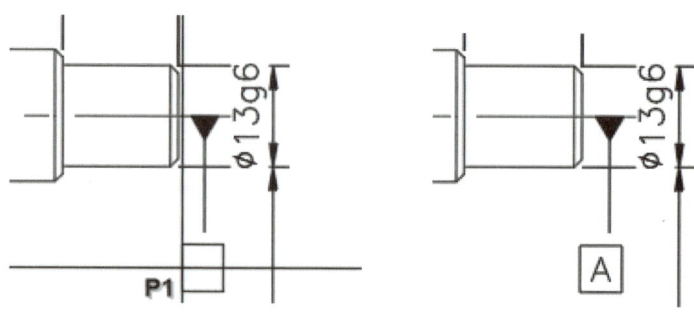

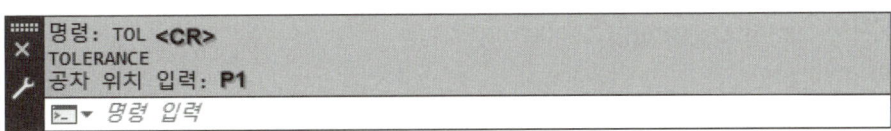

4 [MOVE(이동)] 명령을 호출해서 데이텀 문자 기호를 선택한 후 기준점으로 다음 그림처럼 '중간점'을 지정하고, 데이텀 지시선의 '끝점'을 지정합니다.

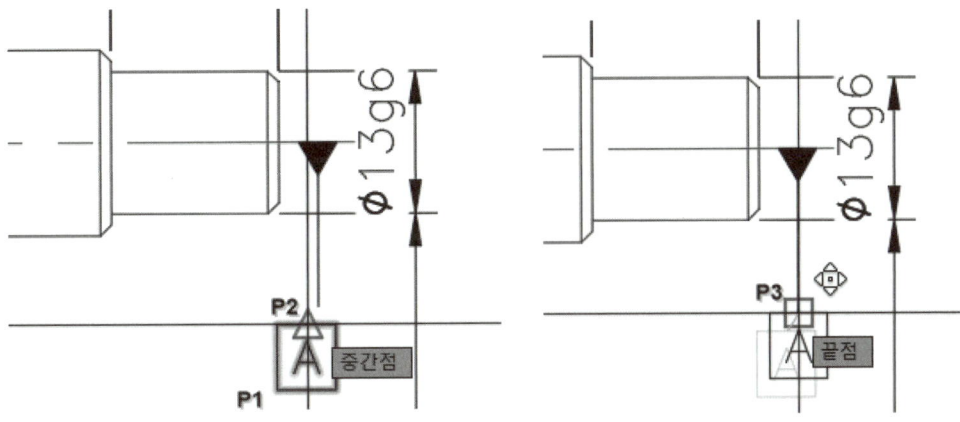

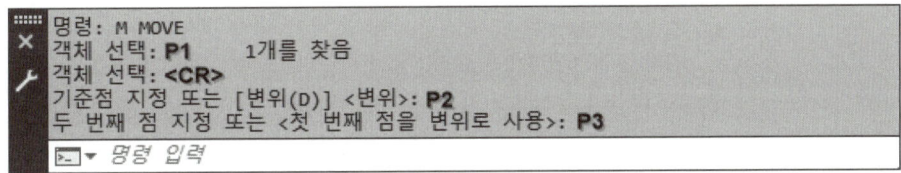

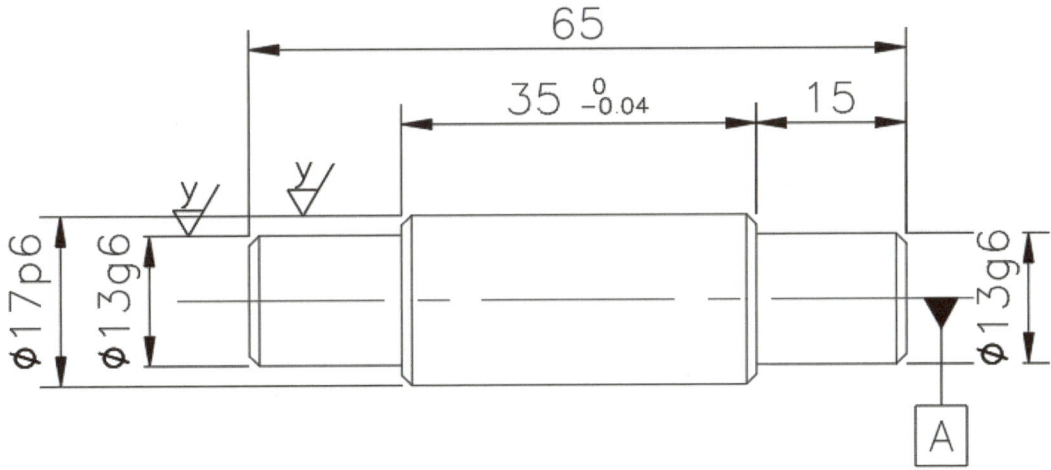

5 도면 파일을 저장합니다.

따라하기 〉 데이텀 작성하기(2)

1 명령 행에 [MLS]라고 입력합니다.

① '다중 지시선 스타일 관리자' 대화상자에서 [새로 만들기] 버튼을 클릭합니다.

② '새 다중 지시선 스타일 작성' 대화상자에서 새 스타일 이름으로 [Datum]이라고 입력하고, [계속] 버튼을 클릭합니다.

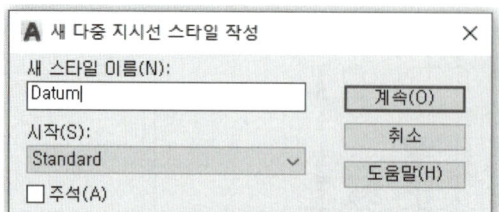

③ 다음 그림처럼 '지시선 형식' 탭에서 화살촉 기호와 크기를 설정합니다.

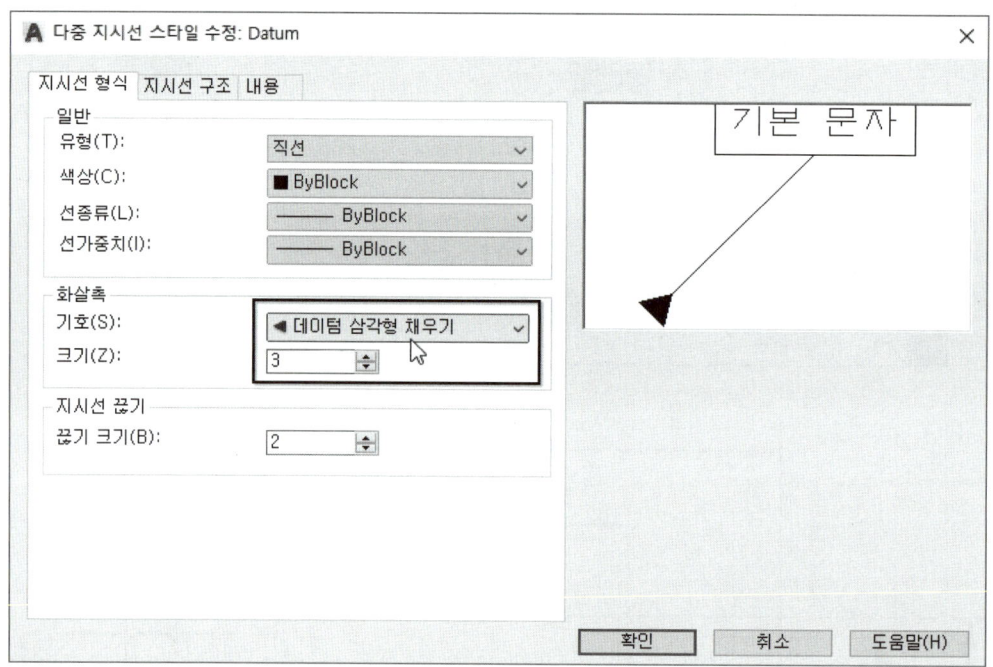

④ '다중 지시선 스타일 수정' 대화상자에서 [내용] 탭을 클릭합니다.

⑤ 다음 그림처럼 원하는 '문자 스타일', '문자 색상'을 설정합니다.

⑥ '문자 높이'를 [3]으로 입력합니다.

⑦ [프레임 문자] 항목을 체크합니다.

⑧ '지시선 연결' 영역에서 [수직 부착]을 체크합니다.

⑨ '연결선 간격'을 [1]로 입력합니다.

⑩ 대화상자를 닫기 위해 [확인]을 클릭합니다.

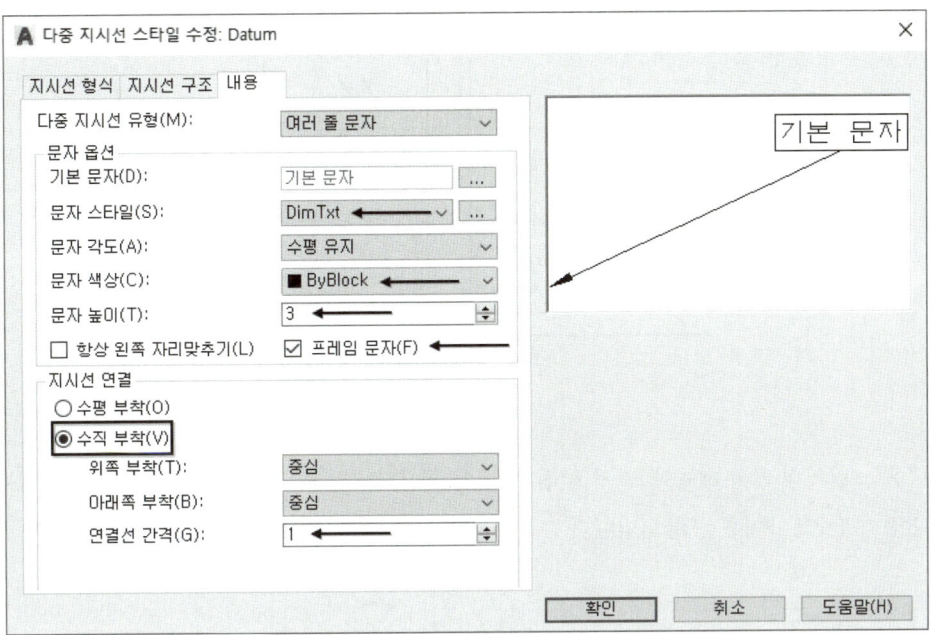

2 '다중 지시선 스타일 관리자' 대화상자에서 [Datum] 스타일을 선택하고, [현재로 설정] 버튼을 클릭합니다. 대화상자를 닫기 위해 [닫기] 버튼을 클릭합니다.

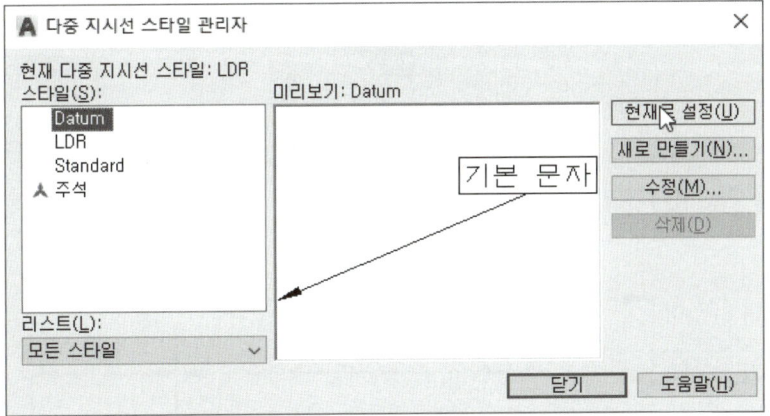

3 명령 행에 [MLD]라고 입력합니다.

　　① 다음 그림처럼 축의 중심선 왼쪽의 임의의 점(P1)을 클릭합니다.

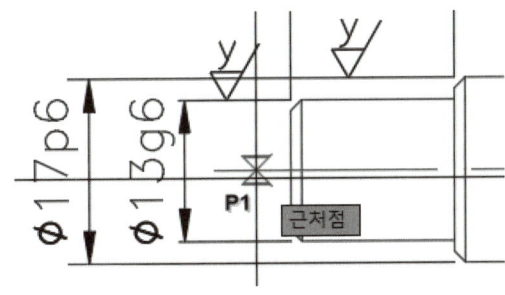

② 다음 그림처럼 아래쪽으로 드래그해서 임의의 점(P2)을 클릭합니다.

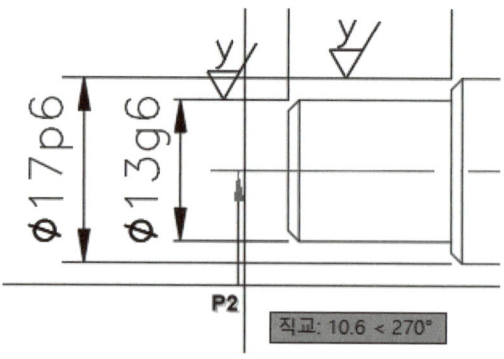

③ 다음 그림처럼 리본 메뉴에 [문자 편집기] 탭이 표시되면 [A]라고 입력한 후 [닫기] 패널에서 [문자 편집기 닫기] 아이콘을 클릭합니다.

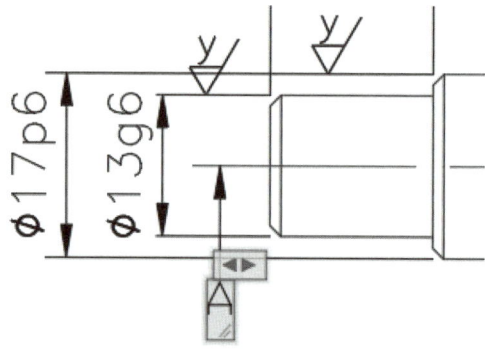

4 도면 파일을 저장합니다.

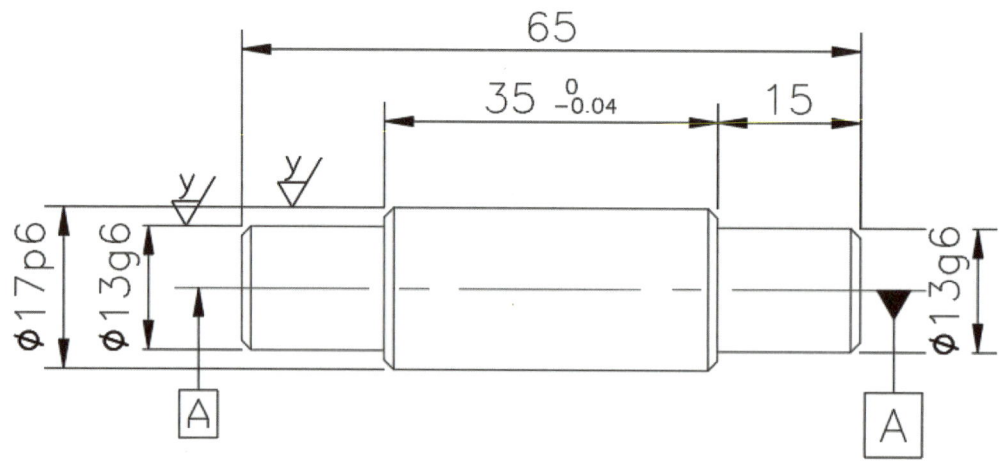

따라하기〉 기하공차 작성하기

1 명령 행에 [LE]라고 입력합니다.

① [설정(S)] 옵션을 클릭해서 선택합니다.

② '지시선 설정' 대화상자에서 [주석] 탭을 클릭합니다.

③ 다음 그림처럼 '주석 유형'을 [공차]로 설정합니다.

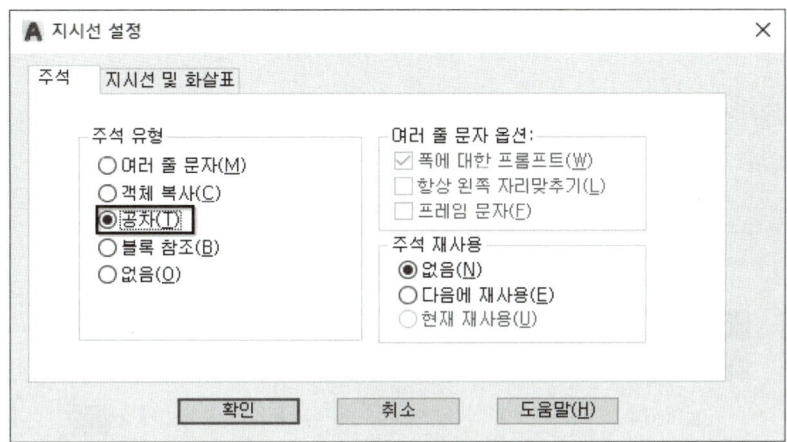

④ '지시선 설정' 대화상자에서 [지시선 및 화살표] 탭을 클릭합니다.

⑤ 다음 그림처럼 '화살촉' 드롭다운 리스트에서 [닫고 채움]으로 설정합니다. 대화상자를 닫기 위해 [확인] 버튼을 클릭합니다.

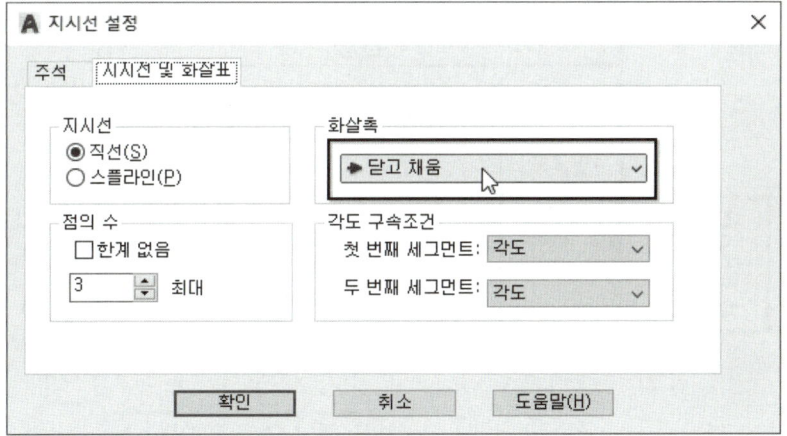

2 다음 그림처럼 축의 오른쪽에의 치수선 화살표 끝점(P1)을 클릭합니다.

① 아래쪽으로 수직으로 이동해서 적당한 위치(P2)를 클릭합니다.

② 왼쪽으로 드래그해서 적당한 위치(P3)를 클릭합니다.

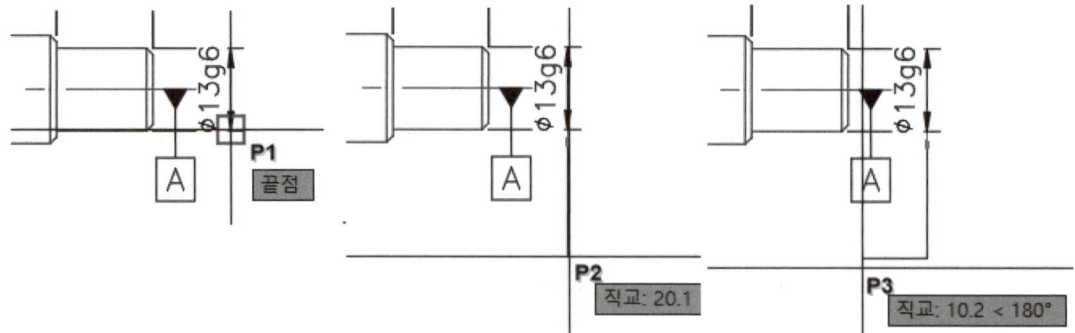

3 다음 그림처럼 '기하학적 공차' 대화상자가 표시되면 공차 값들을 입력 및 설정하고, 데이텀 문자를 [A]라고 입력합니다.

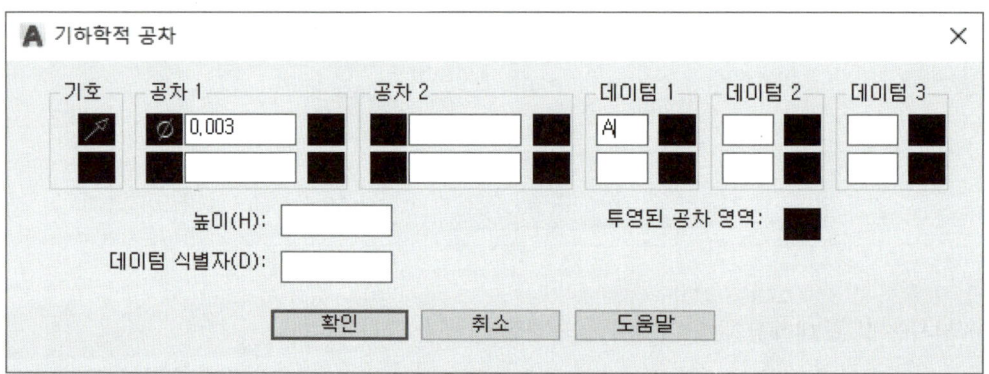

① 대화상자를 닫기 위해 [확인] 버튼을 클릭합니다.

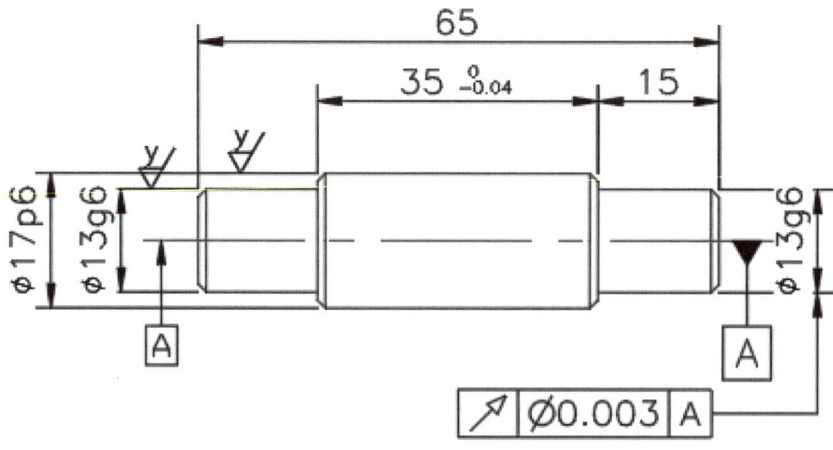

4 명령 행에 [LE]라고 입력합니다.

① 다음 그림처럼 축의 왼쪽에의 치수선 화살표 끝점(P1)을 클릭합니다.

② 아래쪽으로 수직으로 이동해서 적당한 위치(P2)를 클릭합니다.

③ 왼쪽으로 드래그해서 적당한 위치(P3)를 클릭합니다.

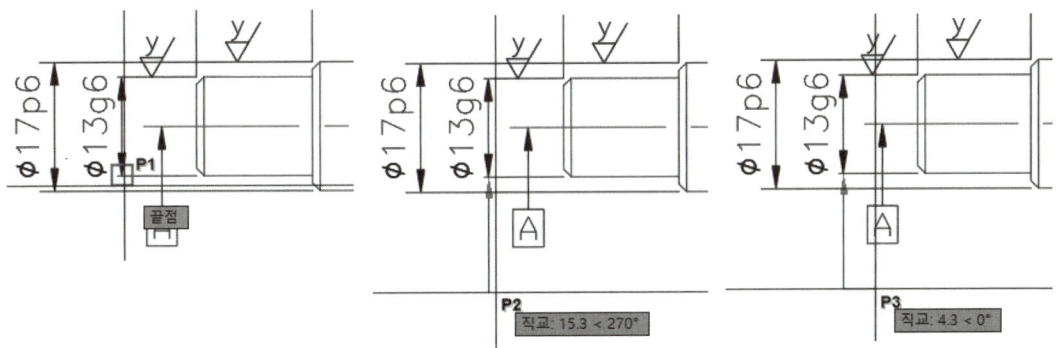

④ 다음 그림처럼 '기하학적 공차' 대화상자가 표시되면 공차 값들을 입력 및 설정하고, 데이텀 문자를 [A]라고 입력합니다. 대화상자를 닫기 위해 [확인] 버튼을 클릭합니다.

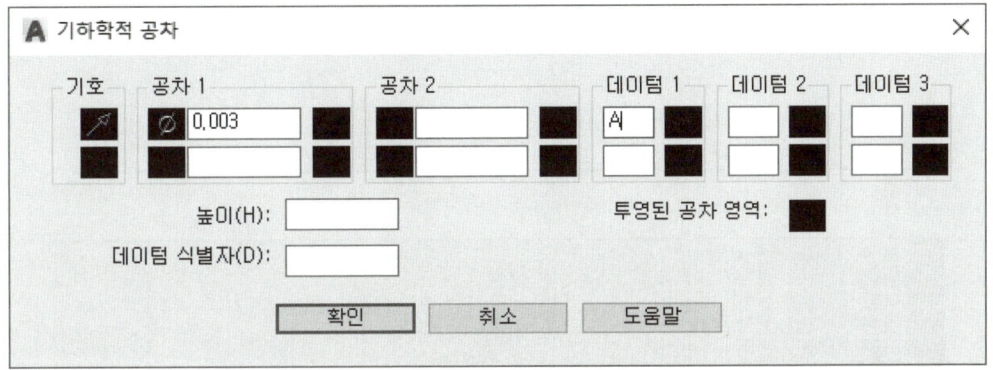

5 동일한 방법으로 다음 그림처럼 세 번째 기하공차를 추가하고, 도면 파일을 저장합니다.

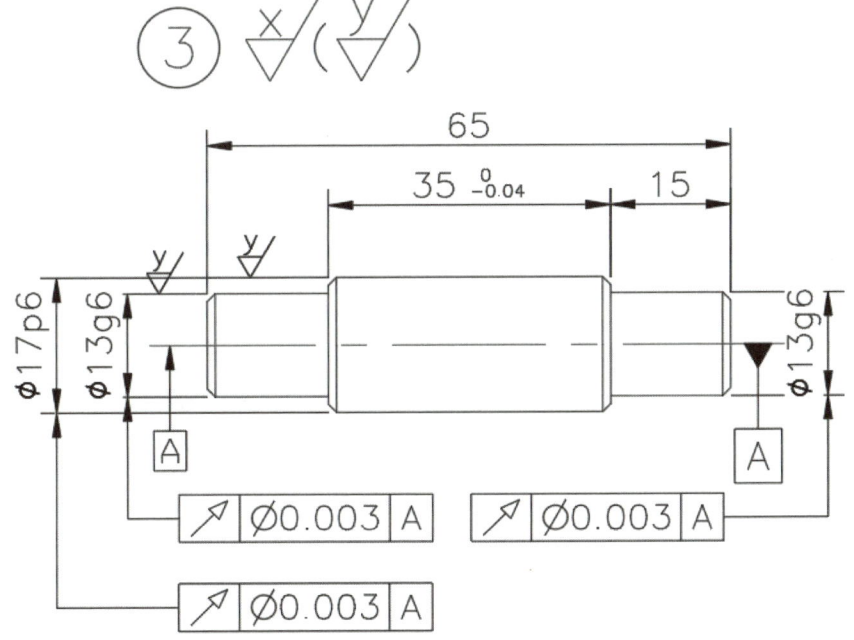

7.7 MLEADERALIGN(다중 지시선 정렬) 명령

- [MLEADERALIGN(다중 지시선 정렬)] 명령은 지정된 선을 따라 선택된 다중 지시선을 구성합니다.

메뉴:	수정 ⇨ 객체 ⇨ 다중 지시선 ⇨ 정렬
도구막대:	다중 지시선 ⇨
리본:	홈 탭 ⇨ 주석 패널 ⇨ 다중 지시선 드롭다운 ⇨ (정렬)
명령 입력:	**MLEADERALIGN**

```
명령: mleaderalign
다중 지시선 선택: P1        1개를 찾음
다중 지시선 선택: P2        1개를 찾음, 총 2개
다중 지시선 선택: P3        1개를 찾음, 총 3개
다중 지시선 선택: <CR>
현재 모드: 현재 간격두기 사용
정렬할 다중 지시선 선택 또는 [옵션(O)]: P4
방향 지정: P5
```

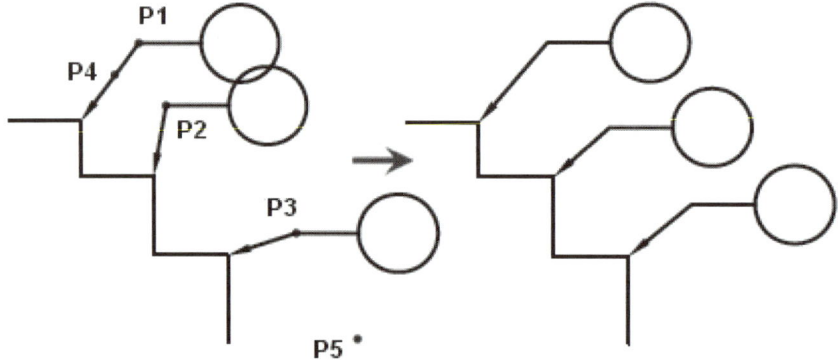

7.8 MLEADERCOLLECT(다중 지시선 수집) 명령

• [MLEADERCOLLECT(다중 지시선 수집)] 명령은 블록을 콘텐츠로 포함하는 선택한 다중 지시선을 단일 지시선에 부착된 그룹으로 구성합니다.

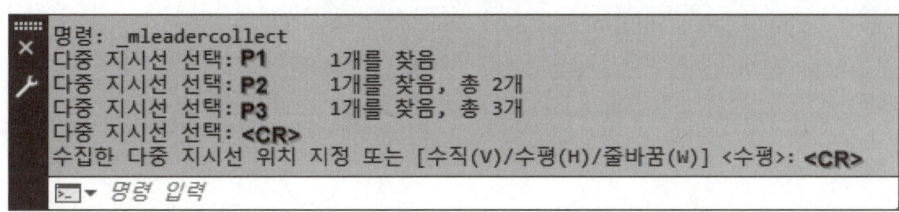

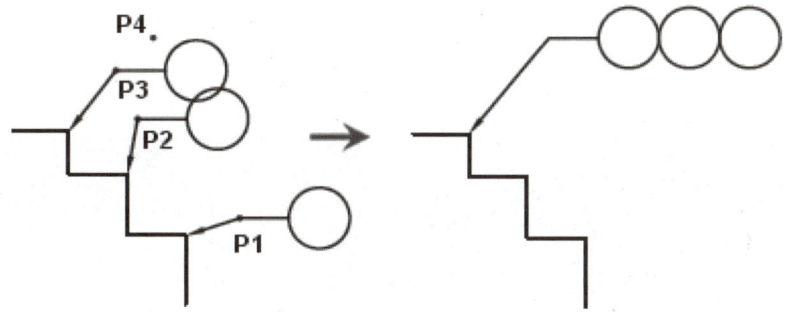

7.9 MLEADEREDIT(지시선 추가/제거) 명령

• [MLEADEREDIT(지시선 추가/제거)] 명령은 다중 지시선 객체에 지시선을 추가하거나 지시선을 제거합니다.

메뉴:	수정 ⇨ 객체 ⇨ 다중 지시선 ⇨ 지지선 추가/제거
도구막대:	다중 지시선 ⇨
리본:	홈 탭 ⇨ 주석 패널 ⇨ 지시선 드롭다운 ⇨ 지지선 추가/제거
명령 입력:	MLEADEREDIT

```
명령: MLEADEREDIT
다중 지시선 선택: P1
1개 발견
지시선 화살촉 위치 지정 또는 [지시선 제거(R)]: P2
지시선 화살촉 위치 지정 또는 [지시선 제거(R)]: P3
지시선 화살촉 위치 지정 또는 [지시선 제거(R)]:
지시선 화살촉 위치 지정 또는 [지시선 제거(R)]: <CR>
```

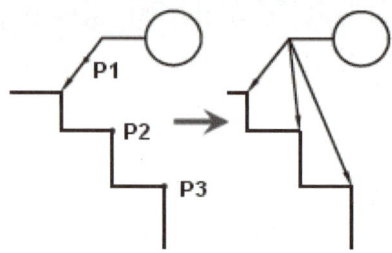

```
명령: MLEADEREDIT
다중 지시선 선택: P1 1개 발견
지시선 화살촉 위치 지정 또는 [지시선 제거(R)]: R
제거할 지시선 지정 또는 [지시선 추가(A)]: P2
제거할 지시선 지정 또는 [지시선 추가(A)]: P3
제거할 지시선 지정 또는 [지시선 추가(A)]: <CR>
```

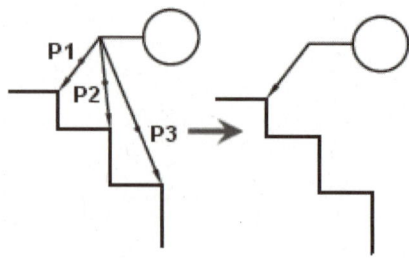

실습과제 46〉 도면층, 선종류를 이용해서 다음 도형을 작도합니다.

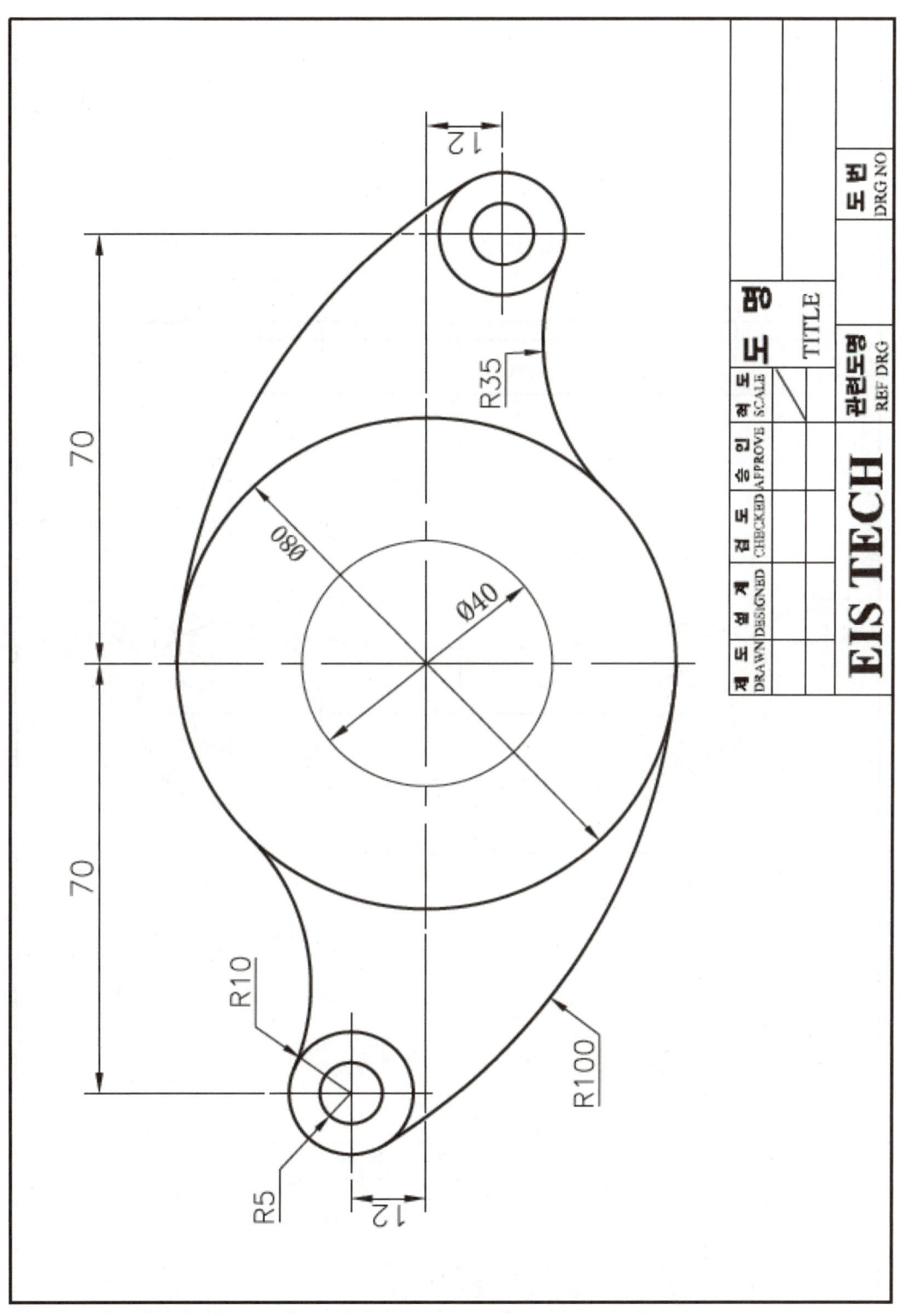

실습과제 47 도면층, 선종류를 이용해서 다음 도형을 작도합니다.

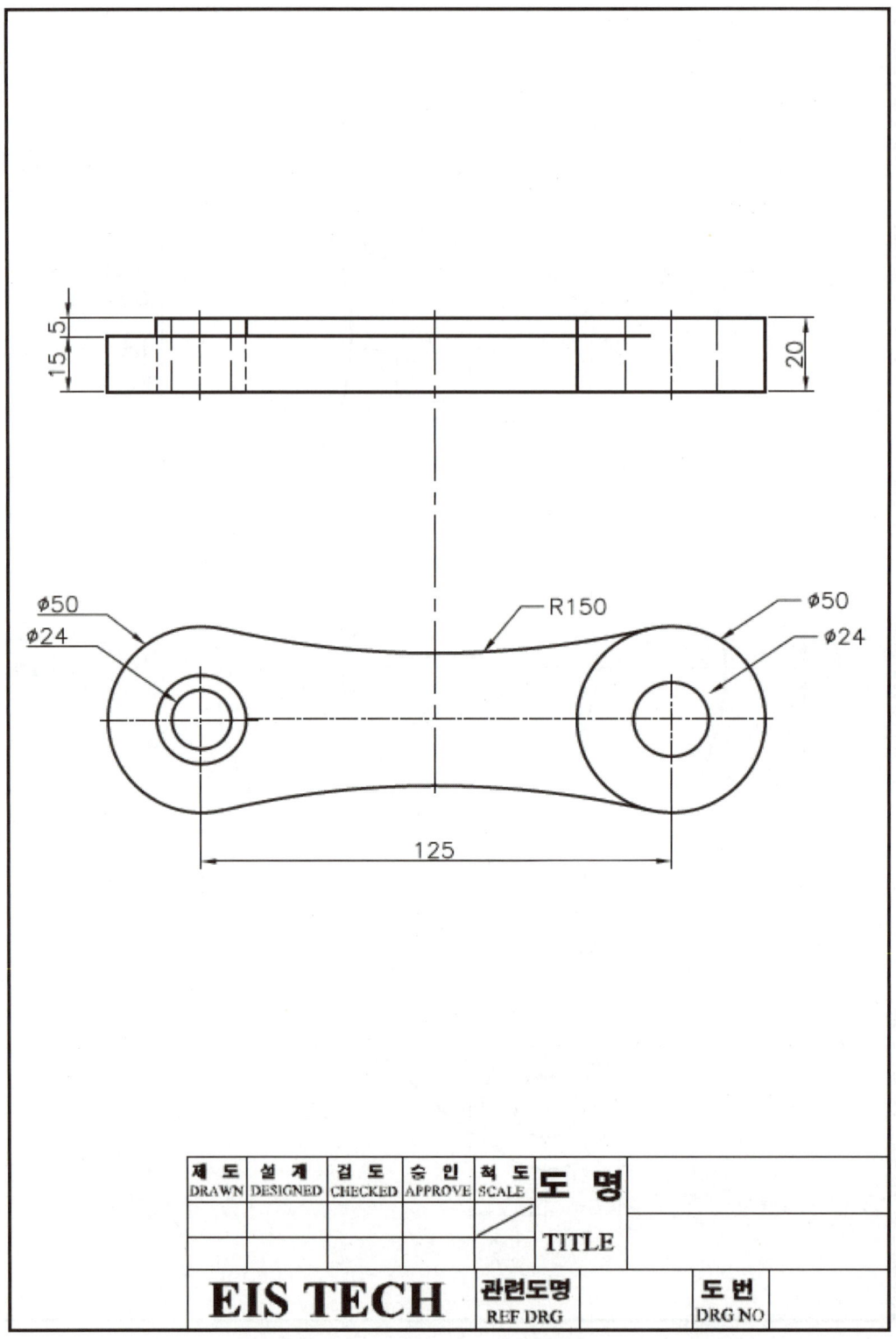

실습과제 48〉 도면층, 선종류를 이용해서 다음 도형을 작도합니다.

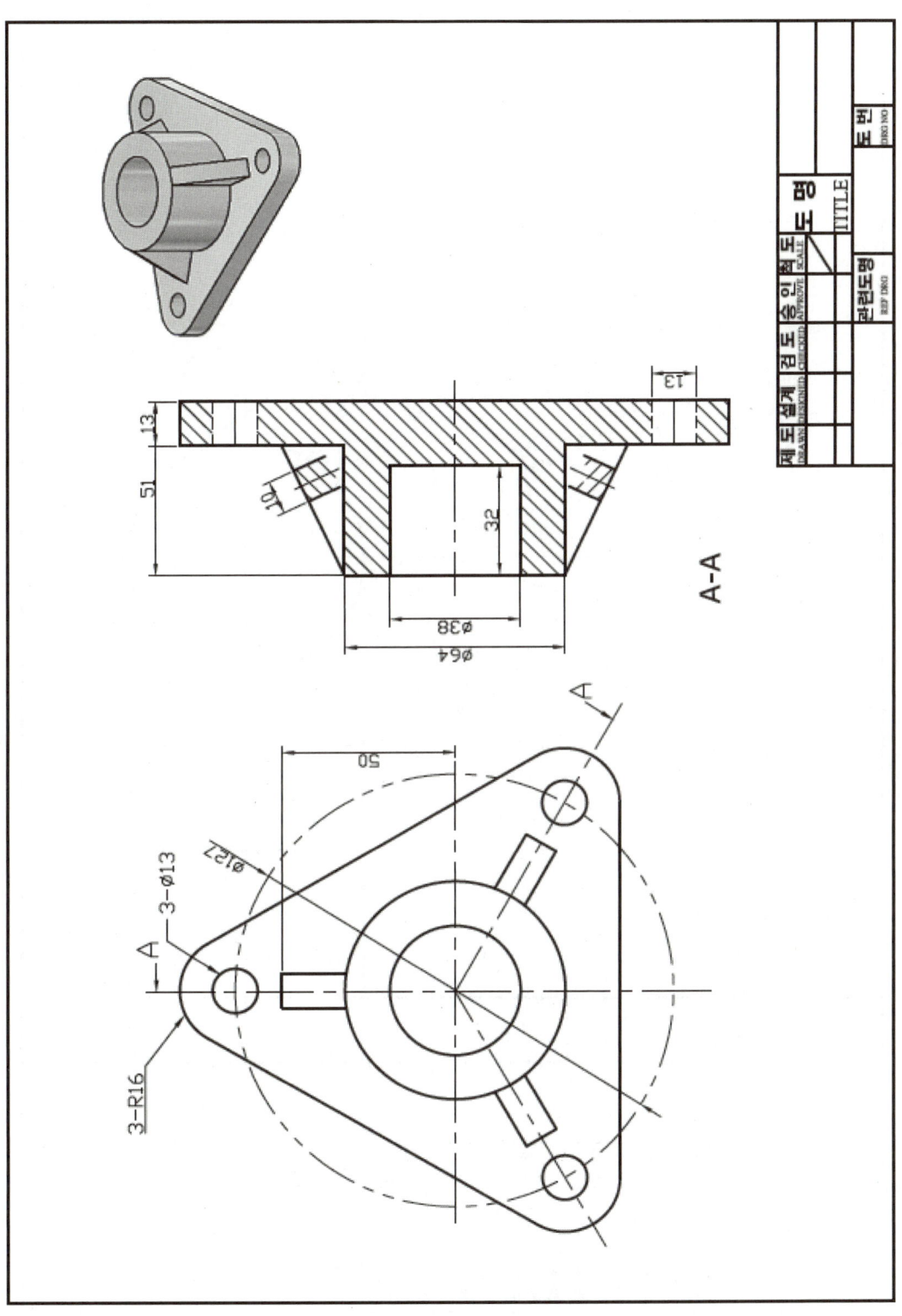

실습과제 49〉 도면층, 선종류를 이용해서 다음 도형을 작도합니다.

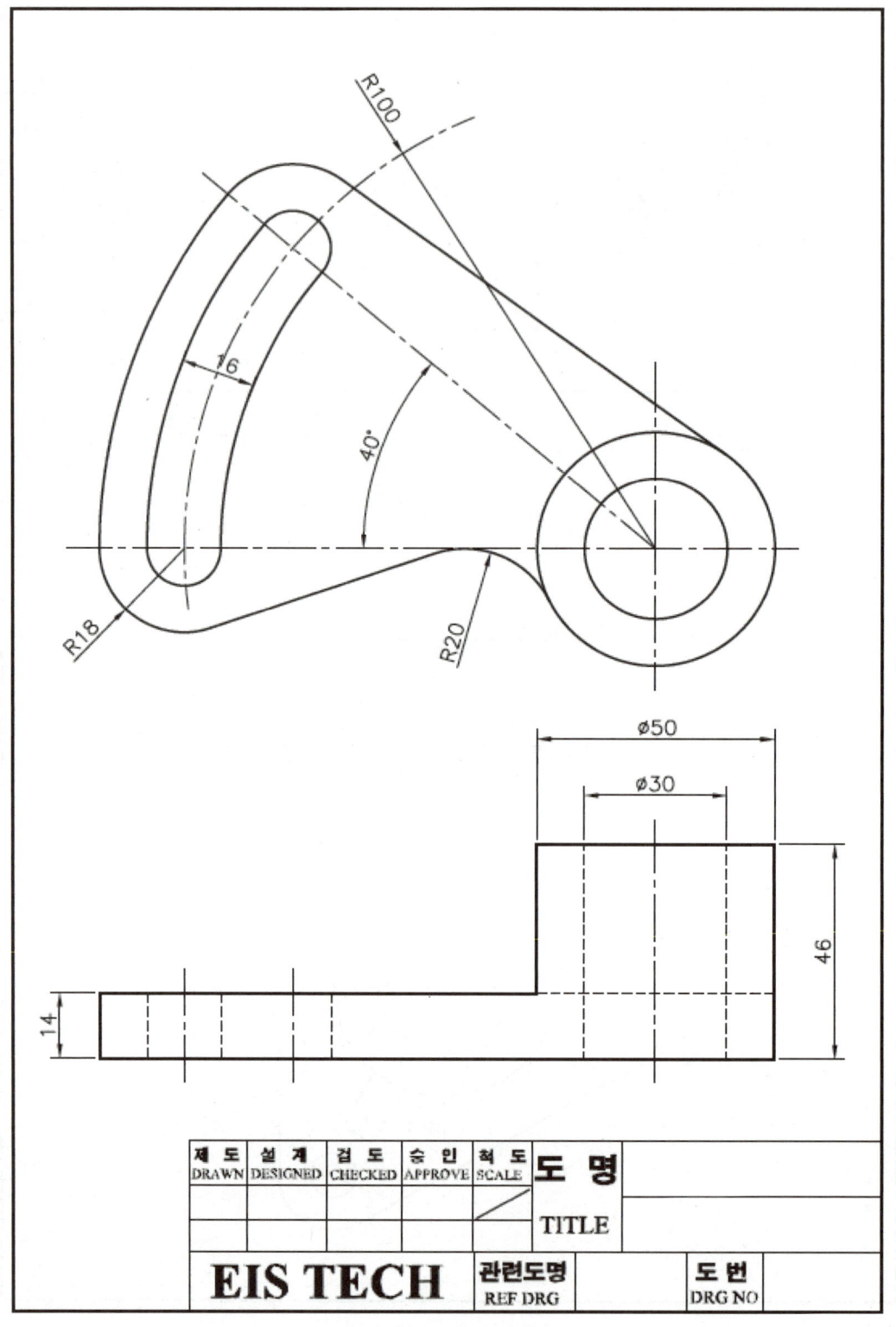

실습과제 50〉 다음 도형을 작도하고, 치수를 기입합니다.

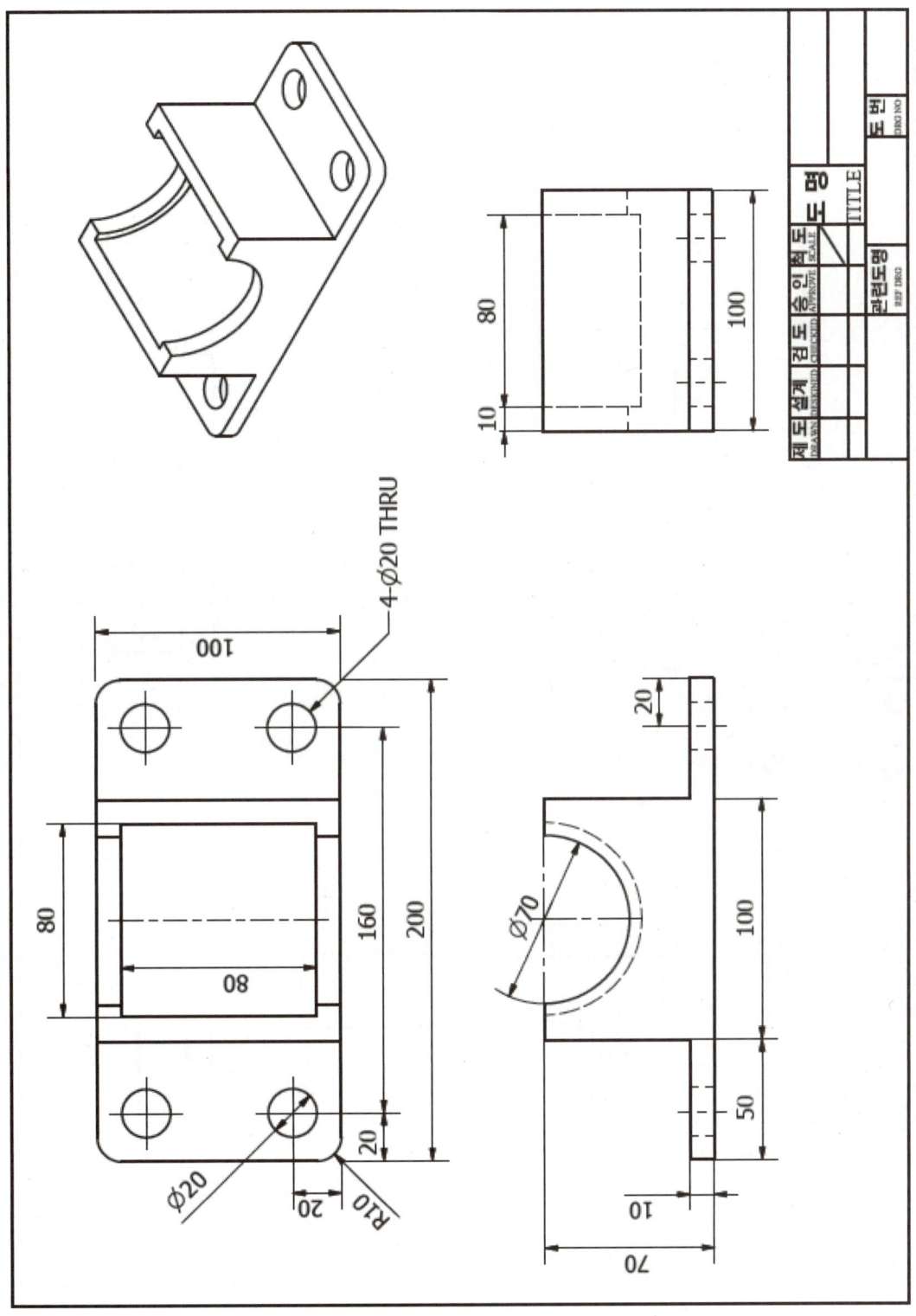

실습과제 51〉 다음 도형을 작도하고, 치수를 기입합니다.

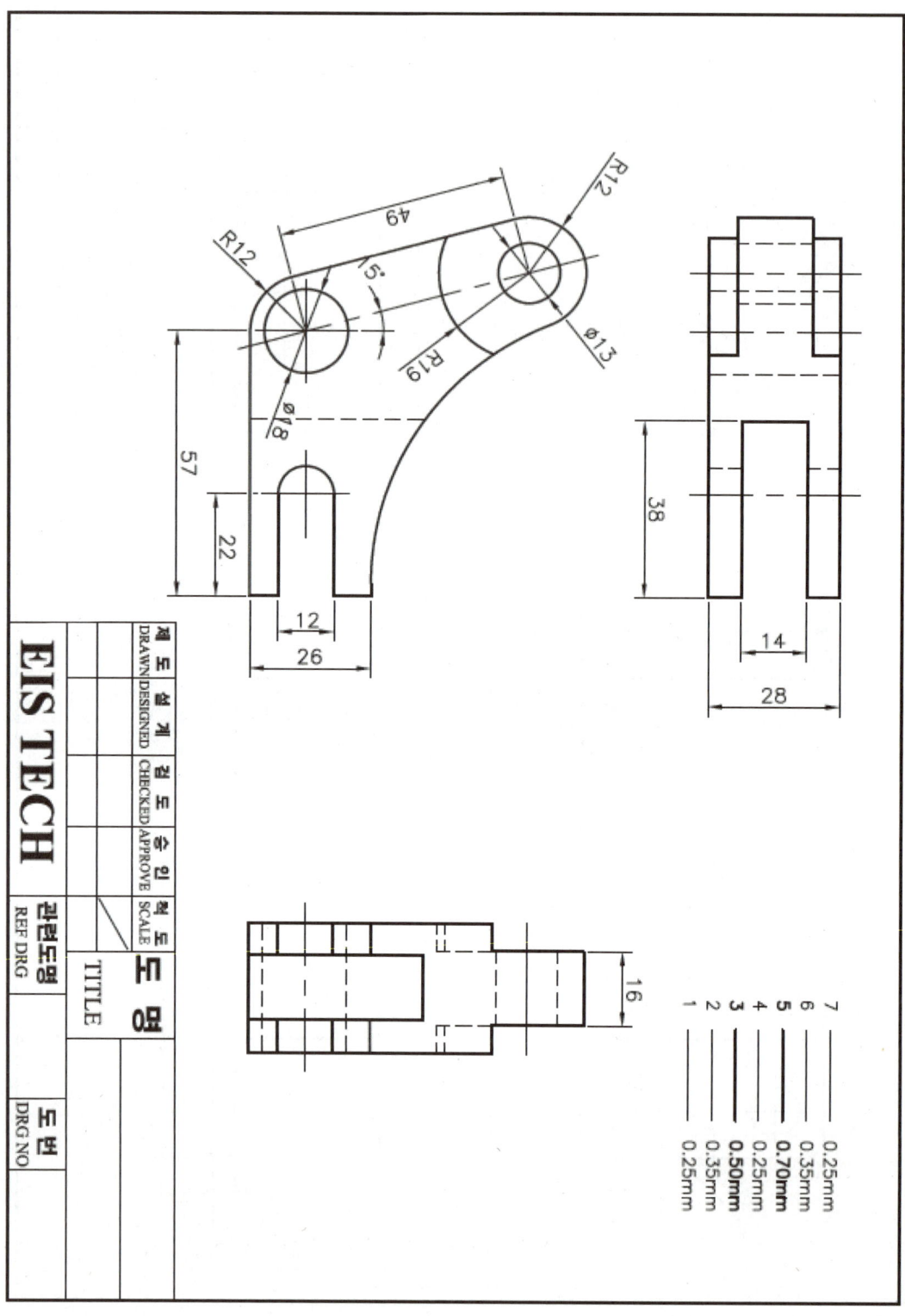

실습과제 52〉 다음 도형을 작도하고, 치수를 기입합니다.

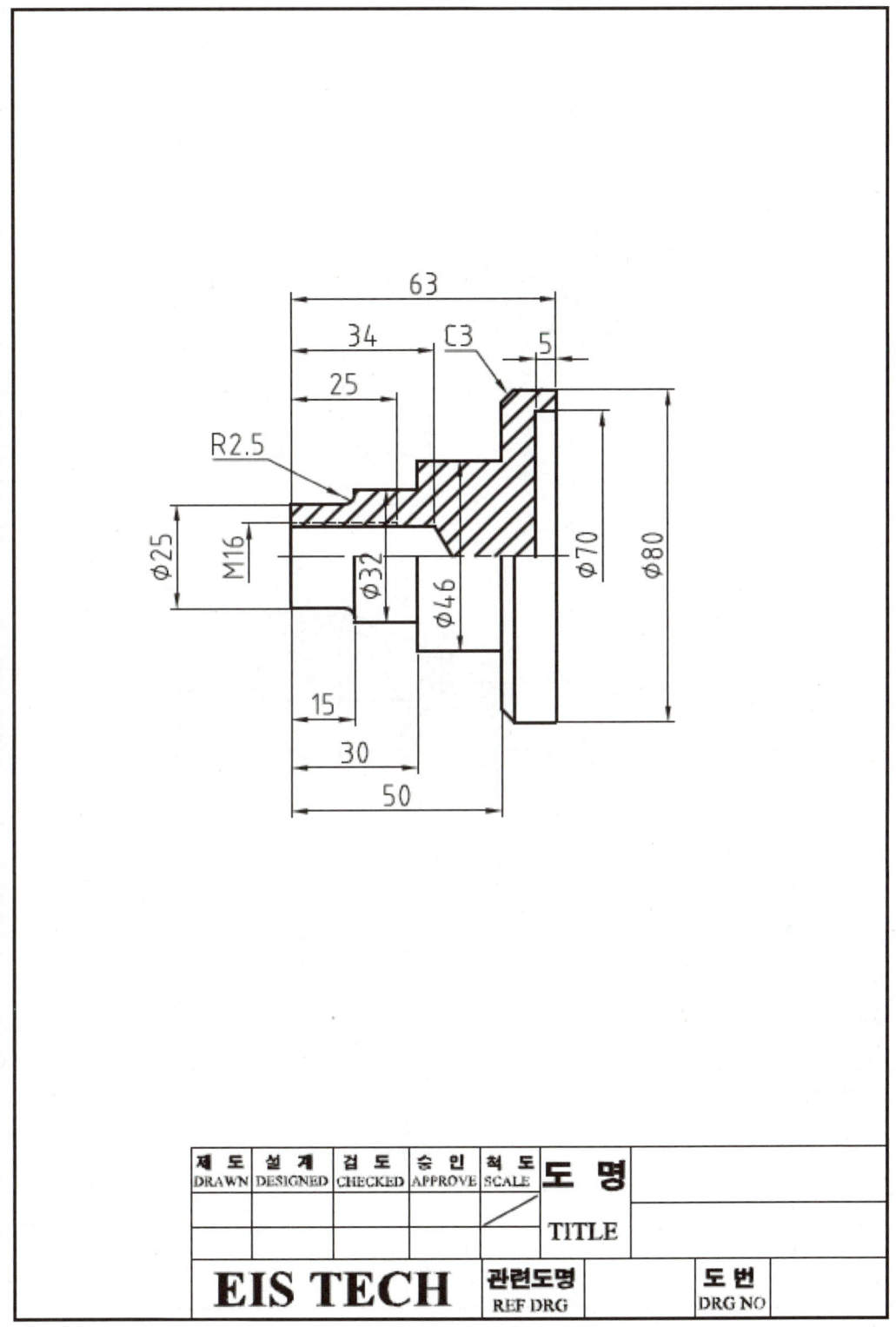

실습과제 53〉 다음 도형을 작도하고, 치수를 기입합니다.

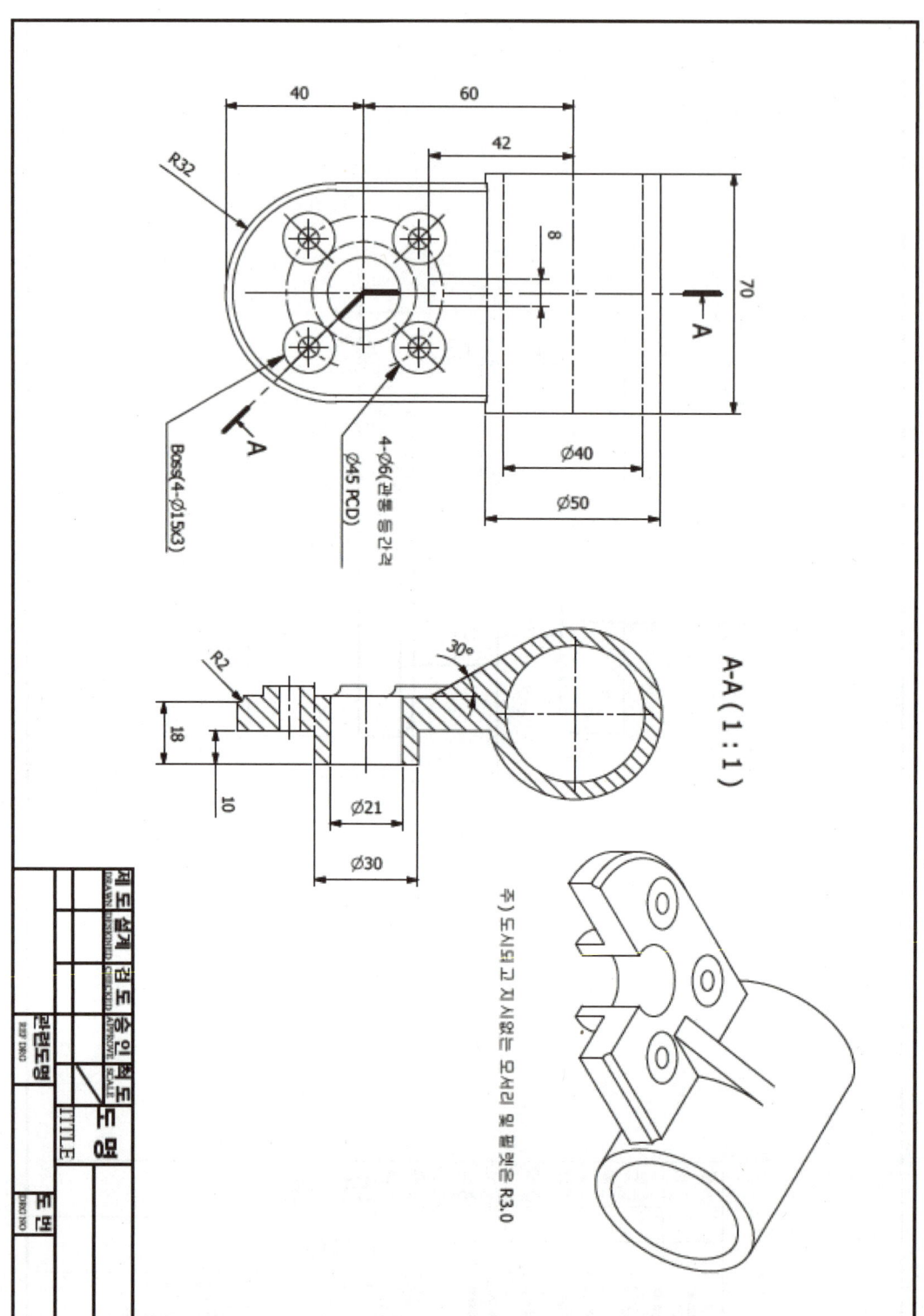

실습과제 54〉 다음 도형을 작도하고, 치수를 기입합니다.

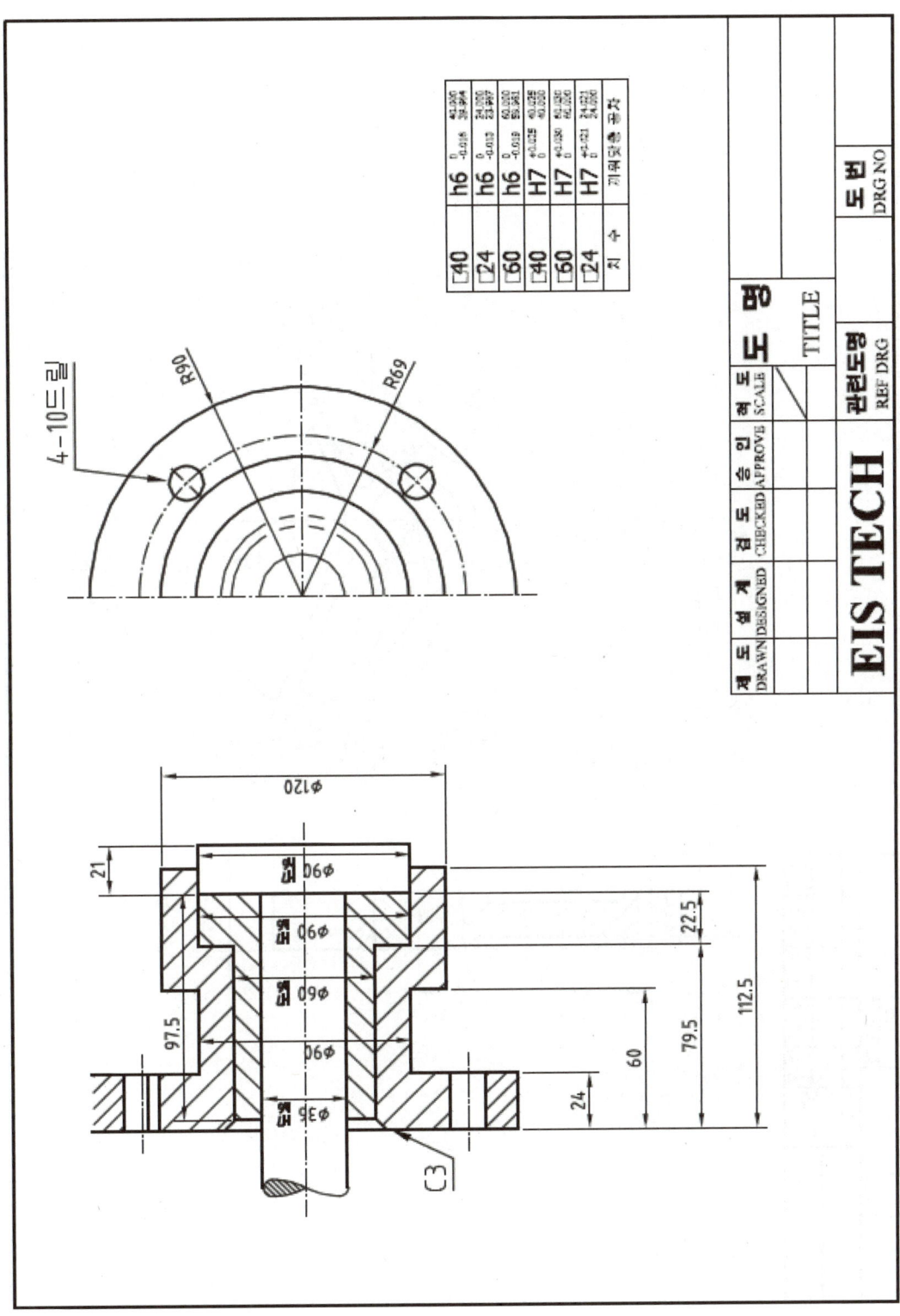

실습과제 55> 다음 도형을 작도하고, 치수를 기입합니다.

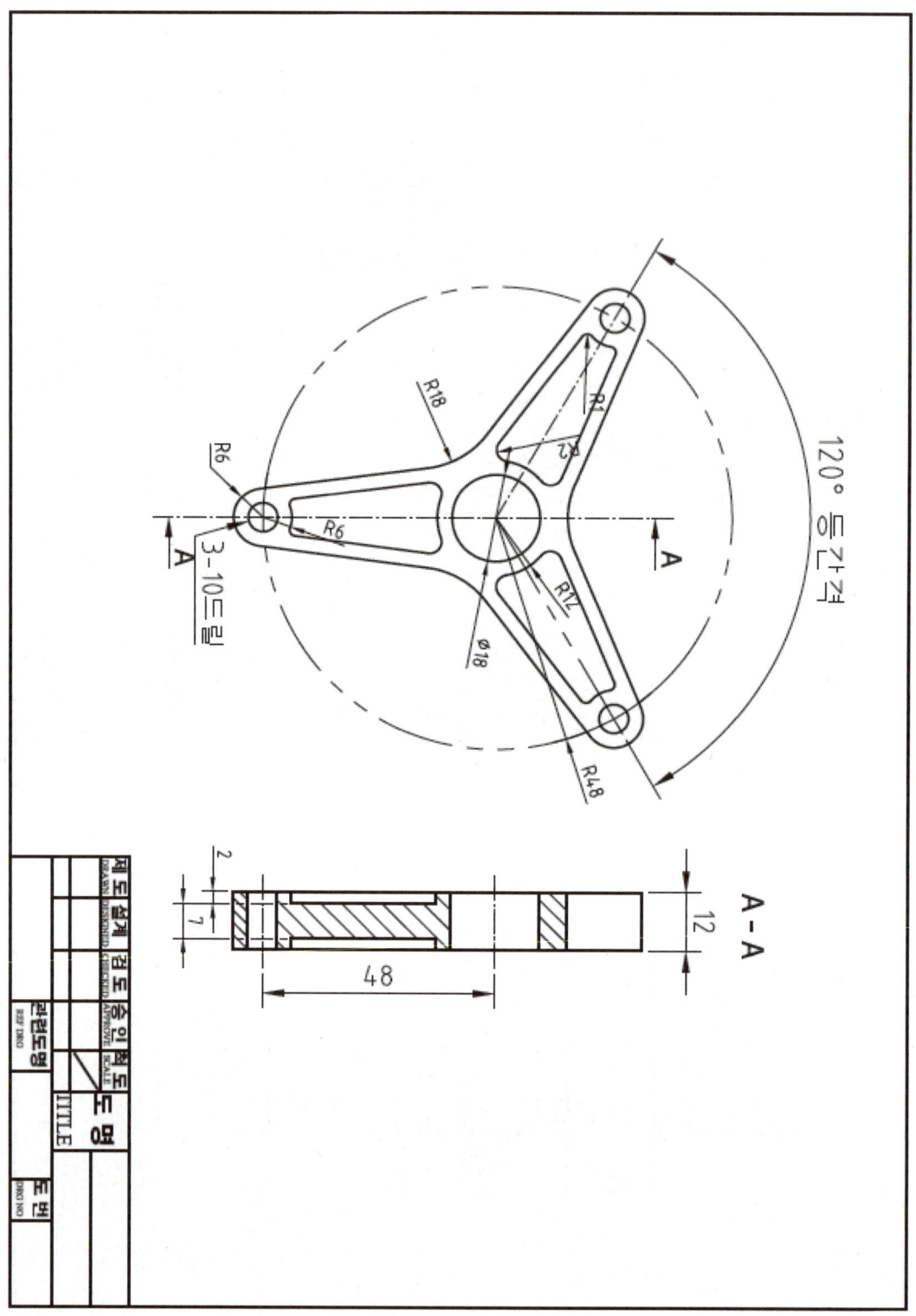

실습과제 56〉 다음 도형을 작도하고, 치수를 기입합니다.

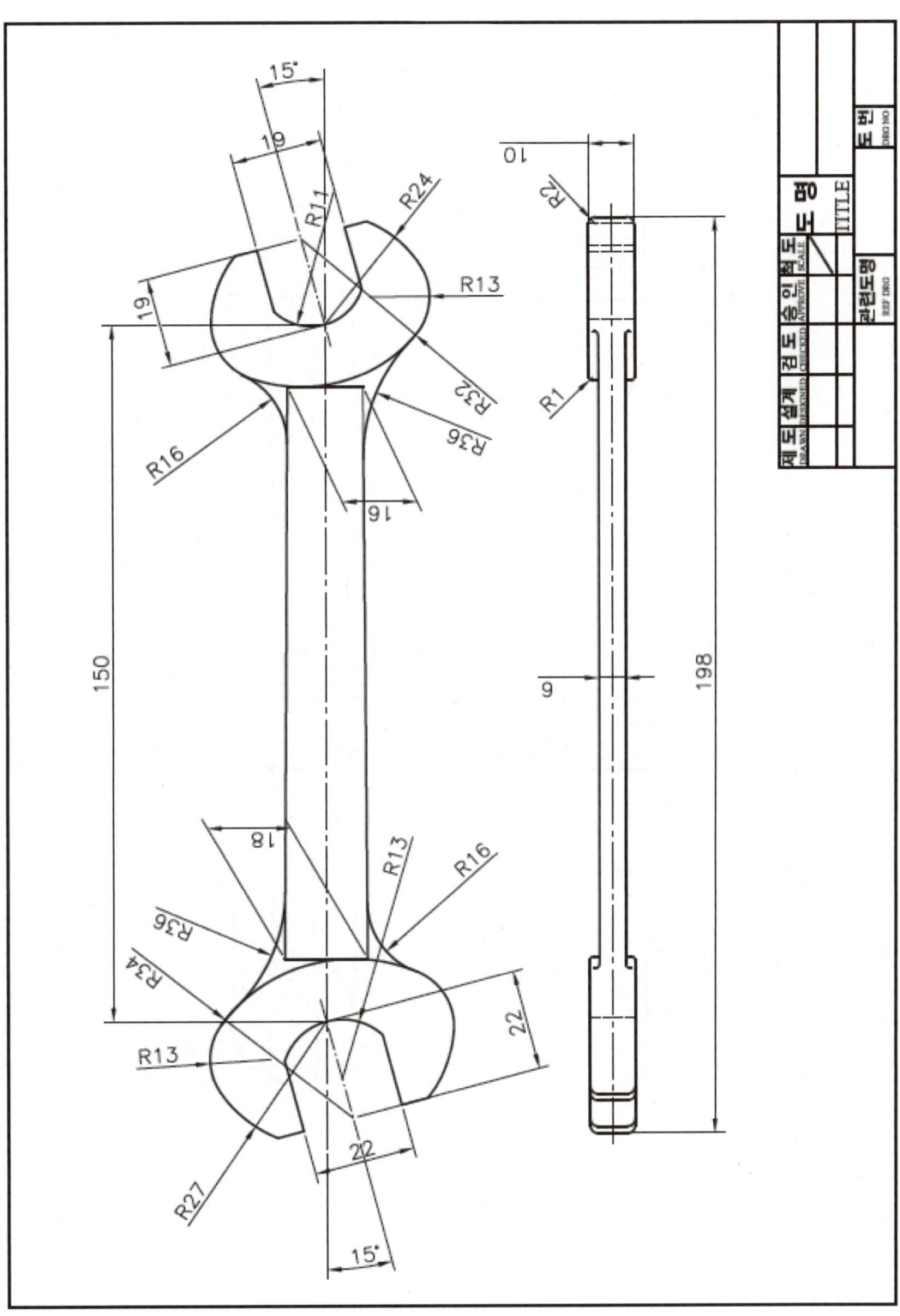

실습과제 57〉 다음 도형을 작도하고, 치수를 기입합니다.

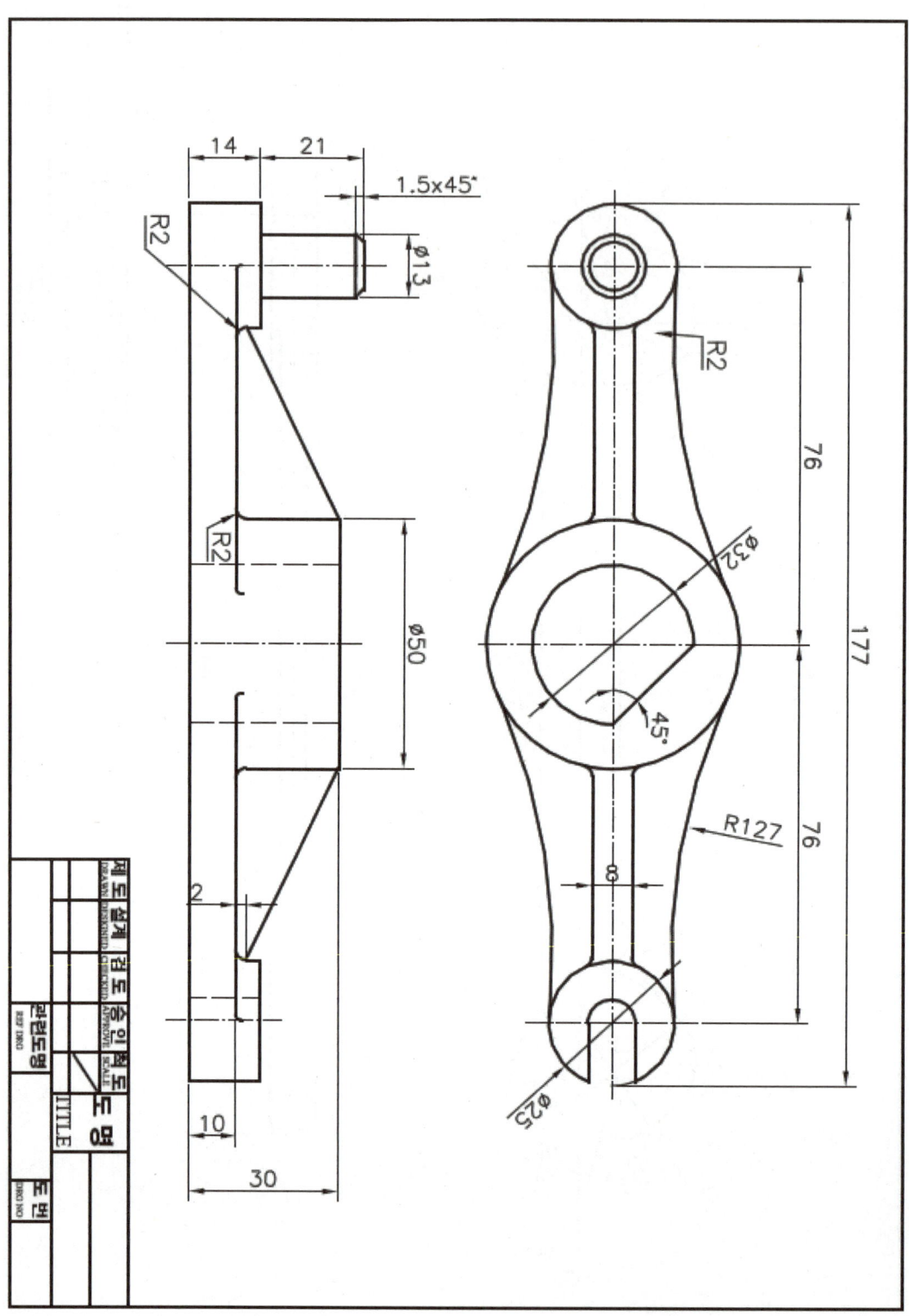

실습과제 58〉 다음 도형을 작도하고, 치수를 기입합니다.

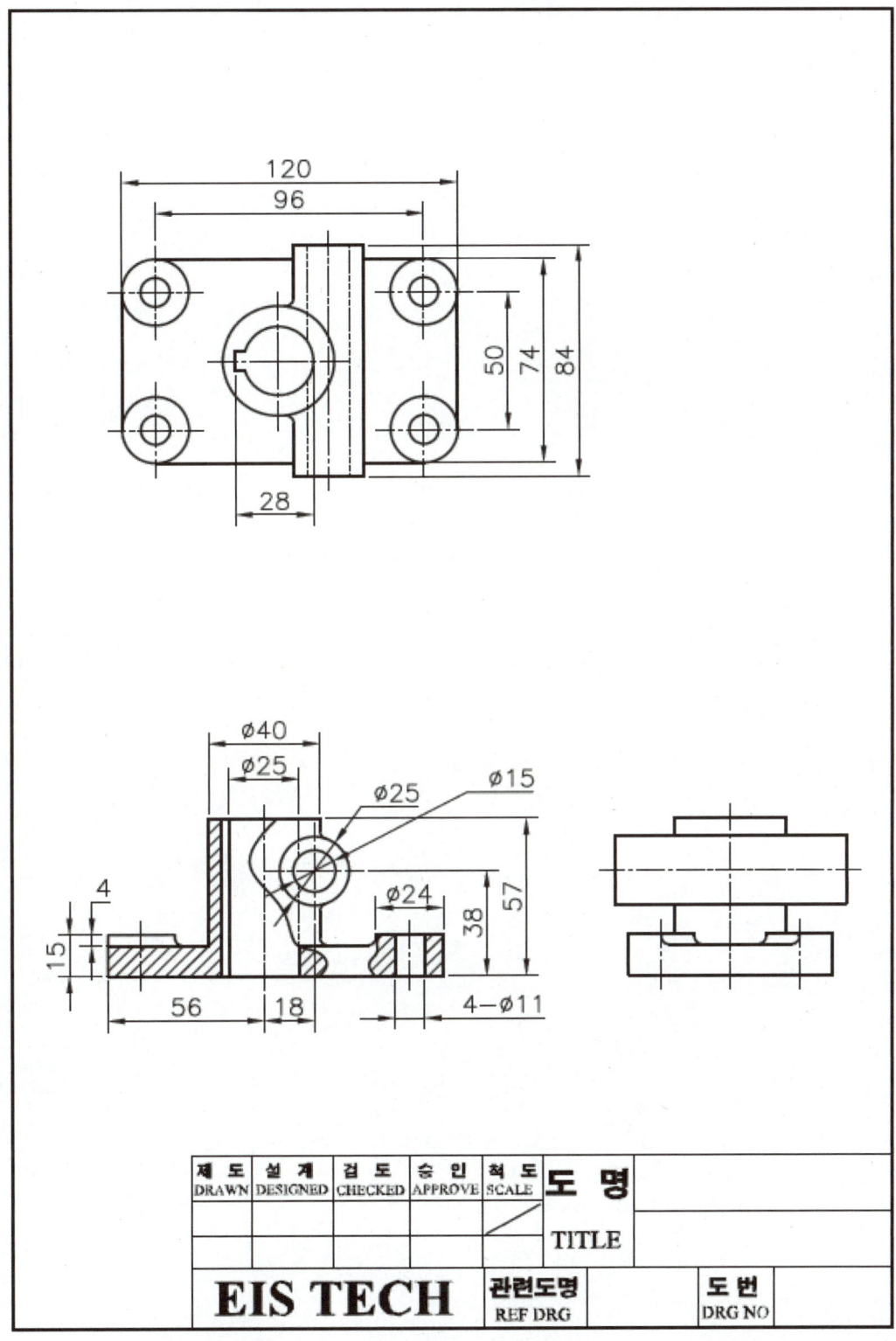

■ 이 장에서 다음의 내용을 학습하게 됩니다.

▶ 도면 출력(Plotting Drawing)
▶ 도면 작성 과정(요약)
▶ 실습 과제

CHAPTER

10

도면 출력
(Plot Drawing)

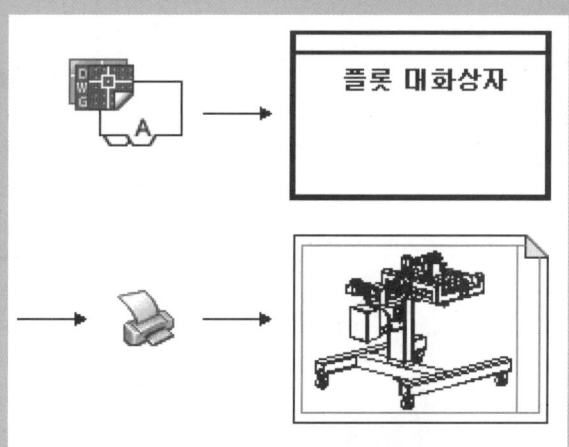

01 도면 출력(Plotting Drawing)

1.1 도면 출력 개요

- 도면 작업을 완료하면, 반듯이 도면 검사를 해야 하고, 마지막으로 작성된 상태로 축척을 적용해서 정확하게 도면 시트 용지에 출력해야 합니다.
- 사용 용도에 맞게 도면 시트 형식을 추가하고, 출력 시 도면의 외형들을 변경하기 위해서 프린터 제어들을 설정할 수 있습니다.
- 대형 설계 프로젝트를 수행하다 보면, 가끔 다른 외형 혹은 배치를 가진 다양한 도면들을 출력해야 하는 경우가 있습니다. 예를 들면, 인쇄 축척, 인쇄 영역, 프린터 스타일 테이블 등 인쇄 특성들이 미리 설정된 도면 시트들을 작성할 수 있습니다.
- 도면 출력을 위해서는 출력 장치(플로터 혹은 프린터)의 특성을 이해하고 정확하게 이용해야 합니다.

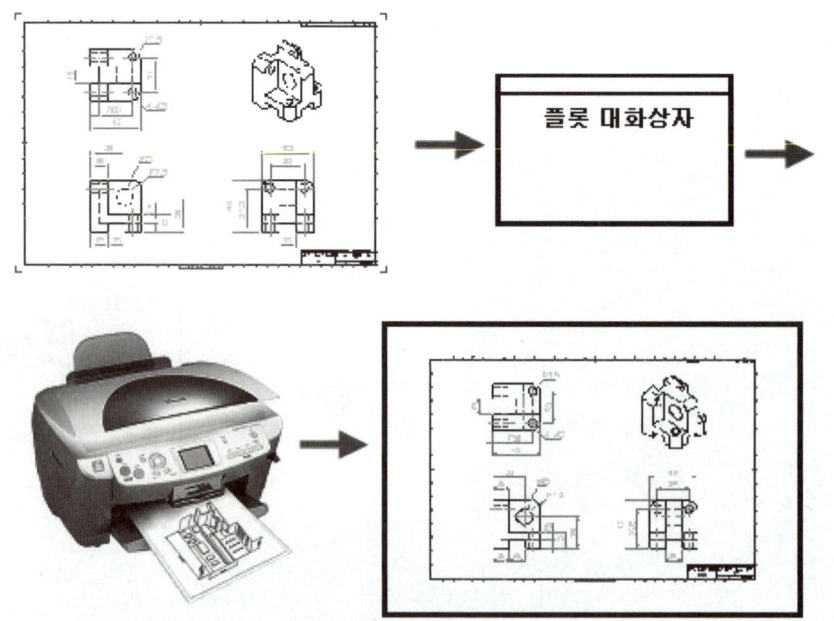

- AutoCAD의 기본 출력 장치는 벡터 데이터를 인쇄하는 플로터(Plotter)이지만 래스터 데이터를 인쇄하는 레이저 프린터(Laserjet) 혹은 잉크젯(Inject) 프린터를 이용해서 도면을 출력하는 설계자가 많이 있습니다.
- 프린터는 출력이 간편하고 출력 속도가 빠르지만, 축척을 적용한 정밀한 도면을 출력할 수 없습니다. 따라서 프린터는 설계 중간 혹은 완료 후 검토를 위한 체크 도면 출력으로 이용하는 것이 좋습니다.
- 최종 출도(Production Drawing) 즉 축척을 지정하여 정밀한 크기로 출력을 하고자 한다면, 반듯이 플로터를 이용해서 도면은 제도 규정의 선굵기와 척도를 적용한 흑백 상태로 출력해야 합니다.

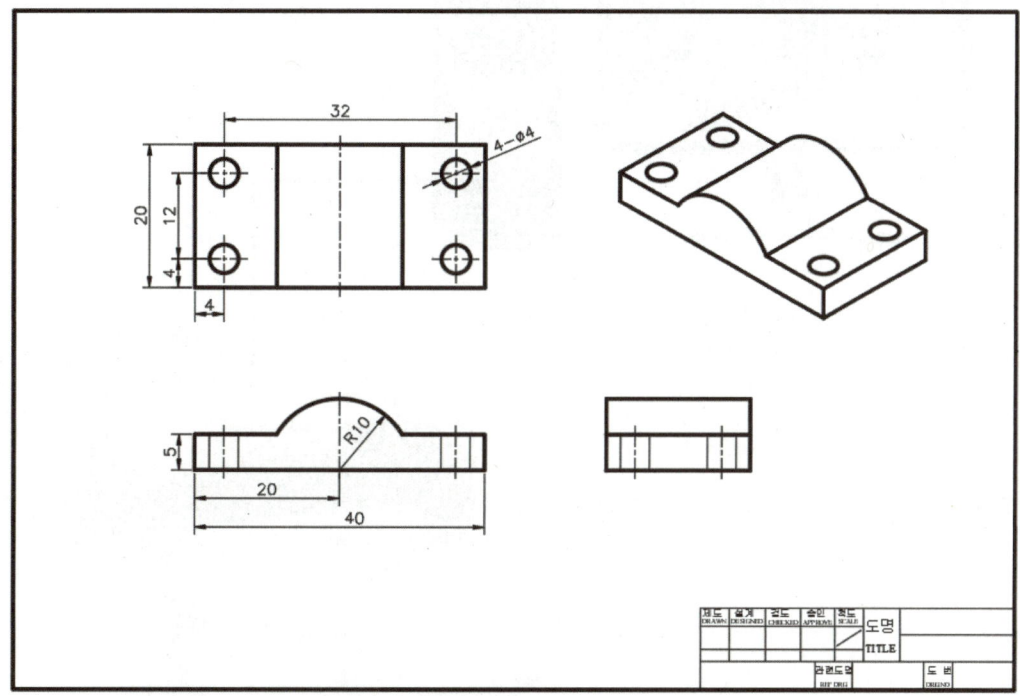

〈출력 도면〉

1.2 출력기 연결 및 드라이버 설치하기

- 플로터 혹은 프린터로 도면을 출력하려면, 맨 먼저 컴퓨터에 플로터 혹은 프린터를 하드웨어적으로 연결하고, 소프트웨어 드라이버를 설치해야 합니다.
- 이러한 연결 및 설치 작업은 각 출력기의 매뉴얼 혹은 전문가의 도움을 받아서 작업을 할 것을 권장합니다.

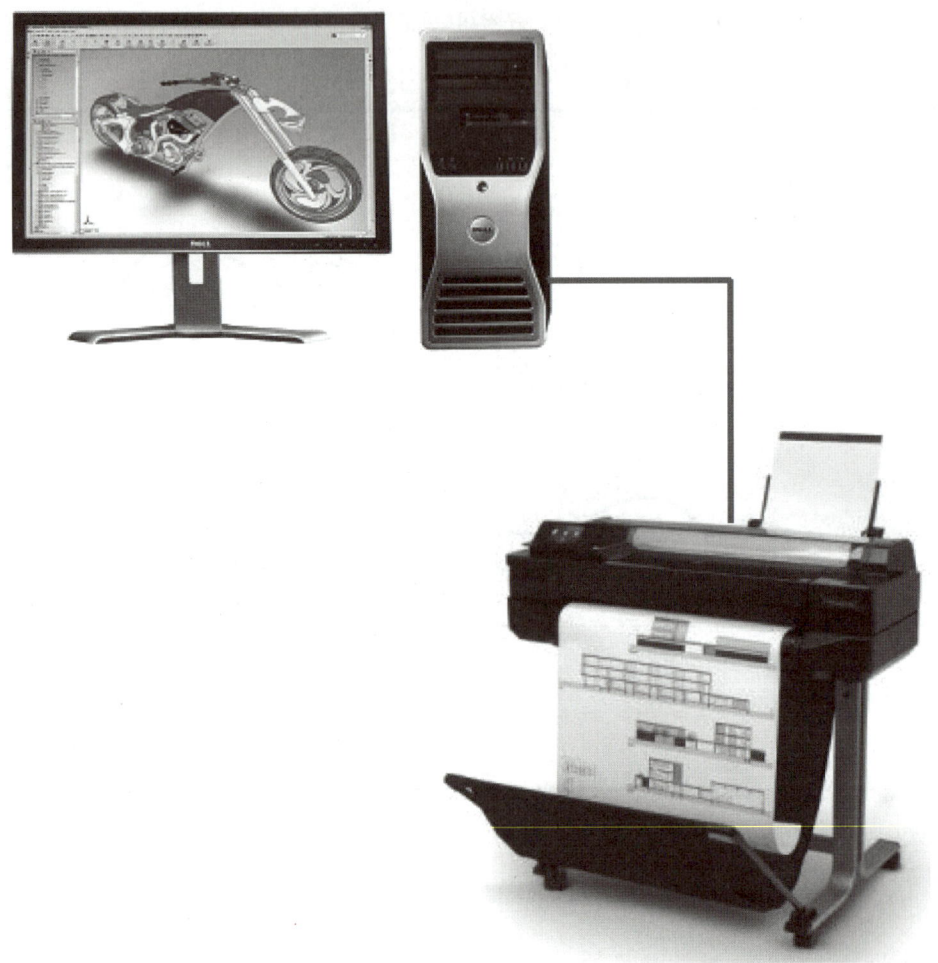

1.3 플로터 추가하기(Adding a Plotter)

- [PLOTTERMANAGER(플로터 관리자)] 명령은 플로터 구성을 추가하거나 편집할 수 있는 플로터 관리자를 표시합니다.
- AutoCAD용 플로터들은 전용 드라이버가 있습니다. 이러한 드라이버를 잘 설정해야 출력기의 성능을 100% 이용해서 양질의 도면을 출력할 수 있습니다.

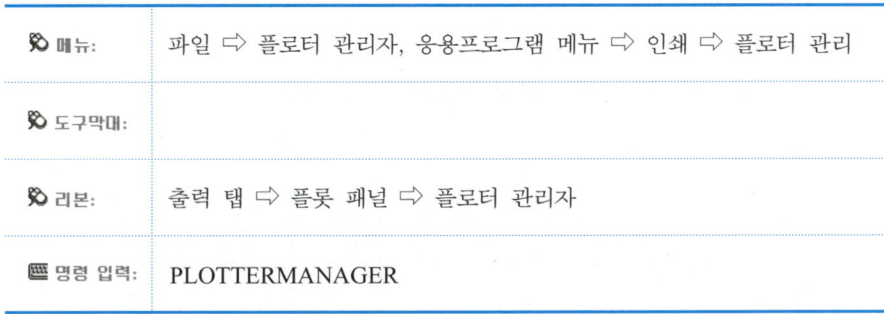

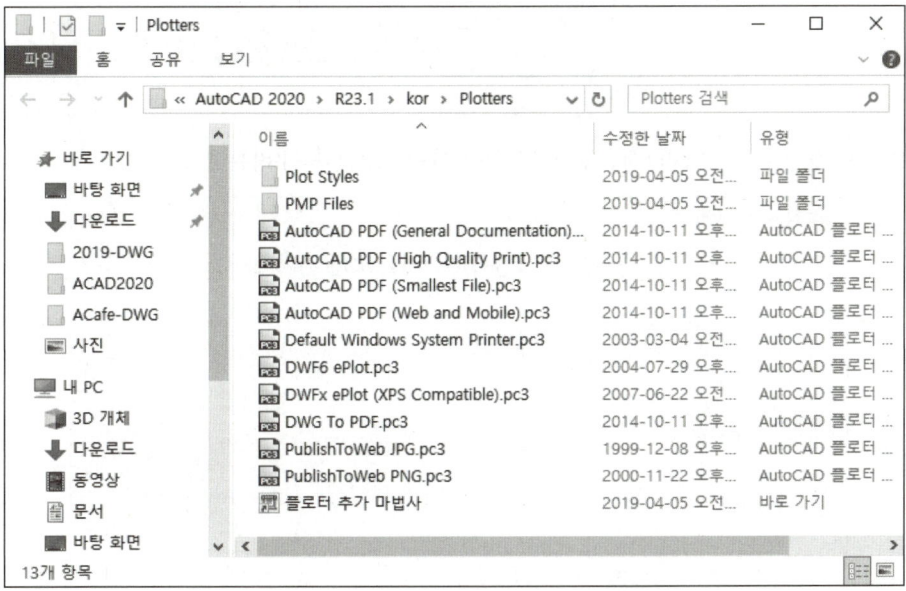

① Default Windows System Printer.pc3 - 윈도우즈 시스템 기본 출력 파일 형식으로 출력합니다.

② DWF6 ePlot.pc3 - DWF 파일을 플롯하거나 게시할 수 있습니다. DWF 파일 뷰어에서 DWF 파일을 열고, 보고, 인쇄할 수 있습니다. DWF파일에서는 실시간 초점이동 및 줌 기능이 지원되며, 도면층 및 명명된 뷰의 표시를 조정할 수도 있습니다.

③ DWFx ePlot (XPS Compatible).pc3 - DWFx 파일을 플롯하거나 게시할 수 있습니다. Autodesk

Design Review 프로그램에서 DWFx 파일을 열고, 보고, 인쇄할 수 있습니다. DWFx 파일에서는 실시간 초점이동 및 줌 기능이 지원되며, 도면층과 명명된 뷰의 표시를 조정할 수도 있습니다.

④ DWG To PDF. pc3 : 도면을 PDF(Portable Document Format) 형식으로 출력합니다.
⑤ PublishToWeb JPG : PublishToWeb DWF와 동일하며 JPG 형식으로 출력됩니다.
⑥ PublishToWeb PNG : PublishToWeb DWF와 동일하며 PNG 형식으로 출력됩니다.

□ 플로터 추가 마법사

1 [플로터 추가 마법사]를 두 번 클릭합니다. [다음] 버튼을 클릭합니다.

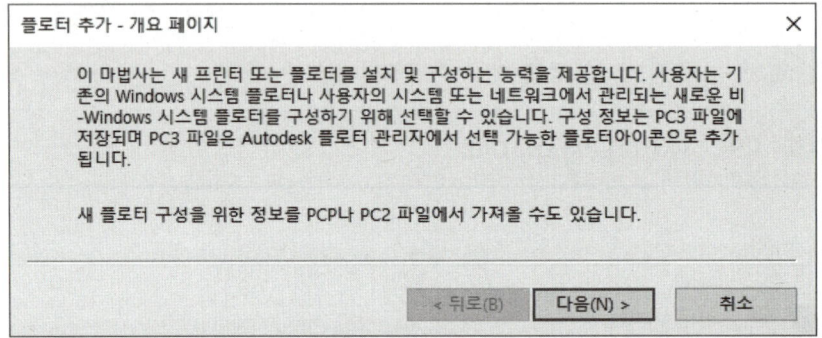

2 윈도우에 연결된 프린터라면 [시스템 프린터]를 선택하고, [다음] 버튼을 클릭합니다.

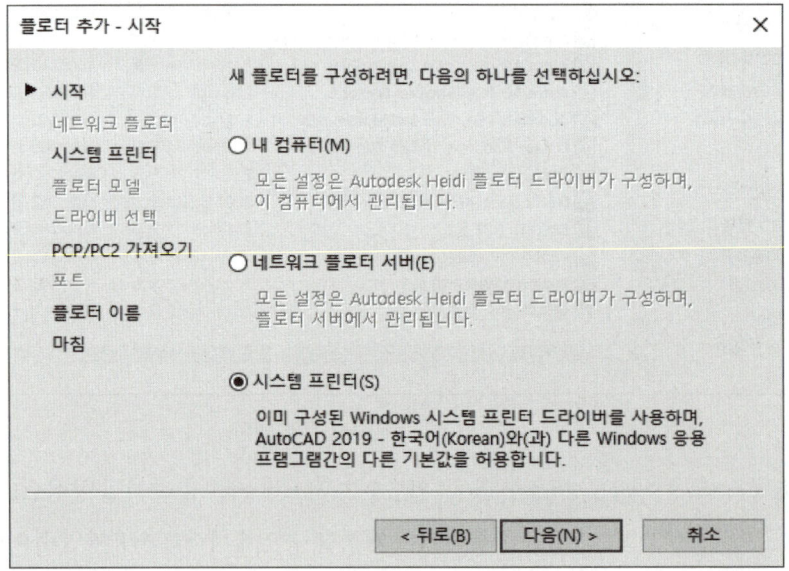

- 내 컴퓨터 - Autodesk 드라이버를 이용해서 플로터 구성
- 시스템 프린터 - 윈도우 프린터 드라이버를 이용해서 플로터 구성

3 아래 대화상자처럼 윈도우에 연결된 프린터를 선택하고, [다음] 버튼을 클릭합니다.

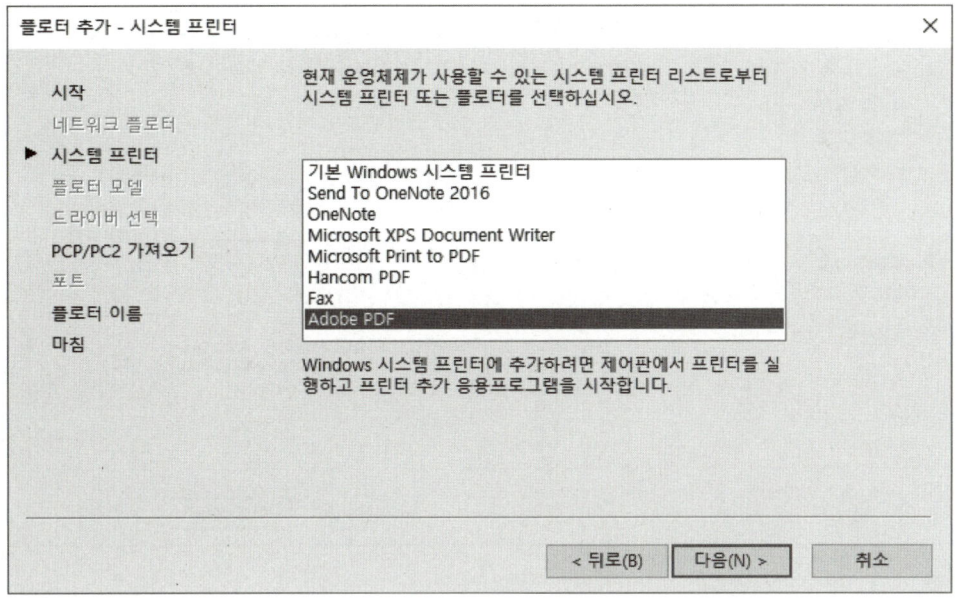

4 처음 AutoCAD에 플로터를 구성한다면, [다음] 버튼을 클릭합니다.

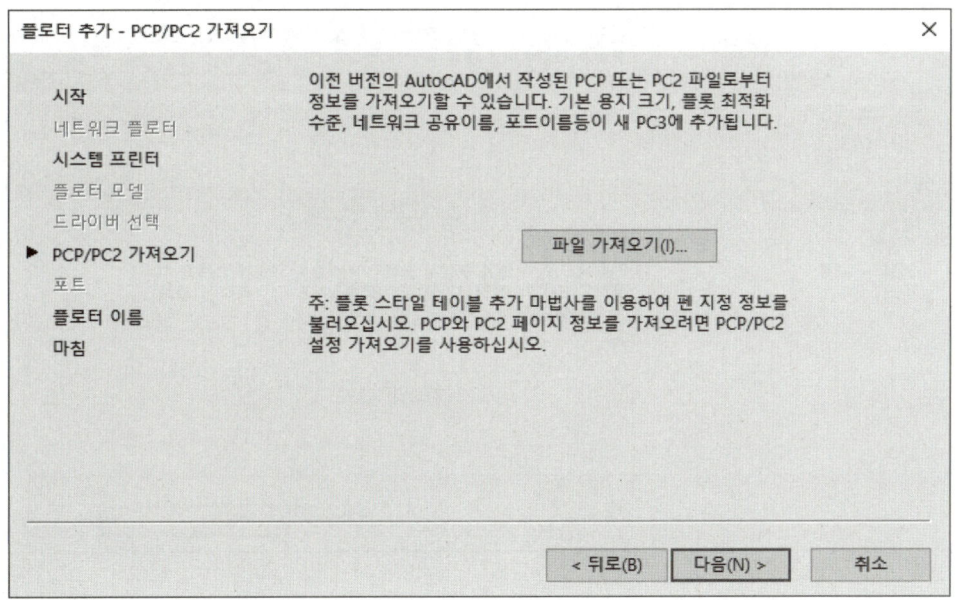

5 새로운 플로터 이름을 입력하고, [다음] 버튼을 클릭합니다.

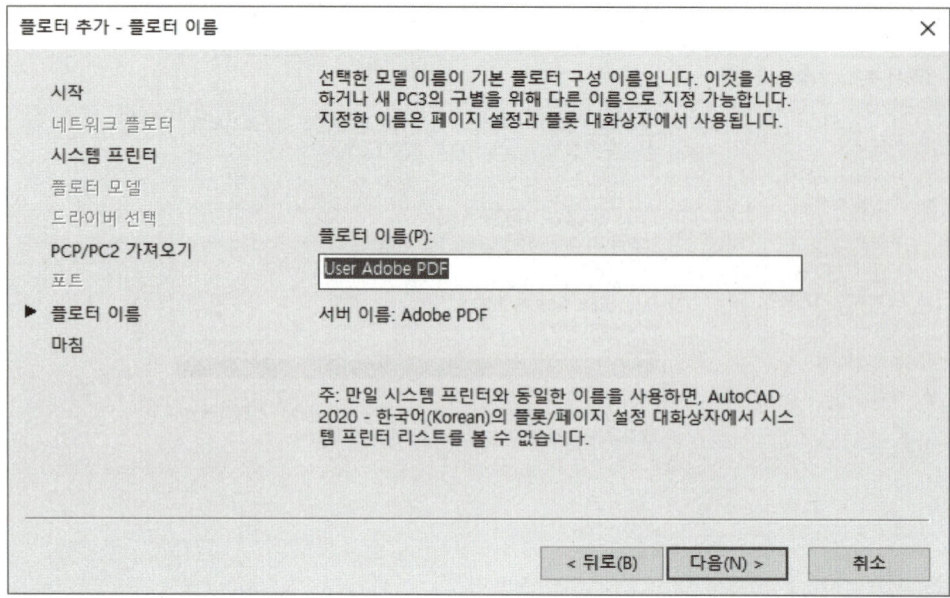

6 [마침] 버튼을 클릭합니다. 플로터 구성 파일이 생성됩니다.

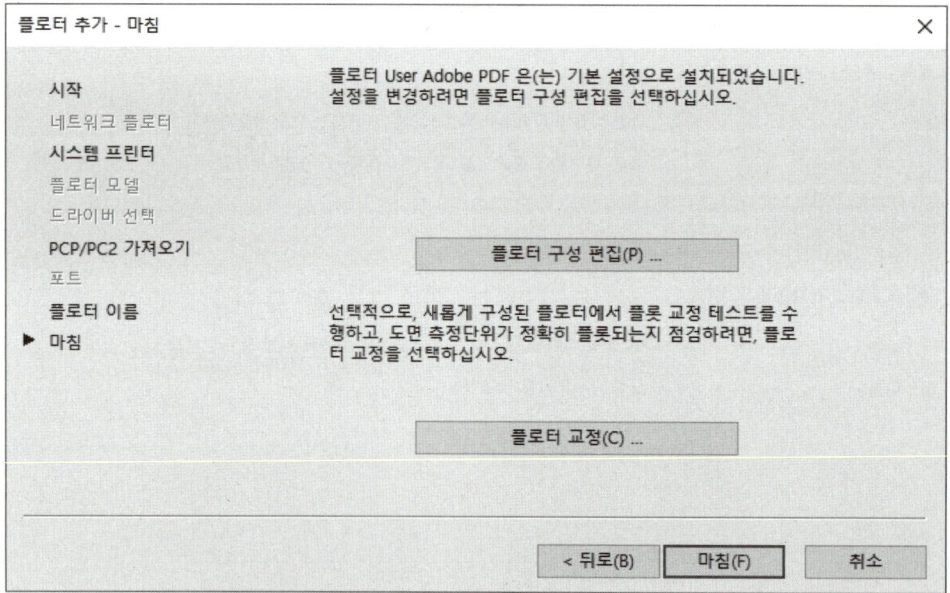

❏ AutoCAD용 기본 플로터

- AutoCAD에서 기본으로 제공하는 플로터는 하드웨어적인 것들이 아니라 모두 소프트웨어적인 출력을 하게 됩니다.
- 플로터 관리자 대화상자에, 다양한 플로터 아이콘들이 있는데 대부분 소프트웨어적인 플로터로서 출력을 하면 종이 용지에 인쇄하는 것이 아니라 파일형태로 인쇄됩니다.

1.4 도면 출력하기(Plot Drawing)

- [Plot(플롯)] 명령은 도면을 지정한 플로터, 프린터 또는 파일로 출력합니다.
- Print(인쇄)와 Plot(플롯)은 CAD 출력에서 교대로 사용할 수 있습니다. 일반적으로 프린터에서는 문자만 생성되고, 플로터에서는 벡터 그래픽이 생성됩니다. 프린터가 더욱 강력해지고 벡터 데이터의 고품질 래스터 이미지를 생성할 수 있게 됨에 따라 프린터와 플로터의 차이는 거의 없어졌습니다.

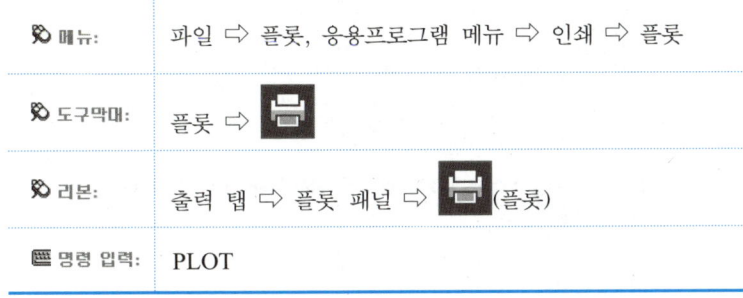

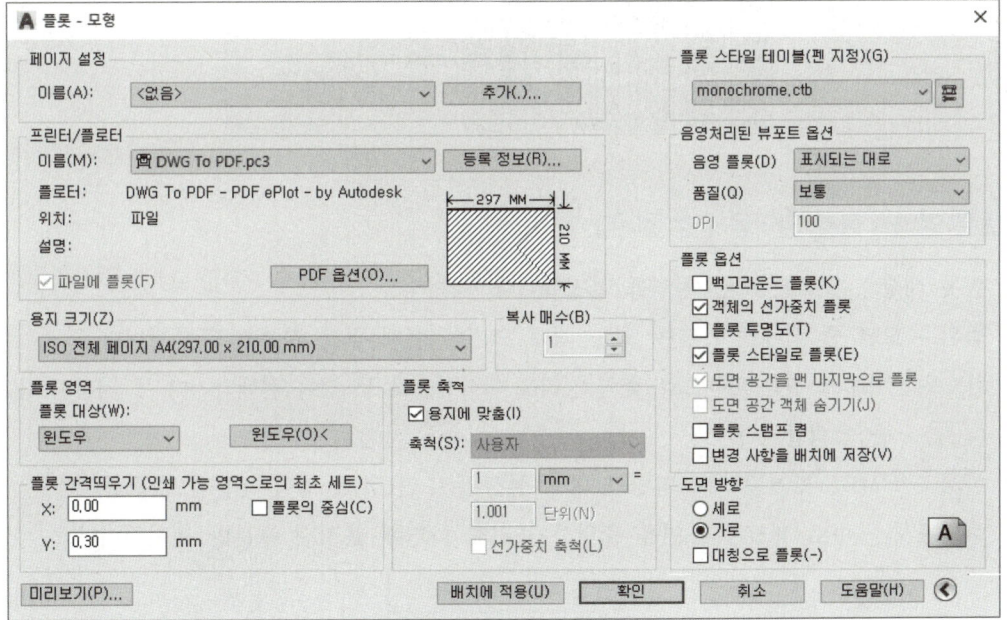

❑ 페이지 설정 - 플롯 대화상자의 모든 옵션 값들을 나중에 사용하기 위해 저장합니다.

- 이름(A) - 저장한 목록을 선택합니다.
- [추가] 버튼 - 현재 설정된 값으로 페이지 설정을 저장합니다.

❑ 프린터/플로터 - 출력할 대상 플로터를 설정합니다.

- 이름(M) - 출력할 플로터 혹은 프린터를 선택합니다.
- [등록 정보(R)] 버튼 - 현재 플로터 구성, 포트, 장치 및 매체 설정을 보거나 수정할 수 있는 플로터 구성 편집기(PC3 편집기)를 표시합니다.

❑ 용지크기(Z) – 출력할 용지의 크기를 지정합니다.

❑ 플롯 영역 - 플롯 영역을 지정합니다.

- 플롯 대상 - 출력할 도면 영역을 설정합니다.
- 범위 - 도면 중 객체들이 놓여 있는 최대 크기의 현재 공간 부분을 플롯합니다.
- 윈도우 - 마우스 왼쪽 버튼으로 출력 영역을 대각선으로 두 점을 선택하거나 두 지점의 좌표값을 입력합니다.
- 한계 - [LIMITS(도면 한계)] 명령의 의해 설정된 도면 한계 영역 부분만 출력합니다.
- 화면표시 - 주로 체크용 도면을 출력하기 위해 화면에 표시된 부분만 출력됩니다.

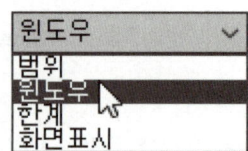

❑ 플롯 간격띄우기 - 플로터 기계 원점과 도면 원점을 일치 하거나 조정합니다.

- X - X 방향으로 플롯 원점을 지정합니다.

- Y - Y 방향으로 플롯 원점을 지정합니다.
- 플롯의 중심 - 용지 중앙에 플롯을 배치하기 위한 X 및 Y 간격띄우기 값을 자동으로 계산합니다.

❑ 플롯 축척 – 도면 축척을 설정합니다.

- 용지에 맞춤 - 플롯을 선택한 용지 크기에 맞게 축척하고 축척, 인치 및 단위 상자에 작업자 축척 비율을 표시합니다.

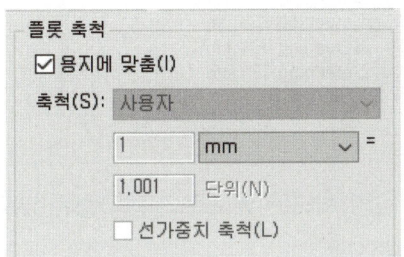

- 축척 - 플롯의 정확한 도면 축척을 정의합니다.

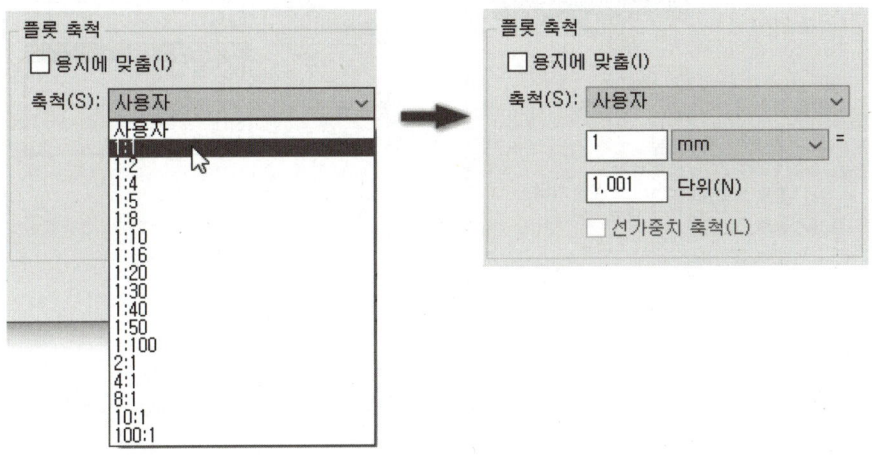

- 단위 - 지정된 인치, 밀리미터 또는 픽셀 수와 동일한 단위 수를 지정합니다.
- 선가중치 축척 - 플롯 축척에 비례하여 선가중치를 축척합니다. 일반적으로 선가중치는 플롯된 객체의 선폭을 지정하며 플롯 축척과 관계없이 선 폭 크기에 따라 플롯됩니다.

❑ 플롯 스타일 테이블 – 펜 굵기 지정 플롯 스타일 테이블을 설정하거나 플롯 스타일 테이블을 편집하거나 또는 새 플롯 스타일 테이블을 작성합니다.

- 이름 - 현재 모형 또는 배치 탭에 지정된 플롯 스타일 테이블을 표시하고, 현재 사용할 수 있는 플롯 스타일 테이블 리스트를 제공합니다.

- ![편집] - 플롯 스타일 테이블 편집기를 표시하고, 현재 지정된 플롯 스타일 테이블의 플롯 스타일을 보거나 수정할 수 있습니다.

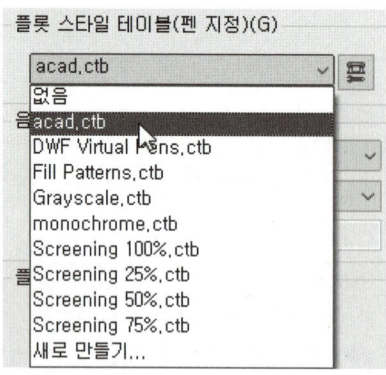

❏ 음영 처리된 뷰포트 옵션 – 음영 처리된 뷰포트와 렌더링된 뷰포트가 플롯되는 방법을 지정하고, 해상도 수준 및 Dpi를 결정합니다.

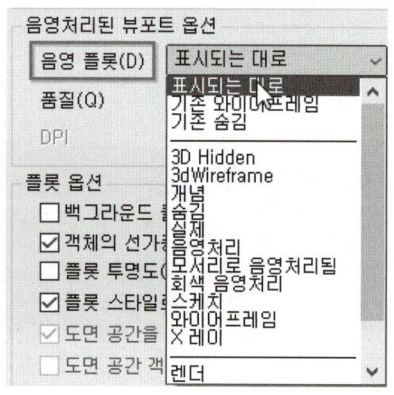 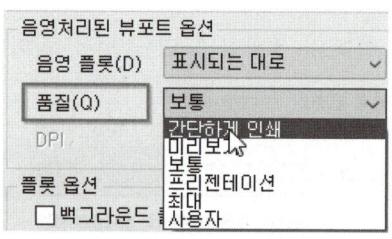

❏ 플롯 옵션 – 선가중치, 플롯 스타일, 음영처리 플롯 및 객체가 플롯되는 순서에 대한 옵션을 지정합니다.

- 백그라운드 플롯 - 플롯 작업을 백그라운드에서 처리되도록 지정합니다.
- 객체의 선가중치 플롯 - 객체와 도면층에 지정된 선가중치의 플롯 여부를 지정합니다.
- 플롯 투명도 - 객체 투명도를 플롯하는지 여부를 지정합니다. 이 옵션은 투명 객체로 도면을 플롯할 때만 사용해야 합니다.
- 플롯 스타일로 플롯 - 객체 및 도면층에 적용된 플롯 스타일로 플롯 여부를 지정 합니다.
- 도면공간을 마지막으로 플롯 - 모형 공간 형상을 먼저 플롯합니다. 일반적으로 도면 공간 형상이 모형 공간 형상보다 먼저 플롯됩니다.
- 도면 공간 객체 숨기기 - 숨기기가 도면 공간 뷰포트의 객체에 적용 여부를 지정합니다. 이

옵션은 '배치' 탭에서만 사용할 수 있습니다

- 플롯 스탬프 켬 - 플롯 스탬프를 켭니다.

- [플롯 스탬프 설정] 버튼 : 플롯 스탬프 켜기 옵션을 플롯 대화상자에서 선택하면, 플롯 스탬프 대화상자가 표시됩니다.

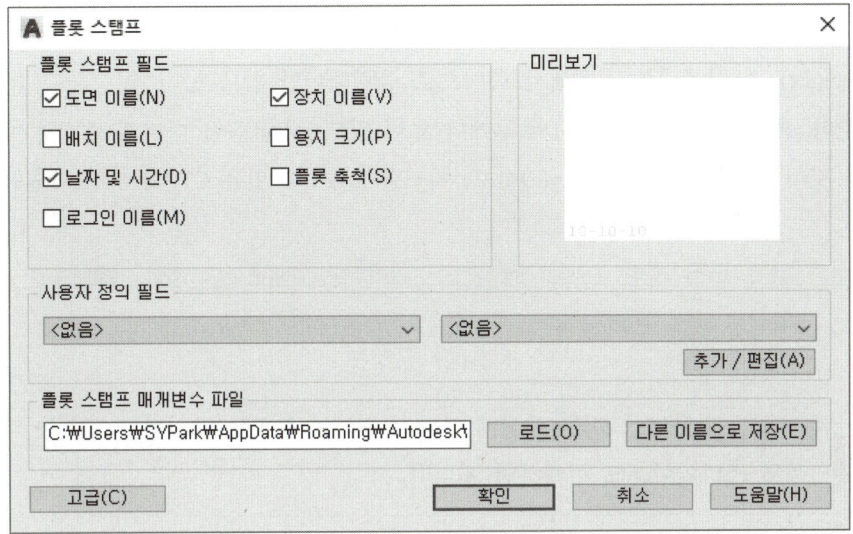

- 변경 사항을 배치에 저장 - 플롯 대화상자에서 변경한 사항을 배치에 저장합니다.

❏ 도면 방향 – 가로 방향 및 세로 방향을 지원하는 플로터에 대해서 용지의 도면 방향을 지정합니다.

❏ 미리 보기 버튼

- PREVIEW 명령을 시작하여 도면을 플롯된 상태로 표시합니다.
  미리보기를 종료하고, 플롯 대화상자로 복귀하려면, Esc 키 또는 [엔터키]를 누르거나, 마우스 오른쪽 버튼을 클릭하고 바로 가기 메뉴에서 [종료]를 클릭합니다.

1.5 플롯 스타일(CTB, STB)

- AutoCAD에서 최종 출력 도면(Production Drawing)은 KS 제도 규격에 따라 지정된 선종류(Linetype)를 적용해서 흑백으로 출력해야만 합니다.
- AutoCAD에서 최종 출력 도면(Production Drawing)은 KS 제도 규격에 따라 선가중치(Lineweight) 즉 선굵기를 적용해서 흑백으로 출력해야만 합니다.
- 또한 칼라 색상으로 출력할 때 선의 두께나 흐린 정도, 색상 등을 다르게 출력하기 위해서 사용하는 것이 플롯 스타일(Plot style)이고, 이러한 플롯스타일은 CTB와 STB 파일을 이용해야 합니다.

  ① CTB : 색상 종속 플롯 스타일 테이블(Color-Dependent Plot Style Tables)
  ② STB : 명명된 플롯 스타일 테이블(Named Plot Style Tables)

- 이것을 달리 쉽게 말하면, CTB는 색상에 따라 출력하는 플롯 스타일이고, STB는 객체에 따라 출력하는 플롯 스타일이라고 이해하면 됩니다.

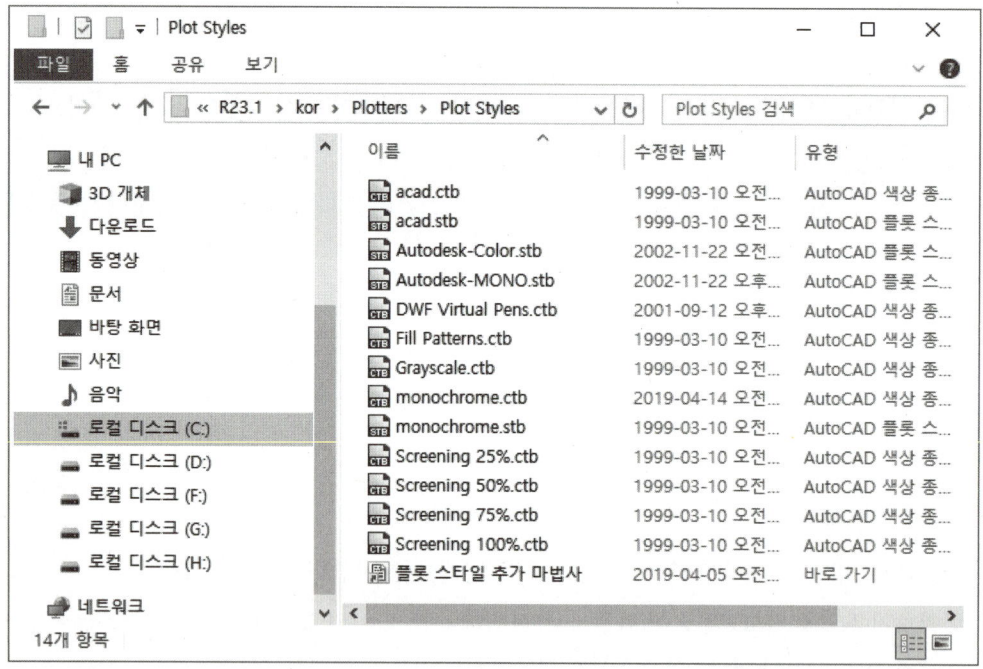

❑ 플롯 스타일 호출 방법

🎀 메뉴:	파일 ➪ 플롯 스타일 관리자
🎀 도구막대:	
🎀 리본:	응용프로그램 메뉴 ➪ 인쇄 ➪ 플롯 스타일 관리
⌨ 명령 입력:	**STYLEMANAGER**

❑ CTB 파일 이용 방법

● CTB 파일은 색상에 따라서 플롯 스타일을 설정합니다.

예를 들면 초록색(외형선)은 선의 기준으로 굵은선, 빨간색(중심선)은 가는선, 하늘색(윤곽선)은 아주 굵은선으로 설정하려면;

1 CTB 설정은 위 그림의 탐색기에서 플롯 스타일 경로에 있는 [acad.ctb] 파일을 더블 클릭하거나, 다음 그림처럼 '플롯' 대화상자의 플롯 스타일 옆에 있는 [편집] 버튼을 누릅니다.

'플롯 스타일 테이블 편집기' 대화상자가 표시됩니다.

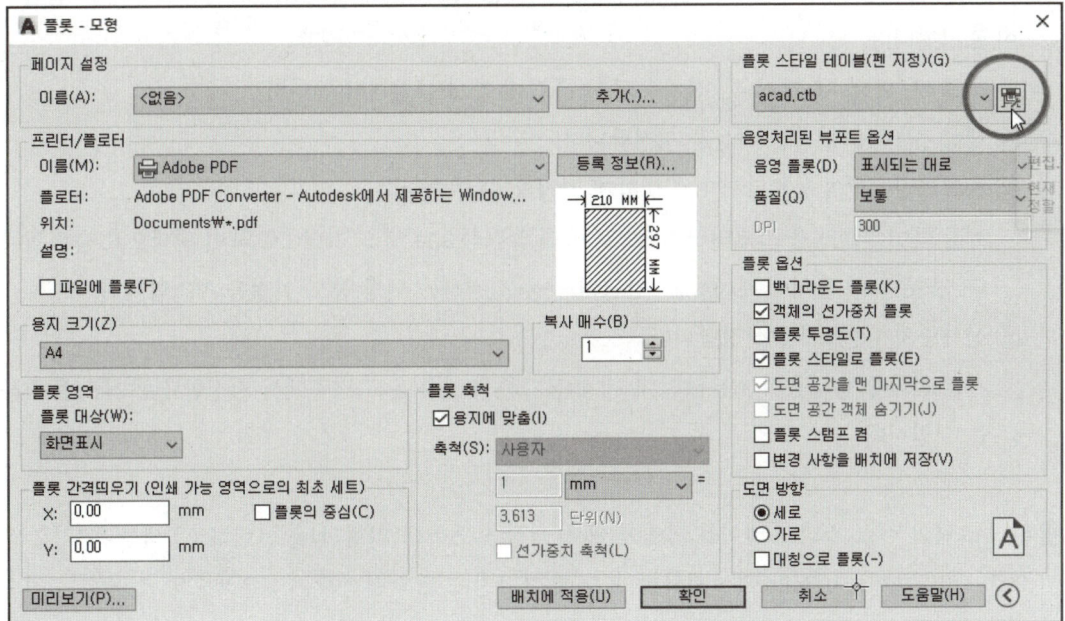

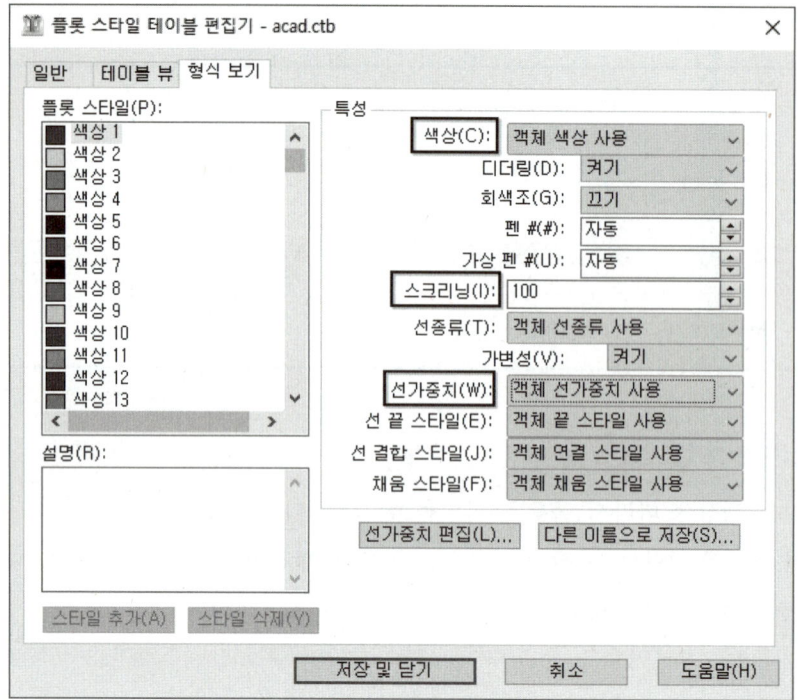

- '플롯 스타일 테이블 편집기' 대화상자의 왼쪽 '플롯 스타일' 영역에는 색상1 ~ 색상 255 까지 255개의 색상이 표시되고, 오른쪽 '특성' 영역에는 각 색상별로 어떻게 출력할지 특성을 조정하는 편집창이 표시됩니다.
- '특성' 중에 '색상', '스크리닝', '선가중치'는 출력에 맞게 설정해야 합니다.
  ① 색상 - 출력을 원하는 색상을 지정합니다.
  ② 스크리닝 - 색의 농도로서 100~0 까지 지정할 수 있습니다.
      예를 들어 '색상1'을 스크리닝 100으로 하면 빨간색으로 스크리닝 1로 하면 흰색으로 출력됩니다. 플롯할 때 용지에 배치하는 잉크의 양을 결정하는 색상 농도 설정을 지정합니다.
  ③ 선가중치 - 선굵기를 설정합니다.
      객체 선가중치 사용이 기본값인데 '객체 선가중치 사용'은 도면층에서 지정한 선굵기로 출력하는 것입니다.

2 위의 그림의 '플롯 스타일 테이블 편집기'에서 '색상 3' 초록색(외형선)을 선택하고, '색상'은 '검은색'으로, '선가중치'는 0.5mm로 설정하면, 도면에 그려진 모든 외형선들은 검은색으로, 선종류는 연속선(ByLayer)으로, 선가중치(굵기)는 0.50mm로 출력이 됩니다.

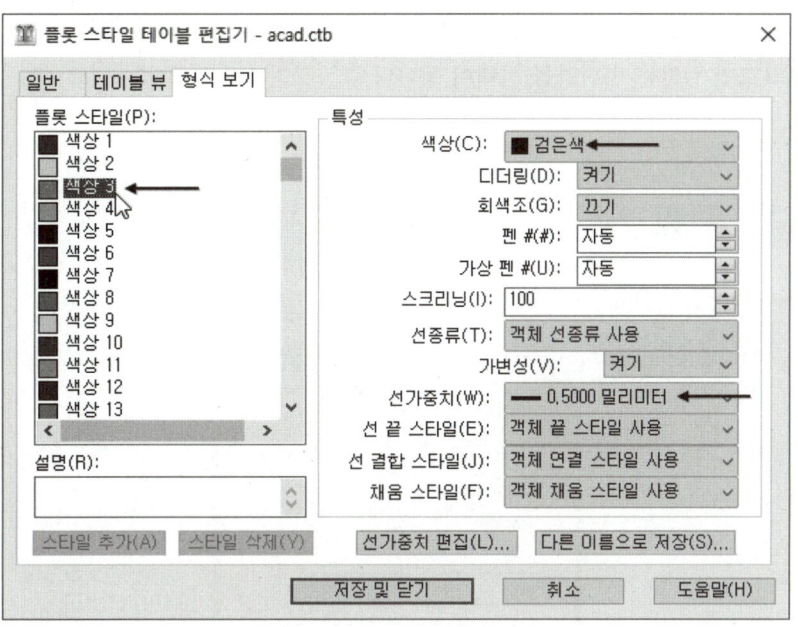

3 다음 그림처럼 '색상 1' 빨간색(중심선)을 선택하고, '색상'을 '검은색'으로 '선가중치'는 0.25mm로 설정하면, 도면에 그려진 모든 중심선들은 검은색으로, 선종류는 일점쇄선(ByLayer)으로, 선가중치(굵기)는 0.25mm로 출력이 됩니다.

4 도면층에 설정한 나머지 색상들에 대해서도 제도 규정에 따라 동일한 방법으로 색상과 선가중치를 설정합니다.

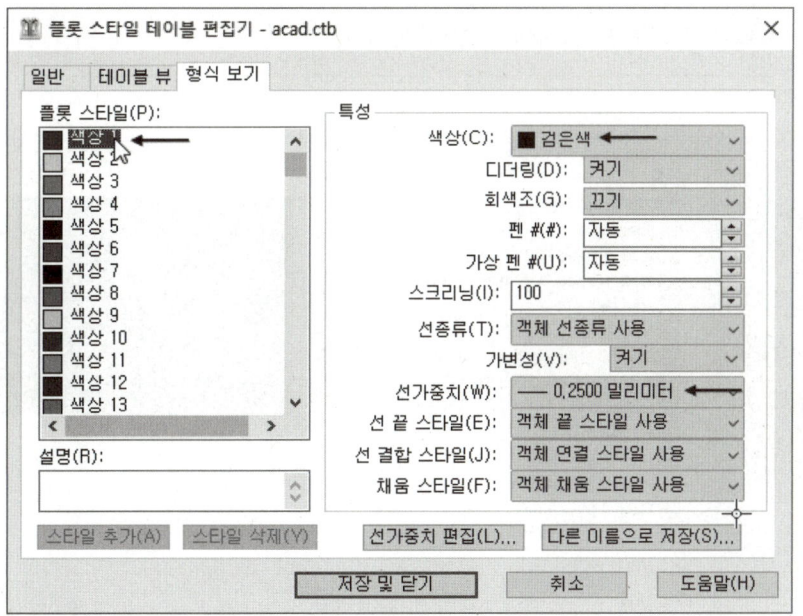

- 왼쪽 플롯 스타일 영역에서 색상들을 선택할 때, 탐색기에서 파일 선택하는 것과 동일하게 [Ctrl] 버

튼을 누른 채 선택하면 원하는 여러 개 색상들만 선택할 수 있고, 하나 선택하고 [Shift] 누른 채 다른 색상 고르면 원하는 범위만큼 선택이 됩니다.

TIP〉 STB 파일

STB 파일을 이용하려면,
다음 그림의 템플릿 파일을 이용해서 도면 파일을 새롭게 열어야 합니다.

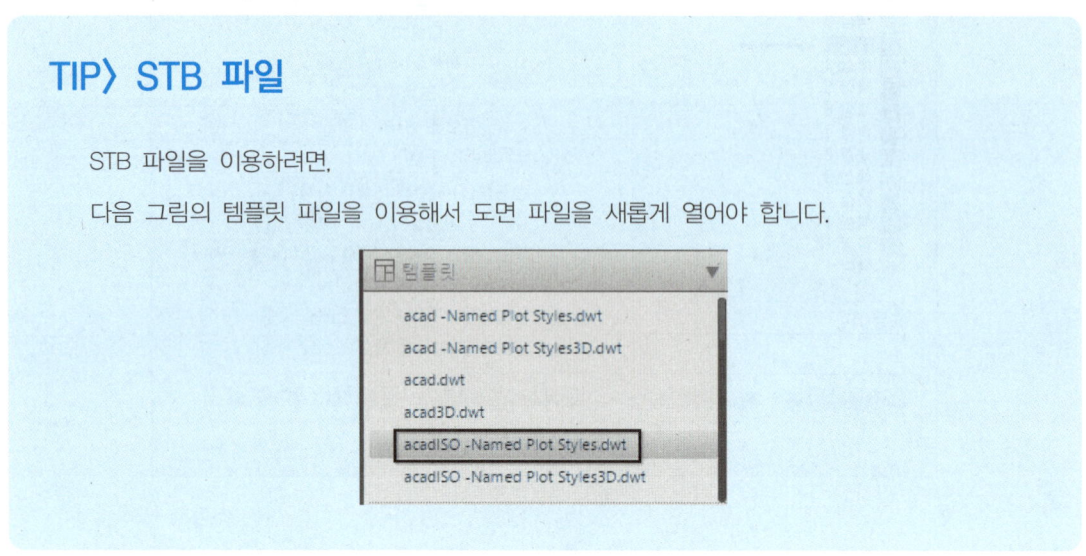

❏ STB 파일 이용 방법

- STB는 도면층과 객체에 따라 플롯 스타일을 설정합니다. 예를 들면 '외형선' 도면층은 어떤 스타일, '중심선' 도면층은 어떤 스타일, 도면의 객체는 어떤 스타일 등으로 설정할 수 있는데;
- STB 파일을 이용하려면, 새로운 도면을 시작할 때 다음 그림처럼 STB로 설정된(이름에 Named 가 들어간) 템플릿 파일을 선택해서 열면 됩니다.

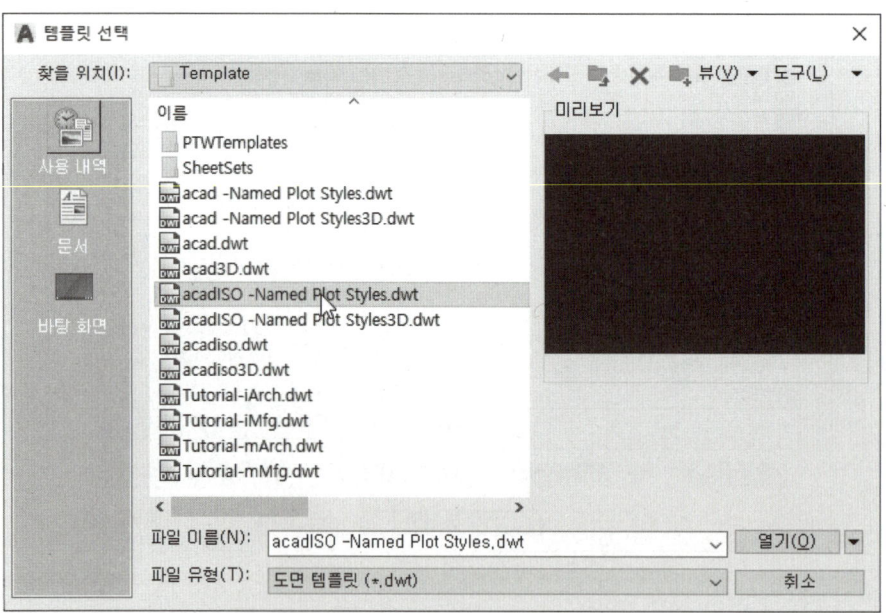

1 STB 설정은 위 그림의 탐색기에서 플롯 스타일 경로에 있는 STB 파일을 더블 클릭하거나, '플롯' 대화상자의 플롯 스타일에서 [STB] 파일을 선택해서 설정하고, 우측에 있는 [편집] 버튼을 누릅니다.

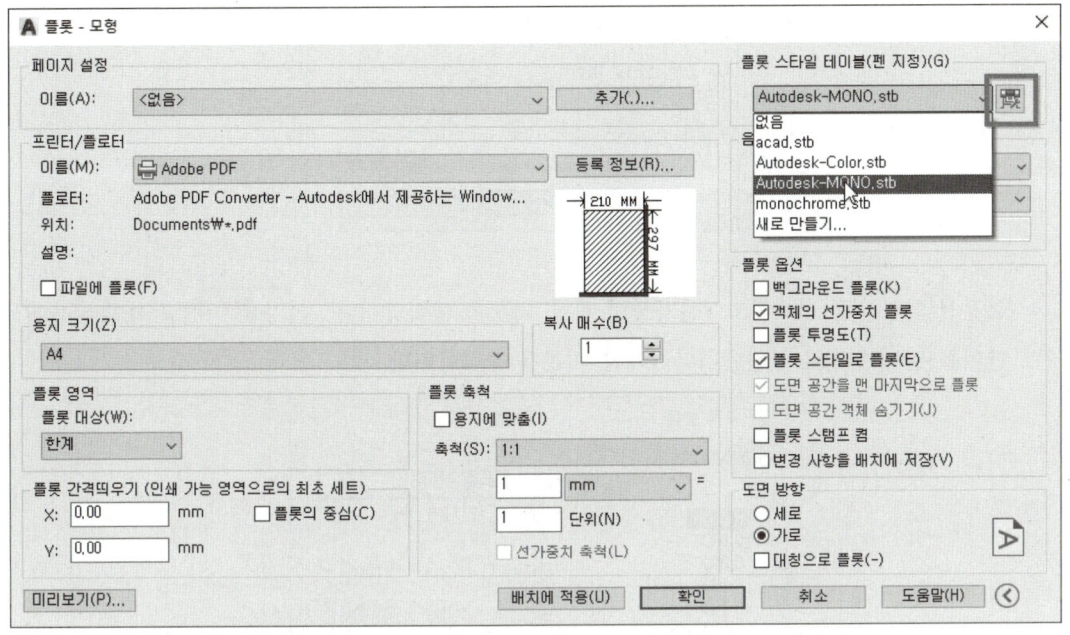

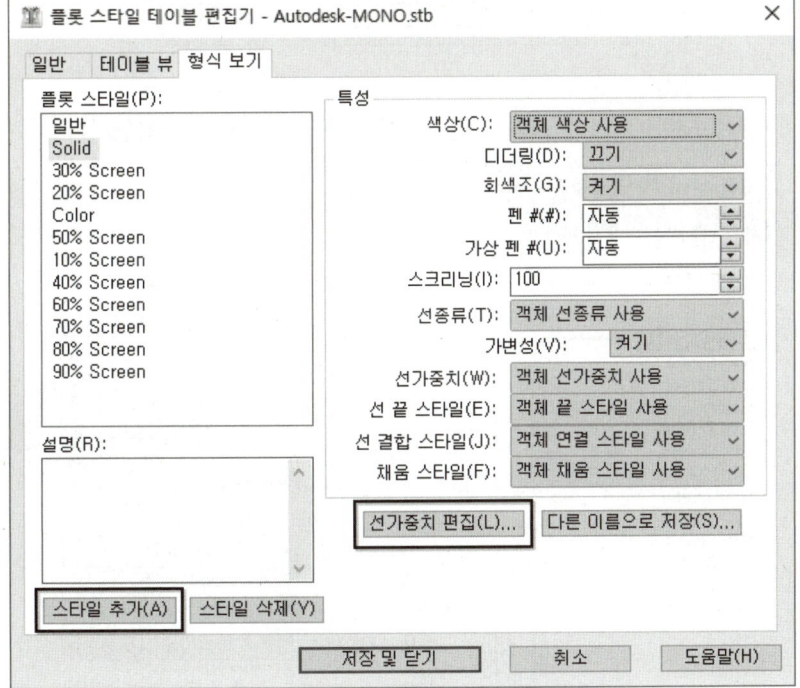

- 위의 그림처럼 '플롯 스타일 테이블 편집기' 대화상자가 열리면, 왼쪽에는 '플롯 스타일' 영역이 있고, 오른쪽 '특성' 영역에서 왼쪽 각 '플롯 스타일'에 대한 '특성'을 조정할 수 있습니다.
- 위의 'CTB' 파일 이용 설명처럼 'STB' 파일 역시 '색상', '스크리닝', '선가중치'만 설정하면 됩니다.

2 다음 그림에서 새로운 '플롯 스타일'을 추가하려면 [스타일 추가] 버튼을 클릭합니다.

- 다음 그림의 대화상자에서 '굵은선-외형선' 이라고 이름을 입력하고, [확인] 버튼을 클릭합니다.

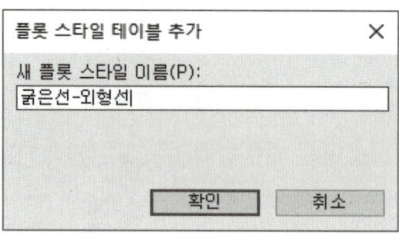

- '굵은선-외형선'을 선택하고, [선가중치 편집] 버튼을 클릭합니다. '선가중치 편집' 대화상자에서 단위를 [밀리미터]로 설정합니다. [확인] 버튼을 클릭합니다.

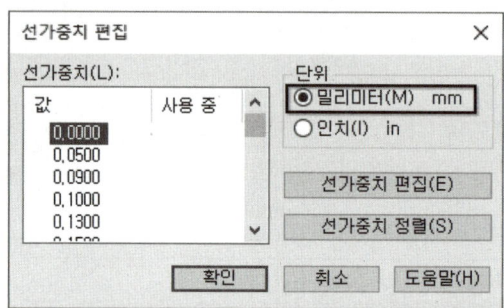

- 다음 그림처럼 '굵은선-외형선' 스타일의 '선 가중치'를 '0.5mm'로 지정합니다.

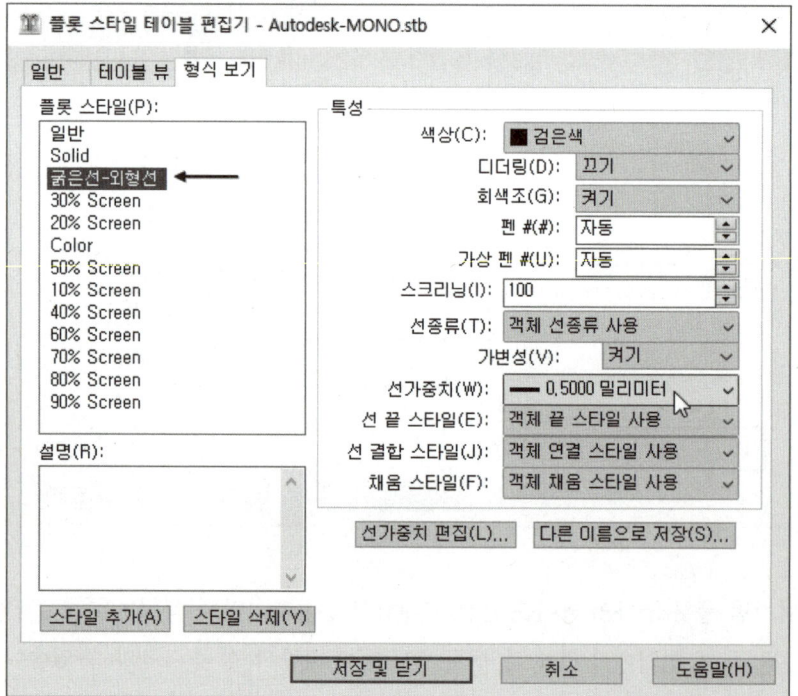

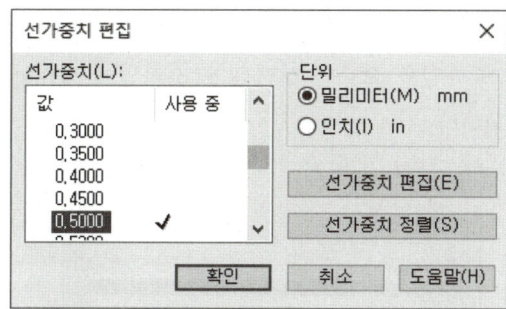

- 위의 그림의 '플롯 스타일' 영역에서 맨 위에 '일반' 항목은 수정/삭제할 수 없습니다.

❑ 도면층에서 설정하는 경우

- 도면이 STB로 설정된 경우 다음 그림처럼 플롯 스타일이 STB 스타일로 표시됩니다.

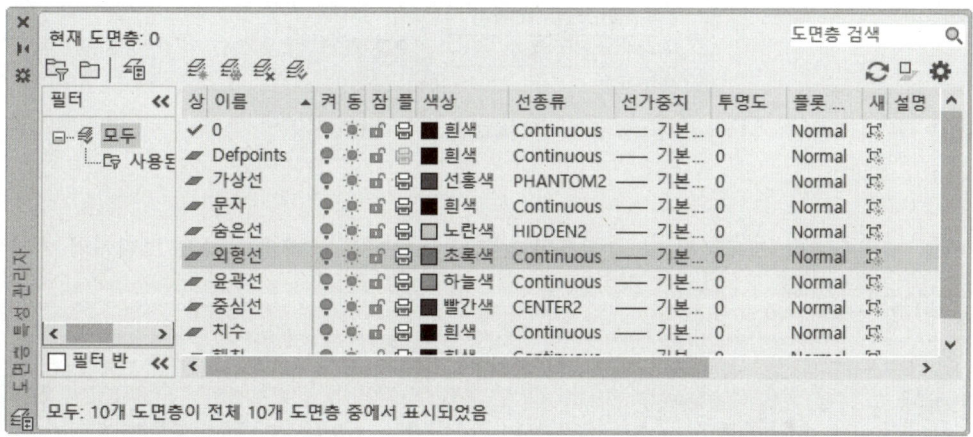

- [Normal] 이라고 된 부분을 선택하면, 다음 그림처럼 STB 플롯 스타일을 선택할 수 있는 '플롯 스타일 선택' 대화상자가 표시됩니다.

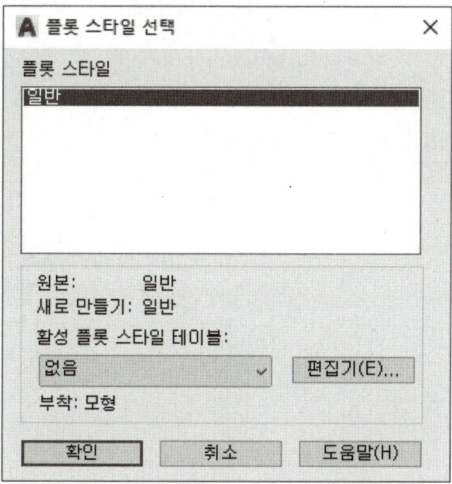

- '플롯 스타일 선택' 대화상자에서 '활성 플롯 스타일 테이블'에서 드롭다운 리스트를 클릭하고, 현재 존재하는 STB 파일을 고르면 선택된 STB 파일에 정의된 스타일 목록이 위의 '플롯 스타일' 영역에 표시됩니다.

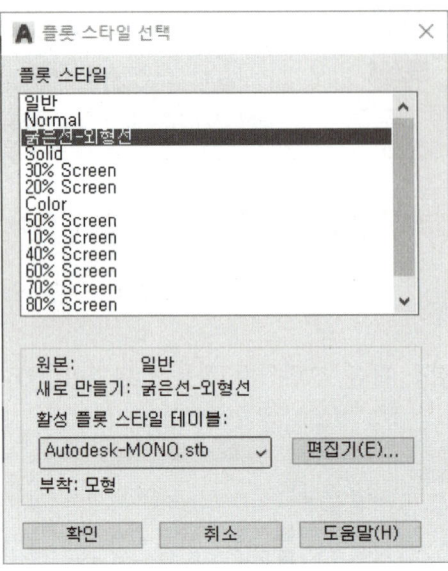

- 이제 '도면층' 대화상자에서 각 도면층별로 플롯 스타일을 선택해서 다음 그림처럼 지정할 수 있습니다.

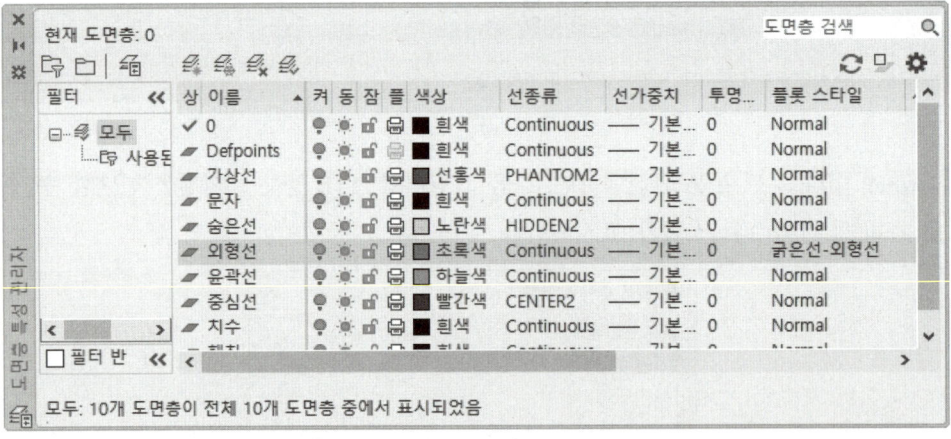

❏ 객체에서 설정하는 경우

- 도면 영역에서 객체를 선택한 후 특성 팔레트를 열면 다음 그림처럼 '플롯 스타일' 항목에서 스타일을 선택해서 지정하면 됩니다.
- 도면층에서 지정하는 것보다 객체에서 설정하는 것이 우선 순위가 높기 때문에 나중에 어떤 객체에 어떤 플롯 스타일을 사용했는지 한 번에 파악하기가 좀 어렵습니다.

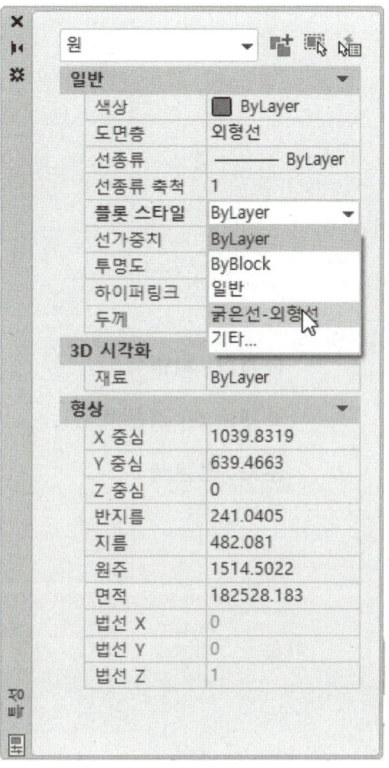

- STB 파일은 각 도면층별로 플롯 스타일을 설정할 수 있고, 또한 객체별로 플롯 스타일을 설정할 수 있는 것이 장점이지만 설정이 매우 복잡해서 이용하는 작업자들이 거의 없습니다.

따라하기〉 실척 출력하기

1 'A4-Formpart' 파일을 작도합니다.

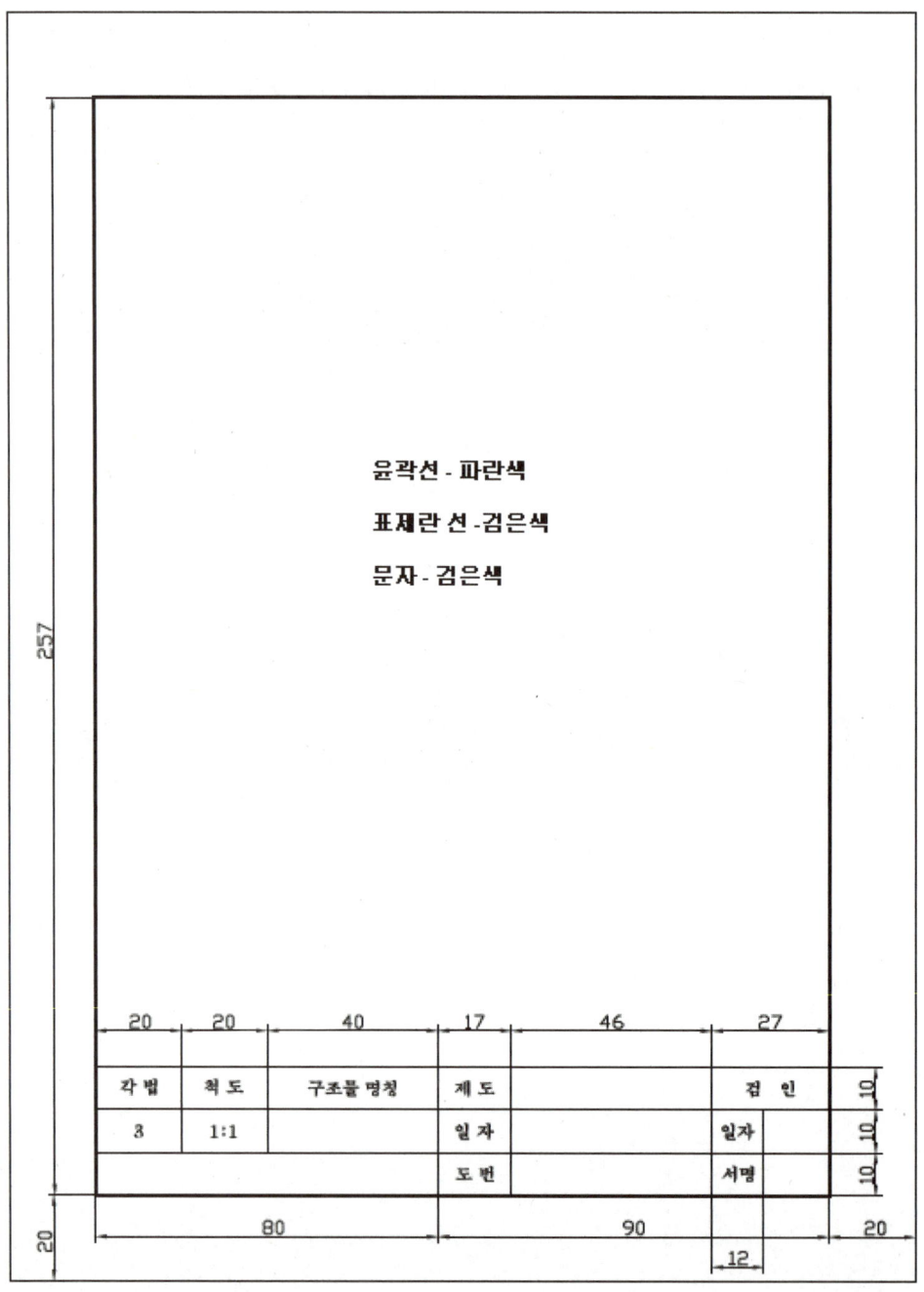

2 [응용프로그램 메뉴] ⇨ [인쇄] ⇨ [플롯(Plot)] 명령을 호출합니다.
'플롯 - 모형' 대화상자가 표시됩니다.

3 '플롯' 대화상자의 '프린터/플로터 이름'을 다음처럼 선택합니다.

4 '용지크기'를 다음처럼 설정합니다.

5 '플롯 대상'을 [윈도우]로 설정하고, 대각선 두 점 0,0과 210,297 지점을 클릭합니다.

6 '플롯 간격띄우기'를 0.0으로 설정합니다.

7 플롯 축척을 다음처럼 설정합니다.

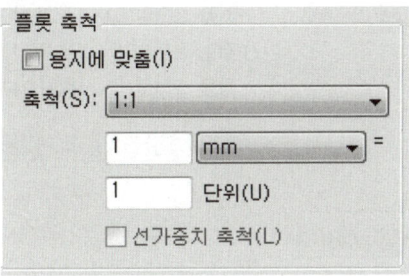

8 오른쪽 하단 ⊙ 버튼을 클릭하고, 도면 방향을 다음처럼 설정합니다.

 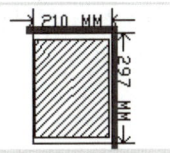

9 플롯 스타일 테이블을 'ACAD. CTB'로 설정합니다.
'질문' 대화상자에서 [예] 버튼을 클릭합니다.

10 오른쪽의 [편집] 버튼을 클릭하면 '플롯 스타일 테이블 편집기 - ACAD. CTB' 대화 상자가 표시됩니다.

- [형식 보기]를 클릭합니다.
- 선 가중치를 다음과 같이 설정합니다.

'플롯 스타일' 영역에서 [색상 1]을 클릭하고, '특성' 영역에서 '색상'은 [검은색]으로, '선가중치'는 [0.13mm]로 설정합니다.

'플롯 스타일' 영역에서 [색상 5]를 클릭하고, '특성' 영역에서 '색상'은 [검은색]으로, '선가중치'는 [0.50mm]로 설정합니다.

'플롯 스타일' 영역에서 [색상 7]을 클릭하고, '특성' 영역에서 '색상'은 [검은색]으로, '선가중치'는 [0.25mm]로 설정합니다.

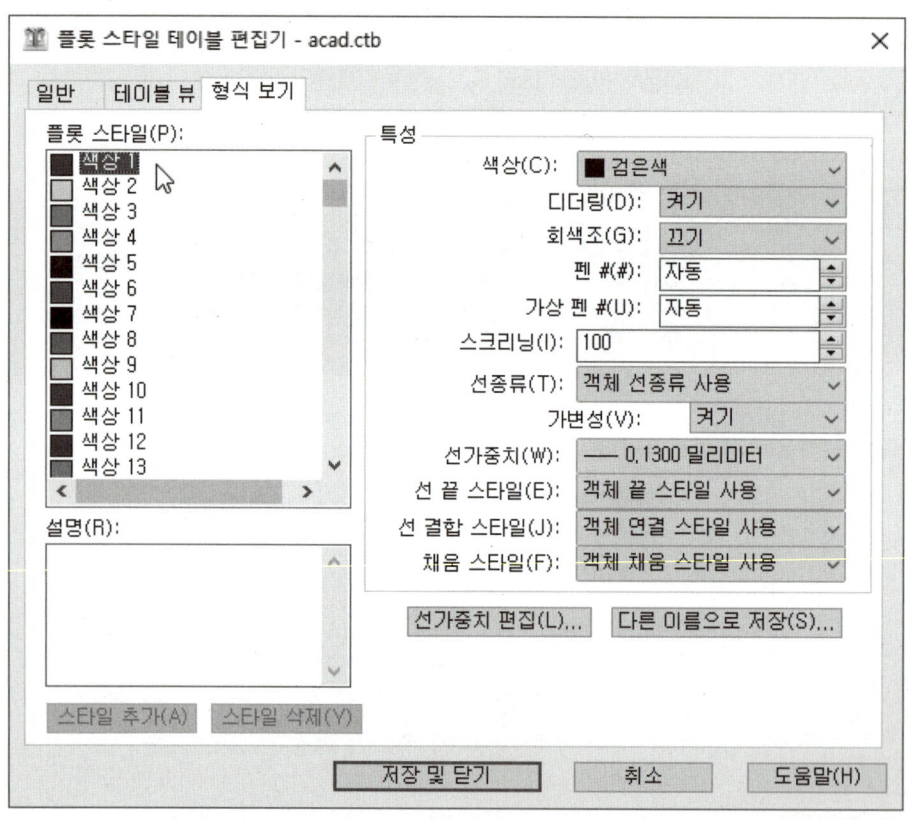

- [저장 및 닫기] 버튼을 클릭합니다.

11 [미리보기] 버튼을 클릭하고, 출력 이미지를 확인합니다.

12 [확인] 버튼을 클릭해서 도면을 출력합니다.

02 도면 작성 과정(요약)

2.1 대상체 선정

- 대상체가 선정되면, 가능한 정밀한 측정기를 이용해서 대상체의 가로(H), 세로(V), 높이(H) 길이를 측정합니다.

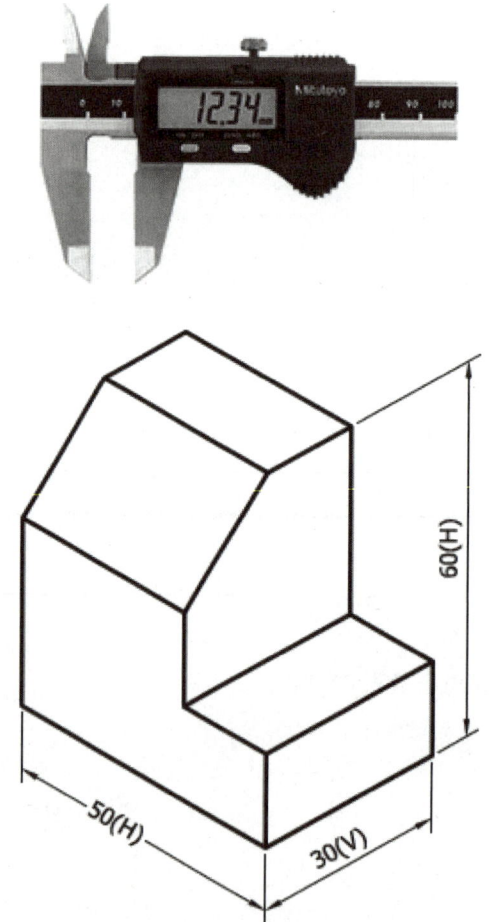

2.2 도면 시트 설정과 축척 계산

- 대상체에서 측정된 세 가지 길이(가로, 세로, 높이)를 다음 그림처럼 적용해서 용지 크기와 축척을 결정합니다.

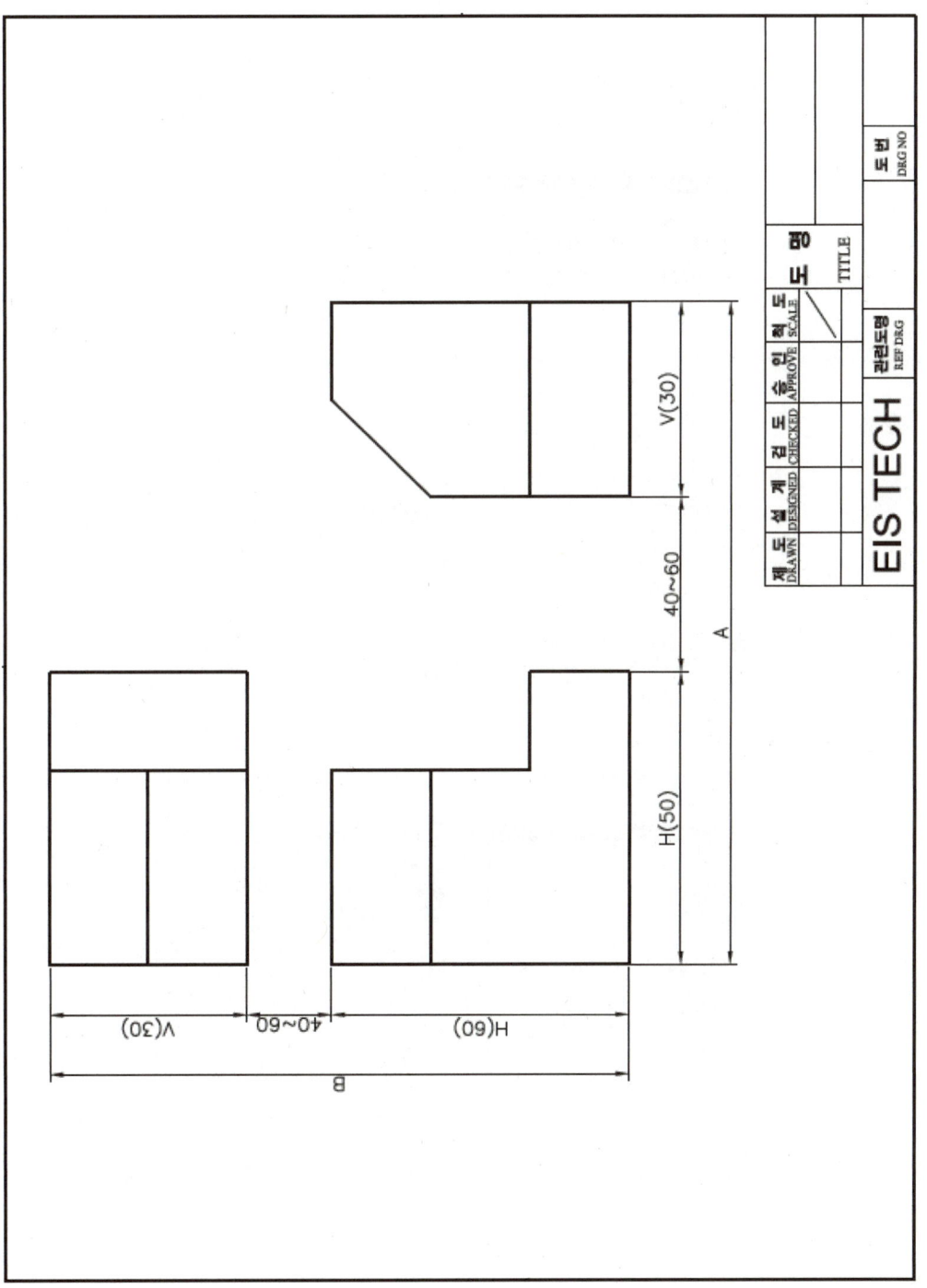

2.3 단위 및 정밀도(UNITS) 설정

• [UNITS(단위)] 명령을 이용해서 작도 시 필요한 단위(mm)와 정밀도를 설정합니다.

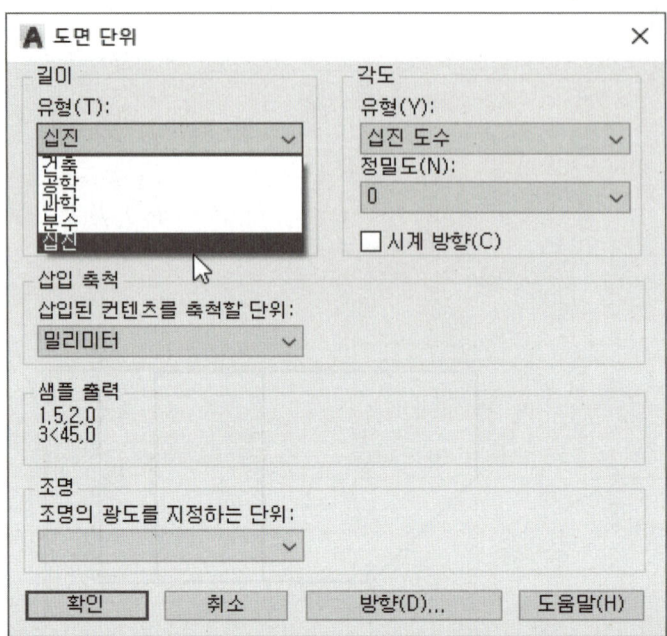

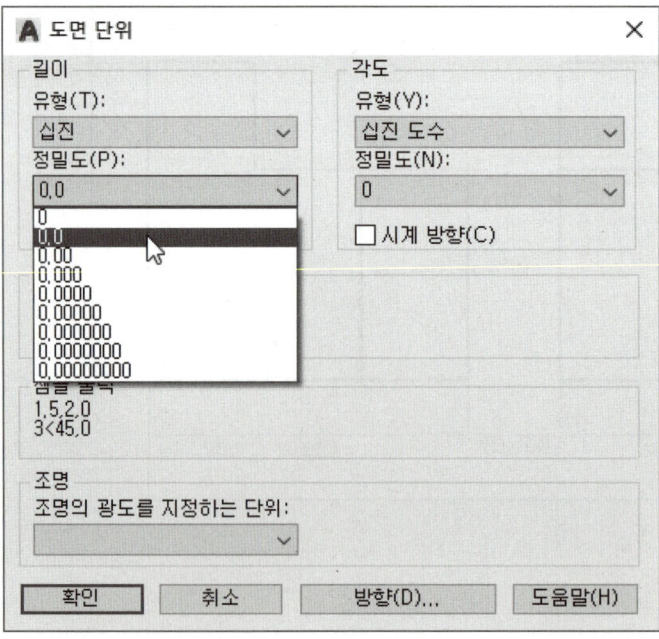

2.4 도면 한계(LIMITS) 설정 및 윤곽선과 중심마크 작도

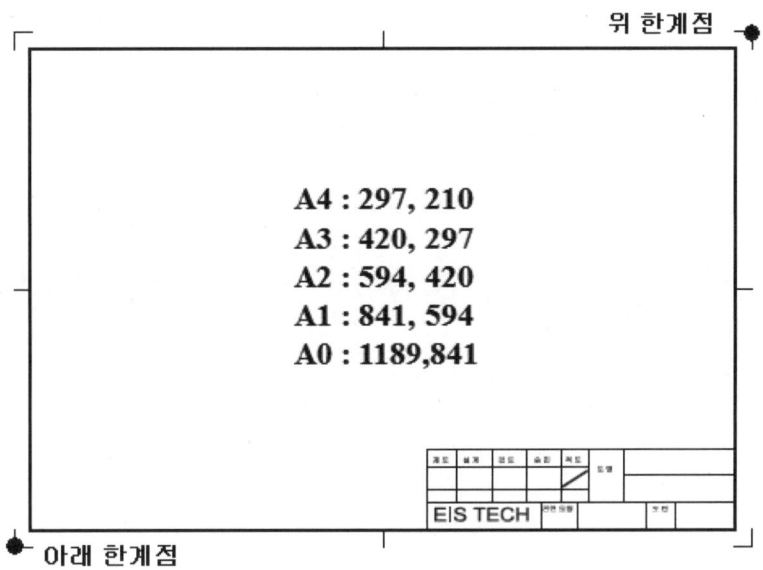

위 한계점

A4 : 297, 210
A3 : 420, 297
A2 : 594, 420
A1 : 841, 594
A0 : 1189,841

EIS TECH

아래 한계점

2.5 선종류 축척(LTSCALE) 설정

(2:1 = 0.5, 1:1 = 1.0, 1:2 = 2.0)

2.6 도면층(LAYER) 만들기

❑ CAD 도면에서의 도면층 설정

도면층	선종류	색상	선가중치	선 이름
윤곽선(OL)	Continuous	Blue	0.8mm	윤곽선
외형선(VL)	Continuous	Green	0.5mm	외형선
숨은선(HL)	HIDDEN2	Yellow	0.35mm	숨은선
중심선(CL)	CENTER2	Red	0.18mm	중심선
가상선(IL)	PHANTOM2	Pink	0.18mm	가상선
치수선(FL)	Continuous	White	0.18mm	가는 실선(치수, 해칭)
표면선(SL)	CENTER	Green	0.5mm	표면처리 표시선
절단선(DL)	CENTER	White	0.18mm	절단선
다듬질선(RS)	Continuous	Cyan	0.26mm	다듬질 기호

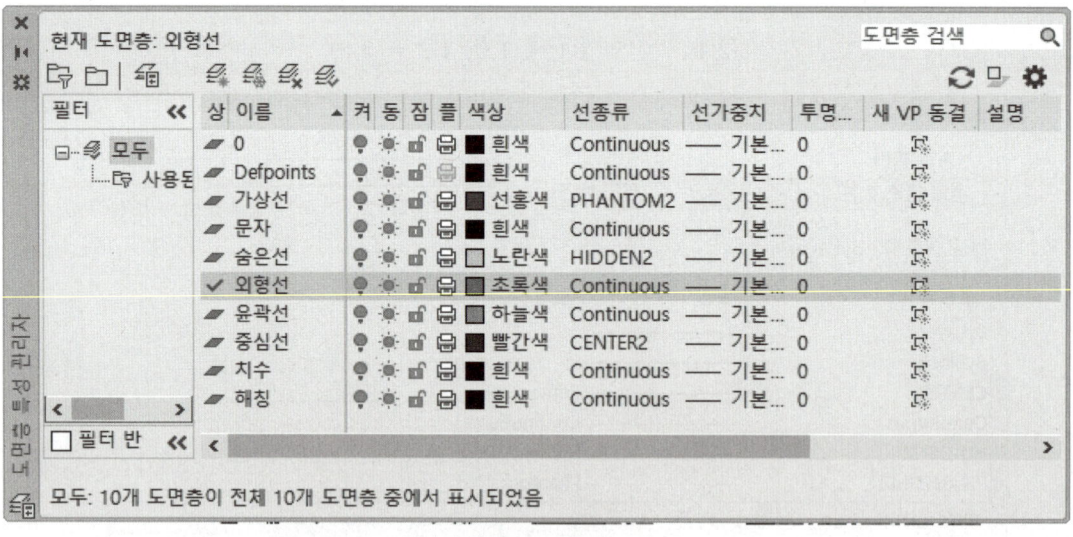

〈도면층 설정 예〉

2.7 삼각 투상법에 의한 도면 뷰 작도

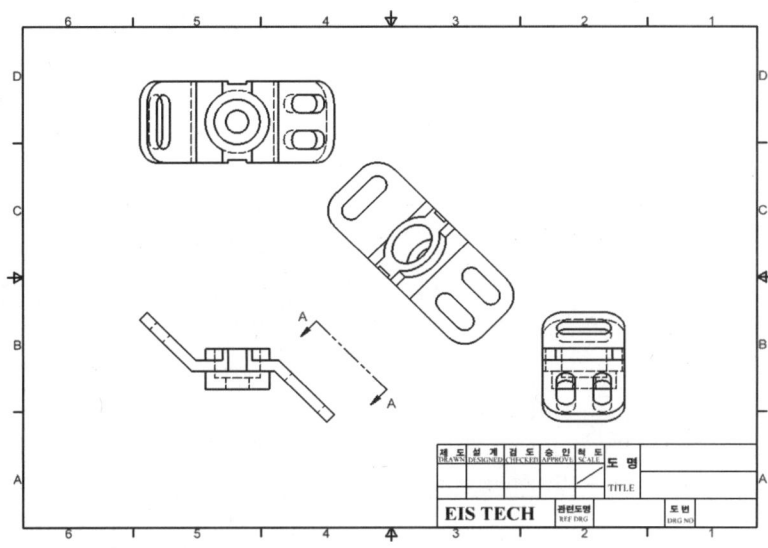

2.8 해치(HATCH) 작업

- 해치 도면층 작성, 축척 적용(2:1 = 0.5, 1:1 = 1.0, 1:2 = 2.0)

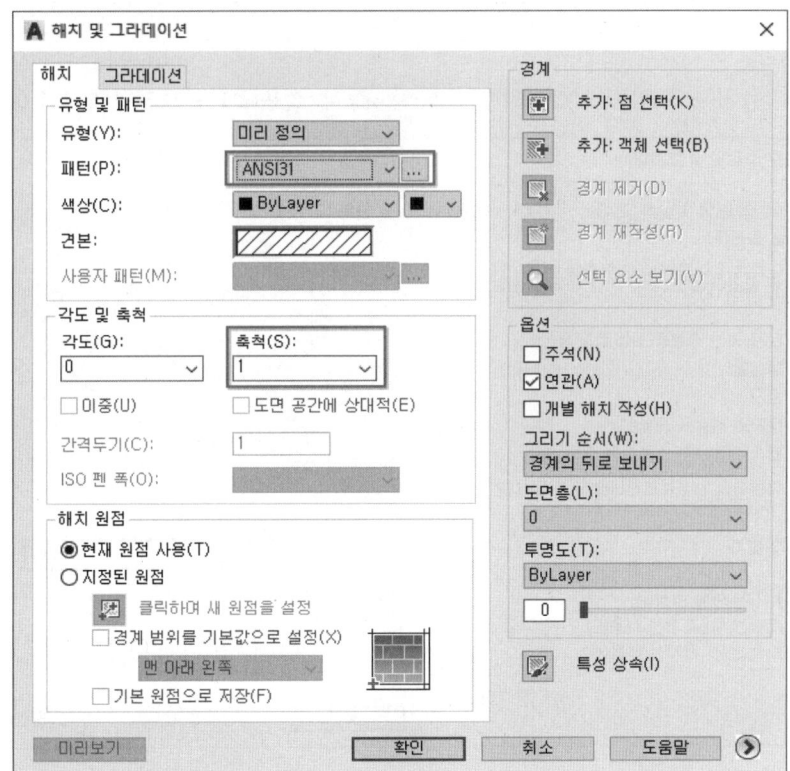

2.9 주서(TEXT) 작업

- 문자 도면층 작성, 문자 스타일, 축척 적용

2.10 치수(DIM) 작업

- 치수 도면층 작성, 치수 스타일, 축척 적용(2:1 = 0.5, 1:1 = 1.0, 1:2 = 2.0)

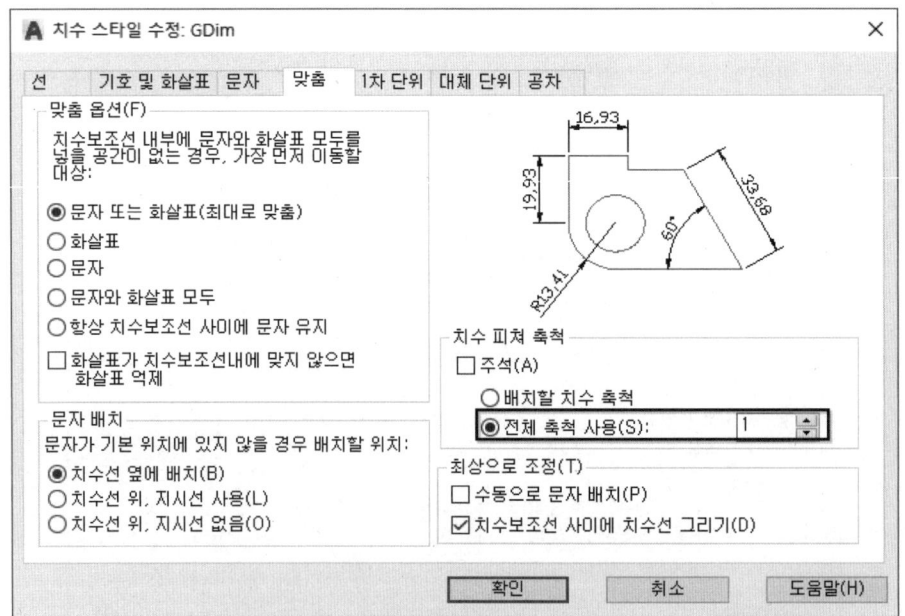

따라하기〉 도면 용지 및 도면 설정

크기는 A3이고 축척이 1:10인 철하지 않는 도면으로 윤곽선과 중심 마크를 작도합니다.

❶ 대상체의 실제크기(1:1)로 작도할 수 있도록 도면 용지를 설정합니다.

❷ 윤곽선 크기(1:10)

  Width = 420mm x 10 - (2 x 10mm x 10) = 4,000mm

  Height = 297mm x 10 - (2 x 10mm x 10) = 2,770mm

❸ 도면 한계(limits) - (0,0), (4200,2970)

❹ 도면층(Layer) 설정

❺ 선종류 축척(LTSCALE) = 10

❻ 문자 높이(TEXTSIZE) = 3mm x10 = 30mm(출력 도면에서 문자 높이가 3mm)

❼ 해치 패턴 축척(HPSCALE) = 10

❽ 치수 스타일 축척 (DIMSCALE) = 10

1 새 도면 파일을 열고, 축척을 적용한 도면 시트 용지를 위한 도면 한계(영역)를 A3로 설정합니다.

```
명령: ' limits
모형 공간 한계 재설정:
왼쪽 아래 구석 지정 또는 [켜기(ON)/끄기(OFF)] <0,0>: <CR>
오른쪽 위 구석 지정 <420,297>: 4200,2970 <CR>
명령: ZOOM
윈도우 구석 지정, 축척 비율(nX 또는 nXP) 입력 또는
[전체(A)/중심(C)/동적(D)/범위(E)/이전(P)/축척(S)/윈도우(W)/객체(O)] <실시간>: a<CR>
모형 재생성 중.
```

2 도면 용지 윤곽선(경계)을 작도 합니다.

```
명령: _rectang
첫 번째 구석점 지정 또는 [모따기(C)/고도(E)/모깎기(F)/두께(T)/폭(W)]: 100,100 <CR>
다른 구석점 지정 또는 [영역(A)/치수(D)/회전(R)]: 4100,2870 <CR>
```

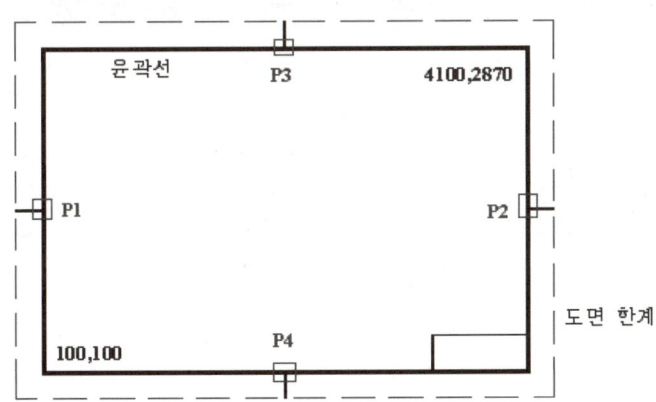

3 도면 윤곽선의 좌우상하 중심점에 4개의 중심 마크를 작도합니다.

```
명령: _line
첫 번째 점 지정: P1
다음 점 지정 또는 [명령 취소(U)]: @-100,0 <CR>
다음 점 지정 또는 [명령 취소(U)]: <CR>
명령: LINE
첫 번째 점 지정: P2
다음 점 지정 또는 [명령 취소(U)]: @100,0 <CR>
다음 점 지정 또는 [명령 취소(U)]: <CR>
명령: LINE
첫 번째 점 지정: P3
다음 점 지정 또는 [명령 취소(U)]: @0,100 <CR>
다음 점 지정 또는 [명령 취소(U)]: <CR>
명령: LINE
첫 번째 점 지정: P4
다음 점 지정 또는 [명령 취소(U)]: @0,-100 <CR>
다음 점 지정 또는 [명령 취소(U)]: <CR>
```

4 단위(Units) 설정 위해서 풀다운 메뉴에서 [형식] ⇨ [단위]를 클릭합니다.

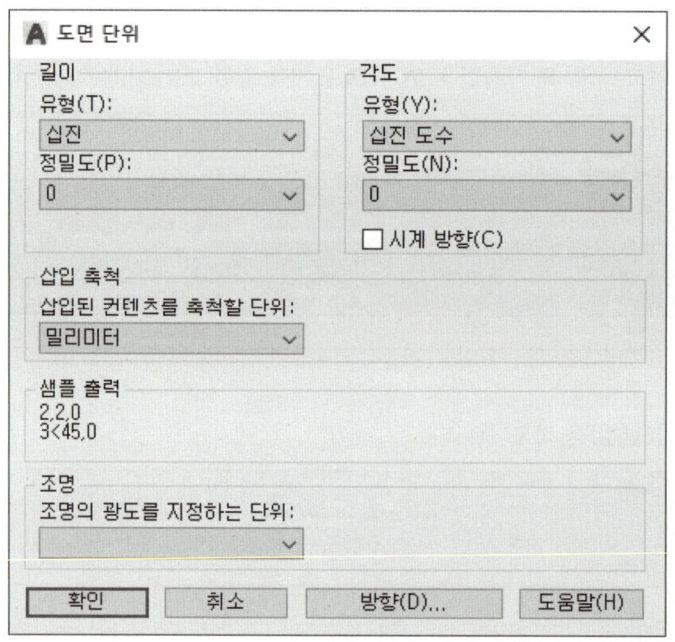

5 선종류 축척 설정합니다.

```
명령: LTSCALE
새 선종류 축척 비율 입력 <1.0000>: 10 <CR>
모형 재생성 중.
```

- 또 다른 방법으로 풀다운 메뉴에서 [형식] ⇨ [선종류]를 클릭하고 [자세히] 버튼을 클릭하고 '전역 축척 비율'을 [10.0]으로 설정합니다.

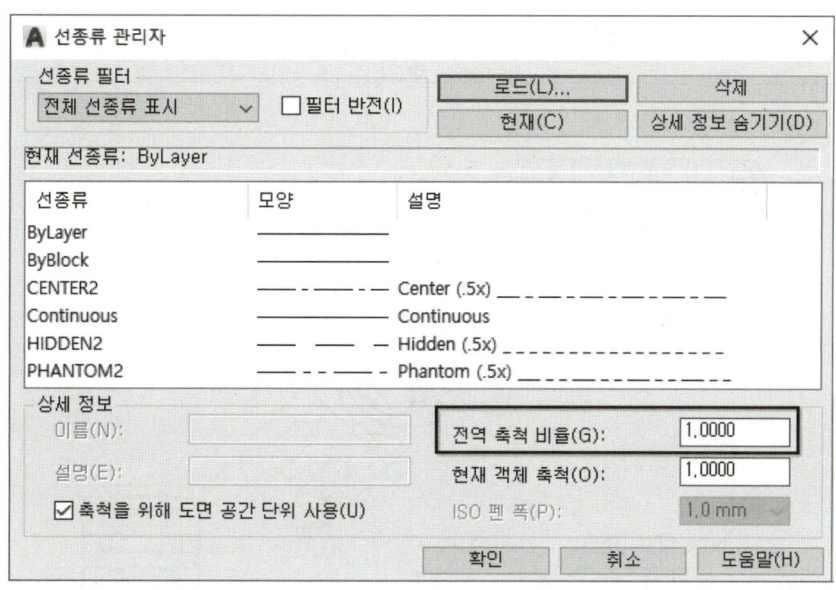

6 도면층(LAYER) 만들기

도면층	선종류	색상	선가중치	선 이름
윤곽선(OL)	Continuous	Blue	0.8mm	윤곽선
외형선(VL)	Continuous	Green	0.5mm	외형선
숨은선(HL)	HIDDEN2	Yellow	0.35mm	숨은선
중심선(CL)	CENTER2	Red	0.18mm	중심선
가상선(IL)	PHANTOM2	Pink	0.18mm	가상선
치수선(FL)	Continuous	White	0.18mm	가는 실선(치수, 해칭)
표면선(SL)	CENTER	Green	0.5mm	표면처리 표시선
절단선(DL)	CENTER	White	0.18mm	절단선
다듬질선(RS)	Continuous	Cyan	0.26mm	다듬질 기호

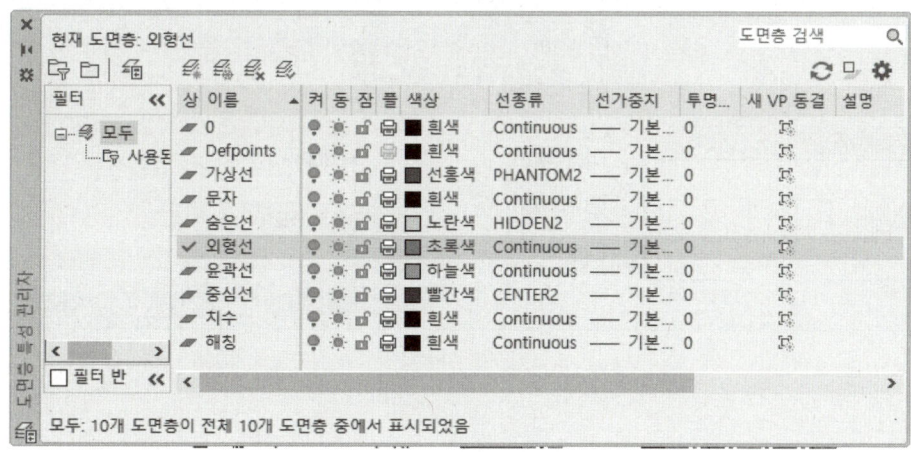

7 삼각 투상법에 의한 도면 뷰 작도합니다.

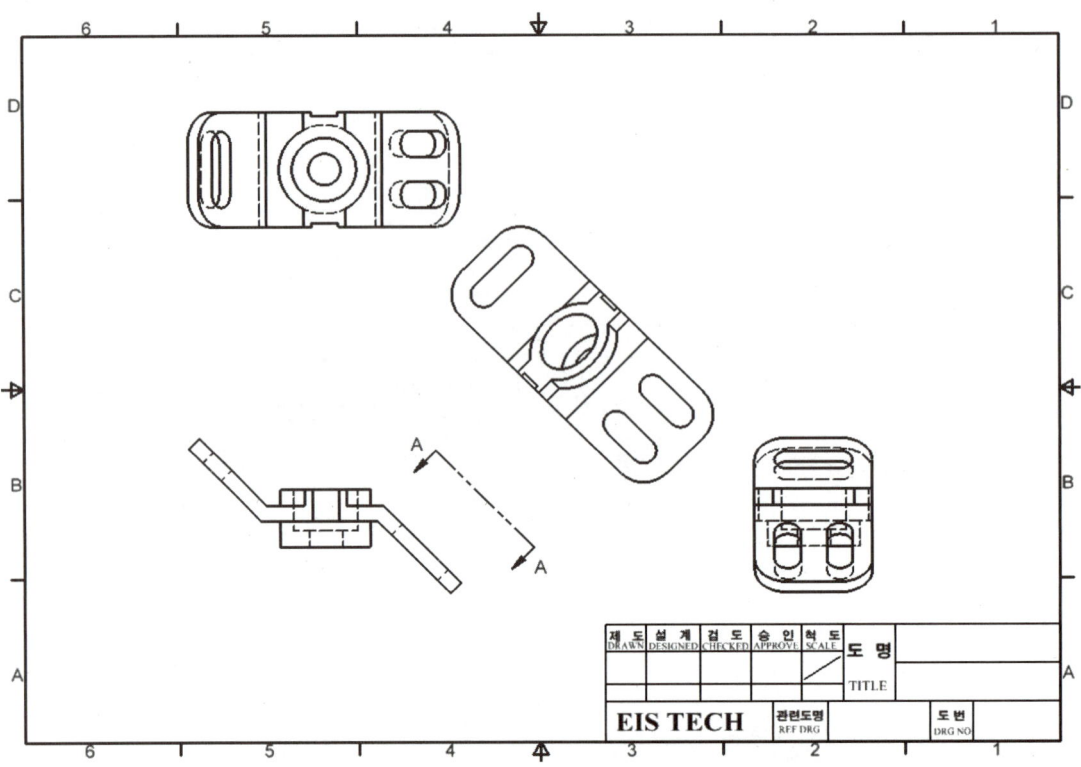

8 문자, 해치, 치수 객체의 축척(1:10)을 설정해서 작도합니다.

- 문자 높이(TEXTSIZE) = 3mm x10 = 30mm(출력 문자 높이 = 3mm)

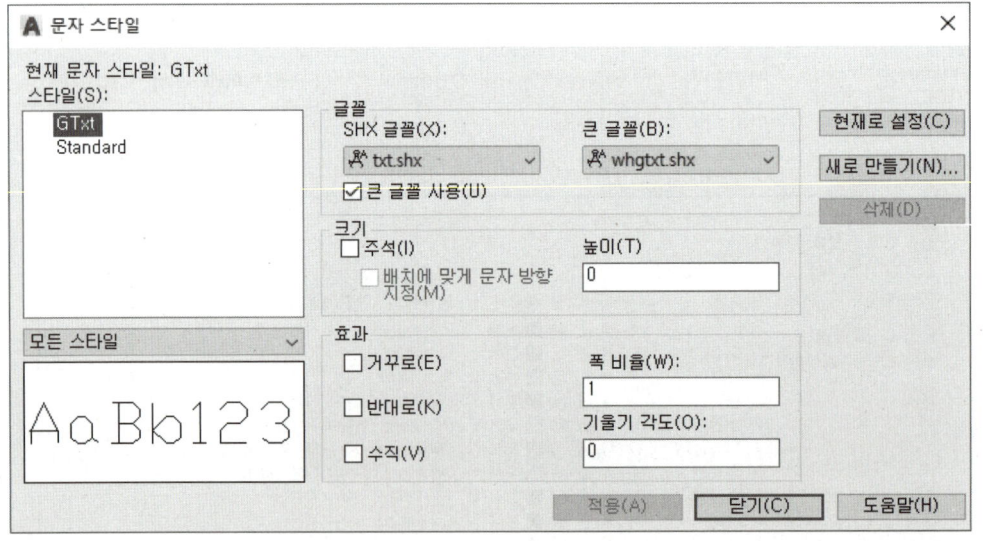

- 치수 축척 (DIMSCALE) = 10

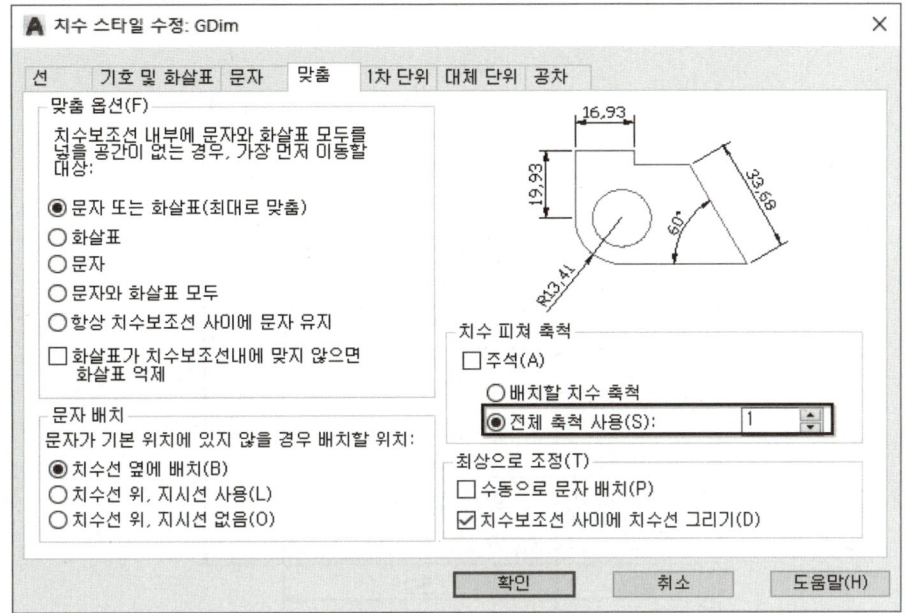

- 해치 패턴 축척(HPSCALE) = 10

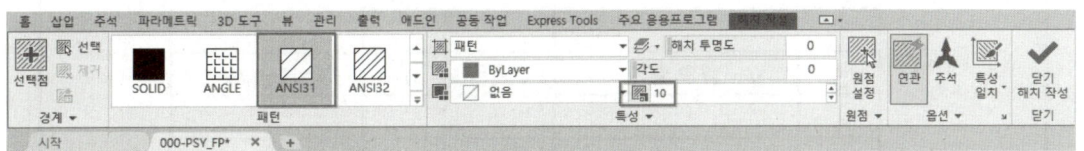

9 [LINE(선)] 명령을 이용해서 표제란 및 자재 리스트를 작도합니다.

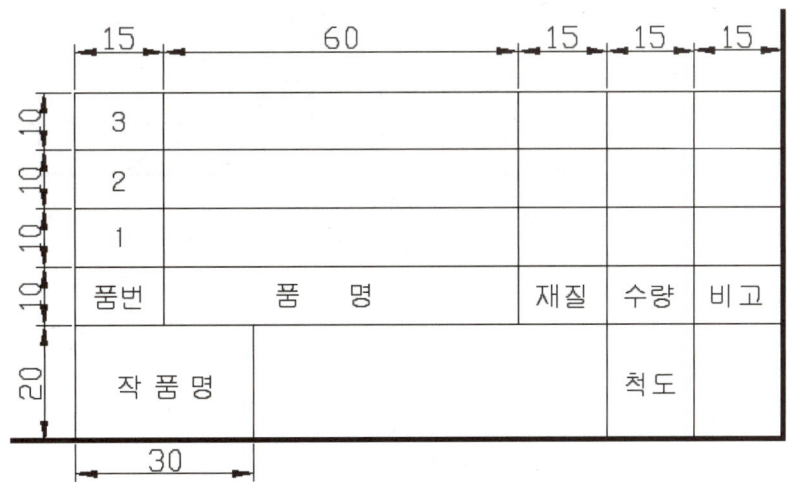

실습과제 59〉 다음 그림처럼 요목표와 표제란을 작성하세요.

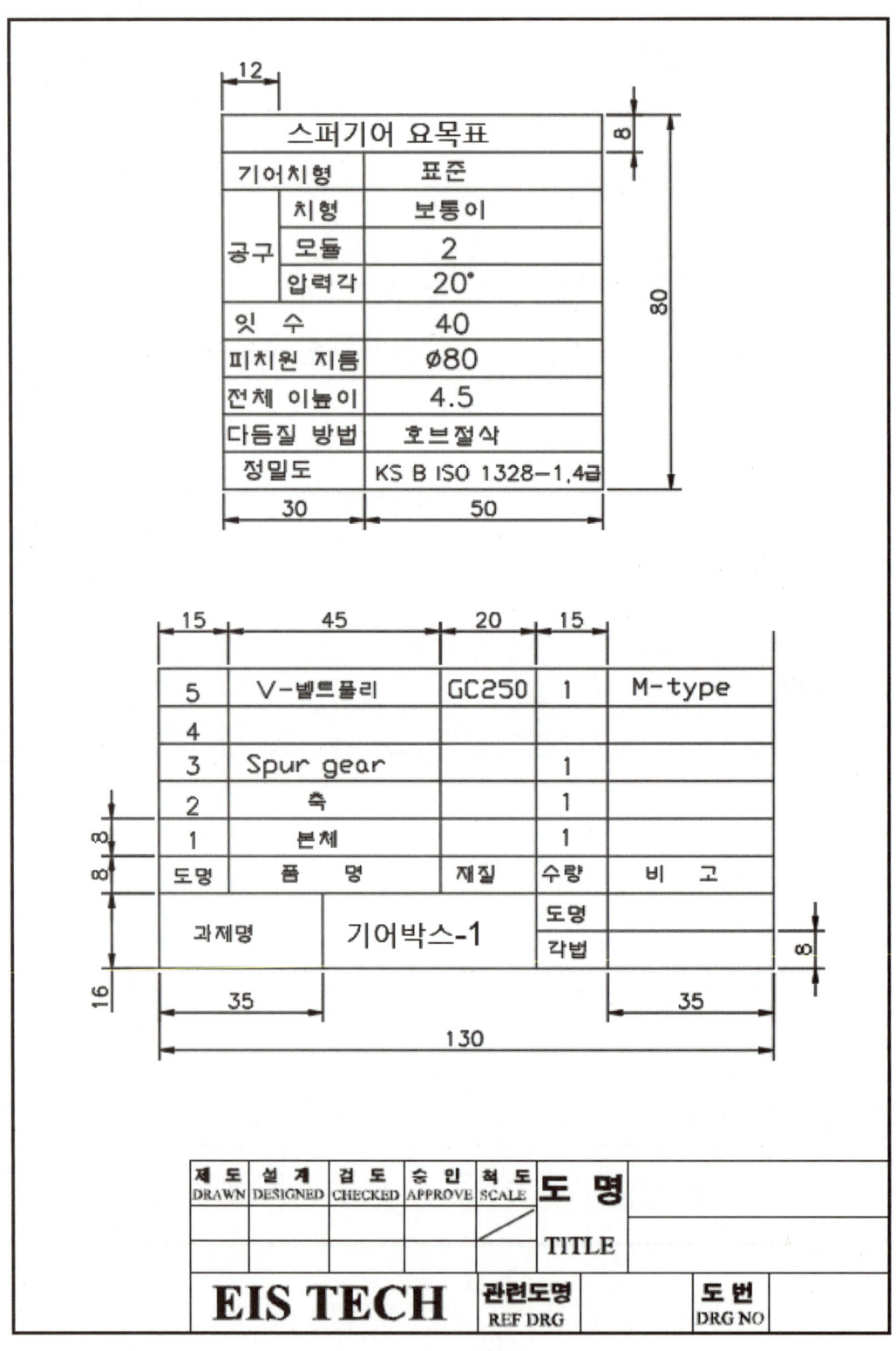

실습과제 60〉 다음 도면(1:1 A3)을 작도합니다.

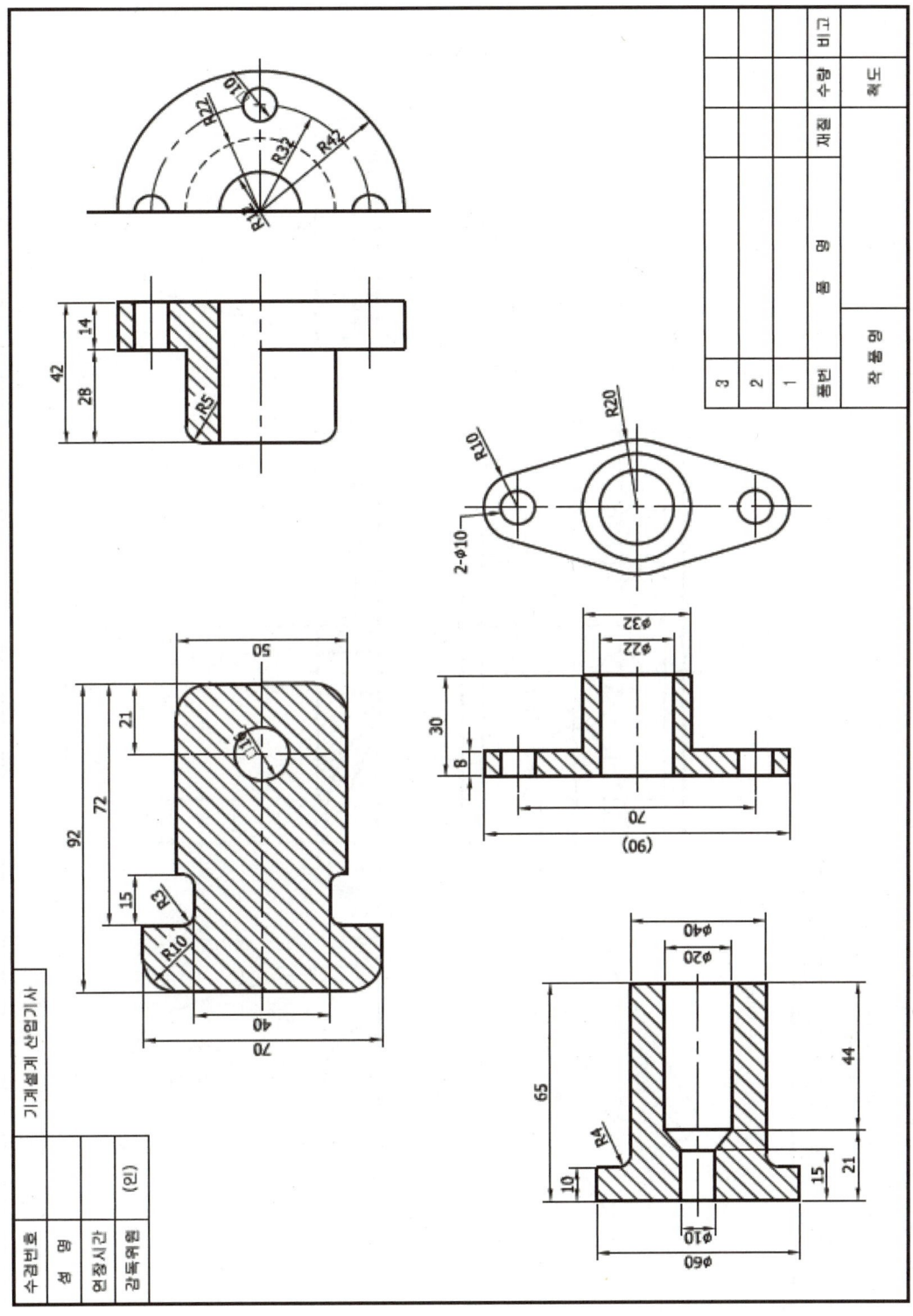

실습과제 61〉 다음 도면(1:2 A4)을 작도합니다.

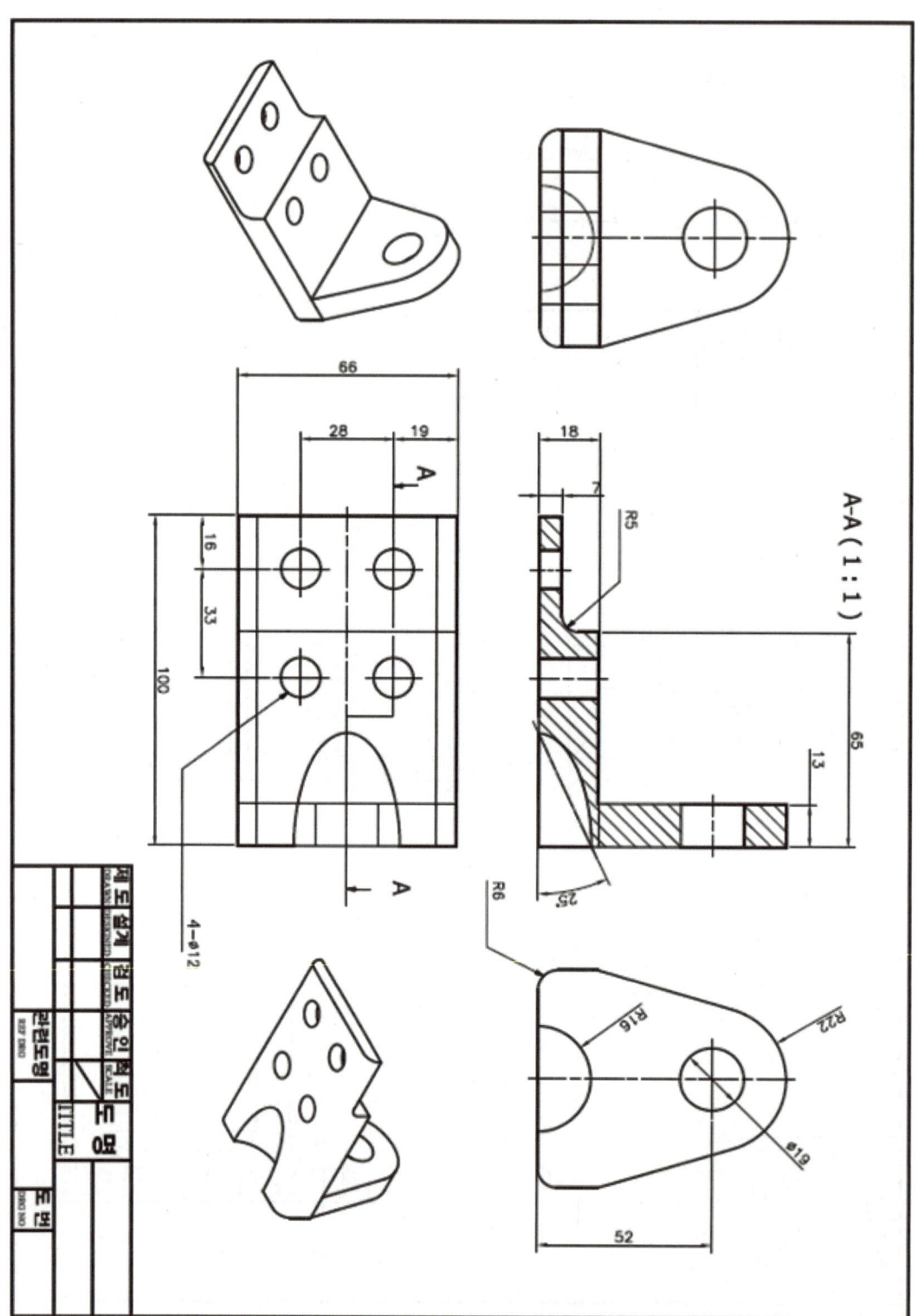

실습과제 62〉 다음 도면(1:1 A4)을 작도합니다.

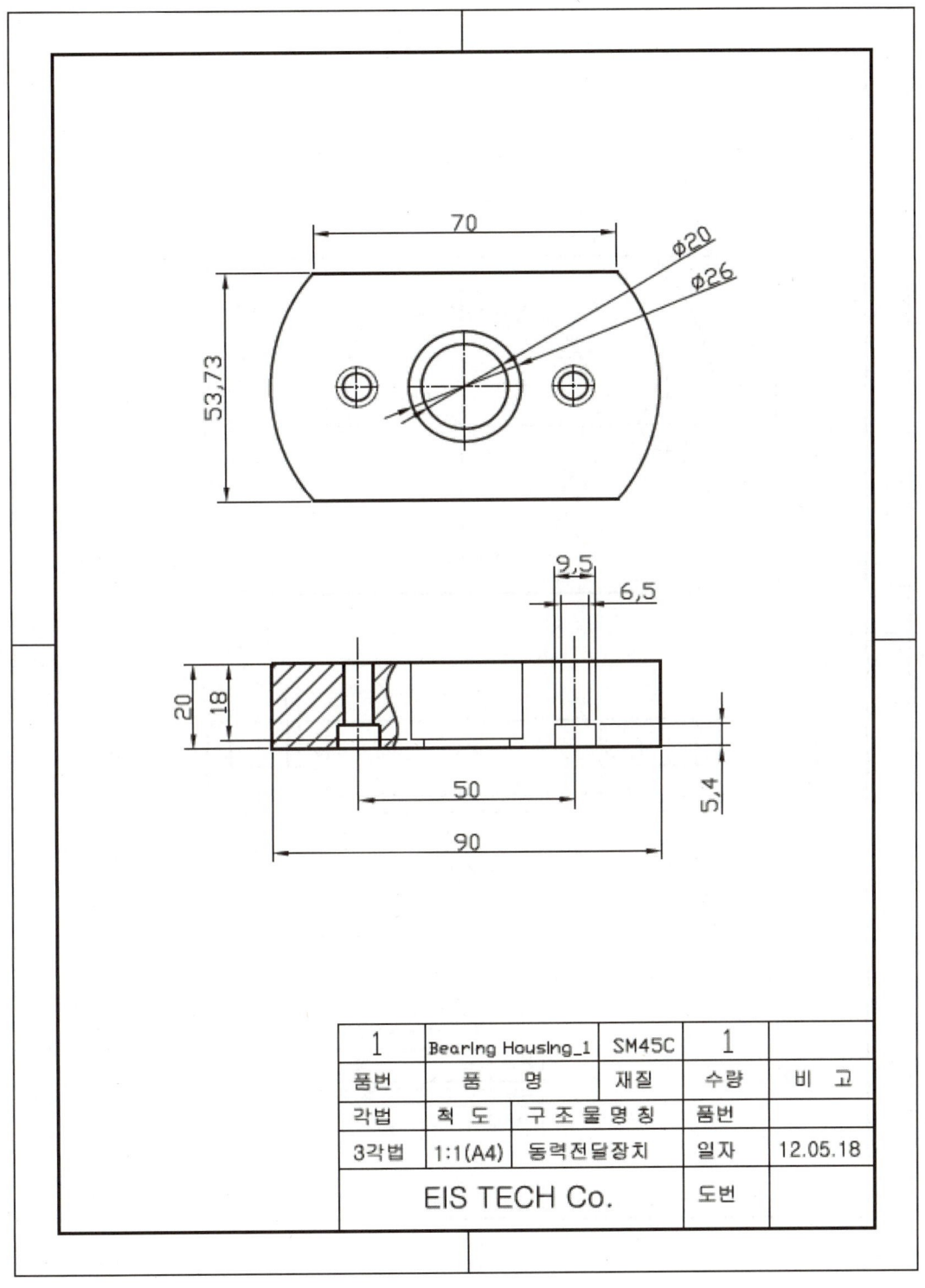

실습과제 63〉 다음 도면(2:1 A4)을 작도합니다.

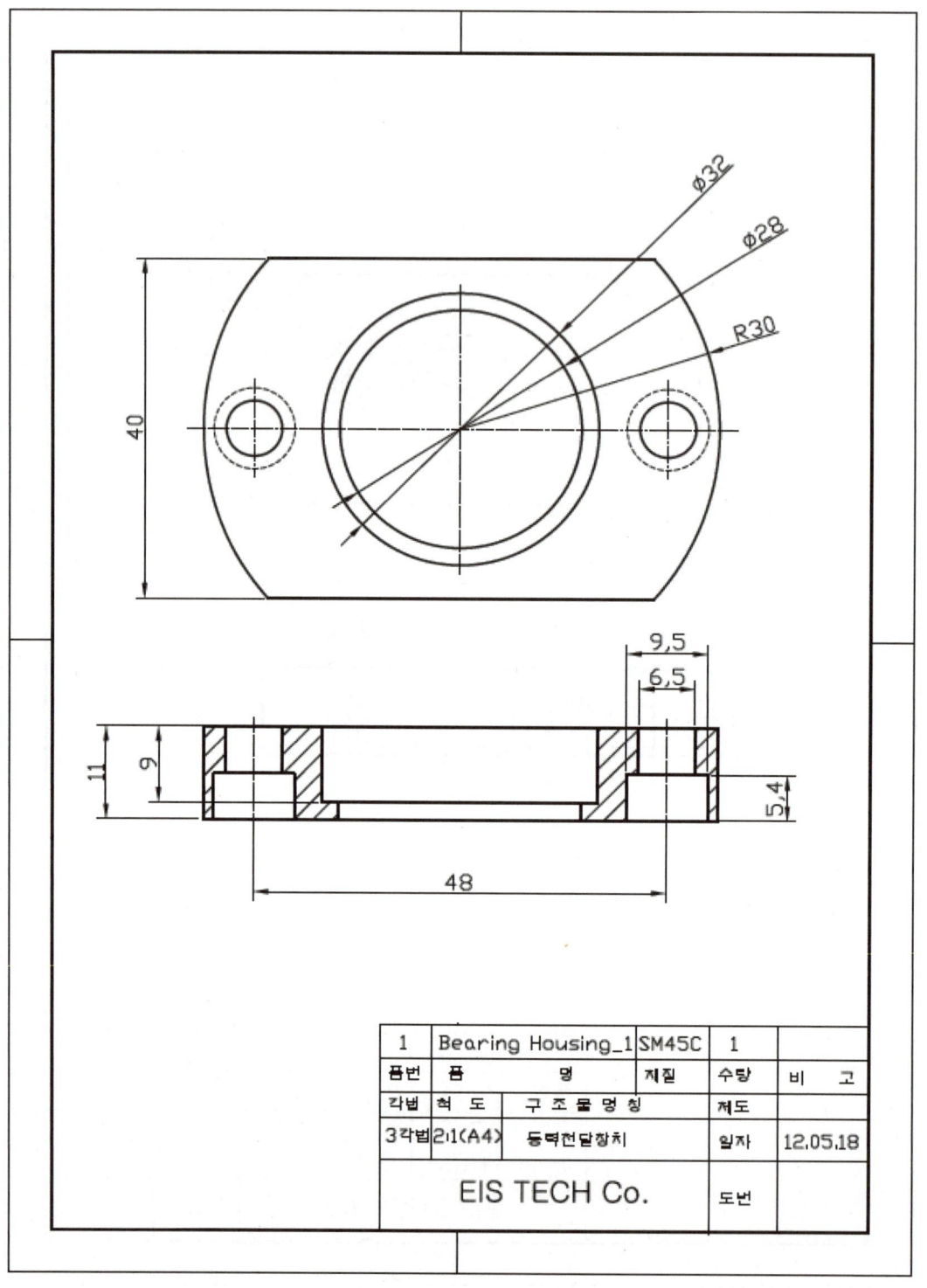

설계자를 위한 입문서!

AutoCAD 2022 기본 + 활용

초판 1쇄 인쇄	2021년 6월 10일
초판 1쇄 발행	2021년 6월 15일

저 자	박석용
발행인	유미정
발행처	도서출판 청담북스
주 소	(우)10909 경기도 파주시 하우3길 100-15(야당동)
전 화	(031) 943-0424
팩 스	(031) 600-0424
등 록	제406-2009-000086호
정 가	22,000원
ISBN	979-11-91218-09-1 13000

※이 책은 저작권법에 따라 보호를 받는 저작물이므로 무단 전재나 복제를 금지하며,
 이 책 내용의 전부 또는 일부를 이용하려면 반드시 저작권자나 발행인의 서면동의를 받아야 합니다.

※잘못된 책은 구입하신 서점에서 교환하여 드립니다.